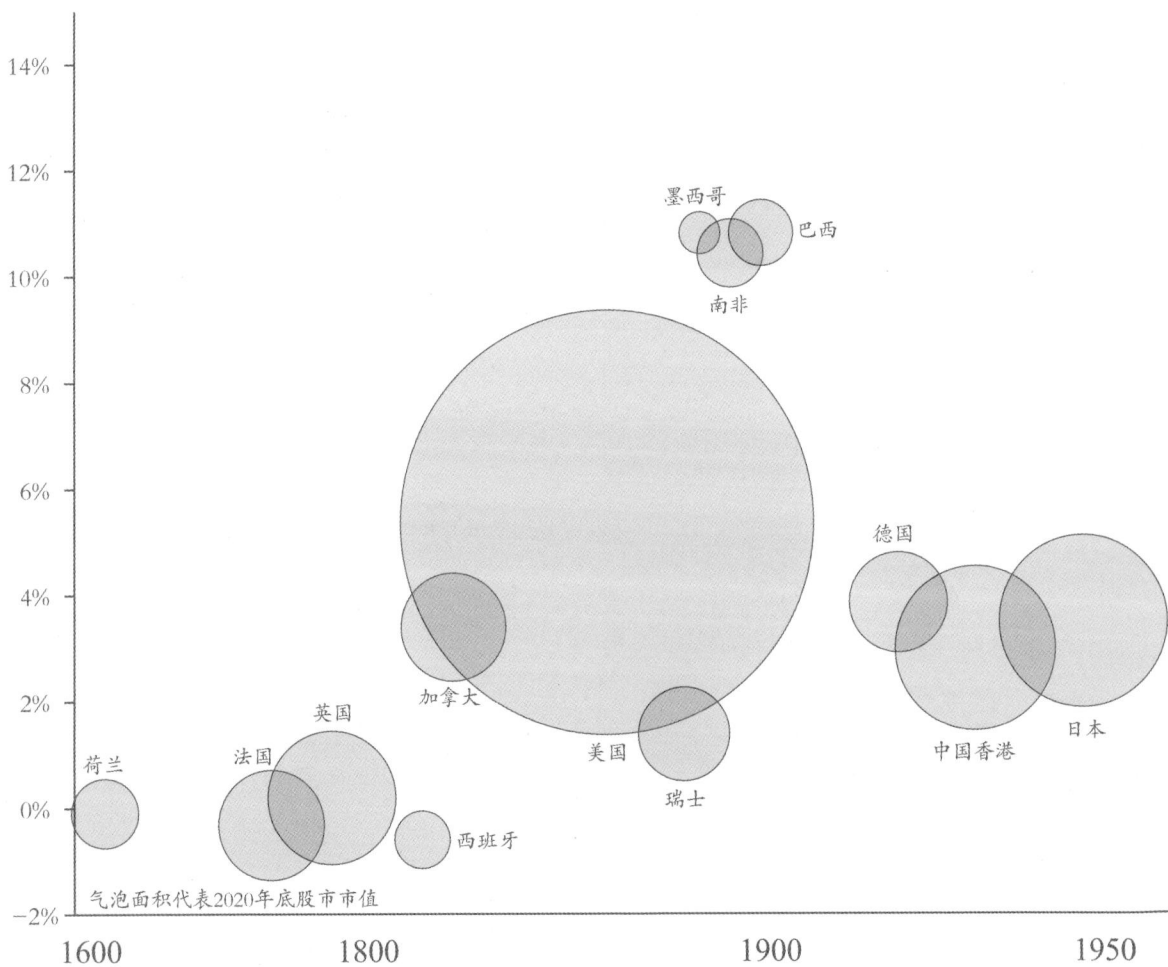

气泡面积代表2020年底股市市值

全球股市启示录

行情脉络与板块轮动

燕翔 金晗 ◎ 著

印度

俄罗斯

韩国

中国台湾

澳大利亚

新加坡

中国

股市成立年份

1980　　　　2000

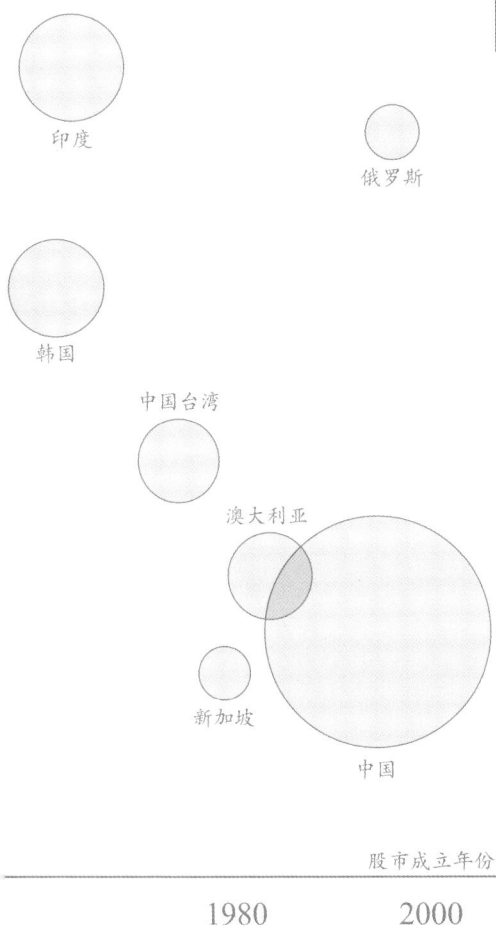

中国财经出版传媒集团

经济科学出版社

Economic Science Press

图书在版编目（CIP）数据

全球股市启示录：行情脉络与板块轮动/燕翔，金
晗著 . —北京：经济科学出版社，2022.1（2024.3 重印）
ISBN 978 - 7 - 5218 - 3324 - 9

Ⅰ. ①全… Ⅱ. ①燕…②金… Ⅲ. ①股票市场 – 研
究 Ⅳ. ①F830.91

中国版本图书馆 CIP 数据核字（2021）第 258393 号

责任编辑：周国强
责任校对：靳玉环
责任印制：张佳裕

全球股市启示录：行情脉络与板块轮动

燕 翔 金 晗 著

经济科学出版社出版、发行 新华书店经销

社址：北京市海淀区阜成路甲 28 号 邮编：100142

总编部电话：010 - 88191217 发行部电话：010 - 88191522

网址：www.esp.com.cn

电子邮箱：esp@esp.com.cn

天猫网店：经济科学出版社旗舰店

网址：http://jjkxcbs.tmall.com

固安华明印业有限公司印装

787×1092 16 开 31.25 印张 600000 字

2022 年 2 月第 1 版 2024 年 3 月第 2 次印刷

ISBN 978 - 7 - 5218 - 3324 - 9 定价：118.00 元

（图书出现印装问题，本社负责调换。电话：010 - 88191510）

（版权所有 侵权必究 打击盗版 举报热线：010 - 88191661

QQ：2242791300 营销中心电话：010 - 88191537

电子邮箱：dbts@esp.com.cn）

前 言
全球智慧、本土投资

　　框架、经验、观点，构成了一个完整的研究方法论体系。用经验事实去证实、证伪、完善自己的投资理念框架，然后再基于这个投资理念框架，根据自己对未来形势的判断，给出具体的投资观点。这个过程中，经验事实不仅仅是用来作简单的历史对比，更重要的是用来修补完善投资框架。国际比较视野更宽、历史时间维度更长、个股板块行情特征更加微观，丰富的股市经验事实，可以成为培育投资框架的肥沃土壤，这也是我们撰写本书的初衷和目的。

　　本书系统地研究了全球股票市场的行情特征，包括各个市场的整体走势与行业板块结构性特征的分析比较。本书内容主要由四部分构成：第一部分，对全球股市的发展历程和现状进行总体概述。第二部分，以市场为维度，系统分析了美国、英国、德国、日本、韩国，以及中国香港、中国台湾等 7 个全球主要股票市场的行情特征。①第三部分，以行业板块为维度，分析比较了消费、科技、周期、金融、医疗保健等板块的历史行情与逻辑驱动力。第四部分，对全球股市行情的共性特征和逻辑框架进行了归纳总结。

---

　　① 毫无疑问，A 股市场也是全球极其重要的股票市场，关于 A 股市场的详细分析，可以参见我们此前的专著《追寻价值之路：1990～2020 年中国股市行情复盘》，本书不再单独讨论。

投资未来产业发展趋势

"以铜为镜，可以正衣冠；以古为镜，可以知兴替；以人为镜，可以明得失。"所有对过去历史的回顾，都是为了展望未来，对全球各个股市的研究分析，都是为了更好地指导 A 股投资实践。通过对全球股市行情的系统研究，我们认为最重要的结论，就是股市投资投的是未来的产业发展趋势。

在人类社会发展和前进的过程中，会出现很多维度的趋势性变化，比如经济结构会从高增长高波动向低增长低波动转型、新的科技创新会彻底改变人们的生产和生活方式、人口老龄化持续推进会改变整个社会的消费结构等。这些趋势性变化体现在经济活动中对应着不同的产业趋势，这些产业趋势就是投资机会！时势造英雄，任何"阿尔法"的伟大胜利，都是建立在正确的"贝塔"选择之上。所以股票投资是做选择题，投资研究的工作就是去找对代表未来社会经济产业发展的趋势性方向，找对阿尔法如同挖到金子，找对贝塔如同选准富矿。两者并不矛盾，在时代风口的行业中更容易找到牛股，在贫矿中不是不能找到牛股，而是难度巨大，阿尔法与贝塔是对立统一的。

如果用一句话去总结 A 股市场以及境外股市的投资经验，我们认为市场总体上是一个景气周期的趋势投资者。最近几年不少投资者在感叹市场不看估值了，低估值投资策略在失效，这可能是一种感官上的认识，从全球股市的历史经验来看，我理解市场似乎一直不那么看估值。很多时候我们看到的低估值板块股价上涨、估值修复，实际上并不是市场自发的均值回归或者跌多了就会涨起来，而是这些低估值板块本身的景气周期进入了上行期。所以，大家会看到所谓的低估值修复往往都是在经济复苏上行期出现的，而如果一旦经济长期下行，你会看到估值比 A 股银行还低的日本银行板块可以连续 20 多年持续跑输大盘。

价值的和逻辑的研究框架

价值这个词可能是市场分歧最大的概念了，绝大多数人都会认为自己是价值投资者，但每个人心目中的价值投资又都是不一样的。我们认为价值投资不是简单的低估值投资，不是去赚取股票价格低于公司价值这个"价差"的钱，价值投资是分享企业价值的不断增长。投资过程中如果买入时能够有"价差"作为安全边际当然是更好，但安全边际不是投资的主要矛盾，企业价值持续增长才是最重要的。什么样的公司价值在不断增长？净资产收益率（ROE）持续稳定较高的公司，价值稳定增长，是"价值股"，长期看投资年化收益率基本会等同于年均 ROE；ROE 上行的公司，价值加速增长，是"成长股"，这类公司在 ROE 上行期业绩和估值"双击"，是全球股市中每一次大级别行情的领涨板块。

逻辑的思维，就是通过明确的定义、合理的假设、缜密的演绎，得到可靠的结论。逻辑思维加上实验证伪，构成了现代科学的基本思维范式。这套范式蕴含着巨大的力量，对投资研究具有重要的意义。一方面，只有在逻辑思维下，不同的市场投资观点才能够找到导致分歧的原因、达成共识，避免无意义的争论。比如说，"流动性宽松是否利好成长股"，这个问题一直讨论不清楚，原因主要在于对"流动性"和"成长股"都没有明确的定义，大家凭感觉来，公说公有理婆说婆有理，如果把这个论断翻译成逻辑的话术"长期利率下行中创业板指有超额收益"，这问题就可以用历史经验去验证，是非曲直高下立判。

另外，运用可供证伪的逻辑精神，可以帮助我们不断成长，提高投资和研究的能力水平。对于任何一个投资观点，如果能够被证伪，当发生判断错误时，就应该去探究其原因，是假设错了还是演绎的框架错了，进而回过来完善自己的投资研究框架。这也是我们认为撰写本书最大的意义和价值所在，我们每一个投资者都在每天的市场中获取知识和经验，但这种通过感性认识现实经历方式获取的经验信息量毕竟有限，而通过对全球股市的系统梳理总结，提供了国际比较的广度和历史经验的深度，可以进一步丰富我们对股票市场行情运行逻辑的认知。

产业逻辑与市场逻辑

宏观、策略被统称为自上而下的总量研究，总量研究主要是用来判断大方向的，从股票投资来说，我们认为这个大方向就是两点：产业逻辑和市场逻辑。前者是主要矛盾，后者是次要矛盾。

产业逻辑，就是前面所说的投资未来产业发展趋势、投资企业价值增长的逻辑，也就是市场中常说的分子的逻辑。市场逻辑就是在产业趋势和企业盈利以外，对股价有影响的非基本面因素，包括流动性、估值、机构持仓等。从我个人的研究经历而言，我觉得市场逻辑重要但又不那么重要，估值修复、增量资金、机构行为这些博弈性的词汇听上去有噱头，会让人有种想要猎奇的心态，但随着研究时间的增加，我愈发感觉这些东西都是相对次要的，重要的还是对社会发展趋势的深刻理解和判断。宏大叙事大方向判断并不一定就是虚的，虚实之间反映了自己的把握。

估值是交易的结果，不是交易的原因，由流动性驱动的估值变化短期看感觉影响很大，长期看其实没太大影响，而且每一次流动性驱动的牛市行情，强势领涨的都是产业逻辑强的行业板块，并不是估值低或者前期超跌的板块。日常工作中经常看到结构性行情中有些板块（比如 TMT 板块）下跌后，分析观点认为基本面没问题仅仅是因为流动性紧张导致的，如果板块的下跌是因为 TMT 投资者担心流动性收紧，那么消费和医药投资者为什么不担心呢?！所以说，产业逻辑是内因，市场逻辑是外因，外因通过内因而起作用。

时代的风口与本土的企业

过去几年，中国资本市场发展取得了长足进步，先后完成了设立科创板并试点注册制、创业板注册制改革、新三板改革、成立北交所、提高上市公司质量、保护投资者权益等多项重大改革任务，资本市场服务实体经济能力不断增强。而对 A 股市场投资者而言，可能最重要的是见证了一大批具有核心竞争优势的中国上市公司崛起。

过去几次全球产业变革"风口"来时，A 股市场一直苦于没有很好的投资标的。2000 年全球互联网浪潮中，中国的科技产业还刚刚起步，基本没有具备竞争优势的龙头企业。2015 年移动互联网浪潮中，几个互联网巨头企业也都不在 A 股市场上市。但现在情况不一样了，在当前全球新一轮科技革命和产业变革深入发展之际，中国企业特别是制造业世界竞争力的提升是有目共睹的。

中国企业正在世界范围内取得更大的长期竞争优势，未来企业的盈利能力也会更加稳健和可以预期。这一次，当时代的"风口"出现之时，我们的市场已经有了很好的本土企业。

全球股市浩瀚无边，而个人的时间精力毕竟有限，我们每个人都是在盲人摸象，笔者提供的只是局部的信息和观点。所有数据历史经验，都是后视镜回头看，都不能代表未来，但有总比没有好；所有框架逻辑观点，都只是一家之言仅供参考。

但我终究觉得，A 股投资者是幸运的，因为我们可以从"上帝视角"出发，看看别人走过的路，来作为自己的参考经验。

燕　翔

2021 年 12 月于

北京市兴盛街六号

目　　录

第一章
全球股票市场总体概况

　　股票市场是商品经济发展到一定程度的产物，股份制的发明为现代企业制度奠定了基础，是人类商业文明的一次重大创新。在漫长的历史长河中，全球股票市场的发展从来不是一帆风顺的，而是充满了跌宕起伏。从早期意大利城邦证券起源，到荷兰现代股市制度的初步建立，再到英法相继出现的股市泡沫危机，最后到由美国主导的全球股市繁荣，全球股票市场经历了自由发展、殖民扩张、投机泡沫、严厉监管、金融危机、制度规范、战争停摆、金融改革、全面开放等波澜壮阔的历史。股票市场的健康发展有助于实现投资与融资的需求对接，改善资本市场的流动性，优化经济资源的合理配置，对社会经济发展具有重要影响。从威尼斯、安特卫普、阿姆斯特丹，到伦敦、巴黎、法兰克福，再到东京、香港、纽约，证券交易中心的不断转移描绘出世界金融中心持续变迁的历史轮廓。近年来，随着经济全球化程度不断加深，全球股票市场发展迅速，上市公司总市值的增长速度有明显提升，全球股市已形成总市值超过100万亿美元的巨大市场（见图1-1）。当今中国经济总量持续增长，中国A股市场蓬勃发展，总市值已列全球第二位。本书通过分析全球股市的发展历程，研究全球股市的共性与个性，梳理主要股市的行情脉络与板块轮动特征，总结股市总量与结构行情在不同时期的驱动因素，希望对读者朋友的市场投资提供一些启发，给中国股市的未来发展方向提供一些借鉴。

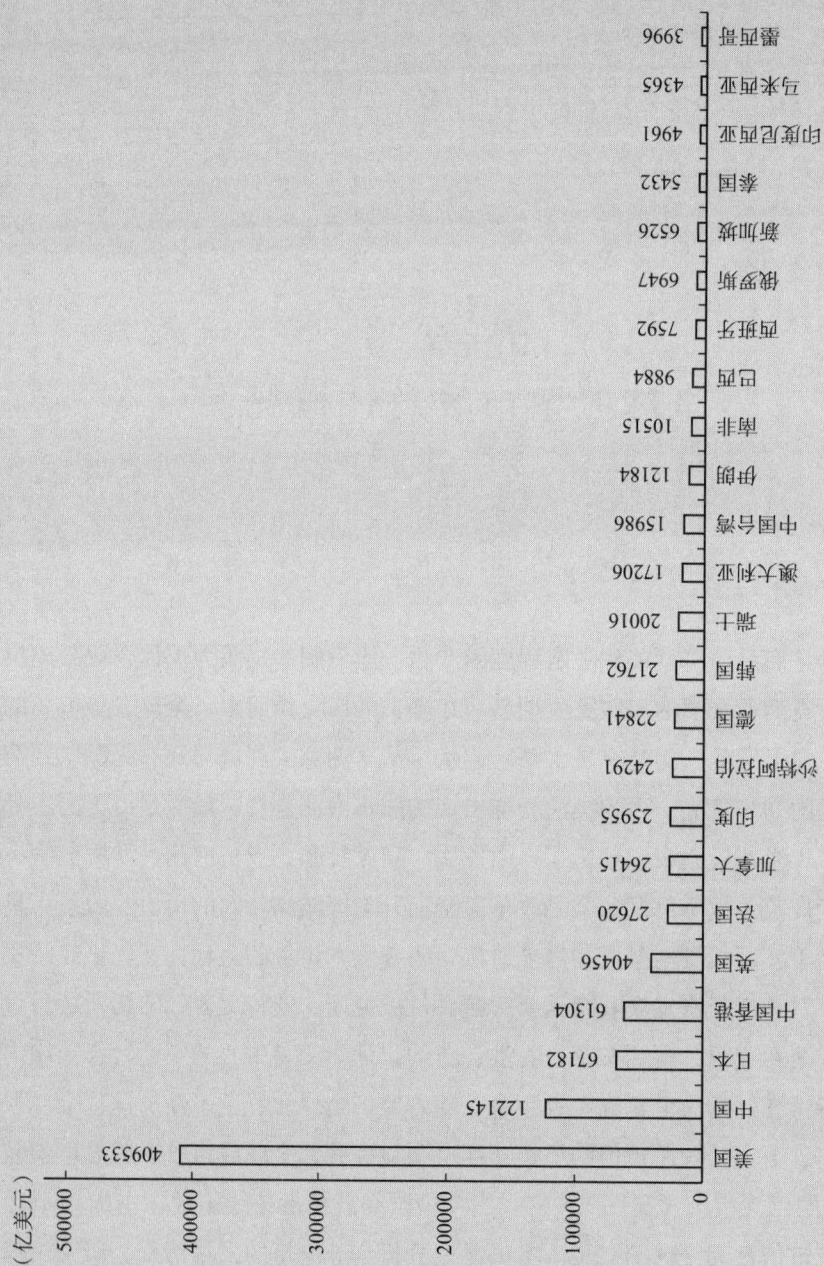

图 1-1　2020 年底全球国家或地区股市本地上市公司总市值对比

资料来源：世界银行、Wind资讯。

第一节　全球股市发展历程与现状

一、全球股市发展历程

（一）历史起源：意大利城邦时期

全球证券市场的起源可以追溯到 12 世纪的意大利，早期交易品种以债券为主。1171 年，威尼斯为了维护贸易特权决定对拜占庭帝国宣战。为募集军费开支所需，威尼斯政府对居民强制发行了军事公债，并承诺支付利息直至还清欠款，这便是有息债券的最早起源。后来威尼斯政府信守承诺，长期兑现每年付息 5% 的承诺，军事公债开始在投资者之间进行买卖，并在整个欧洲广泛传播。

意大利其他一些城市开始效仿发行计息可转让债券，逐渐产生了一个活跃的交易市场。这些证券一定程度上满足了远距离资金交割和闲置资金的投资需求，为中世纪欧洲经济的增长做出了贡献。然而，发行债券对于发行人的信用有着很高的要求，国王甚至一些地方政府拖欠利息时有发生。在这样的背景下，证券发行数量提升缓慢，证券市场的发展速度受到明显限制。

股票的起源最早也可以追溯到意大利。13 世纪，意大利的一些小型公司以及采矿、贸易公司开始发行证券，其中既包含支付固定利率的债券，也包括了每年分享利润的股票。由于这些证券多数只在私下交易，未能形成公开市场。这一时期意大利并没有一家证券交易所成立，证券市场的发展程度还比较低。到 14 世纪后期，早期证券市场的发展遭遇挫折。1378 年，威尼斯在与热那亚的战争期间开始暂停支付利息，随后在未经协商的情况下自行下调支付利率。这造成了威尼斯证券的大幅贬值，投资者信心也受到沉重打击。

到了 15 世纪，债券违约变得更加普遍，意大利城邦债券不再具有广泛吸引力。随着大西洋航线的重要性与日俱增，意大利证券市场开始向北转移。布鲁日（现属比利时）是证券市场转移的首站，其大部分交易都在交易所广场进行，交易所以当地富商范·德·布尔森（Van der Beurse）家族命名，交易所的英文"bourse"便源自这个家族的姓氏。布鲁日交易所交易的主要是货币和票据，后在 16 世纪初，受战争以及航道淤塞等影响，布鲁日失去了其作为主要金融中心的地位。另一个城市安特卫普（现属比利时）成为欧洲新的金融中心，安特卫普证券交易所于 1531 年开设，票据贴现市场在这一时期得到快速发展。欧洲各地的证券市场相继涌现，16 世纪后半叶，科隆、巴黎、伦敦、塞维利亚、法兰克福等地先后出现可以进行证券交易的场所。

（二）早期发展：阿姆斯特丹崛起

在荷兰独立战争期间，安特卫普受到西班牙军队的洗劫和焚烧，导致元气大伤。西班牙占领期间，荷兰封锁安特卫普出海通道，昔日繁荣的安特卫普商贸往来近乎中断。安特卫普作为曾经的欧洲金融中心，地位一落千丈，大批商人和居民逃往当时还是小渔村的荷兰阿姆斯特丹港。由于大量移民携带资金和技能来到荷兰，荷兰在 16 世纪 90 年代创造了极为显赫的"经济奇迹"。

1602 年出现了现代意义上的第一家股份制公司——荷兰东印度公司，它是荷兰建立的具有国家职能、向东方进行殖民掠夺和垄断东方贸易的商业公司。东印度公司向公众发行大量股票，将社会分散的财富变为自己对外扩张的资本。东印度公司已具备现代股份公司的主要特征，其运作方式对后世产生了重大深远影响。它在每次出海前向投资者集资，航程完成后即将出资以及该航次的利润交还给投资者。自 1613 年起该公司改为每四航次才分配一次利润。这就是"股东"和"派息"的前身。人们踊跃购买东印度公司股票，并且开始在阿姆斯特河桥上交易荷兰东印度公司股票。这是全世界第一只公开交易的股票，而阿姆斯特河大桥则是现代意义上最早的股票交易场所。

17 世纪初，荷兰成为欧洲最发达、最有活力的经济体。欧洲第一家中央银行——阿姆斯特丹交换银行又称卫斯尔银行（Wisselbank）于 1609 年成立，荷兰开始在欧洲的信贷网络中占据核心地位。此外，阿姆斯特丹作为重要转运港口，伴随航运及海上贸易的发展，其海上保险业务也得到迅速发展。商贸、银行和保险的发展激发了人们对有价证券的兴趣。1609 年，阿姆斯特丹交易所正式诞生，交易内容涵盖各类金融资产，包括股权、海上保险、外汇、大宗商品等，后逐渐发展成整个欧洲最活跃的资本市场，阿姆斯特丹也成为全球的金融中心。各地的不动产、年金、市政公债、存单等各类资产纷纷来到荷兰交易，并且越来越多的商人和银行家只能在阿姆斯特丹获得欧洲各地交易所需的结算汇票。

（三）一波三折：英法全球竞争时代

整个 17 世纪，证券市场的发展基本都是由少数贸易公司的股票活动推动的。与商业票据和政府公债相比，股票市场的规模仍然较小。这一时期欧洲各国只有荷兰的证券市场较为成功，交易的主要股票仍然是荷兰东印度公司的股票，但交易的形式有了许多创新，包括现货合约、期货合约、看涨期权、看跌期权、跨式期权、保证金交易、对冲和卖空等。

1689 年，英国"光荣革命"后，威廉三世上台并成为"尼德兰执政兼任英格兰国王"。这是英荷两国在历史上第一次被置于同一元首统治下形成共主邦联。威廉三世将荷兰的先进金融技术带到了英国，在皇家财产不多、税收增长又有限的情况下，国债成为英国发展的必需。1693 年，威廉三世开始筹措长期借款，但并不十分成功。过去的违约使得银行家对英国君主并不信任。1694 年，英格兰银行的创办彻底改变了英国金融发展史。英格兰银行初期主要为政府筹措战争经费，并因此而取得了货币发行权。英格兰银行的募资取得了巨大的成功，从主要位于伦敦的众多投资者那里吸收了其所需的全部资金，并随即将其全部资本 120 万英镑永久借给英国政府，以换取每年 8% 的保证利息。英格兰银行此后发行了大量的政府债券和银行股票。英国政府专门设立皇家交易所从事政府债券的买卖。股票成交日益活跃，伦敦开始具备诞生成熟证券市场的条件。

反观法国的证券市场发展情况，1639 年，法国便有永续债在交易所交易，但法国的证券市场并未快速发展。一方面，路易十四强化中央集权，投资者对法国路易十四政府缺乏信任；另一方面，法国政府 1685 年宣布新教徒非法，导致了严重的人才外流。不少成功商人、实业家和知识分子被迫逃亡英国、德国，甚至远到美洲，阻碍了法国证券市场的发展。

1717～1720 年，巴黎和伦敦产生了第一次股市投机泡沫。18 世纪初，由于法国国王路易十四连年发动战争，法国财政陷入危机。在法国政府的特许下，1716 年约翰·劳（John Law）在巴黎建立了一家私人银行——通用银行，并希望通过货币发行来刺激经济，解除法国沉重的国债负担。通过一系列资本运作，约翰·劳控制的密西西比公司股价从 1719 年 5 月中旬的每股约 500 里弗尔上涨到 1720 年 3 月的每股约 12500 里弗尔，这吸引了整个法国乃至欧洲越来越多的投资者参与其中。

同一时期，英国南海公司股价正在飙升，一些投资者开始在巴黎出售密西西比股票以购买南海公司股票。紧接着法国的通货膨胀开始飙升，民众信心有所动摇，法国政府开始信贷收紧并取消密西西比股票的最低限制价格，密西西比泡沫开始破灭。在 1720 年 5 月的两周内密西西比股价减半，并于月底降至 4200 里弗尔。伦敦证券市场紧随其后，南海公司股价在 1720 年 1 月为 128 英镑，7 月达到 950 英镑的顶峰，到 1720 年 12 月股价下跌至 124 英镑。第一次股市投机泡沫后，投资者信心基本被摧毁，但证券市场正常运作的基础得到了保留。

18 世纪早期的证券市场不是政府的产物，而是在日益发展的国际贸易及金融中，自发建立起来的。第一次股市投机泡沫最终导致英、法两国政府开始全面收紧证券市场的管理。1720 年英国推出《泡沫法案》，除非议会或者国王特别授权，否则禁止设立股份制公司。1724 年巴黎证券交易所正式建立，与其说这是法国政府在创建全球证券市场方面向前迈出的一大步，不如说是一项旨在防止进一步投机爆发的限制性措施。

1720 年的英国《泡沫法案》直到 1825 年才被废除，由于政府借款持续增加，几乎没有机会去吸引投资者关注股份公司发行的证券。到 18 世纪 80 年代后半期，当政府借贷停滞时，英国对股份制企业的兴趣才复苏。当时尽管伦敦证券市场开始壮大，但阿姆斯特丹仍然是最重要和最国际化的证券交易中心。巴黎和伦敦只交易本国政府的债券和本国股份公司发行的股票，而阿姆斯特丹则越来越多地为来自世界各地的证券提供市场。阿姆斯特丹证券市场不仅交易荷兰、英国和法国的证券，还交易奥地利、丹麦、波兰、俄罗斯、西班牙、瑞典和美国以及德国各州政府发行的证券。

18 世纪下半叶，阿姆斯特丹证券市场的主导地位开始逐渐被侵蚀，1763 年和 1772 年荷兰的金融危机扰乱了证券市场的运作，阿姆斯特丹银行 1781 年陷入财务困境。与此同时，伦敦已超越阿姆斯特丹成为欧洲领先的商业中心，对阿姆斯特丹的国际金融中心地位开始产生竞争。18 世纪，巴黎仍与阿姆斯特丹、伦敦、汉堡、日内瓦和热那亚并列为欧洲的主要金融中心之一。

在 18 世纪与 19 世纪之交，阿姆斯特丹最终失去了世界金融中心的地位。法国大革命和拿破仑战争期间，法国新政府废除了未偿还债务，随着战争在整个欧洲蔓延，其他政府也停止支付债务利息，这摧毁了一系列国际金融中心。1791 年，法国政府关闭了巴黎交易所，并取缔了所有股份公司。1795 年，法国军队占领阿姆斯特丹，来自欧洲各地的著名银行家和经纪人逃往伦敦。18 世纪 90 年代的战争摧毁了支撑全球证券市场的基础，长期以来证券市场取得的缓慢进展在这十年中被抹去。

直到拿破仑上台后，巴黎证券市场才开始恢复秩序。1800 年法国恢复利息支付，同年成立法兰西银行，1802 年巴黎交易所作为准官方机构重新开放，1808 年允许股份公司发行可转让股份。随着巴黎和阿姆斯特丹的影响力大幅下降，伦敦被推到了金融市场的领导地位。1802 年，伦敦证券交易所正式成立，伦敦的证券交易加强了市场自律限制，从开放市场转向封闭市场。1815 年伦敦取代阿姆斯特丹成为全球证券市场中最活跃的中心。

19 世纪中叶之前，全球证券市场的焦点仍然是政府债券，几乎所有现存的证券都是由政府发行的，主要用于资助战争。19 世纪中叶之后，证券市场首次被直接用于为经济增长融资，第一次成为资本市场的重要组成部分，企业可以在其中筹集所需的资金。在这一时期，电报系统开始普及，连接了英国、法国和美国等国家的主要城市。全球证券市场的价格可以在各个中心间迅速传播。

（四）繁荣时期：美国主导全球市场

从 18 世纪 80 年代起，新的证券市场开始在欧洲以外发展。1789 年，美国政府为独立战争的开支筹集资金发行债券，美国国内证券市场正式诞生。费城在 18 世纪 90 年代是美国的金融中心，同时也是北美银行①和第一国民银行②总部所在的地方，但很快费城的地位受到了纽约的严峻挑战。作为欧洲船舶的第一个停靠港，凭借其更容易获得最新市场信息的优势，纽约逐渐成为更重要的金融中心。19 世纪下半叶随着工业化进程的启动，为了给其他工业部门融资，各类型企业债券和股票相继涌现，纽约证券交易所的重要性日益显现。

1900 年，美国经济超过英国，成为世界第一强国。这一时期，全球证券交易所数量和分布迅速扩张，世界已经拥有一个综合的、运作良好的全球证券市场，这主要得益于国际通信网络的健全、大量可转让证券的发行以及有组织的市场的存在。

---

① 1781 年，北美第一家商业银行宾夕法尼亚银行在费城开业，1784 年大陆会议同意授予它国家特许状，并改名为北美银行，使其在事实上成为国家的银行。

② 美国第一国民银行成立于 1791 年，特许经营期限从 1791～1811 年，是当时存放财政资金、管理政府债务的类似中央银行的金融机构。

　　1914 年爆发的第一次世界大战，导致伦敦、巴黎和柏林的证券市场重要性下降，而纽约、阿姆斯特丹和东京的重要性增加。1918 年，纽约证券市场开始有能力挑战伦敦和巴黎，并取代柏林的市场地位。第一次世界大战期间，通过对战争债券的爱国认购，美国投资者的数量大幅增加，与 1914 年之前的最多 200 万人相比，20 世纪 20 年代有多达 2000 万美国人参与了证券市场。

　　20 世纪 20 年代末至 30 年代，经济大萧条爆发，全世界股票市场呈现出萎靡不振的状态。美国华尔街股市崩盘最为严重，比利时、英国、加拿大、中国、法国、德国、意大利、墨西哥、荷兰、新西兰、秘鲁、南非、西班牙、瑞典和瑞士的主要证券交易所均受到影响。然而，相比华尔街的惨状，这些市场中的大多数没有崩溃，下降幅度比较温和。第一次世界大战以前，多数国家处在经济自由主义时代，全球证券市场蓬勃发展。而这最终随着第二次世界大战的爆发而结束，战争期间为了国家安全利益，证券市场运作受到压制。二战后美国成为占据全球主导地位的经济和政治力量，纽约在第二次世界大战期间取代了伦敦成为世界上最重要的金融中心，纽约证券交易所成为全球证券市场中的领导者。

　　第二次世界大战结束至 20 世纪 60 年代，全世界的股票市场开始进入复苏阶段。不过这一时期，证券市场在国民经济中的地位有所下降，政府干预被视为所有类型经济问题的解决方案。20 世纪 70 年代，国家层面的政府监管和机构控制继续阻碍国际证券交易的发展。由于外汇管制和资本流动限制的结合，交易也变得更加困难。尽管纽约证券交易所位于世界上最大的金融中心，但外国账户产生的业务水平却微乎其微。直到 1976 年纽约证券交易所才开始接受外国证券交易，1977 年才接受外国经纪人作为会员。

　　从 20 世纪 70 年代至今，全世界股票市场开始出现高度繁荣的局面，不仅股票市场的规模大为扩张，股票交易的次数也日趋活跃。国际金融流动的障碍从 70 年代后期开始被拆除。1979 年前后，日本、英国和美国几乎同时消除了资本流动的主要障碍，国际资本流动大幅增加。70 年代和 80 年代全球证券市场的成长和发展有两个主要的转折点。1975 年 5 月纽约证券交易所取消固定佣金，不仅对美国境内的其他证券交易所，而且对世界各地的其他证券交易所都造成了压力。1986 年 10 月的伦敦"金融大爆炸"改革不仅改变了英国证券市场，而且也推动了欧洲其他证券交易所的改革进程。90 年代以来，证券市场在国家金融体系的地位逐步提高，再度进入到发展的黄金时刻。

二、全球股市当前现状

截至 2020 年底，在统计的全球超过 100 家主要股票交易所中，去除重复后的上市公司的数量合计约 4.5 万家，这些公司股票总市值超过 100 万亿美元（见图 1 - 2）。近年来，全球股票市场发展迅速，上市公司总市值的增长速度有了明显提升。

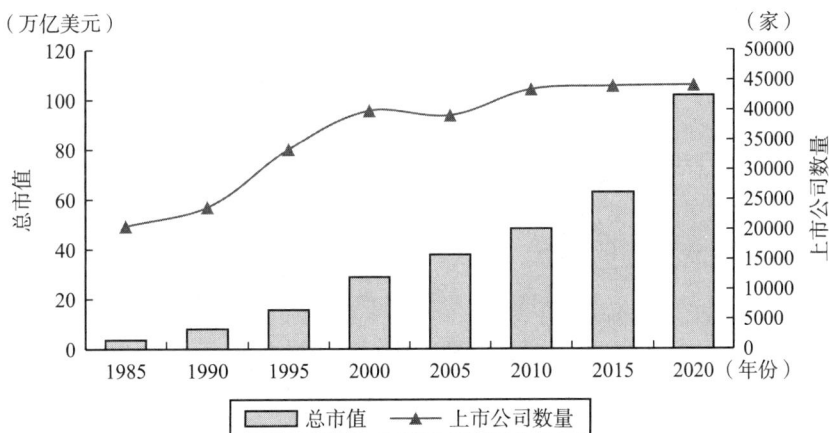

图 1 - 2　1985 ~ 2020 年全球上市公司总市值及数量变化

资料来源：Wind 资讯、彭博。

具体来看各交易所的总市值情况（见表 1 - 1），美国的证券市场最为发达，纽约证券交易所与纳斯达克市场合计市值超过 45 万亿美元①，贡献了全球股票总市值的近四成。中国作为最大的新兴市场，资本市场规模也在迅速扩大，目前中国 A 股的总市值规模仅次于美国市场，位居全球第二，上海证券交易所和深圳证券交易所的合计市值超过 12 万亿美元，约占全球股票总市值的 11%。其他规模较大的股票交易所还有日本交易所集团、香港交易所、欧洲证券交易所②、伦敦证券交易所、多伦多证交所等。

---

① 图 1 - 1 中世界银行的统计口径仅包含本国上市公司，这里世界交易所联合会的统计口径范围更大，因此纽交所和纳斯达克市场合计市值要高于图 1 - 1 中美国的总市值。

② 欧洲证券交易所（Euronext）于 2000 年 9 月由法国巴黎证券交易所、荷兰阿姆斯特丹证券交易所、比利时布鲁塞尔证券交易所合并而成。2002 年欧洲交易所收购了葡萄牙里斯本证券交易所和伦敦国际金融期交所。目前欧洲已经形成了欧洲证券交易所、伦敦证券交易所和德意志证券交易所三足鼎立的局面。

表 1 - 1 　　　　　　　　 2020 年底全球主要股票交易所总市值与上市公司数

交易所名称	总市值（亿美元）	上市公司总数（家）	交易所名称	总市值（亿美元）	上市公司总数（家）
纽约证券交易所	262327	2873	澳大利亚证券交易所	17206	2049
纳斯达克	190604	2933	台湾证券交易所	15986	961
上海证券交易所	69760	1800	德黑兰证券交易所	12184	367
日本交易所集团	67182	3758	约翰内斯堡证券交易所	10515	331
香港交易所	61304	2538	巴西证券交易所	9884	349
欧洲证券交易所	54439	1493	西班牙马德里交易所	7592	2738
深圳证券交易所	52385	2354	莫斯科交易所	6947	270
伦敦证券交易所集团	40456	2347	新加坡交易所	6526	696
多伦多证交所集团	26084	3394	泰国证券交易所	5432	743
印度国家证券交易所	25525	1959	印度尼西亚证券交易所	4961	713
沙特证券交易所	24291	207	马来西亚证券交易所	4365	934
德意志证券交易所	22841	485	墨西哥交易所	3996	145
韩国交易所	21762	2340	菲律宾证券交易所	2728	271
纳斯达克北欧交易所	21104	1071	特拉维夫证券交易所	2621	455
瑞士证券交易所	20016	265	伊斯坦布尔证券交易所	2375	372

资料来源：世界交易所联合会、Wind 资讯。

　　表 1 - 2 报告了 2020 年全年全球主要股票交易所的成交额与换手率。从交易活跃程度来看，美国的纽约证交所和纳斯达克市场两大证券交易所的成交额雄踞第一梯队，深圳证券交易所凭借行情火热的创业板市场以及较高的换手率，股市成交金额位列全球第三。上海证券交易所也保持较高的活跃度，成交金额同样突破 10 万亿美元，处在全球第四。其余成交额较大的市场还有日本交易所集团、韩国交易所、香港交易所、欧洲证券交易所、伦敦证券交易所集团、德意志证券交易所等。

　　如果对全球主要交易所的换手率数据作进一步分析，则能够解决一些读者心中常见的疑惑。比如发达国家和发展中国家的换手率谁更高，股票市场的收益率表现与所在交易所换手率有没有必然关系，高换手率的市场是否投机性更强、估值更高等。笔者认为：

表 1-2　　　　　　　　2020 年全球主要股票交易所成交额与换手率

交易所名称	成交额*（亿美元）	换手率**（%）	交易所名称	成交额*（亿美元）	换手率**（%）
纽约证券交易所	261769	99	澳大利亚证券交易所	11694	71
纳斯达克	249240	217	台湾证券交易所	15484	94
上海证券交易所	121779	184	德黑兰证券交易所	4625	38
日本交易所集团	61555	94	约翰内斯堡证券交易所	3282	35
香港交易所	31441	50	巴西证券交易所	13820	139
欧洲证券交易所	25053	49	西班牙马德里交易所	4633	65
深圳证券交易所	177828	358	莫斯科交易所	3119	40
伦敦证券交易所集团	21049	50	新加坡交易所	2595	27
多伦多证交所集团	9640	39	泰国证券交易所	4627	89
印度国家证券交易所	18180	72	印度尼西亚证券交易所	1272	26
沙特证券交易所	4853	20	马来西亚证券交易所	2398	64
德意志证券交易所	20698	79	墨西哥交易所	1048	23
韩国交易所	48516	239	菲律宾证券交易所	319	12
纳斯达克北欧交易所	10310	61	特拉维夫证券交易所	984	40
瑞士证券交易所	12478	65	伊斯坦布尔证券交易所	9002	366

注：* 按照世界交易所联合会的统计口径，成交额与交易额的定义有所不同，成交额一般是单边计算，交易额买卖双边都计入，通常交易额是成交额的两倍。** 优先采用世界交易所联合会披露的本地公司股票换手率，如无年度数据，则按各月份换手率折年后取平均，如缺少 2020 年的数据，则采用最近年度数据。

资料来源：世界交易所联合会、彭博、Wind 资讯。

第一，国家的经济发展水平与其股市换手率没有必然联系。部分观点认为发达国家证券市场更成熟，投资者数量更大，股市更活跃，理应具备更高的换手率水平。也有人认为发达国家股市发展时间长，投资理念更为成熟，非理性行为出现较少，换手率应当更低，与之对应的，发展中国家股票市场换手率应当更高。从实际表现来看，像深圳、上海、巴西、伊斯坦布尔等发展中国家的股票市场确实表现出明显偏高的换手率，符合上述第二种说法。但沙特、南非、莫斯科、印度尼西亚等发展中国家市场换手率却处于较低水平，而美国、韩国、日本等发达地区的股票市场换手率一点也不低，这更符合上述第一种说法。总的来说，股票市场的换手率不仅仅由所在国家或地区的经济发展水平决定，还受到交易制度、投资者结构、市场情绪、金融市场建设力度和资金流动等因素共同作用。

第二，股市换手率水平与股市估值没有必然联系。表1-3统计了2020年全球主要股票交易所代表性指数的市盈率。通过对全球主要股票交易所的换手率进行比较。我们发现换手率水平与估值高低没有必然联系，我们既看到换手率较高的伊斯坦布尔、韩国、上海等地的主要指数市盈率处于极低水平，也看到换手率较高的纳斯达克、深圳等市场的主要指数市盈率明显较高。类似的，换手率相近的香港和欧洲证券交易所的主要指数市盈率相差达3倍左右，这充分说明换手率水平与估值高低没有必然联系。不过上述论证还存在一些瑕疵，一个是2020年疫情冲击带给不同地区的影响不完全一样，因而2020年底的市盈率可能难以代表该地区的市盈率日常水平。另一个是尽管我们试图以包含交易所全部成分股的综合指数来衡量估值水平，但有一些交易所我们获取的指数估值数据仅代表小部分蓝筹股的估值，这导致在部分地区指数代表性没那么强。总而言之，长期来看，股市换手率和估值都是波动性较大的指标，它们之间的相关性并不稳定，或者反过来说，至少没有证据证明换手率和估值有关系。

表1-3　　　　　　　　2020年全球主要股票交易所代表性指数的市盈率

交易所名称	代表指数	市盈率	交易所名称	代表指数	市盈率
纽约证券交易所	道琼斯工业指数	24.9	澳大利亚证券交易所	澳洲标普200	54.7
纳斯达克	纳斯达克指数	58.6	台湾证券交易所	台湾加权指数	19.5
上海证券交易所	上证综指	16.1	印度国家证券交易所	孟买SENSEX30	33.4
日本交易所集团	日经225	31.3	约翰内斯堡证券交易所	南非综合指数	23.1
香港交易所	恒生指数	13.9	巴西证券交易所	圣保罗IBOVESPA	29.6
欧洲证券交易所	欧洲斯托克50	52.5	西班牙马德里交易所	IBEX35	20.5 *
深圳证券交易所	深证成指	32.2	莫斯科交易所	俄罗斯RTS	14.2
伦敦证券交易所集团	富时100	88.9	新加坡交易所	新加坡海峡指数	38.2
多伦多证交所集团	TSX综合指数	27.1	瑞士证券交易所	瑞士SMI	24.2
巴黎泛欧证券交易所	CAC40	51.9	墨西哥交易所	墨西哥MXX	38.1
德意志证券交易所	DAX30	43.0	菲律宾证券交易所	菲律宾综合指数	32.5
韩国交易所	韩国综合指数	25.1	伊斯坦布尔证券交易所	伊斯坦布尔100	12.4

注：＊西班牙IBEX35指数市盈率数据截至2020年6月30日。
资料来源：Wind资讯、彭博。

第三，股市估值与经济发展水平没有必然联系。我们既看到英国、德国、法国等发达经济体股票市盈率普遍超过40倍，也看到日本和中国香港、中国台湾等发达经济体股票市盈率低于 20 倍。既看到印度、墨西哥、菲律宾等新兴经济体股票市盈率超过 30 倍，也看到土耳其、俄罗斯等新兴经济体股票市盈率低于 15 倍。哪怕在同一个国家，不同交易所不同代表性指数的市盈率也可能有天壤之别，例如美国的纳斯达克指数和道琼斯工业指数，以及中国的上证综指和深证成指。这说明横向比较来看，股市整体估值与宏观经济发展水平没有必然联系，而可能更取决于板块服务对象、公司行业分布、盈利周期波动和市场情绪变化等因素。

经过上述分析，我们对于股市的复杂性有了更深的感受。总的来看，市场换手率、主要指数估值与经济发展水平等因素没有必然联系。不同时期不同地区的股票市场各自具有一定的特异性，往往难以归纳出可以适应不同地区且长期有效的规律。我们既要把握全球市场发展趋势的共性，也要针对特定时期的个别市场做精细研究。

第二节　全球股市行情特征概述

一、全球股市长期收益率比较

对于 1985 年以后的全球股市表现，我们将获取的全球约 130 个国家和地区上市公司股价涨跌幅按美元市值加权计算得出全球股票综合指数，以 1985 年 12 月 31 日为 100 点。截至 2020 年 12 月 31 日，全球股票综合指数已涨至 1868 点，在过去 35 年时间里的年化涨幅约为 8.7%（见图 1 - 3）。

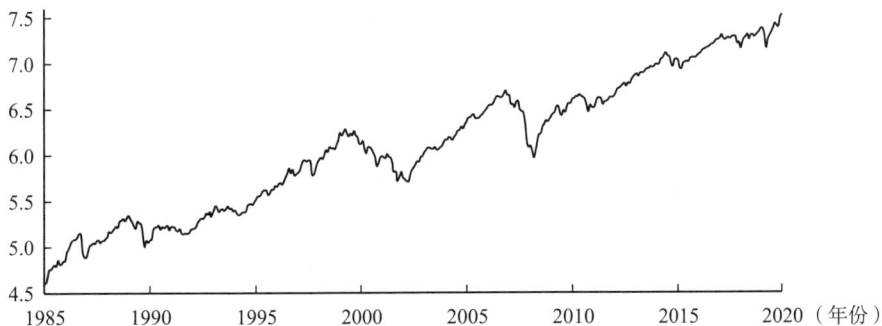

图 1 - 3　1985 ~ 2020 年全球股票综合指数走势

注：指数点位取自然对数，按美元市值加权。
资料来源：Wind 资讯、彭博。

对于 1985 年以前的全球股市表现，考虑到数据的可获得性，我们以市值最大的几个国家的指数涨跌幅加权作为衡量全球股票指数的表现。在早期缺乏市值数据时，参考该国 GDP 占比以及地区分布，具体权重为：

1951 ~ 1960 年，美国 80%、日本 10%、德国 5%、加拿大 5%。

1961 ~ 1970 年，美国 75%、日本 15%、德国 5%、加拿大 5%。

1971 ~ 1980 年，美国 70%、日本 20%、德国 5%、加拿大 5%。

1981 ~ 1985 年，美国 60%、日本 30%、德国 5%、加拿大 5%。

由此计算得到的各个年代的全球股市收益率。如图 1 - 4 所示，全球证券市场大体经历了三段低谷期（20 世纪 60 年代、70 年代和 21 世纪最初十年）和四段快速成长期（20 世纪 50 年代、80 年代、90 年代和 21 世纪第二个十年），这是过去 70 年全球股市在各个年代的收益表现的整体缩影。

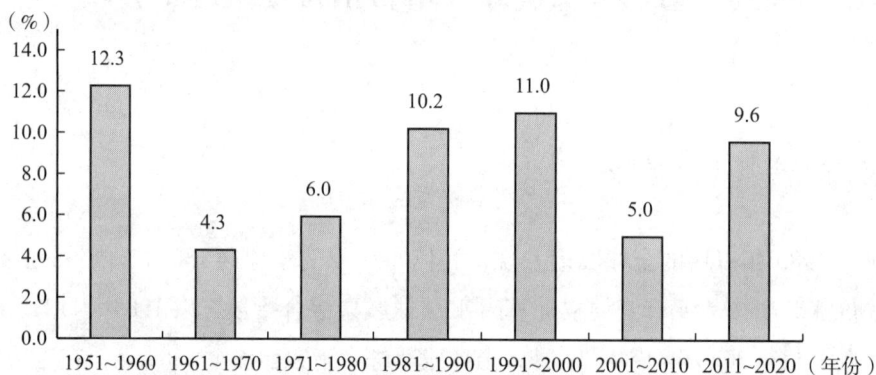

图 1 - 4　1951 ~ 2020 年各个时期全球股市收益率表现

注：全球股市加权测算收益率。

资料来源：Wind 资讯、彭博。

表 1 - 4 展示了全球主要国家和地区的股票指数收益率比较。总体来看，虽然新兴市场波动率较大，但长期看新兴市场的年化收益率是领先的。从成立至今的表现来看，阿根廷、印度、中国、墨西哥、俄罗斯等新兴市场股市年化收益率全球领先。从近十年的表现来看，阿根廷、美国、日本、印度、德国等股市收益率表现较好。这一期间美国股市走出"十年长牛"的"慢牛"行情，而日本则摆脱 1990 年泡沫破灭后"失去的二十年"，开启了新的时代。一些新兴市场股市表现出不俗的收益率，但如果考虑到汇率的贬值因素，部分新兴市场的收益率表现可能要打折扣。

表 1-4　　　　　　　全球主要国家和地区股票指数收益率比较　　　　　单位：%

国家（地区）	指数名称	起始时间	成立至今年化收益率	近十年年化收益率
阿根廷	阿根廷 MERV 指数	1999-12-31	24.1	30.7
印度	孟买 SENSEX30 指数	1979-06-30	15.4	8.8
中国	上证综指	1990-12-19	12.5	2.1
墨西哥	墨西哥 MXX 指数	1994-03-31	11.5	1.3
俄罗斯	俄罗斯 RTS 指数	1995-09-01	10.9	-2.4
中国香港	恒生指数	1964-07-31	10.4	1.7
南非	富时南非综合指数	1995-06-30	10.3	6.3
中国台湾	台湾加权指数	1967-01-31	9.8	5.1
巴西	圣保罗 IBOVESPA	2000-01-01	9.7	5.6
韩国	韩国综合指数	1980-01-04	8.5	3.4
德国	德国 DAX 指数	1987-12-30	8.3	7.1
日本	日经 225 指数	1950-09-07	8.1	10.4
加拿大	多伦多 300 指数	1975-01-01	6.5	2.6
瑞士	瑞士 SMI 指数	1988-06-30	6.2	5.2
美国	标普 500 指数	1928-01-03	5.9	11.6
英国	富时 100 指数	1984-01-03	5.2	0.9
澳大利亚	澳洲标普 200 指数	1992-06-01	4.8	3.3
新加坡	富时新加坡海峡指数	1985-01-04	4.3	-1.1
法国	法国 CAC40 指数	1987-09-30	4.1	3.9
西班牙	西班牙 IBEX35 指数	1989-12-29	3.2	-2.0

注：数据截止时间为 2020 年 12 月 31 日。
资料来源：Wind 资讯、彭博。

二、全球股市行情发展的趋势性特征

1. 全球股市与宏观经济不断脱敏

随着经济的不断发展和成熟，各个国家和地区股市普遍表现出与宏观经济脱敏的特征，20 世纪 80 年代以后美股市场与美国宏观经济的关联度不断降低。特别是 2008 年全球金融危机以后，我们发现全球各个地区的股市都在加速与各地的宏观经济脱敏，股市与宏观经济关联度明显降低。这一方面是由于经济全球化的加强，国际贸易不断增长，全球经济对本地区经济的影响力越来越大，单一的本地区宏观经济指标可能无法全面描述经济动态变化。以中国为例，2008 年全球金融危机以后，很多国内的宏观经济指标波动越来越小，以前最常用的经济增长指标工业增加值同比增速2015 年以后走势已经基本上是一条水平线，单纯用中国工业生产指数的走势已经很难判断宏观经济基本面的拐点。在宏观经济基本面判断上，我们会发现中国的股票走势也越来越多地受到"中国 + G7 国家"工业生产指数的共同影响。造成股市与宏观经济脱钩的另外一个重要原因是，随着经济的不断发展，各国普遍出现了名义经济增速波动不断降低的情况，这造成决定上市公司盈利的最大变量从总需求变成了供给侧的变量，而供给侧往往属于趋势性的慢变量，这也导致股市与宏观经济的关联度有所降低。简单说，就是 GDP 波动与上市公司企业盈利的关联度降低了，这个结构性的变化影响更大，有更加长远的意义。

2. 全球股市组织结构更加集中

这种集中度提高体现在两个方面。一方面，地方交易所向全国交易所集中。例如：伦敦证券交易所与设在英国格拉斯哥、利物浦、曼彻斯特、伯明翰和都柏林等地的交易所合并。德国柏林证券交易所与不来梅交易所合并，中国香港"四会"合并组建香港联合证券交易所。这主要因为场外交易发展迅速，对交易所构成威胁。通过合并可以充分发挥集团优势，聚焦市场人气，进而扩大产品交易范围，并且广泛利用现代技术以增加交易量。另一方面，全球主要交易所的合并事件频繁出现。例如：2000 年，荷兰阿姆斯特丹、法国巴黎、比利时布鲁塞尔 3 家证券交易所合并设立泛欧证券交易所；2006 年，纽约证券交易所宣布与泛欧交易所合并组成纽约泛欧证券交易所集团，不久后便收购美国证券交易所；2013 年，洲际交易所完成对纽约泛欧证券交易所的收购并剥离泛欧交易所股权。交易所之间强强联合既受到经济全球化的影响，也是为了应对日趋激烈的全球交易所之间的竞争，便于在全球范围内实现投资与融资之间的匹配。这种组织结构上的集中，有利于交易所的未来业务开展，有利于提效降本，实现交易所的长期战略目标。

3. 全球各股市间关联度不断提高

20 世纪 90 年代以来，随着欧洲、北美、南美和亚太地区的区域经济一体化程度加深，以及经济全球化向前推进带来的世界经济不断融合，全球各个地区股市之间的关联度正在提高。虽然在 20 世纪，便有一些重大事件给全球带来普遍冲击，如 1907 年大恐慌、1929 ~ 1933 年美国大萧条、1939 年第二次世界大战爆发、1973 年滞胀危机、1987 年股灾等，但 21 世纪以来，全球股市特别是发达经济体股市之间的相关性正在大幅提高。由于全球资金流动变得更加频繁、通信技术更加便捷，当前美联储议息会议及美债收益率走势可能牵动全球股市的神经，重要经济体经济刺激计划的推出以及贸易政策、产业政策的变化可能对多地的股票市场产生广泛影响。全球股市的同步性正在史无前例地加强。

从我们统计的中、美、英、德、日五国股市相关度变化情况来看（见表 1 - 5），20 世纪 90 年代以来，全球主要经济体的股市相关性有大幅提高。具体来看，90 年代，中国股市收益率与美国、英国、德国、日本的相关性极低，与美国的相关系数[①]为负值，而与其余三国相关性均低于 0.05。同期美国、英国、德国之间的相关系数均高于 0.5。21 世纪第一个十年，中、美、英、德、日五国两两之间的相关系数均得到大幅提高，全球股市相关性明显增强。21 世纪最初十年，中国股市继续加强与海外股市的关联，与美国、日本、德国股市的相关系数提升至 0.4 左右，与英国股市的相关系数提升至 0.3 左右。这一时期，美国、英国、德国之间的相关性小幅减弱，但仍然处于极高水平，减弱原因可能是因为 21 世纪第二个十年没有共同面临 21 世纪初的"互联网泡沫"破灭和 2008 年全球金融危机的威胁。总的来说，全球股市相关性，特别是新兴经济体与发达经济体之间的相关性有了大幅提高。

表 1 - 5　　　　　　　　全球主要股市间相关系数比较　　　　　　　单位：%

相关系数	中国与美国	中国与英国	中国与德国	中国与日本	美国与英国	美国与德国	美国与日本	英国与德国	英国与日本	德国与日本	平均
20 世纪 90 年代	0	2	3	4	65	53	38	59	27	28	28
21 世纪最初十年	30	23	25	29	88	86	64	85	64	60	55
21 世纪第二个十年	40	29	38	40	74	78	69	76	58	72	57

注：本表分别选取上证综指、美国标普 500 指数、英国富时 100 指数、德国 DAX 指数和日经 225 指数作为各国代表性指数，利用 1991 年 1 月至 2020 年 12 月的月度涨跌幅分三个年代进行相关系数计算。

资料来源：Wind 资讯、彭博。

---

① 相关系数用来度量变量之间线性相关程度，取值范围在 -1 ~ 1 之间，相关系数等于 1，表明两个变量高度正相关，等于 -1 表明两个变量高度负相关，等于 0 表示两个变量不相关。

第二章
美国：长牛典范

美国股市是当前全球市值规模最大的市场，且遥遥领先排在其后的市场。第二次世界大战结束后，伴随着美国经济高速增长，美股也持续向上，从"丰裕"社会到"沸腾岁月"，美国股市不断创新高。进入 20 世纪 70 年代后，经济中积累的问题开始逐渐爆发，叠加两次石油危机，美国经济进入滞胀时期，美国股市长期原地踏步。以里根经济学崛起为分界线，1982 年后美国股市再度进入上涨通道，虽然之后有过1987 年"黑色星期一"、2000 年"互联网泡沫"破灭、2008 年全球金融危机等冲击，美国股市总体上是一个不断创新高的走势（见图 2-1）。美股是全球股市的"长牛"典范，这背后的核心驱动力是美国上市公司盈利能力不断增强，从周期股到消费股再到科技股、医疗保健股，美国股市中的主导产业和公司是在不断变化的，反映了其自身产业结构不断转型升级。美国与中国同样是大国经济体，全球也只有美股和 A 股一样具有全产业链分布，金融、消费、科技、医疗保健、周期、中游各个板块都有大市值公司，因此环顾全球股市，与 A 股最具可比性且最具有学习价值的，无疑就是美国股市了。"漂亮 50""经济滞胀""小盘股行情""美股改革牛""大消费时代""互联网泡沫""周期股复辟"等行情特征鲜明，美股留下了丰富的历史经验。

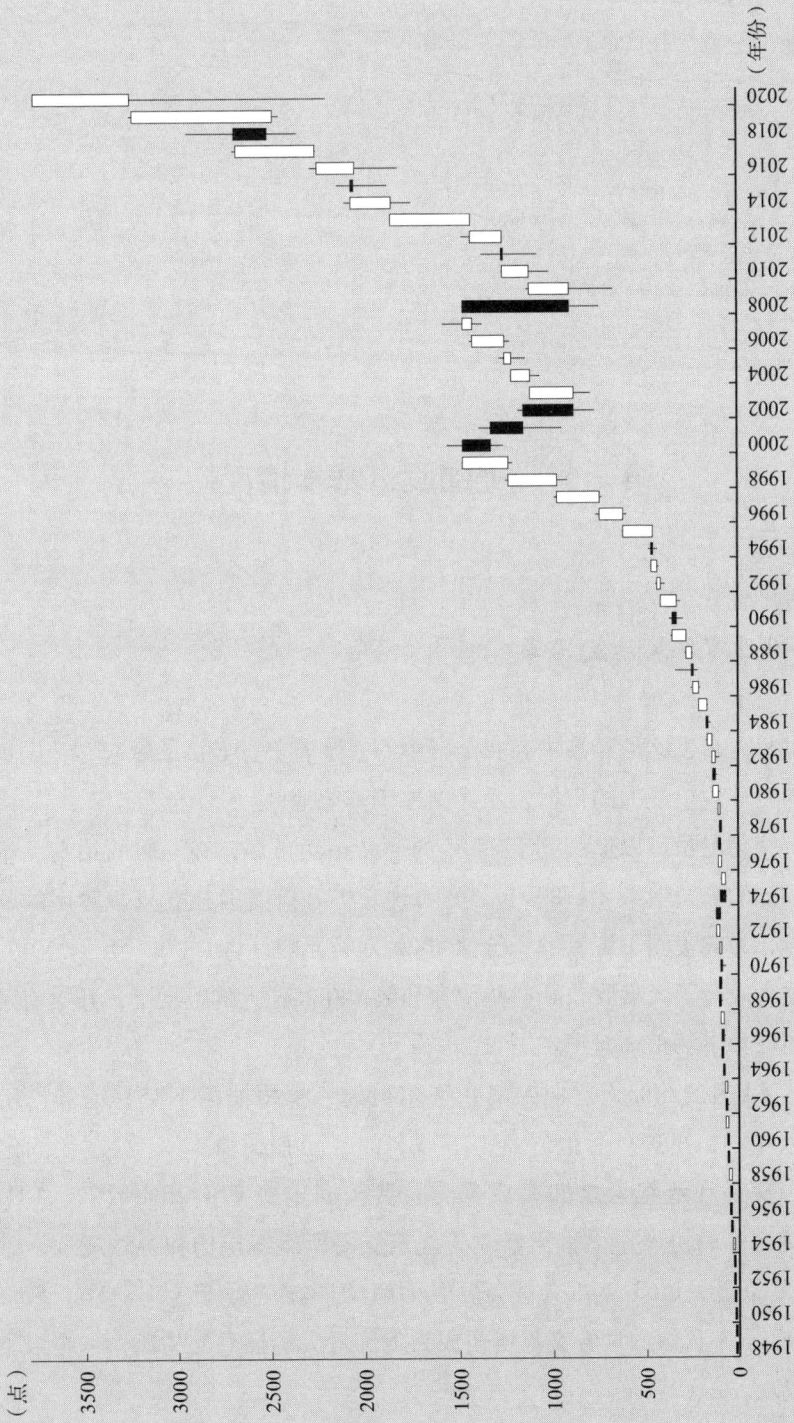

图2-1 1948~2020年美国标普500指数（年K线）走势概览

资料来源：Wind资讯。

第一节　美国股市基本情况

一、美国股市发展历史沿革

美国是世界上最发达的经济中心和金融中心。随着美国经济的崛起，美国证券市场已发展成为全球规模最大的市场，遥遥领先于其他地区。

美国证券交易最早可以追溯到 1725 年的商品拍卖市场，在当时的拍卖品中夹杂着一些来自欧洲的公司股票。1789 年，美国政府将筹措美国独立战争费用的州债券转为联邦债券，为此美国总统签发了价值 8000 万美元的债券。1791 年，美国第一合众国银行建立，发行了大量股票。这些债券和股票在经纪人的推动下，开始有了活跃的交易，美国证券市场正式起步。

1792 年，24 名纽约商人定期聚集在华尔街的一棵梧桐树下交易证券，后来从露天交易迁入咖啡馆里进行。他们商定了著名的"梧桐树协定"，约定在固定的场所进行交易，交易在经纪人之间完成，交易费按固定费率 0.25% 收取。1817 年，纽约经纪人对之前的协议作出重大修改，规定交易所组织机构和各种规章，并取名为纽约证券交易会。1863 年，交易会更名为纽约证券交易所（New York Stock Exchange，NYSE）。不久纽约证券交易所便成为美国最大的证券交易所，一半以上的交易在这里完成。

19 世纪上半叶的运河开发、铁路修建以及西部淘金热带动了证券发行的热潮，形成了一大批地方性证券交易所，主要分布在东北部和西部的一些城市。1830 年诞生了第一只铁路股票，1850 年美国铁路股票达到 38 只。① 这一时期证券市场发展迅速，1860～1870 年间一度出现了铁路股票泡沫。19 世纪下半叶随着工业化进程的启动，为了给其他工业部门融资，各类型企业债券和股票相继涌现，纽约证券交易所重要性日益显现。

随着第二次工业革命在美国蔓延，美国制造业实力不断增强，工业企业上市股票日益增多。1896 年，道琼斯工业平均价格指数开始创立，逐渐成为美国经济的晴雨表。1900 年，美国经济超过英国，成为世界第一强国。1914 年爆发的第一次世界大战，刺激了美国重工业和化学工业发展，汽车、石油、电力、钢铁、化学等行业发展迅速，美国经济开始腾飞，证券市场也十分繁荣。1921 年美国证券交易所（American Stock Exchange，AMEX）正式成立，主要交易那些不能在纽约证券交易所挂牌的企业股票。在纳斯达克市场发展起来以前，AMEX 长期是美国的第二大证券交易市场。

1929 年美国股市大崩盘是美国证券市场发展的重要转折点。在此之前，美国政府很少干预证券市场，证券交易由各州分别管理，金融业可以混业经营。银行将吸收的存款用于证券投资，结果这导致大萧条时期银行大量倒闭。而大萧条时期之后，美国国会通过了第一部全国性的证券业法律《1933 年证券法》，规范上市公司信息披露，提高上市公司透明度并增强投资者保护。次年美国通过《1934 年证券交易法》，规定了银行业与证券业的分业经营原则，并成立证券管理委员会，开始对证券市场进行全面管理。在 20 世纪 30 年代，随着一系列证券相关法律的制定，美国的现代证券市场法律体系基本建立。

1934 年，本杰明·格雷厄姆的《证券分析》首次出版，提出了新古典价值投资理论，美国股市逐渐从投机时代进入到真正的投资时代。随后，当今美国股市最主要的参与力量——机构投资者迅速发展，由于大型机构投资者重要性日益显著，以 1968 年大宗交易手续费优惠为开端，证券交易手续费逐步开始实现自由化。1971 年，纳斯达克市场（National Association of Securities Dealers Automated Quotations，NASDAQ）成立。纳斯达克市场最早是场外电子报价系统，以宽松的上市条件、多层次的市场板块以及灵活的转板机制服务于中小企业，至今已培育出了苹果、微软、亚马逊、谷歌等一大批顶级科技企业。1975 年证券法修正案废除了最低佣金制度，并开始着手建立新的全国证券市场体系，试图打破各地交易活动的分离现状，建立联系更为紧密的统一市场。1998 年，纳斯达克与美国证券交易所合并为 NASDAQ-AMEX 集团公司，

①　彭耀宗. 伟大的博弈：美国股市发展简史［J］. 全球商业经典，2018（1）：122–131.

各自仍独立运营。2006 年，纳斯达克获批为全国性的证券交易所，完成了从场外交易市场到场内交易市场的转变，一度成为成交额最高的场内交易市场。

2006 年 6 月，纽约证券交易所宣布与泛欧交易所合并组成纽约泛欧证券交易所集团，不久后纽约泛欧交易所集团于 2009 年收购了美国证券交易所，美国的三大全国性交易所至此减少为两个。2013 年洲际交易所完成对纽约泛欧证券交易所的收购，这主要是集团层面的合并，而美国证券市场的竞争格局基本保持不变。

长期以来，美国股市在全球证券市场中有着举足轻重的地位。除了在日本泡沫经济巅峰的 1990 年，美国本土上市公司市值全球占比达到过 33% 的低点以外，其余绝大部分时间占比都在 40% 以上，甚至超过了 50%。美国本土上市公司市值长期保持较快增长，截至 2020 年底，美国本土上市公司市值约 40.95 万亿美元，占全球总市值的比例达 41.0%（见图 2 - 2）。

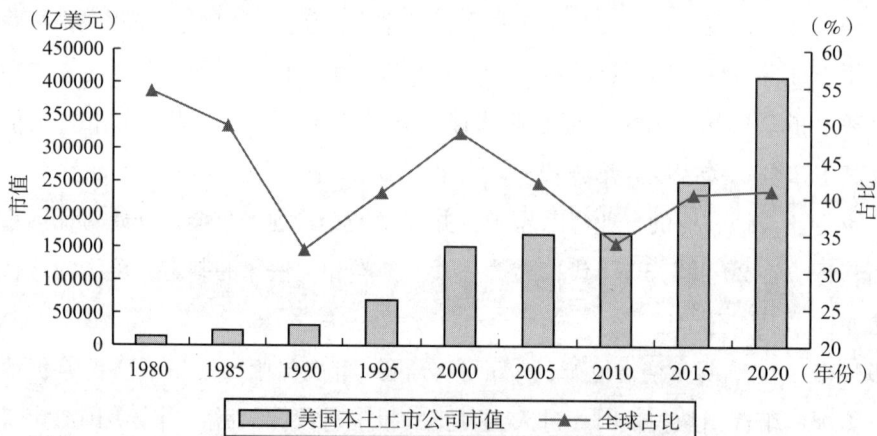

图 2 - 2　1980～2020 年美国股市总市值与全球占比

资料来源：世界银行。

二、美国股市现状与特征

美国股市经历 200 余年的发展，已构建起场内外交易相结合、全国性与区域性市场相协调、各层次资本市场良性竞争的资本市场体系。美国的证券市场可以分为：主板市场、创业板市场、区域性市场和场外交易市场等。表 2 - 1 报告了美国证券市场的不同层次市场体系的主要特征及区别。

表 2 – 1   美国证券市场的多层次市场体系

层次	市场	简介
第一层次	主板市场	包括纽约证券交易所和纳斯达克市场中的头部板块（包括全球精选市场和全球市场）
第二层次	创业板市场	以纳斯达克市场中的资本市场为核心（原美国证券交易所一定程度上也可归于此类，但已被纽约证交所合并）
第三层次	区域性市场	即地方性柜台交易市场，例如费城证券交易所、辛辛那提证券交易所、太平洋证券交易所、波士顿证券交易所和芝加哥证券交易所等
第四层次	场外交易市场	俗称"三板"市场，不提供上市服务，仅提供报价服务。包括场外市场电子公告板（OTCBB）和粉单市场（Pink Sheets）。OTCBB 进入标准较低，只要有符合数量要求的做市商就能进入场外市场交易。粉单市场要求更低，不必向证券商协会和 SEC 披露任何财务信息

资料来源：上海证券交易所资本市场研究所。

美国股票市场的三大代表性指数分别是道琼斯工业指数、标普 500 指数以及纳斯达克指数，表 2 – 2 报告了这三大指数的主要特点。除了这三大指数外，美股市场上常见的指数还有罗素 1000 指数、罗素 2000 指数、纳斯达克 100 指数以及标普的各类规模指数和行业指数。

表 2 – 2   美国股票市场的代表性指数

指数名称	起始年份	加权方式	主要特点
道琼斯工业指数	1896 年	价格加权	计算 30 个样本股票的算术平均值，并通过除数的变动来克服除权除息的影响，虽然样本数偏少，但仍是衡量美股走势的常用指标
标普 500 指数	1957 年	市值加权	采用市值加权法计算，每只股票涨跌对指数的影响不再与价格成正比，而是和总市值成正比。2005 年之后，标普 500 指数改为自由流通市值加权，在市场上的重要性已逐渐超过道琼斯工业指数
纳斯达克指数	1971 年	市值加权	纳斯达克指数一般指的是纳斯达克综合指数，反映纳斯达克上市的所有股票的价格信息

资料来源：Wind 资讯。

根据世界银行的统计数据，截至 2020 年底，美国本国上市公司共计 4219 家，上市公司数量在全球排名也相当领先。美国本国上市公司数量在 1996 年达到峰值，约 8090 家。近二十年来，美国上市公司数量明显减少（见图 2 – 3）。

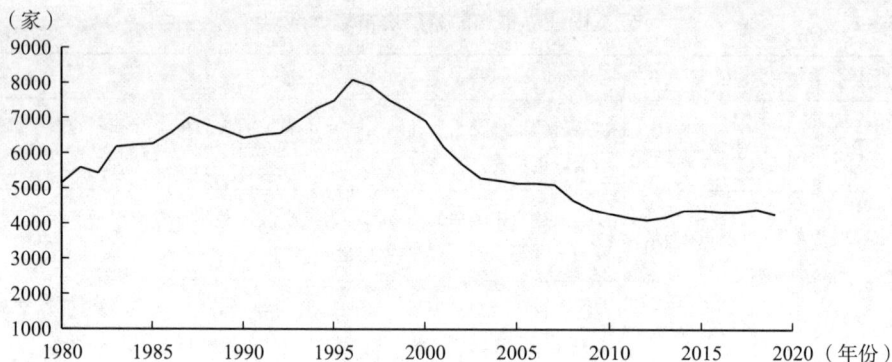

图 2-3　1980~2020 年美国本国上市公司数量

资料来源：世界银行。

三、美国上市公司构成情况

截至 2020 年底，在美国 4000 多家本地上市公司中①，按照行业板块来分，市值占比最大的是信息技术板块，市值占比超过 1/4，其次是医疗保健和可选消费，市值占比分别为 14%、13%，然后是电信服务和金融（见图 2-4）。

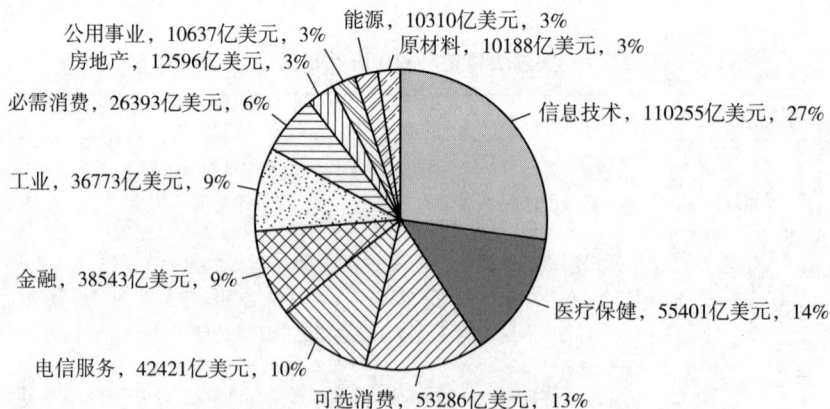

图 2-4　美国上市公司行业板块市值分布

注：截至 2020 年底。

资料来源：Wind 资讯、彭博。

_____

① 本书在分析一个国家和地区股市上市公司时，除中国香港市场以外，统计口径均采取的是本地上市公司原则，即在本地交易所上市的注册在本地的企业。因此这里我们所说的美国上市公司，仅指美国企业，不包含阿里巴巴、拼多多、台积电等在美国使用存托凭证（ADR）形式上市的非美国注册企业。

表2-3报告了到2020年底美国市值最大的30家公司名称及其对应的行业板块，美国是全球最发达的资本市场，市值最大的前30家公司市值普遍超过2000亿美元，更有4家公司市值突破万亿美元。分别是苹果、微软、亚马逊和谷歌。美国的科技产业十分发达，除了上述四家互联网巨头外，还诞生了脸书、奈飞、奥多比、Salesforce、英伟达、英特尔、高通等一大批卓越的软硬件公司。在消费领域也涌现出众多全球知名品牌，例如沃尔玛、好市多、宝洁、可口可乐、百事可乐、耐克、麦当劳、亿滋、卡夫亨氏、星巴克等。美国的医疗保健和金融行业同样在全球占据重要地位。

表2-3 **2020年底美国市值最大的30家上市公司列表** 单位：亿美元

公司名称	行业板块	市值	公司名称	行业板块	市值	公司名称	行业板块	市值
苹果	信息技术	22323	摩根大通	金融	3875	康卡斯特	电信服务	2400
微软	信息技术	16784	万事达卡	信息技术	3552	奥多比	信息技术	2396
亚马逊	可选消费	16382	宝洁	必需消费	3426	奈飞	电信服务	2395
谷歌	电信服务	11834	联合健康	医疗保健	3317	可口可乐	必需消费	2359
脸书	电信服务	7782	迪士尼	电信服务	3287	耐克	可选消费	2228
特斯拉	可选消费	6774	英伟达	信息技术	3232	美国默克	医疗保健	2070
伯克希尔哈撒韦	金融	5437	家得宝	可选消费	2858	美国电话电报	电信服务	2049
维萨	信息技术	4674	贝宝（PayPal）	信息技术	2745	辉瑞	医疗保健	2049
强生	医疗保健	4143	美国银行	金融	2622	百事可乐	必需消费	2047
沃尔玛	必需消费	4081	威瑞森	电信服务	2431	Salesforce	信息技术	2034

资料来源：Wind资讯、彭博。

第二节 美国股市行情脉络

一、1948～1957年[①]：新的开始

经历了第二次世界大战及战后的经济衰退，1948年起美国股市翻开了新篇章。

1948年进入第二次世界大战后的第三年，经济问题中的首要任务依然是对抗通胀，美联储货币政策依然偏紧。国际局势中1948年爆发了第一次柏林危机，而与此

[①] 此处起始时间点选择与笔者的《美股70年：1948～2018年美国股市行情复盘》保持一致。

同时美国也对盟国开始了"欧洲复兴计划"（又称"马歇尔计划"）。1948 年股市整体是在一个区间震荡。到 1949 年美国的货币政策开始松动，经济也慢慢企稳回升，1949 年年中开始，美国股市正式进入牛市，美国二战后的"长牛"从此开启。

1950 年开始经济形势变得越来越好，使得股票市场在 1950 年上半年持续上涨。1950 年 6 月，朝鲜战争爆发，受此影响，美股短期内出现了大幅下跌。1950 年下半年影响美国股市的因素主要有三个方面：一是美国应对"朝鲜战争"所做的战时动员价格管制；二是为应对通货膨胀上行，货币政策持续收紧；三是经济形势不断好转企业利润大幅增加。价格管制、征税、货币政策收紧，无疑对股市都是极大的负面影响，但股市表现却在 1950 年 7 月大跌之后逐步回升，并超过同年 6 月的高点。促使股市上涨的主要原因就是当时经济实在太好了，企业盈利大幅增加。

1951 年 3 月，《财政部联邦储备协议》正式出台。从此刻开始，美联储不再隶属于美国财政部，美联储正式以独立的中央银行身份开始运作。美联储不再负责维持美国国债低利率，此后货币政策开始完全独立，美联储开始着手调节货币供应以保持经济稳定运行。1952 年，由朝鲜战争带来的战时需求慢慢减弱，同时美国钢铁工人的罢工运动也对市场产生不少的负面冲击。但总体看，美国股市在 1951～1952 年是震荡向上的。1952 年底，艾森豪威尔当选美国总统。

这波股市的上涨一直持续到 1953 年初，随着美国经济开始进入衰退，股市在 1953 年上半年开始下跌调整。为应对经济衰退，美国政府的各项政策宽松也随之而来，而政府也提出了减税的相关设想，股市从 1953 年下半年开始企稳回升。1954 年和 1955 年是美股大牛市，1954 年美股全年股价一路平稳上行几乎没有回调，形态走势几近完美，道琼斯工业指数在时隔二十多年后终于超越了 1929 年的巅峰高点，美股进入了一个新的历史阶段。1955 年美国经济不断好转，从复苏走向繁荣，虽然美联储的货币政策开始收紧，但经济的强势使得美股继续大涨。

到 1956 年美联储货币政策持续收紧，当时美国经济最担心的问题就是通货膨胀，美国政府在不断提醒未来经济出现通货膨胀的危险，甚至当时市场有传言政府可能要再度进行工资和价格控制。下半年国际局势有所变化，苏伊士运河事件以及第二次中东战争等，也对美股产生了一定的影响，美股在 1956 年从牛市转向了宽幅震荡。1957 年下半年开始，美国经济进入衰退，这是第二次世界大战之后的第一次全球性衰退，但由于担心通胀，美联储货币政策在当时依然是收紧的，1957 年美股出现了较大幅度的下跌。

总体看 1948～1957 年美股是一个大牛市，其间有过几次波动，但问题不大，具体走势见图 2–5。

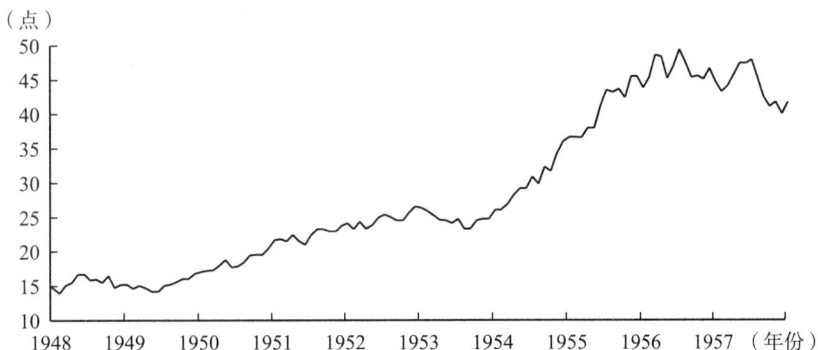

图 2 – 5　1948 ～ 1957 年美国标普 500 指数走势概览

资料来源：Wind 资讯。

二、1958 ～ 1968 年：沸腾岁月

在全球经济衰退叠加美联储货币政策收紧的背景下，1957 年美股出现了大幅下跌，一直到 1957 年 11 月美联储的货币政策才转向宽松。货币政策的宽松在 1958 年得到了进一步的延续，经济形势从 1958 年 4 月开始略有好转，在此背景下，1958 年美股全面上涨，随着经济的好转到 1958 年底时货币政策再度开始收紧。1959 年 9 月，赫鲁晓夫访美，这是苏联领导人第一次正式访问美国。当时货币政策在收紧过程中，且市场担心美苏两国关系缓和，会使得后续国防项目减少影响经济增长，美股从 1959 年下半年进入调整。

1960 年美国经济再度进入下行，1960 年 5 月，美国一架 U2 高空侦察机在苏联上空被苏联导弹击落，随后四国峰会取消，引发国际局势再度紧张，1960 年 10 月，黄金价格大涨，大幅超过官定价格，美元作为布雷顿森林体系所规定的储备货币第一次显现出信任危机。1960 年美股下跌近 10%。美股走势从 1960 年底开始好转，此时货币政策放松，美国经济也从 1961 年第二季度起开始好转。1961 年初，约翰·肯尼迪宣誓就任美国总统，成为美国历史上最年轻的总统。1961 年虽有不少事件性冲击，如猪湾事件、第三次柏林危机等，但并没有影响股市上涨的势头。

市场转折出现在 1962 年 3 月中旬，市场开始连续下跌一直到同年 6 月底，指数跌幅超过 25%，此次大跌在美股历史上可以排得上号，被称为"肯尼迪大跌"。大跌的主要原因是估值太高，当时美股的估值已经达到了一个非常高的位置，这个估值水平一直要到 30 年以后才再次被突破。1962 年市场的大跌是对前期大幅上涨的一次系统性消化调整。1962 年 10 月古巴导弹危机爆发，使得全世界处在了战争的边缘，股市短暂受到冲击后再度回暖，新的一轮上涨行情就此展开。

1963 年各项经济数据开始逐步变好，货币政策收紧无碍市场上涨。1963 年 11 月 22 日，美国总统肯尼迪在达拉斯遇刺身亡，震惊全球。不过股市大跌之后随即反弹，走出了一个深"V"形走势。1964 年初林登·约翰逊继任美国总统，提出了"向贫困宣战"口号。1964 年 2 月，众所期待的减税终于到来，此次减税将联邦个人所得税最高档税率从 91% 下调至 70%，企业所得税税率从 52% 下调至 48%。而与此同时，美国经济到 1964 年也表现出非常强劲的势头，经济开始进入繁荣阶段。美股在 1964~1965 年持续大幅上涨。

1965 年在越南战争和"伟大社会"的财政支出刺激下，美国经济如火如荼，经济的繁荣在 1966 年继续延续着，但不少问题已经出现。一是当时经济已经基本接近完全就业，失业率难有进一步下降空间。二是通胀问题愈发突出。股市从 1966 年 2 月开始变脸，进入一个将近 9 个多月的下跌通道中。导致股市下跌的直接因素是不断增加的财政支出使得通胀上行，进而不断推高利率水平。1967 年 2 月，美联储宣布降低存款准备金要求，货币开始放松，股市企稳向上。1968 年初，黄金危机再度爆发，英国宣布伦敦黄金市场暂时关闭，黄金市场走向双轨制。一方面各国央行间维持着 35.20 美元/盎司的黄金美元官方比价；另一方面黄金价格在自由市场上开始浮动。同年 3 月 18 日，美国取消了发行钞票时要有 25% 黄金储备的规定。1967 年和 1968 年美国股市震荡上行。

20 世纪 60 年代中后期美国通胀已经开始明显起来，但当时还没有出现恶性通胀和所谓的滞胀，美股这十多年间依然是持续上涨的行情（见图 2-6）。

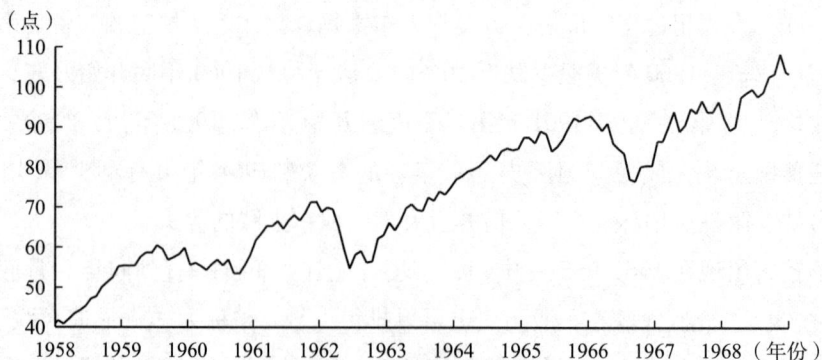

图 2-6　1958~1968 年美国标普 500 指数走势概览

资料来源：Wind 资讯。

三、1969～1979年：原地踏步

美股从1969年初开始下跌调整，主要原因是通胀的压力越来越大了。到1969年1月中旬，美国大型商业银行在过去五周内连续三次上调最优惠贷款利率并达到7%的历史最高水平。随后经济也开始下行，美国经济在滞胀中进入1970年，经济衰退利率持续上行，解决通胀无疑是头等大事。美股快速大幅的下跌在1970年5月底出现转机，1970年5月27日晚间美联储主席阿瑟·伯恩斯保证，美联储作为"最后贷款人"，绝对不会让美国经济因为缺乏金融资金而崩溃。1970年6月以后，经济情况有所好转，美股开始回升。

1971年8月，尼克松总统宣布实行新经济政策，目的在于对内控制通货膨胀，对外维持美元的地位。新经济政策由三要素构成，一是关闭黄金兑换窗口、布雷顿森林体系正式终结，二是实行90天的工资和物价冻结，三是对于进口到美国的商品征收10%的进口附加税。政策宣布后，美股随后开始大涨。从1970年下半年到1972年底，这段时间是美国股市的甜蜜岁月，当时通胀下行而经济上行，利率不断走低，股市大涨，非常著名的"漂亮50"行情就是在这期间爆发的。

1973年初开始，经济形势逆转，通胀开始上行而经济开始下行，股市开始大幅下跌。特别是1973年10月第一次石油危机的爆发，更是形成了致命一击，美国股市进一步大幅下挫。1974年美国经济因为石油危机进入深度衰退，这次经济衰退对所有西方主义国家而言，基本都是二战后最严重的。1974年8月，美国总统尼克松因"水门事件"被迫宣布辞职。美股在1974年继续大幅下跌。

1974年12月6日，在经历了全年的经济衰退和通胀上行之后，美联储终于降息了，开启了降息周期。随后美联储不断降息，经济复苏回升，第一次石油危机的困难算是过去了，1976年7月美国建国200周年，美股在1975年和1976年连续反弹大涨，但并没有突破1972年底的高点。1977年美国的货币政策再次偏向紧缩，美联储采取措施收紧银行准备金，股市开始见顶回落。进入1978年以后，货币政策仍在持续收紧，但美国经济在1978年出现进一步向上势头。1978年底到1979年第一季度，由伊朗伊斯兰革命引起的第二次石油危机爆发，这一次美国股市没有受到太大影响。1979年8月，传奇人物保罗·沃尔克就任美联储主席。股市在1977年调整后到1978年再度向上，一直持续到1979年底。

20 世纪 70 年代美股表现不再如之前那样持续单边上扬，而是走出了一个长时间的宽幅震荡行情，十年间美股指数在原地踏步（见图 2-7）。

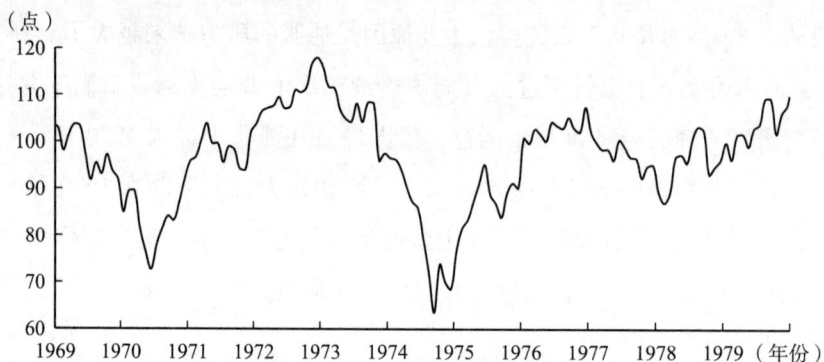

图 2-7 1969～1979 年美国标普 500 指数走势概览

资料来源：Wind 资讯。

四、1980～1987 年：新的历史高度

1980 年美股先抑后扬，1980 年 11 月，共和党人里根当选美国总统。里根的保守主义经济政策抓住了当时美国社会最迫切需要的东西，那就是渴求变革。美国的里根政府和稍早之前上台的英国撒切尔夫人政府，随后成为资本主义国家政策改革的标杆。1981 年是保罗·沃尔克领导美联储对抗通胀最紧要的时期，当时美联储的政策利率已经突破 10%，而美国银行的贷款利率一度突破了 20%。与此同时，美国经济从 1981 年开始下行，到 1982 年再度进入经济衰退。美股从 1981 年开始，一直到 1982 年上半年连续下跌。

1982 年下半年开始是一个重要的转折点，自此以后美国对抗通胀的斗争取得了决定性胜利，美国利率从此开始了几十年的下行道路，美股见底企稳回升，并随后一举突破了此前十几年的震荡区间。

1983 年美国经济和股市均全面回升，1983 年 3 月里根总统提出了著名的"星球大战计划"。1984 年美国经济增速开始回落，全年美股市场一直在宽幅震荡。1985年，美国与日本、德国、英国、法国等国签订了著名的《广场协议》，五国联合干预外汇市场，各国开始抛售美元，继而形成市场投资者的抛售狂潮，导致美元持续大幅度贬值。《广场协议》达成以后，美国市场普遍认可货币政策有进一步放松的空间，且汇率贬值对企业也是一种利好，行情开始启动。

1986年初国际原油价格开始暴跌，出现了所谓的"石油过剩"，由此导致了美国利率的大幅回落，美股继续大涨。股市行情到1987年更加如火如荼，但需要注意的是，美股从1982年下半年开始的牛市行情，总体上是以估值驱动而非盈利驱动的，指数涨幅贡献的绝大部分都是估值抬升，这段行情也可以认作是美股的"改革牛"。到1987年10月行情高点时，美股估值再度到了历史最高水平。1987年10月股灾开始了，从小跌到大跌最后到"黑色星期一"的出现。1987年10月19日（黑色星期一），股市一开盘便下跌，止不住的下跌，当天标普500指数下跌20.5%，道琼斯工业指数跌幅达22.6%，超过了1929年10月29日股市暴跌的纪录。1987年10月19日创纪录的交易量使许多系统"瘫痪"。同时，美国股市的暴跌迅速蔓延至全球。

20世纪80年代美国经济开始走出了滞胀的阴影，自1982年下半年起美股进入了一个新的时期，但后面几年美股涨幅过快脱离了盈利增长速度，最后导致了1987年10月用股灾的形式进行了纠正和修复（见图2-8）。

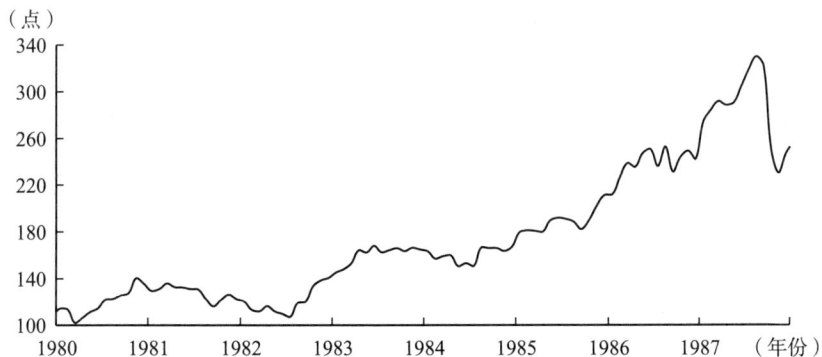

图2-8　1980~1987年美国标普500指数走势概览

资料来源：Wind资讯。

五、1988~1999年：从牛市到泡沫

从20世纪80年代后期开始，美股与宏观经济走势的关联度开始明显降低了，此时美国经济结构已经发生了重大的转变，服务业已经替代了工业成为最重要的产业。如果从工业增速走势来看，1988年和1989年美国经济处在下行通道，且此时利率也

没有明显降低，但股市依然有很不错的表现。80 年代末，美国还爆发了储贷危机，但并没有对股市产生太大的影响。

自 1990 年 7 月开始，美国经济正式陷入衰退，1990 年 8 月开始股市的形势更加恶化，不仅国内经济迅速下滑，海外政治局势也十分动荡，当时伊拉克入侵科威特，使得市场担心第三次石油危机的爆发。但美股调整的时间不长，从 1990 年底开始企稳回升。1991 年 1 月美国老布什总统命令美军向伊拉克开战，以美国为首的多国部队轰炸巴格达，发起"沙漠风暴"行动，"海湾战争"爆发。次日 1 月 17 日道琼斯工业指数大幅上涨 4.57%。1991 年 2 月 28 日，"海湾战争"结束。美国经济从 1991 年第二季度开始回升，到年底走出衰退。

1992 年，美国的经济开始出现了明显复苏。1993 年 2 月，新任美国总统比尔·克林顿正式提出了他的经济振兴计划。在克林顿经济计划颁布后的两年，美国经济持续复苏，经济增长呈平稳上升趋势，1993 年与 1994 年全年 GDP 增速分别为 2.8% 和 4.0%，而通货膨胀率得到了有效控制，核心 CPI 降到了 1967 年以来的最低点。1992 ~ 1994 年这三年，美股整体是缓慢上行的节奏。

股市行情从 1995 年开始进入到了加速上涨阶段，美股慢慢开始从繁荣走向了泡沫。高增长、低通胀，新经济的繁荣使得美国经济产生了从未有过的美好，股市的持续上涨是对这一美好的反映和憧憬。虽然早在 1996 年美联储主席艾伦·格林斯潘就给出了"非理性繁荣"的警告，事后看这没错，但在当时如果你接受了这个建议，就将会错过美股历史上最动人的主升浪。1997 年，"东南亚金融危机"的爆发以及由此引发的 1998 年美国长期资本公司的倒塌，使得美联储在一个本不是太应该降息的时点降息了，火上浇油的结果是美股从 1998 年后期进一步加速了"泡沫"化阶段。

美国经济结构中制造业占比不断下降，"经济服务化、结构高级化"的趋势愈发明显。信息科技和生物科技成为股市"泡沫"的领头羊，他们都有基本面、政策面、资金面的支持和共振，但狂热的资本市场把一切都放大了。截至 1999 年末，标普 500 已经是连续第 5 个年度收益率超过 20% 了。而如果单看 1999 年当年，涨幅更加惊人，标普 500 指数上涨 19%，道琼斯工业指数上涨 25%，而纳斯达克指数上涨了 86%，创下有史以来年涨幅最高纪录！

1988 ~ 1999 年，美股从一个温和的牛市最后走向了一个疯狂的牛市（见图 2 - 9），从繁荣到"泡沫"，这段时期美国股市给人留下了太多回忆、激情、感伤和教训。

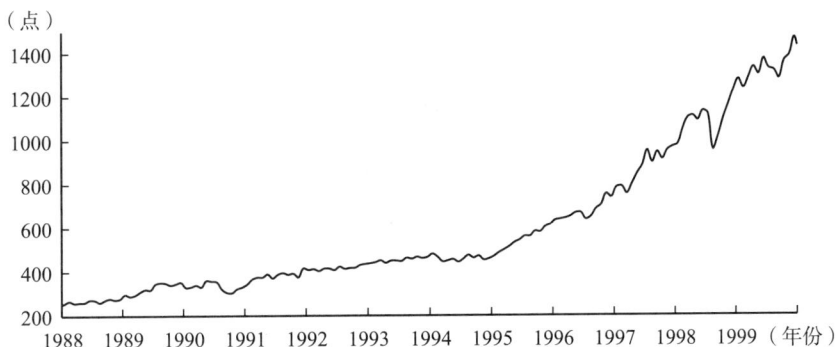

图 2-9 1988~1999 年美国标普 500 指数走势概览

资料来源：Wind 资讯。

六、2000~2008 年：苦苦挣扎

美国 20 世纪 90 年代新经济繁荣的牛市持续到 2000 年，到 2000 年初"泡沫"的巅峰时，全市场就只有极少数公司和行业股票在上涨了，纳斯达克指数与标普 500 和道琼斯工业指数走势完全背离。紧缩的货币政策使得美国经济在 2000 年末明显放缓，美国司法部对微软公司的反垄断指控更是引爆了积蓄已久的"互联网泡沫"，2000 年 3 月科技股行情见顶，2000 年的纳斯达克指数迎来了 1971 年以来表现最差的年份，全年下跌 39.3%，标普 500 指数和道琼斯工业指数也未能幸免。

资本市场的崩溃对美国的居民及企业带来负面的财富效应，在此影响下，美国经济增速下行在 2001 年更加明显，美国经济开始了新一轮的衰退周期。随着经济疲软的蔓延甚至加剧，美联储大幅下调了联邦基金目标利率，2001 年内连续 11 次降息，联邦基金目标利率从年初的 6.5% 下降至年末的 1.75%，同时 12 次下调贴现率，贴现率从 6.0% 到 1.25%，降至 1948 年以来的最低水平。2002 年继续下调联邦基金目标利率与贴现率分别至 1.25% 和 0.75%。但屋漏偏逢连夜雨，2001 年"9·11"事件爆发，还有"安然事件""世通公司事件"等会计造假层出不穷，美国股市有如临深渊之感，美股行情的下跌一直持续到 2002 年底，标普 500 指数累计跌幅超过 40%。

2003 年联邦基金目标利率进一步降低至 1.0%，此时中国经济开始强劲崛起推升全球经济回暖，在宽松的货币政策、积极的财政政策等多重刺激下，美国经济摆脱衰退开始回升，2003 年美国经济增长更加强劲。2004 年开始，在全球经济复苏和美国国内地产繁荣的推动下，美国经济增长强势，通胀温和，资产价格不断上涨，美国经济基本已经摆脱了"互联网泡沫"危机。美股开始大幅上涨，标普 500 指数在 2007

年突破了 2000 年泡沫时的高点。

但隐患并未消除，"灰犀牛"正不断走来，房地产市场的"泡沫"开始不断积聚。在 2001 年"互联网泡沫"破裂后，美国政府将房地产选择作为经济刺激的重要手段，自 2001 年起美联储持续降息，30 年固定利率抵押贷款合约利率从 2000 年 5 月的 8.52% 下降至 2004 年 3 月的 5.45%，小布什政府也看中了房地产对经济的提振作用，提出"居者有其屋"计划。在流动性过剩、低利率以及政策的多重刺激下，房地产信贷机构不断放松住房贷款条件，低收入群体的购房需求不断攀升。在快速增长的贷款支撑下，2004~2006 年房价上涨了近 30%，相比 2000 年上涨幅度更是超过 80%。可以说，在 2000 年股市崩盘之后，房地产市场取代了股市，承载着美国的"非理性繁荣"。

随着经济复苏的趋势确立，出于对通货膨胀的担忧，美联储的货币政策从 2004 年 6 月开始转向，两年内连续 17 次加息，联邦基金目标利率从 2004 年初的 1.0% 迅速上升至 2006 年的 5.25%，贴现率也从 2.0% 上升至 6.25%。不断上升的利率使得借款人的还款压力大幅增加，房价下跌，房地产市场"泡沫"破裂，进而引发了"次贷危机"。房地产市场"泡沫"崩溃的影响通过次级抵押贷款开始传导至金融部门，2008 年金融市场持续动荡，贝尔斯登被收购，"两房"被监管机构接管，"次贷危机"不断蔓延；雷曼兄弟的倒闭则意味着"次贷危机"最终演化为了金融危机，全球资产价格、信贷环境、企业及消费者信心均受到了巨大的冲击。

2000~2008 年，这九年美国股市很难受，美国股市先后经历了两次危机，从泡沫高点大幅回落，再起来再大幅回落，走出了一个大写英文字母倒"N"形（见图 2-10）。21 世纪最初十年是美国股市第二次世界大战后表现最差的 10 年，甚至比 20 世纪 70 年代"滞胀"时期还要差。

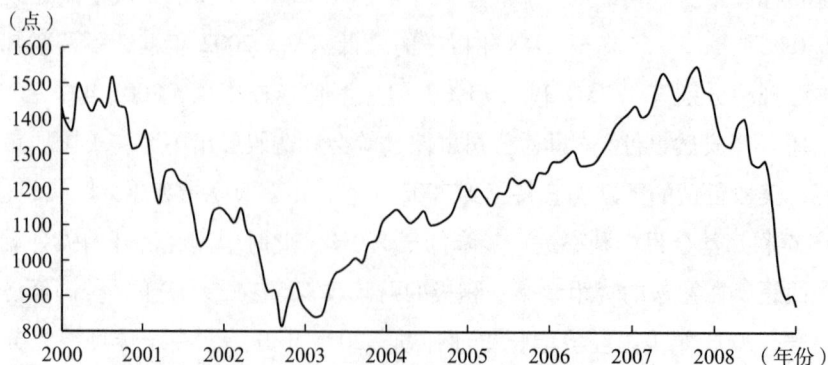

图 2-10　2000~2008 年美国标普 500 指数走势概览

资料来源：Wind 资讯。

七、2009～2020 年：股市慢牛

金融危机后，在全球经济严重衰退背景下，美国经济在 2009 年上半年进一步收缩，GDP 增速在 2009 年 6 月触及了 －3.9% 的低点。但随后，得益于金融状况的改善、美国货币和财政政策的刺激以及国外经济的复苏，2009 年下半年美国的经济活动出现回升，逐步走上复苏的道路。2009 年各国政府都在强力刺激经济，中国有"四万亿"投资计划，美国也出台了大萧条以来规模最大的刺激方案，全球经济和股市劫后余生，股市出现了报复性反弹。

美国经济复苏的趋势一直延续至 2010 年，鉴于金融市场功能的改善以及经济活动的复苏，到 2010 年 6 月底，美联储已经停止了在危机期间为支持市场而设立的所有特别流动性工具。但由于 2010 年秋季开始经济指标出现了放缓的趋势，这使得市场对美国经济复苏持久性的担忧情绪大幅上升。迫于压力，同时为了巩固经济的复苏趋势，美联储在 2010 年 11 月宣布推出第二轮量化宽松政策。2012 年 9 月，美联储公布了第三轮量化宽松政策，本次量化宽松不设置最终期限，美联储每个月都将购买 400 亿美元的抵押贷款支持债券，直到经济出现明显改善。在美联储先后推出的多轮量化宽松政策刺激下，2010～2014 年美国股市稳定向上，特别是 2013 年标普 500 指数大涨 30%，成为"千禧年"以来美股涨幅最大的一年。

美国 GDP 增速在 2015 年第一季度同比上升 4.0%，达到金融危机以来的高点，由于就业市场状况大幅好转，美国失业率持续降低，而经济运行较为稳定，美联储在 2015 年底正式开启了货币政策正常化进程。美国的货币政策正常化进程主要包括两个方面：一是利率正常化进程，又称为"加息"进程；二是资产负债表正常化进程，又称为"缩表"进程。2015 年 12 月，美联储在金融危机之后首次加息，调升联邦基金目标利率 0.25 个百分点，随后在 2016～2018 年，年内分别调升 1 次、3 次、4 次利率，至 2018 年底，联邦基金目标利率已经上升到 2.25%～2.50% 的区间。与"加息"进程相比，美联储"缩表"进程启动的时间较晚，2017 年 10 月，美联储正式开启了缩减资产负债表的进程。

2015 年美联储的正式加息虽然使得美股行情在 2015 年下半年略有调整，但完全不能阻挡股市向上的趋势。上市公司基本面从 2016 年起显著好转，2017 年美国总统特朗普推出的史上最大规模减税计划，进一步加强了美国经济和股市的向上势头。税改后美国个人所得税部分税率下调，起征点标准几乎翻倍；联邦企业所得税税率由

35%下降至21%；国际税收方面，使用属地征收体系，修改国际税收优惠体系，鼓励美国企业海外利润回流国内。

2018年随着美联储货币政策的持续收紧，以及中美贸易摩擦的升级，全球经济开始由盛转衰进入下行，美国股市在2018年第四季度出现一定幅度调整。2019年美联储又开始了"预防性降息"，使得全球流动性充裕，各类资产价格普涨，美股重回升势。2020年3月，新冠肺炎疫情在全球蔓延，美股暴跌，危难之中美联储再度果断出手，先是火速降息至0，随后又推出了无限制量化宽松以及对信用债市场的保障机制，美国的M2同比增速在2020年突破了20%，创1959年有历史数据以来的新高。在流动性极度宽松下，美国股市开始反转，很快收复失地并再度创出新高。

站在2009年危机时刻，可能事前没有人能想到后危机时代美股走出了十多年的"长牛""慢牛"行情（见图2-11），事后看金融危机后的这十二年时间又成为美股发展中的黄金时刻，纳斯达克指数也突破了2000年"互联网泡沫"时的高点，美国经济和股市结构完全转型，主要指数均创历史新高。

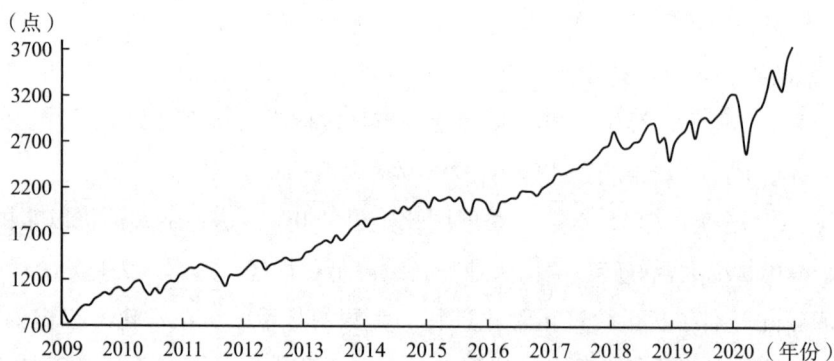

图2-11 2009~2020年美国标普500指数走势概览

资料来源：Wind资讯。

第三节 美国股市板块结构特征

一、美国股市板块轮动整体概况

从1982~2020年这近40年中，美股行业板块轮动大致可以分为四个阶段：

第一阶段，从 1982 年美股牛市开始到大致 20 世纪 90 年代中期，这个阶段美国利率开始大幅回落，在里根经济学新政后美国经济拨云见日，同时社会主义国家经济改革开放后美国的商品持续输出，从而造就了美股的"大消费时代"，必需消费、可选消费、医疗保健板块表现最好。

第二阶段，从 20 世纪 90 年代中期 1995 年左右开始一直到 2000 年初，在克林顿时期"高增长、低通胀"的美国新经济环境中，在计算机互联网的科技大浪潮下，科技板块一枝独秀，此时的科技既包括电子计算机信息技术科技，也包括被认作是 21 世纪最前沿的生物科技，这个阶段中美股信息技术和医疗保健两个板块表现最好。

第三阶段，从"互联网泡沫"结束后的 2001 年到全球金融危机发生的 2008 年。这个阶段中，一方面，"互联网泡沫"后美国科技公司普遍受到较大负面冲击，一时间难以恢复元气；另一方面，2001 年加入 WTO 后中国经济开启了重工业投资的高速增长时代，2002 年以后几乎所有大宗商品价格都突破了此前长期的历史高点，能源、原材料等周期股板块成为领涨板块。同时，美国经济从 1991 年开始一直到 2006 年次贷危机前，出现了历史上最强劲的房地产景气周期，受此影响，美股金融板块在1991～2006 年有明显的超额收益。

第四阶段，2009 年金融危机之后到 2020 年底。金融危机之后全球经济进入下行周期，能源、原材料等周期板块表现最差，而次贷危机之后美国超长时间的房地产景气周期告一段落，金融板块开始长期跑输大盘，普通的日常消费品市场空间也接近饱和难有大的增长，必需消费板块有绝对收益但没有超额收益。这个阶段的领涨板块特征非常鲜明，就是以新产品和新模式为代表的科技和医疗保健。具体行业板块上，可选消费（包含亚马逊、特斯拉等）、信息技术、医疗保健这三个板块表现最好。

1982～2020 年美国行业板块收益表现轮动情况见表 2-4。

表 2-4　　　　　　　　1982～2020 年美国行业板块超额收益表现汇总

年份	能源	原材料	工业	可选消费	必需消费	医疗保健	金融	信息技术	电信服务	公用事业	房地产
1982～1984	×	△	√	√	√	×	√	×	×	△	×
1985～1986	×	△	×	√	√	√	√	×	√	△	×
1987～1988	√	△	×	√	√	√	×	×	√	△	×

续表

年份	能源	原材料	工业	可选消费	必需消费	医疗保健	金融	信息技术	电信服务	公用事业	房地产
1989～1990	√	△	×	×	√	√	×	×	√	△	×
1991～1992	×	△	△	×	√	×	√	×	√	△	√
1993～1994	×	△	△	×	△	√	√	√	×	×	√
1995～1996	×	×	△	△	√	√	√	√	×	×	×
1997～1998	×	×	×	△	√	√	√	√	×	×	×
1999～2000	×	×	×	×	√	×	√	√	×	×	×
2001～2002	√	√	△	×	√	×	√	×	×	√	√
2003～2004	√	√	△	×	√	×	√	×	×	√	√
2005～2006	√	√	△	×	×	×	√	×	×	√	√
2007～2008	√	√	×	×	√	×	×	×	×	√	×
2009～2010	×	√	√	√	×	△	√	√	△	×	√
2011～2012	×	×	√	√	√	√	√	×	△	△	√
2013～2014	×	×	√	√	√	△	√	×	△	×	√
2015～2016	×	×	√	√	△	√	√	×	√	√	√
2017～2018	×	×	√	√	×	√	√	√	△	×	×
2019～2020	×	×	×	√	×	√	×	√	△	×	×

注："√"表示在这一时间段板块表现好于市场整体，"×"表示跑输市场整体，"△"表示表现与市场整体相当，灰色阴影表示板块有持续超过5年的超额收益。

资料来源：Wind资讯、彭博。

二、美国股市消费板块行情特征

美股消费板块（必需消费与可选消费两个行业板块）[①] 截至2020年底时合计市值约8万亿美元左右，占全部美股总市值比重19%左右，是仅次于科技股的第二大板块。

必需消费品公司中，沃尔玛（Walmart）是市值最大的消费公司，作为一家全球连锁公司，按营业收入计算沃尔玛是全球最大的公司，连续多年在《财富》世界500

---

① 如无特殊说明，本书中提及的消费板块均包括可选消费和必需消费两个行业板块。

强企业中排第一，截至 2020 年底公司总市值 4081 亿美元。宝洁（Procter & Gamble，P&G）排第二，是全世界最大的日用消费品公司之一，旗下有众多中国读者熟知的消费品牌，包括 SK-Ⅱ、玉兰油（Olay）、舒肤佳、佳洁士、飘柔、海飞丝、护舒宝、汰渍等，总市值 3426 亿美元①。可口可乐（Coca-Cola）和百事可乐（PepsiCo）分列第三和第四，总市值都在 2000 亿美元以上。总市值 1000 亿美元以上的美股必需消费公司还包括好市多（Costco Wholesale，美国最大的连锁会员制仓储量贩店）、菲利普莫里斯（Philip Morris，世界第一大烟草公司，旗下第一大品牌万宝路）。除此以外，美国还有很多大牌消费品公司，具体见表 2 - 5。

表 2 - 5 　　　　　　　2020 年底美国市值最大的 30 家必需消费公司情况 　　　　　　单位：亿美元

公司名称	细分行业	市值	公司名称	细分行业	市值
沃尔玛	大卖场与超市	4081	西斯科	食品分销商	379
宝洁	家常用品	3426	通用磨坊	包装食品与肉类	360
可口可乐	软饮料	2359	沃博联	药品零售	345
百事	软饮料	2047	好时公司	包装食品与肉类	317
好市多	大卖场与超市	1669	阿彻丹尼斯米德兰	农产品	280
菲利普莫里斯	烟草	1289	高乐氏	家常用品	254
雅诗兰黛	个人用品	965	荷美尔食品	包装食品与肉类	252
亿滋国际	包装食品与肉类	830	克罗格公司	食品零售	243
高特利集团	烟草	762	泰森食品	包装食品与肉类	235
高露洁棕榄	家常用品	727	切迟杜威	家常用品	214
怪物饮料	软饮料	488	凯洛格公司	包装食品与肉类	214
金佰利	家常用品	457	康尼格拉食品	包装食品与肉类	177
克瑞格绿山	软饮料	450	金宝汤	包装食品与肉类	147
卡夫亨氏	包装食品与肉类	424	斯味可	包装食品与肉类	132
百富门	酿酒商	380	味好美食品	包装食品与肉类	128

资料来源：Wind 资讯、彭博。

　　从板块行情来看，1982 ~ 2020 年，美股必需消费板块超额收益走势大体上可以

---

① 如无特殊说明，本书在介绍上市公司总市值时，时间节点均为 2020 年底。

分为两个阶段：第一个阶段是从 1982 年开始一直到 1992 年，这期间美股市场大盘在涨，必需消费板块涨幅更大，板块持续跑赢市场获得了极大的超额收益。这个阶段是美股历史上著名的"大消费"红利时代。巴菲特、彼得·林奇等一大批美国著名投资家，都是成名于这个时代[①]。

第二个阶段是从 1993 年开始一直到 2020 年，在这个阶段中美股必需消费板块有绝对收益但没有超额收益，整体与市场走平。这期间美股必需消费板块有两个特征值得注意：一是之所以没有了超额收益，主要原因在于 20 世纪 80 年代美国消费品公司充分受益于全球化红利，产品从资本主义国家开始进入到社会主义国家，美国消费股在当时是绝对的成长股，可口可乐的 ROE 从 25% 左右一度上升到 50% 以上。而到 90年代中后期以后，这些消费股的成长性趋缓，从成长股变成了价值股，ROE 虽然绝对值很高，但是已经没有了向上的势头。二是价值属性的必需消费品板块成为稳定型的类固收避险资产，1993 ~ 2020 年，虽然必需消费板块没有趋势性超额收益，但是波动非常大，往往是在大盘暴跌或者危机时候，板块会有明显的超额收益（比如2000 ~ 2001 年、2008 年），而随后市场企稳后，板块会再度跑输大盘。过去近四十年美股必需消费板块超额收益长期走势见图 2 - 12。

图 2 - 12　1982 ~ 2020 年美国股市必需消费板块超额收益走势

资料来源：Wind 资讯、彭博。

从 2011 年初到 2020 年底这十年间，美股必需消费板块整体涨幅 161%（包含股

[①] 更多关于美股历史行情的分析，可以参见我们此前的专著：燕翔等. 美股 70 年：1948 ~ 2018 年美国股市行情复盘［M］. 北京：经济科学出版社，2020。

息率）①，低于同时期标普 500 指数 199％ 的涨幅，更远低于标普 500 全收益指数 267％ 的涨幅②。板块内部，过去十年③表现较好的细分行业是大卖场与超市、个人用品、软饮料。必需消费板块大市值龙头公司，过去十年股价表现总体都比较一般，沃尔玛、宝洁、可口可乐、百事、菲利普莫里斯这五家公司股价累计涨幅分别为 240％、195％、127％、205％、126％，这些龙头消费公司基本上已经演变成现金流较好的类固收资产，如果剔除股息红利，那么这五家公司过去十年的涨幅分别是 167％、116％、67％、127％、41％，做个对比就会发现股息红利占比非常大。

必需消费板块大市值公司中过去十年股价表现最好的是怪物饮料（Monster Beverage），累计涨幅约 10 倍④。怪物饮料主要产品是含有咖啡因的功能性运动饮料，公司最早并不是做功能饮料的，2002 年公司推出了面向年轻男性消费群体的能量饮料品牌怪物饮料，由于营销得当，怪物饮料快速走红。从 2002 年底起算到 2020 年底，18 年间公司股价累计涨幅超过 1000 倍，复合年化收益率高达 47％，是当之无愧的超级大牛股。

雅诗兰黛（Estee Lauder）也是过去十年美股必需消费板块的一个牛股，股价累计涨幅 6.4 倍。雅诗兰黛公司是全球著名的护肤品、化妆品和香水生产企业，旗下品牌包括海蓝之谜、雅诗兰黛、倩碧，从商业模式看雅诗兰黛公司更加聚焦于高端品牌。从产品结构看，过去十年雅诗兰黛公司的成长性主要来自护肤品，营收占比从 41％ 上升到 52％，化妆品和香水占比下降。从区域看，海外扩张是公司成长的关键，亚太区营收占比从 19％ 上升到 30％，与之对应美国本土占比从 44％ 下降到 27％。从某种意义上说，雅诗兰黛过去几年的成功与耐克、阿迪达斯等品牌运动服饰逻辑很像，都是赶上了新兴市场国家高端消费品购买力大幅提升的红利。

凭借商业模式的领先，好市多过去十年股价累计上涨 5.9 倍，也是不错的表现。好市多与雅诗兰黛两个公司股价表现都很好，算是一个有意思的对比，或许反映了社会贫富差距扩大的影响，一方面是富人对奢侈品的购买力在增加，另一方面能够为穷

---

① 本书中涉及的个股、行业、市场整体的股价收益率（或称涨跌幅），如无特别说明，均为包含股息率的含权收益率概念。

② 标普 500 指数与标普 500 全收益指数的区别在于，后者包含股息收益而前者不包含，理论上全收益指数统计收益率更加科学，但是全收益指数一则不是实时行情数据，二则历史数据少很多，故而现实中市场投资者关注非全收益指数更多。

③ 如无特殊说明，本书中凡是提及"过去十年"，均指 2011 年初至 2020 年底。

④ 累计涨幅 10 倍的含义是从 1 元上涨至 11 元，涨幅 1000％，后文表述均同。

人提供降低生活成本的商业模式也很成功。

相比于必需消费，可选消费板块在美股中市值占比更大，而且包含了更多的新兴产业公司。亚马逊是当之无愧的第一大公司，截至2020年底总市值高达16382亿美元。排第二的是全球电动汽车领军企业特斯拉（Tesla），总市值6774亿美元。排第三的是家得宝（Home Depot），全球领先的家居建材用品零售商，总市值2858亿美元。排第四的是耐克（Nike），全球著名的体育运动品牌，总市值2228亿美元。随后是麦当劳（McDonald's，全球大型跨国连锁餐厅）、星巴克（Starbucks，全球专业咖啡连锁店）、劳氏（Lowe's，家居装饰零售商），市值都在1000亿美元以上。除此之外，美股可选消费板块还有一批世界闻名的企业，板块大市值公司见表2-6。

表2-6　　　　　　　　2020年底美国市值最大的30家可选消费公司情况　　　　单位：亿美元

公司名称	细分行业	市值	公司名称	细分行业	市值
亚马逊	互联网零售	16382	万豪国际	酒店度假游轮	428
特斯拉	汽车制造商	6774	墨式烧烤	餐馆	388
家得宝	家庭装潢零售	2858	Chewy公司	互联网零售	371
耐克	鞋类	2228	福特汽车	汽车制造商	350
麦当劳	餐馆	1599	易趣	互联网零售	344
星巴克	餐馆	1259	威富公司	服装服饰奢侈品	334
劳氏	家庭装潢零售	1207	百胜餐饮	餐馆	326
缤客	酒店度假游轮	912	奥莱利汽车	汽车零售	322
塔吉特百货	百货商店	884	希尔顿酒店控股	酒店度假游轮	309
TJX公司	服装零售	820	汽车地带	汽车零售	271
通用汽车	汽车制造商	583	百思买	电子产品零售	257
达乐公司	百货商店	515	美元树	百货商店	254
金沙集团	赌场与赌博	455	霍顿房屋	住宅建筑	251
互联健身	休闲产品	446	莱纳房产	住宅建筑	238
罗斯百货	服装零售	438	嘉年华邮轮	酒店度假游轮	235

资料来源：Wind资讯、彭博。

从可选消费板块的超额收益走势来看，1982～2020年大体上可以分为三个阶段：

第一阶段是 1982~1988 年，可选消费品明显跑赢大盘，超额收益持续上升，这期间美国几个汽车制造企业股价有非常好的表现。第二阶段从 1989 年到 2008 年金融危机，尽管中间有多次波动，可选消费板块总体上持续跑输大盘。第三阶段从 2009 年金融危机后一直到 2020 年，得益于互联网零售、电动汽车等一批新兴消费产业的优异表现，可选消费板块再度持续大幅跑赢市场。

从 2011 年初到 2020 年底这十年间，美股可选消费板块整体涨幅约 395%，显著好于市场整体。有读者可能会认为过去十年美股可选消费强，主要是因为亚马逊实在太强，这个观点没错但不全面，即使剔除亚马逊公司，过去十年美股可选消费板块也是持续跑赢大盘的。从板块内部情况看，互联网零售、家庭装潢零售、鞋类、休闲设施，这几个细分行业股价收益率表现领先。美股可选消费板块的历史超额收益走势见图 2-13。

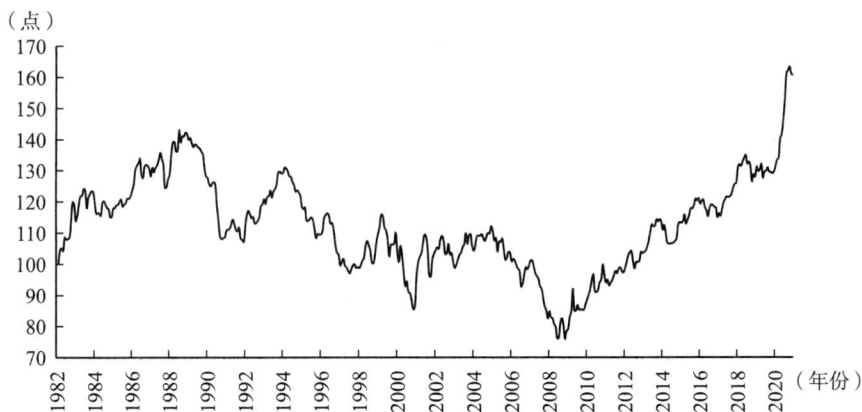

图 2-13　1982~2020 年美国股市可选消费板块超额收益走势

资料来源：Wind 资讯、彭博。

可选消费板块行情过去十年中除了我们所熟知的几个新经济巨头公司涨幅巨大外（特斯拉涨幅 131 倍、亚马逊涨幅 17 倍），在"零售"这个领域出现了一大批牛股，包括：（1）家庭装潢零售连锁公司，家得宝过去十年涨幅 8.5 倍、劳氏涨幅 6.7 倍，还有个小公司叫 GrowGeneration，经营连锁零售水培和园艺，涨了 15 倍；（2）汽车零售公司牛股辈出，奥莱利汽车（O'Reilly Automotive，汽车后市场汽配零售公司）涨幅 6.5 倍、卡尔瓦纳（Carvana，互联网二手车车商）涨幅 23 倍、利西亚车行（Lithia Motors）涨幅 21.7 倍；（3）折扣服装零售公司，TJX 公司

（全美最大的品牌服装和家居时尚产品折扣零售商）涨幅 5.9 倍、罗斯百货（Ross Stores，也是一家著名的服装折扣零售商）涨幅 7.5 倍、伯灵顿百货（Burlington Stores）涨幅 8.2 倍。

传统消费品中分化巨大，耐克公司股价十年涨幅 6.5 倍，好于其他所有鞋类公司，龙头效应非常明显。汽车制造商中除特斯拉大牛外，传统汽车巨头通用汽车（General Motors）十年涨幅 46%、福特汽车（Ford Motor）十年下跌 23%，表现都非常差。总体而言，可选消费板块由于不同细分行业公司众多，出现了不少新的消费产品和商业模式，股票赚钱效应是比较突出的。

三、美国股市金融板块行情特征

美股金融板块也是一个较大的行业板块，截至 2020 年底总市值约 3.9 万亿美元，占全部美股合计市值比重约 9%，排在科技、消费、医疗保健之后。

金融板块市值最大的公司是巴菲特的伯克希尔哈撒韦公司（Berkshire Hathaway），是一家主营保险业务的全球著名投资公司，2020 年底总市值 5437 亿美元。市值排第二的是摩根大通（JPMorgan Chase），2000 年由大通曼哈顿银行及 J. P. 摩根公司合并而成立，是一家商业银行，市场一般称之为"小摩"，总市值 3875 亿美元。排第三的是美国银行（Bank of America），总市值 2622 亿美元，2008 年美国银行收购了当时排第三的大投行美林证券（Merrill Lynch），合并成为美银美林（Bank of America Merrill Lynch），2019 年公司决定将美林从名称中去除。排第四的是花旗集团[①]（Citigroup），总市值 1284 亿美元，公司是由花旗银行与旅行者集团（Travelers Group）于 1998 年合并而成，这在当时是美国有史以来最大一起企业兼并案。排第五的是富国银行（Wells Fargo）[②]，总市值 1251 亿美元，金融板块市值排第二至第五的都是商业银行。排第六的是摩根士丹利（Morgan Stanley），全球著名的投资银行，人称"大摩"，总市值 1240 亿美元，摩根士丹利最早是 J. P. 摩根公司中的投资部门，1933 年大萧条后美国监管要求金融业分业经营，摩根士丹利作为投资银行独立出来，而 J. P. 摩根公司则转为纯商业银行。排第七的是贝莱德（BlackRock），是全球最大

---

① 花旗银行英文名称 Citi 是城市的意思，之所以被叫作"花旗"，是该银行 20 世纪初进入中国上海后，当时悬挂的美国国旗星条旗被上海市民称为"花旗"，随后该名称沿用至今。

② 富国银行与国内著名的基金公司富国基金并没有关系，富国基金英文名称是 Fullgoal Fund。

的资产管理公司，总市值 1101 亿美元。除此以外，美股金融板块还有很多有名的大公司，具体见表 2-7。

表 2-7　　　　　　　　2020 年底美国市值最大的 30 家金融公司情况　　　　　　单位：亿美元

公司名称	细分行业	市值	公司名称	细分行业	市值
伯克希尔哈撒韦	财产与意外伤害保险	5437	PNC 金融服务集团	区域性银行	632
摩根大通	综合性银行	3875	威达信集团	保险经纪商	594
美国银行	综合性银行	2622	前进保险	财产与意外伤害保险	579
花旗集团	综合性银行	1284	穆迪公司	金融交易所与数据	543
富国银行	综合性银行	1251	第一资本金融	消费信贷	454
摩根士丹利	投资银行业与经纪业	1240	黑石集团	资产管理与托管银行	443
贝莱德	资产管理与托管银行	1101	大都会人寿	人寿与健康保险	419
嘉信理财	投资银行业与经纪业	997	纽约梅隆银行	资产管理与托管银行	376
美国运通	消费信贷	973	明晟（MSCI）公司	金融交易所与数据	369
高盛集团	投资银行业与经纪业	946	旅行者公司	财产与意外伤害保险	354
标普全球	金融交易所与数据	791	普信	资产管理与托管银行	345
美国合众银行	综合性银行	702	好事达保险	财产与意外伤害保险	334
芝加哥商品交易所	金融交易所与数据	652	美国国际集团（AIG）	多元化保险	326
洲际交易所	金融交易所与数据	647	保德信金融集团	人寿与健康保险	309
Truist 金融	区域性银行	647	美国家庭人寿保险	人寿与健康保险	308

资料来源：Wind 资讯、彭博。

从股价表现来看，1982~2020 年，美股金融板块超额收益走势大体上可以分为三个阶段：第一阶段，1982~1990 年，金融板块超额收益在 1986 年前后出现了一个先升后降的过程。第二阶段，从 1991 年开始一直到 2006 年次贷危机爆发前，美股金融板块走出了历史上最强势的超级大行情，其间只有在 1998~1999 年由于互联网浪潮中科技股表现太过猛烈，金融板块阶段性跑输大盘，整体上在长达 15 年的时间里金融板块一直是跑赢大盘的。第三阶段，2007 年美国次贷危机爆发后一直到 2020 年，其间除了 2009 年金融危机后强复苏时期板块阶段性表现略好，金融板块趋势上持续跑输大盘，超额收益走势不断回落。

美股金融板块超额收益过去 30 年时间里的先升后降，我们认为更多的是反映了房地产周期的变化。1991～2006 年，美国经历了史上最大的一轮房地产景气周期，作为与房地产共生共荣的银行板块，自然也表现十分出色。从美国的历史经验中，实际上也可以看出一个问题，就是一个国家的房地产周期未必和其人口周期、城镇化率变化是完全同步的，美国就是在城镇化早已基本完成的情况下，生生地又开启了一轮新的强势房地产周期。2007 年以后美国房地产景气周期风光不再，金融板块股价表现也不断回落。从 2011 年初到 2020 年底的十年中，在金融板块整体跑输大盘的情况下，金融板块内部表现相对较好的细分行业是金融交易所与数据、多元金融控股等。美股金融板块历史超额收益走势见图 2－14。

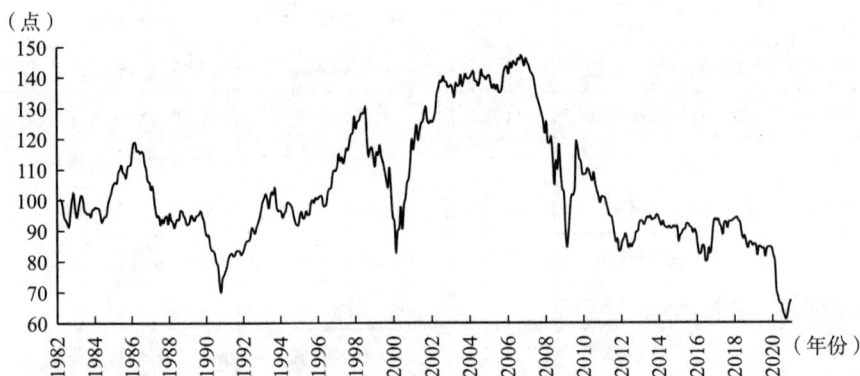

图 2－14　1982～2020 年美国股市金融板块超额收益走势

资料来源：Wind 资讯、彭博。

从个股表现来看，从 2011 年初到 2020 年底，市值最大的四家商业银行中，摩根大通和美国银行股价表现相对较好，十年累计收益率分别为 291% 和 160%，有绝对收益但收益率也低于标普 500 全收益指数。花旗集团和富国银行表现较差，十年累计收益率只有 47% 和 30%。两家全球最知名的投资银行摩根士丹利和高盛集团，十年累计收益率分别为 201% 和 83%，放在美股市场看也表现一般。

大市值金融公司中，表现最亮丽的是金融交易所与数据这个细分行业中的三家公司：标普全球（S&P Global）、穆迪公司（Moody's）、明晟公司（MSCI）。标普全球是全球著名的信用评级和数据服务公司，过去十年股价累计上涨 9.9 倍，标普全球过去几年的信用评级和数据信息订阅服务业务均有增长，后者增速更高，且公司不只是在全球拓展，在美国本土的营收过去几年也有明显增长。穆迪公司也是美国著名的三大信贷评级机构之一，穆迪和标普实际上已经构成了美国信用评级市场的双寡头垄断地位，得益于全球政府和企业在金融危机后债务杠杆率的不断攀升，穆迪公司的业绩也是持续增长，过去十年股价累计上涨 11.4 倍。明晟公司即摩根士丹利资本国际公司（MSCI 的全称是 Morgan Stanley Capital International），是一家专注于全球股票指数编制和投资分析的公司，其编制的 MSCI 系列指数现在已经成为很多国家地区股市表现的参考基准，随着全球资产管理市场体量越来越大，明晟公司的业务也快速成长，过去十年股价累计上涨 11.3 倍。这三家涨幅较大的金融公司，都是属于典型的给"掘金人"卖"铲子"的服务型生意模式。

四、美国股市科技板块行情特征

科技板块①无疑是美股市场中最重要的板块，单算信息技术板块总市值占比约 27%，已经高居榜首，远超第二名的可选消费，如果再算上电信服务板块，整个科技板块总市值占全部美股上市公司市值近 37%。

信息技术行业中，苹果（Apple）是美股科技股第一大市值公司，也是全球市值最大的公司，2020 年底总市值 22323 亿美元。市值排第二的是微软公司（Microsoft），全球著名的软件服务公司，也是目前全球市值第二大公司，总市值 16784 亿美元。排第三和第四的是目前世界上最大的两家国际信用卡公司，维萨（Visa）公司和万事达卡（Mastercard），总市值 4674 亿美元和 3552 亿美元。排第五的是英伟达（NVIDIA），全球可编程图形处理技术领导公司，总市值 3232 亿美元。美国优秀的信息技术公司实在太多，市值 1000 亿美元以上的公司还有：贝宝控股（PayPal Holdings，在线支付服务商）、奥多比（Adobe，著名软件公司）、Salesforce（客户关系管理 CRM 软件公司）、英特尔（Intel，全球半导体领军企业）、甲骨文（Oracle，全球最大的企业软件公司）、思科（Cisco，全球领先的通信网络企业）、博通（Broadcom，通信半导体公司）、高通（Qualcomm，全球领先的无线通信芯片公司）、德州仪器（Texas Instruments，一家非常老牌的半导体公司）、IBM（1911 年成立的老牌信息技术综合企业）、AMD（著名的半导体公司）、ServiceNow（云计算 SaaS 公司）。美股信息技术板块大市值公司对比见表 2-8。

---

① 如无特殊说明，本书中的科技板块包括信息技术和电信服务两个行业板块。

表 2 – 8　　　　　　　2020 年底美国市值最大的 30 家信息技术公司情况　　　单位：亿美元

公司名称	细分行业	市值	公司名称	细分行业	市值
苹果	科技硬件存储设备	22323	AMD	半导体产品	1111
微软	系统软件	16784	ServiceNow	系统软件	1078
维萨	数据处理与外包服务	4674	财捷集团	应用软件	998
万事达卡	数据处理与外包服务	3552	Square	数据处理与外包服务	993
英伟达	半导体产品	3232	Zoom	应用软件	965
贝宝控股	数据处理与外包服务	2745	繁德公司	数据处理与外包服务	877
奥多比	应用软件	2396	美光科技	半导体产品	840
Salesforce	应用软件	2034	雪花算法	互联网服务与设施	797
英特尔	半导体产品	2024	美国应用材料	半导体设备	789
甲骨文	系统软件	1910	费哲金融服务	数据处理与外包服务	762
思科	通信设备	1889	自动数据处理	数据处理与外包服务	754
博通	半导体产品	1782	拉姆研究	半导体设备	676
高通	半导体产品	1731	欧特克	应用软件	671
德州仪器	半导体产品	1509	环汇	数据处理与外包服务	643
IBM	信息科技咨询	1124	VMware	系统软件	590

资料来源：Wind 资讯、彭博。

除了信息技术行业外，美国的电信服务行业中也还有很多科技巨头公司，截至
2020 年底总市值在 1000 亿美元以上的公司有 9 家。市值最大的是谷歌（Google）
的母公司字母表（Alphabet），总市值达 11834 亿美元。市值排名第二的是脸书
（Facebook），互联网社交公司，总市值 7782 亿美元。排第三的是迪士尼（Walt
Disney），全球最大的娱乐媒体公司之一，总市值 3287 亿美元。排第四的是威瑞森
电信（Verizon Communications），美国最大的本地电话和无线通信公司之一，总市
值 2431 亿美元。排第五的是康卡斯特（Comcast），美国一家主要的有线电视和宽
带网络服务供应商，总市值 2400 亿美元。电信服务总市值 1000 亿美元以上的公司
还包括：奈飞（Netflix，互联网流媒体播放平台）、美国电话电报（AT&T，一家非
常老牌的电信公司，过去几十年中曾经历过多次分拆和重组，目前是美国最大的本
地和长途电话公司之一）、T-Mobile US（一家跨国移动电话运营商）、特许通信
（Charter Communications，有线电视服务提供商）等。美股电信服务行业大市值公

司对比具体见表 2 - 9。

表 2 - 9　　　　　　2020 年底美国市值最大的 20 家电信服务公司情况　　　单位：亿美元

公司名称	细分行业	市值	公司名称	细分行业	市值
谷歌（字母表，Alphabet）	互动传媒与服务	11834	动视暴雪	互动家庭娱乐	719
脸书	互动传媒与服务	7782	推特	互动传媒与服务	431
迪士尼	电影和娱乐	3287	Roku	电影和娱乐	425
威瑞森电信	综合电信业务	2431	美国艺电	互动家庭娱乐	414
康卡斯特	电视	2400	Pinterest	互动传媒与服务	413
奈飞	电影和娱乐	2395	Match 集团	互动传媒与服务	404
美国电话电报	综合电信业务	2049	天狼星 XM	电视	266
T-Mobile US	无线电信业务	1675	Take-Two 互动软件	互动家庭娱乐	239
特许通信	电视	1282	华纳音乐集团	电影和娱乐	195
Snap 公司	互动传媒与服务	753	Altice	电视	180

资料来源：Wind 资讯、彭博。

从行情表现来看，与其他很多国家科技股表现情况类似，20 世纪 80 年代以来美股科技股行情可以概括为两波大行情四个阶段。更准确地说，美股科技股应该是全球的主导力量，其他国家科技股多数情况下是跟着美股走的。第一个阶段从 1983 ~ 1991 年，信息技术板块是持续跑输大盘的，这个阶段中消费股表现是最好的。然后从 1992 年开始是第二阶段，也是第一波科技股超级大行情，在这轮互联网浪潮中，相比其他国家，美股科技股超额收益时间更长、幅度更大。第一波大行情到 2000 年初结束，随后科技股开始大幅回落持续跑输大盘，一直持续到大概 2008 年，这是第三个阶段。2009 年金融危机以后，科技股行情开始再次走强，特别是 2014 年以后在全球移动互联网浪潮中，科技股超额收益非常明显，持续跑赢大盘，这是第四个阶段。

从 2011 年初到 2020 年底这十年中，美股信息技术板块整体收益率累计约 488%，显著好于市场整体，是所有行业板块中最强的（见图 2 - 15）。科技板块内部涨幅大的细分行业也非常多，收益率表现领先的主要是：半导体设备和产品、互联网服务设施、数据处理与外包服务、科技硬件存储设备、互动家庭娱乐等。

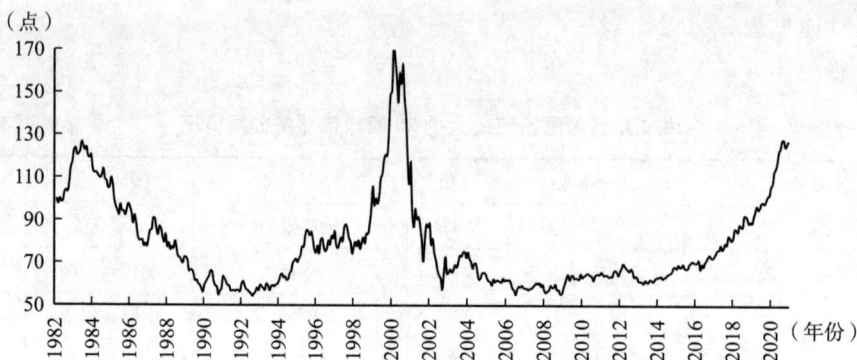

图 2 – 15　1982 ~ 2020 年美国股市信息技术板块超额收益走势

资料来源：Wind 资讯、彭博。

从个股表现来看，五大科技巨头公司"FAANG"过去十年的股价涨幅分别为：脸书（Facebook，F），7.8 倍；苹果（Apple，A），12.3 倍；亚马逊（Amazon，A）①，17 倍；奈飞（Netflix，N），20.5 倍；谷歌（Google，G），5.1 倍。

不少观点认为，金融危机以后美股的牛市仅仅是这些大市值龙头公司的牛市，剔除这些大公司后美股表现其实一般。这个观点并不符合经验事实，如前所述，过去十年标普 500 全收益指数累计收益率约 267%，低于"FAANG"中的任何一家，自然说明如果剔除"FAANG"指数收益率会有所下降。但下降的幅度会有多少呢？我们估算了下，剔除"FAANG"，过去十年美股整体的累计收益率大约在 230% 左右，依然是非常强势的上涨幅度。而且从个股表现来看，美股科技板块过去十年牛股实在太多，10 倍股（涨幅 9 倍以上）信息技术板块有 51 家、电信服务板块有 7 家。

从这些牛股的分布来看，软件行业是牛股最多的细分领域，51 家信息技术板块 10 倍股中软件公司差不多占了一半。其中涨幅较大的中大型市值（指 2020 年底市值在 100 亿美元以上）公司包括：Paycom Software（人力资本管理软件，2014 年 5 月到 2020 年底涨幅 33 倍）、Trade Desk（广告云服务技术平台，2016 年 10 月到 2020 年底涨幅 31 倍）、Five9（云联络中心软件，2014 年 5 月到 2020 年底涨幅 22 倍）、Fair Isaac（数据分析软件，包括信用评级分析等，过去十年涨幅 21 倍）、Tyler Technologies（主要做政府信息管理软件，过去十年涨幅 20 倍）、ServiceNow（云服务 SaaS 公司，2020 年底市值超千亿美元，2012 年 7 月到 2020 年底涨幅 19 倍）、RingCentral（商业通信软件，2013 年 10 月到 2020 年底涨幅 18.7 倍）。这些领涨的软件公司，大

---

①　按行业分类，亚马逊公司属于可选消费。

多数都是最近十年内新上市的公司。中国读者非常熟悉的龙头软件公司奥多比（Adobe）和微软，过去十年也分别有15倍和9倍的涨幅。

除软件行业外，另外还有三个细分行业牛股较多，一个是半导体，这个可能已经无须多言，过去几年中全球半导体芯片国际竞争日益激烈，美股半导体公司中过去十年涨幅较大的公司包括：英伟达（涨幅36倍）、Monolithic Power Systems（这家公司市值不到200亿美元相对较小，主要做通信网络的芯片，涨幅24倍）、博通（涨幅18倍）、AMD（涨幅10倍）、美光科技（Micron Technology，涨幅8.4倍）。英特尔、高通、德州仪器，这三家公司股价表现相对落后，过去十年累计涨幅分别为221%、306%、553%。另一个细分行业是传媒娱乐社交公司，除了"FAANG"中的奈飞公司过去十年有20倍涨幅外，欧美线上约会软件公司Match Group过去十年股价上涨17倍，游戏公司Take-Two互动软件过去十年涨幅16倍，流媒体终端Roku过去十年涨幅15倍，等等。第三个是支付公司，在移动互联网时代，支付的笔数和总支付量（TPV）都有持续增长，几个支付公司股价都有很好的表现，维萨和万事达卡涨幅12.4倍和15.8倍，Square公司（从事商户交易的移动支付公司）涨幅15.6倍。

梳理对比这些美股科技牛股公司，可以很清晰地发现，移动互联网的快速渗透和大数据云计算的崛起，是成就科技牛股的时代背景，人类社会生产和生活的"技术环境"发生了变化。这个过程中，涨幅好的公司基本都是在新的"技术环境"中，开发出了新的产品或者创造了新的商业模式。美国的移动互联网时代创新与中国的模式似乎并不完全一样。一是从业务范围看，中国的创新更多集中于在线电商和移动支付领域，平台公司影响力大，美国的创新范围更加分散，所以牛股数量也更多；二是从业务对象来看，中国的创新更多在2C端（对消费者），美国的创新在2C端和2B端（对企业）都有，且2B端领域有更多涨幅巨大的公司。

五、美国股市医疗保健板块行情特征

医疗保健板块也是美股的一个重要板块，截至2020年底总市值约5.5万亿美元，市值占比14%，仅次于科技板块和消费板块。

强生（Johnson & Johnson）是板块市值最大的公司，成立于1886年，是世界上规模最大的多元化产品医疗保健公司，截至2020年底总市值4143亿美元。市值排第二的是联合健康集团（United Health Group），也是一家多元化的健康公司，总市值

3317 亿美元。排第三的是美国默克公司（Merck & Co）①，世界领先的制药企业，总市值 2070 亿美元。排第四的是辉瑞（Pfizer），成立于 1849 年，全球著名的制药企业，总市值 2049 亿美元。美股医疗保健板块市值 1000 亿美元以上的公司还有：雅培（Abbott Laboratories，产品涵盖医疗器械、营养品、药品等领域）、艾伯维（AbbVie，从雅培拆分出来独立上市的生物制药公司）、赛默飞科技（Thermo Fisher Scientific，生物技术产品开发公司）、丹纳赫（Danaher，医疗保健设备企业）、礼来（Eli Lilly，全球著名的制药公司）、百时美施贵宝（Bristol-Myers Squibb，多元化医疗保健企业）、安进（Amgen，全球生物科技巨头）。美股医疗保健板块大市值公司对比见表 2 - 10。

表 2 - 10　　　　2020 年底美国市值最大的 30 家医疗保健公司情况　　　单位：亿美元

公司名称	细分行业	市值	公司名称	细分行业	市值
强生	制药	4143	硕腾	制药	787
联合健康集团	管理型保健护理	3317	信诺	保健护理服务	739
美国默克	制药	2070	吉利德科学	生物科技	731
辉瑞	制药	2049	碧迪医疗	医疗保健设备	727
雅培	医疗保健设备	1939	福泰制药	生物科技	614
艾伯维	生物科技	1891	爱德华生命科学	医疗保健设备	570
赛默飞科技	生命科学工具和服务	1848	HCA 健康	保健护理设施	558
丹纳赫	医疗保健设备	1579	因美纳	生命科学工具和服务	540
礼来	制药	1531	哈门那	管理型保健护理	529
百时美施贵宝	制药	1392	再生元制药	生物科技	517
安进	生物科技	1330	波士顿科学	医疗保健设备	509
直觉外科手术	医疗保健设备	963	爱德士	医疗保健设备	427
史赛克	医疗保健设备	922	艾利科技	医疗保健用品	421
西维斯健康	保健护理服务	895	Moderna 公司	生物科技	417
Anthem 公司	管理型保健护理	788	维我系统	医疗保健科技	412

资料来源：Wind 资讯、彭博。

---

① 美国默克公司与德国默克公司目前是两家没有隶属关系独立的企业，两者之间的历史渊源可以参见后面德国股市医疗保健板块内容部分。

从行情特征来看，美股医疗保健板块的超额收益走势，没有明显的周期阶段可以划分，总体上呈现出"趋势向上、波动很大"的特征。对于美股医疗保健板块"趋势向上"的特征，从长周期时间看，超额收益能够持续向上的行业板块是极其少有的。一个行业板块股价走势能否跑赢市场整体，最终取决于板块的盈利能力与市场整体盈利能力的相对变化，在几十年的时间维度中单一行业盈利水平长期好于经济平均水平，这个非常难能可贵。对于"波动很大"特征，一方面是医疗保健板块从行业属性看具有比较明显的"逆周期"属性，所以在宏观经济复苏或者过热的时候，往往可能阶段性跑输大盘，比如1982~1983年、1992~1993年、2002~2006年、2009年等。另一方面，超额收益"波动很大"的特征，也反映着这种长期"好赛道"短期涨多了回调修复的市场性特征。

从2011年初到2020年底这十年间，美股医疗保健板块整体累计收益率298%，仅次于信息技术板块。这个阶段中医疗保健板块的超额收益波动相对较小，除了在2015年下半年到2016年板块跑输大盘以外，其他时间总体上都是持续跑赢市场整体的。从板块内部来看，医疗保健管理、生命科学工具和服务、生物科技、医疗保健设备，这几个细分行业涨幅领先。美股医疗保健板块历史超额收益走势见图2-16。

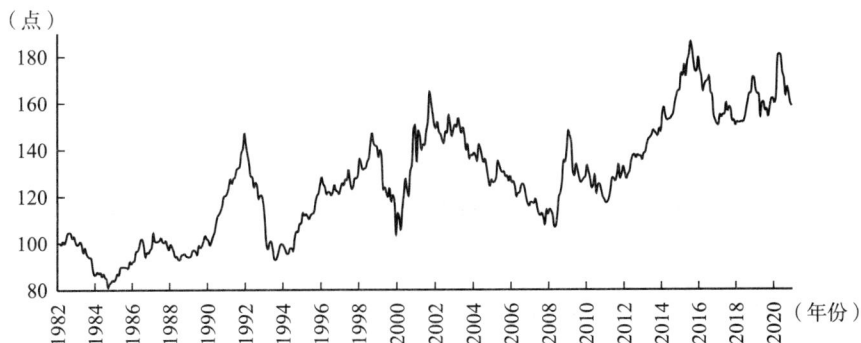

图2-16　1982~2020年美国股市医疗保健板块超额收益走势

资料来源：Wind资讯、彭博。

从个股收益率表现来看，几家制药巨头公司过去十年股价表现情况有绝对收益没有相对收益。强生、美国默克、辉瑞、百时美施贵宝累计涨幅分别为241%、218%、217%、224%，复合年化收益率平均在12.3%左右，绝对收益率不低且彼此接近，但是都低于美股市场整体，除了公司自身原因外，主要还是美股其他板块特别是科技板块表现太强了。大市值制药公司中股价表现相对比较好的，是礼来公司和硕腾公司

（Zoetis），过去十年分别有 558% 和 423% 的累计收益率。

除了上述几家制药巨头外，美股医疗保健板块过去十年也可谓是牛股辈出，板块的 10 倍股有 37 个，这还是按照 2020 年底的收盘价来计算，如果按区间股价高点算涨幅曾经达到过 10 倍股的，数量还要更多。从这些 10 倍股的分布来看，近 80% 的公司主要集中在生物科技和医疗器械这两个领域中。

生物科技公司中过去十年中股价涨幅较大的包括：Acadia Pharmaceuticals，这家生物制药公司研究应用于阿尔茨海默病患者的抗精神病药物，股价上涨 44 倍；Neogenomics，一家癌症检测实验室，服务客户包括医院、研究人员和制药公司，主要提供癌症组织的基因和分子测试，股价上涨 40 倍；Repligen，一家生物新药研发上游企业，开发和生产蛋白质类等生物制药所需的材料和设备，股价涨幅也是 40 倍；EXACT Sciences，也是一家癌症诊断公司，致力于致命癌症的早期检测和预防，股价涨幅 21 倍；Mirati Therapeutics，一家临床阶段的生物制药公司，专注小分子抑制剂的开发，股价涨幅 16 倍。以上这几家都不算是市值太小的公司，截至 2020 年底，市值都在 50 亿美元以上。除此之外，过去十年美股的生物科技公司 10 倍股还有很多家，这里不再一一列举，涨幅在 5~10 倍的公司就更多了。

医疗器械公司中过去十年中股价涨幅较大的包括：阿比奥梅德（ABIOMED），一家心脏系统医疗设备公司，其生产的心脏泵等医疗器械产品世界领先，具有很强的竞争力，过去十年涨幅 32.8 倍；Align Technology，生产隐形矫治器系统、口腔内扫描仪等口腔牙科器械，股价涨幅 26 倍；DexCom，生产动态血糖监测仪（CGM 设备），可以帮助糖尿病患者持续监测血糖水平，股价涨幅 26 倍；Insulet，生产胰岛素输注系统的医疗器械公司，股价涨幅 15.5 倍；West Pharmaceutical Services，生产注射药物的输送系统，股价涨幅 14 倍；IDEXX Laboratories，一家兽医和水微生物检测企业，股价涨幅 13.4 倍。

生物科技和医疗器械虽然牛股多，股价表现差的公司也很多，本质上这两个细分行业中公司的个体差异很大，股价反映公司的阿尔法多、行业的贝塔少，但无论如何这两个细分行业中牛股多，说明机会多、赚钱效应明显，这与有些行业虽然个股差异也大但赚钱效应差，还是有很大的区别的。

六、美国股市周期板块行情特征

美股周期板块是一个小行业板块，能源和原材料两个行业板块加起来，市值占比仅 6% 左右。能源板块中，总市值 1000 亿美元以上的公司有两家，一家是埃克森美孚（Exxon Mobil），公司是世界最大的私营石油天然气生产商，其历史可以追溯到洛克菲勒 1882 年创建的标准石油公司，截至 2020 年底总市值 1745 亿美元。另一家是雪佛龙（Chevron），雪佛龙原名加利福尼亚标准石油（Standard Oil of California），最早也可以追溯到标准石油公司，1911 年标准石油被美国政府反垄断后分离出来，总市值 1626 亿美元。在美股历史上原油公司曾长期占据大市值龙头公司排行榜前列，也曾经一度美股市值最大的 10 个公司中有 6 个是原油公司，而时至今日，美股市值最大的前 30 家公司中都已经没有了原油公司的身影，埃克森美孚和雪佛龙这两家百年历史的石油巨头，市值都不到科技巨头苹果公司的十分之一，现代经济的转型在股票市场中表现得淋漓尽致。其他大市值美股能源板块公司见表 2–11。

表 2–11　　　　2020 年底美国市值最大的 20 家能源公司情况　　　单位：亿美元

公司名称	细分行业	市值	公司名称	细分行业	市值
埃克森美孚	综合石油天然气	1745	瓦莱罗能源	石油天然气炼制和销售	231
雪佛龙	综合石油天然气	1626	MPLX 公司	石油天然气储存和运输	225
企业产品伙伴	石油天然气储存和运输	428	先锋自然资源	石油天然气勘探与生产	187
康菲石油	石油天然气勘探与生产	427	欧尼克	石油天然气储存和运输	171
金德摩根	石油天然气储存和运输	310	钱尼尔能源	石油天然气储存和运输	171
菲利普66	石油天然气炼制和销售	306	哈里伯顿	石油天然气设备与服务	167
斯伦贝谢	石油天然气设备与服务	304	能源传输伙伴	石油天然气储存和运输	167
依欧格资源	石油天然气勘探与生产	291	赫斯公司	石油天然气勘探与生产	162
马拉松石油	石油天然气炼制和销售	269	西方石油	综合石油天然气	161
威廉姆斯公司	石油天然气储存和运输	243	切尼尔能源	石油天然气储存和运输	151

资料来源：Wind 资讯、彭博。

从板块的行情表现来看，1982～2020 年，能源板块的历史超额收益大致可以分为三个阶段：第一阶段从 1982～1999 年，能源板块超额收益趋势性向下，中间在 1986～1990 年全球经济高景气时有阶段性超额收益表现，其他多数时间均跑输大盘。第二阶段从 2000～2007 年，得益于中国重工业投资的经济强势崛起，能源产品价格持续上升，原油价格一度到达每桶 150 美元左右，美国能源上市公司业绩和股价均大放异彩，能源板块超额收益持续上升。第三阶段从 2008～2020 年，金融危机后全球经济增长低迷，各国周期股股价表现普遍都不太理想，美股能源板块大幅跑输市场整体，而且这个阶段板块的超额收益下降幅度大、速度快。

从2011年初到2020年底这十年间，全球原油价格持续回落，同时伴随着光伏、风电等绿色新能源的不断崛起，传统化石能源公司面临结构性和周期性双重打击，美股能源板块期间股价整体下跌25%，是所有一级行业板块中唯一一个负收益的板块。个股情况来看，几个大市值巨头公司中，埃克森美孚和雪佛龙过去十年累计收益率分别为–18%和37%，康菲石油（ConocoPhillips）上涨9%，西方石油公司（Occidental Petroleum）股价跌幅最大，十年累计下跌72%。

过去十年中美股能源板块股价表现相对较好的公司有：瓦莱罗能源（Valero Energy），公司是北美最大的独立炼油企业，从财务数据看公司的净利润最近几年也是下滑的，但是经营性现金流能够保持稳定，通过股息分红和回购来支撑股价，过去十年累计上涨268%；新堡垒能源（New Fortress Energy），天然气和电力公司，涨幅249%。这些经营财务管理较好、现金流不错的公司，股价可以有一个还行的绝对收益，但是都跑不赢标普500全收益指数。

美股能源板块的历史超额收益走势见图2–17。

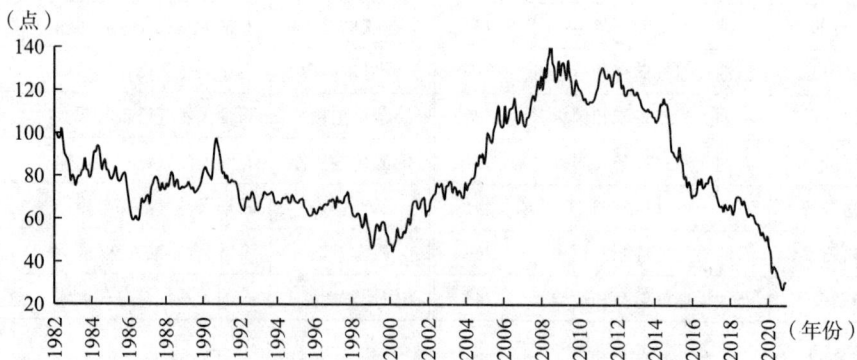

图2–17　1982～2020年美国股市能源板块超额收益走势

资料来源：Wind资讯、彭博。

原材料板块中，截至2020年底没有市值超过1000亿美元的公司，市值最大的是宣伟公司（Sherwin-Williams），公司成立于1866年，是世界历史最悠久的涂料零售商之一，总市值658亿美元。市值排第二的是艺康集团（Ecolab），创立于1923年，主要提供先进的清洁、消毒、灭虫产品，总市值618亿美元。排第三的是空气化工产品公司（Air Products and Chemicals），生产氢气、氦气和其他工业用气与化学品，总市值605亿美元。排第四的是著名的杜邦（DuPont De Nemours），成立于1802年的化工公司，总市值522亿美元。排第五的是南方铜业（Southern Copper），全球最大的铜业公司之一，总市值503亿美元。其他大市值美股原材料板块公司见表2-12。

表 2-12　　　　　　2020年底美国市值最大的20家原材料公司情况　　　　　　单位：亿美元

公司名称	细分行业	市值	公司名称	细分行业	市值
宣伟	特种化学制品	658	鲍尔公司	金属与玻璃容器	305
艺康集团	特种化学制品	618	科迪华公司	化肥与农用药剂	288
空气化工产品	工业气体	605	瓦肯材料	建筑材料	197
杜邦	特种化学制品	522	国际纸业	纸包装	195
南方铜业	铜	503	马丁玛丽埃塔材料	建筑材料	177
纽蒙特矿业	黄金	479	纽柯钢铁	钢铁	161
陶氏	商品化工	412	雅保公司	特种化学制品	158
自由港集团	铜	379	富美实公司	化肥与农用药剂	149
PPG工业	特种化学制品	341	塞拉尼斯公司	特种化学制品	148
利安德巴塞尔工业	商品化工	306	伊士曼化学	各样化学制品	136

资料来源：Wind资讯、彭博。

从板块走势来看，1982~2020年，美股原材料板块的超额收益变化大体可以分为四个阶段：第一阶段从1982~1994年，原材料板块股价表现与市场整体总体走平，超额收益震荡横盘。第二阶段从1995~2000年，在互联网浪潮科技股行情中，原材料板块大幅跑输大盘，超额收益单边回落。第三阶段从2001~2007年，在全球性经济繁荣周期中，美股原材料板块也是大放异彩，持续跑赢大盘。第四阶段从2008~2020年，除了2009~2010年受益于金融危机后的全球各国政策强刺激，原材料板块阶段性跑赢市场外，板块整体超额收益是持续下行的。

在2011年初到2020年底这十年间，美股原材料板块整体累计上涨48%，收益率大幅低于市场整体，表现仅优于能源板块排第二差。从板块内部来看，表现相对较好的是工业气体、特种化学制品、纸包装、林产品这几个细分子行业。

从个股表现来看，过去十年原材料板块涨幅最大的公司是宣伟公司，涨幅8.8倍，宣伟是全球建筑涂料龙头，营收、净利润、市场占有率均为全球第一。不同于其他很多周期公司缺少成长性，宣伟的营收和利润是一直有成长的，宣伟的成长逻辑主要依靠龙头效应的市场占有率不断提高，公司在美国建筑涂料的市场占有率从2000年的20%左右上升到2020年的50%以上，且美国建筑涂料市场本身也是有增长的。

其他涨幅较大的大市值原材料公司包括：美国包装公司（Packaging Corp of America），美国最大的包装纸板生产商之一，过去十年股价累计涨幅6.2倍；Scotts Miracle-Gro，美国国内最大的草坪园艺保养企业，产品包括草籽、肥料等，最近几年公司也是美国大麻合法化概念股，过去十年涨幅4.4倍；RPM International，特种化学品公司，产品包括特种涂料、修复产品、屋顶系统、黏合剂等，过去十年涨幅4.3倍；艺康集团，2020年底市值第二大原材料公司，主营消毒清洁产品，过去十年涨幅3.8倍。总体来看，相比于能源板块，原材料板块公司的产品更加丰富，公司之间的差异性更多、阿尔法更加突出，也更有赚钱效应和机会。

美股原材料板块的历史超额收益走势见图2-18。

图 2-18　1982～2020年美国股市原材料板块超额收益走势

资料来源：Wind资讯、彭博。

七、美国股市工业板块行情特征

截至2020年底，美股工业板块总市值合计约3.7万亿美元，占全部美股上市公司总市值的9%，属于一个小型行业板块。

工业板块市值最大的公司是霍尼韦尔国际（Honeywell International），公司是一家全球性的多元化制造企业，产品覆盖航天、汽车、楼宇、工业等一系列领域，截至2020年底公司总市值1482亿美元。市值排第二的是UPS快递（United Parcel Service，字面翻译是美国联合包裹运送服务公司），总市值 1456 亿美元。排第三的是联合太平洋（Union Pacific），成立于 1862 年的老牌铁路运营公司，其所控制的太平洋铁路，是现今全美国最大的铁路网络之一，总市值 1398 亿美元。排第四的是波音公司（Boeing），世界上最大的民用和军用飞机制造商之一，总市值 1247 亿美元。雷神科技（Raytheon Technologies），主要为全球航空航天和建筑业提供高科技产品，总市值 1087 亿美元。3M 公司，一家多元化的制造业跨国企业，总市值 1010 亿美元。

以上这几家是截至 2020 年底时美股工业板块总市值 1000 亿美元以上的公司，除此以外，美股工业板块还有很多举世闻名的企业，类似：卡特彼勒（Caterpillar，世界上最大的工程机械生产商之一，国内龙头公司三一重工的对标企业）、洛克希德马丁（Lockheed Martin，成立于 1912 年的美国航天航空军工企业）、通用电气（General Electric，创始人是托马斯·爱迪生，一家历史悠久的多元化跨国公司）、优步科技（Uber Technologies，美国著名的打车软件企业）。其他大市值美股工业板块公司见表 2 – 13。

表 2 – 13　　　　　　　2020 年底美国市值最大的 30 家工业公司情况　　　　单位：亿美元

公司名称	细分行业	市值	公司名称	细分行业	市值
霍尼韦尔国际	工业集团企业	1482	诺斯罗普格鲁曼	航天航空与国防	508
UPS 快递	航空货运与物流	1456	废物管理公司	环境与设施服务	499
联合太平洋	铁路	1398	艾默生电气	电气部件与设备	482
波音	航天航空与国防	1247	儒博科技	工业集团企业	452
雷神科技	航天航空与国防	1087	通用动力	航天航空与国防	426
3M 公司	工业集团企业	1010	哈里斯科技	航天航空与国防	394
卡特彼勒	建筑、农机与重卡	993	信达思	多样化支持服务	371
洛克希德马丁	航天航空与国防	990	科斯塔集团	研究与咨询服务	364
通用电气	工业集团企业	947	派克汉尼汾	工业机械	352
优步科技	陆运	943	TransDigm 集团	航天航空与国防	338
迪尔公司	农业机械	844	Verisk Analytics	研究与咨询服务	338
CSX 运输公司	铁路	692	康明斯	建筑、农机与重卡	335
联邦快递	航空货运与物流	688	开利全球	建筑产品	327
伊利诺斯工具	工业机械	646	共和废品处理	环境与设施服务	307
诺福克南方铁路	铁路	599	科帕特	多样化支持服务	300

资料来源：Wind 资讯、彭博。

从工业板块行情的超额收益走势来看，1982～2020年，大体上可以分为四个阶段：第一阶段从1982～1991年，这段时间里工业板块持续跑输大盘，超额收益单边下降。第二阶段从1992～1997年，工业板块股价表现与市场整体基本持平，板块超额收益保持不变。第三阶段从1998～2001年，在美股互联网科技浪潮的巅峰以及泡沫破灭后，工业板块超额收益走势与市场整体完全负相关，超额收益走出了一个先下后上的"V"形走势。第四阶段从2002～2020年，在近20年的时间里，美股工业板块再度基本与市场整体走平，超额收益波动不大。

从2011年初到2020年底这十年间，美股工业板块整体累计收益率206%，低于科技、医疗保健、可选消费，好于必需消费、金融、周期。从工业板块内部来看，涨幅领先的细分行业包括：多样化支持服务、铁路、研究与咨询服务、航天航空与国防、建筑产品等。从一般理解来说，工业板块从经济属性上看应该算是一个顺周期行业板块，但从过去十多年的实际情况看，在全球经济增长持续低迷的情况下，美股工业板块也并没有像能源和原材料板块一样持续跑输大盘，这是一个典型的"板块没行情、个股有机会"的行业板块。事实上，不止美股的工业板块，后面我们会看到，包括英国、德国的工业板块都有这样的特点。

美股工业板块的历史超额收益走势见图2-19。

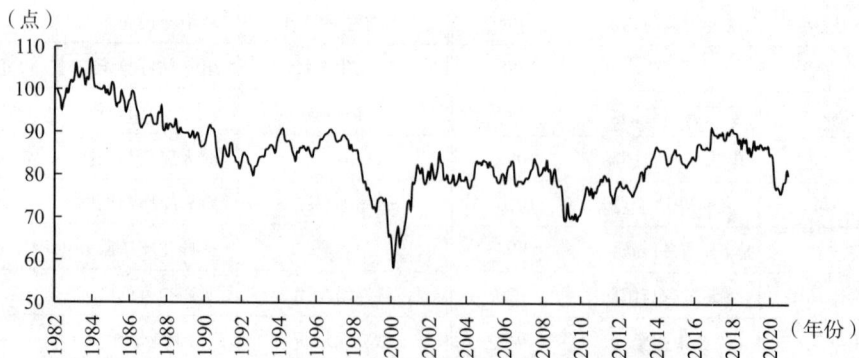

图 2 – 19　1982～2020 年美国股市工业板块超额收益走势

资料来源：Wind 资讯、彭博。

从个股表现情况来看，美股工业板块过去十年赚钱效应还是比较突出的，我们统计从2011年初到2020年底10倍股有约23个。与前述的科技和医疗保健板块情况有所不同，工业板块牛股的细分行业分布比较分散，相对而言，10倍股较多的细分行业是航天航空与国防和研究与咨询服务。

　　航天航空与国防行业中，涨幅较大的公司包括：Axon Enterprise，这家公司主要为警察、监狱、军事、私人保安提供执法电子控制装置，2010 年以后执法记录仪开始在美国大规模普及，美国的执法部门需要更多的先进执法设备。Axon 公司抓住了这个机遇，能为执法部门提供一个完整的产品系统，包括硬件和后续的云服务，这是一个典型的"剃刀"商业模式①，过去十年公司股价涨幅 25 倍。Axon 公司本质上属于一个高科技公司。TransDigm Group，公司是全球的飞机零部件和组件的设计生产厂商，产品适用于几乎所有的军事和民用飞机。过去十年公司营收和利润均大幅增长，股价涨幅 15.5 倍。HEICO 公司，主要产品是飞机组件和航空电子设备，过去十年涨幅 9.7 倍，这家公司实际上从 20 世纪 90 年代开始股价表现一直非常好，是一个标准的"长牛"股。

　　研究与咨询服务行业中，涨幅较大的公司包括：CoStar Group，公司是目前美国最大的商业房地产数据服务公司，建立了全美最大的商业地产数据库，提供包括空间租赁、承租人、在售资产等各方面信息，从而构建了技术壁垒，美国约有一大半以上的商业地产交易会涉及 CoStar Group 的数据信息，过去十年公司股价上涨 15 倍。博思艾伦咨询（Booz Allen Hamilton），公司是一家向美国政府、情报机构及企业提供技术咨询服务的公司，过去十年股价上涨 8.9 倍。研究与咨询服务行业中还有不少小市值公司过去十年有很好的股价表现。

　　除此以外，很多传统行业的龙头公司，业绩成长性总体一般，有些甚至最近几年利润都是下降的，但是在过去十年这些公司往往通过比较好的财务运作，持续提高公司的股息红利和回购金额，从而使得公司股价仍然有一个相对不错的涨幅。前五大公司霍尼韦尔国际、UPS 快递、联合太平洋、波音、雷神科技，过去十年股价累计涨幅分别为：422%、214%、456%、310%、78%。除联合太平洋外，另一家高祖爷爷辈大市值铁路公司，诺福克南方铁路（Norfolk Southern，可以追溯到 19 世纪前叶），过去十年也有 376% 的涨幅。美国的资本市场和上市公司确实厉害，在基本没有成长性的情况下，这些传统公司依然可以获得如此丰厚的股价涨幅，不服不行。

　　本章最后，笔者对 1960～2020 年美国主要经济指标汇总如表 2－14 所示。

---

　　① 所谓"剃刀"商业模式，是指用较低的价格出售刀架，在客户形成产品黏性后，用较高的价格出售刀片获利，这个商业模式最早由吉列公司采用。

表 2 – 14　　　　　　　　　　　1960～2020 年美国主要经济指标汇总

年份	股指涨跌幅（%）	长期利率（%）	美元指数（点）	GDP同比增速（%）	CPI同比增速（%）	PPI同比增速（%）	M2同比增速（%）	财政盈余占GDP比重（%）	贸易差额占GDP比重（%）	政府债务占GDP比重（%）
1960	-3.0	4.1	—	2.6	1.7	0.0	4.9	—	0.6	56
1961	23.1	3.9	—	2.6	1.0	-0.3	7.4	—	0.7	56
1962	-11.8	4.0	—	6.1	1.0	0.3	8.1	-1.2	0.6	55
1963	18.9	4.0	—	4.4	1.3	-0.3	8.4	-0.8	0.7	53
1964	13.0	4.2	—	5.8	1.3	0.0	8.1	-0.9	0.9	51
1965	9.1	4.3	—	6.5	1.6	2.2	8.1	-0.2	0.6	47
1966	-13.1	4.9	—	6.6	2.9	3.1	4.5	-0.5	0.4	45
1967	20.1	5.1	—	2.7	3.1	0.3	9.2	-1.0	0.3	44
1968	7.7	5.6	—	4.9	4.2	2.4	7.9	-2.8	0.0	42
1969	-11.4	6.7	—	3.1	5.5	4.1	3.6	0.3	0.0	39
1970	0.1	7.4	—	0.2	5.7	3.7	6.4	-0.3	0.2	41
1971	10.8	6.2	118	3.3	4.4	3.3	13.3	-2.1	-0.1	42
1972	15.6	6.2	109	3.2	4.5	12.9	-1.9	-0.4	40
1973	-17.4	6.9	99	5.6	6.2	13.1	6.7	-1.1	0.1	37
1974	-29.7	7.6	101	-0.5	11.0	18.9	5.5	-0.4	0.0	36
1975	31.5	8.0	99	-0.2	9.1	9.2	12.7	-3.3	0.7	40
1976	19.1	7.6	106	5.4	5.8	4.6	13.3	-4.1	-0.3	41
1977	-11.5	7.4	103	4.6	6.5	6.2	10.4	-2.7	-1.3	38
1978	1.1	8.4	92	5.5	7.6	7.7	7.7	-2.6	-1.3	36
1979	12.3	9.4	88	3.2	11.3	12.6	7.9	-1.6	-0.9	35
1980	25.8	11.4	87	-0.3	13.5	14.1	8.5	-2.6	-0.7	35
1981	-9.7	13.9	103	2.5	10.3	9.1	9.7	-2.5	-0.5	34
1982	14.8	13.0	117	-1.8	6.2	2.0	8.7	-3.9	-0.7	41
1983	17.3	11.1	125	4.6	3.2	1.3	11.5	-5.9	-1.6	43
1984	1.4	12.5	138	7.2	4.3	2.4	8.7	-4.7	-2.7	45
1985	26.3	10.6	143	4.2	3.6	-0.5	8.0	-5.0	-2.8	52
1986	14.6	7.7	112	3.5	1.9	-2.9	9.5	-4.9	-3.0	57
1987	2.0	8.4	97	3.5	3.6	2.6	3.6	-3.1	-3.1	56
1988	12.4	8.9	93	4.2	4.1	4.0	5.7	-3.0	-2.2	56
1989	27.3	8.5	98	3.7	4.8	5.0	5.5	-2.8	-1.7	58
1990	-6.6	8.6	89	1.9	5.4	3.7	3.8	-3.8	-1.4	59

续表

年份	股指涨跌幅（%）	长期利率（%）	美元指数（点）	GDP同比增速（%）	CPI同比增速（%）	PPI同比增速（%）	M2同比增速（%）	财政盈余占GDP比重（%）	贸易差额占GDP比重（%）	政府债务占GDP比重（%）
1991	26.3	7.9	90	−0.1	4.2	0.2	3.1	−4.4	−0.5	66
1992	4.5	7.0	87	3.5	3.0	0.6	1.6	−4.5	−0.6	68
1993	7.1	5.9	93	2.8	3.0	1.5	1.6	−3.8	−1.0	70
1994	−1.5	7.1	91	4.0	2.6	1.3	0.4	−2.8	−1.4	64
1995	34.1	6.6	84	2.7	2.8	3.6	4.2	−2.2	−1.3	68
1996	20.3	6.4	87	3.8	3.0	2.4	5.1	−1.4	−1.3	66
1997	31.0	6.4	96	4.4	2.3	−0.1	5.6	−0.3	−1.3	64
1998	26.7	5.3	99	4.5	1.6	−2.5	8.5	0.8	−1.8	62
1999	19.5	5.7	100	4.8	2.2	0.9	6.0	1.3	−2.7	55
2000	−10.1	6.0	110	4.1	3.4	5.7	6.2	2.3	−3.6	51
2001	−13.0	5.0	115	1.0	2.8	1.1	10.3	1.2	−3.4	51
2002	−23.4	4.6	111	1.7	1.6	−2.3	6.2	−1.5	−3.8	55
2003	26.4	4.0	96	2.8	2.3	5.3	5.1	−3.4	−4.3	56
2004	9.0	4.3	87	3.9	2.7	6.2	5.7	−3.4	−5.0	63
2005	3.0	4.3	87	3.5	3.4	7.3	4.1	−2.5	−5.5	61
2006	13.6	4.8	87	2.8	3.2	4.6	5.8	−1.8	−5.5	59
2007	3.5	4.6	81	2.0	2.8	4.8	5.7	−1.1	−4.9	61
2008	−38.5	3.7	77	0.1	3.8	9.8	9.7	−3.1	−4.8	72
2009	23.5	3.3	81	−2.6	−0.4	−8.8	3.8	−9.8	−2.7	81
2010	12.8	3.2	81	2.7	1.6	6.8	3.7	−8.7	−3.3	91
2011	0.0	2.8	76	1.5	3.2	8.8	9.9	−8.4	−3.6	100
2012	13.4	1.8	81	2.3	2.1	0.6	8.2	−6.7	−3.2	103
2013	29.6	2.4	81	1.8	1.5	0.6	5.4	−4.1	−2.7	99
2014	11.4	2.5	83	2.3	1.6	0.9	5.9	−2.8	−2.8	101
2015	−0.7	2.1	96	2.7	0.1	−7.3	5.7	−2.4	−2.7	99
2016	9.5	1.8	97	1.7	1.3	−2.6	7.1	−3.2	−2.6	100
2017	19.4	2.3	97	2.3	2.1	4.4	4.8	−3.4	−2.6	98
2018	−6.2	2.9	94	2.9	2.4	4.4	3.7	−3.8	−2.8	98
2019	28.9	2.1	97	2.3	1.8	−1.1	6.7	−4.6	−2.7	103
2020	16.3	0.9	96	−3.4	1.2	−2.7	24.9	−14.9	−3.2	132

注："—"表示数据缺失。

资料来源：Wind资讯、CEIC、OECD、世界银行、IMF、BIS。

第三章
英国：老牌帝国与传统行业

英国股市历史悠久，最早可以追溯到 17 世纪末期，1802 年伦敦证券交易所正式成立，至今仍然是全球领先的综合性交易所。二战后在著名英国经济学家凯恩斯思想的影响下，英国开始了国有化和福利社会浪潮，1954 年英国股价指数突破了 1929 年的历史高点，结束了此前近 80 年的宽幅震荡行情，由此进入新的上升时期。20 世纪60 年代中后期开始，"英国病"问题开始凸显，总需求管理失灵，经济出现滞胀的问题，更重要的是英国在国际上的地位不断下降，战后 20 年的经济高增长阶段，是英国历史上经济增速最快的时期，同时也是英国国际经济地位下降最快的时期。1979年撒切尔夫人政府上台后，对经济政策和社会思潮进行了彻底的改变，经过大刀阔斧的改革，英国经济和股市都迎来了黄金时期。进入 21 世纪以后，"英国病"的问题再次出现，英国股市表现在发达资本主义国家中也是较弱的，这背后并不是经济总量增长的问题，而更多的是产业结构转型升级的问题。英国上市公司中，传统行业强而新兴产业弱，金融板块市值占比极高是资本主义国家股市中最高的，在以信息技术为核心的新一轮产业变革中，英国市场并没有出现太多的科技龙头公司。图 3 - 1 为 1962 ~ 2020年英国富时股票全指的走势。

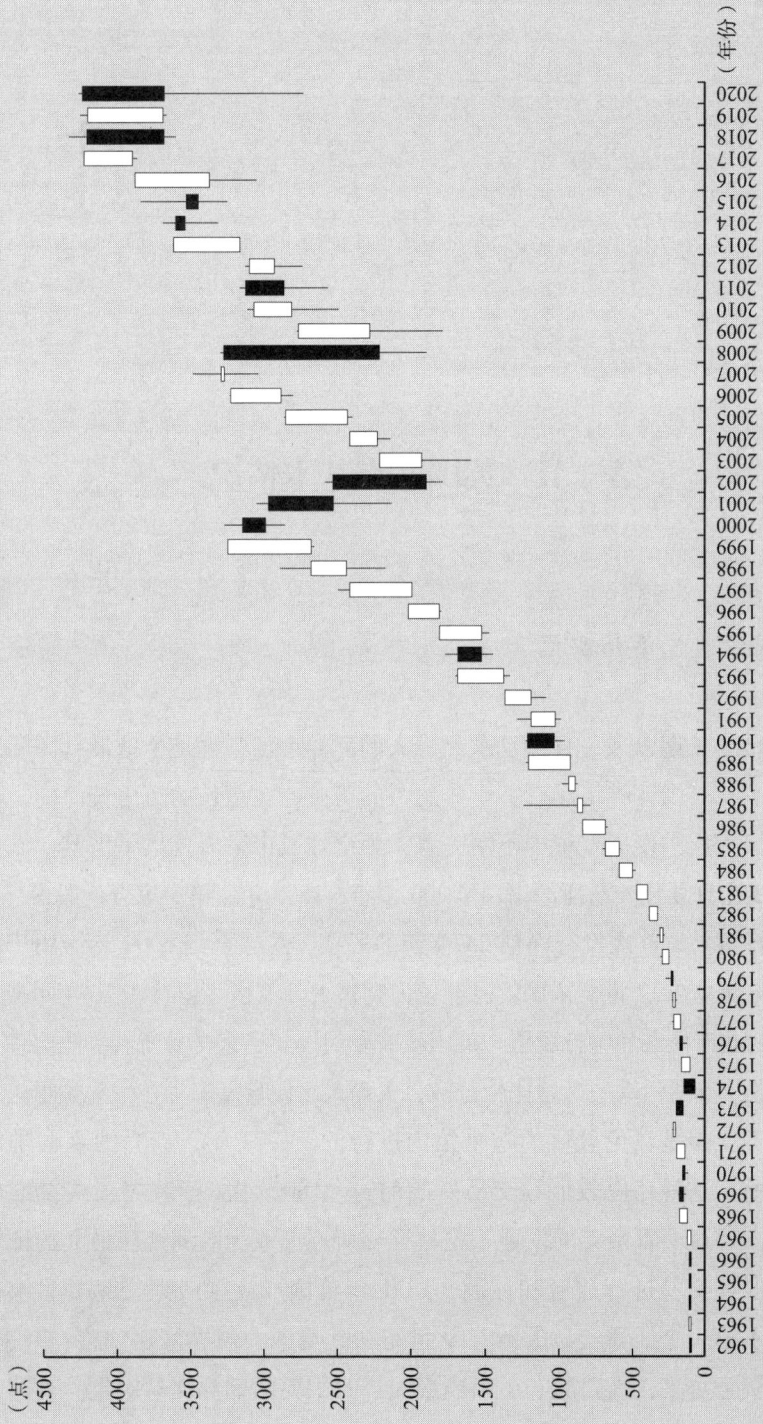

图 3-1 1962~2020 年英国富时股票全指（年 K 线）走势概览

资料来源：Wind 资讯。

第一节　英国股市基本情况

一、英国股市发展历史沿革

英国证券市场长期以来一直都是欧洲最大的证券市场，也是全球最具国际影响力的股票市场之一。英国证券市场有着十分悠久的历史，在漫长的历史长河中，英国证券市场在一次又一次的发展变革中不断完善，为全球股市发展提供了借鉴。

英国股票的出现要比交易所的出现早 200 多年，1553 年，第一家合伙股份公司为了与远东地区进行贸易，首次发行面值 25 英镑的股票，总共募集 6000 英镑用于航海冒险。英国的证券交易在 17 世纪末期就已经较为频繁了，英格兰银行于 1694 年成立，此后发行了大量的政府债券和银行股票。英国政府专门设立皇家交易所从事政府债券的买卖，而民间的股票交易活动一开始比较分散，久而久之便自发聚集在一些咖啡馆进行。

最初的证券交易是在伦敦城的咖啡馆内进行的。1773 年，新乔纳森咖啡馆正式改为证券交易所，这就是伦敦证券交易所的前身。1802 年英国政府正式批准成立伦敦证券交易所。经过两百余年的发展，伦敦证交所逐渐成为欧洲地区最大的证券交易市场。为了对股票交易进行监管和控制，1811 年英国成立了股票交易委员会。1812 年，英国颁布了第一个证券交易条例。19 世纪初，英国大规模修建铁路、开采矿山，利用股票进行资金募集，铁路股、矿山股成为当时主要的证券交易对象。英国工业革命期间，越来越多的新办企业通过股票筹资募集所需资金，产业股的发行与流通占据了证券市场的主要地位。19 世纪末，曼彻斯特、格拉斯哥、利物浦等地先后建立了地方性证券交易所，而伦敦则成为海外投资的世界金融中心。1890 年，英国证券市场协会成立，一些规模不大的证券交易所开始合并。在第一次世界大战之前，伦敦证交所一直是世界最大的证券交易市场。

1939 年英国《防欺诈法》颁布，引入注册牌照许可制度，对从事证券交易的个人、机构以及规范交易的证券和单位信托产品做出要求，禁止引诱买卖股票，扩大欺诈行为的违法定义。这是英国证券市场有史以来第一部重要的证券监管法律。由于历史原因，英国证券市场的监管以自律管理为主，政府干预较少，没有设立专门的证券管理机构，而对于重大证券违法行为通过立法予以管理。

1967 年英国各地交易所组成了 7 个区域性的证券交易所，1973 年，伦敦证券交易所与设在英国格拉斯哥、利物浦、曼彻斯特、伯明翰和都柏林等地的交易所合并。1976 年，伦敦证交所收到政府"非公平交易"的起诉，认为其成员限制规则、最低佣金制度、批发与零售经纪人职能分离等做法影响了公平交易。1979 年外汇管制废除后，被两百多年传统制度所束缚的伦敦证交所的国际竞争力开始减弱。1983 年，伦敦证交所主席与贸易工业大臣达成协议，政府中止起诉，伦敦证交所承诺在 1986 年以前进行深度改革，这便是英国证券市场 1986 年重大改革的直接导火索。

1986 年 10 月，英国证券市场宣布实施重大改革，这项改革被称为"金融大爆炸"（Financial Big Bang），改革方案的主要内容有：一是取消最低佣金制度，逐渐转为浮动佣金制度，交易所成员在收费方面自由竞争；二是废除批发商和零售经纪人职能分离；三是打开交易所大门，允许银行和外国证券公司直接参与交易。四是充分利用电子交易，伦敦股票交易所与纽约、东京交易所联机，实现 24 小时的全球证券交易。这次的改革一改过去缺乏竞争的被称作"私人俱乐部"的垄断体系，为英国重回证券交易的世界中心发挥了重大作用。1986 年 11 月，为了提高国际化水平，伦敦证券交易所和国际证券监管组织合并重组为伦敦国际证券交易所，但习惯上仍沿用 LSE 的名称。此后迎来长达十余年的英国股市黄金年代。

伦敦证交所通过"金融大爆炸"改革，制度和技术等均在欧洲地区取得明显领先，伦敦证交所在欧洲资本市场的地位日益上升，在最高峰时甚至占到欧洲境外股票交易额的 95%①；过去熙熙攘攘的交易大厅热闹场面逐渐消失，取而代之的是面对电子交易系统进行更加快捷高效的全球交易。进入 21 世纪，伦敦证交所转变为一个公众公司，并于 2001 年在自己的主板上市。此后陆续收购意大利证交所、MTS、Tur-

---

① 周浩，王琪琼. 英国证券市场的变革与发展［J］. 杭州金融研修学院学报，2001（3）：38-42.

quoise 和伦敦清算所等组织，成立了多元化的伦敦证券交易所集团。

1990 年前后，英国股市在全球的市值占比和重要性达到鼎盛时期，1990 年英国本土上市公司市值达 8498 亿美元，约占当时全球市值的 8.3%。当前英国股市的影响力已经明显减弱，不过排名仍在全球靠前位置。截至 2020 年底，英国股市的本土上市公司市值超过 4 万亿美元，占全球市值比例约为 4.1%（见图 3 - 2）。

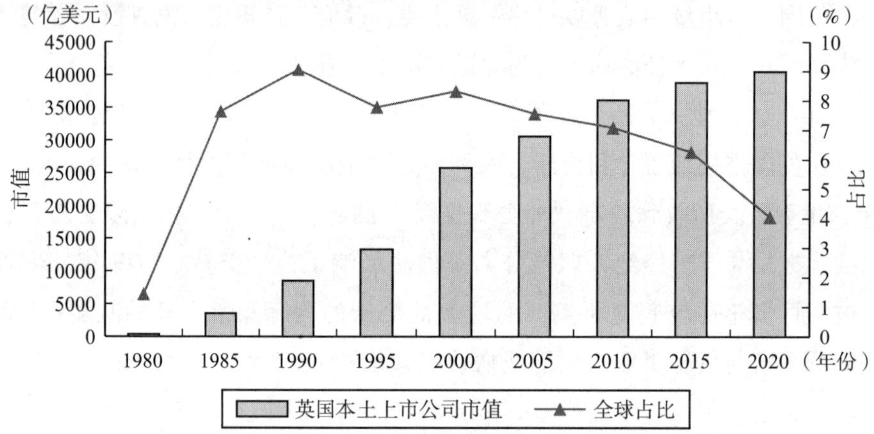

图 3 - 2　1980 ~ 2020 年英国股市总市值与全球占比

资料来源：世界银行。

二、英国股市现状与特征

根据世界交易所联合会统计，截至 2020 年底，伦敦证券交易所集团包含的本地上市公司市值超过 4 万亿美元，仅次于纽约证券交易所、纳斯达克、上海证券交易所、日本交易所集团、香港联交所、泛欧交易所、深圳证券交易所，位列全球第八名。英国股票市场拥有较高的国际化水平，2016 年海外投资者持股市值比例已达到 53.9%。

伦敦证券交易所主要分为四个板块，分别是主板市场、另类投资市场（AIM 市场）、专业证券市场（PSM 市场）和专家基金市场（SFM 市场）。主板市场是英国最为核心的股票市场，拥有悠久的历史和完善的制度，服务于具备强大经济实力的大型企业。AIM 市场为初创公司和高成长性中小型企业提供融资服务，是欧洲第一家二板市场。另外还设立了 ATT Only 交易市场，主要服务于已异地上市而希望在伦敦交易所进行交易的股票。

目前，伦敦交易所共有约 1288 只股票在主板上市，其中本土企业约 939 家，境外企业约 349 家。有 855 只股票在 AIM 市场上市，其中本土企业约 723 多家，境外企业约 132 家。表 3 - 1 报告了伦敦证交所的不同层次市场体系的主要特征及区别。

表 3 - 1 　　　　　　　　　　伦敦证交所的多层次市场体系

板块	发行人	投资者	简介
主板市场	境内外均可	全球投资者	主板市场成立于 1698 年，可分为高级市场、标准市场和高增长市场三个互不重合的子市场，另外从高级市场与标准市场中单独选取创新型企业开立高科技市场。主要采用英镑、美元和欧元作为计价货币
AIM 市场	境内外均可	全球投资者	AIM 成立于 1995 年，是全球知名的中小型企业上市地之一，主要服务于中小型新兴成长企业的 IPO 和后续融资需求
PSM 市场	新兴市场为主，规模偏中小	专业投资者	PSM 市场成立于 2005 年，面向专业投资者，采用机构发行的方式发行包括公司债、可转换债券、GDR 等非股票类融资工具在内的产品
SFM 市场	以境外金融机构为主	基金公司等机构	SFM 市场成立于 2011 年，作为仅向专业机构开放的基金市场，基金产品种类十分丰富
ATT Only 市场	注册在境外，已在其他交易所上市，规模较小	受限的投资者	主要定位于为已在其他交易所（WFE 成员）上市的证券提供有限的交易平台，市场规模较小，不能在欧洲经济区内通过公开发行募集资金，不纳入富时英国指数

资料来源：上海证券交易所资本市场研究所。

在交易制度方面，伦敦证券交易所以竞价交易为主、做市商交易为辅，采用了 SETS、SETSqx 和 SEAQ 三类股票交易系统，以适应不同的股票流动性。对于流动性较高的股票，均采用 SETS 交易系统。

英国股票市场的主要指数有富时综指（FTSE All-Share Index）、富时 100 指数、富时 250 指数、富时 350 指数、富时 AIM 英国 50 指数等，这些指数均由富时指数有限公司（FTSE）编制。其中，富时综指覆盖了英国证券市场 98%～99% 市值的股票，反映了富时 100 指数、富时 250 指数、富时 350 指数和富时小盘指数综合表现，因而富时综指是反映英国股票市场最为全面的指标。英国富时 100 指数于 1984 年 1 月创立，选取了在伦敦证券交易所交易的 100 只大盘股，英国富时 100 指数曾一度被认为是英国经济的晴雨表，它和法国 CAC40 指数、德国法兰克福指数并称为欧洲三大股票指数，也是国内投资者较为熟悉的指数。富时 250 指数代表市值排名 101～350 名的中盘股，富时小盘股指数代表市值排名 350 名以后的公司。

根据世界银行的统计数据，截至 2020 年底，英国本国上市公司共计 1979 家，过去十余年英国上市公司数量明显减少（见图 3 - 3）。

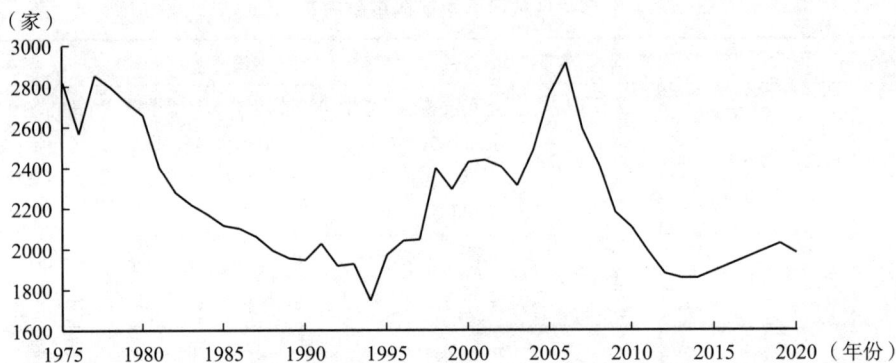

图 3 - 3　1975 ~ 2020 年英国本国上市公司数量

资料来源：世界银行。

三、英国上市公司构成情况

截至 2020 年底，在英国本国上市公司中，按照行业板块来分，市值占比最大的是金融和必需消费板块，市值占比分别为 20% 和 19%，其次是工业板块市值占比 11%，然后是医疗保健和可选消费（见图 3 - 4）。

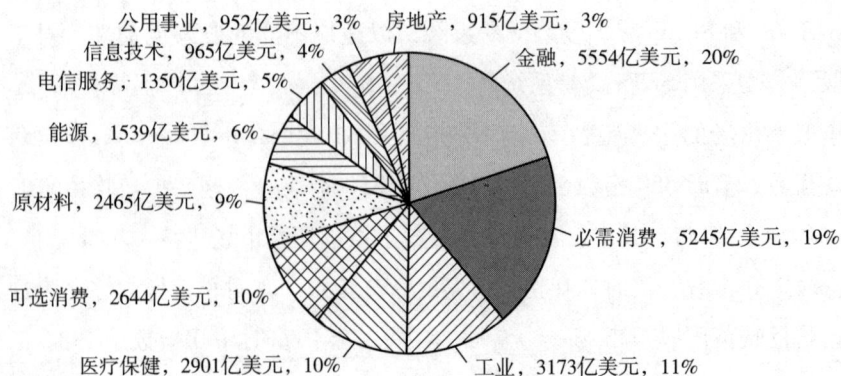

图 3 - 4　英国上市公司行业板块市值分布

注：截至 2020 年底。

资料来源：Wind 资讯、彭博。

表 3-2 报告了截至 2020 年底英国市值最大的 30 家公司名称及其对应的行业板块，其中有三家公司目前市值超过 1000 亿美元，分别是联合利华、阿斯利康和汇丰控股。英国作为传统的金融强国，金融板块的市值占比为各行业之首，旗下汇丰控股、保诚保险、巴克莱银行、劳埃德银行、伦敦证券交易所、渣打银行等公司具有悠久的经营历史。英国在消费和医疗保健领域也出现了一批十分具有影响力的公司，包括联合利华、帝亚吉欧、利洁时、博柏利、葛兰素史克、阿斯利康、洲际酒店等。此外为人熟知的公司还有英国石油、荷兰皇家壳牌、力拓、罗尔斯·罗伊斯、阿斯顿·马丁等。

表 3-2 　　　　　　　**2020 年底英国市值最大的 30 家上市公司列表**　　　　单位：亿美元

公司名称	行业板块	市值	公司名称	行业板块	市值	公司名称	行业板块	市值
联合利华	必需消费	1551	保诚	金融	472	国民西敏寺银行	金融	273
阿斯利康	医疗保健	1291	励讯	工业	465	英国联合食品	必需消费	241
汇丰控股	金融	1036	英美资源集团	原材料	444	苏格兰抵押贷款信托	金融	236
力拓	原材料	916	沃达丰	电信服务	436	Ocado	可选消费	230
葛兰素史克	医疗保健	904	伦敦证券交易所	金融	425	可口可乐欧洲太平洋	必需消费	216
帝亚吉欧	必需消费	904	英国国家电网	公用事业	409	法通	金融	213
英美烟草	必需消费	834	劳埃德银行	金融	347	英国宇航系统	工业	211
荷兰皇家壳牌	能源	715	巴克莱	金融	342	苏格兰及南方能源	公用事业	210
英国石油	能源	695	金巴斯	可选消费	326	Ashtead	工业	207
利洁时	必需消费	626	特易购	必需消费	304	渣打集团	金融	197

资料来源：Wind 资讯、彭博。

第二节　英国股市行情脉络

一、1945~1953 年[①]：国有化与福利社会

1945 年 5 月，德国投降，第二次世界大战欧洲战场战争结束。1945 年 7 月，英

---

① 英国股市历史悠久，此处起始时间点选择在 1945 年第二次世界大战胜利时。

国开始大选，大选的结果工党取得了压倒性的胜利，随后英国首相丘吉尔提出辞呈，艾德礼开始组织工党政府。在当时凯恩斯主义经济思想影响下，这届英国政府准备实行两个经济目标：一是部分企业国有化；二是建立福利社会。

从 1945 年下半年到 1948 年，是英国企业国有化的高峰期。首先是 1945 年 12 月，英格兰银行被收归国有，成为英国的法定中央银行，开始执行金融监管和货币政策。随后，在煤炭、民航、铁路、公路、运输、煤气、钢铁、电力等部门都开始实行国有化，据统计大约有 20% 的经济部门先后被国有化[①]。

与此同时，英国建立了一系列福利社会政策，试图使英国人能够得到"从摇篮到坟墓"的社会保障体系，1946 年通过了《国民保险法》和《国民医疗保健法》，1948 年通过了《国民救济法》。时任首相艾德礼曾宣称，英国在西欧建成了第一个福利国家。这些政策多年之后，又都成为我们所熟知的撒切尔夫人改革的对象。

二战后初期的这几年中，英国股市表现有两个特点：

一是市场表现总体上是跟着经济周期走的。如同美国等其他西方国家一样，英国在二战后首先是经历了一轮经济衰退，在 1950 年 6 月朝鲜战争爆发后，各国的出口形势普遍好转。战后这几年西方国家总体上经济周期是同步的，英国自身比较突出的情况，是 1949 年 9 月 18 日，英镑宣布兑美元大幅贬值 30.5%，从 1 英镑兑换 4.03 美元下调至 2.8 美元。

这期间值得注意的变化是 1951 年 11 月英格兰银行的加息。在 1951 年之前长达将近 20 年的时间里，除了 1939 年战争爆发初期的短暂恐慌性脉冲，英国的政策利率一直维持在 2% 的水平（见图 3-5），1951 年的加息意味着英国"廉价货币"时代的终结，由此引起了股市持续到 1952 年 6 月的大幅下跌。

二是如果我们拉长时间来看，就会发现战后直到 1953 年底，英国股市处在一个长期的宽幅震荡之中（见图 3-6）。这 50 多年间，英国经历了布尔战争、第一次世界大战、大萧条、第二次世界大战，股票市场波动很大，但总体走平表现一般。而随着和平年代的到来，我们后面会看到英国股市很快突破了 1929 年大萧条前的历史高点。

---

① 国有企业在英国并不是二战后首次提出的，据统计早在 20 世纪初，英国国有企业就业人数就已达到 52 万人，占总就业人数的 7.4%，国有企业产值占全国工业总产值 4.5%，随后国有企业的范围和规模都有所扩大 [资料来源：王皖强．论战后英国的共识政治 [J]．学海，2006（2）：56-63]。也正是有这个基础，才使得英国成为二战后西方资本主义国家中实行国有化最突出的国家。

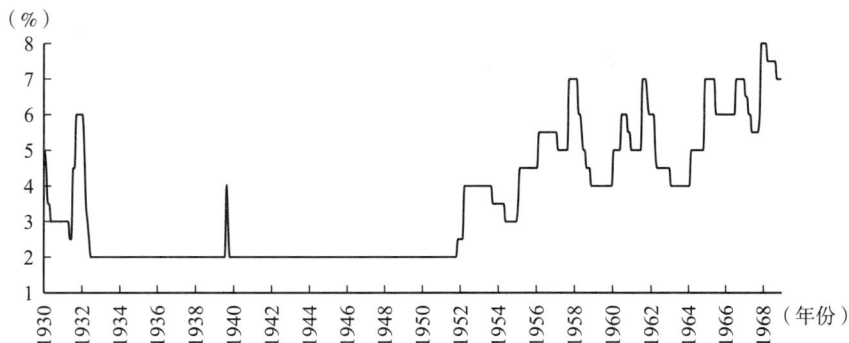

图 3 - 5 1930 ~ 1968 年英格兰银行政策利率走势

资料来源：英格兰银行。

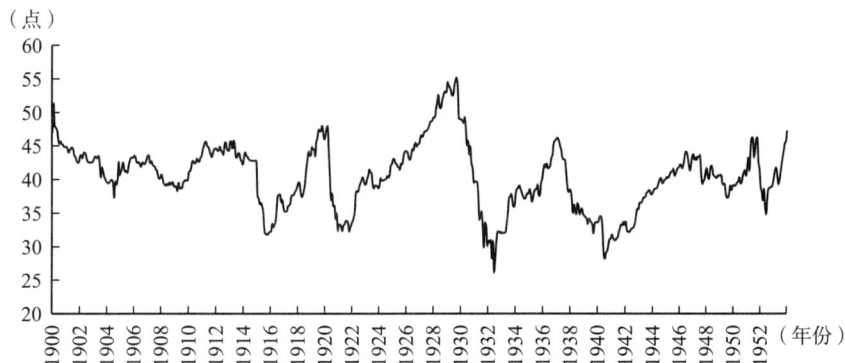

图 3 - 6 1900 ~ 1953 年英国股价指数走势

资料来源：英格兰银行。

　　到 20 世纪 50 年代中期，英国股市市值较大的公司主要包括：英国石油公司、荷兰皇家壳牌、帝国化学工业（Imperial Chemical Industries）、翠丰集团（Kingfisher，零售企业）、英美烟草（British American Tobacco）、帝国集团（Imperial Group，烟草公司）、嘉实多（Burmah Castrol，BP 旗下一个子品牌）、Distillers 公司（酿酒公司）、联合电气工业公司（Associated Electrical Industries）、Courtaulds 公司（化工企业），市值最大的 10 家公司总体以周期和必需消费行业为主。

二、1954 ~ 1968 年：共识政治与历史新高

　　二战后从 1945 年第一届艾德礼政府一直到 1979 年撒切尔夫人政府执政前，在长

达 30 多年的时间里，英国两党在包括经济政策在内的主要政策方向和思想上分歧不大，被称为"共识政治"时期。这种经济政策的共识主要体现在三个方面：凯恩斯主义的需求管理、混合经济、福利国家。当时有个流行词叫作"巴茨克尔主义"（Butskellism），是英国《经济学家》杂志将当时的保守党政府财政大臣巴特勒（Butler）及其前任工党政府财政大臣盖茨克尔（Gaitskell）姓氏缩写合并创造而成，意在说明两党推行的政策大体一致。

在需求管理的指导思想下，英国的经济政策总体上是完全跟着经济周期走的。股市总体上的表现也是如此，在经历了 1951 年加息后的大跌之后，1952 年起形势开始好转，1953 年起政策完全从收紧转向宽松，财政政策上英国取消了超额利润税并减少所得税，货币政策上英格兰银行在 1953 年 9 月开始降息，结束了过去两年的加息周期。同时，英国在 1954 年取消了食品定量供应制度，第二次世界大战造成的破坏已基本修复。在此背景下，英国股市走出了牛市行情，1953 年和 1954 年英国股价指数分别上涨 16% 和 34%。特别是在 1954 年 7 月指数突破了 1929 年的高点位置，创历史新高，也结束了英国股市此前长达近 80 年的宽幅震荡行情，市场开始向上突破。

到 1955 年通货膨胀开始回升，更麻烦的是英国本国经济复苏导致进口需求大增，进而使得国际收支出现赤字。英格兰银行从 1955 年初开始加息，年内一共两次加息，随后经济周期开始进入下行周期，股市从 1955 年下半年开始慢慢掉头向下。如同日本一样，在布雷顿森林体系下，英国的货币政策始终会被国际收支掣肘，主要问题就是国内经济变好进口就会增加，而汇率无法自由调整，这就会导致国际收支失衡，最后等于逼着货币政策必须收紧压缩国内需求直到出现经济衰退。1956 年，英格兰银行继续加息，英国经济开始出现衰退，当年英国股市下跌约 9%。

1957 年 2 月英格兰银行开始降息 0.5%，货币政策放松，经济开始回升，股市也开始向上。但 1957 年下半年英镑汇率危机再度爆发，迫使英格兰银行在 1957 年 9 月大幅加息 2.0%，政策利率达到 7.0%，英国经济和股市都出现了二次探底的走势（见图 3 - 7）。1957 年英国股市先扬后抑，全年下跌 3.3%。扛过了汇率冲击之后，为应对 1957 年的经济衰退，1958 年英国开始实行积极的财政政策，并同时大幅放松货币。1958 年英格兰银行先后 5 次降息，将政策利率从 7.0% 大幅下调至 4.0%，英国股市由此大幅上涨，全年整体涨幅高达 33%。1959 年英国经济全面复苏，货币政策尚未收紧，股市继续大涨，全年涨幅达 43%。

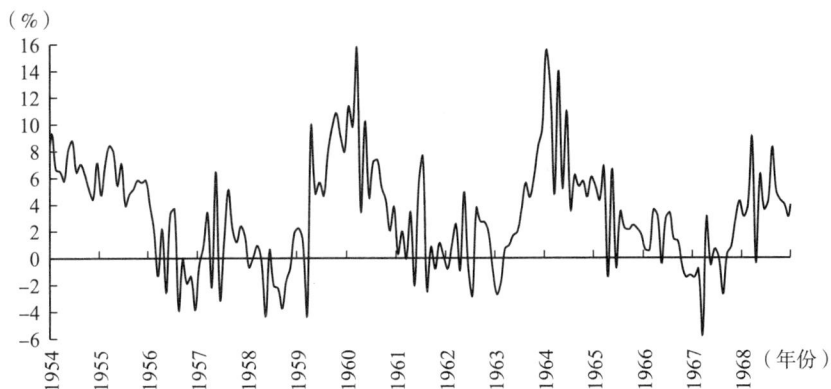

图 3 - 7　1954 ~ 1968 年英国工业同比增速走势

资料来源：Wind 资讯。

　　1960 年初货币政策开始由松转紧，1960 年 1 月和 6 月英格兰银行先后两次加息，将政策利率从 4.0% 上调至 6.0%，股市开始震荡略微下行。1960 年二季度以后英国经济再次进入下行周期，这次英格兰银行政策反应很快，1960 年 10 月货币政策由紧转松降息 0.5%，12 月再度降息 0.5%，政策利率变成 5.0%。股市在 1960 年底再度上行，并在 1961 年一季度创出新高。但到了 1961 年年中，英国国际收支再度成为问题，英镑汇率危机又出现了，英国政府被迫做出一系列收紧的政策，包括：限制政府开支和银行信贷、对关税再征收 10% 的附加税、暂时冻结工资（因为当时财政大臣认为工资持续上行是英镑危机重要原因）、大幅加息将政策利率从 5.0% 又上调至 7.0%。1961 年 7 月加息之后，英镑挤兑问题开始缓解，1962 年 10 月和 12 月，英格兰银行又先后两次各降息 0.5%。但在一系列政策打压下，英国经济在 1961 年下半年开始进入衰退，英国股市也见顶回落，在 1961 年下半年到 1962 年上半年一直处于调整之中。

　　1962 年英格兰银行先后两度降息，1963 年初再度降息，至此英国政策利率又回到了 4.0% 水平。经济形势从 1962 年下半年开始慢慢好转，股市也从 1962 年下半年开始见底回升。1963 年英国经济大幅回升，货币政策在年初降息后全年未变，政策利率一直维持在 4.0%，股市单边上行全年涨幅 14%。但是这种经济形势一好，货币政策必然收紧的事情又来了，1964 年 2 月英格兰银行加息 1.0% 政策利率达到 5.0%，1964 年 11 月再度加息 2.0% 政策利率回到历史高点 7.0%。英国经济从 1964 年开始进入下行周期，到 1966 年正式开始衰退。这期间英格兰银行先是在 1965 年 6 月降息 1.0%，股市由此开始反弹向上，但 1966 年 7 月在经济尚处衰退中再度加息 1.0%，使得股市在 1966 年下半年又大幅回调。

1967 年 1~5 月，英格兰银行先后 3 次降息，将政策利率从 7.0% 下调至 5.0%，股市开始大幅回升。随着经济的好转，英镑汇率问题再现，由此英格兰银行在 1967 年 10 月先后两次加息，将政策利率提高到 8.0% 的历史新高。但此时英国股市没有受到影响，因为这一次英镑真的贬值了，1967 年 11 月英镑在 1949 年后第二次大幅贬值，英镑兑美元汇率从 1 英镑兑 2.8 美元下调至 1 英镑兑 2.4 美元，贬值 14.3%。贬值后，1967 年和 1968 年英国经济继续向上回升，股市大涨，这两年英国股市整体涨幅分别为 32% 和 38%。

回顾 1954~1968 年英国股市的整体走势，类似一个"台阶型"走势（行情走势见图 3-8），先后有三次上台阶和创新高（1954~1955 年、1958~1959 年、1967~1968 年）。而对比当时的经济周期（见图 3-7）又会发现，这三次股市上台阶大涨对应的正好是三次经济向上周期。

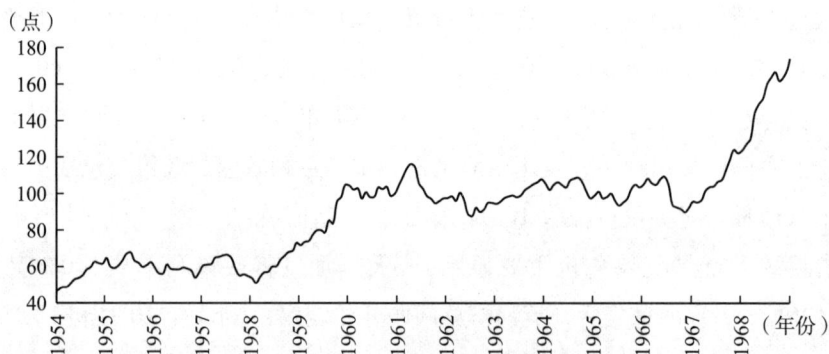

图 3-8 1954~1968 年英国股价指数走势

资料来源：英格兰银行。

有一个例外是 1963 年的经济上行周期中，股市并没有创新高，这主要是因为当时发生连续的英镑汇率危机使得货币政策经常出现高频率的松紧变动。实际上，应该说在 1967 年英镑贬值之前，英镑的汇率肯定是被高估的，这才会有经济稍微好点，英镑马上出现危机，货币政策必须马上全面收紧，甚至到了恨不得经济不出现衰退收紧不罢手的地步。1967 年的汇率贬值在某种程度上解决了一个长期性的问题，所以我们看到即使在 1967 年英国利率上升到历史最高的 8.0%，股市随后依旧大涨。

到 20 世纪 60 年代末期，英国市值最大的公司，前三名依然是荷兰皇家壳牌、英国石油公司、帝国化学工业，跟 50 年代中期一样，其他大市值公司还包括：力拓集团（Rio Tinto，矿产公司）、英美烟草、马莎百货集团（Marks & Spencer Group）、New Broken Hill Consolidated（矿产公司）、联合利华、嘉实多、帝国集团。行业分布与50年代中期基本完全一致，全部是周期和必需消费品公司。

三、1969～1978年："英国病"

所谓的"英国病"，是部分经济学家对英国经济的戏称，主要是指二战以后英国经济出现了滞胀状态，经济发展相对缓慢，在国际世界中的地位不断下降。

这里实际上提了两个问题，一个是国际地位的下降，这是一个相对发展的概念。事实上，二战后的前20年，是英国历史上前所未有的经济高速增长时期，经济总量大幅增加、居民生活水平不断提高、股市也是一直在创历史新高。只是与其他资本主义国家特别是德国和日本相比，英国的发展速度相对落后，英国从日不落帝国沦为二流国家，这段英国自身历史上增速最快的时期，也是相对衰落最快的时期。

第二个问题是滞胀，主要是社会大众对通货膨胀的指责。客观来说，英国的通货膨胀在1970年以前控制得是不错的，除了"朝鲜战争"期间略有上冲外，战后这20多年间CPI增速总体上保持平稳（见图3-9），这段时期中滞胀是谈不上的。

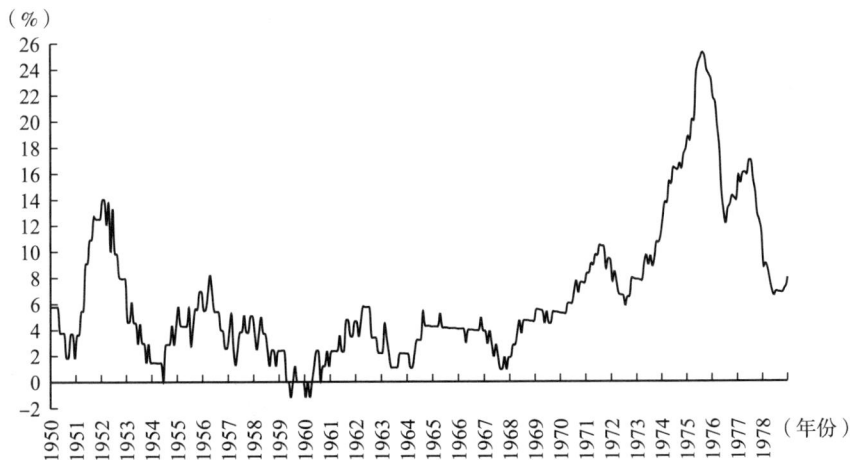

图3-9 1950～1978年英国CPI同比增速走势

资料来源：Wind资讯。

通胀失控是1970年以后开始发生的，导火索可能与1967年底的英镑贬值有关。

英镑贬值导致英国进口商品物价上涨，在短期1968年名义增长"幻觉"过去之后，从1969年开始到1970年上半年英国经济出现了通货膨胀上升同时实际经济增速下降的"滞胀"情况，股市随之出现了较大幅度的调整，这段时间内累计跌幅达到30%。

1970年6月保守党希思政府上台，采取了一系列削减公共开支的财政紧缩政策，此时本轮经济下行周期基本告一段落，经济开始企稳回升，股市的下跌调整也基本结束。到1971年经济继续在回升，且从1971年下半年开始一直到1972年上半年，通胀也开始回落，货币政策由此开始进一步放松，股市进入黄金时间段大幅上涨，1971年全年英国股市大涨40%。

1970～1973年这段时间的西方国家股市表现，有很强的联动，是在同一个经济环境中出现的。英国股市在1970年下半年到1972年底走出了一轮大牛市，美国股市也在1970年到1972年底出现了大牛市，著名的"漂亮50"行情就是在这段时间出现的。这里共同的背景，就是在20世纪60年代末期西方各国普遍面临较大的通货膨胀压力，然后纷纷采取了抑制通胀的措施，这些措施包括工资管控、物价管控等。由此出现了一轮经济上行、通胀下行的经济周期。

然而从1972年底开始，前述的这些价格管控措施开始纷纷失效，通胀再度开始上升，且从1973年年初开始，经济再度进入到下行周期（见图3－10）。1973年10月第一次石油危机爆发，西方国家普遍受到巨大冲击，到1973年底英格兰银行政策利率最高达到13.0%。1974年英国经济进入衰退，而且这不是一般的周期性影响，整个英国经济的秩序严重混乱，英国进入了被视为战后最困难的时期。1973～1974年，西方国家股市普遍暴跌，英国股市两年的累计跌幅高达近70%，俨然是一次股灾。

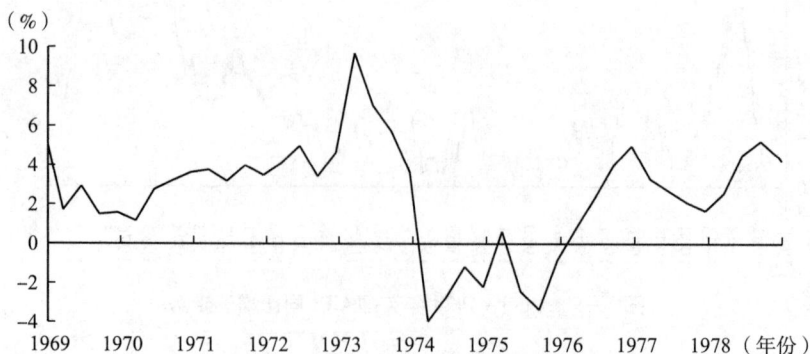

图3－10　1969～1978年英国实际GDP同比增速走势

资料来源：Wind资讯。

　　1975 年开始，通货膨胀取代充分就业成为经济政策的主要目标，第一步是削减财政赤字，随后提出了控制货币发行量的措施，1975 年 7 月英国宣布了第一个正式的货币供给目标，同时规定了国内 M3 的增长速度目标。此外是收入控制，工会和政府自愿达成了工资涨幅限制的协议。

　　1975 年英国股市见底回升，起初的上涨更像是超跌反弹，1975 年前三季度经济仍在衰退，而 CPI 同比和利率仍在上行。1975 年四季度起，英国的通货膨胀开始明显回落（见图 3-9），且经济开始企稳回升（见图 3-10），股市持续上涨，1975 年英国股市整体上涨 136%。1976 年初市场延续之前的上涨趋势，但随后 1976 年下半年通胀出现了反扑的势头，股市也随之调整下跌。但这次通胀的回升是短暂的，随着通胀再度回落，英国股市在 1977 年和 1978 年继续维持向上势头，到 1978 年底，股市位置与 1972 年底时的高点位置基本持平。

　　从 1969~1978 年的这十年间，是"英国病"问题最突出的时期，通货膨胀成为英国经济的核心问题，1973 年石油危机前通胀增长已经突破了此前高点，石油危机的爆发更是将通胀带入了万劫不复之地，CPI 同比一度曾达到 25%。在这九年间，英国股市整体是一个宽幅震荡的行情（见图 3-11），对比此前和此后的行情，这个阶段的英国股市表现是相对较差的。

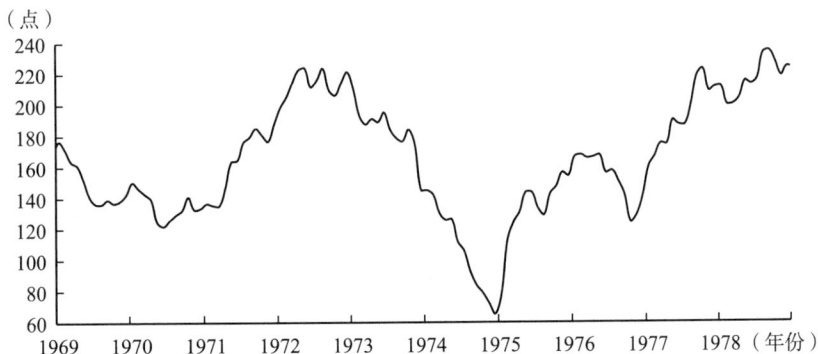

图 3-11　1969~1978 年英国股价指数走势

资料来源：英格兰银行。

　　到 20 世纪 70 年代末期，英国股市市值最大的三家公司依然是荷兰皇家壳牌、英国石油公司、帝国化学工业，其他大市值公司包括：Telent 公司（科技公司）、宝勤山公司（Broken Hill Proprietary，多元工业企业）、戴比尔斯（De Beers，著名的钻石品牌）、汇丰控股、马莎百货集团、巴克莱银行、联合利华等，相比之前大市值公司开始有了不同，最突出的是在周期公司和必需消费公司之外，多了金融公司。

四、1979~1990 年：撒切尔夫人时代

1979 年保守党撒切尔夫人政府执政，英国的经济政策发生了根本性转变。从 1945 年二战后一直到 1979 年以前，战后历届英国政府无论是保守党还是工党，都以凯恩斯主义为理论指导，即通过总需求管理来实现经济增长和充分就业。但经历了 20 世纪 70 年代的两次石油危机之后西方国家普遍出现了"滞胀"问题，总需求管理失灵，即通过牺牲通货膨胀获得经济增长的菲利普斯曲线逻辑失效了，无论是英国的"撒切尔革命"还是后来美国的"里根经济学"，都是在这样背景下出现的，其所采取的政策措施也均是从需求侧管理转向供给侧改革。

撒切尔夫人政府执政标志着此前 30 多年的"共识政治"时代结束。撒切尔夫人的改革政策大体上包括这几部分：第一，着力治理通货膨胀。其采用货币主义的思想，通过控制减少货币供应量，来降低通货膨胀。第二，以私有化解决国有企业亏损问题。到 1990 年末撒切尔夫人辞职时，除英国铁路、英国煤炭、皇家邮政公司外，英国绝大多数国有工业企业实现了私有化。第三，税制改革并削减社会福利。撒切尔夫人政府一方面降低个人和企业所得税等直接税、提高增值税等间接税，另一方面大幅削减公共支出。第四，强势打击工会力量。当时理论界普遍认为工会力量太大，已经影响劳动力市场正常运作有碍劳动生产率的提高，但此前历届政府在处理这种得罪人的事情上都难有成效，铁娘子取得了成功，改变了过去英国"工人一罢工、政府就妥协"的局面。在一系列改革政策后，英国经济在撒切尔夫人执政时代总体表现非常不错，"英国病"被认为得到了有效治疗，股市也走出了长期大牛市。

1979 年撒切尔夫人政府一上任，碰到的第一件麻烦事情就是第二次石油危机爆发，国际原油价格再度暴涨，由此导致英国经济开始出现下行、通货膨胀上升。面对通胀和经济下行同时发生，此次英国政府采取了压缩信贷和财政支出的紧缩政策，1979 年 11 月，英格兰银行的政策利率达到战后最高水平 17.0%。受此影响下，1980 年经济快速下行并进入衰退（见图 3-12），据统计当时失业率最高达 13%，为 1931 年以来最严重的经济衰退。

（%）

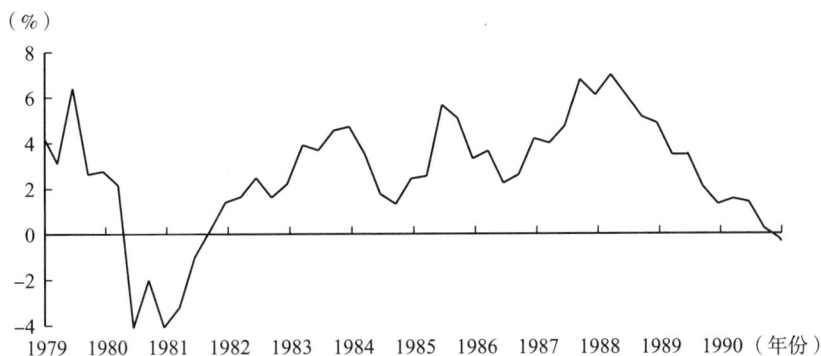

图 3－12　1979～1990 年英国实际 GDP 同比增速走势

资料来源：Wind 资讯。

英国股市在 1979 年下半年下跌回调，但从 1980 年初开始企稳回升，此时其实经济尚处在严重的衰退之中，通胀也还没有明显回落（通胀回落大体是从 1980 年下半年开始的），股市的领先表现多少反映了市场对于新政府新政策的期待。对比美国，在这轮经济周期中，英国股市也是领先企稳回升的。

1980 年下半年开始英国 CPI 同比增速开始回落，一直到 1987 年底持续下降，困扰英国经济多时的通货膨胀问题开始得到解决。与此同时，从 1981 年开始，英国经济也开始见底回升，这一轮经济复苏景气周期时间特别长，也一直要持续到 1987 年底。也就是说，从 1981 年开始一直到 1987 年，这 7 年时间内英国经济处在战后最好的发展阶段，实际经济增速持续提高、通货膨胀不断下降，出现了英国的"经济奇迹"。1982 年英国在马岛战争中获胜，更是重振了大英帝国雄风。1983 年撒切尔夫人连任成功，其个人威望相比刚上任时大幅提高，英国的私有化进程也在 1983 年后开始加速推进。1986 年，英国开始了"金融大爆炸"改革。

从 1980～1986 年，英国股市连续七年牛市，累计涨幅达 254%，年化涨幅达 20%。1987 年受全球股市暴跌影响，英国股市在 1987 年下半年也出现了大幅下挫，但短暂冲击之后，股市继续回到上升通道。

这里值得指出的是，在 1988 年和 1989 年，英国经济已经开始明显下行，且通货膨胀再次回升，CPI 同比增速大约从 3% 不到回升至 6% 以上，但股市表现在这两年却非常强势，1988 年英国股市上涨 8%，1989 年更是大涨 28%。这两年英国股市在经济下行通胀上行背景下，依然能有如此出色表现，主要原因或许是当时的英镑持续升值，与 1985 年"广场协议"之后日本的情况有点类似，这也为后来 1992 年的英镑汇率危机埋下了隐患。1990 年英国经济进入衰退，股市也随着下跌调整。

1990 年 11 月，撒切尔夫人辞职离任，结束了长达 11 年半的执政生涯。回首撒切尔夫人执政期间，英国股市一路"长牛"，只有最后一年 1990 年年线收阴，前面从 1979～1989 年期间年年上涨（见图 3-13），这一时期也是英国二战后给人印象最深刻的时期。

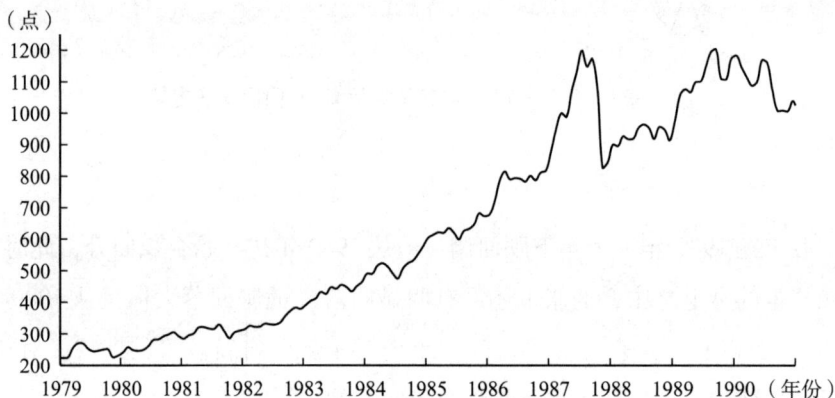

图 3-13　1979～1990 年英国股价指数走势

资料来源：英格兰银行。

到 20 世纪 80 年代末期，英国市值最大的上市公司变成了英国电信集团（BT Group），紧随其后的是英国石油公司和荷兰皇家壳牌，其他大市值公司还包括：英美烟草、葛兰素史克、英国天然气集团、汉森公司（建筑材料公司）、BTR 公司（水务公司）、帝国化学工业、宝勤山公司。

五、1991～1999 年：经济繁荣、利率下行

1990 年 11 月撒切尔夫人辞职离任后，同为保守党的约翰·梅杰继任英国首相。新政府面临的首要问题是解决经济衰退，此时最大的变化是英国的货币政策开始放松了，1990 年 10 月撒切尔夫人辞职前英格兰银行开始降息，1991 年梅杰政府先后六次降息。更重要的是，1991 年以后英国利率的下行是趋势性的而非周期性的变化。

事实上，虽然整个 20 世纪 80 年代英国的通胀明显降低，CPI 同比增速从两位数降低至 5% 以下，即使 80 年代末期通胀再度回升也并没有回到两位数水平，但

是英国的政策利率一直到 1990 年依然在 14.88% 的高位水平（见图 3 - 14），英国利率的变化是滞后于本国通胀的变化的，而且在资本主义国家中绝对属于高利率环境。英国利率的趋势性下行是从 1991 年撒切尔夫人政府结束以后才开始的，从此利率基本上是单边一路下行。到 90 年代末，政策利率已经从此前近 15% 下降至 5.5%。

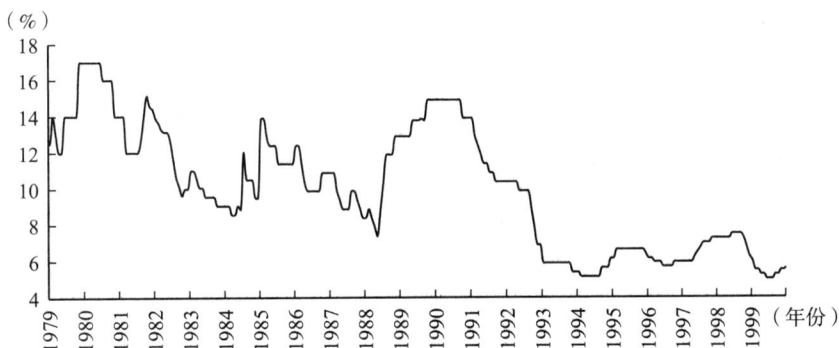

图 3 - 14　1979 ~ 1999 年英格兰银行政策利率走势

资料来源：英格兰银行。

在货币宽松利好下，英国股市从 1991 年初开始便企稳回升。1991 年下半年起英国经济开始复苏，股市表现也更加稳健。英国股市稳步向上的势头一直持续到 1992 年上半年，随后欧洲货币危机爆发，对股市形成了冲击。1992 年的欧洲货币危机非常有名，当时欧洲的汇率机制出现严重动荡，意大利里拉、英国英镑汇率大幅贬值，并不得不宣布退出欧洲货币体系，对全球金融市场造成了巨大冲击。乔治·索罗斯因其"1992 年狙击英镑"为市场津津乐道，被称为"击垮英格兰银行的男人"。

这里我们简要概述下欧洲货币危机的前因后果。1979 年 3 月，欧洲货币体系正式成立，建立欧洲货币汇率机制。规定对外实行"联合浮动汇率"和成员国之间实行"可调整的固定汇率"，成员国货币汇率的波动幅度一旦超过规定幅度，有关国家的中央银行必须采取措施进行干预，使其恢复到规定的波动范围之内，以保持整个体系的稳定。这个机制的问题在于长期均衡汇率取决于购买力平价，而各国通货膨胀水平又不同，就需要定期调整固定汇率。1979 ~ 1987 年，欧洲货币体系内基本上每年都有超过一次的汇率调整。但从 1987 年开始，一直到 1992 年危机爆发，没有再发生过一次汇率调整，这就使得机制有了内在问题。

前文我们说过，1988 年和 1989 年英国汇率是持续升值的，这导致 1990 年英镑是以高估的汇率加入欧洲货币体系的，随着两德统一后，德国经济高速增长，通胀压力加大，德国和欧洲其他国家经济走势出现分化。1992 年在英国仍处于快速大幅降息周期中（见图 3 - 14），德国央行出于强烈的抑制通胀意图，非但没有降低利率，反而将政策利率贴现率在 7 月份提高至 8.75% 的水平，成了汇率危机的导火索。1992 年 9 月 16 日，"英镑保卫战"开始，英国政府开始大规模介入市场。但这些措施最终都无济于事，面对外汇市场一边倒的预期和抛压，英镑汇率最终跌穿了规定的下限。当天英国宣布退出欧洲货币体系，让英镑自由浮动。

英镑在 1992 年汇率贬值超过 20%，但英国经济增长、通货膨胀基本上均没有受到货币汇率贬值的负面冲击。资本市场受到的冲击同样很有限，股市在英国宣布英镑大幅贬值并同时退出欧洲货币体系后立马见底回升。当时英国经济实际上是非常强的，1992 年英国经济走出衰退后，在整个 20 世纪 90 年代表现总体非常突出，2000 年之前没有再出现过经济衰退（见图 3 - 15）。

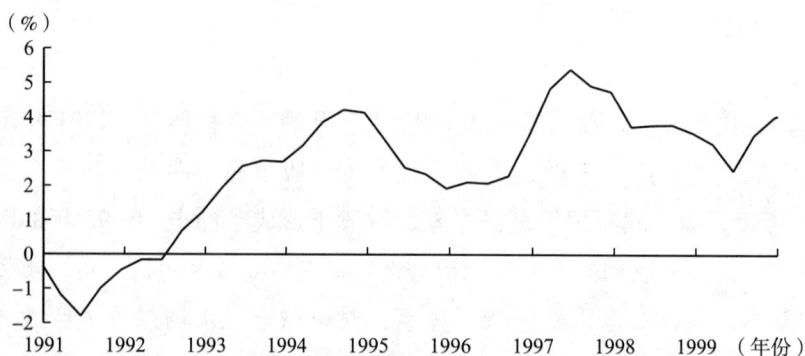

图 3 - 15　1991 ~ 1999 年英国实际 GDP 同比增速走势

资料来源：Wind 资讯。

1993 年英国经济快速上行而同时政策利率依然在下降，英国股市大涨，富时 100 全年指数大涨 20.1%。股市行情从 1994 年 1 月底左右开始进入下跌调整，当时英国经济依然在繁荣向上，国内货币政策也没有明显收紧，1994 年 2 月英格兰银行还降了一次息。市场调整的原因是美联储在 1994 年 2 月开始加息，引发全球流动性收紧的预期，然后美联储在 1994 年 3 月、4 月、5 月连续加息，英格兰银行在 1994 年 9 月也开始了加息。

股市调整到 1995 年初基本结束，1995 年英国经济增速有所回落但并未进入衰退期，由于此前市场已经提前调整下跌，1995 年经济下行中英国股市是不断上涨的。1995 年 12 月英格兰银行再度开始降息，1996 年起英国经济也再度回升，这轮经济上行周期是在本身增速较高的位置上进一步向上的，可见当时经济的繁荣程度非常高。1995 年、1996 年、1997 年，英国股市连续上涨，富时 100 指数三年分别上涨 20.3%、11.6%、24.7%。

1997 年 5 月，工党大选获胜，布莱尔出任英国首相，结束了此前 18 年的保守党执政时期，随后英国在 1997 年实行了金融监管体制的重大改革。股市的上涨一直持续到 1998 年上半年，之后由于亚洲金融危机的爆发，市场出现快速调整。为应对亚洲金融危机冲击，1998 年 10 月起英格兰银行和美联储纷纷降息，货币宽松重启，股市也再度向上，随后经济也好转向上，1999 年股市继续大涨。

从 1991～1999 年这九年间，英国富时 100 指数累计上涨 223%，年化平均涨幅 14%，除 1994 年以外其余八年年线全部收涨（见图 3－16）。这段时间中，英国经济表现非常强势，走出 1990 年的经济衰退后在 20 世纪 90 年代没有再次进入衰退，大幅波动也较少，总体经济增长是一种稳定繁荣的状态。而英国的利率从 1991 年开始趋势性下降，这两者结合给股市营造了很好的上涨环境。因为没有出现经济衰退，所以即使经济短周期有所下行，在政策宽松下，市场也很快结束调整，股市在这九年间总体上是单边牛市。

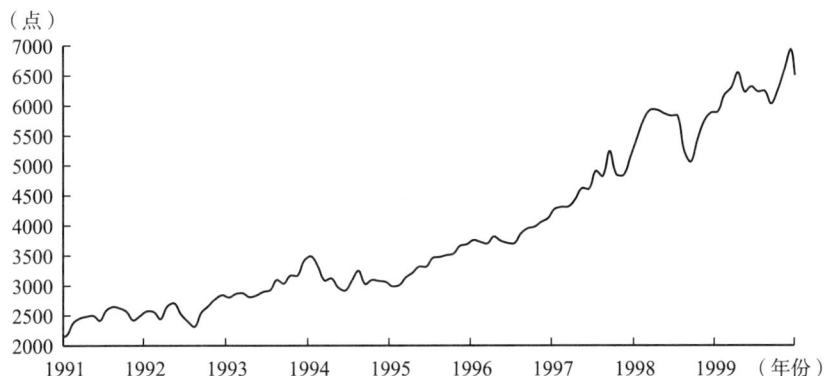

图 3－16　1991～1999 年英国富时 100 指数走势

资料来源：Wind 资讯。

到 20 世纪 90 年代末期，英国市值最大的 10 家公司分别是：英国石油公司、英国电信集团、沃达丰集团（电信公司）、汇丰控股、葛兰素史克、荷兰皇家壳牌、阿斯利康、史克必成公司（Smithkline Beecham，医药公司）、劳埃德银行集团（Lloyds Banking Group）、Telent 公司。

六、2000～2008 年：消化估值泡沫

2001 年 6 月英国大选，工党再次以压倒性优势击败保守党，48 岁的布莱尔连任。布莱尔政府所提出的"第三条道路"改革思想，在当时成为全英国甚至全球的关注热点。所谓"第三条道路"，简单地说，可以理解为既非传统自由资本主义，也不是社会主义，而是位于它们之间的中间道路。"第三条道路"政策在撒切尔夫人效率改革的基础上，更加强调对社会公平的关注，是一个英国二战后政策由左向右再往中间的过程。

客观地说，布莱尔政府的政策是比较成功的，英国从其上任（1997 年）后，一直到 2008 年全球金融危机前，没有出现过经济衰退（见图 3－17），甚至在 2000～2001 年美国"互联网泡沫"破灭、"9·11"事件发生后，全球经济普遍衰退的情况下，英国经济增速依然保持平稳。2000～2007 年，英国经济增速高于欧洲主要国家和美国，截至 2007 年底英国经济实现连续 62 个季度正增长，人均国民收入在 G7 国家中从末位提高到第二位，通货膨胀率保持低位，投资势头强劲，生产率大幅提高。[①]

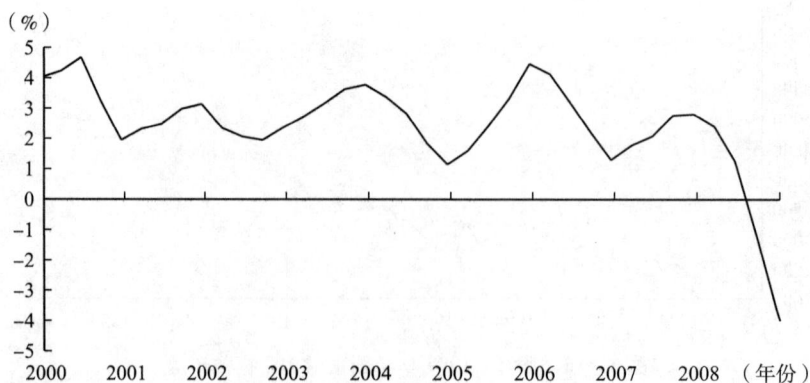

图 3－17　2000～2008 年英国实际 GDP 同比增速走势

资料来源：Wind 资讯。

---

① 周弘，沈雁南. 欧洲发展报告（2008～2009）[M]. 北京：社会科学文献出版社，2009.

但即使在这种经济环境中，英国股市在这一时期表现并不出色。特别是从 2000~2002 年这三年间，股市大幅下跌，富时 100 指数累计跌幅达 43% 。这期间英国国内经济增速平稳，且英格兰银行从 2001 年 2 月开始降息，政策利率到 2002 年底已经从 6.0% 下降至 4.0% 。英国股市这轮下跌，最核心的因素就是消化估值泡沫，在美国"互联网泡沫"破灭后，2000 年以后英国股市估值也是持续下降的（见图 3 - 18），这个过程一直要持续到 2008 年全球金融危机。英国股市这里的事实，是一个很好的案例，即股市会在经济基本面不错、货币政策放松的情况下，单纯因为持续消化估值，出现大幅的下跌。

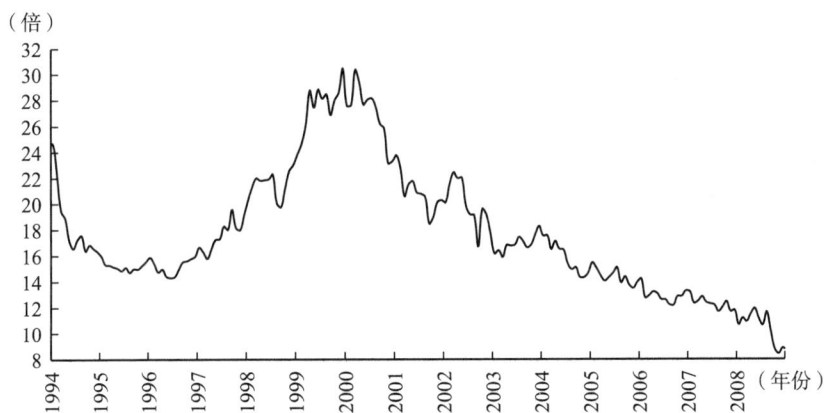

图 3 - 18　1994 ~ 2008 年英国富时 100 市盈率走势

资料来源：CEIC。

2003 年以后英国股市见底回升，随后走出四年多的牛市行情，这一轮英国股市的牛市行情总体上是跟着全球股市走的，英国富时 100 指数走势与美国标普 500 指数走势高度一致，但即使到 2007 年牛市顶点，富时 100 指数也没有突破 2000 年高点的水平。2007 年四季度开始，受美国次贷危机影响，英国股市见顶回落，2008 年全球金融危机中英国股市大幅下挫。

2000~2008 年，英国股市走势如同美国、日本等很多其他资本主义国家一样，都走出了一个明显倒"N"形走势，即 2000~2002 年大幅下跌，2003~2007 年大幅上涨，2008 年再度大跌（见图 3 - 19）。

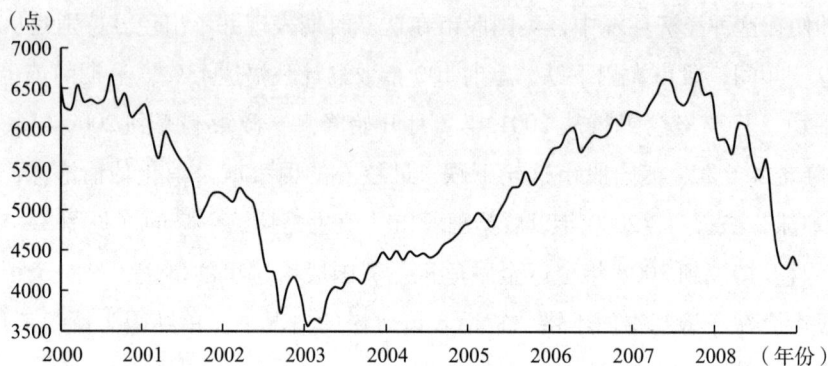

图 3 - 19   2000 ~ 2008 年英国富时 100 指数走势

资料来源：Wind 资讯。

七、2009 ~ 2020 年：缓慢上行

2008 年全球金融危机爆发后，特别是在美国雷曼兄弟破产后，英国采取了果断的货币宽松政策，英格兰银行的政策利率从 2008 年的 5.0% 迅速下降到 2009 年 3 月的 0.5%，这是 1694 年英格兰银行成立后的最低水平。随后，2009 年 3 月，英国开始实施第一轮量化宽松政策，宣布的计划规模是 750 亿英镑，不过很快英格兰银行就把第一轮量化宽松的资产购买规模提高到 2000 亿英镑。此后到 2010 年上半年，随着欧债危机的爆发，英格兰银行在 2011 年又开始了第二轮量化宽松政策。在一系列政策刺激下，英国股市跟其他西方国家股市一样，从 2009 年 3 月起开始大幅上涨。

由于被认为应对金融危机不力，2010 年 5 月大选中英国工党竞选失利，结束了 13 年的工党政府，英国保守党和自由民主党宣布组成最近 70 年以来的首个联合政府，卡梅伦任英国首相。新政府上台确立了以减少财政赤字为目标的支出政策，"减赤"计划实际上在前任戈登·布朗政府时期已经提出，但金融危机打乱了政策规划。在相对紧缩的政策下，2011 年和 2012 年英国经济增速有所回落，英国股市也震荡调整。2011 年的股市调整回落在当时也是全球共振的，2009 年经济复苏后，大宗商品价格暴涨，到 2011 年初各国普遍面临较大的通胀压力，而纷纷采取了一系列相对紧缩的政策。

2012 年下半年起英国经济增速再度回升（见图 3 - 20），2014 年英国 GDP 超过法国成为欧洲第二大经济体，2015 年英国实际 GDP 增速在 G7 国家中排名第二，仅略低于排第一的美国，这几年英国经济表现应该说还是非常不错的。英国股市也呈现出缓慢上行的走势。

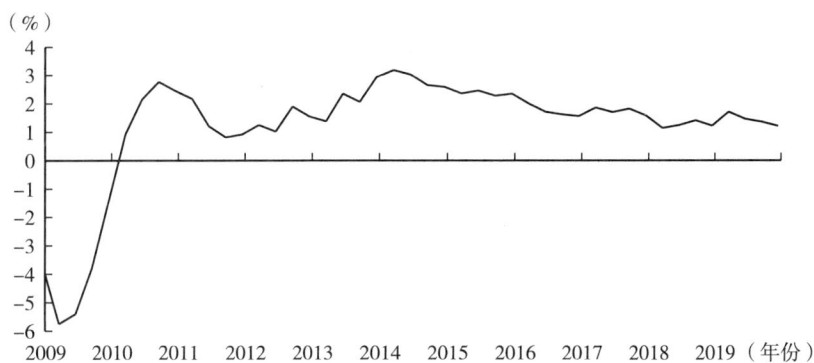

图 3 - 20　2009～2019 年英国实际 GDP 同比增速走势

注：2020 年由于受到新冠肺炎疫情影响，英国单季度 GDP 增速一度下滑到 - 20% 以下，考虑到将 2020 年 GDP 增速放入图中会使得此前的数据波动消失，这里图中没有放入 2020 年英国的 GDP 同比增速。

资料来源：Wind 资讯。

2016 年 6 月 23 日，英国"脱欧"公投正式开始，次日 24 日计票结果显示 51.9% 的英国选民支持英国脱离欧盟，首相卡梅伦宣布辞职。7 月 13 日，特雷莎·梅就任英国首相。受公投"脱欧"影响，英镑汇率持续走低，跌幅一度超过 10%，接近 1985 年"广场协议"以来最低点。从股市表现来看，英国股市并没有受"脱欧"事件的影响，2016 年英国股市稳步向上。2017 年起全球经济回暖，此时英国经济受"脱欧"影响，与欧盟经济出现分道扬镳的走势，欧盟经济增速强劲复苏而英国经济增速则持续放缓。但即使增速相对变缓，英国经济总体依然还可以，在 2020 年前没有出现经济衰退。

2015～2019 年，除了货币政策外，英国还采取了许多减税措施。2015 年英国将公司税税率从 28% 降低至 20%，成为 G20 国家中公司税税率最低的国家，2019 年英国公司税税率进一步下降至 19%。同时，英国政府也先后多次提高了个人所得税的起征点。这期间英国股市呈现出缓慢上行特征，两次相对幅度较大的调整（2015 年下半年和 2018 年下半年）也都主要是跟着以美国为首的股市在波动。

2020 年新冠肺炎疫情在全球暴发，英国也成为欧洲受疫情影响最严重的国家。在经济深度衰退中，英国股市在 2020 年也出现了大幅下跌。面对快速的经济衰退，2020 年 3 月 11 日，英格兰银行宣布将政策利率从 0.75% 下调至 0.25%，同时采取其他一系列相关的救济政策措施。3 月 19 日，英格兰银行召开特别会议，将政策利率进一步降低到 0.1%。在政策刺激下，英国股市从 2020 年 3 月后也开始见底反弹，但相比美国、德国、日本等国家股市反弹后创新高，英国股市的反弹力度相对较弱，并没有能够突破疫情前的高点。

2009～2020 年的这 12 年，英国股市走势总体上是稳步缓慢上行的（见图 3-21），但其收益率表现总体是非常一般的，剔除 2009 年的修复式上涨外，从 2010 年底到 2020 年底最近的十年中，英国富时 100 指数从 5900 点上升到 6461 点，十年的累计涨幅仅 9.5%。

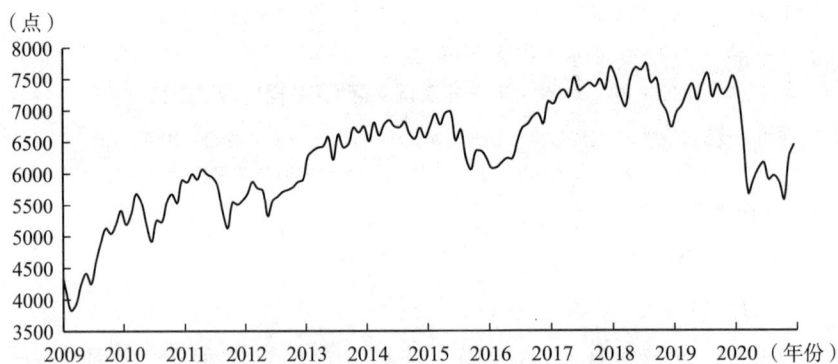

图 3-21　2009～2020 年英国富时 100 指数走势

资料来源：Wind 资讯。

八、对英国股市行情的反思

英国股市源远流长历史悠久，但进入 21 世纪以后，股价表现并不是特别好，全球金融危机后从 2011 年初到 2020 年底这最近的十年中，英国富时 100 指数累计收益率仅 10%，明显低于美国、日本、德国等股市指数表现，是本书研究的全球主要股票市场中表现最差的（见图 3-22）。如果从 1999 年底"互联网泡沫"的高点起算，到 2020 年底，英国富时 100 指数依然没有超过当时的位置，累计收益率是 -7%，而同期美股标普 500 指数、日经 225 指数、德国 DAX 指数收益率分别为 156%、45%、97%，A 股 Wind 全 A 指数收益率更是高达 442%。

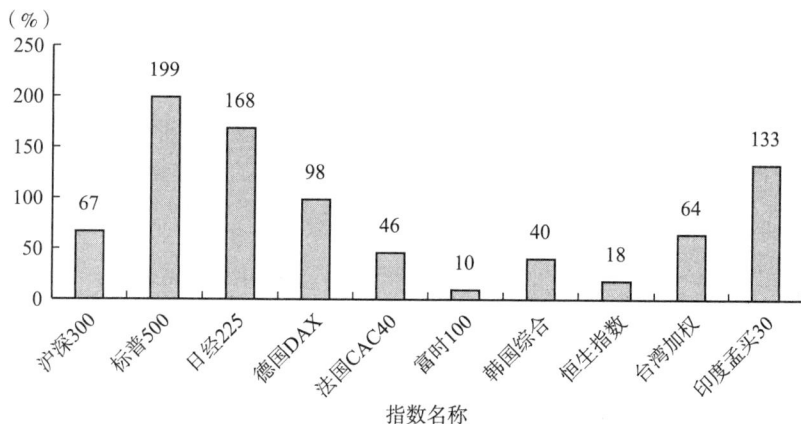

图 3-22 2011 年初至 2020 年底全球主要股票指数累计收益率

资料来源：Wind 资讯。

进入 21 世纪后英国股市的糟糕表现，不能完全归咎于宏观经济表现，事实上如果对比前文中我们分析的英国 GDP 走势，就会发现，相比于美国、德国、日本等，英国的经济增长表现并不差，甚至在很长时间里还是表现较好的国家。我们认为，英国股市表现的背后，反映的主要还是其产业结构转型升级没有跟上时代发展的脚步。

截至 2020 年底，英国股市中金融板块市值占比达到了 20%，是第一大权重板块①，可能是除中国 A 股以外全球主要股市中，唯一的一个金融是第一大权重板块的股市（截至 2020 年底 A 股市场金融板块市值占比约 21%）。这个股市市值结构是在所有发达经济体中独一无二的，与之对比的是，美股金融板块市值占比 9%、德国股市金融板块市值占比 12%、日本股市金融板块市值占比 8%，都已经成为本国股市中的中小行业板块。而从全球来看，在房地产景气周期之后，金融板块长期股价表现均不理想，这就形成了对市场整体的拖累。后文中我们会看到，日本股市在 1990 年泡沫破灭后，之所以日经 225 指数一直没有能够超过此前的高点，很重要的原因，也是在于金融板块占比过大需要很长时间去消化，经过 20 多年后，我们认为日本股市已经完成了这样的转型升级过程。

除金融板块外，英国股市市值第二大的权重板块是必需消费板块，这也是过去多年里英国股市中表现较为不错的一个行业板块。需要注意的是，英国并不是一个大国

---

① 这里面存在汇丰控股的特殊情况，但即使剔除汇丰控股影响，金融板块依然在英国股市中占有很大比重。

经济体，其人口不到 7000 万人，国内市场是不足以支撑消费巨头公司业绩持续增长的。出路只有一条，就是全球化走向世界，英国股市消费板块市值最大的几个公司，联合利华、帝亚吉欧、英美烟草、利洁时等，都是跨国企业，海外市场营收占比非常高。不过从我们的理解来看，消费品的全球化，其背后的本质是"文化认同"，是本国消费文化的输出，这最终取决于国家综合实力的变迁。而进入 21 世纪以后，英国在全球经济中的地位是在下降的，显然已经很难再有当年"日不落帝国"时期的文化输出能力了。在后面的分析中我们会看到，英国必需消费品板块的几个龙头公司，在金融危机以后的业绩增长，主要依靠的是降低成本提高利润率的经营模式。

最后一个问题，可能也是最重要的问题，英国的科技公司不强，信息技术板块市值占比仅 4%，没有大市值龙头科技公司。从产业发展趋势来看，显然是没有赶上新一轮科技革命和产业变革的高速列车。而与之形成鲜明对比的是，韩国和中国台湾地区，也都是类似的经济模式，但都以信息技术为主导产业，股市的表现要好很多。

第三节　英国股市板块结构特征

一、英国股市板块轮动整体概况

由于上市公司构成的不同，英国股市的行业板块轮动的阶段性特征并没有美国股市那么鲜明可分。

英国股市的板块轮动与其他国家和地区股市的共性有：一是 2001 年到 2008 年金融危机前，在这段全球经济高速增长的繁荣期，顺周期板块能源、原材料、工业等行业普遍表现较好，由于英国股市有荷兰皇家壳牌和英国石油公司这两家原油公司且市值占比较大，英国股市能源板块有超额收益的时间更长，大致从 1986 年开始一直持续到 2008 年。二是金融板块是英国股市中市值占比最大的行业板块，其行情走势特征与其他国家也基本一致，在房地产高景气周期金融板块有明显超额收益，而随着房地产景气周期的结束，2003 年以后英国股市金融板块也是持续跑输大盘。三是 2009年金融危机以后一直到 2020 年，信息技术和医疗保健在英国股市有持续的超额收益，这点跟其他市场特征也是一致的。

英国股市结构性行情中所独有的特性包括：一是截至 2020 年底，金融板块依然是英国市值占比最大的行业板块，这在西方主要资本主义国家中是比较少见的。二是英国股市科技板块不太行，没有大市值的科技巨头公司，截至2020年底，英国科技板块市值最大的两个公司是沃达丰集团和英国电信集团，两家都是电信运营商，而其他一些信息技术公司市值普遍都不大。三是英国的公用事业板块在很长的时间内都能跑赢大盘获得超额收益，这个在全球股市中是比较难能可贵的。四是英国的原材料板块在2015~2020年最近几年中依然有较好的超额收益表现，这也是其他国家和地区股市中少有的。

1986~2020年英国股市行业板块收益表现轮动情况见表3-3。

表3-3　　　　　　1986~2020年英国股市行业板块超额收益表现汇总

年份	能源	原材料	工业	可选消费	必需消费	医疗保健	金融	信息技术	电信服务	公用事业	房地产
1986~1988	√	△	×	△	△	×	△	×	△	—	√
1989~1990	√	△	×	×	√	×	△	×	△	√	×
1991~1992	√	△	×	△	√	√	△	√	△	√	×
1993~1994	√	△	×	△	×	×	√	△	△	√	√
1995~1996	√	×	×	△	×	√	√	△	×	√	√
1997~1998	√	×	×	×	×	√	√	△	√	√	√
1999~2000	√	×	×	△	×	√	√	√	√	×	√
2001~2002	√	√	×	△	√	×	√	×	×	√	√
2003~2004	√	√	√	△	√	×	√	△	√	√	√
2005~2006	√	√	√	△	√	×	×	△	√	√	√
2007~2008	√	√	√	×	√	√	×	△	√	√	×
2009~2010	×	√	√	√	√	√	×	√	√	×	△
2011~2012	×	×	√	√	√	√	√	√	√	√	△
2013~2014	×	×	√	√	√	√	√	√	√	√	√
2015~2016	√	√	△	△	√	√	×	√	×	√	√
2017~2018	√	√	△	△	×	√	√	√	×	√	√
2019~2020	×	√	△	△	×	√	√	√	×	√	√

注："√"表示在这一时间段板块表现好于市场整体，"×"表示跑输市场整体，"△"表示表现与市场整体相当，灰色阴影表示板块有持续超过5年的超额收益。"—"表示数据缺失。

资料来源：Wind资讯、彭博。

二、英国股市消费板块行情特征

消费板块（指必需消费与可选消费两个行业）是英国股市市值占比最大的一个板块，2020 年底合计市值占比近 30%（见图 3 - 4）。英国股市消费板块公司中，市值较大的公司包括：联合利华（世界上最大的日用消费品公司之一）、帝亚吉欧（全球最大的洋酒公司）、英美烟草（世界上第二大的烟草上市企业）、利洁时（全球著名快速消费品公司，产品包括滴露、杜蕾斯等）等。截至 2020 年底，这几家公司的市值都在 500 亿美元以上，另外还有一批公司市值在 100 亿美元以上（英国龙头消费公司见表 3 - 4）。

表 3 - 4　　　　　2020 年底英国市值最大的 30 家消费公司情况　　　　单位：亿美元

公司名称	细分行业	市值	公司名称	细分行业	市值
联合利华	个人用品	1551	博柏利集团	服装服饰奢侈品	97
帝亚吉欧	酿酒	904	巴莱特建筑	住宅建筑	92
英美烟草	烟草	834	惠特布雷德	酒店度假游轮	84
利洁时	家常用品	626	泰勒温佩	住宅建筑	81
金巴斯集团	餐馆	326	伯克利集团	住宅建筑	79
特易购	食品零售	304	翠丰集团	家庭装潢零售	77
英联食品	包装食品与肉类	241	森宝利	食品零售	67
奥卡多集团	互联网零售	230	Asos	互联网零售	64
可口可乐欧洲合伙	软饮料	216	威廉莫里森超市	食品零售	57
帝国品牌	烟草	195	游戏车间	休闲产品	49
奈科斯特	百货商店	127	贝勒薇	住宅建筑	49
柿子公司	住宅建筑	119	泰莱公司	包装食品与肉类	42
洲际酒店集团	酒店度假游轮	115	蓝桉树	软饮料	40
JD 体育	专卖店	112	威廉希尔公司	赌场与赌博	38
THG	互联网零售	102	玛莎百货	百货商店	36

资料来源：Wind 资讯、彭博。

从板块的行情走势来看，英国股市必需消费板块大致从 2000 年以来一直有较好的超额收益表现，特别是在 2000～2016 年，超额收益走势非常明显，2017～2020 年必需消费板块超额收益有所回落（见图 3－23）。

图 3－23　1986～2020 年英国股市必需消费板块超额收益走势

资料来源：Wind 资讯、彭博。

英国股市必需消费板块过去多年的长期"慢牛"行情有如下几个特征：

第一，几个龙头公司表现较好，总体收益率表现比较稳。市值最大的两个英国消费品公司联合利华和帝亚吉欧，从 2000～2020 年的 21 年间，累计涨幅分别为 7.8 倍和 3.0 倍，年化收益率分别为 10.9% 和 6.8%，考虑到 1999 年底英国股市是一个历史高位，这个收益率表现还是比较好的，2020 年底英国富时 100 指数点位要比 1999 年底时还低。

第二，消费龙头公司主要是依靠利润增长驱动的股价上升。以联合利华为例，2000 年财年公司的净利润是 11 亿欧元，2018 年财年公司净利润最高达到 93.9 亿欧元，随后受新冠肺炎疫情等因素影响有所回落，2020 年财年公司净利润 55.8 亿欧元。帝亚吉欧的情况也类似，2000 年财年公司净利润是 9.8 亿英镑，2019 年财年净利润最高升至 31.6 亿英镑，2020 年受疫情影响有所下降。

第三，消费龙头公司净利润增长的主要途径是成本效率提升。英国人口不足 1 亿人，本国市场肯定无法支撑消费品巨头公司的利润和市值，全球化是龙头消费品公司的必经之路。从联合利华公司的数据来看，过去这 20 多年中，公司营收中欧洲地区占比从 45% 左右下降至 22% 左右，南北美洲地区占比保持稳定大体在 33% 左右，亚太非洲地区营收占比大幅提高。同时，公司的产品结构不断变化，表现在食品和饮料营收占比不断下降，化妆品和个人用品营收占比不断提高。

但是上述两个因素（全球化与产品结构调整）并不是联合利华公司利润增长的主要驱动力，公司的营业收入在 2001 年财年达到 515 亿欧元，此后一直没有实质性的突破，2019 年和 2020 年财年公司营业收入分别是 520 亿欧元和 507 亿欧元。公司利润提升主要靠净利润率提升（见图 3 - 24），2000 年财年公司销售净利润率 2.3%，2018 年最高到 18.4%，2020 年回落也有 11%。再进一步分解，可以看到，公司销售净利润率的抬升靠的是费用率的下降而不是毛利率的提高，联合利华公司 2000 年毛利率是 51%，最近几年还有所下降平均在 47% 左右。

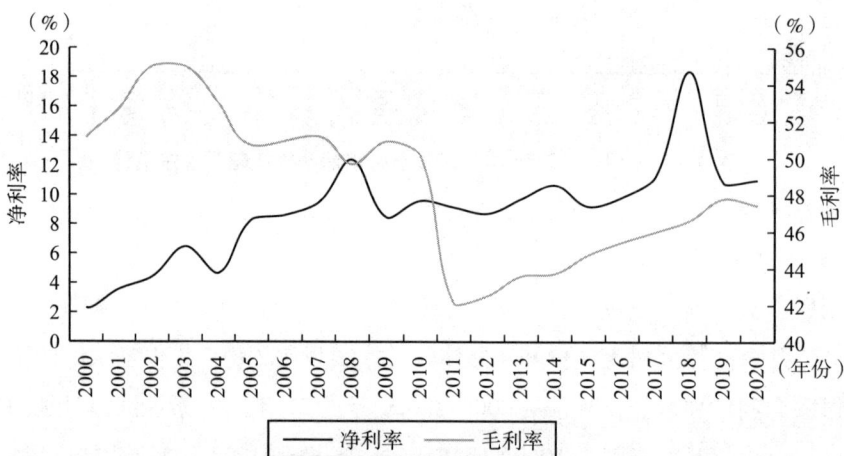

图 3 - 24　2000 ~ 2020 年联合利华公司净利率和毛利率走势

资料来源：Wind 资讯、彭博。

帝亚吉欧的公司财务特征表现几乎一模一样，公司 2000 年的营业收入 128 亿英镑，最近三年的平均营业收入也就 122 亿英镑。但公司的销售净利率大幅提升，从 10% 左右提升至 25%，而销售净利率提升主要是依靠成本费用率的降低，公司最近多年的毛利率基本维持在 63% ~ 65% 没有太大变化。

除了上述龙头公司外，必需消费板块最近十年里股价涨幅表现比较好的，基本都是一些小公司，其中涨幅较大的主要是蓝桉树饮料公司，主要经营高端调酒饮料，2011 ~ 2020 年十年间累计涨幅 13 倍。总结来看，英国股市必需消费板块是一个很成熟的传统行业，没有太大的爆发力，龙头公司经营稳健效率持续提升，使得股价有长期"慢牛"的走势。

英国股市可选消费板块股价走势在金融危机之前是持续跑输大盘的，但金融危机之后又有明显的超额收益，特别是 2009～2016 年，可选消费板块的超额收益非常明显（见图 3 – 25）。

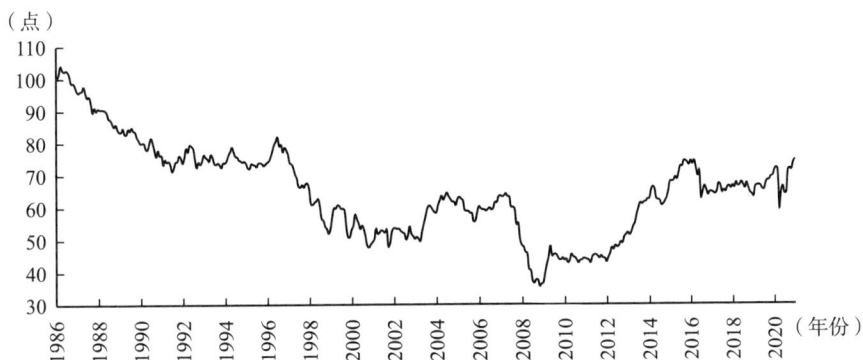

图 3 – 25　1986～2020 年英国股市可选消费板块超额收益走势

资料来源：Wind 资讯、彭博。

不同于必需消费板块公司股价走势是长期"慢牛"稳健、收益率缺乏弹性，可选消费板块公司金融危机后股价表现非常有弹性。可选消费过去十年中表现较好的细分子行业主要包括住宅建筑、休闲产品、互联网零售、专卖店等。

一些涨幅领先的公司包括：（1）游戏车间，一家成立于 1975 年的英国游戏开发公司，过去十年累计涨幅 51 倍；（2）JD 体育，英国最大的体育和时尚零售公司，过去十年累计涨幅 21 倍；（3）奥卡多集团，英国最大的线上生鲜杂货零售商，过去十年累计上涨 12 倍；（4）柿子公司，英国房屋建筑商，过去十年累计上涨 10.6 倍；（5）巴莱特建筑，也是一家房屋建筑企业，过去十年累计上涨 9.9 倍。

英国富时 100 指数，从 2010 年底到 2020 年底，累计收益率仅 9.5%。可选消费公司相比指数整体有很强的收益率弹性表现。而且可选消费公司之间的差异性巨大，如游戏公司、房屋建筑公司、在线零售商等，虽然行业分类同属可选消费，但之间的经营业务几乎完全不相关。因此总体来看，可选消费公司有很强的阿尔法差异属性，这点特征是必需消费公司不具有的。

三、英国股市金融板块行情特征

按正常统计，截至 2020 年底，英国股市金融板块总市值大约在 5500 亿美元，占全部上市公司市值比重约20%，是英国股市的第一大单一行业权重板块（见图3-4）。这里面需要注意的是汇丰控股虽然主要经营活动范围在中国香港，但因为公司的注册地在英国且在伦敦证券交易所上市，所以被纳入了英国金融上市公司统计范围。汇丰控股同时是目前英国市值最大的金融公司，截至2020年底总市值超过1000亿美元。

英国股市金融板块上市公司中，市值较大的公司包括：汇丰控股、保诚集团、伦敦证券交易所、劳埃德银行、巴克莱银行、国民西敏寺银行、英国法通保险、渣打银行、英杰华集团、3I集团、上将集团、施罗德集团等，这几家公司截至2020年底的总市值都在100亿美元以上，对中国读者而言，这些公司中的大多数还是非常熟悉和有名的（见表3-5）。

表3-5　　　　　　　　2020年底英国市值最大的20家金融公司情况　　　　　单位：亿美元

公司名称	细分行业	市值	公司名称	细分行业	市值
汇丰控股	综合性银行	1036	上将集团	财产意外伤害保险	116
保诚集团	人寿与健康保险	472	施罗德集团	资产管理与托管	101
伦敦证券交易所	金融交易所	425	哈格里夫斯·兰斯多恩	资产管理与托管	97
劳埃德银行	综合性银行	347	RSA保险集团	财产意外伤害保险	94
巴克莱银行	综合性银行	342	菲尼克斯集团	人寿与健康保险	94
国民西敏寺银行	综合性银行	273	安本标准人寿	资产管理与托管	83
英国法通保险	人寿与健康保险	213	圣詹姆斯普莱斯	资产管理与托管	82
渣打银行	综合性银行	197	M&G	其他金融服务	69
英杰华集团	多元化保险	172	ICG资本	资产管理与托管	68
3I集团	资产管理与托管	151	专线直达保险	财产意外伤害保险	58

资料来源：Wind资讯、彭博。

从板块的行情走势来看，英国股市金融板块的超额收益呈现出一个"正态分布"型走势，大体从1992年开始一直到2002年，金融板块明显跑赢大盘有很强的超额收益，而随后至今又是一路跑输大盘（见图3-26）。跟美国、日本等很多国家股市情况类似，英国的金融板块在2008年全球金融危机以后，也是长期跑输大盘。

图 3 – 26 1986～2020 年英国股市金融板块超额收益走势

资料来源：Wind 资讯、彭博。

从金融板块内部来看，造成金融行业在过去十几年里总体表现不佳的主要原因是银行股表现较差，当然，之前金融板块表现强势也是主要由银行驱动的。从 2011 年初到 2020 年底这十年间，综合性银行指数总体下跌 26%，几个权重龙头银行的收益率表现分别是：汇丰控股（十年累计下跌 5%）、劳埃德银行（十年累计下跌 31%）、巴克莱银行（十年累计下跌 23%）、国民西敏寺银行（十年累计下跌 51%）、渣打银行（十年累计下跌 64%），市值最大的 5 家银行过去十年股价均是下跌的。

英国银行股表现起落的背后，我们认为主要还是地产周期的影响，这个跟美国、日本以及中国的情况是类似的。如果以房价的同比增速来度量地产周期，我们可以看到，大体上从 1992 年开始一直到 2002 年，英国的房价同比增速持续上行，是一轮很大的房地产周期（见图 3 – 27）。而随后开始房价同比增速回落，2007～2008 年美国

图 3 – 27 1990～2020 年英国房价同比走势

资料来源：Wind 资讯。

次贷危机期间深度负增长，2010年以后总体呈低位徘徊状态。英国房地产周期的时间区间与银行股超额收益的走势非常匹配。我们在很多国家股市的历史经验中都看到了这样的情况，银行板块的超额收益伴随着房地产向上的景气周期而产生，随着房地产景气周期的回落而消亡。几乎在所有国家和地区的股市中，在地产景气周期结束后，银行板块都是持续跑输大盘的。

不过除银行以外，英国其他非银行金融公司的股价表现总体还是不错的，表3-5中的龙头金融公司剔除银行外，过去十年间股价全部都是上涨的而且明显跑赢富时100指数。

其中龙头公司中表现最好的是伦敦证券交易所集团，过去十年股价上涨了12.7倍。不过伦敦证券交易所毕竟是一个孤立的公司，如果以细分行业来看，表现最好的是资产管理与托管行业，龙头大公司中，ICG资本过去十年股价累计上涨7.1倍、圣詹姆斯普莱斯公司过去十年股价累计上涨4.8倍、3I集团过去十年股价累计上涨3.8倍，都可以算得上是牛股。还有些小公司涨幅也非常惊人，比如莱昂信托资产管理公司，过去十年股价累计上涨18倍，是英国所有金融股中涨幅最大的，Impax资产管理公司，过去十年股价上涨12.7倍。

保险公司也有不错的表现，三家市值最大的寿险公司英国保诚集团、菲尼克斯集团、英国法通保险，过去十年的累计涨幅分别为214%、382%、202%。几家财险公司上将集团、RSA保险集团、专线直达保险等，过去十年的涨幅差不多都在1~2倍，也是明显跑赢指数整体的。另外，由于欧洲金融业是混业经营，英国没有特别大的专业投资银行（券商）公司。

综合来看，英国股市金融板块虽然在金融危机以后整体是持续跑输大盘的，但其实主要是银行板块表现不好，其他非银行金融板块普遍有较好的表现，而且牛股很多。对比消费板块，特别是必需消费板块，实际上英国股市金融板块在过去十年里的个股赚钱效应更好、机会更多。

四、英国股市科技板块行情特征

科技板块（科技板块指信息技术和电信服务两个行业）在英国股市算是一个小行业，截至2020年底，英国信息技术和电信服务两个行业合计市值约2315亿美元，合计市值占全部英国股市的比例约9%（见图3-4）。这里面市值较大的公司也不多，英国100亿美元市值以上的科技公司一共是5个：沃达丰集团、英国电信集团、豪迈、剑维软件、英富曼，其中市值最大的两家公司沃达丰集团和英国电信集团都是电信运营商，也不算纯正的科技公司。因此总体上来看目前英国科技板块是比较弱的，没有特别强的科技龙头公司（见表3－6）。

表3－6			2020年底英国市值最大的20家科技公司情况		单位：亿美元
公司名称	细分行业	市值	公司名称	细分行业	市值
沃达丰集团	无线电信业务	436	独立电视台	广播	58
英国电信集团	综合电信业务	176	雷尼绍	电子设备制造商	56
豪迈	电子设备制造商	125	思百吉	电子设备制造商	44
剑维软件	应用软件	124	特尔	无线电信业务	38
英富曼	广告	111	Computacenter	信息科技咨询与其他服务	38
赛捷软件	应用软件	86	软猫	信息科技咨询与其他服务	37
汽车交易网	互动传媒与服务	77	S4资本	广告	36
Rightmove	互动传媒与服务	76	关键词工作室	信息科技咨询与其他服务	28
爱维士	系统软件	74	GB集团	应用软件	25
培生出版	出版	69	网络国际	数据处理与外包服务	24

资料来源：Wind资讯、彭博。

从行情走势来看，英国股市科技板块的行情走势与其他几个主要国家股市表现相似，过去30多年里主要有两波大的行情，第一波是1998～2000年的互联网浪潮，这波行情涨幅很大而且涨得很急，不过随后2000～2002年也是一地鸡毛，泡沫破灭后科技股股价暴跌。第二波是金融危机以后，大概从2009年开始一直到2020年，得益于移动互联网的快速普及，英国科技股板块一路走高，既有绝对收益又有超额收益，而且走得很稳，是"长牛""慢牛"的走势，到目前为止这波科技股大行情还没有结束（见图3－28）。

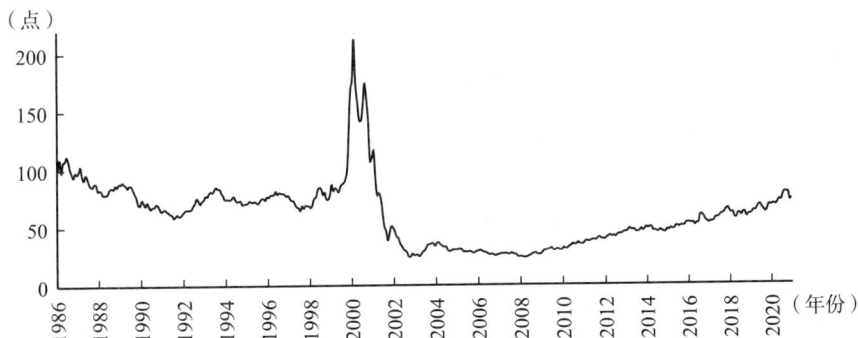

图3－28　1986～2020年英国股市信息技术板块超额收益走势

资料来源：Wind资讯、彭博。

2000 年的互联网泡沫时，英国的科技股也非常疯狂，到 1999 年底时，市值最大的两家公司沃达丰集团和英国电信集团总市值都突破了 1000 亿美元，分别是 1300 亿美元和 1460 亿美元。回过头再去看表 3-6，20 年之后这两家公司依然是英国科技板块中市值最大的公司，但市值只有当时的几分之一了，如果再考虑到 20 年时间里物价通货膨胀的因素，市值的缩水程度可想而知。

在金融危机以后的行情中，科技股的涨幅也非常大，从 2011 年初到 2020 年底过去十年间，信息技术板块的整体累计涨幅是 259%，同时期富时 100 指数涨幅仅9.5%。这波行情中两个龙头公司沃达丰集团和英国电信集团股价表现都一般，过去十年的累计涨幅分别仅有 27% 和 10%。股价表现较好的主要是信息技术行业中的一些中小市值公司，个股的赚钱效应非常突出。根据我们的统计，过去十年间，英国科技板块中涨幅超过 10 倍的公司有 8 家，涨幅在 5~10 倍的公司有大概 16 家，涨幅在1~5 倍的公司大概有 83 家。

这些公司总体上都是市值相对较小的，涨幅最大的公司 GB 集团，主营业务是身份数据的识别和智能解决方案，过去十年间股价累计涨幅高达 29.5 倍，不过即使如此，到 2020 年底公司的总市值依然只有 25 亿美元，可想而知公司股价启动时是一家多小的企业。涨幅 10 倍以上的 8 家公司，到 2020 年底时总市值都在 50 亿美元以下。从细分板块来看，涨幅较大的这些科技公司，主要集中在应用软件、信息科技咨询、互动传媒与服务这几个细分领域。

市值相对较大的公司中，过去十年涨幅较大的公司，包括：Rightmove，属互动传媒与服务行业，是英国的房屋租赁和出售互联网平台，过去十年股价累计上涨 8.4倍；豪迈公司，主营业务是生命安全技术产品，过去十年股价累计上涨 7 倍；雷尼绍公司，一家计量和光谱仪器公司，过去十年股价累计上涨 4.6 倍。

这些涨幅较大的英国科技公司，总体来看大致可以分为两类：一类是英国本地的互联网消费服务性公司，产品有非国际贸易的特征；另一类主要是对公（2B 端）的一些小而美的高精尖公司。

五、英国股市医疗保健板块行情特征

截至 2020 年底，英国股市医疗保健板块合计市值约 2901 亿美元，在英国股市所有板块中排名第四，算是一个不大不小的行业板块（见图 3-4）。不过医疗保健板块上市公司市值分布高度集中，龙头公司有绝对的主导地位。其中，医疗保健板块中市

值最大的两家公司，阿斯利康和葛兰素史克，截至2020年底，总市值分别高达1291亿美元和904亿美元，这两家公司的合计市值要占到整个英国股市医疗保健板块总市值的76%。

市值排名第三的是施乐辉公司，截至2020年底总市值178亿美元。英国股市医疗保健板块总市值超过100亿美元的公司一共只有3家，再后面的公司市值快速递减，到排名第10的PureTech健康公司，市值已经跌破20亿美元。市值排名前十的公司合计市值占整个医疗保健板块总市值的92.4%，市值10亿美元以上的公司一共也就15家（见表3-7）。相比较而言，A股市场截至2020年底，市值在100亿美元以上的医疗保健公司有21家，市值10亿美元以上的更是有208家上市公司。

表3-7　　　　　　　2020年底英国市值最大的20家医疗保健公司情况　　　　　单位：亿美元

公司名称	细分行业	市值	公司名称	细分行业	市值
阿斯利康	制药	1291	CVS集团	保健护理设施	14
葛兰素史克	制药	904	Clinigen集团	生命科学	12
施乐辉	医疗保健设备	178	牛津生物医药	生物科技	11
希克玛制药	制药	78	Indivior公司	制药	11
康维德	医疗保健用品	54	Vectura集团	制药	10
Dechra制药	制药	50	EMIS集团	医疗保健科技	9.2
艾博抗	生物科技	47	塔尖医疗集团	保健护理设施	8.4
种属公司	生物科技	37	Craneware公司	医疗保健科技	8.3
前沿医疗	保健护理设施	28	Caretech控股	保健护理设施	7.9
PureTech健康	生物科技	15	先进医疗	医疗保健用品	7.0

资料来源：Wind资讯、彭博。

从英国股市医疗保健板块的行情走势来看，从1994年开始一直到2001年，医疗保健板块与当时的科技板块一起，走出了一波大行情。2002年开始一直到2007年金融危机之前，这段时间里全球经济繁荣甚至过热，顺周期板块表现更加强势，医疗保健板块跑输市场整体，2008年金融危机之后一直到2020年，医疗保健板块走出了一个"长牛"趋势，而且总体上是一直跑赢大盘的（见图3-29）。

（点）

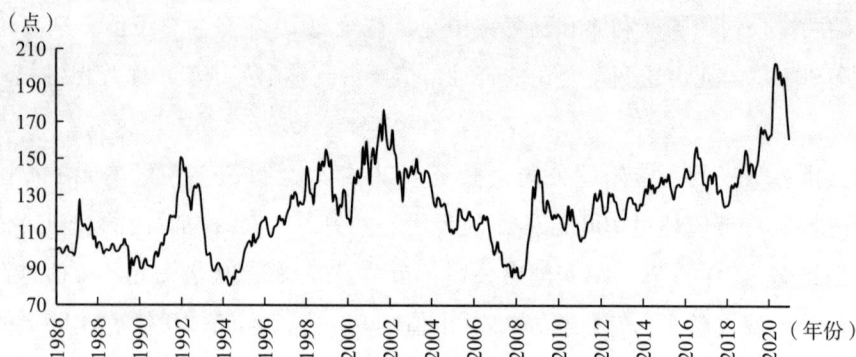

图 3 - 29　1986～2020 年英国股市医疗保健板块超额收益走势

资料来源：Wind 资讯、彭博。

从 2011 年初到 2020 年底过去十年里，英国股市医疗保健板块市值最大的两家上市公司阿斯利康和葛兰素史克股价累计涨幅分别为 294% 和 85%，年化收益率分别为 14.7% 和 6.4%，两家公司股价都明显跑赢英国富时 100 指数整体。但医药公司尤其是创新药公司，它们的盈利估值分析方式跟一般公司完全不一样。因为医药企业需要通过长时间大量的研发投入，才能出成果获得新药产品，而新药产品一旦上市又有可能获得极大的利润，所以创新药公司的价值更多的在于其在研产品线（管线，pipeline）的价值。所以创新药公司的估值也更多地从传统的市盈率（PE）、市盈率相对盈利增长比率（PEG）转向对管线产品进行估值。

阿斯利康和葛兰素史克过去十年的股价走势非常有代表性。两家公司虽然股价一直在创新高，但是营业收入和净利润都没有看到持续上升的势头。阿斯利康公司 2000 年的净利润约 25 亿美元，随后持续上升，到 2011 年净利润最高达 100 亿美元，之后又持续下降，到 2020 年时净利润约为 32 亿美元，与 2001 年时差不多。葛兰素史克情况也类似，2000～2020 年公司净利润总体是一个震荡徘徊的走势，并没有趋势性上升（见图 3 - 30）。

股价持续上升，公司净利润没有持续提升，意味着公司的估值是在持续攀升的。但这也并不能否定市场估值的合理性，2014 年美国辉瑞公司就曾经提出过收购英国阿斯利康，当时给出的估值就已经是 1000 亿美元了。但当估值方式从 PE 转向了 Pipeline 估值后，对一般投资者而言，估值的难度是明显加大了，相比于短期净利润，Pipeline 价值更加难以衡量，不确定性更大。事实上我们也看到，国际著名投行高盛公司在 2016 年就对阿斯利康公司给出了卖出评级，此后多年一直维持卖出评级，但阿斯利康的股价却是节节攀升。

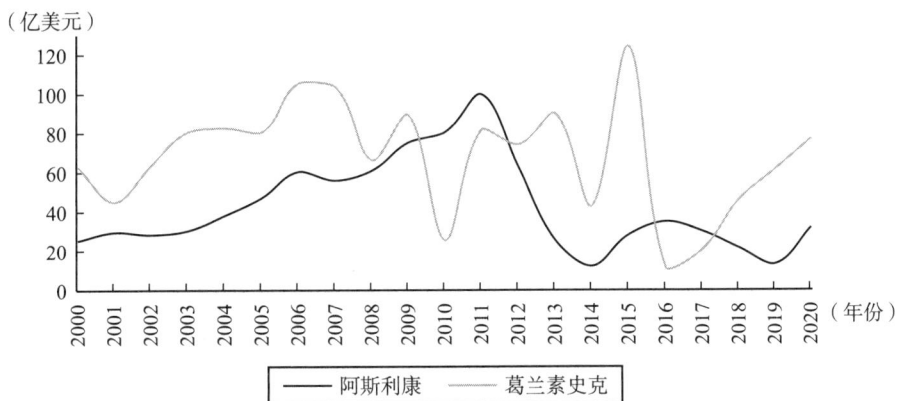

图 3 – 30　2000 ~ 2020 年阿斯利康与葛兰素史克公司净利润

资料来源：Wind 资讯、彭博。

　　除两大龙头制药公司外，过去十年英国股市医疗保健板块涨幅最大的公司是 CVS 集团（不是美国的 CVS），这家公司主营业务是动物兽医业务，包括兽医诊断、宠物火葬场等，过去十年 CVS 股价涨幅高达 15.7 倍。除此以外，还有很多市值比较小的制药和生物科技公司，股价都有很好的表现，如 Skyepharma（制药公司）过去十年股价涨幅 13 倍，Tristel（医疗器械公司）过去十年股价涨幅 9.7 倍，Dechra 制药（制药公司）过去十年股价涨幅 8 倍。

　　总体来看，英国股市医疗保健板块过去十年的行情特征，一是龙头公司股价稳健上涨，二是大量中小市值公司股价有很强的涨幅，个股赚钱效应比较突出。

六、英国股市周期板块行情特征

　　英国股市周期板块（能源与原材料两个行业板块）截至 2020 年底合计市值约 4000 亿美元，占英国全部上市公司总市值比重约 15%，这个占比在发达国家中算是较高的了。英国股市周期板块中有几家全球性的龙头公司，包括力拓集团、荷兰皇家壳牌、英国石油公司、英美资源集团等，市值都在 400 亿美元以上，此外，安托法加斯塔、禾大、蒙迪、弗雷斯尼洛等，这几家公司的市值也都在 100 亿美元以上（见表 3 – 8）。

表 3 – 8 　　　　　　　　　　　**2020 年底英国市值最大的 20 家周期公司情况** 　　　　　单位：亿美元

公司名称	细分行业	市值	公司名称	细分行业	市值
力拓集团	多种金属与采矿	916	庄信万丰	特种化学制品	63
荷兰皇家壳牌	综合石油天然气	715	伍德集团	石油天然气设备服务	29
英国石油公司	综合石油天然气	695	威格斯	特种化学制品	27
英美资源集团	多种金属与采矿	444	昕特玛	特种化学制品	26
安托法加斯塔	铜	191	Ferrexpo	钢铁	22
禾大	特种化学制品	124	马歇尔公司	建筑材料	20
蒙迪	纸制品	112	Greatland 黄金	黄金	19
弗雷斯尼洛	贵重金属与矿石	112	彼得罗巴甫洛夫斯克	黄金	17
耶弗拉兹	钢铁	92	Energean 公司	石油天然气勘探生产	17
DS 史密斯	纸包装	69	凯恩能源公司	石油天然气勘探生产	17

资料来源：Wind 资讯、彭博。

　　从行情走势来看，首先看能源板块，英国股市能源板块其实主要就是两家公司，荷兰皇家壳牌和英国石油公司合计市值占整个能源板块的 92%。从 1986 年以来能源板块的走势大致可以分为三个阶段（见图 3 – 31）：第一阶段，从 20 世纪 80 年代中后期一直到 2000 年，能源板块与市场整体总体走势接近，这期间市场整体是大幅上涨的，所以能源板块也有明显的绝对收益。第二阶段，2000 年以后一直到 2009 年初，得益于中国经济带动的全球经济繁荣，能源产品价格屡创新高，英国股市能源板块也是获得了极好的股价表现，能源板块显著跑赢市场整体。第三阶段，2009 年以后至今，随着全球经济增速持续下降，能源板块明显跑输大盘，从 2011 年初到 2020 年底过去十年间，荷兰皇家壳牌和英国石油公司股价累计收益率分别为 8% 和 –2%。

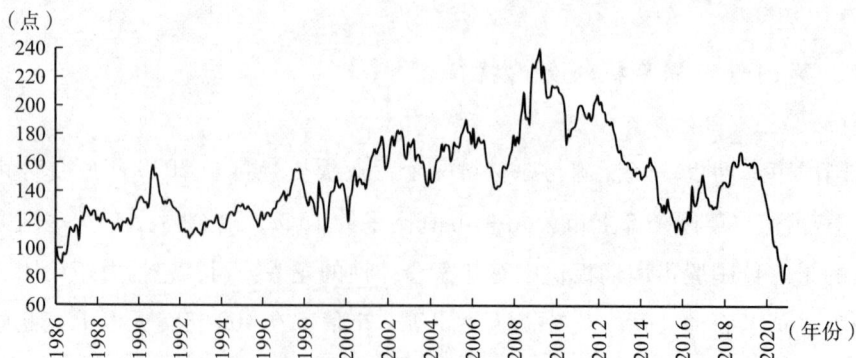

图 3 – 31　1986～2020 年英国股市能源板块超额收益走势

资料来源：Wind 资讯、彭博。

所谓"成也石油、败也石油"，传统能源公司股价和盈利的核心驱动，都是原油，包括原油的价格以及原油在国民经济中的地位。荷兰皇家壳牌和英国石油公司的净利润都是在 2000 年以后出现了大幅飙升，基本在 2011 年前后达到历史最高水平，随后开始不断回落。而随着绿色能源碳中和在全球范围内的不断推进，传统能源公司的转型之路未来也不可避免。

英国股市原材料板块的行情特征与能源板块略有不同。1986 年至今的行情中，原材料板块也是同样在 2000 年以后一直到金融危机前有明显的超额收益，2011 年以后又开始大幅跑输大盘，但原材料板块在 2016 年以后一直到 2020 年取得了明显的超额收益，这一点跟能源板块走势非常不同（见图 3 – 32）。

图 3 – 32　1986 ~ 2020 年英国股市原材料板块超额收益走势

资料来源：Wind 资讯、彭博。

原材料板块中的第一权重股，也是周期股中市值最大的力拓集团，过去十年累计涨幅达 106%，如果从 2016 年初起算到 2020 年底，涨幅更是高达 350%。力拓集团的主营业务构成中，铁矿石占营收的比重高达 65%（2020 年财报数据），充分受益于 2016 年以后全球铁矿石价格大涨。从指数层面看，力拓集团大涨是 2016 年以后英国股市原材料指数能够持续跑赢大盘的主要驱动力。原材料板块另外两家大市值龙头公司，英美资源集团（煤炭、黄金、铜、铁矿石大约各占营收 20%）过去十年累计涨幅 1%，安托法加斯塔（营收以铜矿为主）过去十年股价累计上涨 27%。总体来看，这几家传统的周期股公司，盈利主要还是靠商品价格变化驱动，并没有出现更多新的逻辑。

原材料板块除了前述几个大市值龙头公司以外，不同于能源板块过去十年几乎很难找到股价表现好的公司，原材料板块其他公司也有比较好的赚钱效应。过去十年涨幅 10 倍以上的公司有 2 个，5 倍以上的公司另外还有 4 个，涨幅在 1 倍以上 5 倍以下的公司另外还有 19 个。这里面大多数是小市值公司，市值较大涨幅也比较多的公司主要包括：禾大公司（主营业务个人护理产品的原材料，过去十年股价累计上涨 409%）、蒙迪公司（主营业务纸质产品，过去十年累计上涨 382%）、DS 史密斯（主营业务纸包装，过去十年累计上涨 295%）、耶弗拉兹（钢铁公司，业务主要在俄罗斯和亚洲地区，过去十年累计上涨 128%）。

七、英国股市工业板块行情特征

工业板块，在英国股市中算是一个大行业板块，市值占比 11%，仅次于金融和必需消费。工业板块市值最大的公司是励讯集团，是一家跨国信息和分析公司，业务涉及多个领域，著名的学术期刊出版公司爱思唯尔（Elsevier）就是它旗下的，截至 2020 年底公司总市值 465 亿美元。

其他市值较大的工业板块公司包括：英国宇航系统公司（英国最大的航空制造企业，全球最大的军火制造商之一）、Ashtead（一家英国工业设备租赁公司）、能多洁集团（Rentokil Initial，商业服务公司，业务范围涉及多个领域）、罗尔斯·罗伊斯（欧洲最大的航空发动机企业）、天祥集团（Intertek，世界上规模最大的消费品测试、检验和认证公司之一）、梅尔罗斯工业（Melrose Industries，多领域工业制造企业）、斯派莎克工程（Spirax-Sarco Engineering，蒸汽工程系统世界领先企业）、邦邹公司（包装经销商）等，这几家公司的总市值在 2020 年底都超过了 100 亿美元（见表 3-9）。

表 3-9　　　　　　2020 年底英国市值最大的 20 家工业公司情况　　　　单位：亿美元

公司名称	细分行业	市值	公司名称	细分行业	市值
励讯	研究与咨询服务	465	梅尔罗斯工业	工业集团企业	116
英国宇航系统	航天航空与国防	211	斯派莎克工程	工业机械	112
Ashtead	贸易公司与经销商	207	邦邹公司	贸易公司与经销商	111
能多洁集团	环境与设施服务	127	史密斯集团	工业集团企业	80
罗尔斯·罗伊斯	航天航空与国防	125	伟尔集团	工业机械	69
天祥集团	研究与咨询服务	122	豪登木业	贸易公司与经销商	55

续表

公司名称	细分行业	市值	公司名称	细分行业	市值
Electrocomponents	贸易公司与经销商	55	Homeserve	多样化支持服务	46
杰富仕	安全和报警服务	53	特拉维斯珀金斯	贸易公司与经销商	46
易捷航空	航空公司	51	英国皇家邮政	航空货运与物流	45
美捷特集团	航天航空与国防	49	Signature 航空	机场服务	43

资料来源：Wind 资讯、彭博。

从板块的行情走势来看，英国股市工业板块的超额收益走势特征鲜明，可以分为两个阶段，一是从 1986～2002 年，板块总体一路跑输市场整体，二是从 2003 年开始到 2020 年，板块又是一路跑赢市场整体，有明显的超额收益。2014～2020 年，板块的超额收益不是特别明显，总体与市场整体基本走平（见图 3-33）。

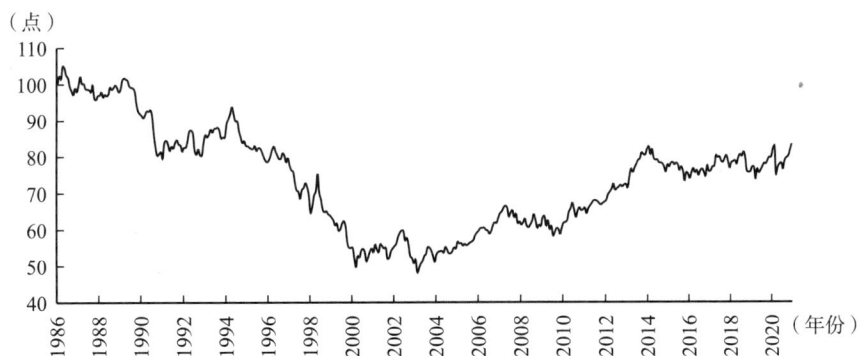

图 3-33　1986～2020 年英国工业板块超额收益走势

资料来源：Wind 资讯、彭博。

工业板块内部细分行业多且杂乱，不同细分板块间关联度也低，比如既有航空公司又有研究与咨询服务，总体上像是一个大杂烩。这种情况下，工业板块行情总体上有行业属性不突出、个股阿尔法较突出的特点。从几个细分行业来看，从 2011 年初到 2020 年底的十年间，英国工业板块内部涨幅比较领先的主要是重型电气设备、贸易公司与经销商、研究与咨询服务、电气部件与设备这几个细分行业领域。

从个股涨幅情况来看，过去十年英国股市工业板块涨幅最大的个股是 Ashtead 集团，其间股价累计涨幅高达 22.4 倍。Ashtead 集团是一家英国工业设备租赁公司，公司的营收占比中大约 45% 来自建筑设备租赁、55% 来自非建筑设备，虽然是一家英国公司，但它最近几年营业收入的 80%~85% 来自美国市场。Ashtead 集团过去十年间是一个明星成长股，公司 2011 年财年净利润不足 1 亿英镑，通过外延并购和内生增长，到 2017 年财年净利润最高达到 9.7 亿英镑，2018 年和 2019 年财年略有下滑至7.4 亿英镑。伴随着净利润的增长，公司的股利分红也是大幅攀升，十年间增长超过十倍。总体而言，Ashtead 集团从事的设备租赁是一个顺周期的行业，但公司的经营业绩表现出了很强的穿越周期属性，过去十年全球经济都是下滑的，但公司的净利润则逆势大幅增长，这是一个典型的个股商业模式阿尔法的案例。

除 Ashtead 集团外，英国工业板块过去十年另有 7 个公司股价累计涨幅超过 10倍，16 家公司涨幅在 5~10 倍，48 家公司股价涨幅在 1~5 倍，工业板块过去十年个股赚钱效应非常突出。上述涨幅较大公司中大部分是中小市值公司，大市值公司中涨幅较大的包括：豪登木业（Howden Joinery Group），主营成套厨房和细木工产品，过去十年累计涨幅 6.9 倍；斯派莎克工程，过去十年股价累计涨幅 6.1 倍；能多洁集团，过去十年股价累计上涨 5.1 倍；梅尔罗斯工业，过去十年股价累计涨幅4.0 倍等。

八、英国股市公用事业板块行情特征

对中国读者而言，英国股市公用事业板块还算是比较有名的，主要原因可能在于过去几年媒体曾经报道过香港首富李嘉诚大量投资英国的公用事业企业，例如，《IT时代周刊》在 2010 年报道："最近 6 年来，李嘉诚至少投入了 850 亿港元用于英国公用事业，目前已控制着英国约 10% 的天然气供应市场，以及 5% 的供水市场，在收购基础建设资产上，李超人可谓驾轻就熟"[①]。《21 世纪经济报道》也报道过李嘉诚的长江基建在 2004~2010 年投资英国公用事业企业的情况。[②]

而李嘉诚之所以如此偏爱公用事业板块，应该也与板块的收益率表现有关。我们看到，英国股市公用事业板块从 1990~2020 年，总体上是一路跑赢大盘，有明显超额收益（见图 3-34）。公用事业作为一个传统经济行业，在 21 世纪以后股价表现还能够持续跑赢市场整体，是非常难得的，而且如今在其他国家和地区的股市中也不

---

① 陈清. 审时度势 700 亿港元鲸吞英国电网 李嘉诚瞄准公用事业再扩版图 [J]. IT 时代周刊, 2010(23)：42-43.

② 师琰. 六年布局 李嘉诚谋划英国公用事业庞大版图 [N]. 21 世纪经济报道, 2010-08-05 (4).

多见。

图 3 - 34　1990 ~ 2020 年英国股市公用事业板块超额收益走势

资料来源：Wind 资讯、彭博。

　　英国股市公用事业板块截至 2020 年底总市值约 952 亿美元，占全部英国股市市值比例约 3%，是市值占比最小的行业板块。公用事业板块的公司数也很少，主要就是表 3 - 10 中列示的 10 家上市公司，这 10 家公司合计市值基本等于全部公用事业板块市值。这其中市值最大的是英国国家电网公司（National Grid，总市值约 409 亿美元），随后是苏格兰和南部能源公司（Scottish and Southern Energy，总市值约 210 亿美元），其他公司市值截至 2020 年底都小于 100 亿美元。

表 3 - 10　　　　　　　2020 年底英国市值最大的 10 家公用事业公司情况　　　　单位：亿美元

公司名称	细分行业	市值	公司名称	细分行业	市值
英国国家电网	复合型公用事业	409	森特理克集团	复合型公用事业	37
苏格兰和南部能源	电力公用事业	210	Greencoat 英国风电	新能源发电业者	33
联合公用事业集团	水公用事业	82	德拉克斯集团	独立电力生产与贸易商	20
水环纯水务	水公用事业	73	ContourGlobal	独立电力生产与贸易商	19
旗帜集团	水公用事业	54	Telecom Plus	复合型公用事业	15

资料来源：Wind 资讯、彭博。

　　从个股收益率表现来看，市值最大的两家公司英国国家电网公司和苏格兰和南部能源公司，从 2011 年初到 2020 年底过去十年间累计股价涨幅分别是 164% 和 130%，年化收益率分别为10.2%和8.7%，这个收益率表现明显好于富时100指数，更是明显高于债券利率水平。

英国的公用事业行业在二战后至今经历了多次政府监管政策的重大调整。先是1945～1951年艾德礼政府时期，受凯恩斯经济思想影响，英国政府开始了第一轮国有化浪潮，公用事业板块首当其冲。20世纪70年代第一次石油危机后，1974年再次上台的工党政府掀起了第二轮国有化浪潮，将英国国有企业覆盖的行业和占比均大幅扩大和提高。而随着1979年保守党政府上台，在撒切尔夫人执政时代，公用事业行业又开始了大规模的私有化进程。

到1991年撒切尔夫人离任时，英国的公用事业国有企业已经基本都出售了，私有化改革非常彻底。公用事业企业私有化以后，带来的是企业经济利益和社会公众利益之间的矛盾和冲突。私有化以后，英国公用事业企业利用垄断优势和掠夺性定价等方式，使得水电等公用事业产品价格上升，且升幅明显高于同期的通货膨胀水平，而公用事业企业的利润和股东分红则大幅攀升。[①]

为纠正私人部门垄断造成的问题，平衡公众利益，2000年英国政府进一步推进了公用事业改革，公布了主要针对电力和燃气行业的新的《公用事业法案》，该法案将消费者利益置于公用事业规制体制的中心，以保证消费者利益和股东利益之间更为公正的平衡。这种保护消费者利益、保护低收入群体利益、平衡公众和公用事业企业利益的原则，成为日后的政策监管的主要方向。

从公用事业企业的经营数据中我们也看到，在经历了前期利润快速上升阶段之后，2000年以后英国公用事业企业的利润依旧是不断上升的，只不过是在一个相对平稳的增速之上。以市值最大的公用事业公司英国国家电网为例，公司2003年财年净利润11亿英镑，随后不断攀升，到2017财年最高升至35.9亿英镑，随后两年回落到2019财年净利润12.7亿英镑（见图3－35）。

因此，总结来看，英国股市公用事业板块之所以能有比较好的长期收益表现，第一重要的原因是其利润能够稳健增长，虽然有波动但趋势依旧不断向上，而公用事业板块净利润能够持续稳健增长，自然离不开政府对于其价格规制的允许范围。第二个原因是包括英国在内的欧洲国家利率长期趋势性下行，这就使得公用事业板块的盈利稳定性和股息分红价值能够不断抬升。

---

① 高俊杰."二战"后英国公用事业改革评述及其启示［J］.行政法论丛，2015，18：350－364.

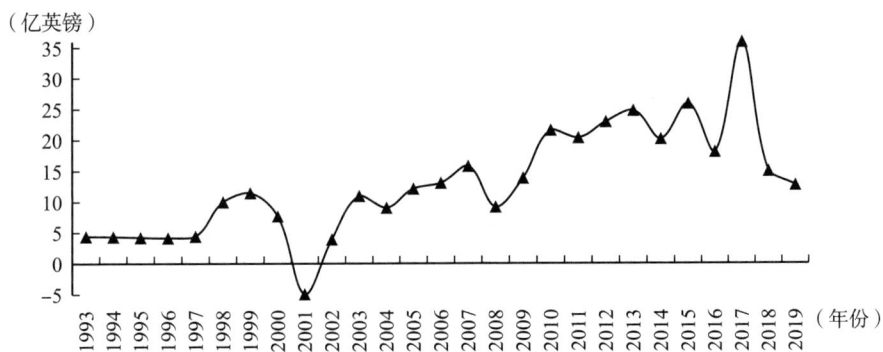

图 3 - 35　1993～2019 年英国国家电网公司净利润走势

资料来源：Wind 资讯、彭博。

本章最后，笔者对 1960～2020 年英国主要经济指标汇总如表 3 - 11 所示。

表 3 – 11 　　　　　　　　　　1960 ~ 2020 年英国主要经济指标汇总

年份	股指涨跌幅（%）	长期利率（%）	汇率（英镑兑美元）	GDP同比增速（%）	CPI同比增速（%）	PPI同比增速（%）	M4同比增速（%）	财政盈余占GDP比重（%）	贸易差额占GDP比重（%）	政府债务占GDP比重（%）
1960	-4.7	5.9	2.80	6.3	1.0	1.3	2.1	2.2	-1.6	—
1961	-2.5	6.3	2.80	2.7	3.4	2.7	3.1	2.8	-0.6	—
1962	-2.5	5.8	2.80	1.1	4.2	2.2	4.7	3.7	-0.4	—
1963	15.2	5.2	2.80	4.8	2.0	1.1	2.0	3.5	-0.5	—
1964	-10.0	5.7	2.80	5.7	3.3	3.1	7.6	4.2	-1.7	—
1965	5.9	6.6	2.80	2.1	4.8	3.7	9.4	4.6	-0.8	—
1966	-9.3	6.9	2.80	1.5	3.9	2.7	6.5	5.2	-0.4	—
1967	28.7	6.7	2.77	2.8	2.5	1.0	12.8	5.3	-1.6	—
1968	43.5	7.5	2.40	5.5	4.7	3.8	8.5	6.4	-1.7	—
1969	-15.2	8.8	2.40	1.9	5.4	3.9	5.0	8.6	-0.6	—
1970	-7.5	8.6	2.40	2.7	6.4	7.2	11.9	8.9	-0.2	—
1971	41.9	7.9	2.43	3.6	9.4	9.0	16.3	6.9	0.2	—
1972	12.8	8.4	2.50	4.3	7.1	5.3	23.2	4.1	-1.2	—
1973	-31.3	10.6	2.45	6.5	9.2	7.3	22.0	3.4	-3.3	—
1974	-55.3	14.2	2.34	-2.5	16.0	22.1	10.9	3.5	-5.8	—
1975	139.9	13.2	2.22	-1.5	24.2	22.9	12.0	1.6	-2.9	—
1976	-3.2	13.6	1.81	3.0	16.6	16.5	11.4	0.5	-3.0	—
1977	37.9	12.0	1.75	2.4	15.8	18.9	14.9	1.2	-1.5	—
1978	3.0	12.1	1.92	4.2	8.3	9.0	15.1	0.0	-0.9	—
1979	3.1	12.9	2.12	3.7	13.4	11.8	14.5	0.5	-1.6	—
1980	29.0	13.9	2.33	-2.1	18.0	15.9	17.2	1.0	0.4	—
1981	5.8	14.9	2.03	-0.7	11.9	10.7	20.6	0.2	1.0	—
1982	23.6	13.1	1.75	2.0	8.6	8.5	11.6	0.7	0.5	—
1983	22.6	11.3	1.52	4.2	4.6	6.5	13.3	0.5	-0.5	—
1984	25.2	11.1	1.34	2.2	5.0	5.9	13.7	0.5	-1.5	—
1985	16.0	11.0	1.30	4.1	6.1	6.2	13.1	0.9	-0.9	—
1986	22.3	10.1	1.47	3.2	3.4	1.3	15.1	0.8	-2.2	—
1987	4.2	9.6	1.64	5.4	4.1	3.4	18.0	1.0	-2.4	—
1988	6.9	9.7	1.78	5.7	4.2	3.7	17.4	2.8	-4.0	—
1989	29.5	10.2	1.64	2.6	5.8	4.8	19.1	3.5	-4.1	—
1990	-14.3	11.8	1.78	0.7	8.0	6.2	12.1	2.3	-2.9	—

续表

年份	股指涨跌幅（%）	长期利率（%）	汇率（英镑兑美元）	GDP同比增速（%）	CPI同比增速（%）	PPI同比增速（%）	M4同比增速（%）	财政盈余占GDP比重（%）	贸易差额占GDP比重（%）	政府债务占GDP比重（%）
1991	15.1	10.1	1.77	-1.1	7.4	5.3	5.7	0.9	-1.6	—
1992	14.8	9.1	1.77	0.4	4.6	3.1	2.7	-2.2	-1.9	—
1993	23.3	7.5	1.50	2.5	2.6	4.0	4.9	-3.7	-1.8	—
1994	-9.6	8.1	1.53	3.8	2.2	2.5	4.3	-2.8	-1.5	—
1995	18.5	8.2	1.58	2.5	2.6	4.0	9.9	-1.9	-1.5	—
1996	11.7	7.8	1.56	2.5	2.9	2.0	9.5	-1.2	-1.6	—
1997	19.7	7.1	1.64	5.0	2.2	-1.4	5.7	0.3	-1.5	—
1998	10.9	5.6	1.66	3.7	1.9	-2.0	8.6	2.1	-2.4	—
1999	21.2	5.1	1.62	3.3	1.8	-0.2	4.1	3.0	-3.0	43
2000	-8.0	5.3	1.52	3.5	1.1	1.9	8.4	3.8	-3.5	40
2001	-15.4	4.9	1.44	2.7	1.6	-0.6	6.6	2.9	-4.1	36
2002	-25.0	4.9	1.50	2.2	1.5	-0.3	7.0	0.8	-4.4	37
2003	16.6	4.5	1.63	3.3	1.3	1.1	7.2	-0.3	-4.3	38
2004	9.2	4.9	1.83	2.3	1.4	2.2	9.0	-0.1	-4.8	41
2005	18.1	4.4	1.82	3.0	2.1	4.0	12.6	0.2	-5.0	43
2006	13.2	4.5	1.84	2.7	2.5	3.1	12.9	0.2	-5.4	43
2007	2.0	5.0	2.00	2.4	2.3	3.0	11.9	0.4	-5.8	44
2008	-32.8	4.6	1.84	-0.3	3.5	9.5	15.7	-1.1	-5.7	54
2009	25.0	3.6	1.56	-4.1	2.0	-2.3	5.4	-5.1	-5.5	67
2010	10.9	3.6	1.55	2.1	2.5	4.2	5.5	-5.3	-5.9	80
2011	-6.7	3.1	1.60	1.3	3.9	7.5	-3.2	-3.9	-5.9	94
2012	8.2	1.9	1.58	1.4	2.6	2.1	0.5	-4.5	-6.2	96
2013	16.7	2.4	1.56	2.2	2.3	1.1	0.7	-2.5	-6.7	92
2014	-2.1	2.6	1.65	2.9	1.4	-1.0	-0.1	-2.5	-6.5	103
2015	-2.5	1.9	1.53	2.4	0.4	-3.0	0.6	-1.3	-6.1	102
2016	12.5	1.3	1.35	1.7	1.0	0.2	6.2	0.2	-6.7	112
2017	9.0	1.2	1.29	1.7	2.6	3.9	4.9	1.2	-6.5	111
2018	-13.0	1.5	1.33	1.3	2.3	3.4	2.5	1.4	-6.4	108
2019	14.2	0.9	1.28	1.4	1.7	1.4	3.8	1.5	-5.9	111
2020	-12.5	0.4	1.28	-9.8	1.0	-1.0	12.4	-8.3	-5.7	134

注："—"表示数据缺失。

资料来源：Wind 资讯、CEIC、OECD、英格兰银行、BIS。

第四章
德国：制造强国、隐形冠军

德国股市同样也是历史久远，最早的交易所可以追溯到 16 世纪，早期的证券交易中心在柏林，后来由于战争原因被法兰克福所取代。德国股市的上市公司总量一直不算多，截至 2020 年底，德国本地上市公司总市值在全球排名第十。二战后联邦德国经济高速增长，到 20 世纪 50 年代末便成为全球第二大经济体，但在经济高速增长时期，联邦德国股市表现却很一般，从 1960～1982 年的 20 多年时间里 DAX 指数长期徘徊没有突破，这也是一个典型的经济增速高而股市表现不一定好的案例。1982 年科尔政府上台厉行改革，联邦德国股市开始进入"长牛"阶段，科尔也成为俾斯麦之后德国任职时间最长的总理。进入 21 世纪后，德国股市继续维持不断上涨的势头，到 2020 年底德国 DAX 指数点位远高于此前"互联网泡沫"和金融危机前的高点位置（见图 4-1）。德国经济发展模式经常为世人所称道，尤其是其独特的隐形冠军企业，能够凭借技术工艺等专长形成在各自细分领域的竞争优势。但我们认为，中国经济的未来不会是去走德国模式，两者本质的区别在于，以制造强国为特色的德国经济更像是全球产业链中的一个环节，很多时候并不需要成为产业发展趋势的主导者和领路人，而中国经济是一个大国经济体，需要有完整的产业链以及推动产业趋势发展的领导企业。

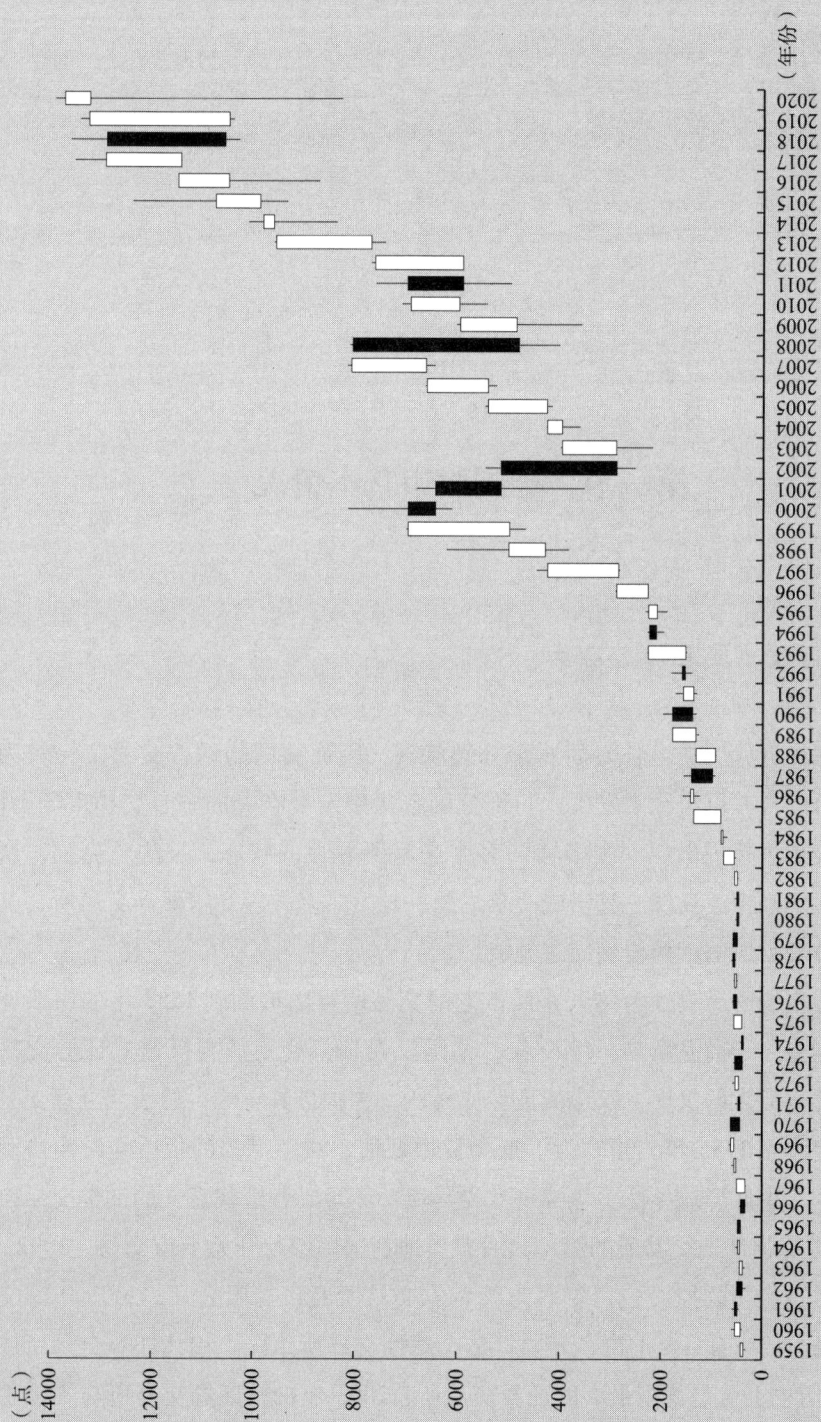

图4-1 1959~2020年德国DAX指数（年K线）走势概览

注：1990年两德统一—前为联邦德国数据，下同。

资料来源：Wind资讯。

第一节　德国股市基本情况

一、德国股市发展历史沿革

由于德国在近代历史上长时间属于分裂状态，因而德国的地方交易市场较为活跃，且交易所的合并重组经常发生。与部分国家集中发展唯一的中心交易市场不同，目前德国证券市场呈现出"一主多辅"多个交易所并存的状态，有法兰克福、斯图加特、柏林－不来梅、汉堡－汉诺威、慕尼黑、杜塞尔多夫等 6 家证券交易所，其中法兰克福证券交易所的市场份额超过九成。

德国证券市场的历史较为悠久，最古老的交易所可以追溯到 1558 年的汉堡证券交易所，早期专注于商品贸易，1999 年，德国汉堡证券交易所与汉诺威证券交易所合并成德国北部最大的汉堡－汉诺威证券交易所。德国最具影响力的法兰克福交易所其前身可以追溯至 1585 年，当时为了抵御货币贬值，法兰克福的货币经纪商协商制定统一的汇率，由此形成了法兰克福证券交易所。不过具备近代意义的证券交易始于 1820 年，法兰克福证券交易所的第一只股票奥地利国民银行开始上市交易。1992 年，法兰克福证券交易所的控股公司更名为德意志交易所股份有限公司，2001 年德交所集团首次公开发行（IPO）上市，开始打造全球性交易所集团。柏林证券交易所成立于 1685 年，历史上曾是德国最大的证券交易所，2003 年柏林证券交易所与不来梅交易所合并成柏林－不来梅证券交易所。慕尼黑证交所成立于 1830 年，1935 年与奥格斯堡证交所合并。斯图加特证券交易所成立于 1860 年。杜塞尔多夫证交所成立于

1875 年，1905 年与埃森证交所联合。

1871 年俾斯麦统一德意志帝国后，随着德国经济的快速崛起，其证券交易所市场也得到迅速发展。1896 年，德国以柏林证券交易所作为参考，制定《交易所法》，规定其余交易所向柏林证券交易所看齐，建立交易所管理制度与上市规则。1931 年，受经济大萧条影响，德国关闭了所有的股票交易所，并禁止场外市场报价。1932 年，德国政府试图通过紧急法令恢复投资者信心，证券交易所终于重新开业。1933 年德国纳粹上台，将资源集中投向军备，证券市场陷入停滞及倒退。

二战中，德国的证券市场几乎被完全摧毁。战争结束 6 个月后，法兰克福交易所开始重新营业，而直到 1952 年柏林证券交易所才重新开业。此前柏林交易所规模最大，而二战后由于柏林受到紧张的政治环境影响，市场吸引力开始持续减弱。同一时间，法兰克福成为联邦德国多数上市公司 IPO 的首选地，法兰克福逐渐取代柏林成为德国规模最大的交易所。

相较于股票，德国更重视发展债券市场。1988 年，联邦政府、联邦铁路、联邦邮政等畅销债券纷纷在证券交易所挂牌，活跃了证券市场的交易环境。1989 年，联邦德国的上市债券品种多达 15500 多种，数量居全球第一，且持续增长。[①] 而德国上市股票数量在全球看都是属于少的，更是远远不及债券数量。

德国的股市规模与其经济体量相比并不算大，证券化率（股市市值÷GDP）约为 55%，银行间接融资仍是德国企业主要的融资渠道。截至 2020 年底，德国本土上市公司市值合计 2.28 万亿美元，占全球上市公司总市值比例约 2.3%。20 世纪 80 年代至 90 年代后期，德国股市迎来了发展的黄金时期，受全球科技互联网泡沫的影响，德国股市的市值迅速提高，2000 年德国占全球上市公司市值比例达到 4.1% 的巅峰水平。之后占比持续下降。随着新兴经济体的崛起，德国股市在全球的重要性逐渐回落（见图 4-2）。

二、德国股市现状与特征

德国是传统的工业强国，也是欧洲第一大经济体。2020 年德国 GDP 约 3.8 万亿美元，位列全球第四，排在美国、中国、日本之后。德国的主要工业部门有电子、机械、军工、汽车、航天等，众多德国企业形成了强大的制造业集群，德国工业凭借领先的制造水平享誉国际，其证券市场也受到全球的密切关注。

---

① 伍戈. 德国的股票市场 [J]. 国际观察，1993（4）：33-34.

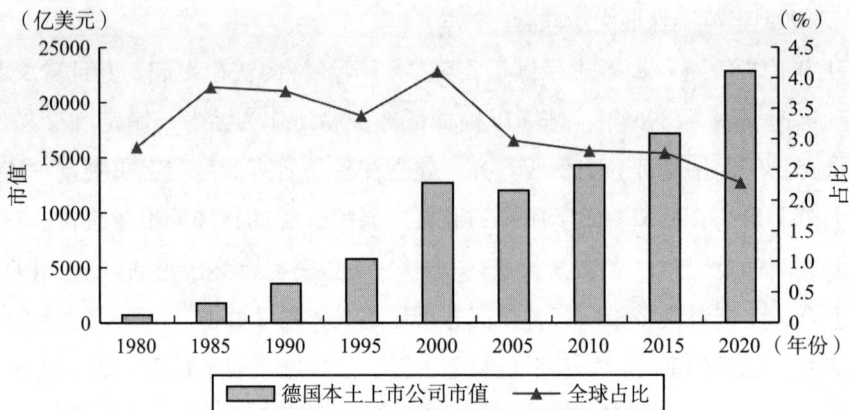

图 4-2　1980～2020 年德国股市总市值与全球占比

资料来源：世界银行。

德国作为一个出口型国家，经济依赖于开放的国际市场。目前德国股市海外投资者占比较高，DAX 指数成分股中，过半数的投资者是海外投资者，这些外国投资者大多以投资基金、养老基金或主权财富基金等机构投资者为主。

德国目前最重要的股票指数是 DAX 指数，此前长期为 30 只成分股，2021 年 9 月起扩充至 40 只成分股。DAX 指数于 1987 年推出后，随即取代当时的 Borsen-Zeitung 指数和法兰克福汇报指数，成为当今欧洲乃至全球最为重要的股票指数之一。1988 年 7 月 1 日起开始正式交易，基准点为 1000 点。指数以"整体收益法"进行计算，在考虑公司股价的同时，也考虑了股息收益。除此之外，德国的主要股票指数还有 MDAX（DAX 以外的 50 只德国公司股票）、SDAX（德国第 81～150 位的中小型公司）、TecDAX（30 只德国技术领域公司）等。另外常见的指数还有斯托克（STOXX）公司发布的欧洲斯托克（Euro Stoxx）50 指数，反映了欧盟成员国德国、法国等十二国资本市场上市的 50 只超级蓝筹股的表现。

德国证券市场的主要监管机构为德国联邦金融监管局和交易所所在地州政府，两者平行监管、各有侧重、共同协作。德国自 2002 年起废除分业金融监管模式，由新成立的德国联邦金融监管局同时监管银行业、保险业及证券期货业。

目前德国股票市场的多层次市场体系可以划分为高级市场、一般市场和公开市场（见表 4-1）。德国的多层次市场体系划分主要以信息披露为标准进行，而非采用收入规模、盈利能力等指标，便于企业自由选择板块进行相应融资。

表 4 - 1　　　　　　　　　　　德国证券市场的多层次市场体系

市场层级	监管方式	信息披露要求	简介
高级市场	受欧盟监管	高	信息披露要求符合全球化标准。DAX、MDAX、TecDAX 等指数成分股必须在高级市场上市，并遵循严格的信息披露要求
一般市场	受欧盟监管	较高	信息披露要求符合欧盟最低限度监管要求。适用于以本土投资者为目标且有意节省融资成本的公司。一般市场的德国本土公司自动加入 CDAX 指数
公开市场	不受欧盟监管	一般	由交易所监管，设置较低的市场准入条件。同时服务于初创企业与成熟企业，为企业提供快捷低成本的入市条件。公开市场包含初级市场与仅供第二上市的报价交易板块。前者提供全套发行上市服务，后者作为交易平台

资料来源：上海证券交易所资本市场研究所。

在交易市场方面，德国部分证交所拥有两个交易平台，这种较为特殊的二级市场交易方式是由历史原因造成的。例如，法兰克福证交所同时拥有 Xetra 电子交易平台和传统场地交易（Frankfurt Floor 市场）两种方式。柏林证交所同时运营 Equiduct 电子交易平台和 Xontro 传统市场。一般而言，在两个交易平台挂牌的股票大部分是重合的。在 Xetra 电子交易平台挂牌的股票均会在传统场地交易市场挂牌，但后者挂牌的大量小公司股票，并未在 Xetra 电子交易平台挂牌。随着交易情况变化，公司股票可以在两个市场之间互相调整。且两者后台托管互相打通，可以跨市场自由买卖，因此两个市场上的同一股票价格相差不大。

根据世界银行的统计数据，截至 2020 年底，德国法兰克福证券交易所本国上市公司共计 438 家，自 2007 年以来，德国上市公司数量快速下降（见图 4 - 3）。这主

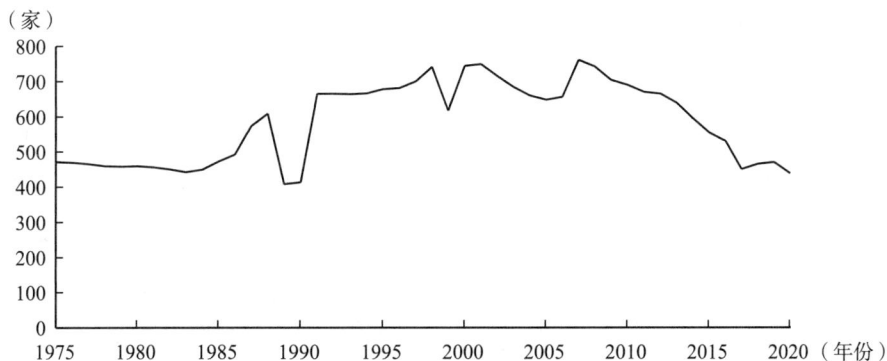

图 4 - 3　1975～2020 年德国本国上市公司数量

资料来源：世界银行。

要还是由于德国更普遍的间接融资体系造成，企业倾向于从银行贷款，因此上市公司数量从来未超过三位数。尽管数量较少，但优质企业密度极高，德国上市公司很多是细分领域的行业翘楚，在全球规模领先，业绩十分优异。例如安联保险、西门子、巴斯夫、大众汽车等。

三、德国上市公司构成情况

截至 2020 年底，在德国上市公司中，按照行业板块来分，市值占比最大的是可选消费板块，市值占比高达 19%（汽车在行业分类中属于可选消费，德国的奔驰、宝马、大众等品牌享誉全球），其次是工业板块市值占比 19%，然后是信息技术和金融（见图 4-4）。

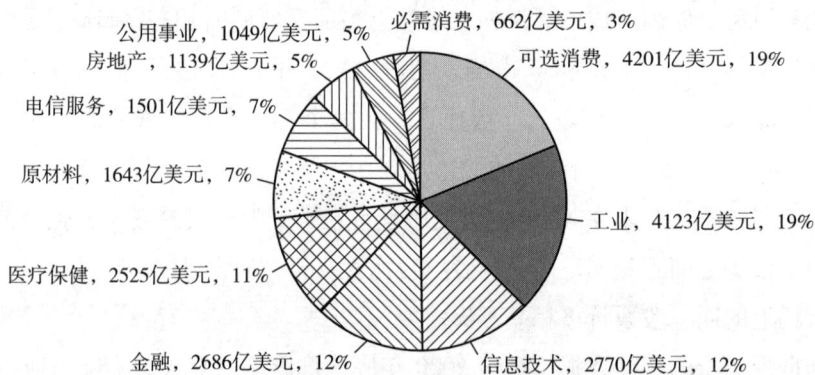

公用事业，1049亿美元，5%
必需消费，662亿美元，3%
房地产，1139亿美元，5%
可选消费，4201亿美元，19%
电信服务，1501亿美元，7%
原材料，1643亿美元，7%
工业，4123亿美元，19%
医疗保健，2525亿美元，11%
金融，2686亿美元，12%
信息技术，2770亿美元，12%

图 4-4　德国上市公司行业板块市值分布

注：截至 2020 年底。
资料来源：Wind 资讯、彭博。

表 4-2 报告了截至 2020 年底德国市值最大的 30 家公司名称及其对应的行业板块，其中有两家公司目前市值超过 1000 亿美元，分别是思爱普（SAP）和西门子集团。思爱普是全球知名的企业管理软件与解决方案提供商，西门子集团是电子电气工程领域的领先企业。长期以来，德国的汽车制造、医疗器械、化工原材料等行业位列全球第一梯队，涌现出巴斯夫、大陆集团、卡尔蔡司、默克、拜耳等国际知名企业。在消费领域，中国读者较为熟悉的德国企业有阿迪达斯、彪马、汉高公司（施华蔻）、拜尔斯道夫（妮维雅）、雨果博斯、麦德龙等。在信息技术领域，

德国除了思爱普、英飞凌半导体以外，还涌现出外卖超人（Delivery Hero）、Zalando 电商等新兴公司。

表 4 - 2　　　　　　　2020 年底德国市值最大的 30 家上市公司列表　　　　　　单位：亿美元

公司名称	行业板块	市值	公司名称	行业板块	市值	公司名称	行业板块	市值
思爱普（SAP）	信息技术	1588	西门子医疗	医疗保健	544	莱茵集团	公用事业	282
西门子	工业	1204	宝马汽车	可选消费	524	Zalando（电商）	可选消费	281
安联保险	金融	997	英飞凌	信息技术	494	西门子能源	工业	263
德国电信	电信服务	858	慕尼黑再保险	金融	410	费森尤斯集团	医疗保健	254
戴姆勒	可选消费	745	Vonovia 公司	房地产	408	费森尤斯医药用品	医疗保健	250
阿迪达斯	可选消费	720	德意志证券交易所	金融	319	汉高公司	必需消费	247
巴斯夫	原材料	717	外卖超人	可选消费	305	德意志银行	金融	223
大众汽车	可选消费	605	德国大陆集团	可选消费	292	默克公司	医疗保健	219
德国邮政	工业	605	意昂集团	公用事业	289	克诺尔集团	工业	217
拜耳	医疗保健	570	拜尔斯道夫	必需消费	287	赫伯罗特航运	工业	195

资料来源：Wind 资讯、彭博。

第二节　德国股市行情脉络

一、1960～1982 年①：长期徘徊

1945 年 5 月，纳粹德国战败投降，随后由美、英、法、苏四国分区占领。二战后的西欧百废待兴、物资短缺、民生凋敝，1947 年美国提出"欧洲复兴计划"，使德国重建迎来了转机。1948 年 6 月，美英法占领区同时颁布法令，废止旧马克、发行新马克，实行币制改革。多数观点普遍认为 1948 年的币制改革是战后德国经济恢复和发展的起始点。1949 年 5 月，美、英、法三国占领区合并，成立德意志联邦共和国（简称联邦德国，即西德），同年 10 月，苏联占领区成立德意志民主共和国（简

---

① 德国 DAX 指数最早可追溯的第一个完整年度是 1960 年，故将此设定为起始时间点。

称民主德国，即东德）。由于本书主要讨论股票市场的发展，这里我们将重点主要集中在联邦德国。

随后联邦德国的货币改革和价格改革都先后取得成功，战后初期联邦德国的经济恢复速度很快，远超当时人们的预期。相比于其他市场经济国家，联邦德国在 20 世纪 50 年代后通过改革建立了被称作"社会市场经济"的经济体制。这些改革措施包括：建立相对独立的中央银行体制、强调维护市场竞争和市场秩序限制垄断行为、建立一系列社会保险和保障制度。社会市场经济制度的建立，使得战后联邦德国经济快速发展，出现了联邦德国的经济奇迹。1950～1960 年，联邦德国实际国民生产总值年平均增速高达 8.5%，为西欧国家之最，到 20 世纪 50 年代末联邦德国就成为仅次于美国的第二经济大国。1960 年以后，联邦德国经济增速开始逐步下滑，1968 年日本经济总量超过联邦德国，成为全球第二大经济体。

从股票市场表现来看，1960～1982 年，这二十多年间联邦德国股市表现一般，不如同期的美国、英国、日本等国股市表现。股市整体走出了一个长期的宽幅震荡行情，1982 年底联邦德国 DAX 指数的位置还没有突破 1960 年的高点水平，联邦德国股市二十多年长期徘徊不前（见图 4－5）。

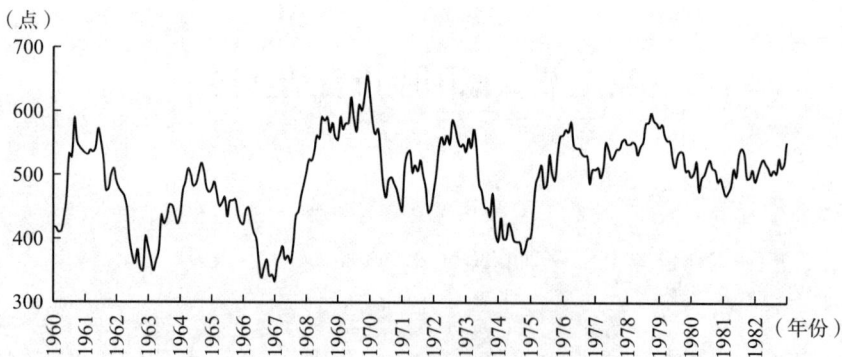

图 4－5　1960～1982 年联邦德国 DAX 指数走势概览

资料来源：Wind 资讯。

造成联邦德国股市在 20 世纪 60 年代和 70 年代长期徘徊不前的原因是多方面的。一是 60 年代以后联邦德国的经济增速确实明显下台阶了（见图 4－6），50 年代联邦德国实际经济增速平均下来超过 8%，60 年代平均经济增速降至 4.5% 左右，70 年代进一步降至 3.2% 左右。

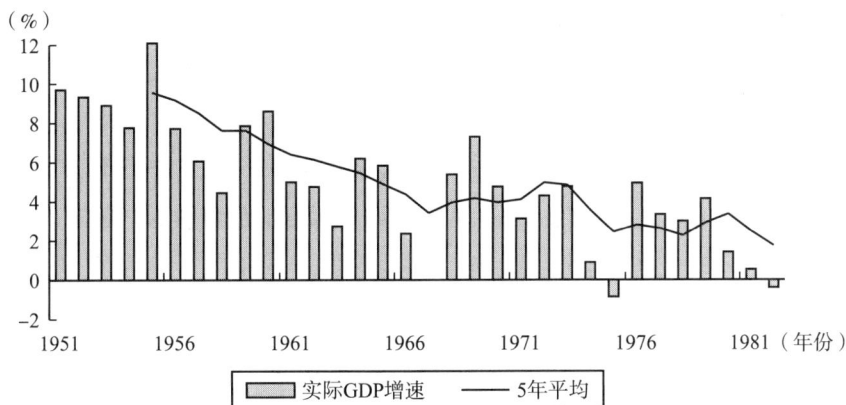

图 4 - 6　1951 ~ 1982 年联邦德国实际 GDP 增速走势

资料来源：Wind 资讯。

但经济增速下行并不是股市表现不佳的唯一原因，或者说不是主要原因。因为一方面，经济增速降台阶在其他很多国家都发生过，并不必然对应股市表现不佳。另一方面，就联邦德国而言，20 世纪 80 年代以后经济增速更低，但股市却有了更好的表现。

更主要还是在于 20 世纪 60 年代中期以后，全球通胀持续抬升导致的利率上行，从 60 年代中期到 70 年代中期，联邦德国的长期国债利率从 6.0% 左右上升到了 11% 左右（见图 4 -7）。而且从产业结构来说，联邦德国经济受到 70 年代全球恶性通货膨胀的负面影响更大。联邦德国经济中制造业等中游行业占比较大，上市公司构成中，也以可选消费（汽车等）、工业为主，中游企业利润更加受损于上游原材料成本大幅上涨。

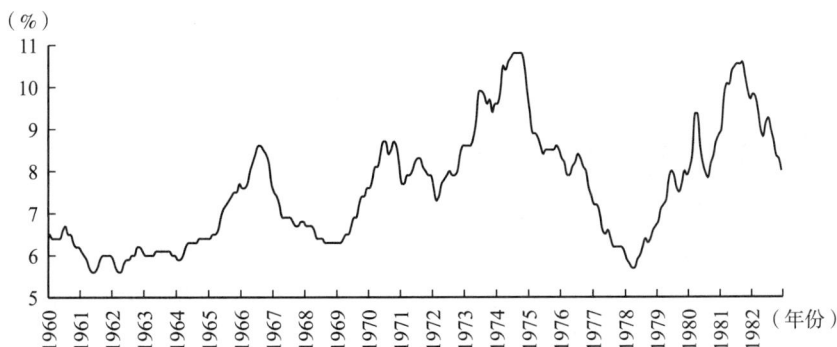

图 4 - 7　1960 ~ 1982 年联邦德国长期国债收益率走势

资料来源：Wind 资讯。

从经济周期看，1960~1982年联邦德国发生过3次经济衰退。第一次是1966~1967年，这是联邦德国在二战后发生的首次全面经济危机，此次经济衰退导致了艾哈德政府下台。随后1967年联邦德国制定了《促进经济稳定和增长法》，明确以凯恩斯主义为指导思想，政府获得了多种干预经济的职权。第二次是1973~1974年，这次经济衰退是资本主义国家共同发生的，由第一次石油危机引起。第三次是发生在1981~1982年，这次经济衰退被认为是二战后德国最严重的一次经济衰退。

从联邦德国股市表现中可以发现，第一次经济衰退发生时，联邦德国利率也是下行的，此时股市受经济基本面影响更大，联邦德国股市在1966年大幅下跌。第二次经济衰退发生时，经济下行同时利率上行，发生了明显的"滞胀"特征，1973~1974年联邦德国股市大幅下跌。第三次经济衰退发生时，虽然经济下行非常严重，不过从1981年下半年开始利率大幅下行，此时联邦德国股市并没有下跌反而略微上涨，由此可以看出，在经历了大通胀，利率大幅上行后，当时市场相比基本面更关注利率变化。

二、1983~1990年：厉行改革

1982年10月，科尔通过不信任投票战胜施密特成为联邦德国总理，从1982~1998年科尔连任联邦德国总理，成为俾斯麦之后德国任职时间最长的总理。

科尔上任之初联邦德国经济面临不少问题，首先，当时联邦德国正处在战后最严重的经济衰退中，GDP、工业生产、就业、消费等多项指标的下滑时间和幅度都是前所未有的。其次，联邦德国也出现了美国、英国等西方国家普遍都有的"德国病"，政府财政负担重、通货膨胀长期居高不下、社会生产效率低下。这使得联邦德国在英国撒切尔夫人政府（1979年上台）、美国里根政府（1981年上台）之后，也提出了明确的经济政策改革目标，改革的方向依然是用供给侧的方式改变以往凯恩斯主义的总需求刺激。科尔政府上任之初便明确宣布："新政府的经济革新方向，是不要更多的国家干预，而要更多的市场经济。"

科尔的新经济政策改革大体包含这几个方面：第一，收紧货币政策、控制货币发行，这跟其他几个资本主义国家当时的货币主义政策如出一辙。第二，控制政府债务，缩小财政赤字。1982年施密特最后执政的一年，联邦德国财政赤字约560亿马克，到1985年财政赤字减少到275亿美元。第三，控制工资增长、调整社会福利政策。20世纪80年代改革前美欧国家普遍都有社会福利负担太重的问题，科尔上任之

后首先从政府公务员部门开始，对工资和福利进行控制。此外，科尔政府还采取了一系列结构性政策措施，包括减税、支持高科技创新、扶持中小企业等。

科尔的经济政策改革是成功的，从 1983 年起联邦德国经济走出衰退，之后十年中都没有再发生过经济衰退（1983～1990 年经济周期走势见图 4-8）。其间只有 1985～1986 年因为"广场协议"之后德国马克快速升值，联邦德国出口受到冲击造成经济增速有明显下滑，但 1987 年之后，随着德国马克快速升值阶段结束，联邦德国经济开始了向上加速的阶段，到 1990 年底，德国的季度实际 GDP 增速一度超过 6%。

图 4-8　1983～1990 年德国实际 GDP 增速走势

资料来源：Wind 资讯。

1983～1990 年的德国股市，总体上表现是不错的，一改此前 20 多年长期横盘震荡（见图 4-9），联邦德国股市在 1983 年经济复苏之初就突破了此前宽幅震荡的高点。随着经济形势的好转，从 1983～1985 年这三年间联邦德国股市持续上涨，由于受"广场协议"之后德国马克快速升值影响，联邦德国经济在 1985～1986 年出现了一定的下行（但没有进入衰退），联邦德国股市在 1986 年暂缓升势转为盘整（但也没有大跌），此时联邦德国股市的表现是要明显强于经济的走势，说明市场对联邦德国经济未来有信心。

进入 1987 年，随着经济的回升联邦德国股市也开始回暖，10 月份受全球股灾影响联邦德国股市也出现了大幅下跌。股灾过后，1988 年开始，联邦德国股市借经济加速上行的势头，再度进入牛市，这波行情一直持续到 1990 年上半年，1990 年下半年中东局势突变，伊拉克入侵科威特，国际油价开始上涨，市场担心第三次石油危机爆发，此时德国经济本身就处在一个快要过热的阶段，这种情况导致了利率在 1990 年出现了大幅攀升，由此带动股票市场调整。

（点）

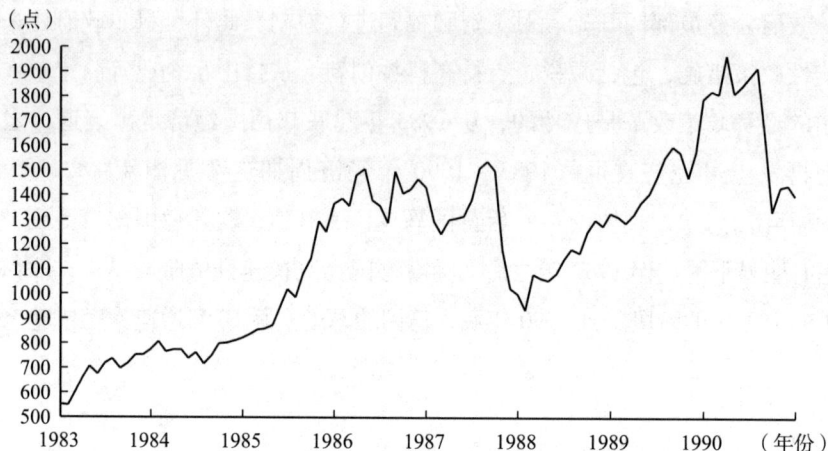

图 4 - 9　1983~1990 年德国 DAX 指数走势概览

资料来源：Wind 资讯。

三、1991~1999 年：统一之后

1990 年 10 月，两德统一，成为德国乃至全世界最重要的事件。统一之后，德国联邦政府开始对原民主德国地区进行经济体制改造和建设。1991 年 1 月，科尔总理发表政府声明，全面阐述了统一后首届德国政府的政策方针，包括将计划经济改革为市场经济、对原民主德国国有企业进行私有化、鼓励企业去东部地区投资并给予优惠政策、解决原民主德国地区失业问题、维护德国马克稳定等，核心是加强对原民主德国地区的经济建设。1991 年初，德国政府正式实施振兴东部的计划，随后，德国联邦政府和西部各州筹措大量资金组建德国统一基金，投入东部地区建设和援助。

而在统一后的一段时间内，德国东部、西部地区经济发展态势迥异，东部地区原来经济生产效率较低，统一后受到西部地区和欧洲其他国家产品冲击，出口大幅缩减，1991 年德国东部地区 GDP 缩减近 1/3，物价飞涨，CPI 同比增长近 20%，失业率达到 8.6%。[①] 而西部地区则出现了"统一景气"的经济繁荣局面，但好景也并不长。

从 1991 年二季度开始，德国经济开始走下坡路，而且下行速度很快，到 1992 年德国经济进入经济衰退（见图 4 - 10），这是二战后德国的第四次经济衰退。造成此次德国经济衰退的原因大体有这几个方面，首先，从经济周期自身角度看，德国经济包括全球经济在此前已经历了多年连续繁荣，经济周期自身有调整压力，1991 年资

本主义国家普遍发生经济衰退。其次，由于德国统一后国内通货膨胀压力较大，在
1992 年经济已经明显下行之际，德国采取了与其他国家不同的相对紧缩的货币政策，
这也是导致 1992 年欧洲货币危机的主要导火索。最后，两德统一后的很多问题有待
磨合解决，比如东部地区原先货币汇率高估等，这些结构性问题使得 1992 年这次德
国经济衰退严重程度高于其他资本主义国家。

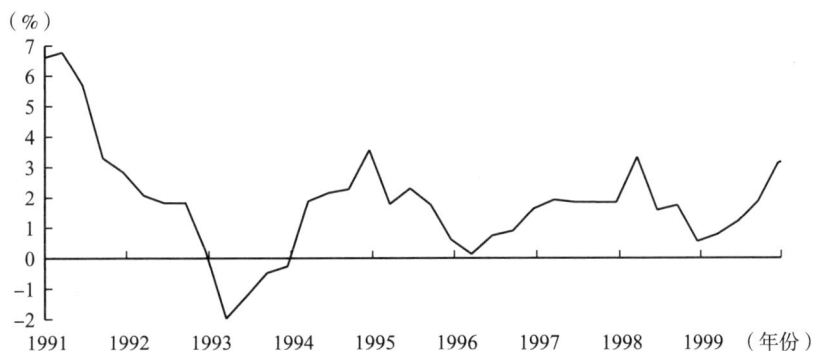

图 4-10　1991～1999 年德国实际 GDP 增速走势

资料来源：Wind 资讯。

　受统一后经济衰退影响，德国股市在 1991～1992 年总体表现一般，处在一个震荡
横盘的走势中。但由于利率大幅下行（见图 4-11），这两年尽管德国经济面临严重衰
退的问题，股市依然没有大跌。德国利率的走势，有两个细节读者可以注意下，一是德
国利率的高点不是在 20 世纪 80 年代初期（美国是在 1982 年），而是在 1990 年，之后
德国利率单边回落。二是 1992 年德国货币政策"硬扛"加息引发欧洲货币危机，实际
上时间非常短暂，只是在 1992 年上半年，1992 年下半年后德国利率便快速下行。

图 4-11　1983～1999 年德国长期国债收益率走势

资料来源：Wind 资讯。

1993 年起德国经济见底回升，利率依然在明显下行，股市形势大为好转，1993
年德国 DAX 指数大涨 47%。但到了 1994 年货币政策再度收紧，利率上行，股市出现
小幅回落，1994 年德国 DAX 指数下跌 7%。1995 年情况又再度反过来，经济下行但
同时利率也下行，当年德国股市上涨 7%，由此可见，在这个阶段利率变化对股市的
影响要大于经济周期变化。

1996 年以后德国股市开始了加速上涨，此时两德统一给德国经济带来的冲击已
经基本消化，德国经济稳定发展，更重要的是利率显著回落，德国长期国债利率从
1995 年初的约 7.5% 下降至 1998 年底的 3.7%。1996 年德国 DAX 指数大涨 28%，
1997 年 DAX 指数继续大涨 47%。1998 年上半年德国股市继续高歌猛进，下半年受亚
洲金融危机影响有所回调，但全年 DAX 指数依然有 18% 的涨幅。

1999 年初，欧元进入国际金融市场，并允许银行和证券交易所进行欧元交易
（欧元纸币和硬币于 2002 年 1 月正式流通，2002 年 7 月各国原本国货币退出流通）。
1999 年德国经济开始加速上行，德国利率暂时结束了此前几年的下行趋势，开始掉
头向上，1999 年德国长期国债利率从 3.7% 上升至 5.3%，但此时全球股市一片莺歌
燕舞，利率的上行已经被市场无视了，全年 DAX 指数继续大涨 39%。

回首 1991~1999 年，德国统一后其经济增长并没有比 20 世纪 80 年代甚至此前
的六七十年代好，但由于利率的大幅回落，德国股市表现比此前好很多。九年间德国
DAX 指数累计上涨 298%，年化涨幅高达 16.6%（见图 4-12）。

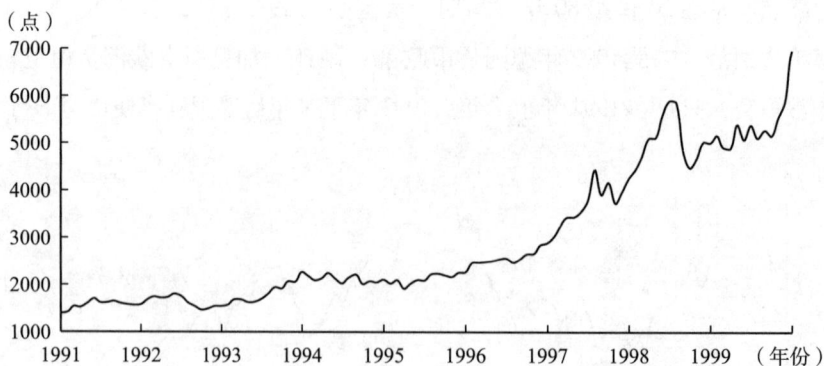

图 4-12　1991~1999 年德国 DAX 指数走势概览

资料来源：Wind 资讯。

四、2000～2008 年：一波三折

1998 年 10 月，在连续执政 16 年之后，科尔卸任德国总理，社会民主党大选获胜，并和德国绿党组成联合政府，格哈特·施罗德当选为新一任联邦总理。很快，新政府调整经济政策，并开始了新政改革。21 世纪初的德国经济，主要面临的问题包括政府债务高、失业率上升、企业税收负担重等。

施罗德政府的新政被称为"新中间派政策"，其总体思想与当时西方国家流行的"第三条道路"思潮是一致的（1997 年布莱尔当选英国首相后，以推行"第三条道路"理念和政策而闻名）。施罗德政府的改革措施主要包括：第一，税制改革，主要是减税。当时普遍认为德国的高税率使得其国内投资环境不佳，外资不愿意流入德国而德国企业资本不断外流。2000 年 5 月，德国通过了二战后最大的税改法案《减税法案》，计划分三个阶段简化税制并降低税率。第二，劳动力市场改革，目标是解决高福利造成的"懒汉"问题。为此，2002 年 2 月，德国政府成立了劳动力市场现代化服务委员会，对劳动力市场进行全面改革。第三，社会福利改革。1999 年施罗德政府发布养老金新方案，将养老金调整的依据从平均工资增长变为通货膨胀，由于当时德国通胀率低，这等于变相降低了养老金增长。2003 年 3 月，德国政府公布"2010 议程"，称其为 1949 年以来福利国家最大程度削减开支的改革。

施罗德政府的新政并没有扭转当时德国经济的颓势，从 2000 年开始德国经济进入下行随后开始衰退，一直要到 2004 年才走出经济衰退（见图 4－13），相比同时期的英国，德国经济表现明显更弱。

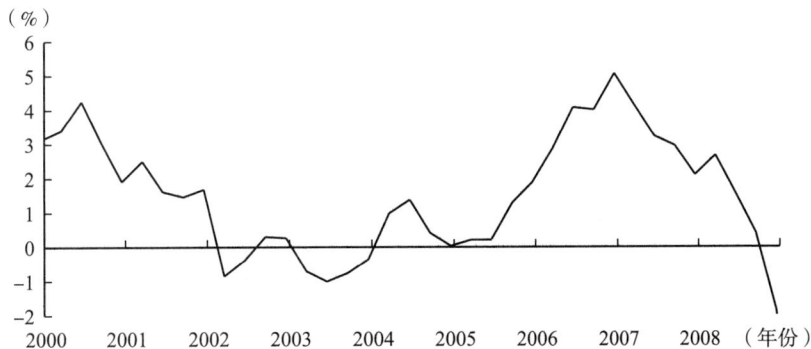

图 4－13　2000～2008 年德国实际 GDP 增速走势

资料来源：Wind 资讯。

经济的疲软使得施罗德政府在2005年大选中失利，2005年11月安格拉·默克尔就任德国总理。默克尔上台后也采取了一系列改革措施，包括：限制财政开支减少税收补贴，以解决严重的财政问题；积极促进国内消费增长；继续推进医疗和养老等福利制度改革；对劳动力市场政策进行修正等。2005年德国经济开始复苏，2006年强势增长，不过从大的视角来看，这一轮经济复苏上行，核心驱动力还是由中国经济领跑带动的全球经济复苏繁荣。2007年后随着美国次贷危机爆发，德国经济开始下滑，2008年德国与其他主要经济体一样在国际金融危机中进入衰退。

这段时期德国股市的走势非常简单，基本与美国、英国等主要资本主义国家股市走势完全一致，从2000～2008年股市走出了一个倒"N"形走势（见图4-14）。从2000年开始德国股市开始了三年的熊市，到2003年一季度低点时德国DAX指数相比2000年高点时累计跌幅达68%。2003年二季度开始，受益于全球经济复苏繁荣，德国股市开始走出大牛市，一直持续到2007年底左右。

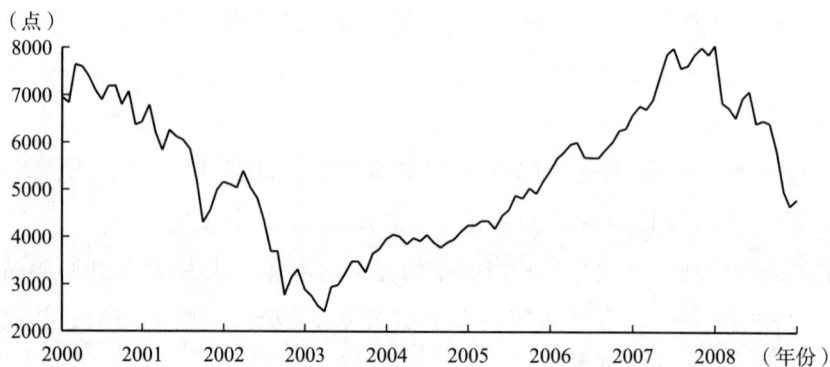

图4-14　2000～2008年德国DAX指数走势概览

资料来源：Wind资讯。

2000年以后德国股市受全球市场影响更大了，有几个典型的例证：一是2007年德国经济已经开始明显下滑（见图4-13），但是德国股市一直要涨到2007年底，当时中国经济非常强。二是2000～2007年金融危机前，德国经济相比英国经济明显要更弱（见图4-13与图3-17），但股市表现似乎德国更强一些，特别是在2003～2007年的这波大牛市中，德国DAX指数突破了2000年的历史高点，但英国富时100指数当时并没有。究其原因，还是因为德国经济出口占比高，更加受益于当时的全球经济复苏和中国经济崛起。

五、2009～2020 年：长牛行情

2008 年全球金融危机爆发后，各国经济都出现了严重的衰退，德国亦不例外。为应对金融危机的冲击，德国政府也采取了一系列经济刺激措施，除了欧洲央行大幅降低利率外，2008 年 10 月，德国政府推出了 5000 亿欧元的金融市场稳定基金救市计划。2009 年 7 月，德国又通过了《进一步推动金融市场稳定法》，决定启用两条渠道来加大对金融市场的支持。同时德国政府计划在 2009 年和 2010 年使用财政资金实施两套经济景气刺激计划，规模在 800 亿欧元左右。

危机之后德国经济复苏是欧洲国家中相对较快的，2009 年二季度开始，德国经济增速即见底回升随后开始快速复苏（见图 4－15）。随后欧债危机开始爆发并蔓延，以德国为首的欧元区国家开始了救助措施，先后建立了欧洲金融稳定基金和欧洲稳定机制。2010 年德国经济继续保持强势增长，在金融危机和欧债危机后表现异常抢眼，被誉为"一枝独秀"。

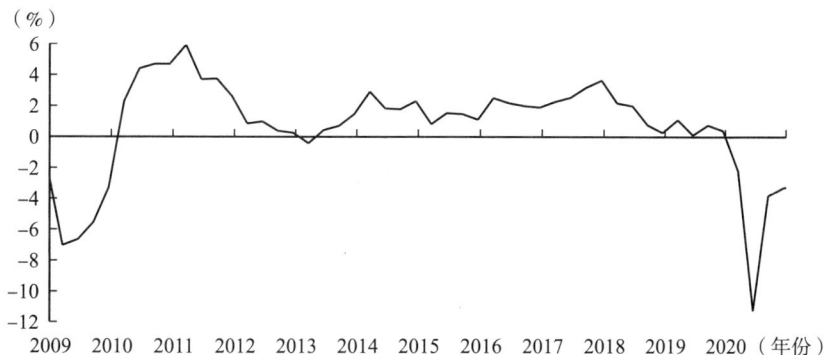

图 4－15　2009～2020 年德国实际 GDP 增速走势

资料来源：Wind 资讯。

随着各国经济刺激政策的影响消退，2011 年二季度后全球经济见顶回落，德国经济增速也开始回落，本轮经济下行一直持续到 2013 年一季度，随后经济开始企稳回升。从 2013 年开始一直到 2017 年，德国经济保持着"四平八稳"的增长速度，经济表现非常不错。2018 年德国经济在全球经济下行中再度显著下滑，2019 年经济增长速度接近于零，2020 年受新冠肺炎疫情影响德国经济大幅衰退。这里特别值得指

出的是，德国是西方国家中尤其注重财政纪律和政府债务的，早在 2009 年 6 月金融危机尚未远离之时，德国政府就出台了《债务削减法案》，要求大幅削减政府赤字。从 2012 年开始一直到 2019 年新冠肺炎疫情前，德国政府保持了连续 8 年的财政盈余。

欧元区其他国家经济在金融危机后经济表现相比于德国要更弱一点，且欧债危机等影响一直没有彻底解决。这导致一方面欧洲央行在金融危机后始终在不断放水，量化宽松、零利率、负利率先后出台。另一方面，对南欧国家政府信用的担忧以及德国国债信用的认可，也使得德国国债一直成为国际资金的避风港。德国的无风险收益率在金融危机后再度出现了系统性的大幅下降，从 2009 年的 3% 左右，到 2016 年首次下落至 0%，2019 年后再度落入负利率区间（见图 4 - 16）。

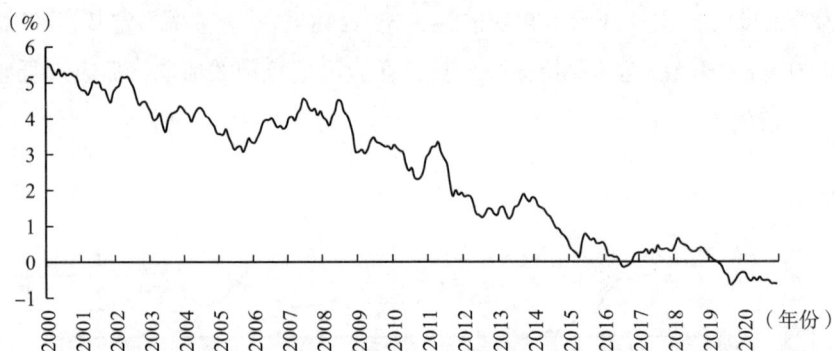

图 4 - 16　2000 ~ 2020 年德国长期国债收益率走势

资料来源：Wind 资讯。

同时金融危机以后德国政府依然非常注重结构性经济政策，尤其在工业制造业等德国重要产业领域。2011 年 4 月，"工业 4.0"概念在德国汉诺威工业博览会上被首次提出，2013 年 4 月，德国将"工业 4.0"正式上升为国家战略。"工业 4.0"被认为是德国在互联网数字化时代的"再工业化"战略，增强德国在智能化时代的制造业竞争优势。2014 年 8 月，德国政府提出了《数字议程 2014—2017》，倡导数字化创新驱动经济社会发展，为德国建设成为未来数字强国部署战略方向。2019 年 2 月，德国提出"国家工业战略 2030"，旨在扶持重点工业领域，提高工业产值及占比，保证德国工业在全球的竞争力。

金融危机以后德国股市的表现应该说是非常不错的，呈现出单边上涨的"慢牛"走势。德国股市的表现一方面受本国经济增长和利率持续下行利好影响，另一方面应该说也受国际股市影响较大。甚至可以说国际市场对德国股市的影响，要大于德国本国基本面（经济增长和利率）的影响。这反映在：第一，金融危机以后，美国、英国、日本等资本主义国家股市整体走势非常接近，都是"慢牛"。第二，2009～2020年，德国股市遇到的几次重要调整，包括2011年下半年、2015年下半年、2018年、2020年上半年等，均与当时国际股市的调整有关。第三，2012年德国经济明显下行，甚至快要接近经济衰退，且此时德国利率也没有明显下行，德国股市表现稳步上涨。2015年下半年德国经济表现不错，利率是下行的，德国股市却发生显著下跌。这两个反例也突出地说明了全球市场对德国股市影响很大。

从2009年到2020年底，德国DAX指数累计上涨185%，年化收益率9.1%（见图4-17）。

图4-17 2009～2020年德国DAX指数走势概览

资料来源：Wind资讯。

六、德国经济中的隐形冠军[①]

德国尽管上市公司数量较少，但优质企业密度极高，德国上市公司很多是细分领域的行业翘楚，在全球规模领先，业绩十分优异。例如：安联保险、西门子、巴斯夫、大众汽车等。但这并不是德国经济的全部，值得关注的是，德国中小企业贡献了60%～70%的出口额。这些德国中小企业在细分市场占据了全球领先地位，是构成德

---

① 隐形冠军企业，最早由德国管理学家赫尔曼·西蒙（Hermann Simon）提出，是指那些不为公众所熟知，却在某个细分行业或市场占据领先地位，拥有核心竞争力和明确战略，其产品、服务难以被超越和模仿的中小型企业。

国经济和出口的主要力量，且以隐形冠军为特征闻名全球。

赫尔曼·西蒙教授在其代表作《隐形冠军：未来全球化的先锋》[1] 中定义了隐形冠军所需满足的三个条件：第一，世界前三强或在某一大陆排名第一；第二，年营业额低于 50 亿欧元；第三，不是众所周知的。隐形冠军一词中，"隐形"指的是低调务实，不被外界关注；"冠军"指的是在细分领域主导市场，占据极高市场份额或掌握核心技术。

按照西蒙的统计，德国拥有的隐形冠军企业数量高达 1307 家（见图 4 – 18），大约占到全球已确认的隐形冠军数量的一半。德国凭借仅占全球 1.1% 左右的人口，发展出数量如此巨大的隐形冠军企业，不得不说是一个奇迹。从每百万人的隐形冠军数量来看，德国的隐形冠军密度同样遥遥领先。当然，我们也应该注意到，西蒙是德国人，他的这个统计方式不免带有本地偏好的倾向。

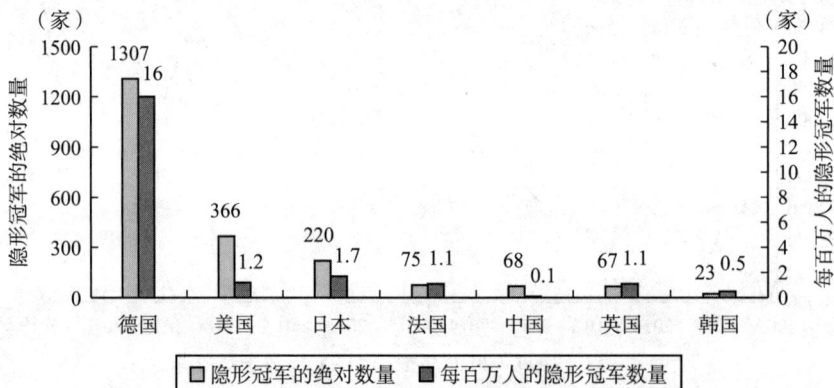

图 4 – 18　隐形冠军的绝对数量和每百万人的隐形冠军数量

资料来源：［德］赫尔曼·西蒙，［德］杨一安. 隐形冠军：未来全球化的先锋（原书第 2 版）［M］. 张帆，等译. 北京：机械工业出版社，2019。

在西蒙教授耗时 25 年建立起来的德国隐形冠军名单中，有 69% 的隐形冠军活跃在工业领域，1/5 的隐形冠军从事消费品行业，另有 1/9 属于服务业。除了机械制造，德国在消费品和服务领域同样孕育出数量众多的隐形冠军。与一些国家出口主要集中在特定领域不同，德国的出口呈现出更多样化的特点。许多不足以单列为一个产

---

① ［德］赫尔曼·西蒙，［德］杨一安. 隐形冠军：未来全球化的先锋（原书第 2 版）［M］. 张帆，等译. 北京：机械工业出版社，2019.

业的细分市场成为德国隐形冠军企业的耕耘领地，例如，过山车、伸缩狗链、柠檬酸、图钉、舞台帷幕、建筑幕墙、行李推车等。德国隐形冠军中有高达 38% 的公司存续了超过百年，这一比例远高于全球大型企业的存续年限，说明了隐形冠军企业在同行中强大的求生能力。当然除了历史悠久的常青企业，德国隐形冠军中也有一些在研发创新上取得重大突破的新兴企业。

通过对德国隐形冠军企业的经营数据进行统计，可以看到德国隐形冠军的营业额平均值大约为 3.26 亿欧元，员工数的平均值约为 2037 人。隐形冠军企业多数规模处在典型的"中型公司"区间。值得注意的是，大约有 1/4 的公司在营业额低于 5000 万欧元的情形下仍然实现了全球领先地位。

这些全球领先企业为何不为外界所知？一个重要的原因是隐形冠军企业生产的产品往往不是面向最终消费者的，而是作为一种中间产品存在，隐藏在价值链的后端，并不为世人皆知。另外一些隐形冠军企业管理者主动选择低调务实，专注于维护客户关系，仅在从事相关业务的客户中口口相传，拥有较高的知名度和优秀声誉。不过随着企业的成长和互联网环境下的高透明度，隐形冠军正在失去往日神秘，曝光度大大提高。

一般而言，中小企业需要通过业务的聚焦和深耕才能成为一流企业，而全球化则是企业成长为隐形冠军的关键环节。由于多数隐形冠军企业经营产品较为单一，单地区市场规模有限，往往需要拓展海外市场，在全球化分工合作中打造竞争优势。德国之所以可以培育出数量众多的隐形冠军企业，原因是复杂而多元的，可能的原因包括历史因素、技术传承、创新能力、工业基础、竞争格局、产业集群、质量要求、职业教育、地理位置、文化制度等。这其中既有难以复制的德国先天优势，也有一些可供其他国家学习的后天经验。

德国是典型的产品出口型和经济外向型国家，拥有深厚的制造基础，存在大量的中小企业从事产品和服务出口。从全球视角来看，德国统一的时间比较短暂，历史上长期处于小国邦联的松散组织形态。单个小国的市场容量很容易饱和，不足以支撑企业的长期发展，这时的企业要想发展壮大，必须依靠国际贸易。这一做法影响深远，德国企业一直保持着重视出口贸易的传统。德国的制造业十分发达，制造业占 GDP 比重长期高于其他发达国家。德国工业体系面临极为激烈的内部竞争，这也为德国企业强大的国际竞争力打下了基础。在竞争的同时，德国形成了数十个产业集群，从中诞生了大量的隐形冠军公司。

在深度参与全球化的分工合作中，中国中小企业对出口的贡献占比很大。与德国所处的环境相似，中国拥有隐形冠军成长的肥沃土壤，凭借企业自身的努力和政策支持，未来更多的中国企业有望登上世界隐形冠军的舞台，实现持续增长，获取全球市场领导者地位。

第三节　德国股市板块结构特征

一、德国股市板块轮动整体概况

回顾从 1986～2020 年过去 35 年德国股市（1990 年两德合并前为联邦德国股市，下同）的板块表现，总体上呈现如下特征：

第一个阶段，1986～2000 年，这个阶段总体比较占优的是消费类板块（必需消费、可选消费、医疗保健）和科技类板块（信息技术和电信服务），周期类板块（能源、原材料、工业）整体跑输大盘。1996 年及以前消费类板块表现更好，而 1997～2000 年在当时全球互联网科技的浪潮中，科技类板块一枝独秀。另外，1986～1996年，德国的公用事业板块也有明显的超额收益。

第二个阶段，2001～2010 年，这个阶段当时全球经济强势增长，各类大宗商品价格不断上涨创新高，德国的周期股原材料板块有明显的超额收益。除了周期类板块外，医疗保健板块和公用事业板块也有持续的超额收益，金融和必需消费明显跑输大盘，可选消费、工业、信息技术基本与市场整体走平。

第三个阶段，2011～2020 年，这个阶段中全球经济表现不断下滑，作为周期股的原材料板块持续跑输大盘，这十年里领涨板块从医疗保健、必需消费到 2015 年以后转向了信息技术。此外，可选消费和工业这两个制造业板块走势继续保持与市场整体走平。

相比于其他国家地区股市，德国股市的板块轮动有两个特有的地方，一是因为德国没有特别明显而强烈的房地产周期（德国房价长期不太涨），所以德国股市金融板块没有像美国、日本、英国那样出现过强势上涨的行情。二是作为一个制造业强国，德国有很多优秀的制造业企业，以及隐形冠军企业，这些企业主要集中在工业和可选消费这两个行业板块。由于企业个体化之间的差异很大，这两个板块很容易出现"板块没行情、个股有行情"的情况，因此我们看到工业和可选消费这两个行业板块都出现了连续 20 多年既没有超额收益也没有跑输大盘，整体与市场走平的情况，这个情况也是其他国家地区股市不常见的。

1986～2020 年德国股市行业板块收益表现轮动情况见表 4-3。

表 4-3　　　　　　　　1986～2020 年德国股市行业板块超额收益表现汇总

年份	能源	原材料	工业	可选消费	必需消费	医疗保健	金融	信息技术	电信服务	公用事业	房地产
1986～1988	—	√	×	×	√	√	△	—	√	√	√
1989～1990	—	△	√	×	√	×	△	△	√	√	√
1991～1992	—	△	×	△	×	√	△	△	√	△	×
1993～1994	×	△	×	△	×	√	△	√	√	△	△
1995～1996	×	△	×	△	×	√	△	√	√	×	△
1997～1998	×	×	×	△	×	×	△	√	√	△	△
1999～2000	×	×	√	×	△	×	△	√	√	×	√
2001～2002	√	√	△	√	√	√	×	×	×	√	×
2003～2004	√	√	△	△	√	√	△	×	△	√	△
2005～2006	—	√	△	△	×	√	△	×	×	√	△
2007～2008	—	√	△	△	△	√	△	×	×	△	×
2009～2010	—	√	△	△	√	√	△	△	×	×	△
2011～2012	—	×	△	△	√	√	×	△	△	△	△
2013～2014	—	△	△	△	√	√	△	√	△	√	△
2015～2016	—	×	△	△	√	×	△	√	√	√	√
2017～2018	—	×	△	△	×	×	△	√	×	√	√
2019～2020	—	×	△	△	×	×	△	√	√	×	√

注："√"表示在这一时间段板块表现好于市场整体，"×"表示跑输市场整体，"△"表示表现与市场整体相当，灰色阴影表示板块有持续超过 5 年的超额收益。"—"表示数据缺失。

资料来源：Wind 资讯、彭博。

二、德国股市消费板块行情特征

德国股市消费板块上市公司主要集中在可选消费领域，截至 2020 年底可选消费板块总市值 4201 亿美元，占全部德国股市的 19%，是第一大权重板块，而相比之下，必需消费板块则是德国股市市值权重很小的板块（见图 4-4）。

　　德国目前市值最大的消费板块公司是戴姆勒公司（Daimler），公司是全球著名的汽车制造商，旗下品牌包括梅赛德斯·奔驰、迈巴赫、Smart 等，截至 2020 年底总市值 745 亿美元。市值排第二的是阿迪达斯公司（Adidas），全球著名的运动用品制造商，总市值 720 亿美元。排第三和第四的是大众（Volkswagen）和宝马（Bayerische Motoren Werke，字面直译为巴伐利亚发动机制造厂，简称 BMW），市值都在 500 亿美元以上。

　　除了阿迪达斯和几家汽车巨头外，市值较大的消费板块上市公司还包括：外卖超人（Delivery Hero，在线订餐服务提供商）、大陆集团（Continental，具有百年历史的汽车零部件企业）、拜尔斯道夫（Beiersdorf，国际护肤品企业，旗下品牌包括妮维雅等）、Zalando（大型网络电子商城）、德国汉高（Henkel，日化企业，旗下品牌包括宝莹、施华蔻等）、彪马（PUMA，运动品牌）、Hellofresh（欧洲最大的生鲜电商之一）等，这些公司截至 2020 年底的总市值都突破了 100 亿美元（见表 4 - 4）。

表 4 - 4　　　　　　　　2020 年底德国市值最大的 20 家消费公司情况　　　　　　单位：亿美元

公司名称	细分行业	市值	公司名称	细分行业	市值
戴姆勒	汽车制造商	745	Hellofresh	互联网零售	132
阿迪达斯	服装服饰奢侈品	720	海拉	汽车零部件	71
大众	汽车制造商	605	菲尔曼	专卖店	67
宝马	汽车制造商	524	麦德龙	大卖场与超市	40
外卖超人	互联网零售	305	途易	酒店度假游轮	37
大陆集团	汽车零部件	292	火箭网	互联网零售	35
拜尔斯道夫	个人用品	287	聚德楚克尔	包装食品与肉类	29
Zalando	互联网零售	281	KWS	农产品	26
德国汉高	家常用品	247	Ceconomy	电脑与电子产品零售	24
彪马	鞋类	168	雨果博斯	服装服饰奢侈品	23

资料来源：Wind 资讯、彭博。

　　从行情走势来看，可选消费板块从 1987 年左右开始到 1990 年一直是跑输大盘的，随后大体从 1991 年开始一直到 2020 年，在长达 30 年左右的时间里，虽然期间也有波折起伏，但板块整体行情走势与市场整体相当，没有明显的超额收益也没有明显跑输大盘（见图 4 - 19）。细分行业中，从 2011 年初到 2020 年底过去十年中，涨幅较大的主要是赌场与赌博、住宅建设、家用器具与特殊消费品、休闲产品、服装服饰奢侈品、电影与娱乐等。从个股表现来看，德国股市可选消费板块从 2011 年初到 2020 年底十年间还是有不错的个股赚钱效应的。十年间股价累计涨幅超过 10 倍的公司大概有 2 家，都是市值极小的公司。涨幅在 5 ~ 10 倍的公司有 7 家，涨幅在 1 ~ 5 倍的公司有 15 家。

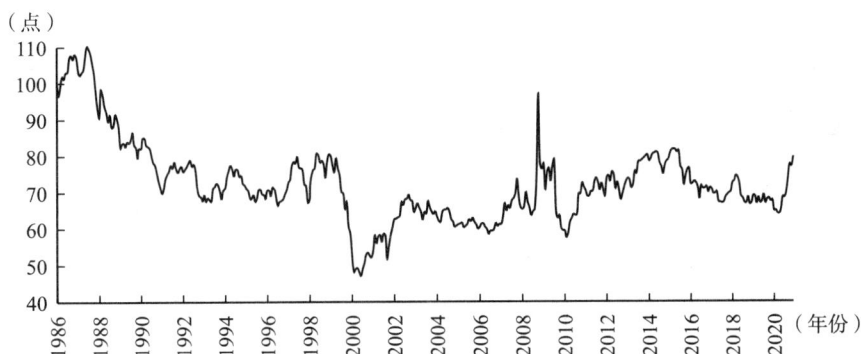

图 4 - 19　1986 ~ 2020 年德国股市可选消费板块超额收益走势

资料来源：Wind 资讯、彭博。

德国股市可选消费板块中的几家龙头汽车公司，戴姆勒、大众和宝马从 2011 年初到 2020 年底十年间股价累计涨幅分别为 77%、99% 和 79%，股价绝对收益表现还行，相对收益总体表现是略差于德国 DAX 指数整体的。汽车这个行业已经非常成熟了，全球主要汽车制造商就那几个大公司，行业格局比较稳定。而在汽车渗透率已经达到较高的水平下，居民收入的提高对汽车需求的推动力是不断下降的，换言之，按经济学理论上的说法，汽车也开始慢慢进入了需求收入弹性低于 1 的阶段。

可选消费板块市值较大公司中股价表现最好的是阿迪达斯公司，从 2011 年初到 2020 年底十年间股价累计上涨 6 倍。阿迪达斯公司 2001 年财年的净利润为 2.1 亿欧元，随后不断增长，到 2008 年财年金融危机前最高达到了 6.4 亿欧元，金融危机以及之后的欧债危机爆发后，公司 2012 年财年的净利润滑落至 5.3 亿欧元，2013 年财年净利润有所上升，2014 年财年又回落至 5.6 亿欧元。

阿迪达斯公司新一轮成长是从 2015 年财年开始的，2015 年阿迪达斯发布未来五年战略计划基本纲要，提出了"立新"（Creating the New）的全球战略框架，以合作伙伴资源开放、聚焦重点城市、提升产品制造速度三大战略重点为核心，并立志成为

2020 年大中华区最佳运动品牌。从经营业绩看，阿迪达斯公司 2019 年财年的净利润达到了 19.2 亿欧元，相比 2014 年财年增长 244%。作为一个全球性消费品牌，产品全球化是阿迪达斯公司成长的重要驱动力。2000～2020 年财年，阿迪达斯公司营收中传统欧洲地区的占比从 51% 下降至 28%，北美地区占比从 30% 下降至 25%，而亚太区占比从 16% 上升到 34%，其他新兴市场地区（包括俄罗斯、中东、非洲、拉美等）占比从 3% 上升到 14%。

　　阿迪达斯公司过去多年的经营成长和股价上涨，反映了其公司经营战略的成功。但如果放在一个国际比较的视野，就会发现这个公司层面的阿尔法胜利，更是一个行业层面的贝塔选择正确。随着发展中国家经济不断增长，人均收入不断提高，这些原本低收入国家人群购买力快速增长，在从量变到质变后形成了对品牌消费品的巨大需求，这是时代带给公司的最大机遇，即中低收入国家居民收入增长后消费升级形成的品牌消费品购买力。所以我们看到，阿迪达斯公司成长更多地靠发展中国家和地区来驱动，我们看到，不仅仅是阿迪达斯公司过去十年里涨幅巨大，耐克公司过去十年上涨 648%，同样在德国股市上市的彪马公司十年上涨 297%，股价表现虽然不及阿迪达斯，但也远好于德国 DAX 指数，包括中国运动品牌安踏、李宁等在内的其他一些运动品牌过去十年里股价都有非常好的表现。

　　可选消费板块中市值较大且涨幅较好的公司包括：外卖超人（过去十年上涨 357%）、Zalando（过去十年上涨 392%）、Hellofresh（过去十年上涨 526%），这几家都是互联网业务的公司。

　　相比于可选消费板块，德国股市必需消费板块上市公司少很多。必需消费板块拉长时间看，总体还是能够跑赢市场整体的。从阶段表现来看必需消费板块的超额收益有明显的周期性波动特征（见图 4-20），1986～1990 年，必需消费板块有较好的超额收益，1991～1999 年明显跑输大盘，2001～2002 年互联网泡沫破灭后又再度表现出很高的超额收益，2003～2008 年全球经济过热繁荣期中必需消费板块再度跑输大盘，2009～2016 年必需消费板块再度出现明显的超额收益，2017 年以后超额收益再度转负。从个股表现来看，必需消费的两个龙头公司拜尔斯道夫和德国汉高，过去十年的累计涨幅分别为 151% 和 144%，跑赢指数整体。大型超市连锁巨头麦德龙公司过去十年股价下跌 38%。

图 4 – 20　1986～2020 年德国股市必需消费板块超额收益走势

资料来源：Wind 资讯、彭博。

三、德国股市金融板块行情特征

德国股市金融板块截至 2020 年底总市值约 2686 亿美元，占德国股市全部市值的 12%（见图 4 – 4）。目前德国股市中金融板块市值最大的公司是安联保险集团（Allianz，1890 年在德国柏林成立，距今有约 130 年的历史，是欧洲最大的保险公司，也是全球最大的保险和资产管理集团之一），2020 年底的总市值为 997 亿美元。

除安联保险外，还有 4 家德国金融上市公司截至 2020 年底总市值超过 100 亿美元，分别是：慕尼黑再保险（Munich Reinsurance Company，创立于 1880 年，总市值 410 亿美元）、德意志交易所（Deutsche Boerse，总市值 319 亿美元）、德意志银行（Deutsche Bank，德国最大的银行，1870 年成立于柏林，总市值 223 亿美元）、汉诺威再保险（Hannover Rueck，总市值 189 亿美元）。德国股市金融板块其他市值较大公司情况见表 4 – 5。

德国股市金融板块的超额收益整体走势，大体上可以分为三个阶段（见图 4 – 21）：1986～2000 年金融板块与大盘基本走平；2001～2010 年金融板块持续跑输大盘；2011～2020 年金融板块再度与大盘基本走平，没有超额收益也没有明显跑输大盘。相比于其他发达国家金融板块的走势，总体上看，德国股市金融板块的表现要更弱，其他国家股市金融板块虽然金融危机后也基本是跑输大盘的，但之前多少出现过一段金融板块有明显超额收益的时间，而德国股市金融板块在 1986～2020 年基本没有出现过这样的强势行情。

表4-5　　　　　　　　　　2020年底德国市值最大的20家金融公司情况　　　　　　　　单位：亿美元

公司名称	细分行业	市值	公司名称	细分行业	市值
安联保险集团	多元化保险	997	格伦克公司	特殊金融服务	22
慕尼黑再保险	再保险	410	flatexDEGIRO	投资银行业与经纪	21
德意志交易所	金融交易所	319	Tradegate	投资银行业与经纪	20
德意志银行	综合性资本市场	223	两个德国银行	人寿与健康保险	19
汉诺威再保险	再保险	189	Pfandbriefbank	互助储蓄银行	14
塔兰克斯保险	多元化保险	97	Aareal 银行	互助储蓄银行	14
德意志资产管理	资产管理与托管	84	纽伦堡贝特林	多元化保险	10
德国商业银行	综合性银行	79	Effektengesellschaft	投资银行业与经纪	9
Hypoport	其他综合金融	40	MLP	资产管理与托管	7
汇丰杜塞尔多夫	综合性银行	29	奥勒留权益	资产管理与托管	6

资料来源：Wind 资讯、彭博。

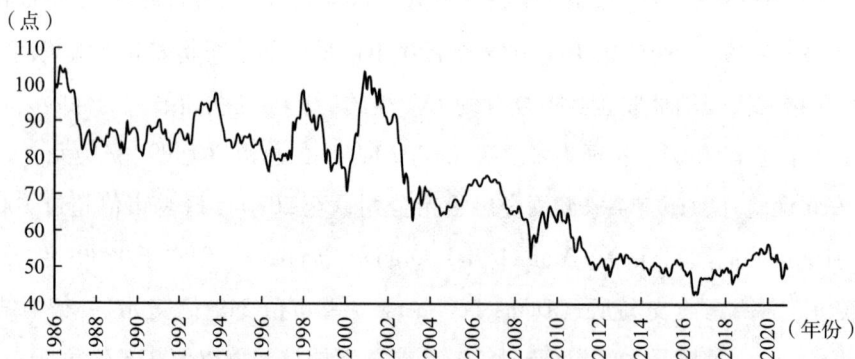

图4-21　1986~2020年德国股市金融板块超额收益走势
资料来源：Wind 资讯、彭博。

　　德国股市金融板块行情表现，也是主要受银行股拖累较多。作为德国金融体系中最重要的商业金融机构，德意志银行从2011年初到2020年底十年间股价下跌69%，如果以2020年底的股价与2007年5月最高时位置相比，跌幅更是高达87%。作为一家拥有百年历史的德国银行，1994年成了其经营发展过程中的重要转折点，当年德意志银行宣布由传统性商业银行转变为全球性投资银行，而随后德意志银行的发展特征可以用"国际化、美国化"来概括。转型后的德意志银行，一方面是经营活动范围从德国迈向全球，1995年德意志银行70%的投行业务来自德国国内，到 2005 年其 70% 的业务来自海外。[1] 另一方面是业务结构大幅变化，1994 年德意志银行信贷占总资产比例为 74%，这个比例到了 1997 年快速降低至 49%，[2] 在成为美国化投资银行的过程中，德意志银行的杠杆率也在不断攀升。次贷危机期间，德意志银行也是重要的策源地，发行了大量的次级债券和衍生金融产品。金融危机以后，欧洲经济下行、全球监管趋严等一系列不利因素陆续出现，德意志银行在 2015 年巨亏 68 亿欧元，2016 年和 2017 年再度大亏。2019 年德意志银行宣布第四次重组，决定放弃全球型投行的定位，要回到以前的欧洲大陆商业银行模式发展。除德意志银行外，德国商业银行股价表现也是一塌糊涂，从 2011 年初到 2020 年底十年间股价累计下跌 83%。

除银行以外，德国其他金融公司股价表现其实是还可以的。大公司中，安联保险集团、慕尼黑再保险和德意志交易所这三家市值最大的金融上市公司，2011～2020 年股价累计上涨 258%、244% 和 280%，都是明显跑赢德国 DAX 指数同期 98% 的涨幅的。汉诺威再保险和塔兰克斯保险（Talanx）也分别有 415% 和 129% 的股价涨幅。大市值金融股中，除前述德意志银行和德国商业银行外，表现比较弱的还有德意志资产管理公司，过去十年股价累计上涨仅 21%。

金融板块的中小市值公司中，赚钱效应就更加明显了。2011～2020 这十年间，德国股市金融板块出现的 10 倍股就有 6 个，其中涨幅最大的公司是 Hypoport 公司，Hypoport 是一家高科技金融企业，为信贷、房地产、保险客户提供技术平台，过去十年间股价涨幅高达 53.7 倍。flatexDEGIRO 公司，过去十年股价上涨 14 倍，flatex 和 DEGIRO 原本是两家公司，都是互联网证券经纪商，经营以低费率甚至免费为主要特点，2020 年 flatex 收购了 DEGIRO。Tradegate 公司，过去十年股价上涨 13.4 倍，Tradegate 是一家证券交易所，2010 年在柏林成立，主要面向欧洲个人投资者，投资者可以从上午 8 点到晚上 10 点连续 14 小时交易，可以投资的品种包括约 4100 只股票、1700 只 ETP、2200 只债券和 2000 只基金。[3]

总体看，德国股市金融板块最近十年的赚钱效应并不弱，除了前述 6 个 10 倍股外，涨幅在 5～10 倍间的还有 5 家公司，涨幅在 1～5 倍间的有 31 家公司，这些都是跑赢同期指数整体的。

① 朱伟一. 德意志银行现代启示录［N］. 经济观察报，2021-01-11（39）.
② 胡锟. 德意志银行 全球败退［J］. 英才，2019（Z3）：86-87.
③ 李怡芳. 上海证券交易所研究报告：德交所集团业务全景透视［R］. 2018.

四、德国股市科技板块行情特征

德国股市科技板块（信息技术行业与电信服务行业），截至 2020 年底合计市值约 4300 亿美元，在全部德国上市公司中占比约 19%，也算是一个大行业板块了。

科技股中市值最大的是思爱普（SAP）公司，1972 年成立于德国沃尔多夫市，2020 年底公司总市值高达 1588 亿美元，SAP 是全球最大的企业管理软件公司之一，提供 ERP、CRM、大数据、云计算、供应链、物联网等解决方案。排第二的是德国电信集团（Deutsche Telekom，欧洲最大的独立电信公司），总市值 858 亿美元。排第三的是英飞凌科技（Infineon Technologies，全球领先的半导体公司，前身是西门子集团的半导体部门，于 1999 年独立），总市值 494 亿美元。排第四的是卡贝尔控股（Kabel Deutschland Holding，德国有线电视提供商），总市值 112 亿美元。排第五的是远程控制公司（Teamviewer，一家在线远程支持和协作软件公司），总市值 106 亿美元。截至 2020 年底德国股市科技板块中总市值 100 亿美元以上的公司主要就是这几家，其他龙头公司情况见表 4 - 6。

表 4 - 6　　　　　　　2020 年底德国市值最大的 20 家科技公司情况　　　　　单位：亿美元

公司名称	细分行业	市值	公司名称	细分行业	市值
思爱普（SAP）	应用软件	1588	CTS Eventim	电影和娱乐	63
德国电信集团	综合电信业务	858	Stroeer 公司	广告	55
英飞凌科技	半导体产品	494	世创公司	半导体设备	46
卡贝尔控股	电视	112	1&1 Drillisch	无线电信业务	44
远程控制公司	应用软件	106	ProSiebenSat. 1	广播	38
贝希特勒公司	信息科技咨询	90	SoftwareAG	系统软件	30
Scout24	互动传媒与服务	87	Freenet AG	无线电信业务	27
内梅切克公司	应用软件	84	艾思玛太阳能	半导体设备	23
德国电信控股	综合电信业务	81	堪康姆公司	信息科技咨询	21
德国统一互联网	综合电信业务	81	Secunet 安全网络	信息科技咨询	19

资料来源：Wind 资讯、彭博。

从行情走势来看，德国股市科技板块的超额收益走势同其他许多西方国家股市类似，都是主要由两波行情构成（见图 4 - 22）。第一波是互联网浪潮时期，从 1988 ~ 1993 年德国科技板块走势与市场整体基本走平，然后从 1994 年开始一直到 2000 年初科技板块出现了超级大行情。这段时间内，德国股市整体涨幅大概是 180%（含股息等），科技板块涨幅遥遥领先，信息技术和电信服务板块同时期涨幅分别高达 13.8 倍和 8.6 倍，而且除了信息技术和电信服务以外，这段时间内其他所有行业板块股价收益率都跑输市场整体。到 2000 年 2 月行情顶点时，德国电信集团总市值达到了 2535 亿美元（2020 年底下降至 858 亿美元）。第二波行情就是最近几年在移动互联网浪潮下出现的全球科技股行情，大体上从 2015 年开始一直到 2020 年，德国科技股总体也是跑赢大盘有明显超额收益的，与 2000 年的那波行情相比，当前的科技股行情走势更加平稳。

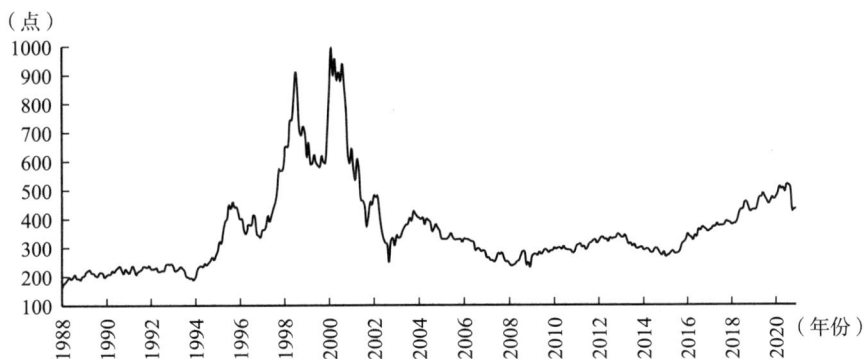

图 4 - 22 1988 ~ 2020 年德国股市信息技术板块超额收益走势

资料来源：Wind 资讯、彭博。

从 2011 年初到 2020 年底这十年间，全部德国上市公司整体涨幅大约为 113%，德国 DAX 指数涨幅是 98%，这期间德国股市信息技术板块整体涨幅是 225%，电信服务板块涨幅 140%，都是跑赢市场整体的。从科技板块内部的细分行业来看，收益率较高的主要是应用软件、半导体产品、电子制造等。

从个股表现来看，德国科技板块中市值最大的思爱普（SAP）公司，股价从金融危机之后呈一路上行的走势，从 2011 年初到 2020 年底这十年间股价累计涨幅为 230%，年化收益率 12.7%，而且股价走势非常稳波动小，这个涨幅对于一个大几百亿美元市值的公司而言难能可贵。思爱普是全球著名的企业管理软件公司，金融危机以后公司积极转型布局云计算，享受了这轮移动互联网浪潮的红利。向云服务转型后，思爱普跨越鸿沟，实现了更加常态化以软件服务为主导的业务模式，营业收入稳步增长，并带来更高的产品价值（更高的毛利率）。思爱普公司云业务收入由 2012 年财年的 2.7 亿欧元增长到 2020 年财年的 80.8 亿欧元，增长了 29 倍。云业务收入占比也由 2012 年财年的不到 2% 增长到 2020 年财年的 29.6%。通过云服务转型，思爱普在金融危机以后实现了营业收入、毛利率、净利润三升，公司净利润金融危机前最高在 19 亿欧元左右，2020 年财年上升至 51.5 亿欧元，毛利率从大约 64% 上升至 78%。

另一家德国龙头科技公司英飞凌，也是从 2009 年金融危机之后就一路上涨至今，其间在 2018~2019 年股价略有调整，但 2020 年很快又大幅回升。从 2011 年初到 2020 年底这十年间英飞凌公司股价累计上涨 422%，年化收益率 18%。英飞凌是全球领先的半导体公司，公司在三大业务领域持续处于市场领导地位，一是车用半导体，二是功率分立器及模块，三是安全芯片。2019 年英飞凌宣布收购赛普拉斯，自此英飞凌将超越恩智浦，成为全球第一大汽车半导体公司，并进入全球前十大半导体企业。金融危机以后英飞凌公司的成功和股价大涨，得益于两轮产业景气趋势，一是移动互联网的快速发展，大数据、云计算、5G 等对半导体芯片提出了巨大的需求。二是 2017 年以后包括欧洲、中国、美国等在内主要经济体普遍开始注重绿色经济发展，新能源、新能源汽车行业快速发展，从传统燃油车向智能电动车转变，无疑引发了一场巨大的产业革命。

德国科技龙头中另外有两家公司涨幅巨大，分别是贝希特勒公司（Bechtle）和内梅切克公司（Nemetschek），从 2011 年初到 2020 年底过去十年股价累计涨幅分别高达 13.7 倍和 25.8 倍。贝希特勒公司是欧洲领先的 IT 零售企业，面向企业和公共部门，通过在线商店提供约 40000 种硬件和软件产品，提供直接的信息技术产品销售和广泛的系统集成服务。内梅切克公司是一家德国建筑行业软件供应商。公司开发和分销用于设计、建造和管理建筑物、房地产以及多媒体的解决方案，公司是行业数字化转型的先驱，通过其软件解决方案覆盖建筑和基础设施项目的整个生命周期，凭借智能软件解决方案，可以提高施工过程质量，并改善所有的施工数字化流程。

除了前述几个大市值龙头公司以外，更多的德国科技板块上市公司在过去十年中有很好的股价表现，赚钱效应非常突出。从 2011 年初到 2020 年底十年间，德国科技板块涨幅在 10 倍以上的公司高达 14 家，这其中有 5 家公司涨幅超过了 20 倍。涨幅最大的公司是华尔街在线（Wallstreet Online），股价涨幅高达 26.4 倍，这是一家目前德语地区最大的独立金融网站，每天有财经新闻、活跃作者文章，以及大量的读者对股票投资评论意见，"wallstreet-online. de"（公司网站地址）成为一个全面的股票交易和投资方面的信息门户。股价涨幅在 5 ~ 10 倍之间的公司有 8 家，股价涨幅在 1 ~ 5 倍间的公司有 45 家。

五、德国股市医疗保健板块行情特征

德国股市医疗保健板块截至 2020 年底总市值约 2525 亿美元，占全部德国股市市值的 11%，医疗保健板块在德国股市中不算一个大的行业板块。

德国市值最大的医疗保健公司是拜耳（Bayer），公司成立于 1863 年，是全球著名的医疗保健和化工企业，2020 年底总市值 570 亿美元。市值第二大的是西门子医疗（Siemens Healthineers），这也是一家有百年以上历史的公司，生产助听器及核磁共振成像仪之类的精密医疗器械，总市值 544 亿美元。市值排第三的是费森尤斯集团（Fresenius），公司成立于 1912 年，是一家国际医疗保健集团，总市值 254 亿美元。排第四的是费森尤斯医疗保健（Fresenius Medical Care），是费森尤斯集团下属的一个业务板块独立上市公司，总市值 250 亿美元。排第五的是默克公司（Merck KGaA）①，创建于 1668 年，已经有超过 350 年的历史了，是国际著名的化学制药公司，总市值 219 亿美元。排第六和第七的是赛多利斯公司（Sartorius，一家生物科学企业）和卡尔蔡司医疗公司（Carl Zeiss Meditec，一家医疗设备仪器公司），总市值分别为 156 亿美元和 117 亿美元。以上 7 家公司是目前德国股市医疗保健板块市值超过 100 亿美元的公司，其他市值较大的龙头公司见表 4 - 7。德国股市医疗保健板块公司的数量也不是特别多，大公司占据了主要市值，表 4 - 7 中 20 家龙头公司合计市值占德国股市医疗保健板块全部市值的 98%。

---

① "默克"和"默沙东"之间还有着较为复杂的关系，很多读者可能在生活中一会儿听到"默克公司"，一会又听到"默沙东公司"，很多时候让人感到很迷惑，到底"默克公司"和"默沙东公司"是不是一家公司？两者之间的渊源大体是这样的：默克集团于 1668 年成立于德国，这个公司简称"德国默克"，1889 年"德国默克"在纽约创立"美国默克"，即"默沙东公司"，此时"美国默克"是"德国默克"的子公司。第一次世界大战期间，"美国默克"被没收，自此"美国默克"（默沙东公司）与"德国默克"两个公司独立没有隶属关系。1971 年，"德国默克"在美国重新设立子公司"EMD"。后来两家默克公司一致同意，在美国和加拿大，"默克"品牌归"美国默克"公司（Merck & Co）独家使用，而在欧洲和世界其他各地，"默克"则由"德国默克"公司（Merck KGaA）独家使用。此外，"美国默克"在北美之外的业务经营，须以"默沙东"（Merck Sharp & Dohme 或 MSD Sharp & Dohme）名义进行，而"德国默克"在北美的业务则要以 EMD（Emanuel Merck, Darmstadt）名义开展。所以在中国，如果我们听到"默沙东"，其实它就是"美国默克"公司，跟"德国默克"公司没有关系。

表 4－7　　　　　　　　2020 年底德国市值最大的 20 家医疗保健公司情况　　　　　　单位：亿美元

公司名称	细分行业	市值	公司名称	细分行业	市值
拜耳	制药	570	莫弗西斯	生物科技	37
西门子医疗	医疗保健设备	544	德玛控股	制药	37
费森尤斯集团	保健护理服务	254	格雷斯海姆集团	生命科学	33
费森尤斯医疗保健	保健护理服务	250	施特拉泰克	医疗保健设备	18
默克公司	制药	219	保赫曼	医疗保健用品	15
赛多利斯	医疗保健设备	156	Rhoen Klinikum	保健护理设施	13
卡尔蔡司医疗	医疗保健设备	117	埃克特和齐格勒	医疗保健设备	11
麦克森欧洲	保健护理产品经销商	64	Nexus 公司	医疗保健科技	10
Evotec 公司	生命科学	60	德尔格	医疗保健设备	7.3
Compugroup 医药	医疗保健科技	51	美蒂斯	保健护理产品经销商	7.3

资料来源：Wind 资讯、彭博。

从板块的历史股价走势来看，总体而言，德国股市医疗保健板块也是一个"长牛""慢牛"的走势（见图 4－23）。大体上从 1990 年开始一直到 1996 年，医疗保健板块明显跑赢大盘；然后从 1997～1999 年，互联网浪潮中的科技股独占鳌头，医疗保健板块在这期间跑输了大盘；2000 年开始一直到 2014 年，医疗保健板块走出了一轮时间非常长的超额收益上行曲线；2015 年以后一直到 2020 年，医疗保健板块又阶段性地跑输了市场整体。

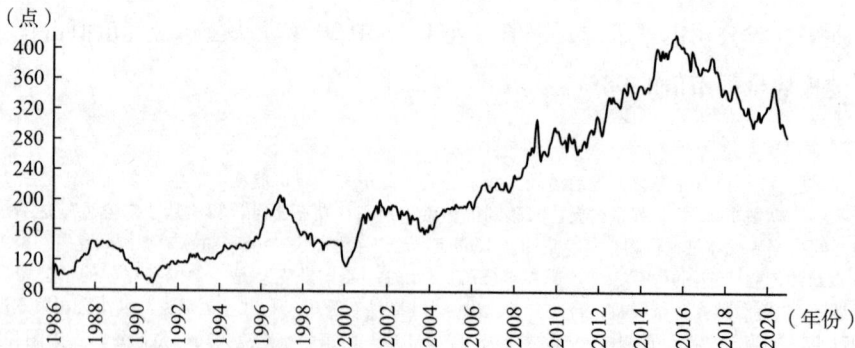

图 4－23　1986～2020 年德国股市医疗保健板块超额收益走势

资料来源：Wind 资讯、彭博。

从 2011 年初到 2020 年底的十年中，德国股市医疗保健板块的整体收益率是125%，略高于同期市场整体 113% 的收益率。从医疗保健板块内部来看，生命科学、医疗保健科技等细分行业收益率明显较高，相对传统的制药等细分领域表现相对较弱。

从个股收益率表现来看，德国股市医疗保健板块市值最大的两家公司拜耳和西门子医疗过去十年股价表现都比较一般。拜耳公司过去十年的股价累计涨幅是18%，大幅跑输市场整体。作为德国最大制药企业，拜耳有着很辉煌的历史，1899年拜耳推出阿司匹林，是主治感冒、发热、头疼、牙疼、关节痛等疾病的良药，拜耳凭借阿司匹林名扬全球。从 2003 年开始一直到 2015 年，拜耳公司的股价也是持续上涨，市值最高时突破 1200 亿美元。转折点主要出现在 2016 年拜耳宣布收购美国孟山都公司（Monsanto）。孟山都是一家全球领先的农业生物技术公司，主要产品包括种子和除草剂等，因为转基因种子等产品的原因，孟山都受到的社会舆论非议也比较大。

最开始时是 2016 年 3 月孟山都与拜耳接洽，提出以超过 300 亿美元的价格收购拜耳的农作物科学部门。可随后剧情反转，2016 年 5 月拜耳宣布将收购孟山都，并于 2018 年 6 月完成收购，这笔收购一共作价 630 亿美元。2018 年 6 月 7 日起，拜耳成为孟山都公司的唯一股东，孟山都公司股票于纽约证券交易所退市。完成收购之后，拜耳公司麻烦不断，一方面是因为全球谷物价格持续处于低位影响公司经营业绩，另一方面更麻烦的是连续不断的诉讼赔偿。2019 年 3 月，美国法院判决拜耳公司赔偿一男子 8000 万美元，理由是拜耳旗下孟山都公司的除草剂设计有缺陷，没有对其含有草甘膦这一致癌成分发出警告。此例一开，各种诉讼蜂拥而来。2020 年 6月，拜耳公司表示将支付高达 109 亿美元，以解决其子公司孟山都的除草剂引发的诉讼。拜耳公司的股价由此一路下跌，2020 年底的股价相比 2018 年 5 月完成收购前跌幅达 47%。从经营数据上看，拜耳公司的净利润从 2016 财年高点时的 42.6 亿欧元，下降至 2019 财年的 24.1 亿欧元，2020 财年巨亏 155 亿欧元。拜耳公司的总市值在2020 年底已经跌破了 600 亿美元，都低于了当初收购孟山都时支付的对价，拜耳收购孟山都也被认为是史上最糟糕的并购案例之一。

德国股市医疗保健板块第二大市值公司西门子医疗，是 2018 年 3 月新上市的公司，到 2020 年底公司股价累计上涨 31%，总体也表现一般。西门子医疗是一家医疗器械公司，营收主要由三块业务构成：成像产品（核磁共振和 CT 扫描仪，营收占比约 60%）、诊断产品（血液样本测试等，营收占比约 28%）、细胞疗法（营收占比约 11%）。西门子医疗的收入主要来源于医院渠道，受各国医保控费等因素影响，营收和利润增速都比较慢，2015～2020 年公司的营收和利润复合增速分别为 2.3% 和 2.0%。

过去十年医疗保健板块中涨幅较好的大市值公司是默克公司、赛多利斯、卡尔蔡司医疗、Evotec 公司、Compugroup 医药这几家公司。其中赛多利斯过去十年累计涨幅 52.4 倍，在医疗保健板块所有公司中排第一。赛多利斯是一家生物科技公司，主要为生物制药企业提供实验室研究的仪器设备耗材以及服务，以帮助生物研究人员简化工作流程减少人为错误并加快工作进度，从而缩短新药研发漫长且艰巨的探索过程。赛多利斯凭借其专业技术壁垒，在生物科技上下游产业链中有重要地位，类似于半导体产业链中的光刻机，所有生产企业都需要，属于给掘金人卖铲子的商业模式。金融危机以后，赛多利斯公司经营业绩迅速成长，特别是在 2020 年新冠肺炎疫情暴发后，全球疫苗企业的研发生产都需要公司的产品。从 2010～2020 年间，赛多利斯公司的营业收入增长 254%，净利润增长 629%，当然股价涨幅更大，意味着公司估值有明显抬升。

德国默克也是金融危机后的一个大牛股，过去十年股价累计涨幅 440%。默克的业务主要由三个部分组成：医疗保健板块（传统制药）、生命科学（为研究人员提供实验室材料、技术和服务）、高性能材料。传统制药板块最近几年没有什么成长性，业务占比从 2010 年的 66% 下降至 2020 年的 38%，生命科学是主要的增长板块，2019 年超过制药成为公司第一大业务板块。德国默克过去十年营收累计增长 89%，净利润增长 214%。卡尔蔡司医疗，主要生产眼科（营收占比约 75%）和显微外科（营收占比约 25%）的检测与治疗仪器设备，是国内爱尔眼科公司的上游公司，过去十年股价累计上涨 7.9 倍。Evotec 公司，德国著名的 CRO（医药研发合同外包服务机构）公司，过去十年股价累计上涨 9.4 倍。Compugroup 医药，这是一家做医疗保健信息系统的公司，过去十年股价涨幅 7 倍。

总体来看，金融危机以后德国股市医疗保健板块整体赚钱效应是不错的，行情特征是新医药（生物科技、CRO 等）表现要比传统制药器械好，对个人业务领域要比对医院业务领域好。2015 年以后一直到 2020 年，板块阶段性跑输大盘受第一大权重股拜耳收购孟山都后股价大跌影响较大，除前述赛多利斯外，过去十年板块另外还有 3 个 10 倍股出现，涨幅在 5～10 倍的有 6 个。

六、德国股市周期板块行情特征

德国股市周期板块（能源与原材料两个行业），截至 2020 年底总市值 1650 亿美元左右，占德国股市总市值比重 7% 左右，是一个小行业板块，其中能源板块基本可以忽略不计。

德国周期股第一大市值公司是著名的巴斯夫公司（BASF），成立于 1865 年，是一家全球著名的化工企业，截至 2020 年底公司总市值 717 亿美元，占整个周期板块市值的 44%。市值第二的是德之馨公司（Symrise），也是一家化工企业，主营产品是芳香剂和调味料添加剂，总市值 177 亿美元。市值排第三的是赢创工业（Evonik Industries），是一家全球领先的特种化工企业，总市值 150 亿美元。市值排第四的是海德堡水泥（Heidelbergcement），世界最大的水泥制品生产商之一，总市值 146 亿美元。市值排第五的是科思创（Covestro），还是一家化工材料企业，总市值 118 亿美元。德国周期板块中重要的龙头公司，主要都是化工企业。其他德国周期板块中市值较大的公司见表 4-8。

表 4-8　　　　　2020 年底德国市值最大的 20 家周期公司情况　　　单位：亿美元

公司名称	细分行业	市值	公司名称	细分行业	市值
巴斯夫	各样化学制品	717	沃比奥能源	石油天然气炼采销售	23
德之馨	特种化学制品	177	K&S 公司	化肥与农用药剂	18
赢创工业	特种化学制品	150	萨尔茨吉特	钢铁	16
海德堡水泥	建筑材料	146	Cropenergies	石油天然气炼采销售	13
科思创	特种化学制品	118	AGSG 公司	贵重金属与矿石	7.0
瓦克化学	特种化学制品	73	圣戈班奥伯兰	金属与玻璃容器	6.1
朗盛	各样化学制品	66	安维特沼气	煤与供消费用燃料	4.0
蒂森克虏伯	钢铁	61	新美乐	商品化工	3.5
阿鲁比斯	铜	34	优成	特种化学制品	3.3
福斯油品	商品化工	32	埃森冶金	钢铁	2.9

资料来源：Wind 资讯、彭博。

表 4-8 中实际上还少了一家德国龙头周期公司，就是德国林德公司（Linde

AG），这也是一家化工企业，主要生产工业气体，合并前总市值在 400 亿美元以上。2019 年上半年，德国林德公司和美国普莱克斯公司合并，合并后公司将注册地从德国更改至爱尔兰，公司经营地改为英国，仍然在法兰克福交易所和纽约交易所等多家交易所上市。由于公司注册地和经营地已经不在德国，故而没有被统计进表 4 – 8 中。

从行情表现来看，德国股市原材料板块按其超额收益来算[1]，大体上可以分为三个阶段（见图 4 – 24）：第一阶段是 1986 ~ 2000 年原材料板块与市场整体基本走平，其间 1986 ~ 1988 年周期板块受益于全球经济复苏有超额收益，而 1997 ~ 1999 年在互联网科技股浪潮中又阶段性跑输大盘。第二阶段是从 2001 ~ 2007 年，这个阶段中得益于中国经济带动的全球经济繁荣、大宗商品价格屡创新高，德国周期股板块也是取得了明显的超额收益。第三阶段是 2008 年金融危机后到 2020 年，这期间除了 2009 ~ 2010 年全球经济强势复苏外，整体上周期板块是持续跑输大盘的。

图 4 – 24　1986 ~ 2020 年德国原材料板块超额收益走势

资料来源：Wind 资讯、彭博。

德国周期股中市值最大的巴斯夫公司，从 2011 年初到 2020 年底过去十年中股价累计上涨 60%，年化收益率 4.8%，这个收益率从绝对收益看要好于几乎接近于 0 的德国国债收益率，但从相对收益看是明显跑输大盘的。作为一家老牌传统周期公司，巴斯夫金融危机以后的经营与股价表现非常有代表性，一方面是公司的净利润基本没有什么增长，甚至还有所下滑。巴斯夫公司的净利润在 2011 年达到 62 亿欧元创历史新高，随后几年明显下滑到 41 亿欧元左右，2017 年在全球经济回暖中净利润再度回升至 61 亿欧元，但随后又显著下滑，2019 年下降至 25 亿欧元，2020 年受疫情影响

---

① 德国周期股中的能源板块市值占比极小，这里就不加以讨论了。

亏损 15 亿欧元。但另一方面，在净利润没有增长的情况下，公司的股息分红却能够保持稳定增长，2011 年公司股息分红 20.2 亿欧元，此后虽然净利润下滑但是分红一直在上升，2020 年在即使公司亏损的情况，股息分红依旧在上升，达到了 30.3 亿欧元。持续稳定上升的股息红利是公司股价过去十年能够获得绝对收益的核心原因。那么为什么公司可以在净利润下滑的情况下，依然保持股息红利增长呢？不同于很多美国上市公司发债回购股票的财务操作，巴斯夫公司的资产负债率最近几年是逐年下降的，支撑公司股息分红提高的主要原因在于资本开支的不断减少，从而增加了公司的现金流。"巴斯夫模式"，即"净利润没有增长—减少资本开支—增加股息分红—成为类固收资产"，对研究很多传统行业公司有非常好的借鉴意义，但即使是这种充分用好财务手段的"现金奶牛"逻辑，也顶多实现一个类固收资产的收益率，可以获得一定的绝对收益，要获得股价的超额收益可能性很小。

周期股中涨幅比较好的是德之馨公司，过去十年股价累计上涨 5.2 倍。德之馨的产品主要是香精，作为行业的龙头企业，德之馨与奇华顿公司（Givaudan）、芬美意公司（Firmenich）、国际香精香料公司（International Flavors and Fragrances Inc，IFF）并称香精行业的"四大金刚"。受益于化妆品行业的快速发展，德之馨过去十年营业收入增长 124%，净利润增长 130%，当然这种热门行业公司股价涨幅更大。周期股大市值公司中还有一个表现相对不错的科思创，从 2015 年 9 月至 2020 年底股价涨幅 109%。科思创是拜耳的子公司，2015 年 9 月从拜耳集团剥离成为独立上市公司，科思创的主营产品跟 A 股万华化学一样都是聚氨酯，过去几年中科思创经营业绩有成长但成长性远不如万华，从股价表现对比中也可见一斑，同时期 A 股万华化学公司股价累计涨幅高达 696%。

七、德国股市工业板块行情特征

作为一个制造业的强国，工业板块是德国股市中的一个大行业板块，截至 2020 年底工业板块总市值合计 4123 亿美元，占全部德国上市公司总市值比重 19%，仅次于包含几大汽车制造企业的可选消费板块。

德国股市工业板块中市值最大的上市公司是著名的西门子公司（Siemens），西门子创立于 1847 年，是全球电子电气工程领域的领先企业，截至 2020 年底公司总市值 1204 亿美元。市值排第二的是德国邮政公司（Deutsche Post），旗下拥有著名的快递品牌 DHL，这是德国联邦邮政 1995 年私有化后成立的股份制邮政公司，当时拆分后另外成立的两个公司是德国电信和德国邮政银行，德国邮政总市值605亿美元。市值排第三的是西门子能源（Siemens Energy），这是原来西门子集团旗下能源业务的独立自主运营公司，于2020年9月在法兰克福证券交易所上市，总市值263亿美元。市值排第四的是克诺尔集团（Knorr-Bremse Aktiengesellschaft），公司成立于1905年，是世界领先的轨道车辆和商用车辆制动系统的制造商，总市值217亿美元。市值排第五的是赫伯罗特航运（Hapag-Lloyd），是由1847年成立的哈帕格和1856年成立的北德意志劳埃德两家公司在1970年合并成立的，总市值195亿美元。

除了前述5家大公司外，德国股市工业板块截至2020年底总市值超过100亿美元的公司还包括：德国航空发动机（MTU Aero Engines，戴姆勒奔驰集团属下公司，是世界领先的发动机制造商）、传拓集团（TRATON，大众集团旗下的卡车、客车部门）、布伦泰格（Brenntag，化学品分销公司）、凯傲集团（KION Group，世界领先的工业叉车制造商）、莱欣诺（Rational，大型商业厨房设备生产商）。其他工业板块中市值较大的公司见表4-9。

表4-9　　　　　　　　2020年底德国市值最大的20家消费公司情况　　　　单位：亿美元

公司名称	细分行业	市值	公司名称	细分行业	市值
西门子	工业集团企业	1204	德国汉莎航空	航空公司	78
德国邮政	航空货运与物流	605	德国曼集团	建筑、农机与重卡	73
西门子能源	重型电气设备	263	豪赫蒂夫	建筑与工程	68
克诺尔集团	建筑、农机与重卡	217	基伊埃集团	工业机械	64
赫伯罗特航运	海运	195	欧司朗	电气部件与设备	61
德国航空发动机	航天航空与国防	137	瓦尔塔	电气部件与设备	58
传拓集团	建筑、农机与重卡	136	法兰克福机场	机场服务	55
布伦泰格	贸易公司与经销商	118	莱茵金属	工业集团企业	45
凯傲集团	建筑、农机与重卡	113	德马吉森	工业机械	39
莱欣诺	工业机械	104	西克斯特	陆运	36

资料来源：Wind资讯、彭博。

从板块的行情表现来看，德国股市工业板块的超额收益走势大体上也可以分为三个阶段（见图4-25）。第一个阶段是从1986~1991年，工业板块超额收益有一个先降后升的过程。第二阶段从1992年开始一直到1998年，这时期工业板块完全跑输大盘，超额收益走势一路下滑，中间几乎没有任何阶段性的跑赢大盘机会。第三阶段从1999年开始到2020年，超额收益是一个宽幅波动长期缓慢向上的过程，这期间超额收益走势的波动非常大，1999~2000年大幅跑赢市场、2001年再明显跑输大盘、2002~2003年又显著上行、2008年金融危机大幅走弱、2009~2010年危机后强势回升等，但总体看，这个阶段走势的最大特征是超过20年的长时间稳步跑赢大盘。

图4-25　1986~2020年德国股市工业板块超额收益走势

资料来源：Wind资讯、彭博。

从2011年初到2020年底的这十年中，工业板块的整体收益率比市场整体略微高一丁点。从工业板块内部的各细分行业来看，过去十年中，重型电气设备、人力资源与就业服务、航天航空与国防、航空货运与物流，这几个细分行业股价表现较好，行业整体收益率都在350%以上，明显高于市场整体水平。

个股表现来看，市值第一的西门子公司，过去十年股价累计上涨103%，略低于市场整体同时期113%的涨幅。西门子的情况跟前述周期股中的巴斯夫非常像，营收和利润总体上已经没有增长了，但通过财务方式股息红利在不断增长，成为一个"现金奶牛"型类固收资产（见图4-26）。西门子公司营业收入2001年达到870亿欧元，随后几年有所回落，但2006年达到历史最高的873亿欧元，之后再也没有超过这个数字。通过增质提效，公司净利润在2001年以后开始的几年还是明显上升的，2011年净利润达到历史最高的68亿欧元，营收虽然没有创新高但是利润创了新高。但是这种效率提升也不是无止境的，2012年以后西门子的净利润没有再突破过60亿欧元。与之对比的是公司的股息分红是一直上升的，2006年营收最高时分红12亿欧元，2011年利润最高时分红23.6亿欧元，到2020年尽管受新冠肺炎疫情影响，公司的营收和净利润双降，但股息红利继续创新高上升至 31.7 亿欧元。

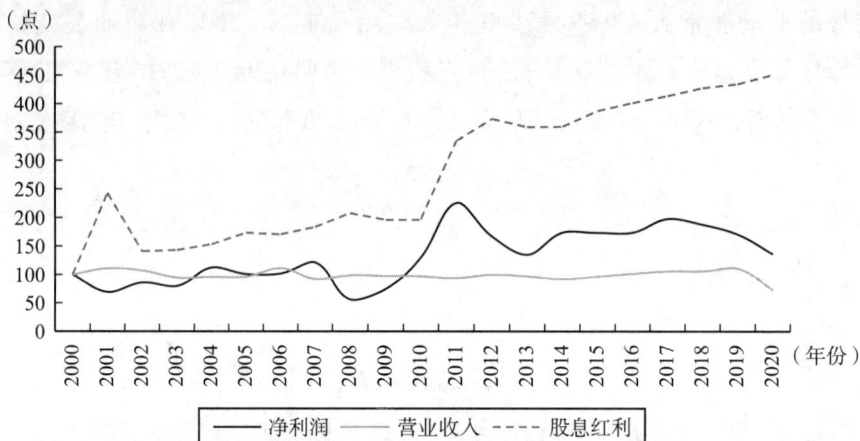

图 4-26 2000~2020 年西门子公司营收、净利润、股息红利走势对比

注：以 2000 年为 100 点。

资料来源：Wind 资讯、彭博。

　　工业板块市值排第二的德国邮政，过去十年是一个牛股，股价累计涨幅 356%。德国邮政公司整体的成长性并不强，传统业务基本没有增长，过去十年公司营收累计增长 30%，净利润增长 17%。公司股价上涨的驱动力主要来自国际快递新业务的成长性，从而推升了公司整体的估值。按业务分，快递业务营业收入从 2010 年的 111 亿欧元上升到 2020 年的 191 亿欧元；按区域分，国际业务各地区都有增长其中亚太地区增速最高。市值排第六的德国航空发动机公司，过去十年股价也有不错的表现，累计涨幅 396%。这家公司的股价涨幅与盈利成长性大体一致，股价涨幅略多一点但不是特别夸张。公司的成长性主要来自两块：一是传统的发动机业务，在 2010~2015 年有比较好的增长；二是维修服务，这块的重要性越来越高，近几年一直能够保持高成长，从而使得公司的毛利率和净利率均有所提高。

　　德国股市工业板块大市值公司中过去几年涨幅最大的瓦尔塔公司（Varta），从 2017 年 10 月到 2020 年底不到三年时间里，股价涨幅达 4.6 倍。瓦尔塔公司是一个绝对的高成长公司，2017~2020 年，公司的营收从 2.4 亿欧元上升到 8.7 亿欧元，净利润增速更高，从 1300 万欧元上升到 9500 万欧元。瓦尔塔公司的主要产品是锂电池，特别是运用于高端 TWS 耳机上的锂电池，是公司业绩增长的主要推动力，在这个业务上瓦尔塔公司与国内 A 股公司亿纬锂能是同行。

　　总体来看，德国股市工业板块最近十年表现还是比较不错的，行业板块整体表现略好于市场整体，个股赚钱效应比较突出，除前述大公司以外，还有很多小公司股价涨幅更大。工业板块的行情特点是个股差异极大，可能是所有板块中个股差异最大的一个板块了，因此去讨论这个板块行业整体的走势意义不大，更多的都是公司自身自下而上的业务变化，比如前面讨论的 TWS 锂电池和航空发动机，关联度可能几乎没有。从个股的表现差异也能够发现，股价表现好的，都是一些新产品新业务，而传统产品和业务已经都基本没有了成长性。

　　本章最后，笔者对 1960～2020 年德国主要经济指标汇总如表 4-10 所示。

表 4 - 10　　　　　　　　　　　1960～2020 年德国主要经济指标汇总

年份	股指涨跌幅（%）	长期利率（%）	汇率（美元兑本币*）	GDP同比增速（%）	CPI同比增速（%）	PPI同比增速（%）	M2同比增速（%）	财政盈余占GDP比重（%）	贸易差额占GDP比重（%）	政府债务占GDP比重（%）
1960	27.8	6.4	4.20	8.6	1.5	1.1	—	—	1.7	—
1961	− 8.3	5.9	4.03	4.6	2.3	1.6	—	—	2.0	—
1962	− 21.1	5.9	4.00	4.7	2.8	1.2	—	—	1.0	—
1963	13.6	6.1	4.00	2.8	3.0	0.4	—	—	1.6	—
1964	8.9	6.2	4.00	6.7	2.3	1.3	—	—	1.5	—
1965	− 11.6	7.1	4.00	5.4	3.2	2.3	—	—	0.3	—
1966	− 21.1	8.1	4.00	2.8	3.5	1.9	—	—	1.6	—
1967	50.9	7.0	4.00	− 0.3	1.8	− 1.1	—	—	3.4	—
1968	10.4	6.5	4.00	5.5	1.5	− 0.8	—	—	3.5	—
1969	12.0	6.8	3.94	7.5	1.9	2.0	—	—	2.6	—
1970	− 28.7	8.3	3.66	5.0	3.5	5.1	10.4	0.5	2.2	—
1971	6.7	8.0	3.51	3.1	5.2	4.2	14.4	0.2	2.0	—
1972	13.3	7.9	3.19	4.3	5.5	2.3	16.5	− 0.4	2.4	—
1973	− 26.1	9.3	2.67	4.8	7.0	6.8	14.1	1.1	3.5	—
1974	1.4	10.4	2.59	0.9	7.0	13.4	4.7	− 1.6	4.9	—
1975	40.2	8.7	2.46	− 0.9	5.9	3.3	0.5	− 8.7	5.4	—
1976	− 9.6	8.0	2.52	4.9	4.2	3.1	6.9	− 4.9	4.3	—
1977	7.9	6.5	2.32	3.3	3.7	2.8	11.2	− 3.4	4.2	—
1978	4.7	6.1	2.01	3.0	2.7	0.7	13.0	− 3.4	4.1	—
1979	− 13.4	7.6	1.83	4.2	4.0	5.2	8.2	− 3.4	2.0	—
1980	− 3.4	8.5	1.82	1.4	5.4	6.9	9.0	− 3.8	0.8	—
1981	2.0	10.1	2.26	0.5	6.3	6.1	8.9	− 5.0	2.2	—
1982	12.7	9.0	2.43	− 0.4	5.2	4.8	5.1	− 4.2	3.7	—
1983	40.0	8.0	2.55	1.6	3.3	1.5	2.6	− 3.3	2.8	—
1984	6.1	8.0	2.85	2.8	2.4	2.8	4.8	− 2.3	3.4	—
1985	66.4	7.0	2.94	2.3	2.1	2.1	6.1	− 1.3	4.3	—
1986	4.8	5.9	2.17	2.3	− 0.1	− 2.3	6.7	− 1.3	6.0	—
1987	− 30.2	6.1	1.80	1.4	0.2	− 0.4	5.8	− 1.9	6.0	—
1988	32.8	6.5	1.76	3.7	1.3	1.6	7.6	− 2.1	6.2	—
1989	34.8	6.9	1.88	3.9	2.8	3.4	11.5	0.1	6.1	—
1990	− 21.9	8.7	1.62	5.3	2.7	1.5	26.5	− 2.0	4.4	—

续表

年份	股指涨跌幅（%）	长期利率（%）	汇率（美元兑本币*）	GDP同比增速（%）	CPI同比增速（%）	PPI同比增速（%）	M2同比增速（%）	财政盈余占GDP比重（%）	贸易差额占GDP比重（%）	政府债务占GDP比重（%）
1991	12.9	8.5	1.66	5.1	4.0	2.2	9.9	−2.9	0.7	—
1992	−2.1	7.8	1.56	1.9	5.1	1.6	11.5	−2.5	1.0	—
1993	46.7	6.5	1.65	−1.0	4.5	0.1	10.2	−2.9	1.8	—
1994	−7.1	6.9	1.62	2.4	2.7	0.7	−3.0	−2.2	2.0	—
1995	7.3	6.9	1.43	1.5	1.7	2.1	−2.5	−9.4	2.2	—
1996	27.8	6.2	1.50	0.8	1.4	0.1	3.3	−3.6	2.6	—
1997	47.1	5.6	1.73	1.8	1.9	0.6	2.1	−2.9	3.1	—
1998	17.7	4.6	1.76	2.0	0.9	−0.2	9.2	−2.6	3.2	61
1999	39.1	4.5	1.84	1.9	0.6	−0.3	—	−1.7	3.2	62
2000	−7.5	5.3	2.12	2.9	1.4	3.1	−1.0	−1.6	2.8	61
2001	−19.8	4.8	2.19	1.7	2.0	1.3	4.5	−3.0	4.4	59
2002	−43.9	4.8	1.06	−0.2	1.4	0.2	0.4	−3.9	6.0	62
2003	37.1	4.1	0.88	−0.7	1.0	0.6	3.4	−3.7	5.9	65
2004	7.3	4.0	0.80	1.2	1.7	1.7	2.0	−3.3	6.9	68
2005	27.1	3.4	0.80	0.7	1.5	2.4	4.7	−3.3	6.9	70
2006	22.0	3.8	0.80	3.8	1.6	2.3	5.2	−1.7	6.7	68
2007	22.3	4.2	0.73	3.0	2.3	2.3	10.6	0.3	7.8	64
2008	−40.4	4.0	0.68	1.0	2.6	3.1	8.4	−0.1	7.0	69
2009	23.8	3.2	0.72	−5.7	0.3	−3.4	−0.6	−3.2	5.7	76
2010	16.1	2.7	0.75	4.2	1.1	2.5	4.4	−4.4	5.9	86
2011	−14.7	2.6	0.72	3.9	2.1	4.2	6.9	−0.9	5.9	85
2012	29.1	1.5	0.78	0.4	2.0	1.5	7.6	0.0	7.0	87
2013	25.5	1.6	0.75	0.4	1.5	0.0	2.9	0.0	7.0	82
2014	2.7	1.2	0.75	2.2	0.9	−0.4	5.0	0.6	7.3	82
2015	9.6	0.5	0.90	1.5	0.5	−1.3	8.6	1.0	8.1	78
2016	6.9	0.1	0.90	2.2	0.5	−0.5	5.8	1.2	7.9	75
2017	12.5	0.3	0.89	2.6	1.5	2.6	4.6	1.4	7.6	70
2018	−18.3	0.4	0.85	1.3	1.7	2.1	4.8	1.8	6.8	66
2019	25.5	−0.3	0.89	0.6	1.4	0.9	4.6	1.5	6.5	65
2020	3.5	−0.5	0.88	−4.9	0.5	−0.4	8.4	−4.2	5.3	77

注：*2002年以前为美元兑德国马克汇率，2002年及以后为美元兑欧元汇率。"—"表示数据缺失。

资料来源：Wind资讯、CEIC、OECD、世界银行、IMF、BIS。

第五章
日本：增长、泡沫、转型

　　日本东京证券交易所 1878 年成立，1945 年日本战败后交易所被关闭，到 1949 年 5 月重新复市。二战后日本经济快速崛起，先后出现了"特需景气""神武景气""岩户景气""奥运景气""伊奘诺景气"等多个繁荣景气阶段，在 1968 年日本明治维新 100 周年之际，日本经济总量超过联邦德国跃居世界第二。在这个过程中，日本企业在全球的竞争力日益增强，股市也是欣欣向荣不断上涨（见图 5 – 1），1979 年傅高义著名著作《日本第一》问世，这个书名本身就代表了一种普遍的判断观点。随后日美贸易摩擦不断升温，1985 年"广场协议"后日元大幅升值，为应对日元升值对出口的不利影响，日本政府采取了非常宽松的货币政策，这引发了本国地产市场的不断升温。在日本土地和股市资产价格不断走高、日元汇率不断升值的大背景下，"买入日本"成为全球共识，国际资本不断流入，泡沫经济就此一发不可收拾。1990 年日本地产和股市泡沫破灭后，日本经济进入到所谓的失去的十年、二十年、三十年过程中，这是一个日本经济低增长的时代，也是一个日本经济不断自我寻求转型升级的阶段，日本股市在此期间长期低迷。2012 年"安倍经济学"实施后，日本股市开始走出低迷，进入一个持续向上的新时代，这背后更重要的是日本经济转型升级成功，找到了新的竞争优势产业。

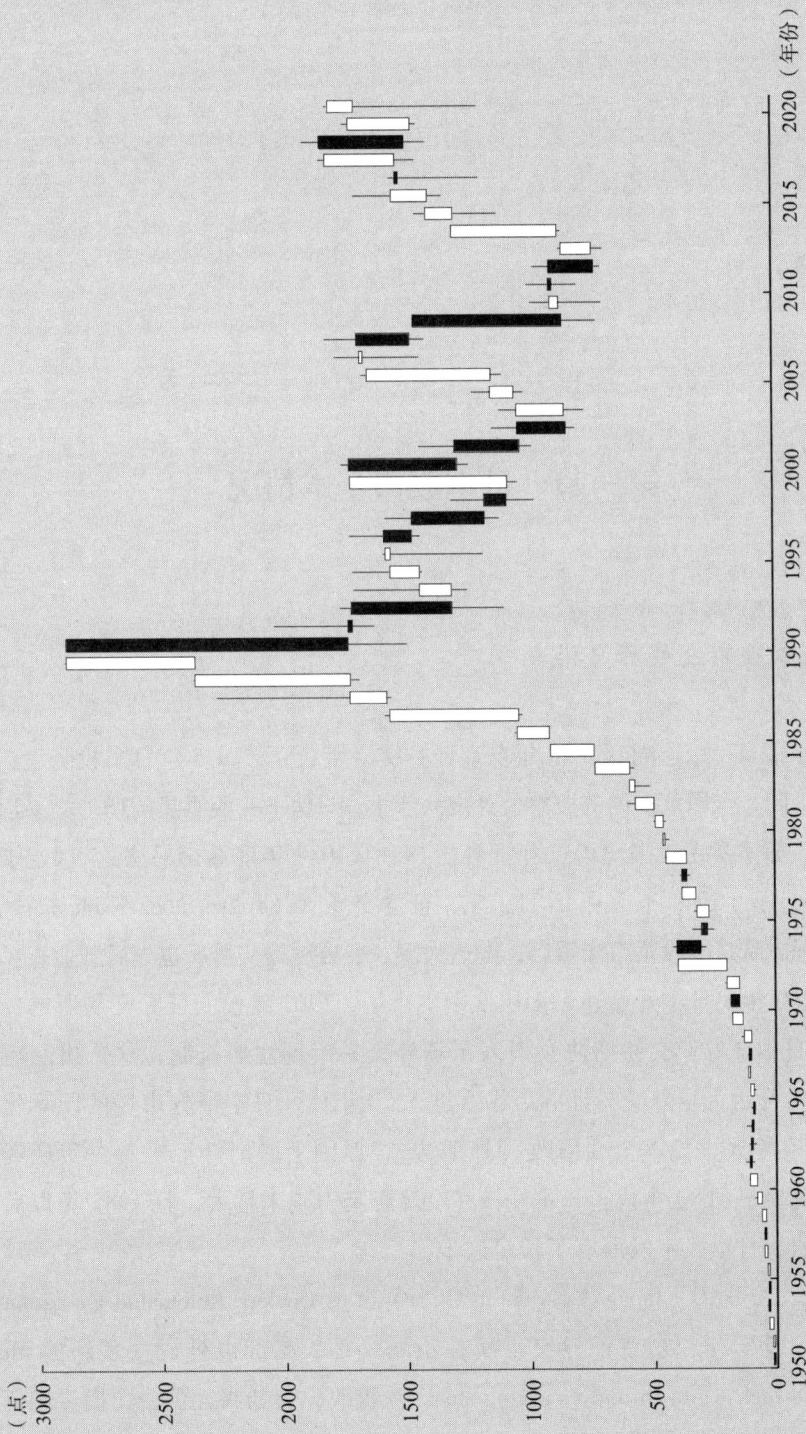

图5-1　1950~2020年日本东证指数（年K线）走势概览

资料来源：Wind资讯。

第一节　日本股市基本情况

一、日本股市发展历史沿革

日本股市最早可以追溯到 1878 年东京证券交易所成立，1945 年日本投降后，日本证券交易所关闭，全国范围内的股票公开交易停止，只留下一些零星的场外交易店头市场。1948 年，日本参考美国《1933 年证券法》和《1934 年证券交易法》，制定了本国的《证券交易法》。1949 年 5 月 16 日，东京证券交易所（Tokyo Stock Exchange）正式重新开业，标志着日本股票市场重启，随后大阪、名古屋等交易所也先后开业。

20 世纪 60 年代日本开始建设多层次资本市场，1961 年设立证券交易所的二部市场，1963 年日本证券业交易商协会引入了场外交易市场注册机制，这个机制后来到 1983 年进一步升级为场外交易证券市场。进入 70 年代，日本证券市场的国际化开始加速，到 1980 年底，日本全面修改《外汇法》，原则上取消外汇管制，实现资本项目下可自由兑换。到 80 年代，日本经济在全球影响力越来越大，且 1985 年以后日元汇率持续升值，日本股市发展有了长足进步。

1991 年，JASDAQ（Japan Association Of Securities Dealers Automated Quotation）市场正式成立，1999 年，东京证券交易所在市场一部、二部以外设立了新的 Mothers（Market of the high‒growth and emerging stocks）板块，为新兴经济公司提供融资上市平台。2010 年，JASDAQ 和大阪交易所整合，成立了新的 JASDAQ。2013 年，东京证券交易所与大阪证券交易所合并组建日本交易所集团，东京证券交易所和大阪证券交易所各自运营的股票现货市场于 2013 年 7 月起并入东京证券交易所，股指期货等金融衍生品市场从 2014 年 3 月起并入大阪证券交易所。

在 20 世纪 80 年代日本股市的高光时刻，全球上市公司总市值中日本占比最高时曾一度达 40%，无疑和美国股市一样成为全球最重要的资本市场。而随着 1990 年以后日本股市的回落，日本股市在全球的占比和重要性也不断回落，2010 年以来，日本股市总市值全球占比一直维持在 7.4% 左右（见图 5-2）。

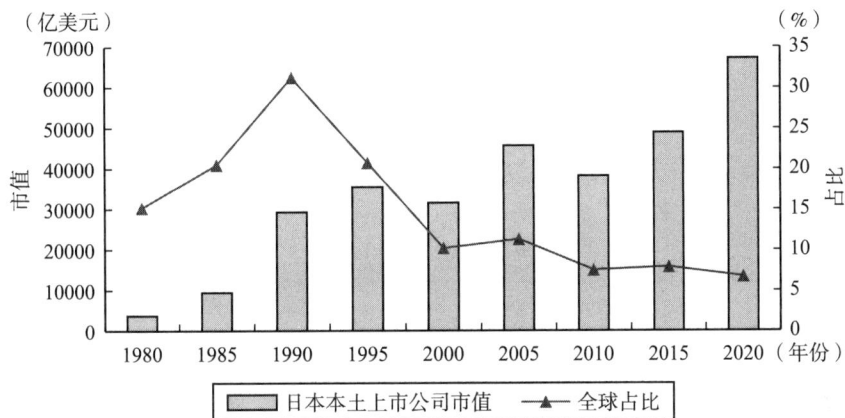

图 5-2　1980~2020 年日本股市总市值与全球占比

资料来源：世界银行。

二、日本股市现状与特征

当前日本的股票交易主要集中在东京证券交易所。东京证券交易所共有四个板块，分别是：主板市场一部、主板市场二部、Mothers 市场、JASDAQ 市场，不同市场板块对应不同的上市要求。这其中，几乎所有主要日本上市公司都在主板市场一部上市，一部总市值占东京证券交易所总市值比重超过 95%。

按证券交易所计算，截至 2020 年底，东京证券交易所上市的日本本国企业总市值约 6.7 万亿美元，位居全球第四，前三名分别是美国纽约证券交易所、美国纳斯达克市场、上海证券交易所。相比于美国股市，在东京证交所股票上市的海外企业相当少，基本完全以日本的本国企业为主。

日本股市中用来度量市场整体表现的基准指数有两个，日经指数（日经 225 指数）和东证股价指数（Tokyo Stock Price Index，TOPIX）。日经指数是《日本经济新闻社》编制的股票价格指数。最早编于 1950 年 9 月，是根据东京证券交易所一部市场上市的 225 家公司的股票算出修正平均股价，当时称为东证修正平均股价。1975年 5 月 1 日，改称日经道琼斯平均股价。1985 年 5 月 1 日改为日经平均股价（简称"日经指数"）。东证股价指数是以在东交所市场一部上市的所有日本企业为对象的市价总额型股价指数。东京证券交易所于 1969 年 7 月 1 日开始计算并公布东证股价指数，基期为 1968 年初起始点位是 100。

表 5 –1 报告了东证股价指数与日经 225 指数计算上的主要区别，除了样本公司数量上的不同，两者最大的区别是计算加权的方式，日经 225 指数是按照股价进行加权（类似道琼斯工业指数），而东证股价指数与当前世界上多数主流指数一样，是按照总市值进行加权的。东证股价指数计算方式应该说更为合理，东京证券交易所也更推荐使用这一指数，不过由于历史原因，日经 225 在市场中影响力更大些。

表 5 –1 东证股价指数与日经 225 指数区别对比

指数	TOPIX（东证股价指数）	日经指数（日经 225）
计算机构	东京证券交易所	日本经济新闻社日本经济新闻数字媒体
标的对象	在东证一部上市的所有国内普通股	从东证一部上市股票中选出的 225 只股票
股票数量	约 1700 只股票	225 只股票
指数类型	总市值加权型	股价平均型

资料来源：日本交易所集团。

根据世界银行的统计数据，截至 2020 年底，日本本国上市公司共计 3754 家，过去几十年里日本上市公司数量在不断上升（见图 5 –3）。

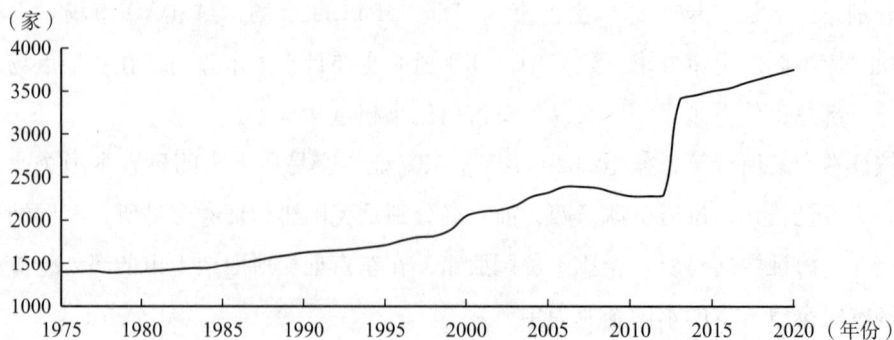

图 5 –3　1975 ~ 2020 年日本本国上市公司数量

资料来源：世界银行。

三、日本上市公司构成情况

截至 2020 年底，在日本 3700 多家上市公司中，按照行业板块来分，市值占比最大的是工业板块，市值占比高达 21%，其次是可选消费，市值占比 19%（日本市值最大的上市公司是丰田汽车，汽车在行业分类中属于可选消费），然后是信息技术、电信服务和医疗保健（见图 5-4）。

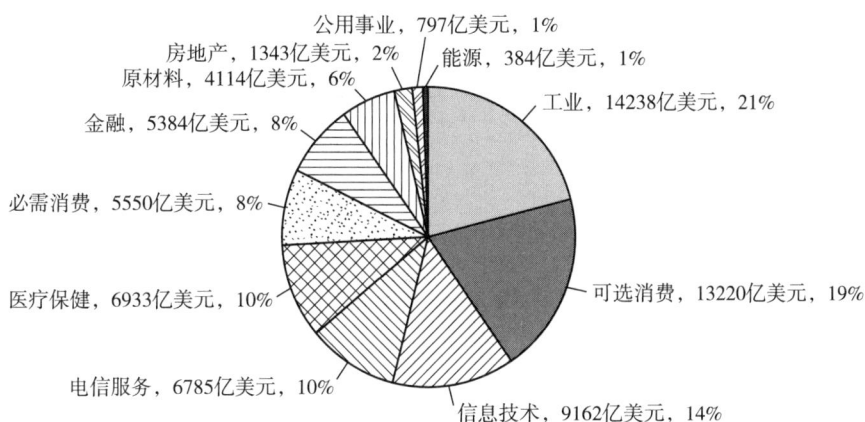

图 5-4　日本上市公司行业板块市值分布

注：截至 2020 年底。

资料来源：Wind 资讯、彭博。

表 5-2 报告了 2020 年底日本市值最大的 30 家公司名称及其对应的行业板块，其中有四家公司目前市值超过 1000 亿美元，分别是丰田汽车、软银集团、基恩士、索尼集团。对中国读者而言，里面很多日本大公司的知名度都很高，除了这里的 30 家公司外，市值较大且中国读者较为熟悉的公司还包括三菱电子、松下集团、永旺、资生堂、花王、尤妮佳、小松、佳能等。

表 5-2　　　　　　　　　　　2020 年底日本市值最大的 30 家上市公司列表　　　　　　　　单位：亿美元

公司名称	行业板块	市值	公司名称	行业板块	市值	公司名称	行业板块	市值
丰田汽车	可选消费	2488	基恩士	信息技术	1352	日本电报电话	电信服务	989
软银集团	电信服务	1614	索尼集团	可选消费	1243	迅销公司	可选消费	940

续表

公司名称	行业板块	市值	公司名称	行业板块	市值	公司名称	行业板块	市值
中外制药	医疗保健	885	M3公司	医疗保健	634	本田汽车	可选消费	499
任天堂	电信服务	831	村田制作所	信息技术	604	发那科	工业	491
日本电产	工业	742	东方乐园	可选消费	594	日本电装	可选消费	463
第一三共	医疗保健	720	三菱日联金融	金融	594	伊藤忠商事	工业	450
信越化学	原材料	720	软银电信	电信服务	593	三井住友金融	金融	420
瑞可利	工业	702	东电电子	信息技术	578	SMC公司	工业	406
凯迪迪爱	电信服务	677	武田制药	医疗保健	567	日本烟草	必需消费	403
大金工业	工业	644	豪雅公司	医疗保健	514	日立集团	工业	377

资料来源：Wind资讯、彭博。

第二节　日本股市行情脉络

一、1950～1960年[①]：崛起时代

1949年5月日本东京证券交易所重新开业后，股市表现并不好，在当时"道奇计划"全面紧缩背景下，股市行情一路下探。"道奇计划"是当时美国占领军为了抑制日本通货膨胀稳定经济，而制定的一系列经济政策计划。二战后日本经济遇到了许多问题，突出的问题就是高企的通货膨胀。同时，美国方面也希望日本能够尽快经济独立从而减少美国对日本的援助。1948年12月，美军总司令部公布了"稳定经济九项原则"。

1949年2月，美国底特律银行总经理约瑟夫·道奇（Joseph Dodge）作为财政经济顾问抵达日本，开始制定九项原则的具体方案。"道奇计划"属于全面紧缩的经济政策，尤其体现在财政政策紧缩上，道奇编制了"超平衡紧缩预算"，使得1949年财政年度预算非但没有赤字反而能够实现盈余。在此背景下，日本股市持续下跌，到

---

① 日本股市战后从1949年5月开业，1950年是第一个完整年度，故将此设为起始时点。

1950 年 6 月时，东证股价指数再创新低，较 1949 年 5 月东京证券交易所成立时，跌幅已经超过 50%。

1950 年 6 月，朝鲜战争爆发，成为日本股市的转折点。朝鲜战争爆发后，日本成为美军的重要生产基地，各种军用和民用订单蜂拥而至。这些需求被称作"特需"，由此带来的经济上行便是"特需景气"。由战争带来的"特需景气"给日本带去了巨大的外部需求，同时也为日本创造了巨额的外汇收入，这是当时日本经济发展所急缺的。在"特需景气"刺激下，东证股价指数从 1950 年下半年开始大幅上涨，这波上涨一直持续到 1953 年初。

1952 年 4 月，《旧金山和约》正式生效，自此以后，日本结束了二战后近 7 年时间的美军占领状态，日本政府开始恢复独立行使国家治理权力。美国结束对日本的占领状态后，1952 年 8 月，日本证券交易委员会（1947 年成立，仿照美国监管体制）被撤销，其监管职能被转移至大藏省下设的证券局①。同月，日本加入国际货币基金组织（IMF）。此外，在 1952 年《旧金山和约》生效后，日本政府解除了禁止使用财阀旧有商号的禁令，几个著名的旧财阀系商号几乎被全部恢复，这被很多人理解为财阀复活。二战后为了打破日本的财阀经济，美国主导了日本的反垄断法，实施非常严格的反垄断措施，同时解散了包括四大财阀（三井、三菱、住友、安田）在内的大量日本财阀集团。到 1951 年 7 月，政府宣布解散财阀工作结束，旧财阀大股东的财阀家族统治已经完全崩溃。但后来，随着经济的不断恢复，旧财阀所属的企业之间，通过交叉持股的形式，又成为构建新财阀集团的一种新模式，在这个过程中，日本的银行取代了旧财阀总公司，成为战后新财阀的中心。

1953 年 3 月，苏联领导人斯大林逝世，市场担心由于战争所带来的"特需景气"会加速消失，引发日本股市显著下跌。1953 年 7 月，朝鲜战争停战协定签字，日本的"特需景气"确定无疑将消退，由此造成 1954 年日本经济出现了二战后第一次的周期性衰退。按照日本政府官方《经济白皮书》的说法，这次经济衰退发生在朝鲜战争停战之后，与之前的"消费景气""投资景气"结合在一起，共同构成了一个循环周期。日本股市从 1953 年下半年开始到 1954 年出现了持续下跌。

一般普遍认为，1955 年是日本经济发展的一个重要转折年份，从 1955 年开始，日本经济彻底告别战后的恢复时期，各项经济增长指标均显著高于战前最高水平，进入一个全新的高速发展阶段。日本经济在 1954 年底 1955 年初开始复苏回升，1955 年

---

① 2001 年 1 月 6 日，日本中央省厅重新编制，大藏省改制为财务省和金融厅。

日本实际经济增长率较上一年大幅提高，且这一年的经济景气被称作是"数量景气"。所谓"数量景气"是指在物价稳定的基础上，实际经济增速取得了大幅提高，1955 年日本的批发物价水平和消费者物价水平均比上一年略有下降。经济增长提速、物价稳定、国际收支改善，1955 年日本经济取得了巨大成就，在这个背景下，日本股票市场在 1955 年下半年开始大幅上涨。

1955 年的"数量景气"开启了日本经济高速增长时期的序幕，从 1955 年到 1957 年初的这轮经济上行周期被称作是"神武景气"，寓意为日本第一代天皇神武天皇以来从未有过的繁荣景气。"神武景气"在 1957 年 6 月达到顶点，经济随后开始下行，进入二战后的第二次经济衰退，经济衰退导致日本股市结束了此前几年的连续上涨。日本股市从 1957 年二季度开始进入调整，一直持续到 1957 年底。

1957 年经济衰退发生之后，日本社会对当时的经济提出了一种叫"锅底景气"的说法，也就是经济可能要在一个低位停滞很长时间，按我们今天的说法，就是"U 型复苏"。当时主要的判断依据是在"神武景气"中，日本经济设备投资过大、积累的库存过多，所以需要较长时间来出清。从 1958 年开始，日本政府结束了货币紧缩的政策转而开始宽松。同时，1958 年日本获得了 1964 年夏季奥运会的承办资格，这是历史上奥运会第一次由亚洲国家主办。申办奥运会成功后，日本政府开始了一场大规模的投资计划，对日本经济产生了很大的刺激作用。

事后来看，日本经济走出的并不是"锅底景气"路径，而是一次"V 型复苏"路径，从 1958 年下半年开始，日本经济快速复苏，进入到新一轮景气周期中。这一轮景气周期的繁荣程度超过了上一轮的"神武景气"，被称为"岩户①景气"。

从 1958 年开始，在经济高速增长的刺激下，日本股市进入到新一轮上涨行情。1960 年 11 月，池田勇人提出了著名的《国内收入倍增计划》，这个计划在日本经济发展史上具有划时代的意义。《国内收入倍增计划》是日本政府制定的适用于 1961 ~ 1970 年度经济发展计划，该计划要求国民生产总值年平均增长率达到 7.2%，十年间使国民收入增长 1 倍，实现充分就业。从 1958 ~ 1960 年，日本股市一路单边上涨。

从 1950 年初到 1960 年末，东证指数累计上涨 750%，年均涨幅高达 21%，这期间市场整体走势见图 5-5。

---

① "岩户"二字，源于日本的神话故事，说的是远古时代成千上万的神仙在太空聚会，当祭典结束时，诸神终于将天门（由岩石砌成，称"岩户"）推开，里面的天照大神下降人间，从此开创了日本国。

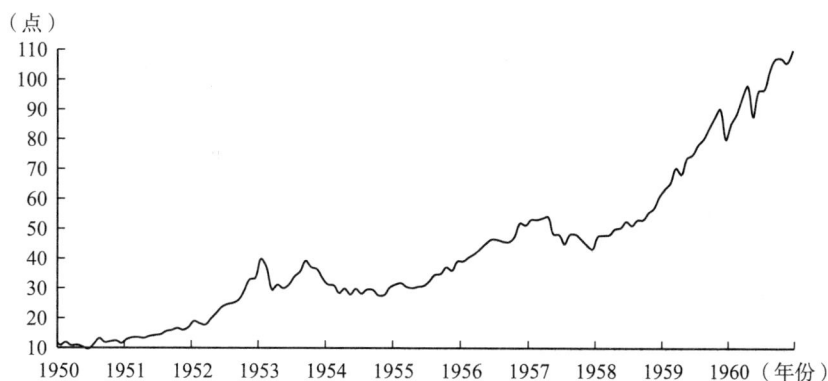

图 5 - 5 1950 ~ 1960 年日本东证指数走势

资料来源：Wind 资讯。

总结这一阶段的日本股市走势，市场表现的核心驱动力就是经济增长，股市上涨和下跌基本上是完全跟着经济周期走的（见图 5 - 6）。在 1954 年和 1957 年两次经济衰退中，日本股市出现了一定幅度的调整下跌，随后随着经济复苏，股市又开始大幅上涨。反过来看，这 11 年中的两次下跌也都是经济衰退造成的，这期间也有货币政策的收紧和放松，但总体看影响不大。

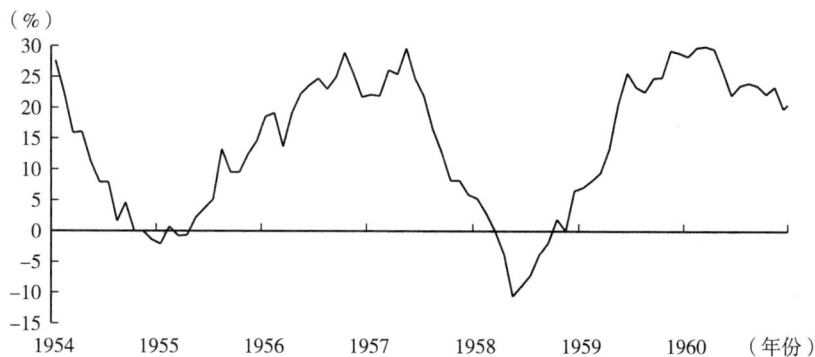

图 5 - 6 1954 ~ 1960 年日本工业生产指数同比增速

资料来源：Wind 资讯。

二、1961 ~ 1977 年：曲折上行

始于 1958 年的"岩户景气"在 1961 年底结束，1962 年日本经济再度进入衰退，持续了大概有 10 个月，股市开始调整，1962 年的经济衰退到年底基本结束，日本经

济重新回到上升通道，1963 年日本开启了"奥运景气"。在经济回暖、政策放松的环境下，日本股市 1963 年上半年持续上涨。1963 年 7 月，美国提出了建议实施利息平衡税，以应对美国的长期资本外流问题。消息一出，日本股市应声大跌，并开启了 1963 年下半年日本股市的持续下跌之路。1963 年下半年的股市大跌在一定程度上已经引发了金融市场的恐慌，日本政府随即开始采取救市措施，1964 年 1 月，日本的商业银行和证券公司共同出资，成立了日本共同证券公司。1965 年 1 月，日本证券公司再度联手设立了日本证券控股公司，来接手证券信托投资的卖盘，稳定股票市场。但是这些措施都没有很好地阻止股市下跌的趋势。

市场转折点出现在 1965 年下半年，1965 年 7 月，日本政府做出一个重大决策，放弃了过去一直坚持的财政收支平衡原则，提出了刺激经济的积极财政政策，并且在二战以后首次发行了"赤字国债"。自此以后，财政政策成为日本政府调节经济的重要手段，而发行国债则成为日本财政的主要融资方式。受政府的财政刺激计划影响，日本股市从 1965 年 7 月底开始走出低迷不断向上。

东京奥运会后的经济下行周期在 1965 年底左右结束，随后日本进入新一轮的经济上行周期，这一轮繁荣周期被称作"伊奘诺①景气"，这是日本二战后持续时间最长的一轮景气周期。这波股市上涨持续到 1967 年上半年，1967 年 7 月，美国罢工运动导致了全球大宗商品价格大幅上涨，国际铜价在 1967 年下半年上涨近 40%。对于日本而言，商品价格大涨一方面导致国内通货膨胀压力快速增加，另一方面导致国际贸易收支失衡。日本国内货币政策由此开始收紧，日本股市开始调整。

1968 年，正是日本明治维新开始 100 周年纪念，这一年，日本经济总量超过联邦德国跃居世界第二，仅次于美国。二战后很长一段时间内，日本都是一个债务国，到 1968 年，日本对外资产超过了对外负债，成为一个债权国。在"国运"气势影响下，进入 1968 年以后，日本股市开启了一轮大牛市。1969 年日本经济继续高度景气，从 1966 年开始连续四年经济高度景气（见图 5-7），这在全球经济发展史中都是非常难得的。在经济持续繁荣中，日本股市继续牛气冲天持续上涨。

长达近五年的"伊奘诺景气"在 1970 年结束，日本经济再度进入经济下行周期，日本股市在 1970 年 4~5 月间出现了较大幅度的下跌。日本股市的这波下跌，是跟着美股下跌同时发生的。随后到 1971 年下半年，日本经济再度进入到上行周期，1972 年日本提出了"列岛改造计划"，大力扩张投资。且此时由于美国尼克松总统通

---

① 伊奘诺是日本神话中的父神，传说他和他的妻子共同创造了日本列岛和其他诸神。

过新经济政策控制住了通货膨胀，日本央行在 1971～1972 年的经济上行期中采取的是降息的宽松货币政策（见图 5－8），这种经济上行和央行降息的组合环境，对股票市场而言简直是完美组合，股市在 1971 年下半年到 1972 年底出现了大幅加速上涨。

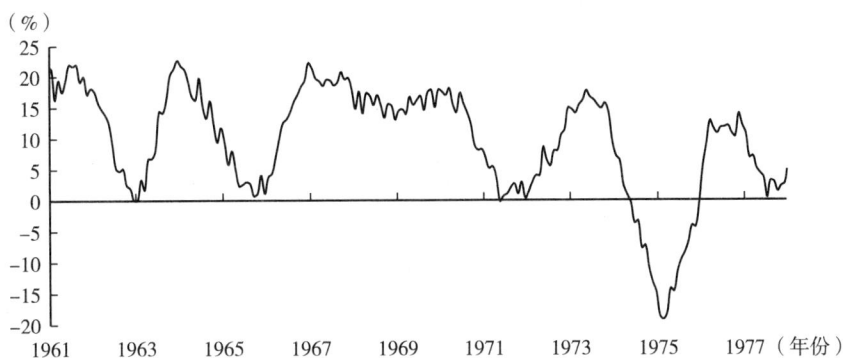

图 5－7　1961～1977 年日本工业生产指数同比增速

资料来源：Wind 资讯。

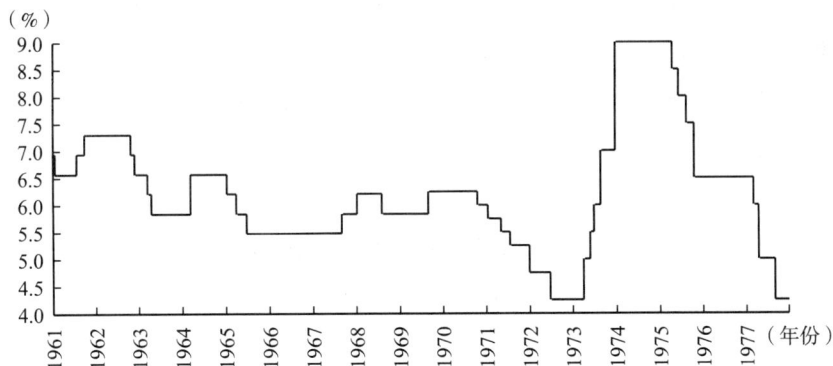

图 5－8　1961～1977 年日本央行贴现率走势

资料来源：Wind 资讯。

1973 年开始，全球通胀问题再度来临，日本央行开始加息，当年 10 月第一次石油危机爆发，1974 年全球经济衰退，日本出现战后第一次经济负增长，股市在 1973 年和 1974 年这两年里出现了大幅下跌。1975 年后，日本经济再度开始复苏回升，同时通胀增速回落，利率开始明显下降。股市再度迎来了经济增长和货币政策双优的黄金时刻，从 1975～1977 年，日本股市震荡攀升。

1961～1977 年，东证指数累计上涨 233%，年化收益率 7.3%，整体走势见图 5－9。

（点）

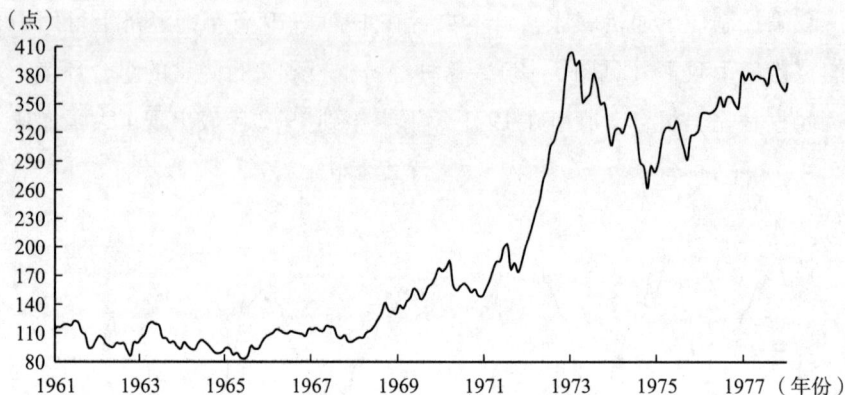

图 5-9　1961~1977 年日本东证指数走势

资料来源：Wind 资讯。

　　总结这一时期日本股市的运行特征，总体上市场走势依然是完全跟着经济周期走的，经济向上股市上涨，经济向下股市下跌。有几个特殊的地方是，1961~1967 年日本经济经历了两轮大起大落，且当时整体通货膨胀中枢较高，股市在这段时间内没有太出色的表现，指数在这六年里是一个震荡走势。1968 年以后，日本经济进入长时间持续繁荣，股市才走出震荡开启牛市，特别是 1971 年尼克松新经济政策后，全球通胀下行，日本利率也开始大幅下降，股市加速上涨。再之后出现了石油危机、经济衰退，以及衰退后的经济复苏，股市整体都是跟着经济周期在走。

　　20 世纪 70 年代末期，日本市值最大的公司主要包括：丰田汽车、日产汽车、新日本石油公司、东京电力、松下公司、新日本制铁、日立公司、第一劝业银行、东京三菱银行、三和银行等。

三、1978~1989 年：泡沫时代、买入日本

　　20 世纪 80 年代是日本股市最高光的时刻，从 1978~1989 年，日本东证指数年年上涨，年线 12 连阳，累计涨幅达 691%，年化平均每年上涨 18.8%。

　　1978 年伊朗伊斯兰革命爆发，伊朗局势的动荡在 1979 年引发了第二次石油危机，国际原油价格大幅飙升。由于在 1973 年第一次石油危机后，日本采取了严格控制能源消耗等一系列措施，这一次石油危机对日本的冲击降低了很多。据统计，在 1980 年每万美元工业产值所需要消耗的能源，当时日本是 3.5 吨标准煤，美国是 8

吨，中国则高达 23 吨①。日本股市在 1978～1980 年，几乎完全不受石油危机影响，总体保持温和上涨态势。

1980～1982 年，资本主义国家出现了普遍的经济衰退甚至经济危机，相比其他资本主义国家，日本在此次经济衰退中的表现明显要好，按当时的说法，日本是躲过了这次经济危机，即没有出现连续 6 个月以上的工业生产下降（见图 5-10）。1980 年，日本汽车产量超过美国，成为全球第一大汽车生产国。当时西方国家对日本的经济发展赞不绝口，日本经济的全面崛起已经成为共识。1979 年，美国哈佛大学著名学者傅高义出版了一本非常有名的书《日本第一》②，将日本称为世界第一强国。20 年之后，在日本经历了失去的十年之后，傅高义教授又出版了《日本还是第一吗？》③ 一书，回应了很多问题。在这次全球经济危机中，日本股市只是在 1981 年下半年到 1982 年上半年出现了下跌调整，调整幅度也相对有限。

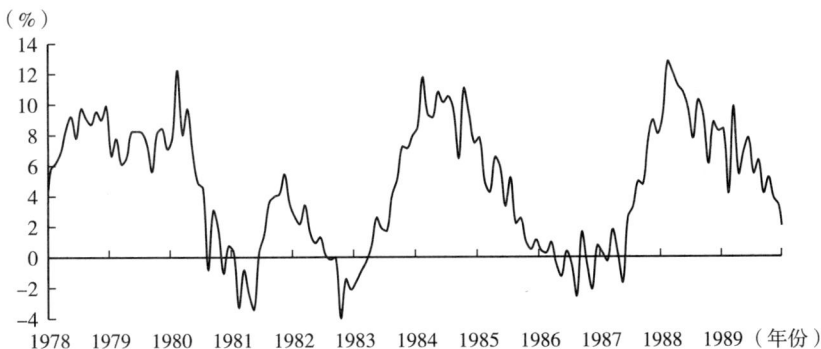

图 5-10 1978～1989 年日本工业生产指数同比增速

资料来源：Wind 资讯。

从 1983 年起，日本经济再度进入到新一轮景气周期。而且，如同 20 世纪 70 年代后期第一次石油危机结束后的经济复苏一样，这一次的经济复苏又是在物价回落的过程中出现的，经济快速回升但货币政策没有收紧，日本股市开始大幅上涨。在这个时期，由于日本国内产业升级出口产品竞争力不断增强，中国的改革开放也对日本企业形成了新的市场空间，日本的国际贸易顺差不断增加。而与此同时，作为全球第一

---

① 孙执中. 荣衰论：战后日本经济史（1945～2004 年）［M］. 北京：人民出版社，2006.

② 此书中文版本参见：［美］傅高义. 日本第一：对美国的启示［M］. 谷英，张柯，丹柳，译. 上海：上海译文出版社，2016.

③ 此书中文版本参见：［美］傅高义. 日本还是第一吗？［M］. 上海：上海译文出版社，2019.

大经济体的美国，此时在国际贸易赤字上却遇到了很多问题，美、日之间的贸易摩擦不断增加，最终导致了"广场协议"的出台。

1985年9月，美国、日本、联邦德国、法国、英国等五国财长和央行行长在纽约的广场饭店举行会议，最终达成协议，诱导美元汇率对主要货币有秩序地贬值，以求解决美国的巨额贸易赤字问题。"广场协议"后，各国立刻开始着手对外汇市场进行干预调节，1985年9月当时日元汇率大概在1美元兑240日元，到1986年日元汇率升值到1美元兑160日元，升值幅度达50%。到1987年底，日元汇率进一步升值到近1美元兑120日元（见图5-11）。

图5-11　1978~1989年美元兑日元汇率走势

资料来源：Wind资讯。

1985年是美日经济地位转换的分水岭，这一年美国结束了长期的债权国历史，开始成为债务国，日本则成为世界上最大的债权国。"广场协议"后日元持续升值，对日本企业出口以及日本经济形成了严峻的考验，为应对这一不利的经济环境，日本国内提出了新一轮的经济政策，这种经济政策的思路无外乎是通过国内经济刺激来对冲汇率升值的紧缩效应。这其中比较有名的是1986年4月时任日本银行总裁的前川春雄提出的《前川报告》，《前川报告》共有三个原则和四个支柱，其中四个支柱分别是扩大内需、调整产业结构、开放市场、促进对外直接投资，其中扩大内需是最重要的环节。

在此指导思想下，1986年起日本经济政策变成了"双宽松"，即货币宽松和财政刺激。从1986年初到1987年一季度，日本央行在一年多时间里先后五次降息，贴现利率从4.5%降至2.5%（见图5-12）。同时，1986年6月，日本政府实施《紧急经济对策》，大力扩大公共投资推进基础设施建设，在"双宽松"政策刺激下，从1987

年开始日本经济明显回升，进入到新一轮景气周期。经济向上、货币宽松，叠加日元升值导致的外资持续流入，日本股市从1986年开始进入到加速上涨阶段。这期间，在1987年四季度受美国"黑色星期一"股灾影响，日本股市出现短暂的下跌调整，但是很快就收复了失地。

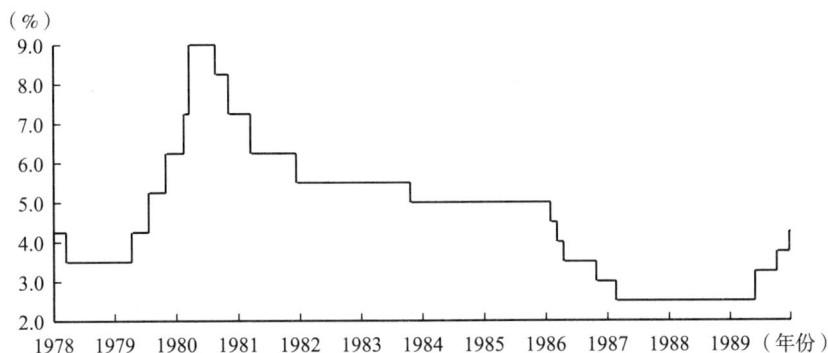

图5-12　1978~1989年日本央行贴现率走势

资料来源：Wind资讯。

经济景气周期很快演进成了资产价格膨胀和泡沫经济，在股票市场大幅上涨的同时，日本土地价格也大幅上涨。日本的地价暴涨从1987年开始，1988年涨幅最大，当年日本全国平均地价上涨21.7%，东京圈涨幅更是高达65.3%。1989年有本名为《日本可以说"不"》的书出版，引起了全世界的关注。资产价格的暴涨引发了日本政策的变化，1989年5月开始，日本央行年内连续三次上调利率，并没有很快阻止资产价格上涨。

1978~1989年日本东证指数整体走势见图5-13。

图5-13　1978~1989年日本东证指数走势

资料来源：Wind资讯。

四、1990～2011 年：失去的二十年

1989 年 12 月 29 日，日经 225 指数达到了历史最高 38957 点，就在市场普遍认为四万点不是梦之时，日本的泡沫开始破灭了。

刺破泡沫的直接导火索是货币政策收紧，继 1989 年连续三次加息之后，日本央行在 1990 年继续加息两次，政策利率贴现率达到 6% 的水平（见图 5 - 14）。最先开始暴跌的资产是股票价格，日本股市在 1989 年底到达历史最高位置后，进入 1990 年便开始一路下跌。1990 年 8 月，伊拉克入侵科威特，股市因担心原油价格再度大幅上涨出现加速下跌，1990 年全年，东证指数大跌 40%。

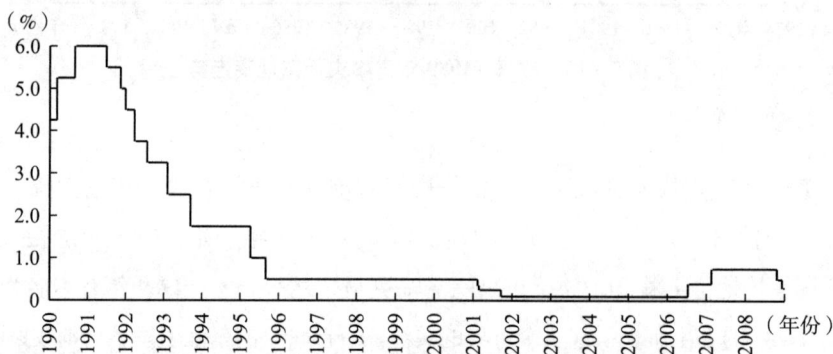

图 5 - 14　1990～2008 年日本央行贴现率走势

资料来源：Wind 资讯。

随后是土地价格泡沫破灭，在包括税收、窗口指导、信贷政策等一系列货币财政政策抑制下，日本的土地价格从 1991 年二季度开始见顶回落，随即进入持续下跌的大周期之中。

1990 年股市的下跌更多是自身的问题，当时日本经济尚处在上行周期之中，但到了 1991 年开始，日本经济周期开始转向下行。从 1991 年 3 月开始到 1993 年 10 月，这一轮经济下行周期历时 32 个月，被称为"平成萧条"或者"泡沫崩溃萧条"。经济下行中，1991 年和 1992 年日本股市连续两年下跌。

面对经济衰退，日本的货币政策和财政政策全面转向宽松，1991 年 8 月日本银行开始降息，之后一直到 1995 年底，日本央行一共连续 11 次降息。财政政策方面，1992 年 3 月，日本政府实施了以扩大政府投资为主要内容的《紧急经济对策》，1992

年 8 月又实施了《综合经济对策》进一步追加投资，1993 年 4 月日本政府再次出台《综合性经济对策》，1993 年 9 月追加实施《紧急经济对策》。在一系列政策刺激下，日本经济在 1993 年和 1994 年出现了复苏的迹象，股市也出现了反弹走势，这两年东证指数分别有 10.1% 和 8.3% 的涨幅。

1995 年初，日本发生 7.3 级的阪神大地震，这是截至当时日本二战后伤亡人数最多的一次地震。与此同时，美元兑日元的汇率上升到 1 比 80 的战后最高水平，日本出口企业雪上加霜。受此影响，日本股市在 1995 年上半年出现了回落走势，下半年再度反弹回升。

到 1996 年，日元汇率升值终于告一段落，日本经济又开始了复苏的势头，然而好景不长，1996 年底日本政府在编制财政预算时，决定增税 7 兆日元，将消费税税率从 3% 提高到 5%。在当时日本经济相对脆弱的环境中，这一加税紧缩政策使得日本经济从 1997 年 6 月开始结束景气周期[①]，进入到萧条周期，由于经济萧条的导火索直接与政策有关，有人把这次经济萧条称为"政策萧条"。屋漏偏逢连夜雨，1997 年下半年亚洲金融危机开始爆发，最先在泰国、菲律宾、马来西亚等国出现问题，随后开始蔓延到日本。1997～1998 年，日本经济的下行幅度超过了 1991～1992 年泡沫破灭时期，成为截至当时二战后最严重的经济衰退。日本股市大幅下跌，到 1998 年底时，东证指数相比 1989 年底累计下跌幅度达到 62%。

亚洲金融危机发生之后，日本政府再次使用了大幅的货币和财政刺激政策。货币政策方面，日本央行开始执行零利率政策，贴现率自 1995 年起已经达到很低的 0.5% 水平之后一直未变，日本同业拆借市场隔夜无担保利率在 1999 年 3 月下破 0.1% 的临界水平，实质上触及零利率下限。财政政策方面，日本采取了一大批财政刺激措施，包括 1998 年 4 月的《综合经济对策》、1998 年 11 月的《紧急经济对策》、1999 年 11 月的《经济新生对策》，并采取了大幅度减税措施。在如此政策刺激之下，日本经济开始企稳转好，日本股市更是在 1999 年收获巨大，东证指数当年大涨 58%。1999 年底，日本股市市值较大的公司主要包括：NTT 数据、日本兴业银行、三井住友银行、日本富士银行、第一劝业银行、东京三菱银行、东京电力、三和银行、丰田汽车、野村控股等，依然主要以银行为主。

在亚洲金融危机前后，日本还开始了一场宏大的金融改革，因与 1985 年英国改

① 从 1993 年 10 月到 1997 年 5 月的经济景气周期被称为"涟漪景气"，是当时二战后几个景气周期中经济表现最差的一个。

革相似，这次改革被称为日本的"金融大爆炸"改革。改革的主要内容包括：实行外汇自由交易、促进银行保险证券混业经营、鼓励证券市场发展提高直接融资占比、解除金融控股公司禁令加速重组整合、提高日本央行地位加强监管等。

亚洲金融危机之后，日本经济 1999～2000 年的景气周期时间非常短。2000 年 3 月美国纳斯达克指数见顶，互联网泡沫破灭后，美国经济衰退冲击全球，日本也受到了巨大的冲击，2001 年日本经济衰退的幅度超过了 1998 年，再度成为二战后最严重的经济衰退。2000 年、2001 年、2002 年，日本股市大跌三年，东证指数三年的跌幅分别为 25%、20%、18%。

2001 年 3 月，日本央行正式开始实行量化宽松（QE）的货币政策，成为全球首个在现实中实施量化宽松的国家，此次第一阶段的量化宽松政策一直实施到 2006 年二季度。从 2002 年 2 月起，日本经济走出衰退再度进入景气周期，一直持续到 2008 年 2 月，共计 73 个月，时间上超过了"伊奘诺景气"，成为二战后时间最长的一轮景气周期。这一轮日本经济的景气周期驱动力，很大部分来自 2001 年以后中国经济的迅速崛起。20 世纪 50 年代朝鲜战争爆发后给日本带来了"战争特需"，而这一次 2002～2007 年则是中国的需求给日本带来了"中国特需"。据统计，2002 年日本 GDP 实际增长 0.1%，其中内需共贡献 −0.6%、净出口贡献 0.7%；2003 年和 2004 年，净出口对 GDP 的贡献率依然高达 33% 左右。[①]

同时，2002 年 9 月，日本央行宣布直接购买银行持有的股票资产[②]，也成为日本股市的助力器。日本股市从 2003 年初开始见底回升，到 2007 年年中时，东证指数涨幅超过一倍。2008 年全球经济危机爆发后，日本的最长景气周期结束，且陷入了严重的经济危机，2008 年日本经济衰退的幅度超过了 1998 年亚洲金融危机和 2001 年互联网泡沫破灭，再次成为二战后最严重的经济危机。

金融危机发生后，日本央行开启了第二阶段量化宽松政策，分别在 2009 年 2 月和 2010 年 12 月将企业证券和基金资产［包括指数基金 ETF、房地产投资信托基金（REITs）等］纳入量化宽松措施的标的资产范围。2009 年，日本民主党与社民党、国民新党合作组成三党联合内阁，这是二战后日本政治史上第一次具备较完整意义上的两大政党轮替。2010 年，日本 GDP 被中国超过，连续 42 年的全球第二大经济体成

① 王洛林. 日本经济与中日经贸关系发展报告（2008）［M］. 社会科学文献出版社，2008.
② 不同于我们国内，日本商业银行可以投资股票，1990 年后日本股市持续下跌，商业银行持有的股票资产成为不良资产，日本央行购买商业银行持有的股票，目的是解决银行体系的不良资产问题。

为过去。2011 年，日本大地震并引发巨大海啸，造成福岛第一核电站核泄漏。

不同于中国、美国等其他国家股票市场，日本股市在 2008 年金融危机之后并没有出现特别像样的反弹行情，2009～2011 年，东证指数整体上处在一个低位震荡的区间。

日本 1990 年后的十年，被称为"失去的十年"（The Lost Decade），1990 年后的二十年，又被称为"失去的二十年"。日本股市在这 20 多年中的表现非常差，东证指数整体走势见图 5–15。

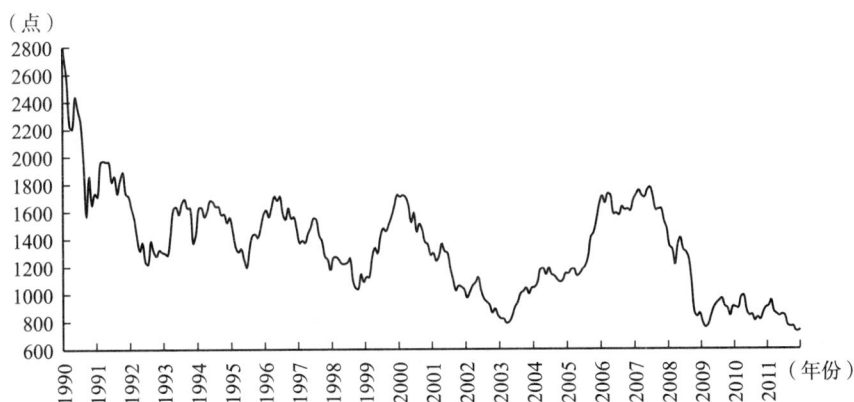

图 5–15　1990～2011 年日本东证指数走势

资料来源：Wind 资讯。

回首这 20 多年日本股市走过的路，从 1990 年日本资产价格泡沫破灭开始，总体上，股市表现依然是和经济周期走势保持很强的相关性（见图 5–16），经济上行周期

图 5–16　1990～2011 年日本工业生产指数同比增速

资料来源：Wind 资讯。

股市上涨，经济下行周期股市下跌。但是不同于 1990 年前，此时的日本经济周期性问题已经完全让位于结构性问题，企业缺乏新的增长点，银行系统不良比例较大、信用扩张受限。而且，经济衰退幅度一次比一次大，1991 年日本泡沫破灭危机、1998 年亚洲金融危机、2001 年美国互联网泡沫破灭、2008 年全球金融危机，每一次日本经济的衰退都是创截至当时二战后最严重的经济衰退。所以看到的结果是，在每次上涨中股市涨幅都比较有限，但在每次下跌中股市都经常创出新低。

五、2012～2020 年：开启新时代

从 2005～2011 年，日本政界出现了"七年七相"，连续七年每年是不同的首相，政府频繁更替不利于出台稳定的经济政策。2012 年安倍晋三出任日本首相，当年底提出了一系列刺激经济政策，被称为"安倍经济学"（Abenomics）。

"安倍经济学"提出了包括大胆的货币政策、灵活的财政政策、促进民间投资的增长战略，被称为"三支箭"，希望通过宽松货币政策、日元汇率贬值，带动日本经济回升摆脱通货紧缩。

2013 年 1 月，日本银行与政府发表共同声明，实行通货膨胀目标制，设定 2% 的物价上升目标。2013 年 4 月，日本银行开始了更加激进的"量化加质化"宽松（quantitative and qualitative monetary easing，简称 QQE），设定了四大目标，包括：核心 CPI 两年实现目标 2% 的增长、操作目标从无担保隔夜拆借利率调整为基础货币并使其两年间翻倍、日本银行每年增加长期国债保有量，以及允许购买的长期国债期限从 3 年期扩展到 40 年期。

同时，安倍政府也积极扩张财政政策，2013 年 1 月提出了"日本经济再生紧急经济对策"，制定了规模为 13.1 万亿日元的 2012 财年补充预算，这个规模是仅次于 2009 财年应对金融危机的。

得益于"安倍经济学"货币政策和财政政策这两支箭，日本经济形势在 2013 年明显好转（见图 5－17），通货紧缩问题也得到缓解，日本股市也有非常出色的表现。

但是到了 2013 年 10 月，日本政府决定将于 2014 年 4 月开始将消费税率从 5% 提高到 8%（1997 年将消费税税率从 3% 提高到 5%），并将根据经济形势的变化，到 2015 年 10 月再决定是否将消费税率进一步提高到 10%。以提高消费税率为转折点，日本经济进入 2014 年后呈现出明显下滑的走势。

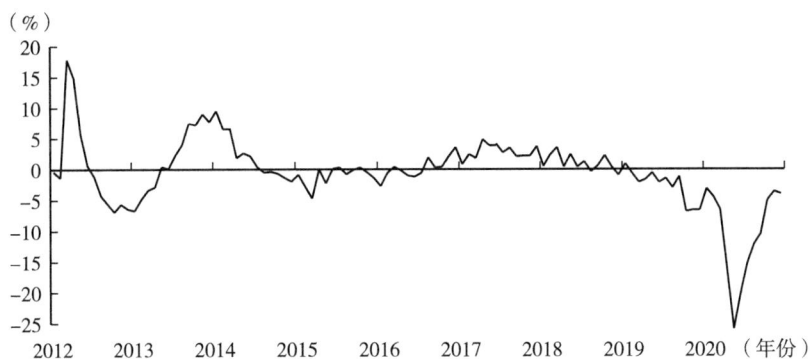

图 5 - 17　2012 ~ 2020 年日本工业生产指数同比增速

资料来源：Wind 资讯。

　　不过这一轮日本的经济下行对股市影响并没有特别大，股市在 2014 年 1 ~ 4 月受消费税加税影响出现调整下跌，随后在经济下行周期中开始了上涨行情。这次股市行情上涨的主要原因是日本央行不遗余力地量化宽松大幅扩表，这一点从日本的基础货币数据中可以看得非常清楚，在 QQE 操作下从 2013 年开始，2013 年和 2014 年连续两年基础货币增速都在 40% 左右，基础货币余额实现了两年翻倍的既定目标。

　　基础货币是什么？基础货币包括流通中的现金（即纸币、硬币）和银行系统中持有的存款准备金，这里面存款准备金是主要部分。央行大量的基础货币投放，意味着商业银行会形成大量的超额准备金，这部分资金仅仅是停留在金融系统中而并没有流向实体经济，因此最容易推升金融资产价格。从 2013 年开始，日本的基础货币余额呈加速上升趋势（见图 5 - 18），且日本央行的 QQE 政策不但包括购买国债，还包括直接大量购买股票 ETF，这进一步推升了股市。

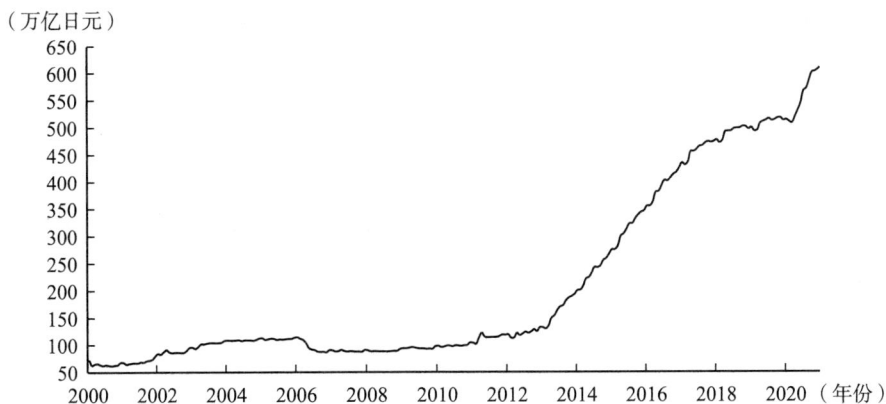

图 5 - 18　2000 ~ 2020 年日本基础货币余额

资料来源：Wind 资讯。

到 2015 年 8 月，股市开始见顶回落，这一方面因为日本央行 QQE 的边际力度（基础货币同比增速）在减弱，另一方面到 2015 年日本经济表现已经从经济下行演变为经济衰退（负增长）。2015 年 9 月，"安倍经济学"提出了"新三支箭"，即优先发展经济、支援育儿、完善社会保障，"新三支箭"属于偏中长期的结构性经济政策，对短期经济和股市影响不大。

2016 年 1 月 29 日，日本央行将利率（超额存款准备金利率）从 0.1% 下调至 -0.1%，日本正式进入负利率时代。2016 年 6 月，由于经济复苏乏力，日本政府决定推迟提高消费税率，原定于 2017 年 4 月将消费税率提高到 10% 的计划被推迟到 2019 年 10 月。2016 年 8 月，日本通过了规模为 28.1 万亿日元的经济刺激计划，这个刺激计划规模仅次于 2008 年和 2009 年，根据日本官方测算，这个计划可以拉动日本实际 GDP 增长约 1.3%。

日本股市从 2016 年 7 月开始回升，结束了近一年时间的调整。进入 2017 年，日本经济延续着温和复苏的态势，这轮经济复苏是全球共同发生的，大概一直持续到 2017 年底。进入 2018 年，日本经济跟随全球经济一起进入经济下行周期，日本股市也开始出现调整。2018 年美国是在一个加息周期中，但日本不是，2018 年 7 月 31 日，日本央行宣布维持超低利率政策不变，引入政策利率前瞻性指引，扩大长期利率政策的弹性，日本央行对货币政策的正常化仍持谨慎态度。

2019 年 8 月以后，美联储开始"预防性降息"，这引发了全球性的流动性宽松，出现了全球各类资产价格普涨，包括原油、黄金、股市、债券价格在 2019 年统统上涨，日本股市也开始反弹回升。2019 年 10 月，日本政府如期提高消费税率到 10%，这一次对股市影响不大，因为 2019 年下半年的股市行情本来就是在经济下行周期中开始的，此时由消费税对经济周期的冲击被股市忽略了。2020 年 2 月，新冠肺炎疫情在全球开始蔓延，引发日本股市暴跌，3 月以后，各国政府纷纷采取了史无前例的货币宽松刺激政策，股市开始大幅反弹上涨。

回首 2012～2020 年这段时间，应该说日本股市已经走出了 1990 年日本泡沫破灭后"失去的二十年"，这九年间东证指数累计上涨 148%，年化涨幅 10.6%（见图 5-19），应该说收益率表现已经非常不错了，而且股价指数已经突破了 1991 年以后的所有高点，下一个目标可以直指 1989 年底的历史最高位置了。

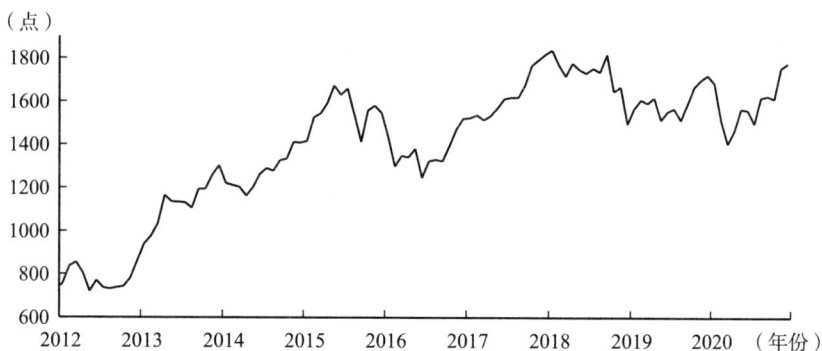

图 5 - 19 2012 ~ 2020 年日本东证指数走势

资料来源：Wind 资讯。

六、泡沫后日本股市行情整体反思

1990 年日本泡沫破灭后的三十年时间里，出现了"失去的十年""失去的二十年""失去的三十年"等各种说法。日经 225 指数在 1989 年底的位置是 38916 点，而到 2020 年底的位置是 27444 点，三十年时间累计下跌近 30%；东证 Topix 指数在 1989 年底的位置是 2881 点，而到 2020 年底的位置是 1805 点，累计跌幅约 37%。这两个指数的走势无疑是"长熊"的，这也是日本股市经常被拿来做反面案例的主要原因。

我们对从 1989 年底日本股市前述指数最高点到 2020 年底这 31 年间的表现，做一个分解，会得到一些有意思的反思。

第一，股市整体的表现是不好，但是没有那么差。因为无论东证 Topix 指数还是日经 225 指数都是不包含股息红利收益的，在 30 年的时间维度看，这部分收益的影响就会很大。我们以个股收益率数据按照公司的市值进行加权，计算得到的全部日本上市公司累计收益率，从 1989 年底高点时到 2020 年底，累计涨幅是 13%，长期看依然是比较糟糕的表现，但是相比下跌 30% 左右还是要好很多。

第二，板块间行情表现分化非常大。从各板块的收益率表现来看（见图 5 - 20），顺周期板块表现普遍较差，金融板块跌幅高达 77%，能源和原材料板块也分别有 55% 和 10% 的跌幅。而科技、消费、医疗保健板块表现是不错的，医疗保健板块涨幅最大达到了 387%，必需消费和信息技术板块也分别有 117% 和 161% 的涨幅。而且这还是与 1989 年底泡沫顶峰时位置相比，如果以后面的时间点作为起算基准，涨幅就更加惊人了。

（%）

图 5-20

387
400
350
300
250
200
161
150
117
108
100
74
50
13   10   21
0
-10
-50
-55   -53
-77
-100
-150

市场 能源 原材料 工业 可选 必需 医疗 金融 信息 电信 公用 房地产
整体   消费 消费 保健   技术 服务 事业

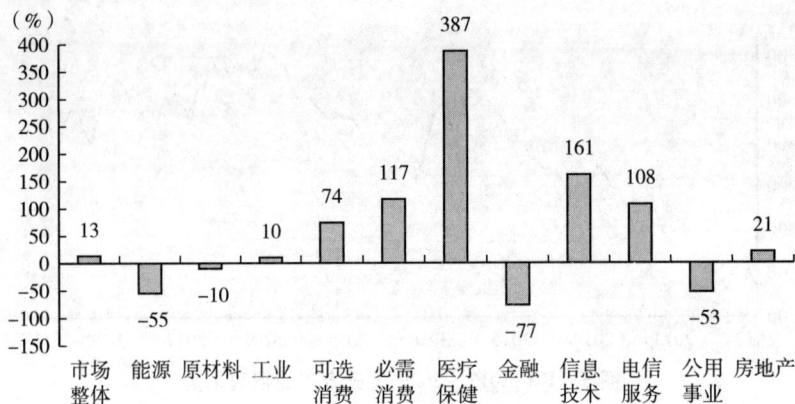

图 5-20 1989 年底至 2020 年底日本股市各行业板块涨跌幅

资料来源：Wind 资讯、彭博。

我们认为，1990 年以后日本股市的起落，究其本质，实际上就是日本经济和产业转型升级的过程。这个转型升级，就是从金融地产为主导的产业模式，最终转向了以消费科技为主导的产业模式。

1989 年底日本股市历史最高位置时，市值最大的上市公司主要包括：日本电报电话、日本兴业银行（金融）、三井住友金融集团（金融）、日本富士银行（金融）、KK 东京三菱银行（金融）、第一劝业银行（金融）、东京电力控股、三和银行（金融）、丰田汽车、野村控股（金融），10 家公司里面有 7 家是金融公司。所以，所谓日本股市 30 多年的下跌，说到底就是金融板块的下跌，而所谓"失去的十年""失去的二十年""失去的三十年"也是针对日本金融地产经济发展模式而言的，读者在后面会看到，丰田汽车、尤妮佳等等这些公司何曾失去过时代。

通过持续的经济转型和产业升级，当前日本股市的上市公司构成已经与 1990 年泡沫破灭前截然不同，从表 5-2 和图 5-4 中可以清晰地看出，当前日本金融地产传统周期性公司的占比已经非常小了，占主导地位的上市公司主要集中在消费、医疗保健、工业制造、信息技术等领域，而且这些公司在全球看是具有核心竞争优势的，应该说这就是过去三十年里日本经济所经历的市场化的供给侧改革。而 2012 年"安倍经济学"的三支箭，犹如一个催化剂，使得日本名义经济增速大幅上行，供给改革与需求回升共振，日本股市开始了新的时代。

第三节　日本股市板块结构特征

一、日本股市板块轮动整体概况

回顾过去几十年日本股市的板块表现，总体上呈现如下特征：

从 1975～1985 年"广场协议"前，得益于当时日本出口的全球竞争优势，日本的制造业企业股市表现领先，其中尤其以电器行业股票股价表现最好，这个阶段电器行业指数累计涨幅将近 6 倍。涨幅领先的公司包括像安藤电机（Ando Electric）、日电（Nec Infrontia Corporation）、松下电工（Matsushita Kotobuki）、广濑电机（Hirose Electric）、九州松下（Kyushu Matsushita）、日本胜利公司（Victor Company of Japan）等，在这个阶段中股价涨幅都超过了 20 倍。

1985 年"广场协议"后，日本土地价格飙升、日元大幅升值、外资大幅流入日本市场，从 1985 年到 1989 年底股市顶点，日本股市金融股表现大放异彩。这段时间里金融股股价充分得益于房地产市场的繁荣，1990 年之后日本股市和房地产泡沫破灭，金融股表现长期不佳。

1990 年之后，日本经济开始转型，股市结构表现也发生了巨大变化，此前与经济高速增长密切相关的周期、金融板块，总体上开始淡出视野，取而代之的是消费、科技、医疗保健等经济转型方向品种。1990～2000 年，日本股市表现最好的是必需消费、可选消费、信息技术，其中信息技术板块也在 1998～2000 年互联网泡沫期间出现大幅上涨。而日本股市医疗保健板块更是从 1997 年左右开始，开启了"长牛"行情。

2000 年互联网泡沫破灭后，2001 年全球经济衰退，从 2002 年开始一直到 2007 年全球金融危机之前，得益于中国经济的快速崛起，全球经济连续多年持续繁荣名义经济增速较高。这段时间内，日本的周期性行业板块（能源、原材料、工业等）、金融板块都取得了超额收益。

2008 年金融危机之后，周期金融板块表现再度暗淡，取而代之的依然是消费、医疗保健、科技，这其中，2008～2016 年日本股市必需消费板块表现显著领先，2016 年之后至 2020 年日本股市信息技术板块表现较好，而医疗保健板块则始终有超额收益，呈现出"长牛""慢牛"走势。

1986～2020 年日本股市行业板块收益表现轮动情况见表 5－3。

表 5－3　　　　　　　　1986～2020 年日本股市行业板块超额收益表现汇总

年份	能源	原材料	工业	可选消费	必需消费	医疗保健	金融	信息技术	电信服务	公用事业	房地产
1986～1988	×	×	×	×	×	×	√	×	×	×	√
1989～1990	√	√	√	√	√	×	×	√	×	×	×
1991～1992	√	×	×	√	√	√	×	√	×	√	×
1993～1994	×	×	×	√	√	×	×	√	×	×	×
1995～1996	×	×	√	√	√	√	×	√	√	×	×
1997～1998	×	×	×	√	√	√	×	√	√	√	×
1999～2000	×	×	×	√	×	√	√	√	√	×	×
2001～2002	√	√	√	×	×	×	×	×	×	√	√
2003～2004	√	√	√	×	×	×	√	×	×	×	√
2005～2006	√	√	√	×	×	×	√	×	×	×	√
2007～2008	√	√	√	×	√	×	×	×	√	√	×
2009～2010	×	√	×	√	√	×	×	√	×	×	√
2011～2012	×	×	×	√	√	√	×	√	×	×	√
2013～2014	×	×	×	√	√	√	√	√	√	×	×
2015～2016	×	×	×	√	√	√	×	√	√	×	×
2017～2018	√	×	√	√	√	√	×	√	√	×	×
2019～2020	×	×	√	×	×	√	×	√	√	×	×

注："√"表示在这一时间段该板块表现明显好于市场整体，"×"表示板块表现明显跑输市场整体，灰色阴影表示板块有持续超过 5 年的超额收益表现。

资料来源：Wind 资讯、彭博。

二、日本股市必需消费板块行情特征

截至 2020 年底，日本股市可选消费和必需消费两个行业板块合计市值接近 19000 亿美元，占全部日本上市公司总市值比重约 27%，是第一大权重板块。

从日本股市消费板块的上市公司构成来看，必需消费板块中包括了一大批中国读者耳熟能详的消费品牌公司。其中，市值排第一的是日本烟草（Japan Tobacco），公司是目前日本唯一的烟草专卖公司，截至 2020 年底总市值 403 亿美元。市值排第二的是花王公司（Kao），公司成立于 1887 年，是日本知名的日用品品牌，总市值 368 亿美元。排第三的是著名的便利店连锁公司 7-Eleven（上市公司名称是 Seven & I Holdings），总市值 311 亿美元。排第四的是永旺（Aeon），大型跨国零售集团，总市值 283 亿美元。排第五的是尤妮佳（Uni‑Charm），著名的日用品公司，总市值 280 亿美元。必需消费板块截至 2020 年底总市值在 100 亿美元以上的公司还包括：资生堂（Shiseido，化妆品公司）、麒麟（Kirin，啤酒公司）、朝日（Asahi，啤酒公司）、龟甲万（Kikkoman，调味品公司）、味之素（Ajinomoto，调味品公司）、三得利（Suntory，软饮料公司）、明治（Meiji，食品公司）、高丝（Kose，化妆品公司）。其他大市值日本股市必需消费板块公司见表 5－4，这里面几乎都是著名的消费品牌。

表 5－4　　　2020 年底日本市值最大的 30 家必需消费公司市值与估值情况

公司名称	细分行业	市值（亿美元）	市盈率（倍）	公司名称	细分行业	市值（亿美元）	市盈率（倍）
日本烟草	烟草	403	11	养乐多	包装食品	85	26
花王	个人用品	368	26	神户物产	食品零售	83	77
7-Eleven	食品零售	311	15	威尔树	药品零售	78	42
永旺	超级市场	283	175	狮王	家庭用品	72	37
尤妮佳	家庭用品	280	52	鹤羽药妆	药品零售	70	26
资生堂	个人用品	273	43	中京药品	药品零售	64	35
麒麟	啤酒	213	31	伊藤忠商事	软饮料	56	40
朝日	啤酒	206	14	东洋水产	包装食品	53	29
龟甲万	包装食品	133	52	芳珂	个人用品	51	55
味之素	包装食品	123	137	贝亲	家庭用品	50	41
三得利	软饮料	108	16	日清制粉	包装食品	48	20
明治	包装食品	106	20	太阳药妆	药品零售	47	19
高丝	个人用品	102	32	罗森	食品零售	46	17
小林制药	个人用品	99	56	松本药铺	药品零售	46	18
日清食品	包装食品	90	53	宝丽	个人用品	46	160

资料来源：Wind 资讯、彭博。

从行业板块的股价表现来看，必需消费和可选消费板块总体上都是长期跑赢大盘的，特别是必需消费板块，长期表现非常好，目前的位置已经远超 1989 年日经 225 指数和 Topix 东证指数最高点时的水平。特别是 2008 年金融危机以后，日本股市的必需消费板块走出了一波大牛市行情，这与"安倍经济学"之后日本经济走出通缩有很大关系，从相关的宏观数据中可以看到，2012 年以后日本的物价开始回升，居民收入结束了此前长期的下降趋势。

从 2011 年初到 2020 年底这十年间，日本股市必需消费板块的整体累计收益率 234%，要明显好于市场整体，可选消费板块的整体累计收益率是 163%，与市场整体基本持平。从消费板块内部的细分行业来看，过去十年涨幅领先的包括：休闲设施、家居零售、药品零售、家庭用品、个人用品等。

日本股市必需消费板块的历史超额收益轨迹见图 5 – 21。

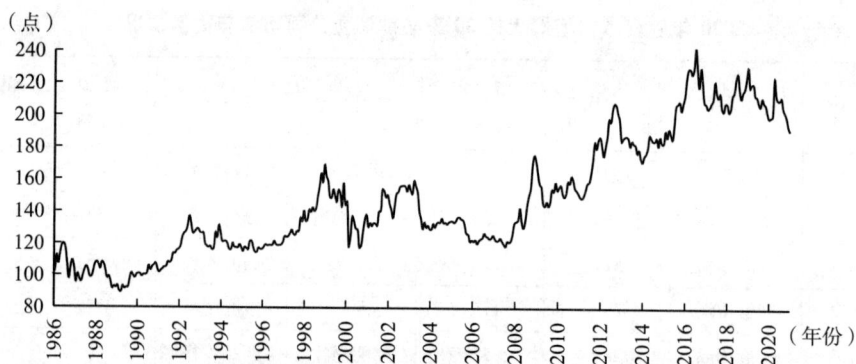

图 5 – 21　1986～2020 年日本股市必需消费板块超额收益走势

资料来源：Wind 资讯、彭博。

个股表现来看，从 2011 年初到 2020 年底这十年间，日本股市消费股的赚钱效应是非常突出的。可选消费板块中，涨幅 10 倍以上的公司有 16 个，涨幅在 5～10 倍的公司有 43 家。必需消费板块中，涨幅 10 倍以上的公司有 12 个，涨幅 5～10 倍的公司有 20 家。这里值得一提的是，因为包括互联网零售、休闲服务等新兴消费品总体都是归类到可选消费板块的，所以包括英国、德国、美国等在内的西方国家过去十年消费板块的个股赚钱效应，主要集中在可选消费这里，必需消费总体上个股赚钱效应是不强的，但是日本的必需消费板块过去十年的个股赚钱效应是明显要好于其他发达资本主义国家股市同行的，这主要得益于包括药妆商店在内的专业型零售公司的股价表现。

从消费板块个股表现的行情特征来看，过去十年间，日本股市大消费板块股价表现较好的大致有三类：

一是专业零售类公司，特别是一大批的药品零售公司，包括神户物产（食品零售商超公司，过去几年席卷日本市场，股价十年累计上涨65倍）、威尔榭（药品零售，过去十年累计上涨17倍）、中京药品（药品零售，过去十年累计上涨10倍）、鹤羽药妆（药品零售，过去十年累计上涨7.7倍）等。药妆商店俨然已经成为海外游客去日本旅游的一道新的风景线。

二是家庭和个人用品公司。其中，一些涨幅较大的龙头公司包括高丝（化妆品生产厂商，过去十年累计上涨8.5倍）、芳珂（生产美容和健康食品，过去十年累计上涨7.5倍）、小林制药（过去十年累计上涨6.6倍）、狮王（日本著名的日化公司，过去十年累计上涨5.4倍）等。从这些涨幅较大的公司业务中可以明显看出，化妆品包括前述的药妆零售，毫无疑问是过去十多年中日本表现最出色的消费品。所以说，时代发展的趋势是共同的，过去几年A股市场化妆品公司股价表现好，其实是一个普遍特征，日本股市、美国股市都出现了类似的行情。

三是娱乐性质的休闲产品和休闲服务。涨幅较大的龙头公司包括万代南梦宫（著名的游戏公司，过去十年累计上涨12倍）、东方乐园（迪士尼公司在日本的授权运营商，过去十年累计上涨8.6倍）、雅马哈（日本著名的乐器生产企业，过去十年累计上涨6倍）等，做捕鱼设备的禧玛诺公司过去十年股价也有5.5倍的涨幅。

从过去十多年日本消费和消费品公司表现的历史经验来看，呈现出两个特点：

一是日本消费从大众化消费转向了个性化消费。这其中可以非常明显地看到，衣食住行等传统消费增长空间有限，代表性的上市公司股价表现一般，日本市值最大的丰田汽车过去十年股价累计上涨约2.2倍，略跑赢市场整体但明显落后于消费板块表现。而以化妆品为代表的新消费，则表现非常好，消费已经从生存需求完全转向了对生活品质的追求。

二是不少日本消费品公司走向国际开始了品牌出海。典型的如尤妮佳公司，2000年时其海外营收占比仅为9.8%，而到2015年其海外营收占比已经超过60%，过去十年尤妮佳公司股价累计上涨3.9倍。还有我们中国读者非常熟悉的迅销公司（优衣库），海外营收占比也是持续提升，过去十年股价累计上涨6.9倍。

此外对于日本股市消费板块，还有一个特别值得讨论的问题，就是利率对估值的影响问题。从财务估值模型中我们知道，对于盈利稳定的企业，如果利率持续下降，公司的估值会不断提升，当利率趋向于零时，企业估值理论上有可能趋向于无穷大。

但利率也是经济活动的结果，往往我们会看到利率下降时，企业盈利也会随之下降，这使得我们无法识别出利率变化的影响。

而日本消费板块则是一个很好的学习案例，一方面消费品公司的盈利相对稳定，另一方面众所周知日本长期处于零利率甚至负利率的环境。从事实来看，日本消费股板块的市盈率并没有因为零利率持续攀升，而是总体相对稳定（见图5-22），前述利率不断下降、估值无限提升的逻辑，得不到经验的支持。实际上，从前述对过去十年日本股价表现较好的消费品公司总结中也可以清晰看到，股价表现好的公司都是自身的"新产品""新模式"，能够符合日本经济发展和居民需求的内在规律，更多的是一个成长的逻辑，并不是简单的利率下行估值抬升逻辑。

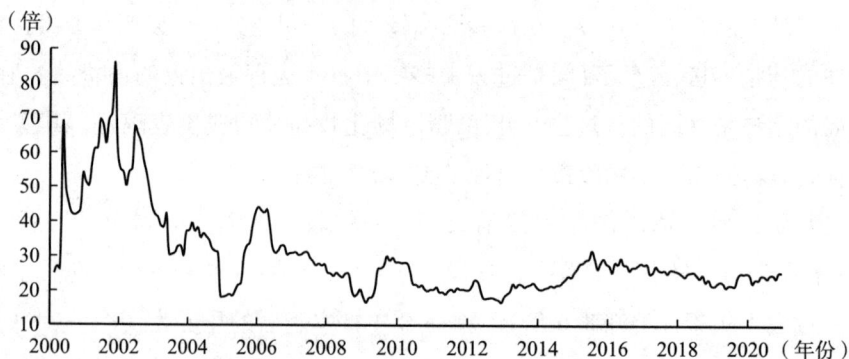

图5-22　2000～2020年日本股市必需消费板块市盈率走势

资料来源：Wind资讯、彭博。

三、日本股市可选消费板块行情特征

日本股市可选消费板块公司相比必需消费板块公司，龙头公司市值普遍要更大一点。市值最大的公司是丰田汽车（Toyota Motor），全球最大的汽车制造企业之一，截至2020年底总市值2488亿美元，也是日本股市市值第一的公司。市值排第二的是索尼集团（Sony），全球著名的家电和消费电子公司，总市值1243亿美元。排第三的是迅销公司（Fast Retailing），日本的零售控股公司，旗下品牌包括知名的优衣库（UNIQLO），总市值940亿美元。排第四的是东方乐园（Oriental Land），公司是迪士尼公司在日本的授权商，拥有并运营东京迪士尼度假区和日本地区的迪士尼专卖店，总市值594亿美元。排第五的是本田汽车（Honda Motor），日本另一家著名的汽车制造企业，总市值499亿美元。除此以外，可选消费板块截至2020年底总市值200亿

美元以上的公司还包括：日本电装（Denso，汽车零部件企业）、松下（Panasonic，家电消费电子公司）、丰田工业（Toyota Industries，汽车零部件公司）、尼达利（Nitori，家居零售公司）、普利司通（Bridgestone，全球著名的轮胎企业）、日产汽车（Nissan Motor，汽车制造企业）、铃木汽车（Suzuki Motor，生产汽车和摩托车）、禧玛诺（Shimano，主要生产自行车部件和捕鱼设备）。其他大市值日本股市可选消费板块公司见表5-5。可选消费板块中汽车制造和汽车零部件行业的占比明显较大，相比而言，必需消费板块与我们通常认为的消费属性关联度更大。

表5-5　　2020年底日本市值最大的30家可选消费公司市值与估值情况

公司名称	细分行业	市值（亿美元）	市盈率（倍）	公司名称	细分行业	市值（亿美元）	市盈率（倍）
丰田汽车	汽车制造	2488	14	泛太平洋国际	百货商店	145	37
索尼集团	消费电子	1243	15	积水房屋	房屋建造	138	10
迅销公司	服装零售	940	60	日本乐天	电商零售	129	8
东方乐园	休闲设施	594	69	小糸制作所	汽车零部件	108	16
本田汽车	汽车制造	499	10	光通信	电子零售	108	19
日本电装	汽车零部件	463	20	雅马哈	休闲用品	106	26
松下	消费电子	280	11	住友电工	汽车零部件	104	11
丰田工业	汽车零部件	256	17	积水化学	房屋建造	89	15
尼达利	家居零售	237	37	爱信精机	汽车零部件	87	12
普利司通	轮胎橡胶	231	9	五十铃汽车	汽车制造	80	9
日产汽车	汽车制造	226	17	夏普	消费电子	80	17
铃木汽车	汽车制造	225	19	ZOZO	电商零售	75	44
禧玛诺	休闲用品	214	44	雅马哈发动机	摩托车制造	71	8
万代南梦宫	休闲用品	190	31	USS公司	汽车零售	63	26
斯巴鲁	汽车制造	152	9	林内	家庭用具	59	31

资料来源：Wind资讯、彭博。

可选消费板块的超额收益曲线没有必需消费板块那么漂亮，但从长期来看也是不错的，总体是长期跑赢大盘的（见图5-23）。不过可选消费板块内部不同公司分化极大，比如汽车零部件公司和纺织服装公司，在大类行业分类中都被归到了可选消费，但两者差异性还是很大的。因此，类似工业板块，可选消费板块特别容易出现

"板块没行情、个股有机会"的情况。2003 年以后的日本股市可选消费板块，基本就是这样一个情况，行业指数整体与大盘基本走平，既没有明显的超额收益，也没有明显跑输大盘，但个股表现非常精彩。

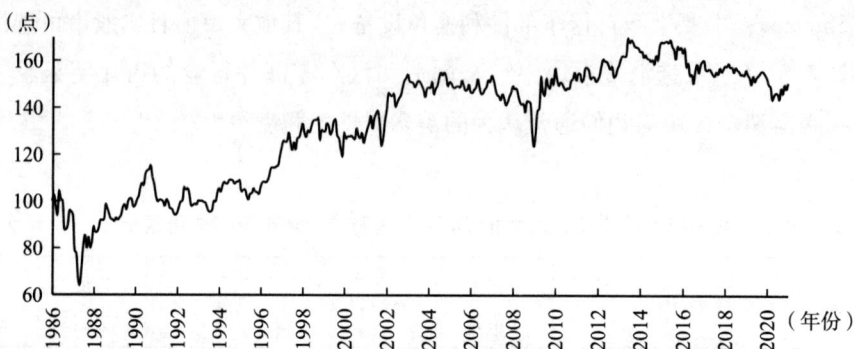

图 5 – 23　1986 ~ 2020 年日本股市可选消费板块超额收益走势

资料来源：Wind 资讯、彭博。

可选消费板块的一些行情特征包括休闲娱乐等行业过去十年股价表现较好，在前面已经讨论。除此之外，这里我们着重再讨论一下日本股市可选消费板块中市值最大的两家公司，丰田汽车和索尼集团的长期股价表现，这两家公司也是中国读者耳熟能详的知名企业。

图 5 – 24 报告了丰田汽车公司 1975 年初至 2020 年底的长期股价走势。毫无疑问，丰田汽车是一个长期的大牛股，而且因为涨的时间太长涨幅太大，已经到了用股价绝对数作图会失真的情况①。因而图 5 – 24 中我们采用了自然底数的对数坐标，请读者留意。对数坐标的含义是，坐标数值每上升 1，比如从 2.5 上升至 3.5 或者从 3.5 上升至 4.5，对应的股价是从 1 元上升至 2.718 元左右（2.718 是自然底数 e 的近似值）。反之，如果对数坐标从 4.5 回落至 3.5，对应的是股价下跌大约 63%，即从 2.718 元跌至 1 元。对于丰田汽车公司，从 1975 年初到 2020 年底，45 年时间里股价累计涨幅约 97 倍，复合年化收益率约 10.7%，是一个典型的"长牛""慢牛"走势。丰田汽车股价上涨速度最快的时期是 1975 ~ 1989 年，这段时间里公司股价涨幅约 15

① 这种失真体现在，比如一个股票第一个十年是从 100 元上涨至 1000 元，涨幅是 9 倍，第二个十年是从 1000 元上涨至 3000 元，涨幅是 2 倍。但是由于前面股价绝对数低，股价绝对额上涨只有 900 元，而后面绝对额上涨是 2000 元，在这样的股价图中，就会显得股价涨幅主要集中在第二个十年，而且越是随着时间推移，前面第一个十年的十倍就会在股价图中显示成几乎一根水平线，完全无法看出早期曾经有过这么巨大的涨幅。

倍1977年开始一直到1989年丰田汽车公司股价虽然大幅上涨但确是明显跑输大盘的。丰田的股价真正获得超额收益是在1990年日本泡沫破灭以后，此后几十年公司股价基本上是有持续的超额收益的。从丰田汽车公司股价的例子中，也可以看到所谓的"泡沫"是特定时期里对特定资产的，并不具有很强的普适意义，1990年日本泡沫的破灭只是日本房地产和金融泡沫的破灭，而读者在图5-24中如果不特别提示是完全看不出1990年曾经发生过这样的泡沫破灭的。事实上，即使从1989年底日本股市泡沫最顶点算起到2020年底，丰田公司的股价依然有累计5.4倍的涨幅，复合年化收益率约6.2%。

图5-24 1975~2020年丰田汽车股价与超额收益走势

资料来源：Wind资讯、彭博。

另一家可选消费龙头公司索尼公司的股价走势，则完全是另一番景象（见图5-25）。公司股价完完全全可以用大起大落来形容，从1975年初到1989年底日本经济泡沫顶点时，索尼公司股价累计涨幅约6倍，这并不是公司股价涨幅最大的时刻。索尼公司股价涨幅最疯狂的时刻，是在2000年全球"互联网泡沫"浪潮中，在2000年前后公司股价大起大落走出了一个非常尖的倒"V"形走势，同样读者在图5-25的索尼公司股价中也看不出1990年日本泡沫破灭有多大影响。索尼公司的股价从2000年初见顶后要一直回落到2012年底，2013年以后随着移动互联网和新一代信息技术的崛起，公司股价再度大幅上涨。从索尼公司的股价走势中，实际上可以感受的一个很重要的问题，就是科技股股价走势其实才是周期波动的，受每一轮自下而上科技变革的驱动，而周期股的股价走势其实长期看并不"周期"。

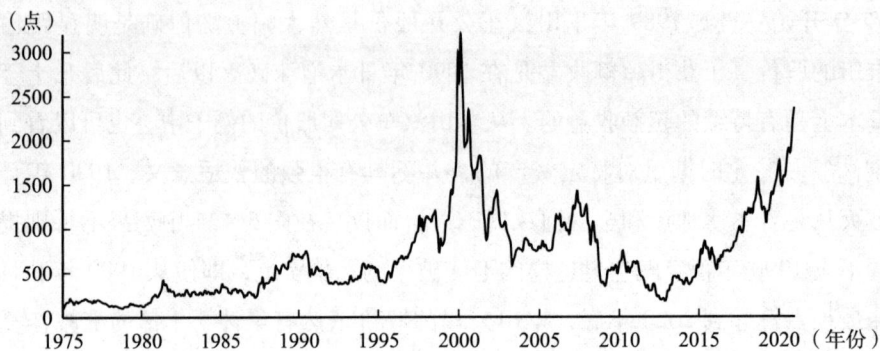

图 5 - 25　1975 ~ 2020 年索尼公司股价走势

注：以 1975 年 1 月为 100。

资料来源：Wind 资讯、彭博。

四、日本股市金融板块行情特征

说起 1990 年以后的日本经济和日本股市，总给人一种不是太好的印象，因此才有了"失去的十年""失去的二十年"这样的提法，而且从股价指数来看，宽基指数东证指数（Topix）和日经 225 指数截至 2020 年底确实也都没有超过 1989 年高点的位置，历经三十多年股指依然无法创新高，也确实说明了问题。

从板块结构上看，过去三十年中，拖累日本股市的罪魁祸首就是金融股的股价表现。1989 年日本泡沫顶点时，日本股市中金融板块市值占比最大，市值最大的龙头上市公司一多半是金融公司。而 1989 年之后，形势彻底逆转，金融股表现一路跑输大盘，三十多年中走出了长熊的走势（见图 5 - 26）。这个过程中间，只有大概 2003 ~ 2006 年这段时间中金融板块有阶段性的超额收益，这主要是得益于中国经济快速崛起，全球经济繁荣名义经济增速较高。在图 5 - 26 中的这根曲线上，要去博弈向上的拐点，恐怕需要投资者极大的勇气和耐心。

日本股市金融股长期表现不佳，笔者认为背后的核心原因在于房地产泡沫破灭后，金融行业的信用扩张出现了问题，体现在数据上就是无论央行如何放水货币刺激，M2 始终起不来，货币乘数不断下降。换言之，央行投放的流动性，主要集中在了金融系统中，而无法通过商业银行的信用扩张流向居民和企业的实体经济，也就是出现了所谓的"流动性陷阱"。我们看到，在 20 世纪 70 ~ 80 年代，日本的 M2 同比增速大概在 10% ~ 15% 之间波动，而 1990 年泡沫破灭后一直到 2020 年新冠肺炎疫情前，日本的 M2 同比增速始终都在 5% 以下（见图 5 - 27）。

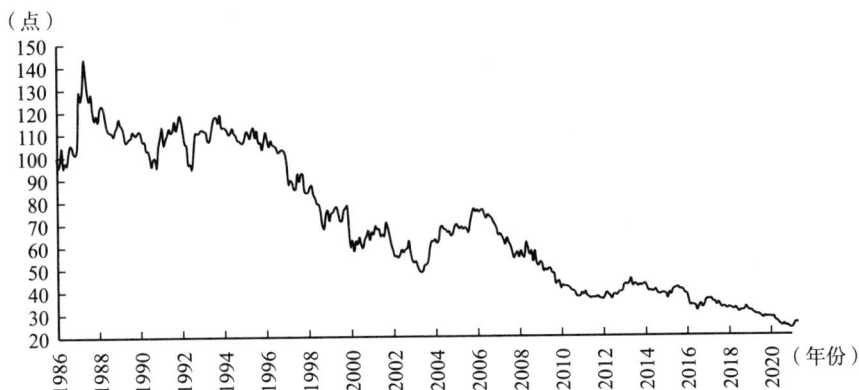

图 5 - 26　1986~2020 年日本股市金融板块超额收益走势

资料来源：Wind 资讯、彭博。

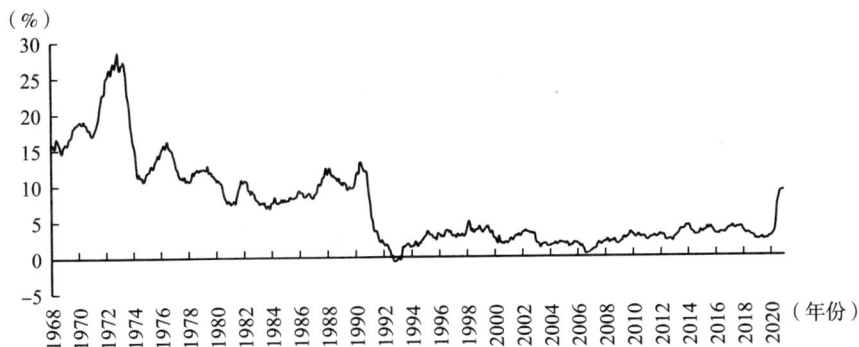

图 5 - 27　1968~2020 年日本 M2 同比增速走势

资料来源：Wind 资讯。

信用扩张受阻、M2 同比增速低，这一方面导致了金融企业的资产规模增速很低，另一方面导致了利率不断降低，日本甚至出现了零利率和负利率情况，对金融企业更加是雪上加霜。信贷和 M2 增速低的背后，我们认为深层次的原因是以银行为主体的间接融资金融系统，在离开房地产之后，无法找到合适的信用扩张渠道。这个问题不光是日本的问题，我们看到，美国股市金融板块在 1992~2006 年房地产向上大周期时，股价表现也是非常好，银行股估值较高，但是次贷危机之后没有了地产周期，金融股表现也是持续跑输大盘。中国的情况也是这样，2010 年之后中国的 M2 同比增速持续回落，房地产周期见顶后，银行板块估值一直在创新低的过程中，股价表现持续跑输大盘。

截至 2020 年底，日本股市金融板块中市值最大的公司包括：三菱日联金融集团（Mitsubishi UFJ Financial Group），由三菱东京金融集团（MTFG）和日联控股（UFJ Holding）合并而来，是目前日本最大的金融机构；三井住友金融集团（Sumitomo Mitsui Financial Group），一家日本金融控股公司，旗下包含三井住友银行、三井住友租赁、三井住友信用卡公司、日本综合研究所等子公司；日本邮政银行（Japan Post Bank）由日本政府于 1871 年设立，是历史上日本政策性金融的重要资金来源，日本邮政储蓄曾是日本乃至全世界存款规模最大的金融机构；东京海上控股（Tokio Marine Holdings）创建于 1879 年，是日本规模最大、历史最悠久的财产保险公司；日本邮政控股公司（Japan Post Holdings），是民营化后日本邮政集团的核心法人；瑞穗金融集团（Mizuho Financial Group），是在 2000 年由第一劝业银行（The Dailchi Kangyo Bank）、富士银行（The Fuji Bank）、日本兴业银行（The Industrial Bank of Japan）合并组成，成立时曾一度成为世界最大的金融集团。这几家公司 2020 年底时的总市值都在 300 亿美元以上。其他金融板块的大市值公司见表 5－6。日本大型银行的估值水平当前也很低，截至 2020 年底时市净率普遍大约在 0.4 倍左右。

表 5－6　　　　　　　2020 年底日本市值最大的 20 家金融公司情况　　　　单位：亿美元

公司名称	细分行业	市值	公司名称	细分行业	市值
三菱日联金融集团	综合性银行	594	日本财产保险	财产与意外伤害保险	149
三井住友金融集团	综合性银行	420	日本交易所集团	金融交易所	135
日本邮政银行	综合性银行	365	三井住友信托控股	综合性银行	114
东京海上控股	财产与意外伤害保险	357	日本邮政保险	人寿与健康保险	114
日本邮政控股公司	人寿与健康保险	346	东京世纪公司	特殊金融服务	96
瑞穗金融集团	综合性银行	318	理索纳银行	区域性银行	80
欧力士集团	其他综合性金融服务	199	大和证券集团	投资银行业与经纪业	77
MS&AD 保险集团	财产与意外伤害保险	179	T&D 控股	人寿与健康保险	74
第一生命控股	人寿与健康保险	178	Acom 公司	消费信贷	67
野村控股	投资银行业与经纪业	169	思佰益控股	投资银行业与经纪业	57

资料来源：Wind 资讯、彭博。

　　前述这几家市值较大的日本金融公司中，从 2011 年初到 2020 年底十年间，股价表现总体上都不算太好。市值最大的 5 家公司，三菱日联金融集团、三井住友金融集团、日本邮政银行、东京海上控股、日本邮政控股公司，过去十年的累计收益率分别是：44%、65%、－42%、198%、－49%，这里面只有东京海上控股股价表现略好于市场整体，其余公司均显著跑输大盘，有两家公司股价甚至是大幅下跌的。

过去十年间，金融板块涨幅领先的多数是一些特别小的公司，市值相对较大公司中股价表现好的有：日本交易所集团（Japan Exchange Group），由东京证券交易所、大阪交易所、东京商品交易所等构成，十年间股价涨幅约 739%；东京盛世利（Tokyo Century Corporation），业务主要包括融资租赁等，十年间股价涨幅约 684%；Acom 公司，业务主要包括消费信贷等，十年间涨幅 349%。

五、日本股市科技板块行情特征

日本股市科技板块截至 2020 年底，信息技术和电信服务这两个行业加起来合计市值约 16000 亿美元，在全部日本上市公司中总市值占比约 24%，是一个非常重要的行业板块。

信息技术行业中，总市值最大的是基恩士公司（Keyence），成立于 1974 年，公司是一家多元化的工业自动化企业，产品主要包括传感器、测量系统、激光刻印机、显微系统等，截至 2020 年底总市值约 1352 亿美元。市值排第二的是村田制作所（Murata Manufacturing），成立于 1944 年，是全球领先的电子元器件制造商，总市值约 604 亿美元。排第三的是东电电子（Tokyo Electron），成立于 1963 年，是一家半导体设备制造企业，总市值约 578 亿美元。除了这三家总市值 500 亿美元以上的公司外，日本信息技术板块市值较大的公司还包括：富士通（Fujitsu，信息通信技术企业）、佳能（Canon，全球领先的影像生产企业）、京瓷（Kyocera，生产技术陶瓷电子元器件）、野村综合研究所（Nomura Research Institute，一般简称 NRI，是日本著名的研究机构和智囊团体）等。而松下、索尼、东芝等消费电子类公司，由于其业务特征行业分类被归在了可选消费中，因此总体看日本股市科技板块还是很强的。其他大市值日本信息技术板块公司见表 5－7。

表 5-7 　　　　　　　　2020 年底日本市值最大的 30 家信息技术公司情况 　　　　　单位：亿美元

公司名称	细分行业	市值	公司名称	细分行业	市值
基恩士	电子设备制造商	1352	NEC 公司	信息科技咨询	145
村田制作所	电子元器件	604	迪思科公司	半导体设备	120
东电电子	半导体设备	578	岛津公司	电子设备制造商	114
富士通	信息科技咨询	292	Lasertec 公司	半导体设备	109
富士胶片	科技硬件存储设备	268	日立高科技	电子设备制造商	99
佳能	科技硬件存储设备	253	大冢科技	信息科技咨询	99
京瓷集团	电子元器件	229	GMO 支付	数据处理外包服务	99
野村研究所	信息科技咨询	227	罗姆公司	半导体产品	93
Obic 公司	信息科技咨询	198	滨松光子学	电子元器件	85
TDK 公司	电子元器件	193	伊藤忠技术	信息科技咨询	80
NTT 数据	信息科技咨询	190	趋势科技	系统软件	78
欧姆龙	电子元器件	182	阿自倍儿	电子设备制造商	65
瑞萨电子	半导体产品	179	揖斐电	电子元器件	63
日本甲骨文	系统软件	165	日本胜高	半导体设备	60
爱德万测试	半导体设备	148	太阳诱电	电子元器件	59

资料来源：Wind 资讯、彭博。

日本电信服务板块公司数量虽然不算多，但是大市值公司真不少，总市值 500 亿美元以上的公司就有 5 家，比信息技术板块还多。其中，市值最大的是著名的软银集团（SoftBank Group），截至 2020 年底总市值 1614 亿美元，是全部日本上市公司中仅次于丰田汽车市值第二大公司，软银集团的传统业务是电信业务，但更为市场所熟知的是其作为一家综合性的风险投资公司的存在，软银集团过去 20 多年里投资了全球大量的科技公司。电信服务板块中市值排第二的是日本电报电话公司（Nippon Telegraph & Telephone），是日本最大的电信服务企业，总市值 989 亿美元。排第三的是日本著名的电子游戏公司任天堂（Nintendo），总市值 831 亿美元。排第四的是凯迪迪爱（Kddi），也是一家老牌的电信运营商，总市值 677 亿美元。排第五的是软银电信（SoftBank Corporation），这是 2018 年 12 月 19 日，软银集团将其旗下移动通信业务子公司独立上市的主体。其他大市值日本电信服务板块公司见表 5-8。

表 5 - 8　　　　　　　2020 年底日本市值最大的 20 家电信服务公司情况　　　　单位：亿美元

公司名称	细分行业	市值	公司名称	细分行业	市值
软银集团	无线电信业务	1614	电通集团	广告	85
日本电报电话	综合电信业务	989	光荣特库摩	互动家庭娱乐	78
任天堂	互动家庭娱乐	831	东宝公司	电影和娱乐	78
凯迪迪爱	无线电信业务	677	科乐美公司	互动家庭娱乐	75
软银电信	无线电信业务	593	史克威尔公司	互动家庭娱乐	73
Z 控股	互动传媒与服务	289	Kakaku. com	互动传媒与服务	56
Nexon 公司	互动家庭娱乐	270	博报堂控股	广告	53
连我公司	互动传媒与服务	125	东京放送控股	广播	30
卡普空公司	互动家庭娱乐	87	日本电视控股	广播	28
赛博代理人	广告	86	角川书店	出版	25

资料来源：Wind 资讯、彭博。

过去三十年中，日本的科技股整体表现呈现出很明显的周期属性，出现过两轮幅度较大的行情，一是跟随当时全球的互联网浪潮，从 1994～2000 年的大行情，这波行情时间长且幅度极大；二是从 2013～2020 年，在全球移动互联网、大数据、云计算等科技产业变革中，产生了新的一轮科技股大行情（见图 5 - 28）。整体看日本科技股超额收益的走势和时间，与全球其他主要股市相一致。

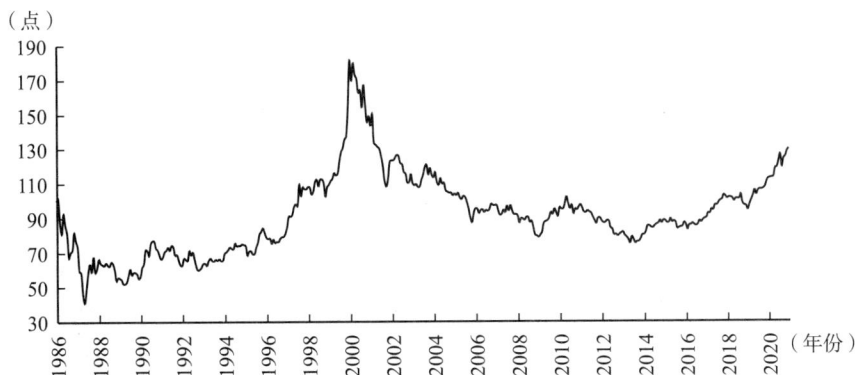

图 5 - 28　1986～2020 年日本股市信息技术板块超额收益走势

资料来源：Wind 资讯、彭博。

在第一轮全球互联网浪潮中，日本科技股表现较好的细分行业是 IT 服务、计算机设备、半导体等。以涨幅最凌厉的时间段 1996 年 7 月到 1999 年 12 月计算，这三年半时间里，涨幅较大的龙头公司包括：东京精密（半导体设备公司，涨幅 9.8 倍）、松下通信工业公司（通信设备公司，涨幅 8.9 倍）、特思尔大宇宙（数据处理公司，涨幅 8.8 倍）、爱德万测试（半导体设备，涨幅 6.9 倍）、NTT 数据（IT 服务公司，涨幅 6.6 倍）等。

金融危机以后的本轮科技股行情，主要驱动力是移动互联网、大数据、云计算、人工智能的快速普及发展。从 2011 年初到 2020 年底，日本股市信息技术和电信服务板块的累计收益率分别为 253% 和 276%，均明显好于市场整体。从板块内部细分行业来看，过去十年涨幅领先的主要是：数据处理与外包服务、互联网服务与设施、电子设备制造商、半导体设备等。

个股表现来看，日本股市科技板块过去十年也是牛股辈出，根本不是什么所谓的"失去的三十年"景象。十年间日本股市信息技术板块涨幅超过 10 倍的公司有 34 家，涨幅在 5 倍到 10 倍间的公司有 54 家。从领涨个股的分布来看，我们总结为一个特征"2B 端"[①]，两个方向"精密仪器材料"和"软件技术服务"。

"精密仪器材料"中有两个典型公司，一个是过去十年间日本科技股涨幅最大的公司雷泰（Lasertec），公司是世界上唯一的一家极紫外光刻（EUV 光刻）制造测试设备企业，使用 EUV 光刻可以使半导体企业生产更加高性能的芯片，这个生产过程对技术工艺要求极高，出现的任何瑕疵都可能会导致芯片报废，而雷泰公司生产的机器就是专门用来寻找 EUV 光刻生产芯片时出现的瑕疵，从 2011 年初到 2020 年底公司股价涨幅达到惊人的 120 倍。另一个典型是基恩士公司，截至 2020 年底是日本信息技术行业市值最大的公司，过去十年公司股价涨幅 10 倍，公司是一个典型的"隐形冠军"类企业，产品多为高技术含量的高精密仪器零部件。而且基恩士公司有一个很特别的地方，就是公司的债务杠杆率特别低，截至 2020 年财报，公司的资产负债率只有不到 5%，这与很多美国上市公司发债回购股票动辄超过 100% 的资产负债率形成鲜明对比。

"软件技术服务"几家涨幅较大的典型公司包括：大冢科技（Otsuka）[②]，成立于1961 年，公司是日本最大的独立 IT 产品销售企业，主要客户是中小企业，业务主要

---

① "2B 端"即"to business"的"对企业商业模式"，与"2C 端"即"to consumer"的"消费者商业模式"相对应。

② 日本股市有两家名称相似的"Otsuka"公司，一家是这里的信息技术板块的 Otsuka Corporation，证券代码 4768，另一家是医疗保健板块的 Otsuka Holdings，证券代码 4578。

分两块，一是商业系统集成，包括出售硬件和软件，营收占比 65%，另一块是系统支持维护服务，营收占比约 35%。过去十年 Otsuka 公司的股价涨幅有 58 倍。日本优利系统公司（Nihon Unisys），这也是一家系统集成公司，过去几年公司业务经历了大幅转型，将重点从传统的软硬件销售转向了信息服务上，包括系统开发、运营维护等，过去十年公司股价涨幅 22.5 倍。Obic 公司，日本 ERP 软件（即 Enterprise Resource Planning，企业资源规划系统）的领军企业，主要业务是开发和销售自家的 ERP 软件并提供后续日常维护，过去十年股价涨幅 13.6 倍。这几家公司还算是市值相对较大的，"软件技术服务"领域还有很多 10 亿美元以下的小市值公司，过去几年中股价均有巨大涨幅。

此外，日本股市电信服务板块中，过去十年涨幅超过 10 倍的公司也有 11 家，涨幅在 5~10 倍的公司有 9 家。这其中几家游戏公司股价均有不错表现，包括一些 80 后中国读者特别熟悉的品牌：卡普空公司（Capcom），出品了包括《街头霸王》等一系列漫画和游戏，过去十年股价涨幅 11.4 倍；光荣特库摩（Koei Tecmo），出品了包括《三国志》《信长之野望》《太阁立志传》《大航海时代》《真三国无双》等在内的众多系列游戏，过去十年股价涨幅 18 倍；科乐美公司（Konami），出品了《魂斗罗》《实况足球》等系列游戏，过去十年股价涨幅 2.9 倍。此外，电信服务板块市值最大的 5 家公司，软银集团、日本电报电话、任天堂、凯迪迪爱、软银电信，过去十年的累计涨幅分别为 519%、295%、297%、221%、428%，也都是明显跑赢大盘的。

总体来看，日本股市科技股板块的长期走势是不错的，目前科技板块指数整体位置要远高于 1989 年底市场泡沫顶点时。相比于其他行业板块，科技行业与传统宏观经济周期关联度不大，行情的驱动力更多是行业本身自下而上的技术变革，过去两轮科技股行情，是在互联网浪潮和移动互联网浪潮大背景下发生的，而且科技股行情具有全球市场共振的特点，不是仅日本一个国家的科技股在涨。此外，在两轮科技浪潮中，我们可以发现，日本其实都不是技术革新的领导者，而更像是一个跟随者。在这个过程中，日本股价表现较好的科技公司，既不像美国当年的思科和现在的谷歌、亚马逊、苹果，也不像中国的互联网巨头等，更多都是细分领域的隐形冠军。

六、日本股市医疗保健板块行情特征

日本股市医疗保健板块截至 2020 年底总市值约 6933 亿美元，市值占比 10% 左右，算是一个中等规模的行业板块。日本医药板块中市值最大的公司是中外制药

（Chugai Pharmaceutical），公司成立于 1925 年，总市值约 885 亿美元。市值排第二的是第一三共公司（Daiichi Sankyo Company），是全球著名的跨国原研制药集团，由原来两家历史悠久的公司第一制药和三共公司合并而成，总市值约 720 亿美元。排第三的是 M3 公司，这是一家主要经营提供医疗信息网站的公司，总市值约 634 亿美元。排第四的是武田制药（Takeda Pharmaceutical），公司创立于 1781 年，历史非常悠久，总市值约 567 亿美元。排第五的是豪雅公司（Hoya Corporation），生产由激光装置到隐形眼镜等光学产品系列，总市值约 514 亿美元。医疗保健板块市值 200 亿美元以上的公司还包括：泰尔茂公司（Terumo Corporation，医疗器械公司）、安斯泰来制药（Astellas Pharma，研发型制药企业）、希森美康（Sysmex Corporation，医疗器械公司）、大冢制药（Otsuka Holdings，日本著名的制药企业）、日本卫材（Eisai，创立于 1941 年的日本制药企业）。相比于其他国家和地区，日本股市医疗保健板块中制药企业占比显著更高，其他大市值医疗保健板块公司见表 5-9。

表 5-9　　　　　　　　　2020 年底日本市值最大的 30 家医疗保健公司情况　　　　　单位：亿美元

公司名称	细分行业	市值	公司名称	细分行业	市值
中外制药	制药	885	参天制药	制药	64
第一三共	制药	720	肽梦想	生物科技	63
M3 公司	医疗保健科技	634	大日本住友制药	制药	58
武田制药	制药	567	大正制药	制药	57
豪雅公司	医疗保健用品	514	久光制药	制药	50
泰尔茂	医疗保健设备	314	日本新药	制药	46
奥林巴斯	医疗保健设备	296	Medipal 控股	保健护理产品经销商	45
安斯泰来制药	制药	284	阿弗瑞萨控股	保健护理产品经销商	43
希森美康	医疗保健设备	249	铃谦公司	保健护理产品经销商	37
大冢制药	制药	236	As One 公司	保健护理产品经销商	35
日本卫材	制药	202	日本光电	医疗保健设备	33
盐野义制药	制药	168	日本宝生物	生物科技	32
小野药品工业	制药	157	JMDC 公司	医疗保健科技	31
协和麒麟	制药	146	JCR 制药	制药	30
朝日科技	医疗保健用品	94	马尼公司	医疗保健用品	29

资料来源：Wind 资讯、彭博。

与金融板块表现截然相反，日本股市医疗保健板块是走出了几十年的"长牛"行情，从 1996～2020 年中间虽然略有波折，总体上是一路跑赢市场整体（见图 5－29）。特别是在金融危机之后，板块还出现了加速上涨的行情特征。从 2011 年初到 2020 年底，这十年间，医疗保健板块累计上涨约 336%，板块年化收益率约 16%，明显好于市场整体。

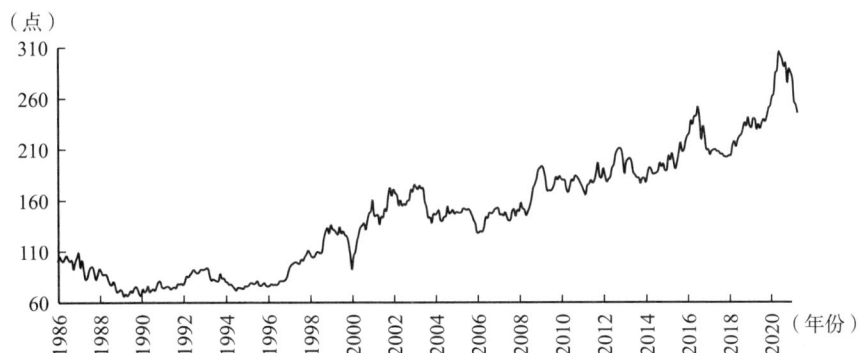

图 5－29　1986～2020 年日本股市医疗保健板块超额收益走势

资料来源：Wind 资讯、彭博。

医疗保健板块"长牛"背后的核心驱动力，是日本人口的老龄化趋势。20 世纪 50 年代日本的老龄人口（65 岁以上人口比重）只有 5% 左右，1985 年老龄人口比重达到了 10%，随后进一步加速上升。从 1955～1985 年，日本社会在 30 年时间里老龄人口比重上升 5%，而从 1985～2015 年第二个 30 年间，日本社会的老龄人口比重从 10.3% 快速上升到了 26.3%（见图 5－30）。

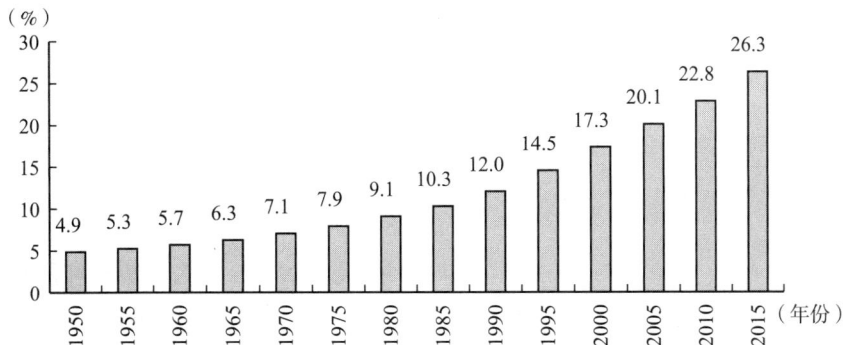

图 5－30　1950～2015 年日本 65 岁以上人口占比变化

资料来源：Wind 资讯。

特别是 1990 年日本泡沫破灭后，日本经济长期处于低增长时期，社会收入和财富分配开始固化，老龄人口一方面对医疗保健有更大的需求，另一方面又掌握了社会的主要财富，能够形成现实的购买力。医疗保健行业有一个其他行业没有的特征，就是越有钱的人对商品的购买能力越强，而同时医疗保健商品和服务对其的使用价值又更大。这是一般消费等普通商品所不具备的，一般商品总有吃饱喝足之时，不会因为消费者富裕了，这个商品对富人的使用价值就更大。

从医疗保健板块内部行情特征来看，从 2011 年初到 2020 年底这十年中，细分行业表现最好的是医疗健康科技行业，这个行业板块中的龙头公司是 M3 公司。M3 这个名字是指 Medicine（医学），Media（媒介），Metamorphosis（改变），M3 公司是日本一家主要经营提供互联网医疗信息的公司，公司为医生等医疗保健专业人员提供临床教育、市场研究、求职招聘等一系列解决方案。过去十年间 M3 公司累计涨幅高达约 59 倍。医疗健康科技行业涨幅主要由 M3 公司贡献，其他股价表现较好的都是一些小市值公司。

细分行业中过去十年股价表现仅次于医疗健康科技的是医疗器械行业，行业整体十年累计涨幅约 487%。其中领涨的龙头公司主要包括：朝日科技（Asahi Intecc，十年累计涨幅约 44 倍）、希森美康（十年累计涨幅约 8.6 倍）、豪雅公司（十年累计涨幅约 7.9 倍）、泰尔茂公司（十年累计涨幅约 3.2 倍），另外有不少中小市值的医疗器械公司股价有不俗的表现。

除了前述两个细分行业，制药板块过去十年也是明显跑赢市场整体的，其中的中外制药和第一三共株式会社是医疗保健板块中市值最大的两家公司，过去十年的股价累计涨幅分别约为 12 倍和 6.8 倍，有非常好的表现。其他几家大市值制药公司，安斯泰来制药、大冢制药、日本卫材、盐野义制药、小野药品工业、协和麒麟等，过去十年间股价表现不算特别亮眼，但也都还算不错，累计收益率分别为 232%、177%、237%、328%、411%、307%。大市值制药公司中，只有武田制药股价表现相对较差，过去十年累计涨幅仅 39%。

七、日本股市周期板块行情特征

周期板块是日本股市中的一个小行业板块，截至 2020 年底，能源和原材料两个行业加起来的合计市值约 4500 亿美元，占全部日本上市公司总市值比重约 7%。

日本股市周期板块中市值最大的公司是信越化学（Shin-Etsu Chemical），成立于 1926 年，是一家高科技新材料化工企业，截至 2020 年底总市值 720 亿美元。市值排第二的是日涂控股（Nippon Paint Holdings）①，总市值 353 亿美元。周期板块总市值 100 亿美元以上的公司还包括：旭化成（Asahi Kasei，成立于 1931 年的化工企业）、日东电工（Nitto Denko，成立于 1918 年的化工企业）、住友金属矿山（Sumitomo Metal Mining，有色金属企业）、新日本石油（ENEOS，日本最大的石油精炼商和经销商）、新日本制铁（Nippon Steel，日本重要的钢铁企业）。其他大市值周期板块公司见表 5 - 10。

表 5 - 10　　　　2020 年底日本市值最大的 30 家周期板块公司情况　　　单位：亿美元

公司名称	细分行业	市值	公司名称	细分行业	市值
信越化学	特种化学制品	720	日立金属	钢铁	64
日涂控股	特种化学制品	353	JSR 公司	特种化学制品	62
旭化成	商品化工	141	三井化工	商品化工	59
日东电工	特种化学制品	140	日本钢铁工程	钢铁	58
住友金属矿山	多种金属与采矿	128	王子造纸	纸制品	57
新日本石油	石油天然气炼制销售	115	三菱瓦斯化学	各样化学制品	51
新日本制铁	钢铁	112	东曹公司	商品化工	50
东丽工业	商品化工	95	日本油脂	各样化学制品	43
三菱化学控股	各样化学制品	90	爱沃特	工业气体	40
日产化学	各样化学制品	90	可乐丽	商品化工	37
关西涂料	特种化学制品	83	帝人公司	商品化工	37
日本酸素控股	工业气体	80	岩谷公司	石油天然气储存运输	36
国际石油开发	石油天然气勘探生产	78	FP 公司	金属与玻璃容器	35
住友化工	各样化学制品	66	日本电化	商品化工	34
出光兴产石油	石油天然气炼制销售	65	瑞翁公司	商品化工	34

资料来源：Wind 资讯、彭博。

从行情走势来看，1986～2020 年，日本股市原材料板块的超额收益整体上呈现英文大写字母"M"形走势，大体上可以分为四个阶段（见图 5 - 31）：第一阶段，

① 日涂控股与中国国内著名的立邦漆（Nippon Paint）有联系也有区别，立邦漆跟日涂控股英文名称一致，甚至也有不少地方把日涂控股直接翻译成立邦涂料控股。但日本国内并没有立邦漆这个说法，立邦漆的品牌标识（logo）与日本国内的日涂也不一样。两者的渊源在于，1962 年日涂控股与新加坡吴德南集团合资设立了立时集团（Nipsea Group），1992 年立时集团进入中国市场，成立了立邦涂料中国公司，由于外交文化等各种原因，立邦漆更多时候被宣传是一家新加坡公司，包括立时集团自己也宣称，"立邦"这个名字由 1990 年中国和新加坡"建立邦交"而来。但从投资关系看，日涂控股是立邦漆的最终投资方之一。

1986～1989 年，在西方资本主义国家普遍的经济景气中，板块表现出很好的超额收益。第二阶段，从 1989～1999 年，在科技股浪潮中原材料板块持续跑输大盘。第三阶段，从 2000～2007 年，中国经济高增长带动全球经济繁荣，日本股市原材料板块也走出了时间最长、幅度最大的一轮大牛市。第四阶段，2008 年以后，全球经济增速普遍趋缓，日本股市原材料板块总体上也是持续跑输大盘。日本能源板块公司数量相对较少，板块超额收益走势与原材料板块类似。

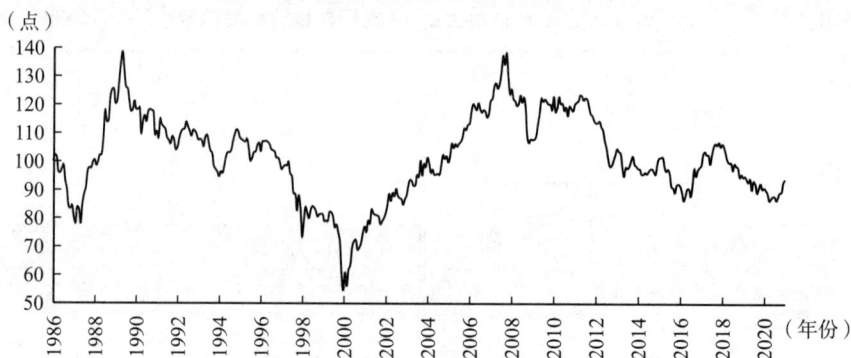

图 5–31　1986～2020 年日本股市原材料板块超额收益走势

资料来源：Wind 资讯、彭博。

从 2011 年初到 2020 年底，原材料板块整体累计收益率约 107%，低于市场整体收益率，能源板块的十年累计收益率更是只有 8%。

从个股表现来看，日本周期股在最近十年中还是有一些表现不错的股票的。大市值公司中，股价表现最好的当属日涂控股，过去十年股价大涨近 20 倍，日涂控股过去几年的成长主要由三个因素构成：一是中国和亚洲地区的增速较高业务贡献大，到 2020 年中国区的经营利润占比已经接近 40%；二是日涂控股公司的扩张性收购，包括 2019 年收购澳大利亚多乐士集团（Dulux Group），澳大利亚多乐士并不是中国国内的多乐士涂料，后者是荷兰阿克苏诺贝尔公司旗下品牌；三是日涂控股最近几年一直在试图与新加坡吴德南集团进行资产重组，以更好的运营亚洲业务。

周期股中市值最大的信越化学公司，在硅化学为核心的技术领域有很强的竞争优势，产品包括硅酮、半导体硅、合成石英等，过去十年股价累计涨幅 3.9 倍。其他涨幅较好的大市值周期公司包括：日产化学（Nissan Chemical），过去十年累计上涨 6.5 倍；关西涂料（Kansai Paint），过去十年累计上涨 3.5 倍；东曹公司（Tosoh），过去十年累计上涨 3 倍。

八、日本股市工业板块行情特征

从单一行业来看，工业板块是日本股市市值最大的一个行业，截至 2020 年底板块合计总市值 14000 多亿美元，占比约 21%。

工业板块市值最大的公司是日本电产（Nidec），公司成立于 1973 年，主要产品是精密马达、机器装置、光学零部件等，截至 2020 年底总市值 742 亿美元。市值排第二的是瑞可利（Recruit），公司成立于 1960 年，是日本领先的人力资源、分类信息服务企业，总市值 702 亿美元。排第三的是大金工业（Daikin Industries），成立于 1924 年，产品包括特种机械、空调系统等，总市值 644 亿美元。排第四的是发那科（Fanuc），成立于 1956 年，是全球数控系统领先企业，总市值 491 亿美元。排第五的是伊藤忠商事（Itochu），成立于 1858 年，是一家综合性贸易公司。其他大市值工业板块公司见表 5-11。

表 5-11　　2020 年底日本市值最大的 30 家工业板块公司情况　　单位：亿美元

公司名称	细分行业	市值	公司名称	细分行业	市值
日本电产	电气部件与设备	742	SG 控股	航空货运与物流	173
瑞可利	人力资源就业服务	702	住友商事	贸易公司与经销商	164
大金工业	建筑产品	644	大福集团	工业机械	155
发那科	工业机械	491	丰田通商	贸易公司与经销商	141
伊藤忠商事	贸易公司与经销商	450	牧田公司	工业机械	139
SMC 公司	工业机械	406	安川电机	工业机械	130
日立集团	工业集团企业	377	Monotaro 公司	贸易公司与经销商	126
三菱商事	贸易公司与经销商	362	东芝公司	工业集团企业	126
三菱电机	重型电气设备	320	小田急电力铁道	铁路	114
三井物产	贸易公司与经销商	311	丸红公司	贸易公司与经销商	114
东海客运	铁路	288	日本并购中心	研究与咨询服务	111
小松集团	建筑、农机与重卡	263	东陶公司	建筑产品	105
久保田	农业机械	261	ANA 控股	航空公司	104
东日本旅客铁道	铁路	249	三菱重工	工业机械	102
西科姆	安全和报警服务	213	西日本客运	铁路	99

资料来源：Wind 资讯、彭博。

从板块的行情来看，日本股市工业板块超额收益走势可以大致分为四个阶段（具体见图 5 – 32）：第一阶段，从 1986～1989 年，类似能源和原材料板块，这段时间内全球经济繁荣作为顺周期板块的工业板块有明显超额收益；第二阶段，从 1990～1999 年，互联网科技股浪潮中工业板块也是持续跑输大盘；第三阶段，从 2000～2011 年，工业板块明显跑赢大盘，有持续的超额收益；第四阶段，从 2012～2020 年，板块既没有跑输大盘也没有超额收益，跟市场整体基本走平。与周期股板块相比，金融危机以后工业板块并没有持续跑输大盘，顺周期的属性在明显减弱。

图 5 – 32　1986～2020 年日本股市工业板块超额收益走势

资料来源：Wind 资讯、彭博。

从 2011 年初到 2020 年底，工业板块十年整体累计收益率约 165%，与市场整体基本一致。从板块内部的细分行业来看，表现领先的主要是人力资源与就业服务、研究与咨询服务、机场服务、多样化支持服务这几个领域。

个股表现来看，日本股市工业板块市值最大的 5 个公司，日本电产、瑞可利、大金工业、发那科、伊藤忠商事，过去十年的股价累计收益率分别为 597%、275%、804%、152%、426%，总体表现都不错，其中尤以大金工业表现为佳。大金工业中国读者一定非常熟悉，一家著名的空调企业，到目前位置，空调业务依然是公司绝对的核心业务，空调业务营收占比在 90% 左右，另外有 8% 左右的化学业务营收占比。最近几年，中国读者可能会有一种感觉，大金空调的市场占有率开始慢慢被国产空调替代了，而事实上，金融危机以后大金工业的成长性主要依靠的就是"高端化"。大金在中国市场主要就定位在高端，在欧洲市场推出了商用空调系统中的拳头产品，在美国市场推出了毛利率更高的中央空调产品。因此我们看到，金融危机后大金工业的毛利率和净利率都有明显提升，特别是净利率，突破了此前的历史最高水平（见图 5 - 33）。从 2010 年财年到 2019 年财年，大金工业的营收增长了 120%，净利润增长了 759%，公司股价涨幅与净利润增幅大致相当。

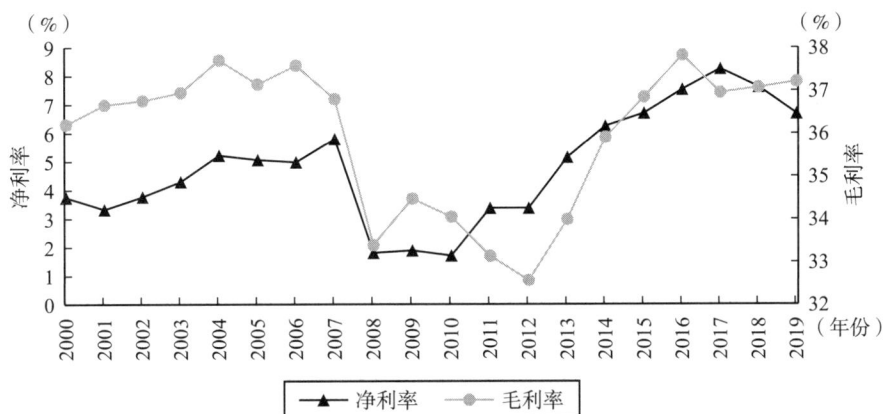

图 5 - 33 2000 ~ 2019 年财年大金工业公司净利率和毛利率走势

资料来源：Wind 资讯、彭博。

但是，包括大金工业在内的几个龙头公司，股价涨幅在整个工业板块中并不是领先的，板块的其他个股赚钱效应更强。从 2011 年初到 2020 年底，日本股市工业板块涨幅 10 倍以上的公司有 43 个，涨幅在 5 ~ 10 倍的公司有 69 个，可以说是牛股层出不穷。这里面涨幅较大的中大市值公司有：桃太郎网上商城（MonotaRO），这是一家主营各种工具的互联网零售公司，通过有竞争力的价格，帮助小客户快速找到产品，这家专业化的电商零售企业过去十年股价涨幅高达 112 倍。日本并购中心（Nihon M&A Center），日本最大的并购服务资讯公司，主要服务中小企业，过去十年涨幅 52 倍。大福集团（Daifuku），主要产品包括半导体搬运系统和洁净室存储，过去十年股价涨幅 26 倍。另外，在前述的 43 家涨幅 10 倍以上公司中，有 15 家公司所在细分行业是人力资源与就业服务，这些公司的市值普遍都很小。

本章最后，笔者对 1960 ~ 2020 年日本主要经济指标汇总如表 5 - 12 所示。

表 5 - 12　　　　　　　　　　1960～2020 年日本主要经济指标汇总

年份	股指涨跌幅（%）	长期利率（%）	汇率（美元兑日元）	GDP同比增速（%）	CPI同比增速（%）	PPI同比增速（%）	M2同比增速（%）	财政盈余占GDP比重（%）	贸易差额占GDP比重（%）	政府债务占GDP比重（%）
1960	36.5	—	360	13.1	—	—	—	-1.7	-1.0	—
1961	-6.9	—	360	11.9	5.1	1.3	—	-0.8	-2.9	—
1962	-2.0	—	360	8.6	6.7	-1.7	—	-1.5	-1.2	—
1963	-6.4	—	360	8.8	7.9	1.6	—	-2.0	-1.8	—
1964	-2.8	—	360	11.2	4.0	0.1	—	-2.0	-1.5	—
1965	16.5	—	360	5.7	7.3	1.1	—	-2.2	0.3	—
1966	8.3	6.9	360	10.2	4.8	2.4	—	-2.7	0.2	—
1967	-11.8	6.9	360	11.1	4.0	2.6	—	-1.5	-1.0	—
1968	29.1	7.0	360	11.9	5.6	1.0	15.6	-1.3	0.0	—
1969	36.5	7.1	360	12.0	5.6	1.8	18.7	-1.0	0.6	—
1970	-16.6	7.2	360	10.3	7.3	3.4	17.0	-0.6	0.2	—
1971	34.4	7.3	351	4.4	6.3	-0.8	24.7	-1.1	1.8	—
1972	101.4	6.9	303	8.4	4.9	1.7	26.5	-2.2	1.7	—
1973	-23.7	7.0	272	8.0	11.7	15.7	16.0	-1.8	-0.3	—
1974	-9.0	8.1	292	-1.2	23.2	27.5	11.7	-1.7	-1.4	—
1975	15.5	8.4	297	3.1	11.7	2.8	14.5	-4.7	-0.4	—
1976	19.3	8.2	297	4.0	9.4	5.5	13.8	-5.3	0.4	—
1977	-5.2	7.4	269	4.4	8.1	3.3	10.7	-5.2	1.4	—
1978	23.5	6.3	210	5.3	4.2	-0.5	12.2	-6.2	1.9	—
1979	2.2	7.0	219	5.5	3.7	5.0	11.0	-5.3	-0.8	—
1980	6.9	8.9	227	2.8	7.7	15.0	7.8	-4.7	-1.1	—
1981	16.1	8.3	221	4.5	4.9	1.4	10.5	-4.0	0.8	—
1982	4.1	8.2	249	3.6	2.8	0.5	7.9	-3.9	0.7	—
1983	23.3	7.8	238	3.0	1.9	-0.6	7.6	-4.0	1.7	—
1984	24.8	7.2	238	4.5	2.3	0.1	7.8	-2.6	2.6	—
1985	14.6	6.5	239	6.2	2.0	-0.8	9.3	-1.3	3.3	—
1986	49.2	5.3	169	3.2	0.6	-4.7	8.2	-1.2	4.0	—
1987	10.4	4.5	145	4.0	0.1	-3.1	11.5	-0.3	3.3	—
1988	36.6	4.7	128	7.1	0.7	-0.5	10.4	0.6	2.6	—
1989	22.2	5.2	138	5.4	2.3	1.9	10.6	1.4	2.2	—
1990	-39.8	7.0	145	5.3	3.1	1.5	8.5	2.1	1.7	—

续表

年份	股指涨跌幅（%）	长期利率（%）	汇率（美元兑日元）	GDP同比增速（%）	CPI同比增速（%）	PPI同比增速（%）	M2同比增速（%）	财政盈余占GDP比重（%）	贸易差额占GDP比重（%）	政府债务占GDP比重（%）
1991	-1.1	6.3	135	3.4	3.3	1.0	2.0	1.9	2.2	—
1992	-23.7	5.2	127	0.9	1.6	-0.9	-0.4	0.6	2.8	—
1993	10.1	4.3	111	0.2	1.3	-1.6	1.4	-2.4	2.8	—
1994	8.3	4.3	102	-4.3	0.7	-1.6	2.9	-3.8	2.4	—
1995	1.2	3.4	94	2.6	-0.1	-0.8	3.2	-4.3	1.9	—
1996	-6.8	3.1	109	3.1	0.1	-1.7	2.9	-4.9	1.3	—
1997	-20.1	2.3	121	1.0	1.8	0.7	3.8	-3.5	1.8	90
1998	-7.5	1.5	131	-1.3	0.6	-1.6	3.9	-10.0	2.6	99
1999	58.4	1.8	114	-0.3	-0.3	-1.4	2.6	-6.7	2.3	113
2000	-25.5	1.8	108	2.8	-0.7	0.0	2.0	-7.3	2.0	120
2001	-19.6	1.4	122	0.4	-0.7	-2.3	3.3	-6.2	1.2	127
2002	-18.3	1.3	125	0.0	-0.9	-2.0	2.2	-7.3	1.9	133
2003	23.8	1.0	116	1.5	-0.3	-0.9	1.5	-7.4	1.9	140
2004	10.2	1.5	108	2.2	0.0	1.3	2.0	-5.3	2.3	146
2005	43.5	1.4	110	1.8	-0.3	1.6	1.9	-4.4	1.6	147
2006	1.9	1.8	116	1.4	0.3	2.2	0.7	-3.0	1.5	145
2007	-12.2	1.7	118	1.5	0.0	1.7	2.1	-2.9	2.0	144
2008	-41.8	1.5	103	-1.2	1.4	4.6	1.8	-4.1	0.4	148
2009	5.6	1.4	94	-5.7	-1.4	-5.3	3.1	-9.7	0.5	167
2010	-1.0	1.2	88	4.1	-0.7	-0.1	2.3	-9.1	1.3	175
2011	-18.9	1.1	80	0.0	-0.3	1.4	3.1	-9.0	-0.5	188
2012	18.0	0.9	80	1.4	0.0	-0.9	2.6	-8.2	-1.4	195
2013	51.5	0.7	98	2.0	0.4	1.2	4.2	-7.6	-2.3	200
2014	8.1	0.6	106	0.3	2.7	3.2	3.5	-5.6	-2.5	209
2015	9.9	0.4	121	1.6	0.8	-2.3	3.1	-3.7	-0.5	205
2016	-1.9	0.0	109	0.8	-0.1	-3.5	3.9	-3.6	0.7	211
2017	19.7	0.1	112	1.7	0.5	2.3	3.6	-3.1	0.5	211
2018	-17.8	0.1	110	0.6	1.0	2.6	2.4	-2.5	-0.2	213
2019	15.2	-0.1	109	0.3	0.5	0.2	2.7	-2.9	-0.3	216
2020	4.8	0.0	107	-4.8	0.0	-1.1	9.1	-10.1	0.1	238

注："—"表示数据缺失。

资料来源：Wind资讯、CEIC、OECD、世界银行、IMF、BIS。

第六章
韩国：韩式市场经济

1953 年朝鲜战争停战后韩国经济开始进入恢复期，1961 年朴正熙政府执政后韩国经济开始起飞，被誉为"汉江奇迹"。20 世纪 70 年代中期到 80 年代中期，韩国经济表现非常好，处在经济奇迹的高光时刻，这个阶段中韩国股市方向向上但收益率表现一般，年化收益率仅 5.7% 左右，依然是经济高增长下股市表现不一定特别好的问题。1985 年以后韩国股市开始出现大牛市（见图 6 – 1），但随后在 1989 年和 1997 年亚洲金融危机中，韩国股市发生两次股灾受到很大冲击。亚洲金融危机之后，政府采取了一系列重大改革措施，韩国的改革是成功的，1999 年后韩国经济快速回升，提前偿还 IMF 贷款告别"IMF 经济时代"。从 1999～2010 年，韩国股市迎来了最长的牛市，这个阶段中韩国股市在主要资本主义国家中应该说是表现最好的。2011 年逆全球化开始抬头，全球商品贸易占 GDP 比重不断回落，外向型经济的韩国受到的影响更大，韩国股市也进入到长期盘整中。但 2020 年新冠肺炎疫情暴发后，韩国股市再次迎来了机会，以科技股见长的韩国上市公司在这个过程中股价大爆发。从韩国经济和股市的特色看，韩国的市场经济从一开始就受政府影响极大，这背后的核心实际上就是韩国政府和以三星为代表的韩国大集团企业，在不断地集中优势资源，判断和押注产业发展趋势。

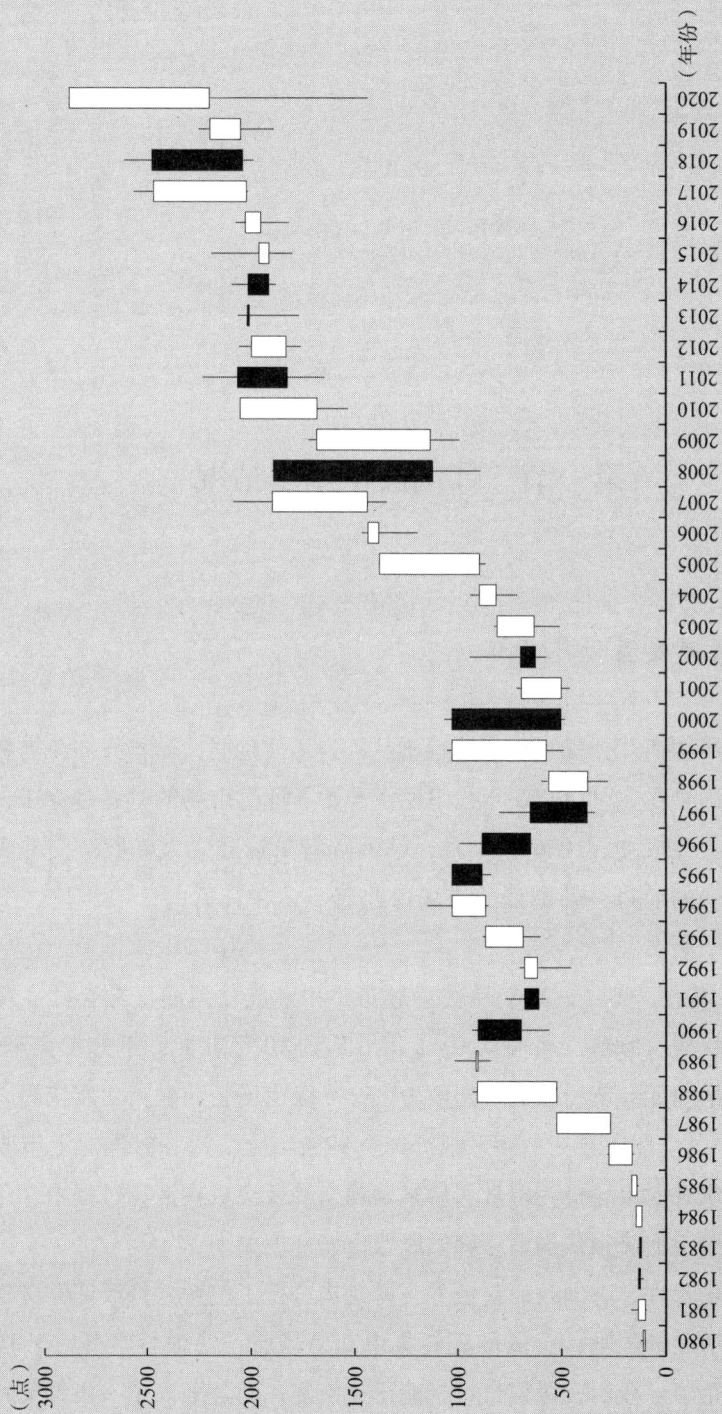

图 6-1　1980~2020年韩国综合指数（年K线）走势概览

资料来源：Wind资讯。

第一节　韩国股市基本情况

一、韩国股市发展历史沿革

韩国经济发展初期社会资本积累严重不足，为了鼓励居民储蓄投向急需资金的产业建设领域，韩国早在 20 世纪 50 年代中期便开始了证券市场的筹备建立工作。1955 年韩国证券金融会社成立，1956 年 3 月，韩国政府出资成立大韩股票交易所，也就是韩国证券交易所的前身，韩国证券市场由此起步，在其后的十多年里经历大起大落，发展得并不顺利。

1962 年，韩国第一部《证券交易法》颁布，相继成立高丽证券会社、现代证券会社等一批证券机构。股票交易额从 1961 年的不到 10 亿韩元，迅速扩大至 1962 年的 984 亿韩元。早期证券市场以交易国债为主，一级市场企业融资功能较弱。不过到了 1962 年，股票占全部证券交易额急剧扩大至 99% 以上。这一时期对上市股票的抢购导致股票指数飙升，市场极为混乱，后来发现交易所会员在清算过程中存在大规模欺诈行为，结果股市泡沫很快崩溃，韩国股票市场一度关闭 57 天。①

为了强化市场管理，韩国政府对证券交易机构进行了整顿并修改证券交易法，确立韩国证券交易所是韩国唯一合法的证券集中交易场所。韩国股票市场于 1963 年 5 月重新开业。但重新开业后，股票市场未能迅速恢复，而是陷入了一段萧条时期。随

---

① 田亦夫，郑紫衡. 韩国证券市场发展及其启示 [J]. 山东金融，1994（12）：55 - 57.

后，韩国政府积极介入证券市场活动，推动证券市场发展。1968 年 11 月，韩国出台《资本市场育成法》，促进股票市场发展，鼓励增加上市公司数量。1970 年，《投资信托法》颁布，为中小投资者参与证券市场提供法律保障和投资渠道。1972 年 12 月，出台《企业公开促进法》，政府被授权可以指定必须成为公共公司的企业名单，令其限期公开。1974 年，总统特别法令对这些公共公司给予更多税收和贷款优惠。1977年，韩国证券交易委员会和证券监督院成立。在管理监督证券市场方面，韩国采取以财政部为主、证券交易委员会为辅的管理体制。证券监督院是证券交易委员会的执行机构，负责注册登记、报表审查、日常监督等工作。

韩国证券市场的国际化具有明显的阶段性特征。1981 年 1 月，《资本市场国际化计划》发布，致力于提高韩国证券市场国际化水平。这一计划首先是开放间接投资，1984 年在美国成立韩国投资信托基金，向外国投资者提供利用信托基金间接投资韩国市场的渠道。然后是有限度地允许外国投资者直接购买韩国股票以及本国公司与居民投资外国股票，进一步放开外汇资本项下管制。最后一步步走向自由开放阶段，鼓励韩国企业走出去，在海外发行股票信托凭证和可转债，准许外国企业在韩国资本市场上市。韩国证券市场在政府的引导和推动下，迅速完成国际化转型，在全球证券市场的重要性明显提升。

1985 年以后，韩国经济继续快速发展，韩国证券市场开始进入繁荣时期。韩国综合指数结束了长达五年的横盘，从 1985 年 10 月的 140 点附近开始爆发式上涨，于1989 年 2 月突破 1000 点，在不到四年的时间里，股市大盘实现了高达 6 倍的惊人涨幅。1986 年，为了改变长期依赖大企业集团的现状，韩国政府宣布促进中小企业股票交易的计划。1987 年修订《资本市场育成法》，与《企业公开促进法》整合，成为与《证券交易法》重要性相当的韩国证券市场两大基本法律。

1996 年，韩国创业板市场科斯达克（KOSDAQ）成立，是与纳斯达克相似的股票电子交易市场。同年韩国证券交易所推出 KOSPI200 股指期货，次年 7 月推出 KOS-PI200 股指期权。随后为推进韩国金融衍生品的发展，韩国期货交易所（KOFEX）于1999 年在釜山成立。2004 年 KOFEX 合并了韩国的期货市场，成为唯一一家期货交易所。由于韩国期货市场门槛低、费用低、交易便捷，2005 年上半年 KOFEX 交易合约数量位居世界第一，远超第二名欧洲期货交易所，交易量尤其集中在 KOSPI200 指数期权。[1]

---

[1] 周寅，张东明. 浅析韩国证券市场 [J]. 辽东学院学报（社会科学版），2011，13（1）：133 – 140.

20 世纪 80 年代亚洲证券市场迅速崛起，韩国股市在亚洲证券市场仅次于日本，影响力大幅提升。这一时期，许多企业纷纷主动入市，通过发行股票减轻负债压力，提升企业竞争力。1990 年韩国本土上市公司市值达 1103 亿美元，占全球总市值的比例为 1.2%，此后韩国股市在全球的占比在 20 世纪末持续回落。进入 21 世纪以来韩国股市市值再度飙升，截至 2020 年底，韩国本土上市公司市值达 2.18 万亿美元，占全球总市值的比例达 2.2%（见图 6−2）。

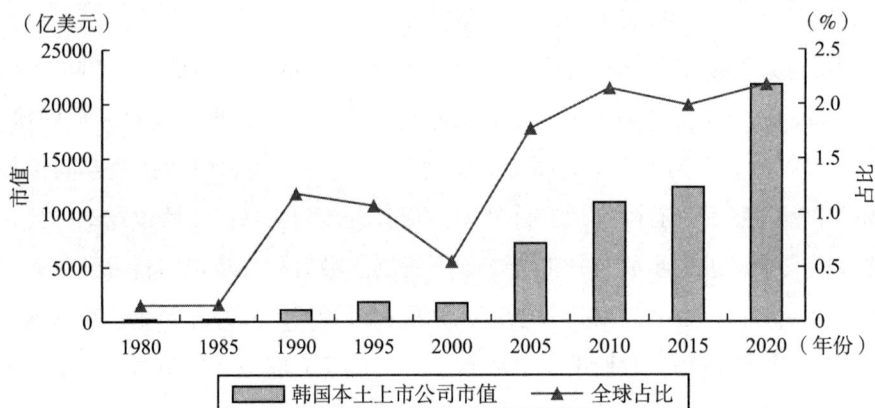

图 6−2　1980～2020 年韩国股市总市值与全球占比

资料来源：世界银行。

二、韩国股市现状与特征

韩国交易所（KRX）是目前韩国唯一的证券交易所，由韩国证券交易所（KSE）、韩国期货交易所（KOFEX）和科斯达克市场于 2005 年合并而成，总部位于韩国釜山。韩国在电子、汽车、化工、钢铁、造船、IT 等各个行业拥有全球领先的公司。

韩国综合股价指数（KOSPI）是韩国交易所的最主要股票指数。韩国综合股价指数选取所有在 KSE 市场中交易的股票，采用总市值加权方法编制，以 1980 年 1 月 4 日作为指数的基准起始日，基准点位为 100 点。KOSPI 200 指数是最具代表性的蓝筹指数，广泛用于期货、期权、ETF 基金等产品的标的指数。KOSDAQ 指数主要反映 KOSDAQ 市场中高科技领域创投公司和中小企业的股价表现。KTOP30 指数从 KOSPI 和 KOSDAQ 市场中选择 30 只最具代表性的优质股票反映其价格变化。KRX300 指数反映 KOSPI 和 KOSDAQ 市场中约 300 只精选股票的股价表现。

根据世界银行的统计数据，截至 2020 年底，韩国本国上市公司共计 2318 家，长期以来，韩国上市公司数量不断增加（见图 6 - 3）。

（家）

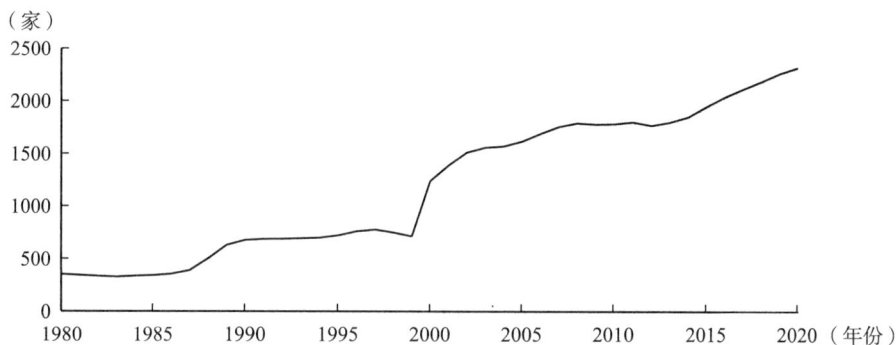

图 6 - 3　1980 ~ 2020 年韩国本国上市公司数量

资料来源：世界银行。

三、韩国上市公司构成情况

截至 2020 年底，在韩国 2000 多家上市公司中，按照行业板块来分，市值占比最大的是信息技术板块，市值占比高达 35%，其次是医疗保健市值占比 13%，然后是工业和可选消费（各行业总市值与市值占比见图 6 -4）。

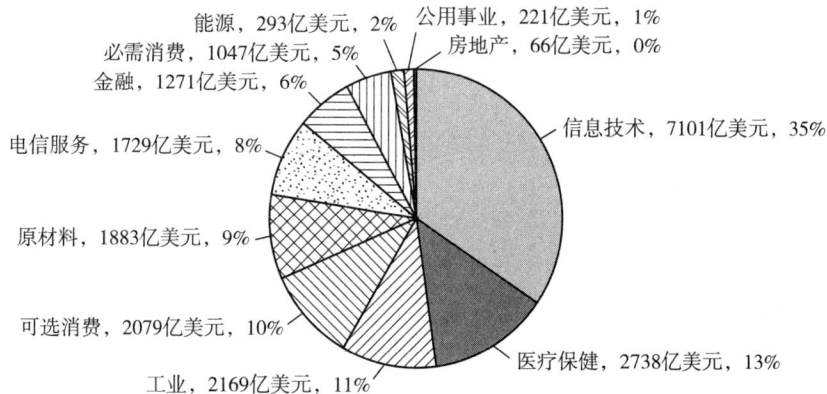

能源，293亿美元，2%　公用事业，221亿美元，1%
必需消费，1047亿美元，5%　房地产，66亿美元，0%
金融，1271亿美元，6%
电信服务，1729亿美元，8%　信息技术，7101亿美元，35%
原材料，1883亿美元，9%
可选消费，2079亿美元，10%
工业，2169亿美元，11%　医疗保健，2738亿美元，13%

图 6 -4　韩国上市公司行业板块市值分布

注：数据截至 2020 年底。

资料来源：Wind 资讯、彭博。

表 6 - 1 报告了到 2020 年底韩国市值最大的 30 家公司名称及其对应的行业板块，其中仅有三星电子一家公司目前市值超过 1000 亿美元，达到 4365 亿美元，大约占到韩国股市总市值的 1/5。市值超过 500 亿美元的还有 SK 海力士半导体和 LG 化学。韩国在 20 世纪 80 年代以"亚洲四小龙"闻名，在电子与信息技术的全球产业竞争中取得明显优势，培育出一批体量较大的电子工业企业。近年来在软件领域也诞生了 NAVER（Line 母公司及搜索业务）、Kakao（从事娱乐及游戏等业务）、NCSoft（游戏业务）等具备一定国际影响力的互联网公司。另外在韩国，三星、SK、LG 和现代四大财团占据了韩国经济的核心地位，其经营范围涉及韩国几乎所有的重要工业部门和领域。韩国市值最大的前 30 家上市公司有超过六成受到四大财团的直接控制。

表 6 - 1　　　　　　　**2020 年底韩国市值最大的 30 家上市公司列表**　　　　单位：亿美元

公司名称	行业板块	市值	公司名称	行业板块	市值	公司名称	行业板块	市值
三星电子	信息技术	4365	LG 生活健康	必需消费	228	SK 创新	能源	159
SK 海力士	信息技术	779	起亚	可选消费	228	SK 控股	工业	153
LG 化学	原材料	525	赛尔群医疗保健	医疗保健	228	新韩金融集团	金融	149
三星生物制药	医疗保健	493	现代摩比斯	可选消费	219	三星人寿	金融	143
赛尔群公司	医疗保健	446	浦项制铁公司	原材料	214	LG 集团	工业	136
NAVER	电信服务	434	LG 电子	可选消费	199	三星 SDS	信息技术	125
三星 SDI	信息技术	390	NCSoft 公司	电信服务	184	三星电机	信息技术	120
现代汽车	可选消费	370	SK 电讯	电信服务	173	SK 生物制药	医疗保健	119
Kakao	电信服务	311	韩国国民银行	金融	163	爱茉莉太平洋	必需消费	109
三星物产	工业	233	韩国电力公司	公用事业	159	韩烟人参	必需消费	103

资料来源：Wind 资讯、彭博。

第二节　韩国股市行情脉络

一、1976 ~ 1985 年[①]：经济奇迹

1945 年日本投降，第二次世界大战结束，1948 年大韩民国在朝鲜半岛南部建立，

[①]　此处起始时间点选择依据为韩国综合指数数据最早可以追溯的时间。

1950 年朝鲜战争爆发，1953 年《朝鲜停战协定》正式签署。韩国经济 1945～1953 年总体处于发展停滞和混乱的局面。如同其他很多国家一样，战后的韩国经济货币超发也面临很严重的通货膨胀问题。特别是朝鲜半岛南北分裂，给韩国经济带来了巨大的混乱，分裂之前朝鲜半岛的主要能源矿产重工业都在北部，南部更加侧重于农业，南北分治后等于产业供应链都断了。

1953 年朝鲜停战协议签订后，韩国经济进入恢复休整期。这一时期韩国经济在很大程度上依靠美国的援助。1953 年 7 月，美国政府宣布对韩国提供 2 亿美元经济援助，并成立"对外行动处"，总管美国对韩经济和军事援助，标志着战后美国对韩援助的全面开始。美国援助对韩国经济影响巨大，据统计，1953 年美国援助占韩国国民总产值比例 14.9%，1956 年更是高达 23.3%。[①]

1960 年 4 月李承晚政府下台，1961 年 5 月朴正熙领导的军事集团开始执政。一般普遍认为，韩国的经济起飞是从 1961 年开始的，随后韩国经济的高速发展被冠以"汉江奇迹"的美誉。汉江是朝鲜半岛上第四长河流，并流经韩国首都首尔，战后汉江两岸韩国经济的高速发展，与描述二战后联邦德国经济快速复苏的"莱茵河奇迹"相对应。

1961 年开始朴正熙政府强调经济第一指导思想，成立了经济企划院，随后从 1962 年开始每五年根据经济发展状况，制定经济发展目标的"五年经济计划"。"一五计划"（1962～1966 年）基本目标是推进出口导向型工业化，实现年均 7.0% 以上的经济增速，奠定发展基础。1967 年，韩国加入关贸总协定（GATT）。韩国"二五计划"（1967～1971 年）提出了从 20 世纪 60 年代末到 80 年代初的长远目标，"二五计划"设定的经济增速目标是 7.0%，实际增速远超目标要接近 10%（见图 6-5）。"一五"和"二五"期间，韩国实际经济增速年平均高达约 8.5%。

20 世纪 70 年代以后，全球经济形势发生巨大变化，1971 年布雷顿森林体系瓦解，全球汇率波动加大，1973 年第一次石油危机爆发，原材料成本飙涨，资本主义国家普遍进入严重的经济衰退，这些都对以出口为导向的韩国经济产生了很大的冲击。但相比其他国家，70 年代韩国经济的韧性明显更强，几次全球性的经济衰退中，韩国经济都能保持正增长。60 年代韩国经济起飞之前，曾一度以亚洲地区的菲律宾为追赶目标，1965 年韩国的人均 GDP 大约只有菲律宾的一半，而仅仅十多年之后，到 1979 年韩国的人均 GDP 已经是菲律宾的三倍。与此同时，在产业政策上，70 年代

---

① 金琪瑛，边春西. 现代韩国经济［M］. 延吉：延边大学出版社，1994.

韩国政府将重心放到了重化工行业，组建了"重化学工业推进委员会"，并发布了"重化学工业发展指南"。

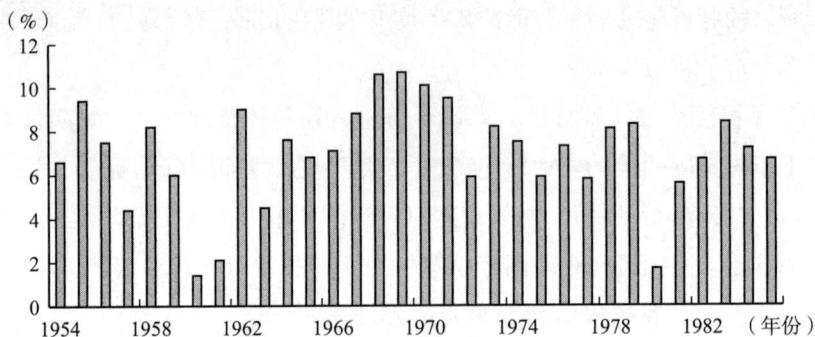

图6-5 1954~1985年韩国实际GDP同比增速走势

资料来源：Wind资讯。

1976~1978年韩国经济出现了明显的过热势头，银行信贷激增，M2同比增速一度高达近50%，房地产、股市、字画等各类资产价格纷纷大涨，韩国综合指数1977年大涨32%。由于出口的贸易摩擦，1978年5月韩国在西方国家压力下，开始了进口自由化政策；同时，为了对经济进行降温实现软着陆，韩国政府从1979年初开始收紧各项政策。但正巧此时第二次石油危机爆发，使得韩国经济回落，股市大幅下跌，韩国综合指数从1978年下半年开始快速下跌。

除了经济因素外，1979年韩国政治事件冲击不断，1979年10月26日，韩国总统朴正熙被刺杀（史称"10·26事变"），12月22日全斗焕又发动了兵变（史称"12·12兵变"），1979年指数大幅下跌18%。1980年，政治骚乱没有完全平息，5月17日全斗焕通过紧急戒严控制政权，随后镇压了光州发生的反对戒严的运动，7月，大批政府官员因受贿被清除。1980年韩国综合指数再跌10%。

在经历了前两年的巨大波折后，1981年上半年韩国股市绝地反弹大幅上涨。新政府上台后，韩国的经济政策从过去的绝对以经济增长优先，转为了更加强调经济稳定和公平。当时韩国经济的主要问题就是需求过热，1980年底韩国M2同比增速约45%，CPI同比增速高达32%（见图6-6），30%以上的CPI同比增速要比当时其他资本主义国家明显更高。随后韩国新政府开始了强有力的财政以及货币紧缩，在此背景下，韩国股市在1981年下半年大幅回调下跌，并且在1982年和1983年经济增速显著回升的过程中，股市连续两年徘徊不动。

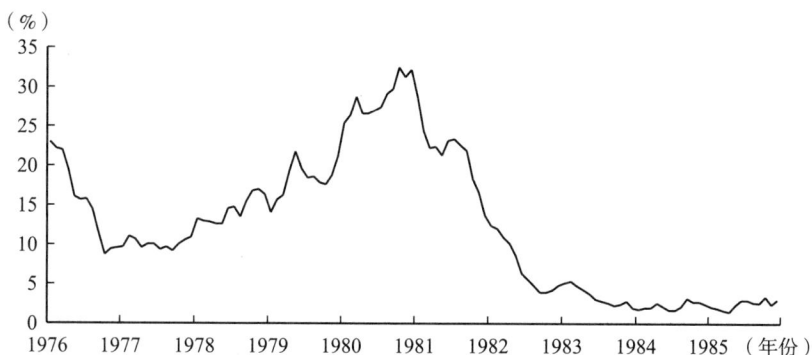

图6-6 1976~1985年韩国CPI同比增速走势

资料来源：Wind资讯。

到1983年底，韩国的高通胀和过热问题得到了有效控制，CPI和M2同比增速大幅回落，不到3年的时间，韩国的CPI同比增速从30%左右降至仅2%左右。与通胀大幅回落相对应的，是韩国国内利率的大幅下降，韩国长期政府债券利率在1980年时曾一度达到32.6%，随后开始下降，到1983年时基本维持在13%左右的水平（见图6-7）。此时全球经济形势好转，各国股市纷纷上扬，韩国也即将迎来1986年汉城亚运会的举办。1984年和1985年，韩国股市连续上涨，韩国综合指数两年的涨幅分别为18%和15%。

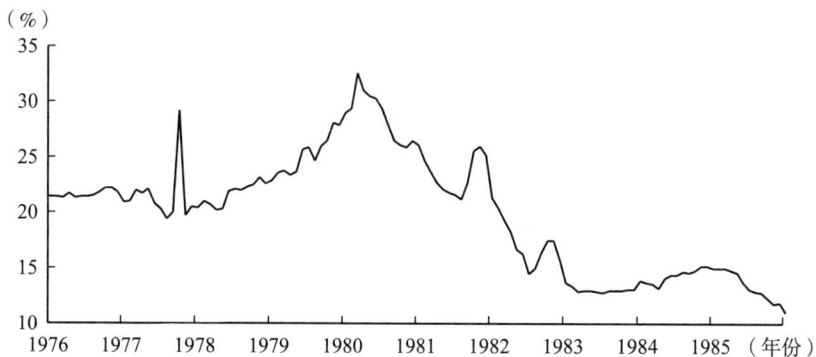

图6-7 1976~1985年韩国长期政府债券利率走势

资料来源：Wind资讯。

回顾1976~1985年这十年，韩国经济增速表现非常好，当时正处在经济奇迹的高光时刻，但股市表现相对一般，韩国综合指数十年的累计涨幅约74%，年化收益率仅约5.7%（见图6-8）。不过通过几年的紧缩政策之后，韩国的通货膨胀大幅下降，从1985年开始，韩国股市即将迎来大牛市的开端。

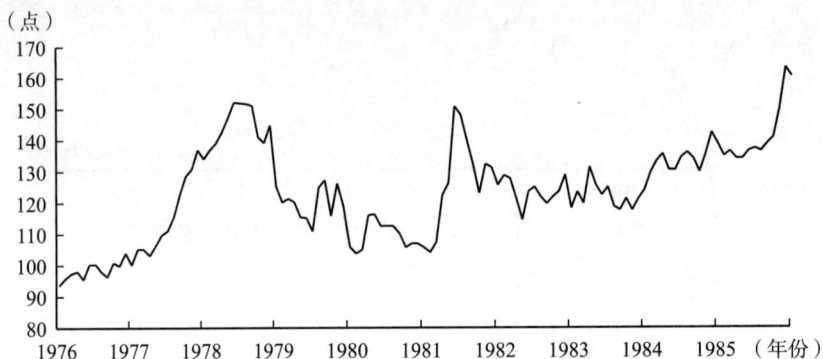

图6-8 1976～1985年韩国综合指数走势概览

资料来源：Wind资讯。

二、1986～1998年：两次股灾

1985年9月，美国、日本、联邦德国、法国和英国达成《广场协议》之后，为了解决美国贸易逆差问题，美元大幅贬值，其他货币兑美元相应升值。韩国也不例外，韩元兑美元的升值过程从1986年初开始一直持续到1989年上半年。但由于日元兑美元的升值幅度更大，使得日元兑韩元短期内出现了大幅快速的升值，从1985年到1987年底，日元兑韩元升值近92%，这使得韩国出口产品的国际竞争力大增。

1986年，亚运会在汉城召开，而1988年汉城奥运会也召开在即，奥运会筹备建设进一步增加了韩国的经济景气。韩国经济在1986～1988年高度景气，季度实际GDP增速一度超过15%（见图6-9），这个增速即使放在中国这样人均GDP较低的国家，依然算是非常高了。且从1984年开始，韩国出口金额超过进口金额，国际贸易由逆差转为顺差，此后顺差金额不断扩大。对于韩国、日本、德国这样的追赶型国家而言，国际收支一直是经济发展初期需要解决的重要问题，很多时候本国的货币政策都是被动地受国际收支影响而被掣肘，国际贸易顺差形成后对韩国经济的发展非常有利。

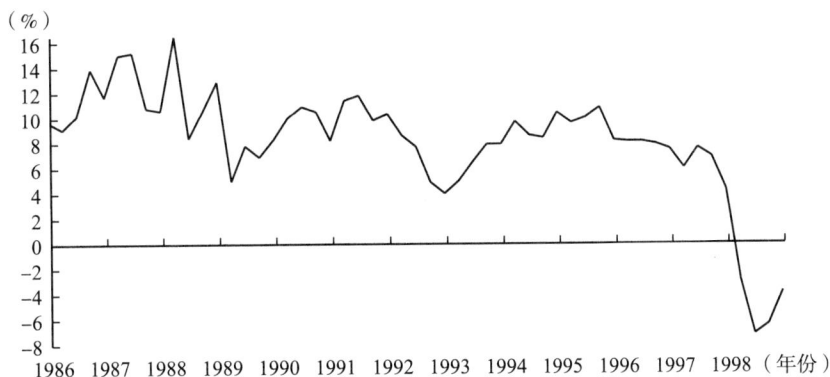

图6-9　1986~1998年韩国实际GDP同比增速走势

资料来源：Wind资讯。

在此情况下，韩国股市连续三年大涨，韩国综合指数1986年、1987年、1988年三年分别获得67%、93%、73%的涨幅。从1984年韩国股市进入牛市以来，1984~1988年股市均为牛市，累计涨幅高达648%，并且韩国股市在1986年彻底突破了此前十多年的长期震荡横盘走势，进入一个新的阶段。这期间韩国股市的持续大涨主要依靠的是强劲的经济增长，利率并没有下降，相反当时利率依然保持在两位数以上的高位且继续上行（见图6-10）。

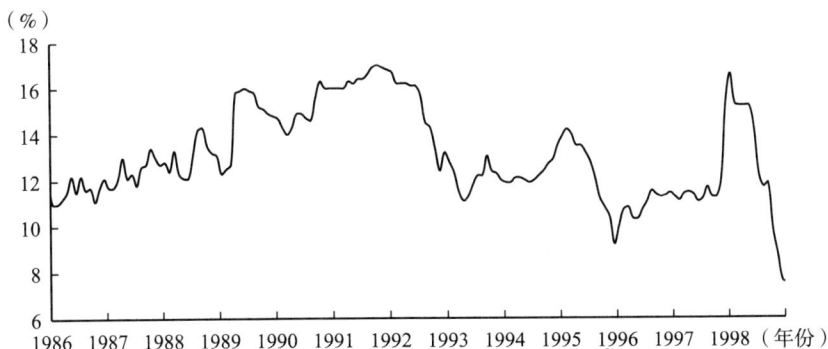

图6-10　1986~1998年韩国长期政府债券利率走势

资料来源：Wind资讯。

到20世纪80年代中期，韩国的GDP已经位列全球第15名，达到了经济合作与发展组织（OECD）中等发达国家水平。与此同时，全斗焕政府还进行了自由资本主义和市场导向的经济体制改革，这些改革措施与当时全球的经济管理思潮相一致，

1980 年前后，英国撒切尔夫人政府、美国里根政府、联邦德国科尔政府，都先后进行了减少政府干预、回归市场导向的自由主义改革。

韩国的市场化改革措施主要包括：第一，对国有企业实行私有化，其中包括钢铁、造船等支柱产业企业。第二，减少政府干预、发挥市场机制。第三，防止大企业集团过分扩张，扶植中小企业。第四，放开对金融体系的管制，逐步开始实行自由化。这其中包括政府取消了对商业银行的直接信贷控制，改为通过公开市场操作、存款准备金率、再贴现率等间接调控。第五，实施进口自由化，缓和美韩贸易争端，到1989 年韩国已经不再限制进口。

1987 年 6 月 29 日卢泰愚发表了八点民主化宣言（"6·29 宣言"），同意反对派提出的直接选举总统的要求，7 月 1 日全斗焕表示完全接受卢泰愚的宣言。随后 1987 年 12 月，韩国举行直接总统选举，卢泰愚当选首位民选总统，1988 年 2 月全斗焕将政权和平移交卢泰愚，韩国实现了政权和平交接。

韩国股市的这一轮大牛市持续到 1989 年 3 月，随后市场行情开始下跌，而且是持续大跌，到 1992 年 9 月韩国综合指数累计跌幅达 49%，俨然已经成为一次股灾。这波大跌的主要原因应该说并不是经济形势的恶化，从经济增速看，1989~1991 年韩国经济增速还是上行的（见图 6-9），一直到 1991 年下半年起，受当时全球经济衰退影响，韩国经济增速才开始回落。

股市大跌的内在因素，还是之前韩国股市发展太快涨太多了。从 1985 年开始韩国股市进入高度繁荣阶段，IPO 数量大幅增加，年平均 100 家以上，是 1985 年以前年平均 10 家的 10 倍。[①] 五年间韩国股市大牛市累积了巨大的涨幅，股价累计涨幅超过 6 倍，总市值增加近 20 倍，[②] 当时韩国股市总市值与 GDP 的比值已经超越了美国。股市大跌的催化剂是通胀上行导致的货币政策收紧、利率上行。

前面提到过，到 1983 年底，韩国的 CPI 同比已经降到 2% 左右很低的水平，但是从 1987 年开始，韩国通胀再起，CPI 快速上升。1987 年虽然 CPI 持续上升，但当时经济增长非常好，股市没有对通胀和利率上升做出反应。1988 年奥运会后经济小幅回落，CPI 也随之回落。从 1989 年开始，通胀再度大幅上升，CPI 同比增速突破了1987 年的高点，到 1990 年接近 10%（见图 6-11）。此时韩国经济增速下来了，但通胀和利率却更高了，这成为引发股市大跌的重要推手。而随后 1990 年日本和中国

---

① 袁春旺. 韩国证券市场的发展历程，特征及其启示 [J]. 吉林金融研究，2014（9）：44-46.
② 唐洪波. 韩国证券市场的发展及其原因 [J]. 东北亚论坛，1997（2）：33-36.

台湾股市泡沫双双崩盘，更是进一步加强了韩国股市的下跌趋势。

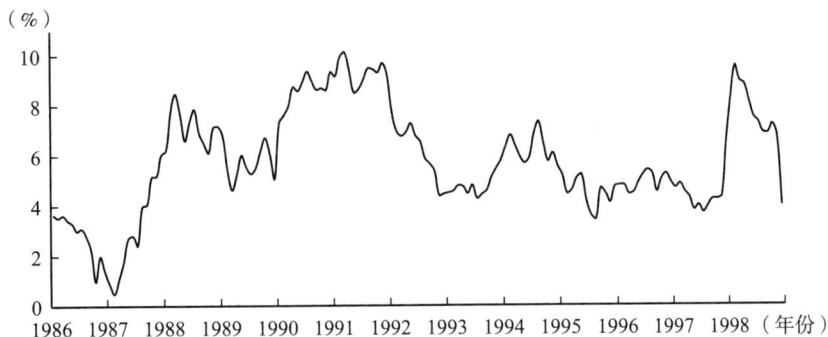

图 6-11 1986～1998 年韩国 CPI 同比增速走势

资料来源：Wind 资讯。

　　1992 年随着经济增速的回落，韩国通胀也开始明显回落，CPI 同比增速下降至 5% 左右水平。1992 年底，韩国股市基本见底，1993 年和 1994 年伴随着韩国经济的再度回升，韩国股市也持续上扬，韩国综合指数在 1994 年超过了此前 1989 年的历史高点。与此同时，韩国政府提出了 1996 年加入 OECD 的目标，实行了大量的金融自由化和经济自由化改革措施。

　　从 1995 年开始韩国经济出现了新的问题，国际收支赤字和外债不断增加。在连续 11 年贸易顺差之后，1995 年韩国国际贸易再度出现逆差，算上由旅游等造成的非贸易赤字则赤字数字更大。1996 年开始全球半导体产品价格开始暴跌，而这正是韩国出口的主要商品，由此进一步加剧了贸易赤字问题。而正在此时，1995 年下半年开始美元进入了一轮强升值周期，从 1995 年下半年到 1998 年 1 月，韩元兑美元大幅贬值，一美元兑换一韩元汇率从 760 左右贬值到 1700，近两年多时间中汇率贬值达 56%。在国际收支赤字和汇率快速贬值下，1995 年和 1996 年韩国股市连续下跌，韩国综合指数两年的跌幅分别为 -14% 和 -26%。

　　韩国的外债总额，1993 年约 439 亿美元，1995 年达到 790 亿美元，1996 年进一步激增到 1575 亿美元，三年增长三倍。正是在韩国国际收支赤字以及外债风险激增之时，1997 年亚洲金融危机爆发，东南亚国家货币迅速大幅贬值，随后快速席卷韩国，韩国政府的外汇储备基本耗尽。不得已，韩国政府于 1997 年 11 月向 IMF 申请了紧急救助贷款，对价是韩国的经济政策接受 IMF 监督与干预，很多观点认为韩国自此进入了"IMF 时代"，丧失了经济主导权。

　　金融危机下，韩国股市暴跌，1997 年韩国综合指数大跌 42%，1995～1997 年三年时间，韩国综合指数累计跌幅达 63%，跌幅超过了 1989～1992 年那次股灾。1998年初金大中上台后开始了又一轮大刀阔斧的改革，韩国国民也在金融危机以后发起了著名的"捐金运动"，这种国民精神感动了全世界。1998 年韩国经济和股市均见底回升，当年股市大涨，韩国综合指数涨幅达 49%。

　　回首 1986～1998 年的韩国股市表现，市场整体走出了一个类似英文字母大写"M"形的走势（见图 6-12），市场经历了两轮牛市和两次股灾，两起两落。韩国股市的这两次股灾主因都是自身的金融市场问题，而且与韩国这两次股灾同时期还发生了日本和中国台湾的资产价格泡沫破灭，高增长赶超型国家和地区在发展中往往会面临共同的风险因素。

图 6-12　1986～1998 年韩国综合指数走势概览

资料来源：Wind 资讯。

三、1999～2010 年：最长牛市

　　1998 年 2 月金大中上台后，面对金融危机的巨大冲击，新政府采取了一系列重大改革措施。首先是金融领域的改革，韩国政府采取了非常果断的措施恢复了金融市场的信心和运作。对于那些金融危机中没有希望起死回生的金融机构，坚决清算整顿合并重组，对于那些有可能起死回生的金融机构，则给予一定的公共救助资金，使其自救。到 2000 年 8 月，韩国共有 487 家金融机构关闭，被清算整顿的金融机构占比近 30%。[①] 同时，严厉清算解决不良贷款。

---

　　① 王春法. 金融危机以来的韩国四大经济改革措施及其经济复兴 [J]. 世界经济，2001，24（5）：46-55.

其次是企业部门结构调整，这其中重点是对大财团的改革。1998 年，韩国政府
与五大财团（即三星集团、现代集团、LG 集团、SK 集团、大宇集团）签订了企业重
组五项原则协议，包括：增加企业透明度、消除财团附属企业间交叉贷款担保、降低
大财团的债务率提高经营效率、集中发展核心业务剥离非核心业务、加强公司主要股
东和管理人员责任。1999 年 8 月，韩国政府又进一步与财团企业达成了三点原则，
包括：将金融资本和产业资本分隔，以解决财团金融机构向母公司输血融资问题；抑
制间接交叉持股，解决财团企业内部不正当交易问题；防止逃避遗产税和礼品税。以
上就是韩国公司重组的"5 + 3"原则，构成了重组的基础。公司整顿重组取得了很
明显的效果，韩国大财团企业公司治理透明度增加、企业债务率降低、剥离了大量非
核心业务，公司经营效率大幅提升。在这个过程中，五大财团中的大宇集团在 2000
年破产倒闭。

韩国的经济改革是成功的，1999 年韩国经济快速回升，当年实际 GDP 增速高达
10.7%，而且一直到 2008 年全球金融危机之前，从 1999～2007 年这八年间韩国的平
均实际经济增速达到了 5.6%（见图 6 - 13），这个增长速度对于一个已经位列中等发
达国家水平的经济体而言，实属难能可贵。2001 年 8 月，韩国央行总裁全哲焕签署
协议，宣布偿还 IMF 最后一笔 1.4 亿美元的贷款，这意味着韩国提前 3 年还清了高达
195 亿美元的紧急救助贷款。提前还清 IMF 贷款，对韩国意义非凡，此后 IMF 无权直
接干涉韩国的经济政策，韩国自此告别了"IMF 时代"。

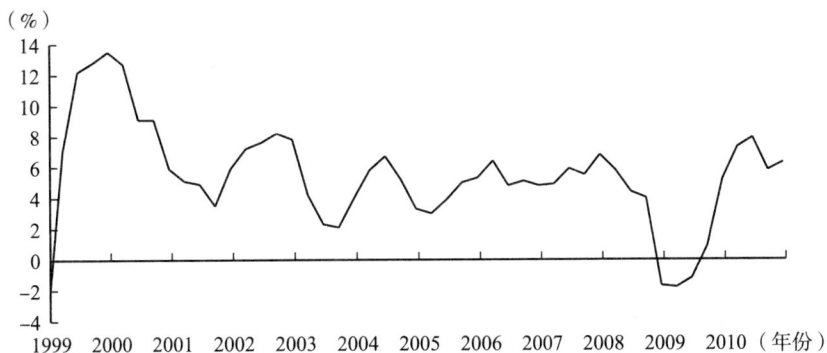

图 6 - 13　1999～2010 年韩国实际 GDP 同比增速走势

资料来源：Wind 资讯。

在经济改革下韩国经济快速回升修复，此时正好全球处在互联网繁荣的顶点，而
以半导体为代表的信息技术产业又是韩国的核心产业，1999 年韩国股市大幅上涨，

韩国综合指数涨幅惊人，指数全年上涨83%。随后从2000年3月开始，全球"互联网泡沫"破灭，美国纳斯达克指数开始暴跌并领跌全球股市，2001年"9·11"事件爆发，双重打击下全球经济陷入衰退。韩国经济和股市在2000~2001年再度大幅回落，韩国综合指数2000年大跌51%。2002年韩日世界杯举行，韩国经济和股市都是先抑后扬，与其他资本主义国家情况类似，这一波调整冲击后韩国股市大体在2002年底左右见底。而同时，在亚洲金融危机爆发后的这几年中，韩国的利率是大幅降下来了，到2002年底时，韩国的长期政府债券利率已经从2000年初的10%左右降至5%以下（见图6–14）。

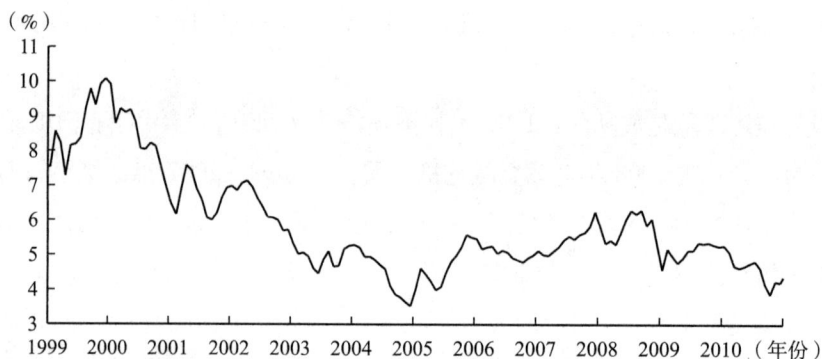

图6–14　1999~2010年韩国长期政府债券利率走势

资料来源：Wind资讯。

　　2003年开始一直到2007年，全球金融危机前的这段时间，韩国经济保持繁荣稳定，这几年的实际GDP增速大体在5%左右（见图6–13）。这段时期，韩国股市再度走出了一个大牛市，从2003年二季度开始一直到2007年10月全球金融危机爆发前，韩国综合指数累计上涨285%。

　　我们认为，韩国股市2003~2007年这波行情的主要推动力是中国经济的快速崛起。2001年中国加入WTO以后，开始了连续多年的高速增长，从而形成了巨大的需求，对于韩国这样紧邻中国同时又是出口主导型的经济体，自然非常受益。韩国对中国的出口金额2001年为182亿美元，随后开始快速大幅增长，到2011年增长到1342亿美元，十年间累计增长638%，年均增速22%。2011年以后，韩国对中国的出口增速趋缓，2020年最新数据韩国对中国出口金额为1326亿美元，与2011年基本持平。这个过程中，韩国国内利率也有所回升，但是不同于以往经济繁荣期的利率大幅飙升，此时利率上行幅度有限，整体上长期国债利率没有突破6%。

2008 年全球金融危机爆发后，韩国也是深受冲击，作为一个外向型经济体，金融危机爆发后，韩国一方面面临出口锐减，另一方面又面临国际资本大幅流出。韩国经济很快进入衰退，股市大跌，2008 年韩国综合指数跌幅达 41%。危机爆发后，韩国大幅降低利率水平，同时韩国政府从 2008 年 10 月起开始实施大规模金融救援计划，总金额达 1300 亿美元，并增加财政支出预算，用于扩大基础设施建设和促进民间投资。2009 年二季度后，全球经济开始复苏回升，韩国经济也开始了大幅回升。在经济复苏中，2009 年和 2010 年韩国股市迎来了两年的大牛市，韩国综合指数在这两年中分别获得 50% 和 22% 的涨幅。

此前 1976～1985 年，韩国经济强劲出现"汉江奇迹"，但股市表现一般，长期横盘震荡。1986～1998 年韩国股市出现两轮大牛市，又在两次股灾中跌了回去，最后走出一个"M"形走势。而回首 1999～2010 年这段时间，韩国股市在这 12 年间是真正走出了一个长期向上的长期牛市行情（见图 6-15）。

图 6-15　1999～2010 年韩国综合指数走势概览

资料来源：Wind 资讯。

四、2011～2020 年：久盘而上

2011 年乘金融危机后各国政府强力刺激之余波，韩国股市继续向上迈进，从 2011 年下半年开始，经济刺激政策的作用开始消退，全球经济开始进入下行，韩国经济也不例外，经济增速大幅回落，季度 GDP 增速从 6.0% 下降到 2.5% 左右（见图 6-16）。客观来说，2008 年全球金融危机以后，虽然经济增速中枢相比之前进一步下降，但韩国经济整体表现是不错的。从经济发展阶段看，此时韩国已经属于发达

国家水平，3%左右的实际GDP增速并不算低，而且2011年全球经济下行中韩国经济也没有出现衰退，从2012年开始一直到2019年新冠肺炎疫情前，经济增长总体保持平稳，即使在2018年全球经济大幅下行中也能够保持稳定。

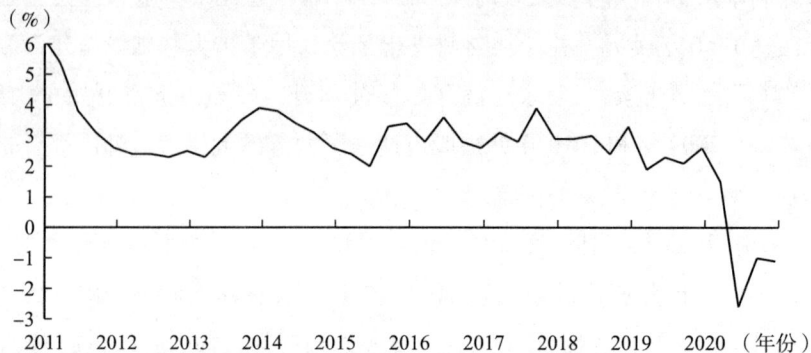

图6-16　2011～2020年韩国实际GDP同比增速走势

资料来源：Wind资讯。

但韩国股市的表现在2020年新冠肺炎疫情暴发前并不理想，2011～2019年基本就是一个震荡横盘走势，其间只有2017年全球经济回暖时股市有所上涨，但是很快2018年全球经济下行中韩国股市又跌了回去。与2009年之后，美国、英国、日本、德国等资本主义国家普遍走出的股市"慢牛""长牛"行情截然不同。造成韩国股市长期不涨的原因，似乎既非经济增长的原因（见图6-16，经济增速既不低也平稳），也非利率的原因，金融危机后韩国利率进一步大幅下行，长期政府债券利率从2011年初的约4.5%下降至2019年底疫情前仅1.5%左右（见图6-17）。

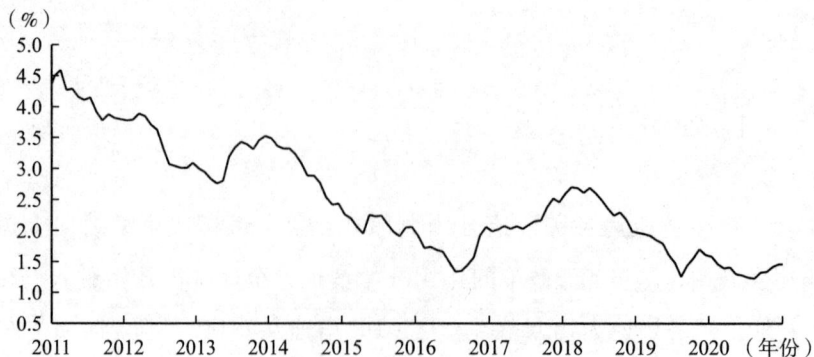

图6-17　2011～2020年韩国长期政府债券利率走势

资料来源：Wind资讯。

我们认为这段时间里拖累韩国股市的主要原因，还是其出口导向型的经济特征。韩国的外贸依存度不是高，而是极高，根据世界银行的统计，2011年时韩国的外贸依存度（即对外商品贸易总额除以GDP）高达86%，同时期中国、美国和日本的贸易依存度分别为24%、48%和27%。2011年以后韩国的这种外向型经济受到两重因素影响，一是作为韩国主要贸易伙伴的中国，经济增速开始下台阶，需求减弱。前面我们提到过，2020年韩国对中国的出口金额与2011年时基本一样。二是金融危机以后全球化出现后退，逆全球化开始抬头，全球商品贸易占GDP的比重在2011年见顶，随后开始回落（见图6-18）。

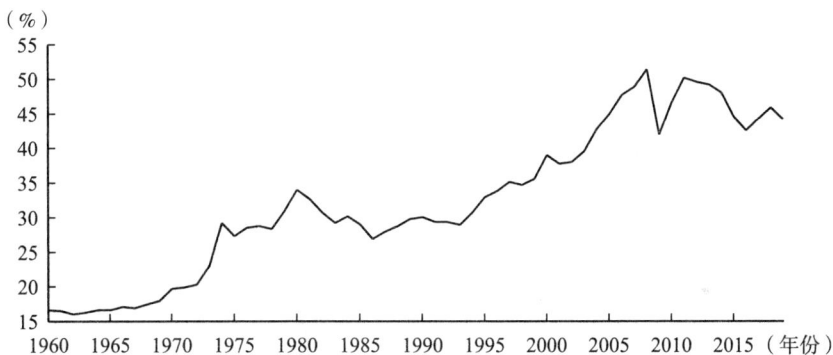

图6-18　1960～2019年全球商品贸易占GDP比重走势

资料来源：世界银行。

2012年底，朴槿惠（韩国前总统朴正熙之女）当选韩国总统，成为韩国历史上第一位女总统。2014年初朴槿惠提出了经济改革的三年规划，朴槿惠的经济政策聚焦三个目标，夯实经济基本面、培育创新型经济、平衡出口和内需。可以把朴槿惠的政策目标归纳为"744"规划，即到2017年，能够实现雇佣率70%，经济增速保持在4%，人均国民收入水平达到4万美元。当时媒体普遍流行把一国领导人的经济政策称为某某经济学，比如日本的"安倍经济学"、中国的"克强经济学"等，也有人把朴槿惠的经济政策称为"朴槿惠经济学"（GHnomics）。总体而言，这一阶段韩国经济比较四平八稳，没有危机也没有特别出彩。

2017年5月文在寅当选韩国总统，7月文在寅发表《国政运营五年规划》，部署了"国民做主的政府""共同富裕的经济""普济民生的国家""均衡发展的地区""和平繁荣的半岛"等五大目标。2017年韩国股市大幅上涨，韩国综合指数全年涨幅22%。2017年韩国股市大涨的推动力，更多的应该还是来自外部因素，2017年全球经济回暖复苏，当时甚至一度出现很多"新周期"的观点。不过这一轮全球经济复苏持续时间并不长，2018年随着中美贸易争端的开始，全球经济进入下行，韩国股市也显著下跌，韩国综合指数全年下跌17%。2019年美联储开启"预防性降息"，韩国综合指数小幅上涨8%。

不过所谓成也萧何败也萧何，2011~2019年受困于过度依赖出口的韩国经济，在2020年新冠肺炎疫情暴发后如沐春风。疫情暴发后一方面全球各国普遍采取了货币大放水大刺激的政策措施，使得需求得到恢复；另一方面，部分国家因为疫情生产供应受到影响，而韩国疫情控制相对较好，能够补上这部分供给。2020年韩国股市大涨，韩国综合指数全年涨幅31%。

回首2011~2020年这十年的韩国股市，前九年市场整体一直处在一个横盘状态，到最后2020年因为新冠肺炎疫情的影响，韩国股市大爆发（见图6-19）。

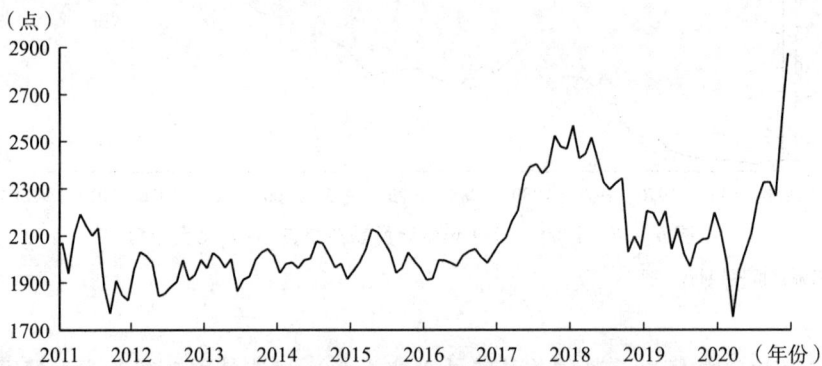

图6-19　2011~2020年韩国综合指数走势概览

资料来源：Wind 资讯。

五、股市对外开放与外资持股问题

本国股票市场对外开放以及外资持股问题，近年来越来越受到A股投资者关注。韩国作为一个外向型经济体，其股票市场的对外开放在研究分析中受到尤其多的关注。这里我们对韩国股市的外开放与外资持股问题进行分析，并由此对A股市场的外资持股问题进行讨论和展望。

在许多国家的资本市场发展过程中，为了维持本国金融市场的稳健运行，股票市场开放通常不是一蹴而就的，而是逐步推进的。政府往往在股票市场对外开放的不同阶段实施相应的投资限制，韩国证券市场就是这样一个典型案例。韩国股市的对外开放具有明显的阶段性特征，大致可以划分为 20 世纪 80 年代的起步阶段，90 年代初的加速开放阶段和 90 年代末以来的全面开放阶段。截至 2020 年底，外资在 KOSPI 指数中的持股数量占比约 19.2%，持股市值占比高达 36.5%（见图 6-20），外国投资者的成交量占到 KOSPI 指数成交量的 16%，目前外资在韩国股市中具有重要定价权。

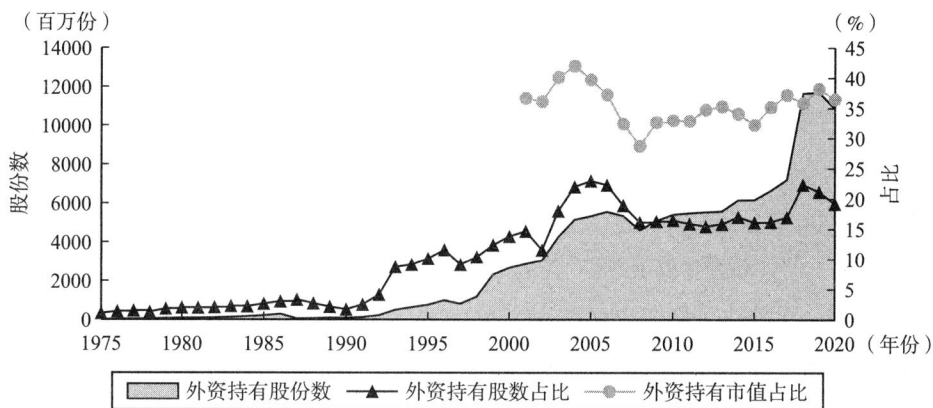

图 6-20　1975~2020 年韩国 KOSPI 指数的外资持股变化

资料来源：Wind 资讯。

韩国股市对外开放的起步阶段始于 20 世纪 80 年代，这一时期亚洲四小龙依靠出口导向型战略成功实现经济腾飞，呈现出欣欣向荣甚至泡沫化的景象。同时亚洲各地区证券市场发展迅速，韩国股市影响力大幅提升。外资持有 KOSPI 指数的股份数量占比从 1980 年初的 1.82% 增长至 1987 年底的 3.31%。

1981 年 1 月，韩国《资本市场国际化计划》发布，该计划将资本市场开放分成四个步骤，致力于提高韩国证券市场国际化水平。第一步是允许外资间接投资，1984 年在美国成立韩国投资信托基金，向外国投资者提供利用信托基金间接投资韩国市场的渠道。第二步是有限度地允许外国投资者直接购买韩国股票，以及本国公司与居民投资外国股票。第三步是进一步放宽外资直接投资限制，放开外汇资本项下管制。最后一步是走向自由开放阶段，鼓励韩国企业走出去，在海外发行股票信托凭证和可转债，准许外国企业在韩国资本市场上市。1988 年 12 月，韩国政府发布《韩国证券市场国际化的四年中期计划》，制定资本市场对外开放的详细步骤，计划逐步实施扩大外国投资资金、允许外资券商设立国内分支机构、增加外资对国内证券公司持股比例、准许设立合资证券公司、放宽一般企业发行海外证券等措施。

20 世纪 90 年代初韩国股市进入对外开放的加速开放阶段，外资持有 KOSPI 指数的股份数量占比从 1991 年初的 1.69% 快速增长至 1996 年底的 11.58%。1991 年 7 月，韩国发布《新外汇管制法案》，开始放宽外汇管制，增强了外资参与韩国股票市场投资的积极性。1992 年，韩国发布外国人直接投资韩国股票市场指南，正式向外国投资者开放股票市场的直接投资，但有一定的投资额度限制。1993 年，韩国进一步放松对资本账户国际化的限制，大量外资涌入韩国股票市场。

为了避免外国资本对市场造成严重冲击，韩国政府在 1992 ~ 1998 年期间分 10 次逐步提高境外投资者的持股比例限制。在每次额度上调后的 1 个月内，韩国股票指数有 6 次上涨、4 次下跌。这种渐进式调整给予了国内金融市场充足的缓冲时期，外国投资者对于一般类韩国上市公司的持股比例上限从 1992 年初的 10% 逐步上调至 1997 年底的 55%，并于 1998 年 5 月完全放开至 100%，不过对于公众类公司仍保留 30% 的比例上限。[①]

1997 年，受亚洲金融危机的影响，韩国汇率贬值压力巨大，韩国政府的外汇储备基本耗尽，向韩国贷款的外国资本开始出逃。出于稳定金融市场的考虑，韩国政府完全取消了外资投资韩国股市的额度限制，通过利用外资挽救金融危机。韩国政府于同年 11 月向 IMF 申请了紧急救助贷款，对价是韩国的经济政策接受 IMF 监督与干预，实施完全的自由汇率制。此后，韩国进一步加快了资本市场对外开放，外资的持续净买入对于缓解外汇危机、提高国家对外信用度一度发挥重要作用。

1998 年以来，韩国股市进入全面开放阶段。1998 年 5 月，韩国取消外资投资比例限制。9 月，韩国股市 100% 纳入 MSCI 指数。此后，外资在韩国股市中的占比迅速提升，具有越来越重要的定价权。外资持有 KOSPI 指数成分股市值的比例除个别年份外长期高于 30%，甚至一度在 2004 年底达到 41.97% 的峰值，基本实现股票市场的全面开放和国际化。

在韩国的经济结构中，半导体、造船、液晶屏幕、手机、汽车、钢铁等行业在全球都极具竞争力，这些行业也是外国投资者投资韩国股市比重较高的行业。一般而言，外资在进行跨国投资时，往往青睐于当地的龙头企业。这类具备强大竞争力的企业作为海外投资的稀缺品种，具备一定的多元化资产配置价值，因此成为外国投资者资产组合中的重要组成部分。

韩国股市的国际化为韩国上市企业提供了持续稳定的融资渠道，外国投资者对韩国企业的经营管理、财务结构、公司治理等也起到了积极作用。韩国股市的对外开放

---

① 全炳瑞. 中韩证券市场开放比较研究 [D]. 上海：复旦大学，2011.

长期受到政府的有序引导。在政府的逐步推动下，韩国股市循序渐进完成国际化转型，在全球证券市场的重要性明显提升。通过引入国际机构投资者和长久期资金，有助于降低股票市场换手率，股市的稳定性在一定程度上得到增强。但同时与海外市场的关联性上升，对全球系统性风险也变得更加敏感。

从A股市场的情况来看，2000年以后A股的国际化进程也在不断加速推进。2002年11月《合格境外机构投资者境内证券投资管理暂行办法》正式出台，2011年12月RQFII机制启动，2019年9月，国家外汇管理局已宣布取消QFII/RQFII额度限制。2014年11月沪港通正式开通，2016年12月深港通正式开通。2018年5月份A股开始正式被纳入MSCI，至2018年8月，A股纳入因子为5%。2019年5月MSCI将A股纳入因子由5%提升至10%，2019年8月A股纳入因子提升至15%，同时一次性以15%的比例纳入创业板大盘股。2019年12月A股纳入因子提升至20%，同时一次性以20%的比例纳入创业板中盘股，至此MSCI对于A股的"三步走"纳入扩容计划已顺利完成。

随着对外开放程度不断加强，外资持股市值也在逐年提升。外资投资A股市场主要通过陆股通和QFII/RQFII两个渠道。根据央行定期披露的境外机构和个人持有境内人民币股票资产数据来看，外资持股市值由2013年的3448亿元升至2021年二季度末的3.8万亿元（见图6-21）。从持股市值占比来看，2003年以来，外资持股占比由1.7%大幅升至2021年二季度末的5.4%。其中已披露的陆股通持股市值为2.5万亿元，占外资持股市值比重为66%，因此总体来看，陆股通是当前外资布局A股市场的主要渠道。

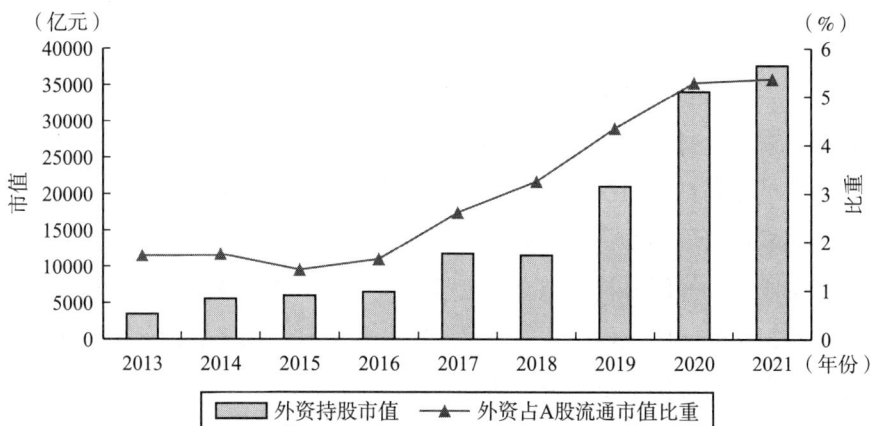

图6-21　2013～2021年上半年A股外资持股市值与占比走势

注：2021年数据为截至2021年6月末数据。
资料来源：Wind资讯。

　　另外，我们需要特别注意的是，当前全球外资对 A 股资产的配置比例依然处于明显的"低配"状态，长期来看外资持续净流入依然大有空间。根据世界银行数据，2003年以来 A 股总市值占全球股票市值比重上升趋势非常显著，截至 2020 年，A 股市值占全球股票市值比重由 1.6% 上升至超过 10%。而全球外资资产配置中 A 股的占比是多少呢？一是从外资配置 A 股规模占全球股票型基金规模比重来看，截至 2020 年底全球股票公募基金总规模是 28.3 万亿美元，外资配置 A 股市场资金为 5225 亿美元，占比仅为1.8%。二是截至 2020 年底 MSCI 全球指数中 A 股权重仅为 0.4%，占比同样较低。

　　有了以上的数据，我们就会发现，虽然由于种种事件性或者流动性原因，北上资金单日或者数日经常出现大幅流出的情况。但是从总体来看，由于 A 股资产在外资的全球资产配置中是明显低配的，未来外资持续流入 A 股市场有非常大的空间，这是一个中长期的趋势性方向，不因短期波动而改变。

第三节　韩国股市板块结构特征

一、韩国股市板块轮动整体概况

　　韩国股市的板块轮动阶段性特征也是非常突出的，以 2000 年全球互联网泡沫顶点和 2008 年全球金融危机爆发这两个时间为分界线，过去 35 年左右的市场大体上可以划分为三个阶段。

　　第一阶段，从 1986～2000 年，这个阶段中韩国股市表现最好的是科技板块（信息技术和电信服务）、医疗保健板块，周期股这个阶段中表现也不错，原材料板块是跑赢大盘的，虽然超额收益曲线上行的斜率比较平缓，能源板块也基本与大盘收益率持平。消费类板块表现相对一般，必需消费基本与大盘走平，而可选消费则明显跑输大盘。这个阶段中，韩国科技股跑赢大盘是与全球股市共同的特点，不同点一是原材料板块能够有很长时间的超额收益，二是这段时间里其他国家和地区股市中消费板块总体表现比较强势而韩国股市消费板块相对较弱。

　　第二阶段，从 2001～2008 年金融危机爆发。这个阶段中韩国股市的板块行情特征与全球多数市场相类似，顺周期板块表现最好，能源、原材料和工业这三个行业板块均取得了明显的超额收益表现。而科技股板块在互联网泡沫破灭之后则大幅跑输大盘，金融、消费、医疗保健板块则处于超额收益阶段性波动震荡的态势。

第三阶段，从2009年金融危机之后到2020年。这个阶段中作为韩国股市第一大权重的科技板块行情再度强势回归，持续跑赢大盘。与此同时，医疗保健板块也获得了很好的超额收益表现，科技、医疗保健领涨成为鲜明的特征。消费板块超额收益有一个先上后下的过程，能源、工业、金融等顺周期板块则在全球经济增速普遍回落的环境中持续跑输大盘。

总体来看，韩国股市由于信息技术板块占比非常大，所以科技股表现的好坏成为市场表现的基准，这一点与中国台湾地区股市的情况非常类似。科技股是主角，其他行业板块更多的是充当陪衬和点缀的角色，其他板块是否有超额收益，其实本质上就是股价表现能否跑赢科技股的问题。

1986~2020年韩国股市行业板块收益表现轮动情况见表6-2。

表6-2　　　　　　　1986~2020年韩国股市行业板块超额收益表现汇总

年份	能源	原材料	工业	可选消费	必需消费	医疗保健	金融	信息技术	电信服务	公用事业	房地产
1986~1988	△	×	—	×	×	—	√	×	×	×	—
1989~1990	△	√	√	√	△	√	×	√	×	√	—
1991~1992	△	√	×	×	△	√	×	√	×	√	—
1993~1994	△	√	×	×	△	√	×	√	×	√	—
1995~1996	△	√	×	×	△	√	×	√	√	√	√
1997~1998	△	√	√	×	△	×	×	√	√	√	×
1999~2000	△	√	×	×	△	△	×	√	√	×	√
2001~2002	√	√	√	√	√	×	×	√	×	×	×
2003~2004	√	√	√	×	√	△	△	×	×	×	×
2005~2006	√	√	√	×	△	△	√	×	×	×	×
2007~2008	√	√	√	×	△	△	△	×	×	△	×
2009~2010	√	√	×	√	△	△	×	√	△	×	×
2011~2012	×	×	×	√	√	√	×	×	△	√	√
2013~2014	×	△	×	√	√	√	√	△	×	√	√
2015~2016	√	△	×	√	√	√	×	√	△	√	√
2017~2018	√	△	×	×	×	√	√	√	×	△	×
2019~2020	×	△	×	×	×	√	×	√	△	×	×

注："√"表示在这一时间段板块表现好于市场整体，"×"表示跑输市场整体，"△"表示表现与市场整体相当，灰色阴影表示板块有持续超过5年的超额收益。"—"表示数据缺失。

资料来源：Wind资讯、彭博。

二、韩国股市消费板块行情特征

韩国股市消费板块（可选消费与必需消费）截至 2020 年底合计市值约 3100 亿美元，占全部韩国上市公司总市值比重约 15%，两个行业板块加起来的市值仅次于信息技术，是韩国股市中一个相对重要的板块，这其中可选消费公司市值总体要显著高于必需消费公司。

现代汽车（Hyundai Motor）是韩国股市消费板块中市值最大的公司，现代汽车成立于 1967 年，旗下品牌包括索纳塔、伊兰特等，截至 2020 年底公司总市值 370 亿美元。市值第二大的消费公司是 LG 生活健康（LG Household & Health Care），公司主要业务是高品质化妆护肤品，旗下品牌包括 WHOO（后）、OHUI（欧蕙）等，总市值 228 亿美元。市值排第三的是起亚汽车（Kia），起亚成立于 1944 年，总市值 228 亿美元。市值排第四的是现代摩比斯（Hyundai Mobis），公司是现代汽车集团旗下的汽车零部件供应商，总市值 219 亿美元。市值排第五的是 LG 电子（LG Electronics），旗下产品包括电视、冰箱、洗衣机等家电类产品，也包括一些消费电子类产品，总市值 199 亿美元。市值排第六的是爱茉莉太平洋（Amorepacific），也是一家化妆品企业，总市值 109 亿美元。市值排第七的是 KT&G 公司，公司是韩国最大的卷烟生产企业，总市值 103 亿美元。截至 2020 年底，韩国股市消费板块总市值超过 100 亿美元的公司主要就是以上这几家公司，其他消费板块大市值公司见表 6 - 3。

表 6 - 3　　　　　　2020 年底韩国市值最大的 30 家消费公司情况　　　　单位：亿美元

公司名称	细分行业	市值	公司名称	细分行业	市值
现代汽车	汽车制造商	370	科唯怡	家用电器	48
LG 生活健康	个人用品	228	江原大世界	赌场与赌博	45
起亚	汽车制造商	228	奥利恩	包装食品与肉类	44
现代摩比斯	汽车零部件	219	HLB 公司	休闲产品	44
LG 电子	消费电子产品	199	韩泰轮胎	轮胎和橡胶制品	44
爱茉莉太平洋	个人用品	109	爱茉莉太平洋集团	个人用品	41
KT&G	烟草	103	易买得	大卖场与超市	38
翰昂系统	汽车零部件	78	东西食品	食品分销商	31
希杰第一制糖	包装食品与肉类	52	新罗酒店	专卖店	29

续表

公司名称	细分行业	市值	公司名称	细分行业	市值
CJ ENM	互联网零售	28	新世界百货	百货商店	21
乐天购物	百货商店	26	BGF 零售	食品零售	21
万都公司	汽车零部件	25	真露	酿酒商	20
FILA 控股	服装服饰奢侈品	24	奥多吉	包装食品与肉类	19
GS 零售	食品零售	24	农心	包装食品与肉类	16
韩国汉森	家庭装饰品	22	韩国现代百货	百货商店	15

资料来源：Wind 资讯、彭博。

从板块表现来看，1988～2020 年，韩国股市可选消费板块的超额收益走势大体上可以分为四个阶段：第一阶段，1988～1991 年，可选消费板块持续跑赢大盘有明显的超额收益；第二阶段，1992～1999 年，可选消费板块连续多年跑输大盘；第三阶段，2000～2013 年，这期间除了 2006～2007 年阶段性跑输大盘，可选消费板块总体上是跑赢市场的；第四阶段，2014～2020 年，可选消费板块再度持续跑输大盘。拉长时间来看，截至 2020 年底，可选消费板块总体上收益率是略微跑输市场整体的。

从 2011 年初到 2020 年底这十年中，韩国股市可选消费板块整体涨幅大约 21%，收益率是低于市场整体水平的。从板块内部的细分行业看，过去十年中涨幅较好的主要包括：家庭装饰品、鞋类、休闲设施、专卖店等。韩国股市可选消费板块历史超额收益走势具体见图 6－22。

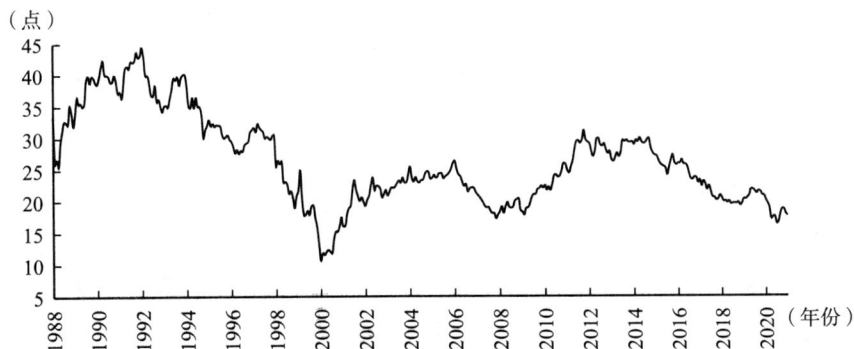

图 6－22　1988～2020 年韩国股市可选消费板块超额收益走势

资料来源：Wind 资讯、彭博。

从个股收益率表现来看，韩国可选消费品几个大市值龙头公司在 2011 年初到 2020 年底总体表现都比较一般，现代汽车和起亚汽车过去十年中股价累计涨幅分别为 37% 和 49%，现代摩比斯股价上涨仅 2%，LG 电子股价累计上涨 25%，都是跑输大盘的。这些传统汽车和家电公司，最近几年都面临着没有增长的问题，比如市值最大的现代汽车，2013 年净利润达到最高 85413 亿韩元，随后逐年递减，2019 年（新冠肺炎疫情前）净利润已经降至不足高点时的一半。其他几家公司也是类似的情况，面对全球企业的竞争，韩国企业在汽车和家电等行业竞争优势是走弱的，2021 年 4 月，LG 电子也正式宣布停止公司的手机业务。

可选消费大市值公司中股价表现较好的是翰昂系统公司（Hanon Systems），从 2011 年初到 2020 年底，公司股价累计上涨 417%。公司是世界领先的汽车热管理企业，其成长性主要来自新能源汽车，电动压缩机（e-compressor）是电动汽车关键的温度控制零部件，包括翰昂系统在内的世界前三公司掌控了 80% 的市场份额。2010~2019 年，公司的营收和净利润分别累计增长 140% 和 57%，2020 年受新冠肺炎疫情影响还有所下滑，业绩增长幅度显然明显低于股价涨幅，但市场对新能源汽车这一块业务的长期成长性显然给出了更高的估值。

大公司以外，韩国股市可选消费板块很多小市值公司在过去十年间股价有不错的表现，赚钱效应还是比较突出的，涨幅超过 200% 的有将近 50 家公司，其中不乏 10 倍股甚至 20 倍股，但这些公司的市值普遍都非常小，截至 2020 年底大多市值没有超过 5 亿美元。

再来看必需消费板块的表现，板块的超额收益走势大体上可以分为三个阶段：第一阶段，1988~1999 年，超额收益有所波动总体与市场走平；第二阶段，2000~2015 年，必需消费板块走出了一个长达 16 年的超级强势上行周期，特别是在 2000~2004 年以及 2011~2015 年这两个时间段中，板块有明显的超额收益；第三个阶段，2015~2020 年，韩国股市必需消费板块超额收益迅速回落。韩国股市必需消费板块历史超额收益走势具体见图 6-23。

从 2011 年初到 2020 年底这十年中，韩国股市必需消费板块整体收益率约 98%，显著好于市场整体的表现，但同时也要注意到，2016 年以后必需消费板块股价出现了大幅下跌。必需消费内部细分板块中，表现最好的是个人用品（主要是化妆品），表现最差的是大卖场与超市。

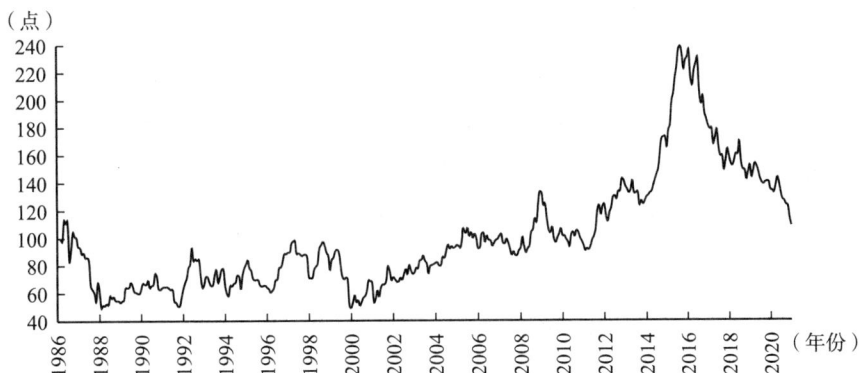

图 6-23 1986~2020 年韩国股市必需消费板块超额收益走势

资料来源：Wind 资讯、彭博。

　　韩国股市必需消费板块最重要的公司是几家化妆品公司。首先第一个讨论的是爱茉莉太平洋，公司是韩国历史最悠久的化妆品公司，旗下品牌包括 Amore Pacific、雪花秀（Sulwhasoo）、赫妍（HERA），以及自然主义品牌悦诗风吟。爱茉莉太平洋在韩国股市是双主体上市公司，其中爱茉莉太平洋公司（证券代码 090430）主营化妆品，其母公司爱茉莉太平洋集团（证券代码 002790）除化妆品外，还有其他一些子公司和业务板块。2015 年 7 月，必需消费指数达到历史最高点时，市值最大的两家公司就是爱茉莉太平洋和爱茉莉太平洋集团。2016 年以后，"韩国热"在中国国内有所减退，更重要的是公司产品质量不断出现负面新闻，股价开始一路下跌，到 2020 年底相比 2015 年 7 月高点，爱茉莉太平洋及其集团股价分别下跌 49% 和 71%。取而代之的是 LG 生活健康，在爱茉莉太平洋大跌的同时期，股价大涨 98%（从 2010 年底起算累计涨幅 346%），到 2020 年底成为韩国必需消费品板块市值最大的公司。从中也可以看出，化妆品美妆固然是一条极好的赛道，但在个股之间阿尔法的差异也可以是巨大的。其他一些传统消费品公司，比如易买得（E-mart）、好丽友集团（Orion Holdings），过去几年股价表现都不是太好。

三、韩国股市金融板块行情特征

　　金融板块在韩国股市中是一个小板块，截至 2020 年底，板块合计市值 1271 亿美元，占全部韩国上市公司总市值仅 6%，金融板块在韩国股市中基本无足轻重。

　　金融板块中市值最大的公司是韩国国民金融集团（KB Financial Group），总市值

163 亿美元。市值排第二的是新韩金融集团（Shinhan Financial Group），总市值 149 亿美元。排第三的是三星人寿保险（Samsung Life Insurance），总市值 143 亿美元。截至 2020 年底时，韩国股市金融板块总市值超过 100 亿美元的仅有这三家公司，无论是横向对比其他板块龙头公司，还是纵向比较其他国家金融公司，无疑韩国没有全球性的金融巨头公司。其他金融板块市值相对较大的公司见表 6 - 4。

表 6 - 4　　　　　2020 年底韩国市值最大的 20 家金融公司情况　　　　单位：亿美元

公司名称	细分行业	市值	公司名称	细分行业	市值
韩国国民金融集团	综合性银行	163	三星证券	投资银行业与经纪业	33
新韩金融集团	综合性银行	149	NH 证券投资	投资银行业与经纪业	29
三星人寿保险	人寿与健康保险	143	DB 保险	财产与意外伤害保险	28
韩亚金融集团	综合性银行	93	Kiwoom 证券	投资银行业与经纪业	27
三星火灾海上保险	财产与意外伤害保险	80	梅瑞兹证券	投资银行业与经纪业	22
友利金融集团	综合性银行	63	韩华人寿保险	人寿与健康保险	19
韩国中小企业银行	综合性银行	59	现代海上火灾保险	财产与意外伤害保险	18
未来资产证券	综合性资本市场	55	BNK 金融集团	区域性银行	17
韩国投资控股	投资银行业与经纪业	40	梅瑞兹海上火灾保险	财产与意外伤害保险	16
三星信用卡	消费信贷	34	梅瑞兹金融集团	其他综合性金融服务	12

资料来源：Wind 资讯、彭博。

从板块超额收益表现来看，韩国股市金融板块表现也是长期不理想（见图 6 - 24）。1986 ~ 1988 年金融板块大幅跑赢市场整体，有显著的超额收益。随后，从 1989 年开始一直到 2020 年，在长达 30 多年的时间中，金融板块持续、大幅跑输市场，中间只有在比如 1991 年、2000 ~ 2001 年、2005 ~ 2006 年、2009 年等阶段性的非常短暂的时间内稍微有所表现，但趋势上是一路下行的，这个走势与日本股市金融板块的长期低迷非常相似（见图 5 - 26）。从 2011 年初到 2020 年底这十年中，韩国股市金融板块整体收益率约 - 7%，显著低于市场整体水平。

从个股表现来看，表 6 - 4 中总市值 50 亿美元以上的 8 家大市值公司，在 2011 ~ 2020 年这十年中，只有韩亚金融集团（Hana Financial Holdings）和三星火灾海上保险（Samsung Fire & Marine Insurance）获得了正收益，10 年时间的累计收益率也分别仅为 9% 和 10%，其他 6 家公司全部为负收益率，跌幅较大的是韩国中小企业银行

（Industrial Bank of Korea）和未来资产证券（Mirae Asset Securities），过去10年分别录得30%和51%的跌幅。

图 6 – 24　1986～2020 年韩国股市金融板块超额收益走势

资料来源：Wind 资讯、彭博。

梅瑞兹证券（Meritz Securities）是过去十年中韩国股市金融板块中涨幅较大的公司，股价累计涨幅达 637%。梅瑞兹证券过去几年的成功，主要是利用了其商业银行牌照的有利条件，采取了较为激进的扩张模式，与之关联的梅瑞兹海上火灾保险和梅瑞兹金融集团过去十年也分别获得 165% 和 384% 的股价涨幅，好于市场整体更是显著好于金融板块收益率。梅瑞兹是一个较为成功的大金融控股集团协同成功的案例，对于梅瑞兹证券而言，这是一个个股的阿尔法行情，并不是券商行情好，排在它前面的韩国大券商三星证券（Samsung Securities）、NH 证券投资（NH Investment & Securities）股价同时期分别下跌 37% 和 32%。

四、韩国股市科技板块行情特征

毫无疑问，科技板块是韩国股市的龙头板块、第一大市值板块，截至 2020 年底，不算电信服务，单单信息技术板块合计总市值就达到了 7101 亿美元，占全部韩国上市公司总市值比重高达 35%，遥遥领先第二名医疗保健板块 13% 的市值占比。

科技板块中的第一大市值公司是全球著名的三星电子公司（Samsung Electronics），公司是三星集团旗下最大的子公司，也是韩国市值最大的上市公司，总市值 4365 亿美元，比第二名高出非常多，三星电子单个公司的市值占整个信息技术板块比重超过一半。市值排第二的是 SK 海力士（SK Hynix），全球重要的内存芯片制造商，总市值 779 亿美元。排第三的是 NAVER 公司，著名社交软件连我（LINE）的母公司，也是重要的搜索引擎公司，总市值 434 亿美元。排第四的是三星 SDI 公司，主要生产平板显示器，总市值 390 亿美元。排第五的是 Kakao 公司，一家互联网即时通信公司，总市值 311 亿美元。除此之外，韩国股市科技板块还有多家总市值超过 100 亿美元的大型公司，具体见表 6 - 5。

表 6 - 5　　　　　　　2020 年底韩国市值最大的 20 家科技公司情况　　　　单位：亿美元

公司名称	细分行业	市值	公司名称	细分行业	市值
三星电子	科技硬件存储设备	4365	LG 显示	电子元器件	60
SK 海力士	半导体产品	779	韩国电信	综合电信业务	57
NAVER 公司	互动传媒与服务	434	HYBE 公司	电影和娱乐	51
三星 SDI	电子元器件	390	LG Uplus	综合电信业务	46
Kakao 公司	互动传媒与服务	311	LG 伊诺特	电子元器件	39
NCSoft 公司	互动家庭娱乐	184	Kakao 游戏	互动家庭娱乐	31
SK 电讯	无线电信业务	173	珍珠深渊	互动家庭娱乐	31
三星 SDS	信息科技咨询与其他服务	125	KMW 公司	通信设备	29
三星电机	电子元器件	120	Douzone Bizon	系统软件	28
网石公司	互动家庭娱乐	102	龙工作室	电影和娱乐	25

资料来源：Wind 资讯、彭博。

科技板块不但是韩国股市市值最大的行业板块，也是股价长期表现最好的板块，拉长时间看，信息技术板块有长期的超额收益。1986 ~ 2020 年，韩国股市信息技术板块几乎持续跑赢市场整体，中间只出现过几次阶段性的超额收益回调，包括：1986 ~ 1987 年，当时西方资本主义国家普遍经济景气繁荣，在全球周期股普遍强势中，韩国股市信息技术板块跑输大盘；2000 ~ 2001 年，美股互联网泡沫破灭后，全球科技股普遍暴跌，这段时间韩国科技股也是跑输大盘的；2004 ~ 2007 年，由中国经济高速增长带动的全球经济高景气，各类商品价格普遍创历史新高，周期股、金融股再度大放异彩，韩国科技股这几年中持续跑输大盘，这段时间也是韩国科技股几次阶段性跑输大盘中时间最长的一次；2013 ~ 2015 年，信息技术板块超额收益小幅回落。

从2011年初到2020年底这十年间，韩国股市信息技术板块整体累计涨幅249%，电信服务板块整体累计涨幅143%，收益率均大幅高于同时期市场整体表现。从板块内部各细分行业表现来看，过去十年中表现最好的是科技硬件存储设备行业（第一大权重股三星电子归类在这个细分行业），其他表现相对较好的细分行业包括：数据处理与外包服务、半导体产品、非传统电信运营商等。

韩国股市信息技术板块的历史超额收益走势见图6-25。

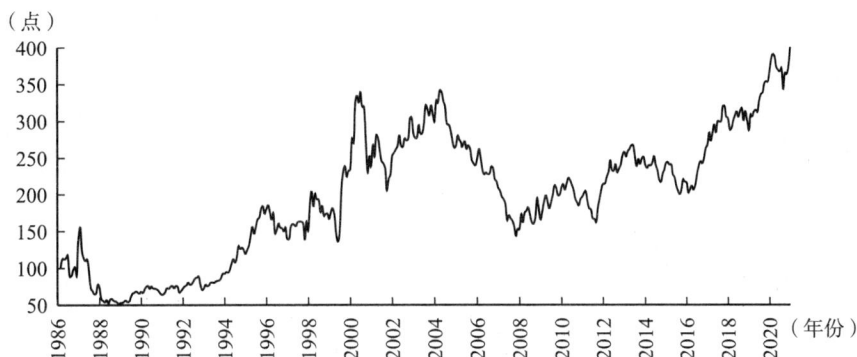

图 6-25 1986~2020年韩国股市信息技术板块超额收益走势

资料来源：Wind资讯、彭博。

从个股收益率表现来看，从2011年初到2020年底，韩国科技股市值最大的5家公司，三星电子、SK海力士、NAVER公司、三星SDI、Kakao公司，股价涨幅大致相当，都大幅跑赢市场整体，收益率分别为417%、442%、404%、302%、430%，平均累计收益率约为400%，年化收益率17.5%。

任何对于韩国股市的研究和讨论，都不可能离开对三星电子公司的分析，这家公司总市值在韩国股市的影响力实在太大，占信息技术板块比重超过一半，占整个韩国股市合计市值比重有20%。三星电子公司的业务大体上由三部分构成：手机（营收占比约45%）、半导体（营收占比约30%）、非手机消费电子产品（营收占比约20%），这几个业务部门的营收占比不同年份波动较大，但总体而言最近几年中，三星电子公司营收中手机业务占比在下降而半导体业务占比在提升。从公司过去几年的经营业绩来看，公司的成长性是比较一般的，公司营业收入在2013年达到约230万亿韩元（韩元2020年底汇率大约1美元兑换1100韩元），之后并没有实质性大幅突破，公司净利润在2018年达到历史最高水平，最近两年有所下滑，回到了2012年的水平（营收和净利润走势具体见图 6 - 26）。如同其他很多大企业一样，三星电子目前也越来越有"现金奶牛"公用事业型公司的稳定特色了，即在营收和利润没有增长的情况下，现金股息分红却越来越多不断创新高。虽然最近两年公司的净利润已经回到 2012 年水平，但股息分红却是成倍增长，2012 年三星电子股息分红 1.2 万亿韩元，2019 年和 2020 年股息分红高达 9.6 万亿和 9.7 万亿韩元。

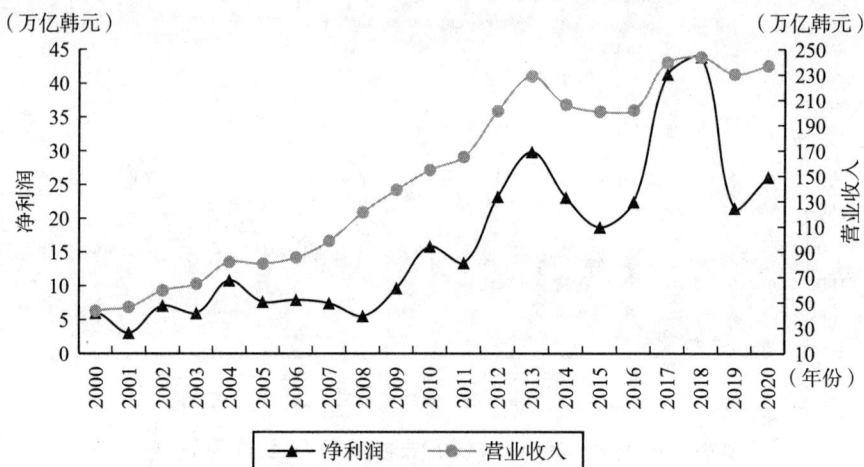

图 6 - 26　2000 ~ 2020 年韩国三星电子公司净利润与营业收入走势

资料来源：Wind 资讯、彭博。

　　除了这几家大市值龙头公司外，过去十年韩国股市科技股中涨幅较大赚钱效应突出的公司也不少，但基本上都是一些小市值公司（即 2020 年底总市值 50 亿美元以下）。信息技术板块的这些小市值公司中，过去十年累计涨幅在 10 倍以上的公司有约 19 家，累计涨幅在 5 ~ 10 倍的还有 29 家公司，个股行情表现还是非常突出的。涨幅较大的一些公司包括：NHN KCP 公司（一家数据处理服务公司，主要从事在线支付网关业务，过去十年涨幅 35 倍）、KMW 公司（一家通信设备公司，专门从事无线通信和射频组件业务，过去十年涨幅 22 倍）、RFHIC 公司（韩国的无线通信设备半导体企业，过去十年涨幅 20.5 倍）、Leeno Industrial（半导体公司，过去十年涨幅 19 倍）、JYP 娱乐（JYP Entertainment，韩国歌手朴振荣创立的经纪公司，韩国主要的娱乐公司之一，过去十年涨幅 13.4 倍）、Com2Us（韩国最早也是目前最大手机游戏开发推广商，过去十年涨幅 13.3 倍）等，韩国股市科技板块过去十年牛股不在少数。

五、韩国股市医疗保健板块行情特征

截至 2020 年底，韩国股市医疗保健板块合计总市值约 2738 亿美元，占全部韩国上市公司总市值比重约 13%，从单个行业看，是仅次于信息技术板块的第二大板块。

医疗保健板块中市值最大的公司是三星生物制药（Samsung Biologics），截至 2020 年底总市值 493 亿美元，电子巨头三星集团在医疗保健领域依然是最大的公司，所以也难怪韩国人有这么一句调侃，"一生中有三件事无法摆脱，交税、死亡、三星"。市值排第二的是赛尔群公司（Celltrion），公司成立于 2002 年，是一家全球领先的生物制药公司，总市值 446 亿美元。市值排第三的是赛尔群医疗保健（Celltrion Healthcare），赛尔群医疗保健是赛尔群公司的销售和市场子公司，总市值 228 亿美元。排第四的是 SK 生物制药（SK Biopharmaceuticals），SK 生物制药主要生产治疗中枢神经系统疾病的药物，这家公司 2020 年 7 月刚上市，总市值 119 亿美元。韩国股市医疗保健板块总市值 100 亿美元以上的公司就是以上四家。其他市值相对较大的医疗保健板块公司见表 6－6。

表 6－6　　　　　　　　**2020 年底韩国市值最大的 20 家医疗保健公司情况**　　　　单位：亿美元

公司名称	细分行业	市值	公司名称	细分行业	市值
三星生物制药	生命科学工具和服务	493	绿十字	生物科技	43
赛尔群公司	生物科技	446	韩美制药	制药	40
赛尔群医疗保健	保健护理产品经销商	228	Genexine 公司	生物科技	28
SK 生物制药	制药	119	大熊制药	制药	26
赛尔群制药	制药	79	CKD 制药	制药	23
新丰制药	制药	59	VAXCELL 生物治疗	生物科技	23
韩美科技	制药	46	MedPacto 公司	生物科技	22
Seegene 公司	生物科技	46	Hugel 公司	生物科技	21
Alteogen 公司	生物科技	46	富光制药	制药	18
柳韩洋行	制药	45	Hanall 生物制药	制药	18

资料来源：Wind 资讯、彭博。

从行情走势来看，1989～2020 年，韩国股市医疗保健板块的超额收益走势大致可以分为四个阶段（见图 6-27）：第一阶段，1989～1997 年，板块跑赢市场整体有明显的超额收益；第二阶段，1998～1999 年，全球互联网科技股最火热的时候，韩国股市医疗保健板块阶段性跑输大盘；第三阶段，2000～2011 年，这十多年间医疗保健板块总体表现与大盘相当；第四阶段，2012～2020 年，板块持续跑赢大盘，有明显的超额收益。

图 6-27　1989～2020 年韩国股市医疗保健板块超额收益走势

资料来源：Wind 资讯、彭博。

从 2011 年初到 2020 年底，韩国股市医疗保健板块整体累计涨幅约 560%，是所有行业板块中表现最好的。板块内部细分行业板块中，过去十年制药、生物科技、医疗保健用品等相对表现更好。

从个股表现来看，过去十年中韩国股市医疗保健板块有不少涨幅较大的公司，涨幅 10 倍以上的公司有 15 家，涨幅在 5～10 倍的公司有 25 家。而且这些牛股的细分行业非常集中，主要就是在制药和生物科技这两个行业，过去十年医疗保健板块涨幅榜前 20 的股票全部是这两个细分行业的。实际上，参照表 6-6 也可以发现，制药和生物科技这两个领域是韩国股市医疗保健板块的主要优势所在，市值最大的 20 家公司中除了三星生物制药和赛尔群医疗保健以外，其他 18 家全部是在这两个行业。

制药和生物科技这两个细分行业中，涨幅较大且市值不算太小的公司（定义为2020 年底总市值 50 亿美元以上），包括：新丰制药（Shinpoong Pharmaceutical），公司主要产品包括抗生素、心血管药物、抗癌药物、精神药物等，过去十年股价大涨

46 倍。赛尔群体系下的几家公司，赛尔群体系在韩国股市医疗保健板块有三个上市主体，分别是赛尔群公司（Celltrion，证券代码 068270），市值在三个中间最大，主要从事生物药的生产，过去十年股价涨幅 11 倍；赛尔群制药（Celltrion Pharm，证券代码 068760），市值是三个中最小的，主要从事韩国国内的化学药生产和销售，但股价涨幅是最大的，过去十年累计上涨 21 倍；赛尔群医疗保健（Celltrion Healthcare，证券代码 901990），这是集团下的医药流通公司，股价涨幅最小为 2.6 倍。

韩国股市医疗保健板块市值最大的公司三星生物制药，这是一家新公司，2011 年成立，2016 年 11 月才上市。三星生物制药走差异化道路战略比较明确，初期制定了不和美国、日本、欧盟争抢新药研发，不和中国、印度争夺临床市场的战略，首先是通过 CMO 模式（Contract Manufacture Organization，全球生物制药合同生产），接受制药公司的委托，提供药品生产时所需要的工艺开发、配方开发、中间体制造、制剂生产等服务，随后开始以 CMO 外包为跳板，三星生物制药快速进入仿制药领域，在人才和技术不断积累后，公司开始与全球医药巨头合作，负责临床前以及临床研究和开发。公司过去几年营业收入呈爆发式增长，2015 年公司的营业收入为 913 亿韩元，到 2020 年已经增长到 1.16 万亿韩元，增长超过 10 倍。从 2016 年 11 月到 2020 年底短短四年间股价累计涨幅 4.4 倍，年化收益率 52%。

六、韩国股市周期板块行情特征

韩国股市周期板块截至 2020 年底能源与原材料两个行业的合计市值约 2176 亿美元，占全部韩国上市公司总市值比重约 11%。

LG 化学（LG Chem）是韩国股市周期板块中市值最大的公司，公司成立于 1947 年，是韩国最具代表性的化学企业，业务包括石油化工、电池、尖端材料、生命科学等四个领域，截至 2020 年底总市值 525 亿美元。市值排第二的是浦项钢铁（Posco），公司成立于 1968 年，是世界上最大的钢铁制造企业之一，总市值 214 亿美元。市值排第三的是 SK 创新（SK Innovation），公司是一家石油产品的制造和销售企业，总市值 159 亿美元。韩国周期板块市值在 100 亿美元以上的公司主要就是这三家，其他市值相对较大的周期板块公司见表 6 - 7。

表 6 - 7			2020 年底韩国市值最大的 20 家周期公司情况		单位：亿美元
公司名称	细分行业	市值	公司名称	细分行业	市值
LG 化学	商品化工	525	锦湖轮胎	商品化工	40
浦项钢铁	钢铁	214	SK 材料	工业气体	34
SK 创新	石油天然气炼制销售	159	SKC 公司	商品化工	32
乐天化工	商品化工	85	GS 控股	石油天然气炼制销售	31
埃斯公司	石油天然气炼制销售	70	双龙水泥	建筑材料	30
韩华化学	商品化工	69	韩松化工	特种化学制品	20
韩国锌业	多种金属与采矿	68	OCI 公司	各样化学制品	20
浦项化学	建筑材料	57	Soulbrain 公司	特种化学制品	19
现代钢铁	钢铁	48	东进世美肯	特种化学制品	17
SK 化学	商品化工	42	Chunbo 公司	特种化学制品	16

资料来源：Wind 资讯、彭博。

韩国股市周期股的行情，以原材料行业为例，与其他很多国家和地区似乎有所不同，一是长期来看板块还是跑赢大盘有超额收益的，二是在 1995~1999 年这段全球科技股行情中韩国的周期股还是跑赢大盘的，三是 2008 年金融危机以后没有像多数股票市场周期板块一样快速持续跑输大盘。韩国周期板块的这些特点，可能主要还是源自其板块自身公司少、市值小，受公司自身影响相对较大，而受宏观经济影响相对较小有关。

1986~2020 年，原材料板块的超额收益走势大体上可以分为五个阶段（见图 6 - 28）：第一阶段，1986~1987 年，板块明显跑输大盘；第二阶段，1988~1999 年，板块跑赢大盘，超额收益曲线上行的斜率相对比较平稳，这个阶段特别是 20 世纪 90 年代中后期是互联网科技股的时代，全球多数股市周期股都是跑输大盘的；第三阶段，2000~2010 年，原材料板块继续持续跑赢大盘，且超额收益加速上行；第四阶段，2011~2012 年，伴随着危机后全球经济二次探底和大宗商品价格见顶回落，原材料板块超额收益这两年内快速回落；第五阶段，2013~2020 年，板块表现与市场整体基本相当，超额收益曲线走平。

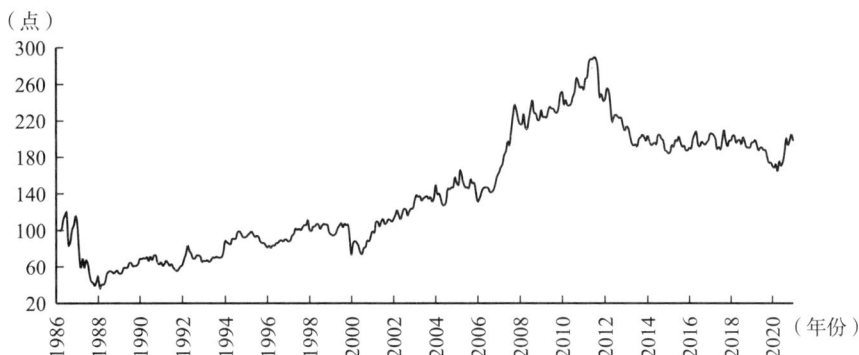

图 6 – 28　1986 ~ 2020 年韩国股市原材料板块超额收益走势

资料来源：Wind 资讯、彭博。

从 2011 年初到 2020 年底，韩国股市能源和原材料板块十年间的累计收益率分别是 26% 和 34%，都是跑输大盘的。个股表现来看，周期板块市值最大的 5 个公司，LG 化学、浦项钢铁、SK 创新、乐天化工、埃斯公司，过去十年的累计收益率分别是 143%、–23%、27%、19%、–3%，除 LG 化学外，表现均不是太理想。LG 化学目前的营业收入构成中，大概有 50% 多一点是传统的石化产品，30% 左右是动力电池，符合新能源汽车快速发展的行业趋势，所以股价表现在大市值周期股中相对最好。

韩国股市原材料板块中也有一些涨幅较大的公司，主要是新材料公司，且市值普遍较小。市值相对较大且涨幅较大的公司主要是浦项化学（Posco Chemical），公司成立于 1963 年，早年主要从事耐火材料制造，2010 年以后开始布局锂电池负极材料和正极材料，过去十年公司股价上涨 7.1 倍。

七、韩国股市工业板块行情特征

截至 2020 年底，韩国股市工业板块总市值合计约 2169 亿美元，占全部韩国上市公司总市值比重约 11%。工业板块中市值最大的公司是三星物产（SAMSUNG C&T），这是韩国一家主要从事建筑和工程业务的公司，英文名称中的 C&T 代表是 Construction & Trading，总市值 233 亿美元。市值排第二的是 SK 控股（SK Holdings），总市值 153 亿美元。市值排第三的是 LG 公司（LG Corporation），公司主要负责管理各业务板块的子公司，总市值 136 亿美元。韩国股市工业板块目前总市值超过 100 亿美元的主要就是这三家公司，从细分行业看，这三家公司都是工业集团企业。其他大市值工业板块公司参见表 6 – 8。

表 6 - 8 　　　　　　　　　2020 年底韩国市值最大的 20 家工业公司情况 　　　　　单位：亿美元

公司名称	细分行业	市值	公司名称	细分行业	市值
三星物产	工业集团企业	233	韩进集团	航空公司	38
SK 控股	工业集团企业	153	现代工程建设	建筑与工程	38
LG 公司	工业集团企业	136	CJ 物流	陆运	34
韩国造船	建筑、农机与重卡	69	乐天公司	工业集团企业	33
现代 Glovis	航空货运与物流	62	Ecopro BM	电气部件与设备	32
斗山重工业	重型电气设备	46	斗山燃料电池	电气部件与设备	32
大韩航空	航空公司	43	重山风力设备	重型电气设备	29
现代商船	海运	41	S-1 公司	安全和报警服务	29
现代重工集团	工业机械	40	CJ 公司	工业集团企业	28
三星重工	建筑、农机与重卡	40	GS 建设公司	建筑与工程	27

资料来源：Wind 资讯、彭博。

　　从行情表现来看，1988～2020 年，工业板块长期的超额收益表现并不理想，总体上是大幅跑输大盘的，从超额收益波动的周期来看，大体上可以分为三个阶段（见图 6 - 29）：第一阶段，1988～2002 年，除了在初期 1989～1990 年工业板块有阶段性的超额收益外，板块整体是长期大幅跑输大盘的；第二阶段，2003～2007 年，在全球经济繁荣的背景下，顺周期的工业板块大幅跑赢市场整体超额收益显著上行；第三阶段，2008～2020 年，工业板块再度长时期持续大幅跑输大盘。

图 6 - 29　1988～2020 年韩国股市工业板块超额收益走势

资料来源：Wind 资讯、彭博。

从 2011 年初到 2020 年底这十年间，韩国股市工业板块整体累计收益率为 − 33%，是所有行业板块中表现最差的。从个股表现来看，表 6 – 8 中市值最大的 10 家公司，三星物产、SK 控股、LG 公司、韩国造船、现代 Glovis、斗山重工业、大韩航空、现代商船、现代重工集团、三星重工，过去 10 年的累计收益率分别为 − 7%、221%、23%、− 67%、44%、− 76%、− 53%、− 94%、− 18%、− 77%，这里面多数公司股价是大幅下跌的，只有 SK 控股表现相对较好。SK 控股是 SK 集团的一个上市运营主体，它的股价主要受旗下公司净值的变化影响，过去十年间 SK 体系下股价表现较好的主要是：SK 海力士（半导体行业，涨幅 4.4 倍）、SK 材料（主要做生产半导体和太阳能电池的特殊气体，涨幅 3.4 倍）、SK 化学（涨幅 2.5 倍）。

大市值公司表现总体不行的同时，韩国股市工业板块有一些中小市值公司过去十年股价表现还不错，这里面市值相对较大的涨幅不错的包括：斗山燃料电池（Doosan Fuel Cell），过去十年涨幅 619%；重山风力设备（CS Wind Corp），过去十年涨幅 562%，都是新能源行业的公司。

本章最后，笔者对 1960 ~ 2020 年韩国主要经济指标汇总如表 6 – 9 所示。

表 6 – 9　　　　　　　　　　1960 ~ 2020 年韩国主要经济指标汇总

年份	股指涨跌幅（%）	长期利率（%）	汇率（美元兑韩元）	GDP同比增速（%）	CPI同比增速（%）	PPI同比增速（%）	M2同比增速（%）	财政盈余占GDP比重（%）	贸易差额占GDP比重（%）	政府债务占GDP比重（%）
1960	—	—	63	2.3	8.0	—	—	—	-7.8	—
1961	—	—	125	6.9	8.2	—	59.4	—	-11.4	—
1962	—	—	130	3.9	6.6	—	25.2	—	-13.0	—
1963	—	—	130	9.0	20.7	—	7.7	—	-11.9	—
1964	—	—	214	9.5	29.5	—	15.3	—	-8.2	—
1965	—	—	266	7.3	13.5	—	51.9	—	-9.2	—
1966	—	—	271	12.0	11.3	8.6	51.6	—	-11.9	—
1967	—	—	271	9.1	10.9	5.0	61.3	—	-13.9	—
1968	—	—	277	13.2	10.8	6.3	72.0	—	-16.5	—
1969	—	—	288	14.6	12.4	4.0	54.7	—	-15.6	—
1970	—	—	311	10.1	16.0	7.8	24.9	-1.0	-12.8	—
1971	—	—	347	10.5	13.5	5.6	29.4	-2.2	-13.4	—
1972	—	—	393	7.2	11.7	10.6	33.6	-4.5	-8.3	—
1973	—	16.8	398	14.9	3.2	8.5	36.1	-1.6	-7.3	—
1974	—	21.0	404	9.5	24.3	47.3	21.5	-3.8	-12.2	—
1975	—	21.1	484	7.8	25.2	22.4	25.2	-4.4	-10.7	—
1976	11.1	21.6	484	13.2	15.3	9.0	35.1	-2.8	-3.5	—
1977	31.7	21.5	484	12.3	10.1	5.2	40.1	-2.6	-2.0	—
1978	5.7	21.6	484	11.0	14.5	4.7	35.4	-2.4	-4.4	—
1979	-17.9	25.2	484	8.7	18.3	19.9	29.8	-1.4	-7.9	—
1980	-10.2	28.8	607	-1.6	28.7	43.1	44.5	-3.0	-7.3	—
1981	22.9	23.6	681	7.2	21.4	18.5	36.1	-4.3	-6.7	—
1982	-1.8	17.4	731	8.3	7.2	5.3	37.1	-3.9	-3.1	—
1983	-6.0	13.1	776	13.4	3.4	-0.4	22.9	-1.4	-2.0	—
1984	17.5	14.3	806	10.6	2.3	0.8	19.0	-1.2	-1.4	—
1985	14.7	13.6	870	7.8	2.5	-0.3	18.1	-0.8	-0.8	—
1986	66.9	11.6	881	11.3	2.7	-1.6	29.6	-0.1	2.7	—
1987	92.6	12.4	823	12.7	3.0	0.8	30.3	0.2	4.2	—
1988	72.8	13.0	731	12.0	7.1	0.7	29.8	1.1	4.5	—
1989	0.3	14.7	671	7.1	5.7	1.4	25.8	0.0	0.4	—
1990	-23.5	15.0	708	9.9	8.6	2.4	25.3	-0.8	-1.7	7.5

续表

年份	股指涨跌幅（%）	长期利率（%）	汇率（美元兑韩元）	GDP同比增速（%）	CPI同比增速（%）	PPI同比增速（%）	M2同比增速（%）	财政盈余占GDP比重（%）	贸易差额占GDP比重（%）	政府债务占GDP比重（%）
1991	−12.2	16.5	733	10.8	9.3	3.8	19.5	−1.7	−2.9	7.0
1992	11.1	15.1	781	6.2	6.2	1.8	21.5	−0.6	−1.4	6.8
1993	27.7	12.1	803	6.9	4.8	1.4	17.4	0.3	−0.4	6.4
1994	18.6	12.3	803	9.3	6.3	1.6	21.1	0.4	−1.4	5.7
1995	−14.1	12.4	771	9.6	4.5	4.9	23.3	0.3	−1.8	5.0
1996	−26.2	10.9	804	7.9	4.9	2.1	16.7	0.2	−3.4	4.6
1997	−42.2	11.7	951	6.2	4.4	3.3	19.7	−1.3	−1.5	5.7
1998	49.5	12.8	1401	−5.1	7.5	14.7	23.7	−3.5	10.2	8.1
1999	82.8	8.7	1189	11.5	0.8	−3.4	5.1	−2.2	4.8	9.3
2000	−50.9	8.5	1131	9.1	2.3	2.3	5.2	1.0	2.0	9.5
2001	37.5	6.7	1291	4.9	4.1	−2.2	8.1	1.0	1.7	9.8
2002	−9.5	6.5	1252	7.7	2.8	−1.6	14.0	2.9	1.6	9.7
2003	29.2	4.9	1192	3.1	3.5	1.7	3.0	0.9	2.1	11.7
2004	10.5	4.5	1146	5.2	3.6	7.6	6.3	0.6	3.7	15.9
2005	54.0	4.7	1024	4.3	2.8	3.1	7.0	0.5	2.5	18.8
2006	4.0	5.1	955	5.3	2.2	0.1	12.5	1.5	1.5	21.8
2007	32.3	5.4	929	5.8	2.5	0.8	10.8	3.4	1.2	21.5
2008	−40.7	5.8	1100	3.0	4.7	12.1	12.0	1.4	−1.3	22.9
2009	49.7	5.1	1277	0.8	2.8	−1.8	9.9	−1.5	4.3	25.4
2010	21.9	4.6	1156	6.8	2.9	4.3	6.0	1.3	3.6	27.3
2011	−11.0	4.1	1108	3.7	4.0	9.0	5.5	1.3	2.5	29.4
2012	9.4	3.4	1127	2.4	2.2	−0.4	4.8	1.3	2.2	31.9
2013	0.7	3.2	1095	3.2	1.3	−3.0	4.6	0.9	3.2	33.6
2014	−4.8	3.0	1053	3.2	1.3	−2.1	8.1	0.5	3.2	36.3
2015	2.4	2.1	1131	2.8	0.7	−6.7	8.2	0.0	6.2	38.0
2016	3.3	1.7	1161	2.9	1.0	−3.5	7.1	1.0	5.9	37.7
2017	21.8	2.2	1131	3.2	1.9	4.8	5.1	1.3	5.9	35.9
2018	−17.3	2.5	1100	2.9	1.5	2.2	6.7	1.6	4.0	36.7
2019	7.7	1.7	1165	2.2	0.4	−1.0	7.9	−0.6	2.4	39.2
2020	30.8	1.4	1180	−0.9	0.5	−2.6	9.8	−3.7	2.8	44.7

注："—"表示数据缺失。

资料来源：Wind 资讯、CEIC、OECD、世界银行、IMF、BIS。

第七章
中国香港：立足中国、放眼全球

　　港股是除 A 股以外中国投资者最熟悉的股票市场了。二战后 1946 年的香港股市重新开张，1986 年香港四大交易所合而为一成立联交所，港股市场至此形成了当前的基本制度架构。港股市场早年波动极大，从 1970～1974 年先是大牛市后是大股灾，1982 年和 1987 年又再度出现两次股灾，十几年的时间里先后出现了三次股灾。20 世纪 90 年代以后得益于内地的改革开放经济快速崛起，港股市场掀起了红筹股与国企股浪潮，港股市场的龙头上市公司也开始慢慢从香港本地企业不断转变为内地企业。在 1997 年亚洲金融风暴和 2008 年全球金融危机中，港股市场都受到了很大的冲击，国际资本大进大出，甚至出现了对香港市场的"阻击战"和"保卫战"，但在中国经济强有力的支撑下最后都挺了过来。金融危机以后大量的互联网、科技、医疗保健公司上市，使得上市公司的构成结构发生了巨大变化，形成了目前港股市场新兴产业和低估值蓝筹两头并重的市场特色。立足中国、放眼全球，一方面中国经济发展的红利是港股市场不断前进发展的基石，另一方面作为全球金融中心港股市场吸引了全球各类投资资金，市场开放度极高。图 7 - 1 为 1964～2020 年中国香港恒生指数走势概览。

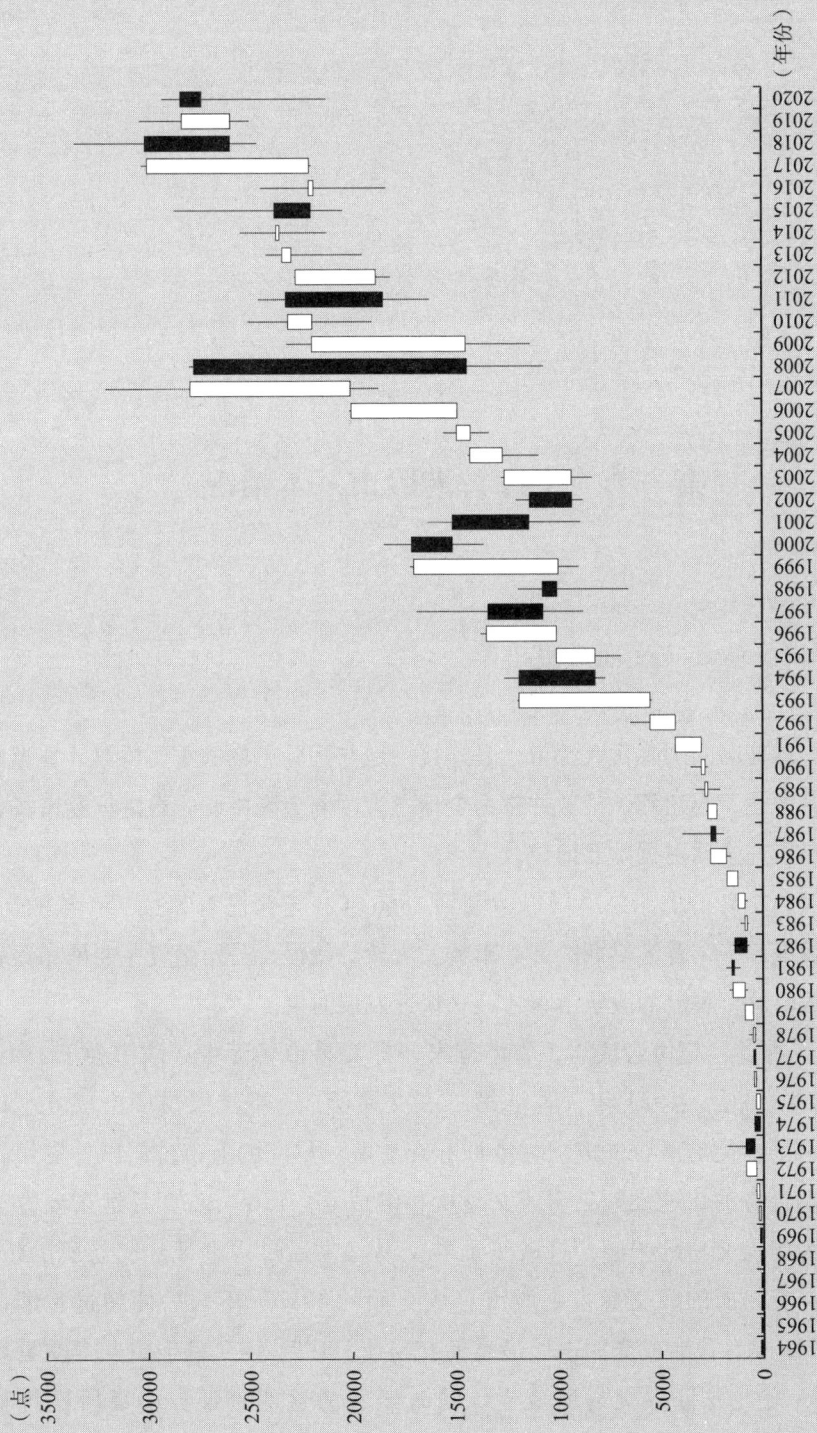

图 7-1　1964~2020 年中国香港恒生指数（年 K 线）走势概览

资料来源：Wind 资讯。

第一节 中国香港股市基本情况

一、中国香港股市发展历史沿革

香港是全球知名的国际化大都市，是连接内地与国际市场的重要桥梁。香港的金融服务业极其发达，与纽约、伦敦并称为全球三大国际金融中心。香港证券市场也十分活跃，其股市在全球占据重要地位。

香港的股票交易历史，最早可以追溯到 1866 年，至今已有超过 150 年的历史。受制于经济发展水平，香港早期的证券市场发展较为缓慢，公司融资主要依靠银行贷款。直到二战以后，香港的股票市场才迎来快速发展时期。

1891 年，香港经纪协会成立，香港首家证券交易市场诞生。该协会于 1914 年改名为香港经纪商会。1921 年，香港第二家交易所——香港股份商会成立。1947年 3 月，两家证券交易所合并成立香港证券交易所，早期的上市公司以外资银行为主。随着香港经济的快速发展，多家交易所相继成立。1969 年 12 月远东证券交易所成立，成为华人交易的中心，打破了证券交易必须通过香港证券交易所的传统。次年远东证券交易所的成交额占到股市总成交额的 49%，不久后便超过香港证券交易所，[①] 长期成为香港成交额占比最高的交易所。1971 年 3 月金银证券交易所成立，1972 年 1 月九龙证券交易所成立。同时经营的这四家证券交易所被统称为

---

① 吴育频. 风起云涌的香港股票市场 [J]. 北京经济瞭望（北京财贸学院学报），1996（6）：57–61.

"四会"。

由于四家证券交易所规则各不相同，同时交易所的过度竞争导致上市公司质量急剧下降。1974年，香港立法限制成立新交易所，并规定在非指定交易所经营证券业务属于违法行为。同年为了加强股市监管，成立了香港证券交易所联合会，并提出"四会合并"的初步设想。1980年，香港通过了合并四家交易所的法案，决定组建香港联合证券交易所。1986年3月27日，四个交易所停止交易。4月2日，合并后的香港联合交易所正式营业，成为香港唯一认可的证券交易所，总部位于香港中环，香港证券市场进入全新发展阶段。香港联交所以电脑撮合交易取代传统公开叫价，提升交易效率，并加速了国际化进程。1986年9月，香港联交所成为国际证券交易所联合会会员。

1989年5月1日，香港证监会成立，作为独立于政府部门的非营利机构，负责监督香港的证券期货市场运作。香港证监会成立之后大幅修改香港联合交易所内部章程，重新制定上市条例。证监会的设立有利于加强证券市场全面监管，促进股市健康发展。20世纪90年代初，香港股市凭借开放、国际、多元的特点，被世界银行旗下国际金融公司认定为"成熟市场"，并跻身世界前十大市场。随着香港回归的临近，"一国两制"政策陆续解决了诸多悬而未决的问题，香港本地和国际资金对于香港未来的信心不断提升。香港股市走出"慢牛"行情，直到1997年东南亚金融风暴蔓延至香港，最终在中央政府的出手相助下，香港成功渡过难关。

2000年3月6日，香港联合交易所、香港期货交易所与香港中央结算有限公司合并于香港交易及结算所有限公司（香港交易所）旗下，并于同年6月27日在联交所上市，成为世界首批上市的交易所集团之一。2012年6月，香港交易所集团全资收购伦敦金属交易所（LME），进军商品业务，一举在基本金属期货和期权交易中占据全球领先地位。

香港证券市场国际化程度很高，由于未实行外汇管制，海外资金基本可以自由流入流出香港证券市场，同时香港实行较为优惠的税收政策，并且凭借着背靠内地的独特优势，香港市场成为全球投资者关注的焦点。2000年香港上市公司市值达6234亿美元，占全球总市值的比例为2%。进入21世纪以来，香港股市市值快速增长，香港股市在全球的市值占比与重要性持续增长。截至2020年底，香港上市公司市值达6.13万亿美元，占全球总市值的比例达6.1%（见图7-2）。

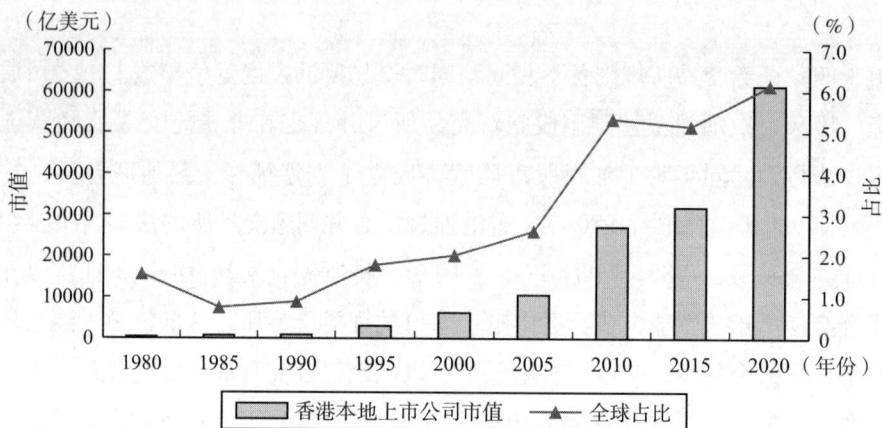

图 7-2　1980~2020 年中国香港股市总市值与全球占比

资料来源：世界银行。

二、中国香港股市现状与特征

香港证券市场是全球股市的重要组成部分，资本化率（股市市值÷GDP）长期维持较高水平。香港交易所的市场规模和筹资功能常年位居全球前列，近年来港交所积极创新上市交易制度，大力吸引生物医药、信息科技等行业的新经济公司赴港上市，已形成市场集聚效应。

截至 2020 年 12 月 31 日，港股总市值约 47.5 万亿港元，位列全球交易所第 5 位，日均成交额约 1295 亿港元。香港上市公司共有 2538 家（包括主板 2170 家和创业板 368家）。其中主板市值达 47.4 万亿港元，创业板市值约 1310 亿港元。2020 年香港交易所IPO 募资金额高达 4002 亿港元，位列全球交易所第二位，仅次于美国纳斯达克市场。

香港交易所分为主板和创业板两个板块，为不同类型的公司提供融资市场。创业板成立于 1999 年 11 月，亦称为 GEM 市场（growth enterprises market），其上市条件、交易方式、监管办法都与主板存在一定差别，上市条件相对较低，致力于为新兴增长的中小型企业提供融资渠道。

香港最具代表性的指数是恒生指数。恒生指数在香港家喻户晓，在国际市场重要性也与日俱增。恒生指数由恒生银行有限公司于 1964 年 7 月 31 日创立，基点为 100点。恒生指数将上市股票分为金融、公用事业、地产和工商业四类，1983 年开始单独披露四类行业指数。香港历史上曾存在与恒生指数重要性相当的香港指数，后于1992 年 4 月 6 日停止使用。2001 年香港交易所推出恒生综合指数，涵盖上市公司总市值的95%左右，更能反映市场整体表现。另外使用较多的指数还有恒生中国企业指数（H股指数）、恒生科技指数、恒生港股通指数等。

根据世界银行的统计数据，截至2020年底，香港本地上市公司共计2353家，长期以来，香港本地上市公司数量不断增加（见图7-3）。

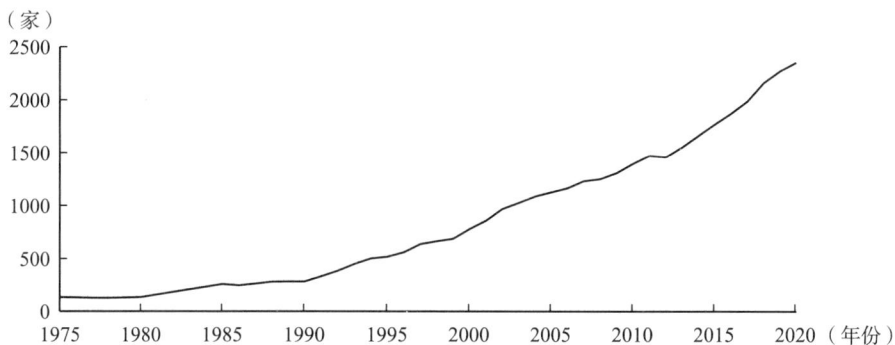

图7-3 1975~2020年中国香港本地上市公司数量

资料来源：世界银行。

三、中国香港上市公司构成情况

截至2020年底，在香港2000多家上市公司中，按照行业板块来分，市值占比最大的是可选消费板块（阿里巴巴、美团、京东等互联网零售企业在行业分类中属于可选消费），市值占比高达27%，其次是金融板块市值占比17%，然后是电信服务和房地产（见图7-4）。

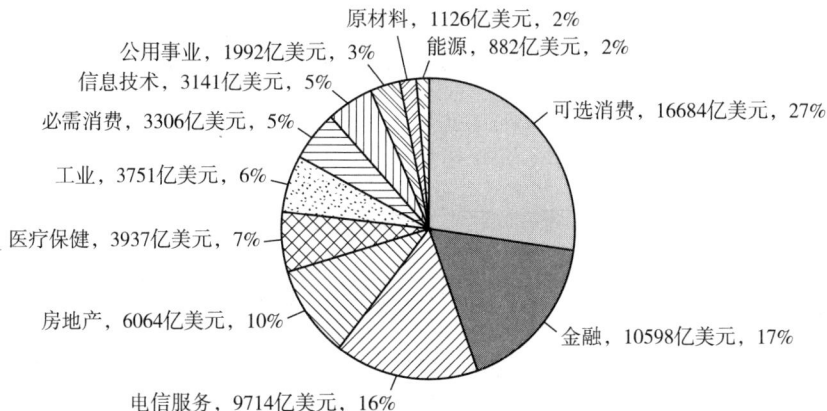

图7-4 中国香港上市公司行业板块市值分布

注：数据截至2020年底。

资料来源：Wind资讯、彭博。

表 7 - 1 报告了到 2020 年底中国香港股市市值最大的 30 家公司名称及其对应的行业板块，其中有八家公司目前市值超过 1000 亿美元，分别是腾讯控股、阿里巴巴、美团、建设银行、友邦保险、京东、中国移动、汇丰控股。目前，香港市值排名靠前的公司以传统金融企业和新兴互联网企业（腾讯、网易在行业分类中属于电信服务）为主。香港在历史上长期作为联系内地与海外的桥梁，金融服务业不断发展壮大，成为香港最重要的经济支柱之一。近年来，香港凭借作为国际金融中心对资本的吸引力和快速便捷的上市流程，吸引了大量优质的内地公司赴港上市，尤其以新兴互联网企业为代表。

表 7 - 1   2020 年底中国香港股市市值最大的 30 家上市公司列表   单位：亿美元

公司名称	行业板块	市值	公司名称	行业板块	市值	公司名称	行业板块	市值
腾讯控股	电信服务	6978	香港交易所	金融	695	海底捞	可选消费	408
阿里巴巴	可选消费	6495	网易	电信服务	658	阿里健康	医疗保健	397
美团	可选消费	1957	京东健康	可选消费	616	新鸿基地产	房地产	374
建设银行	金融	1827	中国工商银行	金融	563	农夫山泉	必需消费	357
友邦保险	金融	1482	药明生物	医疗保健	541	金沙中国	可选消费	355
京东	可选消费	1182	保诚集团	金融	484	龙湖集团	房地产	355
中国移动	电信服务	1167	思摩尔国际	必需消费	452	港铁公司	工业	346
汇丰控股	金融	1071	百威亚太	必需消费	437	恒大汽车	医疗保健	343
中国平安	金融	913	安踏体育	可选消费	429	银河娱乐	可选消费	338
小米集团	信息技术	878	中国海洋石油	能源	414	吉利汽车	可选消费	336

资料来源：Wind 资讯、彭博。

第二节　中国香港股市行情脉络

一、1965 ~ 1974 年[①]：从大牛市到大股灾

二战后香港经济物资短缺，到 1947 年左右经济大体恢复正常。1946 年 9 月，香港经纪商会（成立于 1914 年）和香港股份商会（成立于 1921 年），这两家交易所得到批准重开股市交易。1947 年 3 月，两家合并，成立香港证券交易所。随着解放战

[①]　香港恒生指数最早可以追溯到 1964 年 7 月，1965 年为第一个完整年度，故将此时间设定为起始时间点。

争的开始，大量人口和资本开始流入香港，并成为对内地转口贸易的龙头枢纽。1950年6月朝鲜战争爆发后，美国对中国实施了"禁运"，香港由此开始了从转口港向工业化的转型。到1959年底，香港出口产品总产值中本港制造业产品产值已经达到近70%，香港已经基本成为一个工业城市。进入20世纪60年代后，全球经济进入二战后发展的高峰时期，国际贸易需求量大增，极大地刺激了香港以轻工业为主的制造业发展。这期间香港经济高速增长，香港股市也在1960~1961年迎来一波高潮，成交量和股价均创了战后新高。

不过随后由廖创兴银行挤兑风潮①开始，一连串的负面事件使得股票市场开始降温。1965年香港银行业挤兑风暴再起而且更加凶猛，1965年1月，明德银号被港英政府接管，随后挤兑开始蔓延到所有华商银行，1965年2月，广东信托商业银行遭挤兑最后也被政府接管。之后恒生、广安、道亨和永隆等多家华商银行接连遭到挤兑，1965年4月恒生银行将控股权出售给汇丰银行才平息风波。1965年，虽然香港实际经济增速高达近15%，但在银行危机中，恒生指数大跌19%。

1966年4月，往返港岛和九龙的天星小轮因提高票价引发骚动，随后事态恶化，港英政府宣布在九龙戒严，与此同时1966年在香港其他地方社会问题也时有发生。1967年，香港社会展开了对抗港英政府的"六七暴动"，暴动从1967年5月开始，到年底才慢慢平息。1966年和1967年在社会骚动下，香港经济增速大幅下行（见图7-5），股市也由此受到拖累，恒生指数这两年分别下跌1%和18%，从1964年7月恒指基期100点起算，到1967年底，累计跌幅已经达到34%。

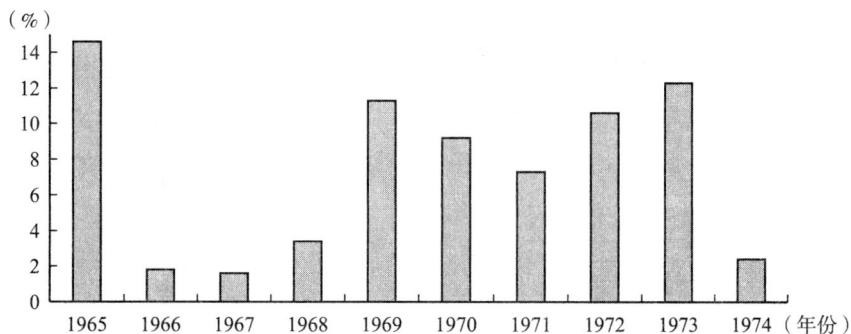

图7-5 1965~1974年香港实际地区生产总值（GDP）同比增速走势

资料来源：Wind资讯。

___

① 廖创兴银行，1948年成立于香港中环，1961年6月遭到大批民众挤兑，随后被迫向汇丰银行和渣打银行求助，并实施改组，最后幸免于难，不过也元气大伤。

1967 年暴动成为香港发展的一个分水岭，此后港英政府吸取教训，更加注重社会民生等发展，开始了对住房、医疗、教育等方面的改革，这些措施一方面使香港局势开始稳定，另一方面也为香港经济发展提供了新的活力，这为后面几年香港股市超级大牛市奠定了基础。

香港是一个资本可以自由流动的金融中心，国际资本流动会受到香港社会稳定与骚乱的很大影响。1968 年，随着香港社会趋于稳定，此前流出的国际资本又开始大幅回流，香港经济也开始企稳回升，叠加此前香港股市已经连续多年下跌调整幅度较大，1968 年香港股市迎来了春天并开始了一轮大牛市，恒生指数大涨 62%。1969 年，港英政府开始实施"十年建屋计划"与"居者有其屋计划"，房地产开始成为香港经济的重要组成部分，当年香港实际经济增速超过 10%，恒生指数大涨 45%。

股市的火爆到 1970 年开始进一步升温，此时一方面全球股市开始了大牛市共振（1970～1972 年），另一方面香港经济的快速发展使得上市公司数量大幅增加，在市场火爆的环境中，IPO 数量的增加从来不是利空而是增加新投资机会的利好。并且，除香港证券交易所外，1969 年远东交易所成立、1971 年金银证券交易所成立、1972 年九龙证券交易所成立，香港股市进入到"四所"时代，这又增加了全社会投资股市的关注度和热情。1971 年麦理浩接任成为港督、1972 年美国总统尼克松访华，在当时统统都被视作股市利好。1972 年 6 月，恒生银行宣布上市，成为二战后首个上市的银行股，使得股市更加振奋。恒生指数从 1970～1972 年每年分别大涨 36%、61%、147%，从 1968 年初起算到 1972 年底，已经连续大涨五年，累计涨幅高达11.7 倍，年化收益率 66%，成交金额放大十几倍。

1973 年 3 月 9 日，恒生指数最高上冲至 1774 点，此时海外股市已经开始大幅下跌（美股"漂亮 50"行情结束于 1972 年底），随后假股票①问题以及货币政策收紧使得股市开始快速下跌，4 月 10 日恒生指数跌到 818 点，不到一个月时间跌幅超50%。随后四家交易所跟银行出台了一系列稳定股市政策，恒生指数反弹至 1000 点上方后再度快速回落。到 1973 年年底，恒生指数跌至 433 点，较上一年下跌 49%，较年内高点跌幅达 76%。

1974 年香港股市的表现是一个悲剧，见证了一个常有的说法，一个股票如果你

---

① 在 20 世纪 70 年代的非电子化时代，股票交易需要通过实物交割来完成，这里的股票实物即纸质的股票凭证。1973 年 3 月香港媒体报道，市场上发现了伪造的合和实业公司股票，虽然数量不多，但引发了投资者的忧虑，随后警方也介入调查。

在跌幅达 80% 时买入，当它跌幅达 90% 时，还能够再亏一半。随着 1973 年底第一次石油危机的爆发，全球物价飞涨，经济回落，香港经济在 1974 年也经历了衰退。在股市泡沫后经历经济衰退，香港股市在 1973 年已经暴跌的情况下，1974 年恒生指数继续暴跌 61% 收报 171 点。1973～1974 年从最高点到最低点，恒生指数最大跌幅达 91.5%，这个跌幅在全球市场的股灾中都是可以排得上号的。

1965～1974 年，香港股市大起大落，从超级大牛市最终走向了一个超级大股灾（见图 7-6）。

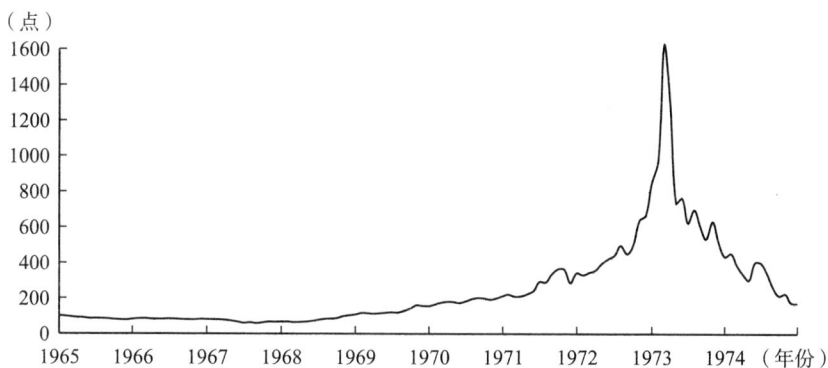

图 7-6 1965～1974 年恒生指数走势概览

资料来源：Wind 资讯。

二、1975～1987 年：两次牛市，两次股灾

经历了严重的经济衰退之后，香港经济从 1975 年二季度开始回升，年内走出经济衰退（见图 7-7）。在 1973～1974 年大跌之后，1975 年全球股市也多数企稳回升，共振之下香港股市开始大涨，且由于此前两年跌幅实在巨大，1975 年港股出现了报复性上涨，全年恒生指数大涨 105%。1976 年香港经济更加强势上升，单季度实际 GDP 增速可以到达 20%，股市继续大涨，恒生指数全年上涨 28%。

1977 年，由于香港经济高速增长，货币信贷增长过度，导致贸易逆差大幅扩大，通胀高企，港元汇率持续贬值①，港英政府各项经济政策开始收紧，香港股市震荡回落，恒生指数当年下跌 10%。也正在此时，"文化大革命"结束，内地开始更加注重

---

① 为解决汇率波动问题，此后港英政府在 1983 年 10 月 15 日公布稳定港元的新汇率政策，即我们所熟知的"联系汇率制度"，按 7.8 港元兑 1 美元的固定汇率与美元挂钩。

经济建设，尤其是增加各种项目设备进口，这使得香港开始受益。1978 年香港股市在上一年小幅调整之后继续向上，四季度受第二次石油危机影响，股市小幅下跌，全年恒生指数依然获得 23% 的涨幅。1978 年 12 月，中共十一届三中全会胜利召开，确定了实施改革开放和以经济建设为中心，香港经济迎来了前所未有的繁荣时期。内地的改革开放、经济特区建设使得香港经济强劲增长，股市大涨，1979 年和 1980 年恒生指数涨幅分别高达 77% 和 68%。

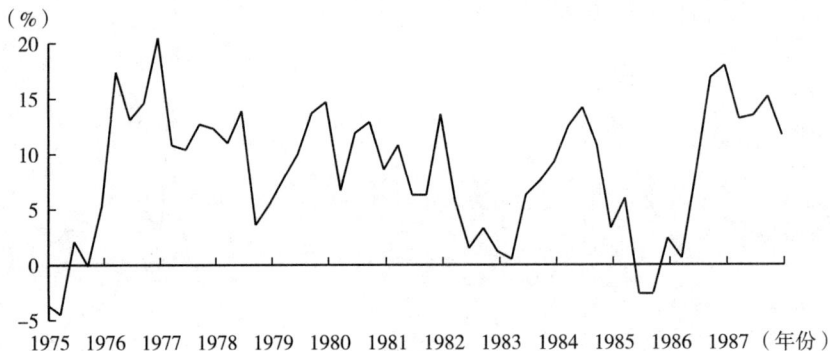

图 7-7　1975～1987 年香港实际地区生产总值（GDP）同比增速走势

资料来源：Wind 资讯。

　　这轮牛市一致持续到 1981 年上半年，此时恒生指数较 1974 年底的低点涨幅又到了 10 倍以上，香港股市的大起大落特征可见一斑，1980 年 11 月为抑制股市过热，四大交易所甚至决定只开市半天下午休市。1981 年下半年以后，为了抗击高通胀，美国等西方国家纷纷开始大幅加息，当时利率基本都已经在 15% 以上，由此造成了 1981～1982 年资本主义国家普遍的经济衰退，香港经济增速也大幅下滑。高利率叠加经济下行，受此影响，香港股市在 1981 年下半年到 1982 年持续下跌，本轮下跌恒生指数跌幅又超过了 50%。

　　1983 年香港经济开始企稳回升，此时西方国家普遍走出了经济衰退，股市开始上行（美股是 1982 年 6 月见到历史大底此后开始"长牛"），中英关于香港的谈判也取得了积极的进展，香港股市重启牛市，1983 年恒生指数上涨 12%。1984 年，中英双方经过多年谈判，终于达成协议签署了《中英联合声明》[①]。按照声明承诺，中国政府将于 1997 年 7 月 1 日起收回香港主权，以"一国两制、港人治港"高度自治

① 全称是《中华人民共和国政府和大不列颠及北爱尔兰联合王国政府关于香港问题的联合声明》。

的方式管理运作，并保持香港的制度 50 年不变。《中英联合声明》签署后，香港未来发展的前途更加明确，这进一步刺激了股票市场的情绪，1984 年恒生指数大涨 37%。

1985 年香港经济表现不是太好，经济增速快速下滑一度甚至衰退。但股市表现却非常好，1985 年恒生指数再度大涨 46%。使得香港股市大涨的原因，一是当时中国内地经济发展非常强劲；二是由于政治因素在港英资开始急流勇退，而中资则乘势而起开始不断吸纳优质企业股份，这一时期对在港内资企业来说是千载难逢的机遇；三是 1985 年"广场协议"后，美元大幅贬值，而 1983 年确定联系汇率制度后，港元兑美元是固定汇率，港元兑非美元其他货币因此也大幅贬值，从而利好香港的出口。事实上，单就汇率影响来看，1985 年"广场协议"后，汇率大幅贬值的如美国、中国香港，与汇率大幅升值的如日本、韩国，股市都出现了大涨，只是各自市场看问题采用的逻辑角度有所不同而已。这也充分说明，汇率变化与股市之间没有必然关系。

1986 年 3 月，香港证券交易所、远东证券交易所、金银交易所、九龙证券交易所四所合一，成立香港联合交易所有限公司（即联交所），从此香港股市进入一个新的发展阶段。联交所成立后，香港股市在国际上的地位进一步提高，市场人气也为之提振，股市行情开始进入到加速上涨阶段，恒生指数 1986 年再度大涨 47% 收报 2568 点。进入 1987 年，疯狂的上涨势头还在继续，到 1987 年 10 月初高点时恒生指数达到 3949 点，年内涨幅已经高达 54%，较 1982 年低点时上涨 4.8 倍。

任何股市的疯狂最后都有惨痛的教训，暴涨之时谁也没有料到股灾这么快就来了。进入 1987 年 10 月之后，美股已经出现了明显的下跌，从 8 月份年内高点到 10 月 15 日，标普 500 指数已经跌去了 11%，但此时港股仍只是小幅小跌。10 月 16 日周五美股再度大跌，标普 500 指数下跌 5.16%，受此影响 10 月 19 日[①]周一恒生指数大跌 11%，恐慌已经在香港股市中蔓延，港股股指期货因跌幅过大当日内两次停止交易。随后 10 月 19 日美股开盘后，著名的"黑色星期一"来临，道琼斯工业指数跌 22.6%，标普 500 指数跌 20.5%，创有史以来单日最大跌幅。

面对这样的形势，联交所在 1987 年 10 月 20 日凌晨紧急召开会议，最后决定为使投资者能够冷静，避免市场大幅波动，交易所停止交易四天（即 10 月 20 日周二至

① 同一日期时间下，港股交易在前，美股交易在后。

10 月 23 日周五)①，成为当时全世界唯一在股灾中停市的股票市场。10 月 25 日周日，港英政府宣布股市将于 10 月 26 日周一正式复市，并同时宣布了一系列救市政策。冷静过后，投资者确实想明白了，就是应该卖！10 月 26 日一开盘港股就开始暴跌，当日恒生指数跌幅 33.3%，创全球股市最大单日跌幅纪录。随后 1987 年 11 月和 12 月，市场继续往下探底，到 12 月 7 日恒生指数最低达到 1894 点，较高点 3949 点下跌 52%。

回首 1975～1987 年香港股市，总体表现非常不错，1987 年股灾跌完之后恒生指数在 1987 年底收报 2302 点，较 1974 年底累计上涨 12.5 倍，年化收益率依然高达 22%（见图 7-8）。但香港股市大起大落的特征尤为突出，十几年的时间里先后出现了三次股灾。

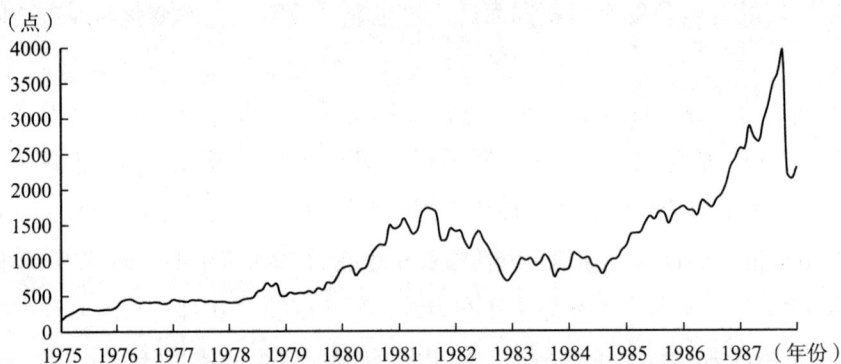

图 7-8　1975～1987 年恒生指数走势概览

资料来源：Wind 资讯。

三、1988～1996 年：红筹股与国企股浪潮

在经历了 1987 年股灾之后，香港成立了以戴维森为首的证券业检讨委员会，并于 1988 年完成了长达 443 页的《香港证券业检讨委员会报告书》（即《戴维森报告书》），就股灾中香港证券业暴露出的问题提出了全面的批评和建议，这成为日后香港证券业改革的重要蓝本。1988 年在全球股市普遍回暖中，香港股市也企稳回升，恒生指数全年上涨 17%。这波反弹持续到 1989 年上半年，随着香港经济增速快速下

---

① 当时香港联交所主席是李福兆，联交所停市受到了市场很大质疑，1987 年底联交所改选，李福兆从主席退任副主席，次年 1988 年李福兆被廉政公署拘捕，指控其非法收受新上市公司配售的股份，后罪名成立。

滑（见图 7 - 9），以及一些事件性影响，1989 年下半年香港股市有所调整，不过全年恒生指数依然上涨 6%。

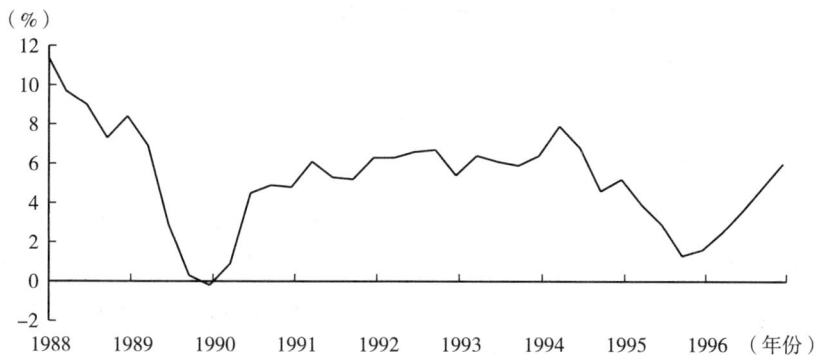

图 7 - 9　1988 ~ 1996 年香港实际地区生产总值（GDP）同比增速走势

资料来源：Wind 资讯。

　　香港经济从 1990 年起开始好转，随后快速回升，香港股市也扭转了 1989 年下半年调整的势头，开始大幅向上。1990 年 8 月科威特战争爆发，国际局势扑朔迷离，受此影响恒生指数在 2 个月时间里出现了近 20% 的下跌调整，1990 年 10 月后再度企稳回升，全年恒生指数小幅上涨 7%。这期间，出于对未来香港政治经济形势不明朗的担忧，部分英资企业开始将注册地和上市地移出香港，比如汇丰银行在 1990 年 12 月将总部迁往伦敦。这些英资企业外迁，可能在市场情绪上有些负面影响，实质上对股市走势基本没有影响，而且港股在 1990 年也没有受到当时日本股市泡沫大跌的冲击，核心原因还是在于香港经济背靠内地经济的快速崛起。

　　1991 年香港联交所做出改革，放开新股上市条件①，使得新股上市数量和募资金额大幅增加，同时也增强了市场的热度。1991 年海湾战争爆发后对市场有很短暂的冲击，但战争很快结束，市场迅速回升；同时 1991 年香港经济表现也非常好，港股大涨，恒生指数全年上涨 42%。1992 年邓小平南方谈话后，内地改革开放再上一个台阶，香港股市也再掀高潮，恒生指数全年继续大涨 28%。

　　除了经济层面的因素外，20 世纪 90 年代香港股市火爆的另一个原因是红筹股和国企股开始涌入香港股市，受到了投资者大力追捧。所谓红筹股，是指按照香港法例

---

①　具体措施细节可以参考：朱家健.1991 年香港股票市场三项重大改革措施 [J]. 港澳经济，1992（3）：8 - 10.

在香港注册并上市的，但是控制权在内地的上市公司。早期的红筹股很多是内地企业收购香港已上市公司，通过买壳形式进行资产重组，后来越来越多的公司直接申请香港上市。红筹股这个名字，一是为与蓝筹股相对应，二是红色是中华人民共和国国旗颜色，有中国概念股的意思。而国企股，指的并不是"国有企业"，而是"中国企业"，是指在内地注册，得到国务院和证监会批准，赴香港上市的企业。国企股也叫H股，源自香港的英文"HongKong"首字母。"恒生中国企业指数"（简称"国企指数"或"H股"指数）于1994年7月推出。

红筹股与国企股顺应了当时的时代浪潮，内地经济高速发展，而企业又缺少资本，赴港上市融资能够实现双赢。1993年，国务院批准第一批9家公司赴港上市，青岛啤酒成为第一家在香港上市的H股公司。从1993年开始，中资股（H股+红筹股）在港股市场总市值占比不断提高，到2008年最高峰时超过50%（见图7-10）。之后中国经济开始转型，在港股上市的大市值公司以互联网公司为主导，这些公司按定义既非H股也不是红筹股，因此H股和红筹股总市值占比开始不断下降，这是后话了。

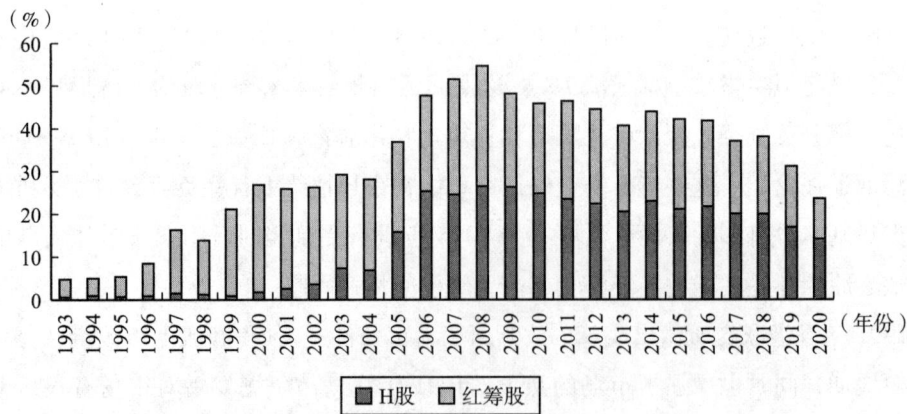

图7-10 1993~2020年香港主板H股和红筹股总市值占比

资料来源：Wind资讯。

在红筹股和国企股浪潮中，1993年港股飙涨，恒生指数涨幅高达116%。虽然当时末代港督彭定康提出的政改方案引起了一些非经济因素波动，但这丝毫不能改变港股的强势。行情在1994年出现转折，一方面此前几年确实是涨多了，从1987年底到1993年底，六年时间里恒生指数涨幅又超过了4倍，另一方面直接的导火索是美联储从 1994 年初开始加息，香港在联系汇率制度下货币政策被动收紧，资金开始外流，同时从 1994 年 1 月香港开始试行股票抛空制度。这些因素导致了香港股市在 1994 年出现了较大幅度调整，恒生指数全年下跌 31%。

这波调整一直持续到 1995 年 1 月，此时相比 1993 年底高点位置，恒生指数累计跌幅约 40%，虽然不能说又是一次股灾，但港股大起大落的特征依然表现得淋漓尽致。美联储的加息到 1995 年 2 月开始停止，下半年重新开始降息，香港经济也从 1995 年四季度起拐头向上，1996 年经济强劲回升。香港股市从 1995 年 2 月起重回牛市，1995 年和 1996 年恒生指数分别上涨 23% 和 34%。

在 1988~1996 年这段香港回归前的过渡时间内，香港股市走出了一轮大牛市，恒生指数累计上涨 4.8 倍，年化收益率高达 21.6%（见图 7-11）。

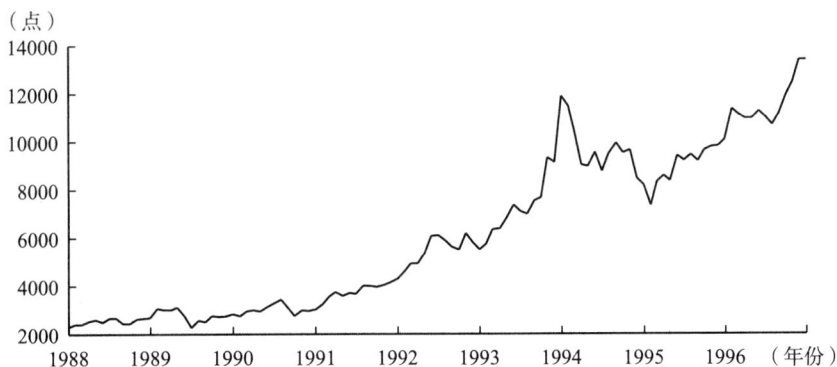

图 7-11　1988~1996 年恒生指数走势概览

资料来源：Wind 资讯。

四、1997~2008 年：两次金融危机

1997 年是香港发展的历史转折点，7 月 1 日起香港正式回归祖国，从此进入到崭新的发展阶段。出于对回归后香港前景的看好，香港股市 1997 年上半年继续上涨，恒指上半年涨幅 13%。不过就在 7 月 1 日香港回归过后，亚洲金融风暴不知不觉已经开始了，7 月 2 日，泰国宣布放弃固定汇率制，实行浮动汇率制，当日泰铢兑换美元的汇率贬值近 17%，并引发其他金融市场混乱。不过此时港股还没有受到影响，7 月恒生指数再涨 7.7% 达到 16365 点。

1997 年 8 月份以后，亚洲金融危机持续发酵，马来西亚放弃保卫林吉特的努力，新加坡也受到冲击，港股开始有所调整，9 月底恒生指数收报 15049 点，进入 10 月以后跌幅开始加大。随后，国际对冲基金开始进入香港，大举做空港股和港元汇率。此时香港金融管理局并未直接干预外汇市场，而是通过减少同业拆借市场的港元流动性，用提高利率的办法捍卫港元汇率。到 10 月 28 日，恒生指数跌破 10000 点整数关口到 9059 点，较年内高点累计跌幅达 46%。国际炒家第一次进攻香港市场没有得手，1997 年最后两个月港股低位震荡。

到 1998 年，亚洲金融危机已经开始从金融市场扩大到实体经济，香港经济进入衰退（见图 7-12），此时国际炒家卷土重来，于 1998 年 1 月、4 月、8 月对香港市场先后又发动了三次狙击。到 1998 年 8 月 13 日，恒生指数最低见到 6544 点，较前一年高点跌幅达 61%，俨然又是一次股灾。8 月 14 日，香港特区政府开始救市，大量买入权重蓝筹股并同时介入期货市场，拉抬股市指数，香港股市开始见底回升。1998 年 8 月 13 日恒生指数创下的 6544 点低点之后再也没有被击穿过，成为历史大底。

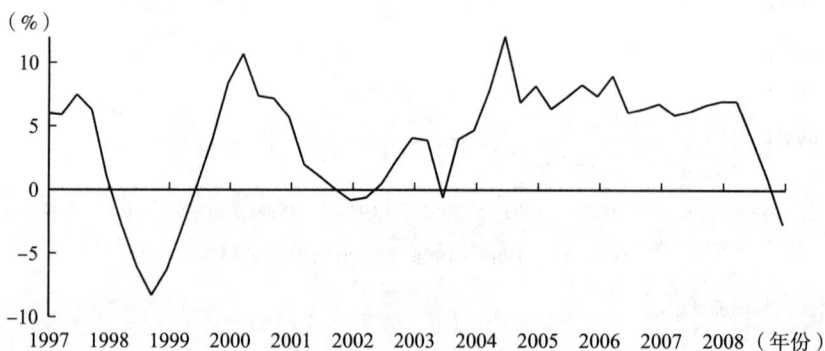

图 7-12　1997～2008 年香港实际地区生产总值（GDP）同比增速走势

资料来源：Wind 资讯。

为应对亚洲金融危机以及美国长期资本管理公司破产的冲击，美联储在 1998 年 10 月和 11 月先后两次降息，这两次降息点燃了随后全球股市的"互联网泡沫"行情，港股也在这波大浪中逐渐上行，到 1998 年底时恒生指数再次回到了万点大关之上。1999 年中国香港经济快速回升，全球股市大涨，A 股市场也出现了"5·19"行情，香港股市也迎风招展持续上扬，恒生指数全年大涨 69%。

港股从 1998 年四季度开始的行情一直持续到 2000 年 3 月左右，恒生指数最高达到 18397 点。之后随着美股纳斯达克见顶回落，港股也开始回落。在 2008 年金融危机之前，港股是充分受益于内地改革开放红利的，但股市走势更多是跟着美股走的，与当时 A 股走势经常背离。A 股在 2000 年是大牛市，上证综指涨幅超过 40%，港股已经走出了熊市。

2001 年美国互联网泡沫破灭叠加"9·11"事件冲击，全球经济陷入衰退，中国香港经济也受到拖累，2001 年恒生指数下跌 24%。2000 年互联网泡沫破灭后美股的跌势一直持续到 2002 年底，但由于 2003 年"非典"（SARS）的暴发，港股的下跌势头结束的时间更晚，要到 2003 年一季度末。二季度才开始企稳向上，随后开始了新的一轮牛市。2003 年二季度后，当时美联储货币政策继续宽松，且中国内地与香港地区签署了《关于建立更紧密经贸关系的安排》（简称"CEPA"），香港经济发展得到了更加有力的支持，但内地当时货币政策开始收紧，A 股与港股走势再次分化。2003 年全年恒生指数大涨 35%。

2004 年 3~4 月，内地采取了严厉的宏观调控措施，经济开始降温，受此影响港股出现小幅调整。但港股受到的影响整体不大，随后又开始了上行走势（A 股当时一直要下跌到 2005 年 6 月），2004 年全年恒生指数上涨 13%。2005 年 7 月，中国开始实行人民币汇改，人民币兑换美元一次性升值 2%，并改变单一与美元挂钩的固定汇率机制，改为参考"一篮子"的浮动汇率机制。此后很长一段时间里，人民币都处在升值预期之中。由于当时港股市场中中资公司占比极大，人民币汇率升值对港股是极大的利好①。

2006 年，伴随着 A 股市场大牛市的开启，港股市场也进入加速上涨阶段。其中最亮眼的就是中国内地的 H 股（国企股），而且伴随着大量 H 股和红筹股的 IPO 上市，中资股在港股总市值占比已经超过了一半。2006 年恒生指数涨幅 34%，恒生国企指数表现更为惊人，涨幅高达 94%。2007 年，中国经济和 A 股继续高歌猛进，A 股市场上证综指创出历史高点 6124，港股市场也持续上涨。

从 2007 年开始内地合格境内机构投资者（QDII）产品正式落地，QDII 允许内地居民外汇投资境外资本市场，包括香港和其他资本市场。而相比于其他资本市场，香港市场离内地更近，也更为内地投资者所熟悉，因此 QDII 制度推出后港股被认为是最大的受益者。2007 年全年恒生指数大涨 39%，恒生国企指数涨幅为 56%。恒生指

---

① 人民币升值利好中资港股的逻辑大致如下：因为这些公司的股价和市值是用港元计价的（联系汇率下等于用美元计价），而财务数据是用人民币计价的，所以如果人民币升值，那么这些公司以港元计价的利润就会增加、估值就会下降。反之，人民币贬值就会使得其估值上升。

数在 2007 年 10 月 30 日达到了高点 31958 点，这也是本轮牛市的高点，港股当时见到高点的时间与 A 股基本相当。

而随着美国次贷危机的持续恶化，到 2008 年最终演变为了全球性的金融危机，香港经济和股市都无法幸免于难。2008 年香港经济陷入衰退，港股大跌，恒生指数全年跌幅 48%，2008 年 10 月 27 日指数最低达到 10676 点，较一年前高点累计下跌 67%，又是一次股灾。

从 1997~2008 年，香港股市经历了两次金融危机，恒生指数从 14000 点左右起步，最高突破 30000 点，最后又回到了 14000 点左右（具体走势见图 7-13）。

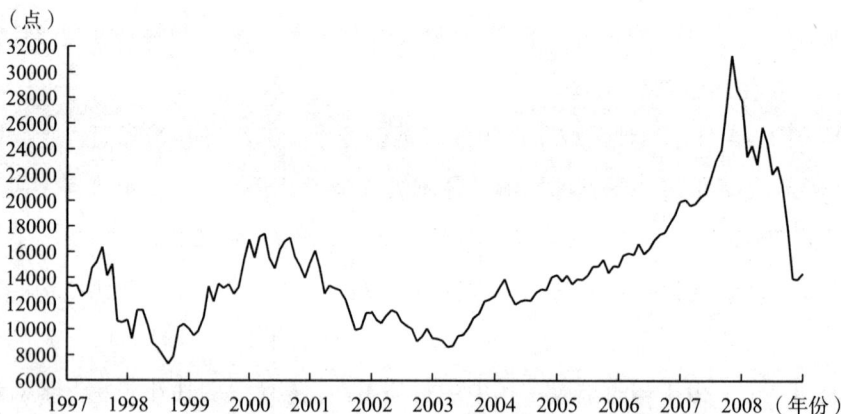

图 7-13 1997~2008 年香港恒生指数走势概览

资料来源：Wind 资讯。

五、2009~2020 年：结构性巨变

2008 年全球金融危机可以说是香港股市的一个转折点，如果说金融危机前港股的走势更多的是跟着美股等西方国家股市走的话，那么金融危机之后，港股与 A 股的关联度大幅增强，港股更多的是跟着 A 股在走。

2009 年前两个月，受金融危机余波以及西方国家股市二次探底影响，香港股市有所回落，3 月起股市开始向上大涨。在内地"四万亿"政策和美国量化宽松政策刺激下，香港经济从二季度开始快速回升（见图 7-14）。恒生指数也持续走高，到年底已经突破了 20000 点大关，全年涨幅 52%。

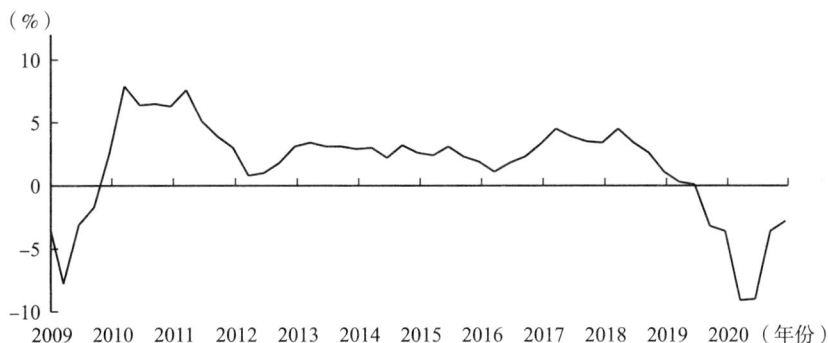

图7-14　2009～2020年香港实际地区生产总值（GDP）同比增速走势

资料来源：Wind 资讯。

　　到2010年，内地的货币政策开始慢慢收紧，欧债危机也开始爆发，叠加之前港股涨幅也较大，2010年上半年港股小幅调整下跌。2010年下半年起，在经济基本面和企业盈利强劲作用下，港股继续上扬，此时港股的表现要比A股更好，A股上证综指这轮上涨大体在2009年7月见到高点，Wind 全A指数高点大概在2010年11月，而港股到2011年上半年依然在持续创新高。

　　除了基本面因素外，当时港股表现较好的另一个重要原因是2010年美国开始了第二轮量化宽松（QE2），大量资金开始流入中国香港，出现了"热钱囤积香港"的说法。当时有媒体传言驻港的"热钱"高达10万亿港元，最后还引发香港特首出面辟谣。[①] 2010年恒生指数全年小幅上涨5%。到2011年上半年，全球大宗商品价格普遍大涨并创历史新高，通胀压力持续升温，内地货币政策大幅收紧，经济开始降温。2011年二季度起全球经济开始了金融危机之后的二次探底，香港经济也不例外，这导致港股大幅下挫，2011年全年恒生指数大跌20%。

　　2012年内地开始了金融危机之后的"二次刺激"，香港经济也开始小幅反弹。但对香港股市更重要的是，2012年美国开启了第三轮量化宽松，日本"安倍经济学"也开始了量化宽松，全球流动性极度宽裕，资本大量流向香港市场。恒生指数2012年全年大涨23%，除了股票市场以外，香港住宅价格2012年涨幅也超过了20%，房价超过1997年泡沫破灭前的最高水平。

　　2013年内地经济再度回落，香港经济增速低位盘整，港股在国际热钱充裕背景下小幅震荡向上，全年恒生指数上涨3%。2014年港股最重要的事情无疑是沪港通的

---

① 舒时. 曾荫权否认热钱囤港，称不会限制外资［N］. 第一财经日报，2010-12-07（A4）.

开通，2014 年 11 月，沪港通正式启动①，从此内地投资者可以直接投资港股市场，香港投资者也可以直接投资上海证券交易所的股票。沪股通总额度为 3000 亿元人民币，港股通总额度为 2500 亿元人民币。恒生指数 2014 年全年小幅上涨 1%。从 2012 ~ 2014 年，港股整体是一个震荡缓慢向上的过程。

2015 年 A 股从上半年的大牛市开始，到下半年出现异常波动。受 A 股波动和美国加息的影响，港股市场也是大起大落，恒生指数在 2015 年 4 月底最高达到 28588 点，创金融危机后高点，随后又大幅下挫，全年指数下跌 7%。2016 年 1 月，受 A 股市场两次熔断暴跌的影响，港股市场也大幅回撤，恒生指数跌破 20000 点整数关口。市场从 2 月份起见底企稳，之后内地供给侧结构性改革不断推进，经济形势持续好转，港股和 A 股都走出了缓慢上行的行情。2016 年 12 月，深港通正式开通，深港通在北向和南向都增加了 100 多只标的股，同时深港通取消了总额度限制，内地与香港资本市场相互开放又迈出重要一步。

2017 年全球经济复苏，港股取得了极佳的表现，从恒生指数的构成中可以发现，金融等顺周期行业在指数中占比较大，因此恒指往往在经济向上的行情中可以有更好的表现。2017 年就是典型的这种情况，在经济复苏中，恒生指数全年大涨 36%，2017 年 A 股上证综指涨幅仅 6.6%、沪深 300 指数全年涨幅 21.8%，表现均不如恒生指数。这波上涨行情持续到 2018 年初，恒生指数最高达到 33484，创历史新高。不过后来随着 2018 年起全球经济再度进入衰退，以及中美贸易摩擦持续升温，香港股市开始大幅回落，恒生指数 2018 年全年下跌 14%。

2019 年初开始内地各项政策再度放松，A 股迎来大涨，港股也见底反弹，随后 2019 年 8 月起美联储开始"预防性降息"，使得全球流动性再度泛滥，各类资产价格普涨。因此尽管 2019 年香港经济大幅下行陷入经济衰退，港股依然是上涨的，恒生指数全年涨幅 9%。2020 年一季度新冠肺炎疫情在全球蔓延，香港作为一个全球贸易和金融的中心城市，经济受到重大影响陷入深度衰退，港股在 2020 年 1 ~ 5 月暴跌，随后在全球各国史无前例的货币宽松中，港股也见底反弹，但由于恒生指数本身结构等原因，2020 年港股的反弹相对较弱，恒生指数全年依然有 3% 的下跌。

金融危机以后到 2020 年，港股最大的变化是上市公司结构又发生了巨大的变化。截至 2020 年底，在港股市场上市的在香港注册公司总市值占比已经只有 12% 了，内

---

① 沪港通是指上海证券交易所和香港联合交易所允许两地投资者通过当地证券公司（或经纪商）买卖规定范围内的对方交易所上市的股票，是沪港股票市场交易互联互通机制。

地公司已经牢牢掌握了港股市场的主导权。在这其中，内地公司的构成也从金融危机之前的金融地产等传统行业公司，转向了科技互联网公司，互联网公司构成了港股市场最大的旗帜特色。美股市场上有著名的 FAANG[①] 科技公司，与之对应，港股市场上也有 ATMX[②] 科技公司。

从 2009~2020 年，恒生指数是一个震荡上行的走势，12 年累计上涨 89%，年化收益率 5.5%，表现并不算太好（见图 7-15）。

图 7-15　2009~2020 年恒生指数走势概览

资料来源：Wind 资讯。

六、AH 股溢价问题

在发达国家资本市场，同一公司在海外市场的交易价格通常高于在本地市场的股价，即海外股溢价现象[③]，这一现象通常可以由股票的稀缺性来解释。而在我国股票市场，同一公司无论是 H 股还是 B 股，其股价大部分都低于 A 股本地市场的价格，即存在本地股溢价现象，这一现象在全球都比较罕见。研究 AH 股溢价问题，既有理论意义又有实际价值。

恒生沪深港通 AH 股溢价指数系统反映了在内地和香港两地同时上市的股票的价

---

① FAANG 指美股市场上最受欢迎的五家科技公司首字母缩写，即脸书（Facebook，F）、苹果（Apple，A）、亚马逊（Amazon，A）、奈飞（Netflix，N）、谷歌（Google，G）。

② 即港股市场中的四家科技公司：阿里巴巴（2019 年 11 月上市）、腾讯控股（2004 年 6 月上市）、美团（2018 年 9 月上市）、小米集团（2018 年 7 月上市）。

③ 宋顺林，易阳，谭劲松. AH 股溢价合理吗——市场情绪、个股投机性与 AH 股溢价 [J]. 南开管理评论，2015，18（2）：92-102.

格差异。由香港恒生指数有限公司于 2007 年 7 月 9 日正式发布，数据回溯至 2006 年 1 月 3 日（见图 7 – 16）。该指数根据纳入成分股的 A 股及 H 股的流通市值，计算出 A 股相对 H 股的加权平均溢价。指数走高，代表 A 股相对 H 股越贵；指数走低，代表 A 股相对 H 股越便宜。基于一些因素，A 股相对于 H 股长期存在溢价现象。

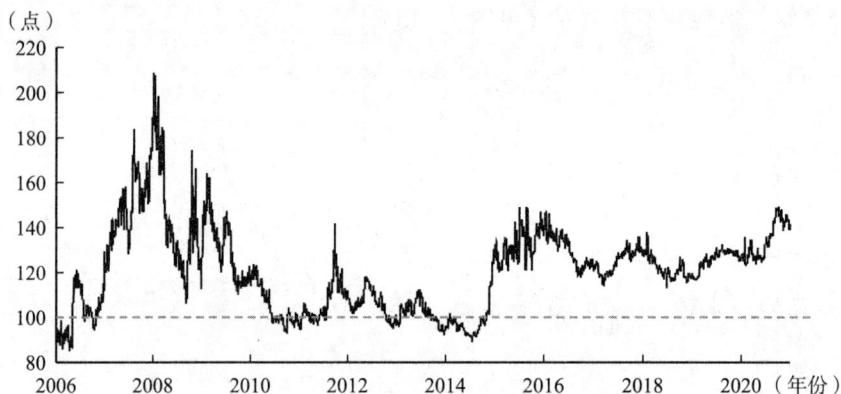

图 7 – 16　2006 ~ 2020 年恒生 AH 股溢价指数的历史走势

资料来源：Wind 资讯。

恒生沪深港通 AH 股溢价指数发布首日报收的点位是 133.24 点，意味着 A 股对 H 股的溢价比例整体上是 33.24%。2008 年 1 月，恒生 AH 股溢价指数超过 200 点，创下历史纪录。2010 年 6 月下旬，该指数一度跌破 100 点，意味着当时 A 股平均价格水平已经与 H 股基本接轨。之后的时间里，AH 股溢价指数仍然频繁波动。

AH 股溢价指数不仅在历史时间维度波动极大，即便是在同一时刻，不同行业、不同公司的溢价率也有着很大差别。截至 2020 年底，两地上市公司共有 130 家，恒生 AH 股溢价指数为 139.76，A 股较 H 股溢价近 4 成。其中溢价率最高的股票是国联证券，溢价率高达 548%，溢价率最低的股票是药明康德，溢价率仅为 5.5%，没有一个公司处于 AH 股折价状态。

AH 股溢价率情况存在巨大的结构性差异，从行业平均溢价率来看（见图 7 – 17），2020 年底公用事业行业溢价率最高，达到 159%。房地产行业溢价率最低，仅为 57%。自 2014 年底以来，日常消费和金融行业溢价率提升较多，房地产、材料行业溢价率大幅下降。从 AH 股溢价率与市值的关系来看，存在着大市值企业 A 股溢价率较低，而小市值企业的 A 股溢价率较高的现象。这主要因为小市值企业存在信息不对称，而港股市场对大市值企业的研究更加充分，以及两个市场的投资者结构不同。

这些因素使得 A 股与港股市场对大市值企业的估值更为接近。

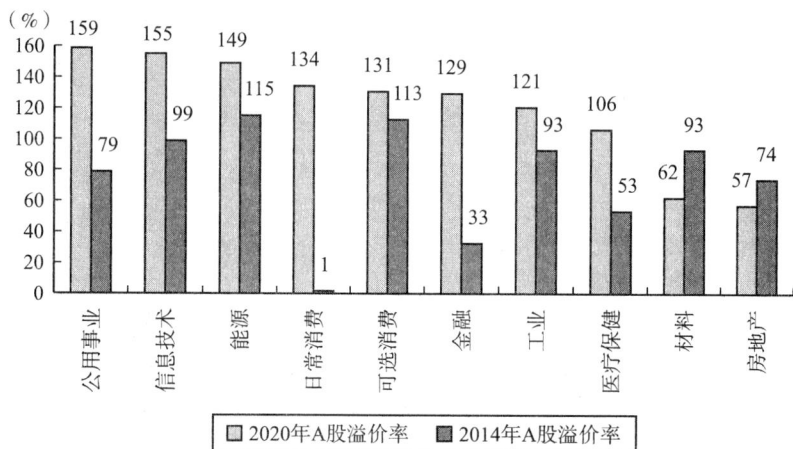

图 7 - 17　2020 年底与 2014 年底不同行业 AH 股溢价率对比

资料来源：Wind 资讯。

2014 年 11 月，沪港通正式开通。由于两地估值此前长期存在明显差异，市场一度认为开放互联互通后，两地估值差将大幅收敛。然而在两地开放互联互通后，A 股溢价率大幅上行，此后恒生 AH 股溢价指数围绕 130 附近的中枢位置长期震荡。关于引起 AH 股溢价指数波动的主要原因，学术界存在信息不对称理论、流动性差异理论、需求弹性差异理论、风险偏好理论、分红制度差异等多种解释。

从 AH 股溢价指数波动情况来看，2015 年以来 A 股溢价率与港元对人民币汇率在大多数时候存在明显的负相关关系：港元升值，A 股溢价率下降；港元贬值，A 股溢价率上升（见图 7 - 18）。这是十分自然的现象，由于 A 股和港股市值分别以人民币和港元计价，溢价率变化倾向于减少两地因汇率波动造成的市值差异。在少数时候，汇率不再是影响溢价率的主导因素，此时的溢价率受到其他因素的影响。

除了汇率，两地市场在信息获取、流动性偏好、投资者结构、风险偏好等方面的差异也是影响溢价率的重要因素。信息不对称理论认为，不同投资者对于信息的获得和理解是不同的，这会造成市场定价的差异。由于国外投资者对于 A 股存在信息获取的不对称，因此希望通过更高的收益率来补偿信息风险，从而造成 A 股的折价现象。流动性差异理论认为，当资产变现的流动性不足时，投资者往往要求额外的收益来补偿流动性不足的缺点。由于 A 股相较 H 股存在明显的流动性优势，因此 A 股存在明显的溢价率是可以接受的。需求弹性差异理论认为，内地居民可供投资资产品种较少，股票供应规模受限，因此需求弹性较低，而海外市场投资渠道丰富，需求弹性较高。因此内地投资者能够接受更高的价格上涨幅度，带来长期的 A 股溢价。风险偏好理论认为，A 股市场的非理性投资者占多数，具有更强的投机性，风险偏好更高，因此对股票要求的风险溢价补偿较低，从而导致境内外的股票价格的不一致。

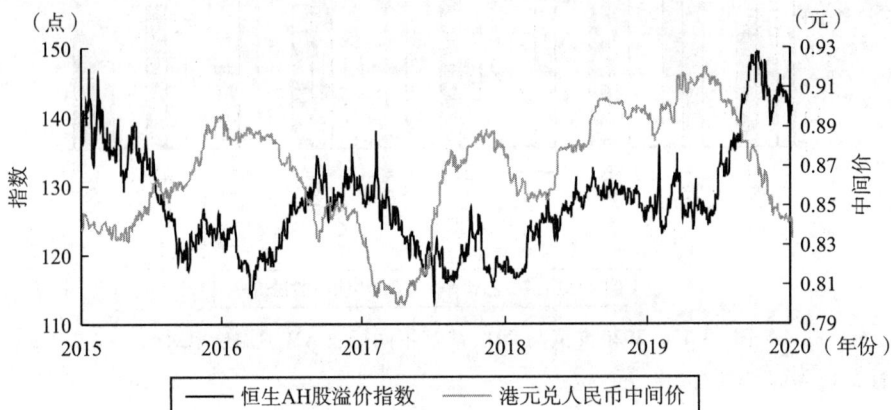

图 7 - 18　2015 ~ 2020 年恒生 AH 股溢价指数与汇率关系

资料来源：Wind 资讯。

七、恒生指数的失真问题

在本节的最后部分，我们再讨论一个小问题，就是关于港股市场中恒生指数失真问题，这个问题非常类似 A 股市场中大家经常讨论的上证综指失真问题[①]。讨论所谓指数的失真问题，其直接的导火索无非是这个股票指数长期看表现不是太理想，让投资者不太满意。从 2011 年初到 2020 年的十年中，香港恒生指数累计涨幅仅 18%，在全球主要股指中收益率仅略高于英国富时 100 指数排名倒数第二（见图 3 - 22），而同期 A 股沪深 300 指数收益率为 67%，美股标普 500 指数涨幅更是高达 199%。

市场不少观点认为恒生股市的编制方式使得其无法准确反映港股的整体表现状况，这个是导致恒生指数表现不佳的重要原因。在这个命题下，只能说恒生指数表现不好，不能说港股表现不好，正如过去几年 A 股的结构性行情精彩纷呈，只能说上证综指表现一般，不能说 A 股表现不好。事实情况也确实如此。我们用全部港股个

[①]　关于上证综指问题的详细讨论，可以参见《追寻价值之路：1990 ~ 2020 年中国股市行情复盘》（经济科学出版社 2021 年版）第二十九章第四节"策略专题：上证综指长期不涨之谜"。

股收益率根据市值进行加权，计算了全部港股的整体收益率走势曲线与恒生指数进行对比（见图 7 - 19）。从结果中可以发现，这两根曲线在 2002 年之前走势基本是完全一致的，恒生指数略低一点点，这只是一个技术上的问题，因为我们根据个股收益率计算整体收益率的时候，这里的收益率是包含股息率的，而一般宽基指数是不包含股息收益的，这会导致两者每年大概 2% 的差异。但这个不是关键问题，关键问题是 2002 年以后，两根曲线的走势差距迅速拉开，到 2020 年底恒生指数依然没有突破 2007 年高点的位置，但如果从全部港股收益曲线来看，早就创新高了。

图 7 - 19　1986～2018 年全部港股收益率与恒生指数表现对比

资料来源：Wind 资讯、彭博。

　　因此在恒生指数收益率表现上，确实看到了指数编制问题的影响，主要问题在于样本公司过少以及样本覆盖行业与港股整体行业市值分布有较大的差距等。这个问题也越来越得到指数编制方的重视，2021 年 3 月 1 日，恒生指数公司公布了优化恒生指数建议之咨询总结。在经过为期一个月的市场咨询之后，恒生指数公司对恒生指数进行了优化，主要修改内容包括增加成分股数量至 100 只、按行业挑选成分股、放宽上市时间要求、保持香港公司代表性以及调整成分股权重等。未来恒生指数走势会如何，我们可以拭目以待。

　　总体看，沪港通、深港通开通后，AH 股之间也并没有完全实现同股同价，一价定律在现实中有各种不能实现的原因，但 2014 年以后 AH 股的溢价率确实稳定了，没有再像以前那样大起大落。

第三节　中国香港股市板块结构特征

一、香港股市板块轮动整体概况

港股市场的板块轮动，与其说是行情的轮动，不如说是上市公司的轮替，板块行情变化的背后，主要反映着港股上市公司构成的巨大变化。

1998 年亚洲金融危机之前，港股表现最好的是房地产板块。1986～1996 年，房地产板块有超过十年的超额收益。当时港股最大的地产公司是新鸿基地产（Sun Hung Kai Properties），1990～1997 年股价涨幅也达到了 10 倍。其他大地产公司还包括恒基兆业地产（Henderson Land Development）、新世界发展（New World Development）、九龙仓集团（Wharf Holdings Ltd）、太古集团（Swire Pacific）等，这些公司都是内地读者非常熟悉的。

与地产股行情相伴的金融和工业板块也有明显的超额收益。1998 年亚洲金融危机爆发后，香港地区房价大幅下跌，地产股的行情也由此告一段落。在 1999～2000 年的全球科技股行情中，港股科技板块也有所表现，但仅是昙花一现，时间比较短，主要原因在于港股市场中当时并没有什么全球龙头科技企业。

2001 年以后，随着中国加入 WTO 后内地经济快速崛起，港股市场最大的变化就是内地公司和 H 股在港股市场中越来越占主导地位。这个阶段中表现最好的是能源板块和必需消费板块，2001～2010 年，这两个板块都有差不多十年左右的时间持续跑赢大盘。

以 2004 年腾讯控股上市为标志，港股的科技板块开始快速崛起，从腾讯上市后一直到 2020 年底，腾讯所在的电信服务板块持续跑赢大盘，获得了十几年的超额收益。与此同时，金融危机以后信息科技板块也有很好的表现，科技股正式成为了港股的主导板块品种。在一系列新公司上市之后，医疗保健板块在 2009 年以后也有持续的超额收益，科技、医疗保健双轮驱动成为金融危机之后十几年中港股板块轮动最鲜明的特征。相对而言，周期、金融等传统行业，在港股市场中表现都比较一般。

1986～2020 年中国香港股市行业板块收益表现轮动情况见表 7 - 2。

表 7 - 2　　　　1986～2020 年中国香港股市行业板块超额收益表现汇总

年份	能源	原材料	工业	可选消费	必需消费	医疗保健	金融	信息技术	电信服务	公用事业	房地产
1986～1988	—	√	√	√	√	×	×	—	—	△	√
1989～1990	—	√	√	×	√	×	×	√	×	△	√
1991～1992	—	×	×	×	×	√	√	×	×	△	√
1993～1994	×	×	√	×	×	×	√	△	×	△	√
1995～1996	×	×	√	×	×	×	√	△	×	△	√
1997～1998	×	×	√	×	×	×	√	△	√	△	×
1999～2000	√	△	√	×	×	×	√	△	√	△	×
2001～2002	√	△	×	√	√	×	√	△	×	△	△
2003～2004	√	√	×	√	√	×	×	△	×	△	△
2005～2006	√	△	×	√	√	×	×	△	√	△	△
2007～2008	√	△	×	√	√	×	×	√	√	△	△
2009～2010	√	△	△	√	√	√	△	√	√	△	√
2011～2012	×	×	√	√	√	√	√	√	√	△	√
2013～2014	×	×	√	△	×	√	√	√	√	△	√
2015～2016	×	△	△	△	×	√	√	√	√	△	√
2017～2018	×	△	△	△	√	√	△	√	√	△	√
2019～2020	×	△	×	△	√	√	×	√	√	△	×

注："√"表示在这一时间段板块表现好于市场整体，"×"表示跑输市场整体，"△"表示表现与市场整体相当，灰色阴影表示板块有持续超过 5 年的超额收益。"—"表示数据缺失。

资料来源：Wind 资讯、彭博。

二、香港股市消费板块行情特征

消费板块是香港股市市值最大的板块。其中：可选消费截至 2020 年底总市值 16684 亿美元，占全部香港上市公司总市值的比重高达 27%，是第一大行业板块；必需消费总市值约 3306 亿美元占比 5%。

港股市场中可选消费之所以市值占比如此之高，主要是因为有几家互联网零售巨头在。其中阿里巴巴（Alibaba）是可选消费板块市值最大的公司，全球领先的电子商务和云计算公司，也是截至 2020 年底港股市场市值排第二的公司，总市值 6495 亿美元。可选消费板块市值排第二的是美团（Meituan），中国领先的生活服务电子商务平台，总市值 1957 亿美元。排第三的是京东集团（JD. com），中国著名的电商企业，总市值 1182 亿美元。这三家可选消费公司目前总市值在 1000 亿美元以上，第二梯队公司包括安踏体育、海底捞、金沙中国、银河娱乐、吉利汽车、新东方、申洲国际、比亚迪股份等，总市值在 200 亿~400 亿美元之间。港股可选消费板块中，有一个特色的细分行业，就是赌场与赌博①，这在其他国家和地区股市中是不多见的，包括金沙中国、银河娱乐、永利澳门、美高梅中国、澳博控股、金界控股等多家公司。港股可选消费板块其他大市值公司见表 7-3。

表 7-3　　　　　2020 年底中国香港股市市值最大的 30 家可选消费公司情况　　　单位：亿美元

公司名称	细分行业	市值	公司名称	细分行业	市值
阿里巴巴	互联网零售	6495	海尔智家	家用电器	133
美团	互联网零售	1957	周大福	专卖店	126
京东集团	互联网零售	1182	长城汽车	汽车制造商	106
安踏体育	鞋类	429	滔博	服装零售	93
海底捞	餐馆	408	永利澳门	赌场与赌博	87
金沙中国	赌场与赌博	355	敏华控股	家庭装饰品	83
银河娱乐	赌场与赌博	338	JS 环球生活	家用电器	67
吉利汽车	汽车制造商	336	美高梅中国	赌场与赌博	65
新东方	教育服务	306	澳博控股	赌场与赌博	63
申洲国际	服装服饰奢侈品	295	雅迪控股	摩托车制造商	62
比亚迪股份	汽车制造商	240	敏实集团	汽车零部件	61
李宁	服装服饰奢侈品	171	金界控股	赌场与赌博	57
普拉达	服装服饰奢侈品	169	波司登	服装服饰奢侈品	55
中升控股	汽车零售	163	中国东方教育	教育服务	53
华住集团	酒店度假游轮	145	美东汽车	汽车零售	51

资料来源：Wind 资讯、彭博。

从板块的行情走势来看，拉长时间看港股可选消费板块并没有长期跑赢大盘，

---

① 此行业在内地为非法。

1986～2020年，板块的超额收益大致可以分为三个阶段（见图7-20）：第一阶段，1986～1989年，可选消费板块持续跑赢大盘，并在1989年底左右板块的超额收益曲线达到历史最高位置。但需要注意的是，当时港股可选消费板块中的成分股与表7-3中的龙头公司完全是两码事，1989年底港股可选消费板块市值最大的5个公司分别为：香港上海大酒店（Hongkong & Shanghai Hotels）、中国天元医疗集团（China Tian Yuan Healthcare Group）、迪生创建（Dickson Concepts）、恒基发展（Henderson Investment）、美丽华酒店（Miramar Hotel）。第二阶段，1990～1999年，可选消费板块持续跑输大盘，超额收益大幅回落。第三阶段，2000～2020年，在这20多年的时间里，可选消费板块超额收益虽然大起大落波动非常大，但总体上是一个与市场整体走平的走势。

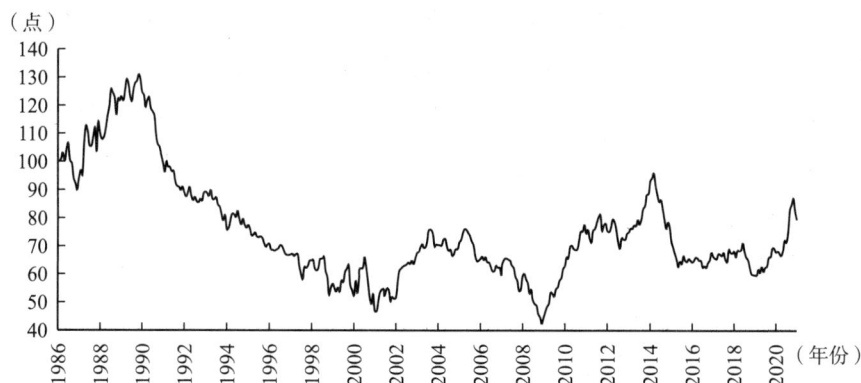

图7-20　1986～2020年中国香港股市可选消费板块超额收益走势

资料来源：Wind资讯、彭博。

从2011年初到2020年底的十年中，港股可选消费板块整体累计收益率约80%，略好于市场整体。板块内部的细分行业来看，涨幅较为领先的主要是汽车制造商、鞋类、赌场与赌博这几个行业。

个股表现来看，可选消费板块市值最大的3个互联网零售巨头在港股上市的时间都比较晚，阿里巴巴是2019年11月上市、美团是2018年9月上市、京东集团是2020年6月上市，以上市后第一个月月末股价为基准，到2020年底，三家公司的累计收益率分别为17%、329%和48%，美团的表现明显更加强势。

港股可选消费板块的赚钱效应过去十年不算特别突出，但也还算不错，涨幅10倍以上的公司有7家，涨幅在5～10倍的公司也是7家。大市值公司中涨幅比较好的公司主要集中在三个领域：

一是纺织服装，两个龙头公司申洲国际和安踏体育过去十年累计涨幅分别为 21 倍和 13.5 倍。申洲国际是全球制衣巨头，主要客户包括耐克、阿迪达斯、优衣库等，公司的成长逻辑和股价涨幅与台湾地区两家品牌时装代工厂丰泰企业和儒鸿企业很像，这两家公司过去十年也都有 10 倍以上的股价涨幅。安踏体育是中国国货品牌运动鞋类和服饰企业，实际上我们发现，金融危机以后全球的主要品牌运动服饰企业包括阿迪达斯（见德国股市消费板块章节）、耐克（见美国股市消费板块章节）等股价都有非常大的涨幅，我们认为这背后的主要逻辑，还是新兴市场国家人均 GDP 提高到一定程度超过阈值后（中国的人均 GDP 在 2019 年正式突破 10000 美元大关），产生了巨大的购买力。港股另一家运动品牌巨头李宁，如果从 2015 年底起算到 2020 年底，股价涨幅也超过了 10 倍。

二是几家汽车公司股价表现都非常不错。三个国产自主品牌乘用车企业长城汽车、吉利汽车、比亚迪股份，过去十年股价的涨幅分别为 10.9 倍、7.9 倍、4.1 倍。另外有一家电动两轮车企业雅迪控股（Yadea Group Holdings），公司股价过去十年涨幅 11 倍，其中主要涨幅是在 2020 年实现的，得益于在新冠肺炎疫情暴发后一段时间内，人们更多地使用私人交通工具来代替公共交通工具。

三是几个港股特色的赌场公司股价涨幅也不错。金界控股、银河娱乐、金沙中国这三个大的公司，过去十年股价涨幅分别为 10 倍、6.6 倍和 2.1 倍。

必需消费板块截至 2020 年底在港股的总市值约 3306 亿美元，占比 5%。必需消费板块市值最大的公司是思摩尔国际（Smoore International Holdings），主要生产电子烟雾化科技产品，总市值是 452 亿美元。市值排第二的是百威亚太（Budweiser Brewing Co APAC），这是 2019 年百威英博将其亚太子公司拆分出来单独上市的主体，总市值 437 亿美元。排第三的是农夫山泉（Nongfu Spring），公司是中国著名的饮用水和饮料生产企业，总市值 357 亿美元。必需消费板块另外几家总市值超过 100 亿美元的公司包括：华润啤酒、蒙牛乳业、中国飞鹤、颐海国际、万州国际。必需消费板块其他市值较大的公司见表 7-4。

从行情走势来看，港股必需消费板块的长期超额收益表现一般，从变化的周期性来看，1986~2020 年，港股必需消费板块超额收益走势大体可以分为五个阶段（见图 7-21）：第一阶段，1986~1990 年必需消费板块明显跑赢大盘，板块在 1990 年底左右超额收益指数达到历史最高水平。第二阶段，1991~1999 年，必需消费板块总体持续跑输大盘，其间在 1996 年下半年到 1997 年上半年有过短暂的阶段性超额收益大幅回升。第三阶段，2000～2011 年，在十多年的时间里，必需消费板块超额收益大幅回升，明显跑赢大盘。第四阶段，2012～2016 年，板块超额收益又再度明显回落。第五阶段，2017～2020 年，必需消费板块超额收益小幅回升。

表 7－4　　　　　2020 年底中国香港股市市值最大的 30 家科技公司情况　　　单位：亿美元

公司名称	细分行业	市值	公司名称	细分行业	市值
思摩尔国际	烟草	452	中国旺旺	包装食品与肉类	88
百威亚太	啤酒酿造商	437	恒安国际	个人用品	84
农夫山泉	软饮料	357	达利食品	包装食品与肉类	78
华润啤酒	啤酒酿造商	299	青岛啤酒股份	啤酒酿造商	69
蒙牛乳业	包装食品与肉类	238	统一企业中国	包装食品与肉类	44
中国飞鹤	包装食品与肉类	209	维他奶	包装食品与肉类	41
颐海国际	包装食品与肉类	155	欧舒丹	个人用品	37
万州国际	包装食品与肉类	124	维达国际	家常用品	33
高鑫零售	大卖场与超市	97	澳优	包装食品与肉类	29
康师傅控股	包装食品与肉类	96	周黑鸭	包装食品与肉类	25

资料来源：Wind 资讯、彭博。

图 7－21　1986～2020 年中国香港股市必需消费板块超额收益走势

资料来源：Wind 资讯、彭博。

从 2011 年初到 2020 年这最近十年中，必需消费板块整体累计收益率约 32%，低于市场整体。从个股表现来看，必需消费板块公司过去十年的赚钱效应是比较差的，市值最大的三家公司上市都比较晚，思摩尔国际、百威亚太、农夫山泉分别在 2020

年7月、2019年9月、2020年9月上市，从上市后首月底到2020年底，股价累计涨幅分别为44%、-8%、57%。

港股必需消费板块过去十年中股价表现最好的是颐海国际（Yihai International Holding），公司是专业的火锅调味料生产商，海底捞集团下的火锅底料产品的独家供货商，并以"海底捞"品牌销售各类调味品。过去几年颐海国际经营业绩大幅成长，公司是2016年7月才上的市，到2020年底股价累计涨幅达到近35倍。颐海国际是港股必需消费板块过去十年中唯一一个涨幅10倍以上的公司，也是唯一一个涨幅5倍以上的公司。不过世事难料，在2021年上半年，颐海国际股价又大幅下跌，跌幅超50%。

港股必需消费板块中大市值公司中，涨幅相对较好的还包括华润啤酒（China Resources Beer）和蒙牛乳业（China Mengniu Dairy），过去十年分别有416%和391%的股价涨幅。表现相对较差的除了前述百威亚太，还有康师傅控股［Tingyi（Cayman Island）Holding］、高鑫零售（Sun Art Retail Group）、达利食品（Dali Foods Group），过去十年的收益率分别为-18%、-5%、7%。

三、香港股市金融板块行情特征

金融板块也是港股的一个重要行业板块，截至2020年底，板块总市值约10598亿美元，占全部港股上市公司总市值的比重约为17%。港股金融板块截至2020年底市值最大的是中国建设银行（China Construction Bank），总市值约1827亿美元[①]。市值排第二的是友邦保险（American International Assurance，AIA）[②]，一家历史悠久的

---

① 本书中这里的市值指的是能够在港交所流通的市值，这个在一般公司中并不存在问题，但在"A+H股"公司中存在一部分股份无法在港交所流通的问题。在内地注册的国企在港交所上市，由于历史的原因，股份拆分成了内资股和外资股。内资股一般是上市前境内股东持有的股票，不能在港交所流通；在港交所流通的只有外资股，以港元结算，上市后其股票已托管到香港的中央登记处。如果以公司的全部股份计算总市值，那么截至2020年底金融板块市值最大的公司应该是中国工商银行，而中国建设银行上市时采取了"全流通"的方式，因此以在港交所能够流通的市值计算排在了工商银行之前。2019年11月15日，中国证监会网站发布了《H股公司境内未上市股份申请"全流通"业务指引》及相关文件，宣布将全面推开H股"全流通"改革。

② 友邦保险（AIA）与美国国际集团（American International Group，AIG）有着很强的历史渊源。最早是在1919年美国人史带（Starr）在上海创立了美亚保险（AAU），这是美国国际集团（AIG）的前身，1921年史带创立了友邦人寿保险（Asia Life Insurance），后来由于战争原因，友邦总部迁往美国。1967年，美国国际集团（AIG）注册成立，旗下寿险业务分为两个板块：AIA友邦负责亚洲业务，美国人寿ALICO负责拉美、欧洲等地区。2008年全球金融危机后，美国国际集团（AIG）陷入绝境，被迫出售AIA友邦和美国人寿ALICO。随后，友邦保险经过重组于2010年在港交所上市，这就是现在的友邦保险（AIA），一家注册在中国香港地区的保险公司，与美国国际集团（AIG）已经没有隶属关系了。

人寿保险公司，总市值 1482 亿美元。市值排第三的是汇丰控股（HSBC）[①]，总市值 1071 亿美元。其他香港股市金融板块市值较大的公司见表 7 - 5。

表 7 - 5　　　　2020 年底中国香港股市市值最大的 20 家金融板块公司情况　　　单位：亿美元

公司名称	细分行业	市值	公司名称	细分行业	市值
中国建设银行	综合性银行	1827	中国银行	综合性银行	286
友邦保险	人寿与健康保险	1482	渣打银行	综合性银行	200
汇丰控股	综合性银行	1071	交通银行	综合性银行	185
中国平安	人寿与健康保险	913	中国人寿	人寿与健康保险	164
香港交易所	金融交易所	695	农业银行	综合性银行	113
中国工商银行	综合性银行	563	邮储银行	综合性银行	112
保诚	人寿与健康保险	484	中国太保	多元化保险	109
恒生银行	综合性银行	330	众安在线	财产与意外伤害保险	66
中银香港	综合性银行	321	中国太平	人寿与健康保险	65
招商银行	综合性银行	290	中信银行	综合性银行	63

资料来源：Wind 资讯、彭博。

从行情表现来看，1986～2020 年，港股金融板块的超额收益走势总体可以分为三个阶段（见图 7 - 22）：第一阶段，1986～1990 年，金融板块超额收益持续回落，这个阶段港股金融股的数量是很少的，龙头大公司是汇丰控股和恒生银行（Hang Seng Bank），这两家公司的合计市值可以占到金融板块的近 70%。第二阶段，1991～2003 年，这段时间是港股金融板块表现最好的主升浪时期，板块大幅跑赢市场整体，2003 年底汇丰控股总市值接近 1800 亿美元，比 2020 年底高出近 80%。此时港股金融板块依然主要是香港本地企业的天下，市值最大的公司除了汇丰控股和恒生银行继续排名前两位外，还包括中银香港（BOC Hong Kong）、渣打银行（Standard Chartered）、中国人寿（China Life Insurance）、东亚银行（Bank of East Asia）等，其中中国人寿作为内地企业开始崭露头角。第三阶段，2004～2020 年，板块超额收益总

① 除中国香港市场外，本书在统计的上市公司口径都是"本地企业"，即在本地交易所上市的本地企业，不包括海外企业，类似阿里巴巴 ADR 在美股上市就不会被统计在美股市场中。由于香港股市情况特殊，我们统计时采用的是"交易所"口径，即全部在港交所上市的公司。汇丰控股（HSBC）目前是一家总部在英国的公司，并且同时在港交所、伦敦证券交易所、纽约证券交易所上市，按照前述统计口径定义，汇丰控股（HSBC）在本书中会在中国香港股市和英国股市中重复出现，但不会在美国股市中出现。

体是向下的，这其中从 2004~2007 年超额收益快速下降，随后从 2008~2019 年，金融板块表现与市场基本走平形成了一个台阶状，2019 年之后板块又再度大幅跑输大盘。

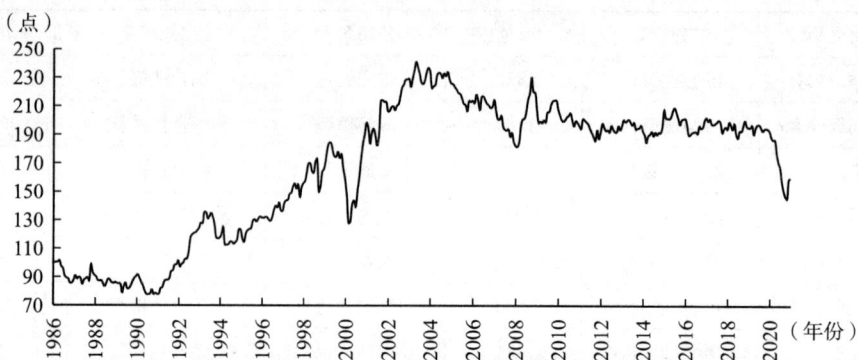

图 7-22　1986~2020 年中国香港股市金融板块超额收益走势

资料来源：Wind 资讯、彭博。

从 2011 年初到 2020 年底这十年间，港股金融板块的整体累计收益率是 37%，低于市场整体。从个股表现来看，大市值公司中（定义为 2020 年底总市值在 100 亿美元以上），涨幅表现较好的是友邦保险、招商银行、香港交易所、保诚、中国平安，过去十年的股价累计涨幅分别为 395%、272%、212%、176%、160%。表现相对较差的是渣打银行、中国人寿、汇丰控股、交通银行，十年累计收益率分别为 -68%、-35%、-17%、-6%。总体而言，港股金融板块过去十年间，保险公司和港交所股价表现较好，传统的商业银行股价表现较差。

四、香港股市科技板块行情特征

港股的科技板块主要是电信服务行业市值占比较大，截至 2020 年底电信服务板块合计市值约 9714 亿美元，占全部港股上市公司合计市值比重约为 16%。信息技术行业市值占比相对较小，约 3141 亿美元，占比 5%。

科技板块中市值最大的是腾讯控股（Tencent Holdings），中国最大的互联网综合平台之一，旗下拥有 QQ、微信、腾讯游戏等多个著名产品，截至 2020 年底总市值 6978 亿美元，腾讯也是港股市场中市值最大的公司。科技股板块中市值排第二的是中国移动（China Mobile），中国最重要的移动电信服务企业，总市值 1167 亿美元。腾讯控股和中国移动同属电信服务行业，这两家公司合计市值占行业市值约 84%，从市值角度看，港股科技股公司集中度非常高。市值排第三的是小米集团（Xiaomi），一家以手机、智能硬件和物联网（IoT）平台为核心的互联网公司，总市值 878 亿美元。排第四的是网易（Netease），中国重要的门户网站，旗下业务包括游戏、邮箱和"有道"系列产品等，总市值 658 亿美元。排第五的是舜宇光学科技（Sunny Optical Technology），中国领先的光学产品制造企业，总市值 240 亿美元。其他港股科技板块市值较大的公司见表 7-6。

表 7-6　　　　　　2020 年底中国香港股市市值最大的 30 家科技板块公司情况　　　单位：亿美元

公司名称	细分行业	市值	公司名称	细分行业	市值
腾讯控股	互动传媒与服务	6978	阅文集团	出版	80
中国移动	无线电信业务	1167	华虹半导体	半导体产品	74
小米集团	科技硬件存储设备	878	中国铁塔	综合电信业务	69
网易	互动家庭娱乐	658	瑞声科技	电子制造服务	68
舜宇光学科技	电子元器件	240	ASM 太平洋科技	半导体设备	54
信义光能	半导体设备	230	中国有赞	应用软件	51
中国联通	综合电信业务	176	建滔积层板	电子元器件	51
万国数据	互联网服务与设施	166	建滔集团	电子元器件	47
中芯国际	半导体产品	164	电讯盈科	综合电信业务	47
金蝶国际	应用软件	141	微盟集团	应用软件	41
明源云	系统软件	119	中国电信	综合电信业务	38
比亚迪电子	通信设备	118	保利协鑫能源	半导体设备	34
联想集团	科技硬件存储设备	114	阿里影业	电影和娱乐	33
香港电讯	综合电信业务	98	中国软件国际	信息科技咨询	32
金山软件	应用软件	89	心动公司	互动家庭娱乐	27

资料来源：Wind 资讯、彭博。

行情表现来看，1988~2020 年，港股电信服务板块的历史超额收益走势大体上可以分为四个阶段：第一阶段，1988~1996 年，板块超额收益震荡向下，特别是在 1995~1996 年期间。第二阶段，1997~1999 年，全球互联网科技股浪潮中，港股电信服务板块也是大幅飙升，超额收益曲线在 1999 年底达到历史最高位置。

到2000年初的时候，中国移动市值一度达到1200亿美元，超过公司2020年底的市值，除中国移动外当时电信服务板块的大市值龙头公司还有香港电讯（Cable & Wireless HKT）、电视广播（Television Broadcasts，即著名的香港无线电视台TVB）、电讯盈科（PCCW）等。第三阶段，2000～2004年，全球互联网泡沫破灭后，港股电信板块同样大幅下挫持续跑输大盘。第四阶段，2005～2020年，腾讯控股2004年6月在港股上市后逐渐成长为最大市值公司，这个过程中港股电信板块持续跑赢大盘。

个股表现来看，港股电信服务板块过去十年呈现出"一强诸弱"的特征，第一大市值公司腾讯控股十年间股价累计涨幅16倍，表现极其出色。电信板块其他公司股价则表现平平，几个大市值公司中，中国移动、网易、中国联通、阅文集团、中国铁塔，过去十年的股价收益率分别为－11%、11%、－53%、－32%、－4%，所以电信服务板块整体超额收益曲线过去十年的向上势头，也可以理解为就是腾讯公司一家股价的持续上涨。除腾讯外，港股电信服务相对股价表现较好的，是两家香港本地的电信公司，香港电讯和电讯盈科，过去十年股价累计涨幅分别为272%、148%。

港股电信服务板块历史超额收益走势见图7－23。

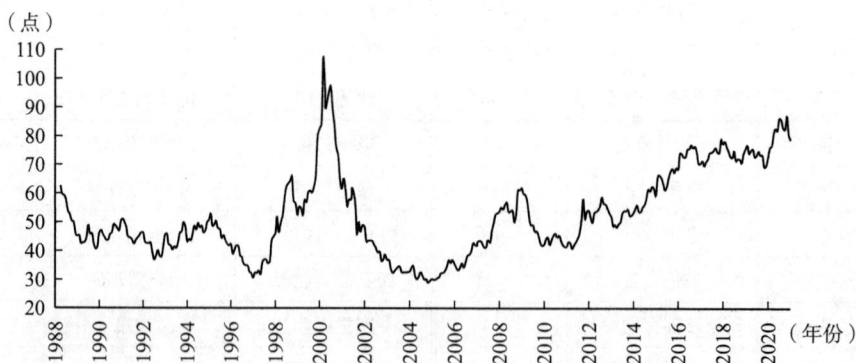

图7－23　1988～2020年中国香港股市电信服务板块超额收益走势

资料来源：Wind资讯、彭博。

信息技术板块来看，板块整体超额收益走势的趋势性不强。1990～1993年信息技术板块大幅跑输大盘。随后从1994～2006年，总体上基本与市场大盘走平，这中间夹杂了1999年前后的全球科技股浪潮，板块超额收益出现了一个尖尖的倒"V"形走势，2000年3月高点时市值最大的公司主要包括：联想集团（Lenovo Group）、新意网集团（Sunevision Holdings）、中国源畅（China Solar Energy）、ASM 太平洋科技（ASM Pacific Technology）、品质国际（QPL International）、方正控股（Founder Holdings）等。然后从 2007～2008 年，信息技术板块超额收益又下了一个台阶。2009～2018 年这段时间内，板块整体与市场走平，2019 年开始到 2020 年，信息技术板块显著跑赢大盘，超额收益曲线明显回升。

个股表现来看，信息技术板块过去十年的赚钱效应要比电信服务好很多。大市值公司中，市值最大的小米集团是 2018 年 7 月上市的，当时正好处在中美贸易争端升温期同时叠加大盘持续下跌，上市后小米集团股价持续回落，到 2019 年 9 月低点时跌幅将近一半，随后公司股价大幅回升，到 2020 年底涨幅超过 3 倍。市值排第二和第三的舜宇光学科技和信义光能过去十年股价都有非常大的涨幅，股价累计涨幅分别为 85 倍和 25 倍，涨幅都要明显超过腾讯控股，是整个科技板块中过去十年涨幅最大的两家公司，绝对的大牛股。其中，舜宇光学科技主要得益于智能手机的快速发展，手机摄像功能大幅提高，最近几年作为消费者，我们可以明显地感受到，手机已经取代了"微单"照相机，现在除了专业摄影者还会使用单反照相机外，传统的数码照相机已经完全被手机取代了。信义光能（Xinyi Solar）是全球最大的太阳能光伏玻璃制造商之一，过去几年也是赶上了新能源高速发展的时代浪潮。其他信息技术板块股价表现较好的中大市值公司主要包括：金山软件、比亚迪电子、金蝶国际、中国有赞、华虹半导体、中芯国际、建滔积层板，过去十年的累计收益率分别为 1404%、998%、782%、533%、348%、295%、275%。

港股信息技术板块历史超额收益走势见图 7–24。

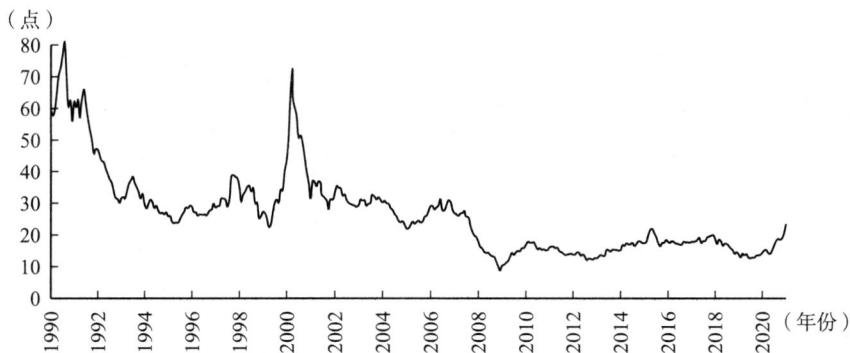

图 7–24　1990～2020 年中国香港股市信息技术板块超额收益走势

资料来源：Wind 资讯、彭博。

五、香港股市医疗保健板块行情特征

港股医疗保健板块截至 2020 年底合计总市值约 3937 亿美元，市值占全部港股上市公司合计的比重约为 7%。

医疗保健板块市值最大的公司是药明生物 ［WuXi Biologics（Cayman）］，公司是全球一流生物制药一体化研发和生产服务平台，截至 2020 年底总市值 541 亿美元。市值排第二的是阿里健康（Alibaba Health Information Technology），阿里巴巴集团旗下的大健康平台，主要业务领域包括医药电商及新零售、互联网医疗、消费医疗、智慧医疗等，总市值 397 亿美元。恒大汽车（China Evergrande New Energy Vehicle），公司原名是恒大健康，所以被归类到医疗保健板块，2020 年 8 月公司公告，将企业名称从"恒大健康产业集团有限公司"更名为"中国恒大新能源汽车集团有限公司"，总市值 343 亿美元。市值排第四的是泰格医药（Hansoh Pharmaceutical），是一家专注于为医药产品研发提供临床试验专业服务的公司，总市值 287 亿美元。排第五的是百济神州（BeiGene），是一家专注于研发生产创新型药物的生物科技公司，总市值 239 亿美元。其他港股医疗保健板块大市值公司见表 7-7。

表 7-7　　**2020 年底中国香港股市市值最大的 20 家医疗保健板块公司情况**　　单位：亿美元

公司名称	细分行业	市值	公司名称	细分行业	市值
药明生物	生命科学工具和服务	541	威高股份	医疗保健用品	102
阿里健康	医疗保健科技	397	微创医疗	医疗保健设备	98
恒大汽车	保健护理设施	343	药明康德	生命科学工具和服务	60
泰格医药	制药	287	锦欣生殖	保健护理服务	50
百济神州	生物科技	239	启明医疗	医疗保健设备	42
中国生物制药	制药	182	海吉亚医疗	保健护理设施	39
信达生物	生物科技	148	康方生物	生物科技	39
平安好医生	医疗保健科技	139	国药控股	保健护理产品经销商	33
石药集团	制药	122	华润医药	制药	32
再鼎医药	生物科技	117	远大医药	制药	32

资料来源：Wind 资讯、彭博。

从板块表现来看，1989～2020 年，港股的医疗保健板块超额收益呈现出一个圆弧底的走势。1989～2008 年，医疗保健板块总体是持续跑输大盘的，超额收益不断回落，这中间只有在 1992～1993 年、1999 年，板块有短暂的阶段性跑赢大盘。2009～2020 年，港股医疗保健板块的超额收益开始回升。实际上从表 7 - 7 中也可以看出，香港本地没有特别强势的医疗保健大市值公司，早期板块中的上市公司数量很少且缺乏核心竞争力，所以股价表现明显不如市场整体。随着金融危机以后不断有新的公司上市，港股医疗保健板块的整体走势也明显好转。

从 2011 年初到 2020 年底这十年间，港股医疗保健板块整体累计收益率 282%，是所有一级行业中表现最好的行业板块。个股表现来看，大市值的几家公司总体股价收益率都非常不错。其中涨幅最大的是恒大汽车（原恒大健康），过去十年的累计涨幅高达 421 倍。这是一个重组股公司，在恒大健康之前，公司的上市主体是香港新传媒，2015 年 2 月恒大地产发布公告称完成收购香港上市企业新传媒，成为该公司的控股股东，此后将新传媒更名为恒大健康产业有限公司（即恒大健康），这次重组转型中，股票价格涨幅近 80 倍。2018 年 6 月恒大宣布收购香港时颖公司 100% 股份，间接获得 Smart King 公司 45% 的股权，成为公司第一大股东，正式入主贾跃亭的 Faraday Future，在 2018 年恒大健康的年度报告中新增加了新能源汽车部分。随后公司进行了一系列资本运作，全面进军新能源汽车领域，并在 2020 年更名为恒大汽车，这个过程中公司股价再次大幅上涨。

除恒大汽车外，医疗保健板块市值最大的两家公司药明生物和阿里健康，过去十年股价也有非常好的表现，累计涨幅分别为 9.5 倍和 21 倍。药明生物得益于医药研发及生产外包服务（CXO）行业的高景气度以及公司自身竞争力的不断提高，公司最近几年业绩高速增长。从中国 CXO 公司最近几年的快速崛起来看，我们认为其背后的产业逻辑与 2010 年之后中国消费电子企业的快速崛起非常相似，即中国企业的竞争优势遇到了一个快速发展的产业趋势。近年来全球各大跨国制药巨头企业的研发外包率不断提高，这是一个产业趋势，背后是对于经济效率的追求，正如当年苹果产业链外包生产一样，而中国 CXO 企业在这个产业趋势中，有一个明显的竞争优势，就是中国拥有"工程师红利"，我们的人才红利可以更加高效地完成这个产业分工。如果把视野放大，去对比美国、德国等国家的医疗保健板块股价表现，就会发现整个 CXO 的发展是全球共同的产业趋势，在这个过程中不同国家的比较优势不同，形成了不同细分领域的龙头企业。

阿里健康的逻辑更多的是市场看好互联网健康这个大赛道，如同互联网电商、外卖、社区生活、社交软件、短视频等一样，未来空间会非常巨大。单就财务数据而言，公司过去几年营收增长非常快，但净利润并不高，扣除非经常性损益的净利润到2021财年上半年才首次扭亏。其他港股医疗保健板块大市值公司中，过去十年股价表现较好的还有：中国生物制药（涨幅13.8倍）、微创医疗（涨幅5.0倍）、信达生物（涨幅4.0倍）、石药集团（涨幅3.2倍）等。

港股医疗保健板块历史超额收益走势见图7-25。

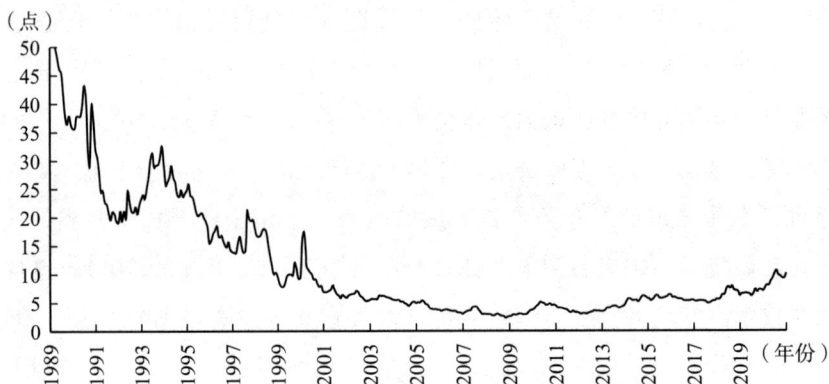

图7-25 1989~2020年中国香港股市医疗保健板块超额收益走势

资料来源：Wind资讯、彭博。

六、香港股市周期板块行情特征

周期板块是港股中市值占比最小的行业板块，原材料和能源两个行业加起来的合计市值约为2000亿美元，占全部港股上市公司总市值的比重约为4%。

周期板块中市值最大的公司是中国海洋石油（CNOOC），中国最大的海洋油气生产商，国资委直属的中央企业，截至2020年底总市值414亿美元。市值排第二的是中国石油化工（China Petroleum & Chemical），即对应A股中的中国石化①，总市值114亿美元。市值排第三的是海螺水泥（Anhui Conch Cement），中国最大的水泥生产企业之一，总市值81亿美元。市值排第四的是中国宏桥（China Hongqiao），中国重要的铝制品生产企业，总市值81亿美元。排第五的是华润水泥控股（China Re-

---

① 港股中的上市公司"中国石油股份"，对应A股中的"中国石油"，如果按全部股份加总A股和港股的市值，中国石油的市值是比中国石化高的，但以在港股市场中可以流通的股份计算，中国石油化工的市值要高于中国石油股份，具体算法细节，可以参见本章前述注解。

sources Cement），大型水泥生产企业，总市值78亿美元。此外，港股周期板块的大市值公司中，还有多家海外企业，包括俄铝（United Company RUSAL International Public Joint-Stock）、哈萨克矿业（KAZ Minerals）等。其他市场较大的港股周期板块公司见表7-8。

表7-8　　　　2020年底中国香港股市市值最大的20家周期板块公司情况　　单位：亿美元

公司名称	细分行业	市值	公司名称	细分行业	市值
中国海洋石油	石油天然气勘探生产	414	联合能源集团	石油天然气勘探生产	52
中国石油化工	综合石油天然气	114	哈萨克矿业	铜	48
海螺水泥	建筑材料	81	中国建材	建筑材料	47
中国宏桥	铝	81	理文造纸	纸制品	36
华润水泥控股	建筑材料	78	五矿资源	多种金属与采矿	35
俄铝	铝	71	招金矿业	黄金	31
玖龙纸业	纸制品	67	赣锋锂业	多种金属与采矿	29
中国石油股份	综合石油天然气	65	中国天瑞水泥	建筑材料	26
紫金矿业	黄金	65	洛阳钼业	多种金属与采矿	26
中国神华	煤与供消费用燃料	64	江西铜业	铜	22

资料来源：Wind资讯、彭博。

从行情走势来看，1994～2020年，港股周期板块的超额收益走势大体上可以分为三个阶段：第一阶段，1994～2000年，周期板块持续跑输大盘。第二阶段，2001～2007年，周期板块超额收益有所回升，这也是港股周期板块历史上表现最好的阶段，特别是能源板块表现更加出色，超额收益上升幅度大，且上行趋势一直持续到大概2011年年中。第三阶段，2008年全球金融危机以后到2020年底，周期板块整体超额收益是明显回落的。

从2011年初到2020年底这十年间，港股周期板块中能源和原材料板块整体累计收益率分别是-44%和-29%，是所有一级行业板块中表现最差的，也是仅有的两个十年收益率为负的板块。个股表现来看，表7-8的大市值周期股中，股价表现相对较好的是赣锋锂业、洛阳钼业、紫金矿业、海螺水泥、中国天瑞水泥、华润水泥控股，过去十年的累计收益率分别为662%、204%、168%、153%、146%、108%。

港股原材料和能源板块历史超额收益走势分别见图7-26和图7-27。

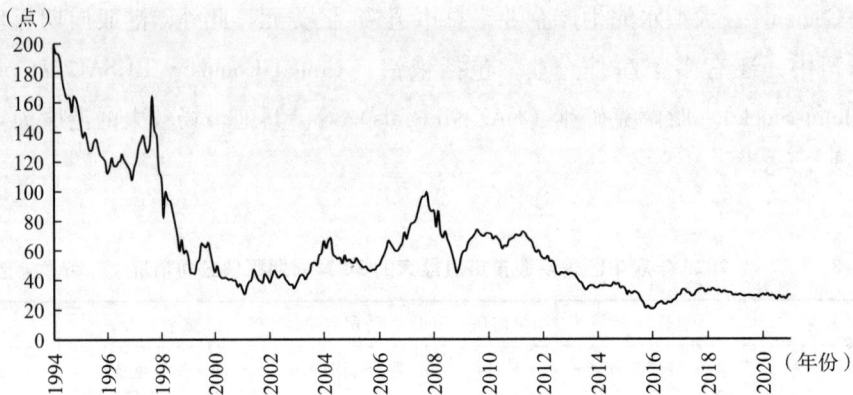

图7-26 1994~2020年中国香港股市原材料板块超额收益走势

资料来源：Wind资讯、彭博。

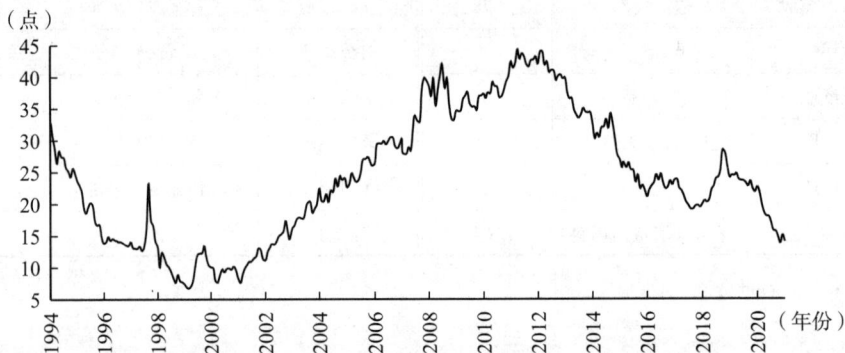

图7-27 1994~2020年中国香港股市能源板块超额收益走势

资料来源：Wind资讯、彭博。

七、香港股市工业板块行情特征

工业板块也是香港股市中一个市值较小的行业板块，截至2020年底，板块合计市值3751亿美元，占全部港股上市公司总市值的比重约为6%。

工业板块市值最大的是港铁公司（MTR），主要业务是香港地区的地铁轨道交通和其他交通运输服务，截至2020年底公司总市值346亿美元。市值排第二的是长和（CK Hutchison Holding），公司全称是长江和记实业有限公司，公司是一家综合性的投资控股公司，实际控制人是香港首富李嘉诚，总市值269亿美元。排第三的是创科实业（Techtronic Industries），主要生产电动机械产品，总市值261亿美元。排第四的是中信股份（CITIC Ltd），也是一家综合性投资控股企业，总市值206亿美元。排第五的是碧桂园服务（Country Garden Services），公司是一家住宅物业管理服务企业，总市值198亿美元。其他市值较大的港股工业板块公司见表7-9。

表7-9　　　2020年底中国香港股市市值最大的20家工业板块公司情况　　　单位：亿美元

公司名称	细分行业	市值	公司名称	细分行业	市值
港铁公司	铁路	346	东方海外国际	海运	63
长和	工业集团企业	269	中银航空租赁	贸易公司与经销商	60
创科实业	工业机械	261	国泰航空	航空公司	60
中信股份	工业集团企业	206	雅生活服务	环境与设施服务	59
碧桂园服务	环境与设施服务	198	海丰国际	海运	58
中通快递	航空货运与物流	189	海天国际	工业机械	55
复星国际	工业集团企业	132	中国联塑	建筑产品	49
信义玻璃	建筑产品	113	招商局港口	海港与服务	45
海螺创业	建筑与工程	88	中航科工	航天航空与国防	43
中国重汽	建筑、农机与重卡	71	绿城服务	多样化支持服务	40

资料来源：Wind资讯、彭博。

从行情走势来看，总体上港股工业板块长期来看是跑输大盘的，从超额收益的周期表现看，1986～2020年工业板块的超额收益表现大体上可以分为两个阶段：第一阶段，1986～2005年，工业板块的超额收益是一个宽幅震荡的走势，总体表现与市场大盘持平，1988～1990年和1999～2001年阶段性超额收益上升随后又再度回落。第二阶段，2006～2020年，这个阶段工业板块持续大幅跑输大盘，超额收益曲线单边回落，其间在2012～2015年有阶段性超额收益表现，但2016年以后又很快回落。

从2011年初到2020年底的最近十年中，港股工业板块整体累计收益率为14%，收益率表现显著低于市场整体。个股表现来看，表7-9的大市值公司中，股价表现最好的是创科实业，过去十年累计涨幅高达11.5倍。创科实业成立于1985年，公司最初是一家为品牌企业服务的代工企业，随后不断发展成全球电动工具的领导企业，目前主要产品是无绳电动工具。电动工具这个细分赛道过去几年有不错的成长性，市场主要集中在北美和欧洲，公司把握住了电动工具无绳化的行业契机，实现了很好的发展，这也是一个典型的隐形冠军类企业。

除创科实业外，涨幅较好的中大市值工业板块公司还包括：碧桂园服务，公司经营的物业管理服务被市场认为是一个"长坡厚雪"的新赛道，专业化服务能够得到市场的认可，过去十年股价涨幅4.3倍。信义玻璃（Xinyi Glass），以汽车玻璃起家逐步发展为全球领先的综合型玻璃生产龙头企业，通过逆势产能扩张和一体化布局，公司的成本优势明显，过去十年股价涨幅5.4倍。海丰国际（SITC International），航运企业，过去十年涨幅5.5倍，得益于新冠肺炎疫情暴发后全球航运产业景气度的大幅提高，公司股价在2020年有大幅上涨。其他市值最大的几家工业板块公司，港铁公司、长和、中信股份，过去十年的股价累计收益率分别为123%、-8%、-62%。

港股工业板块历史超额收益走势见图7-28。

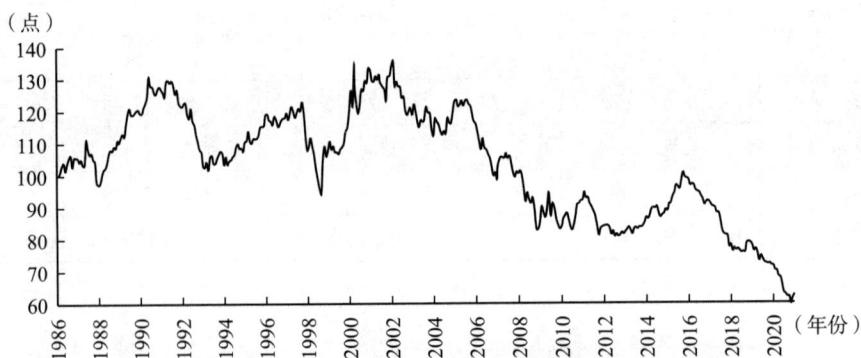

图7-28 1986～2020年中国香港股市工业板块超额收益走势

资料来源：Wind资讯、彭博。

本章最后，笔者对1960～2020年中国香港主要经济指标汇总如表7-10所示。

表 7 – 10　　　　　　　　1960 ~ 2020 年中国香港主要经济指标汇总

年份	股指涨跌幅（％）	贷款利率（％）	汇率（美元兑港元）	GDP同比增速（％）	CPI同比增速（％）	GDP平减指数增速（％）	M2同比增速（％）	财政盈余占GDP比重（％）	贸易差额占GDP比重（％）	政府债务占GDP比重（％）
1960	—	—	5.71	—	—	—	—	—	—	—
1961	—	—	5.71	—	—	—	—	—	− 27.4	—
1962	—	—	5.71	14.3	—	2.0	—	—	− 26.1	—
1963	—	—	5.71	15.8	—	3.7	—	—	− 23.2	—
1964	—	—	5.71	8.6	—	5.0	—	—	− 23.3	—
1965	− 19.0	—	5.71	14.6	—	2.4	—	—	− 17.5	—
1966	− 1.1	—	5.71	1.8	—	0.6	—	—	− 17.7	—
1967	− 18.3	—	5.74	1.6	—	6.6	—	—	− 10.8	—
1968	62.1	—	6.06	3.4	—	3.3	—	—	− 11.5	—
1969	44.6	—	6.06	11.3	—	5.6	—	—	− 8.7	—
1970	36.1	—	6.06	9.2	—	8.9	—	—	− 10.3	—
1971	61.3	—	5.98	7.3	—	7.6	—	—	− 11.6	—
1972	147.1	—	5.64	10.6	—	9.2	—	—	− 7.3	—
1973	− 48.6	—	5.15	12.3	—	14.3	—	—	− 7.3	—
1974	− 60.5	—	5.03	2.4	—	11.6	—	—	− 8.7	—
1975	104.5	—	4.94	0.5	—	4.5	—	—	− 7.3	—
1976	27.9	—	4.90	16.2	—	9.6	—	—	− 2.8	—
1977	− 9.8	—	4.66	11.7	—	3.9	—	—	− 5.3	—
1978	22.6	—	4.68	8.3	—	8.1	—	—	− 10.7	—
1979	77.5	—	5.00	11.6	—	17.8	—	—	− 8.8	—
1980	67.6	13.6	4.98	10.1	—	15.7	—	—	− 9.3	—
1981	− 4.6	17.5	5.59	9.3	—	10.6	21.3	2.9	− 9.3	—
1982	− 44.2	14.2	6.07	3.0	11.0	9.7	77.0	− 0.4	− 7.9	—
1983	11.6	12.3	7.27	6.0	9.9	4.6	24.7	− 1.2	− 6.8	—
1984	37.2	12.5	7.82	10.0	8.7	9.6	21.9	0.9	− 0.7	—
1985	46.0	8.2	7.79	0.8	3.5	5.4	24.2	1.0	1.3	—
1986	46.6	7.1	7.80	11.1	3.4	3.8	32.8	1.8	0.2	—
1987	− 10.3	6.6	7.80	13.4	5.7	8.6	30.7	3.2	0.0	—
1988	16.7	7.9	7.81	8.5	7.9	8.8	21.8	3.4	− 1.2	—
1989	5.6	10.5	7.80	2.3	10.2	12.6	19.9	2.1	1.4	—
1990	6.6	10.5	7.79	3.8	10.4	7.6	22.4	0.7	− 0.4	—

续表

年份	股指涨跌幅（%）	贷款利率（%）	汇率（美元兑港元）	GDP同比增速（%）	CPI同比增速（%）	GDP平减指数增速（%）	M2同比增速（%）	财政盈余占GDP比重（%）	贸易差额占GDP比重（%）	政府债务占GDP比重（%）
1991	42.1	9.4	7.77	5.7	11.2	9.1	13.3	3.3	-1.9	—
1992	28.3	7.3	7.74	6.2	9.7	9.9	10.8	2.7	-3.8	—
1993	115.7	6.5	7.74	6.2	8.8	8.6	16.2	2.1	-2.8	—
1994	-31.1	7.3	7.73	6.0	8.7	6.3	12.9	1.0	-7.7	—
1995	23.0	9.0	7.74	2.4	9.1	4.1	14.6	-0.3	-13.1	—
1996	33.5	8.5	7.73	4.3	6.3	5.9	10.9	2.1	-11.1	—
1997	-20.3	8.8	7.74	5.1	5.8	5.8	10.1	6.3	-11.6	—
1998	-6.3	9.9	7.75	-5.9	2.9	1.2	11.6	-1.8	-6.2	—
1999	68.8	8.5	7.76	2.5	-4.0	-4.1	8.8	0.8	-3.4	18.2
2000	-11.0	9.2	7.79	7.7	-3.7	-3.4	7.8	-0.6	-6.4	18.7
2001	-24.5	7.0	7.80	0.6	-1.7	-1.8	-2.7	-4.8	-6.6	21.1
2002	-18.2	5.1	7.80	1.7	-3.0	-3.4	-0.9	-4.8	-4.5	21.9
2003	34.9	5.0	7.79	3.1	-2.7	-6.0	8.4	-3.2	-5.0	26.8
2004	13.2	5.0	7.79	8.7	-0.3	-3.6	9.3	1.6	-7.0	27.3
2005	4.5	6.1	7.78	7.4	0.8	-0.2	5.1	1.0	-5.6	23.1
2006	34.2	7.9	7.77	7.0	2.0	-0.5	15.4	3.9	-9.2	21.8
2007	39.3	7.6	7.80	6.5	2.0	3.1	20.8	7.5	-10.9	20.9
2008	-48.3	5.3	7.79	2.1	4.3	1.3	2.6	0.1	-11.8	31.5
2009	52.0	5.0	7.75	-2.5	0.6	-0.4	5.3	1.6	-13.5	63.5
2010	5.3	5.0	7.77	6.8	2.3	0.3	8.1	4.2	-18.5	61.1
2011	-20.0	5.0	7.78	4.8	5.3	3.9	12.9	3.8	-22.1	58.8
2012	22.9	5.0	7.76	1.7	4.1	3.5	11.1	3.2	-23.5	64.1
2013	2.9	5.0	7.76	3.1	4.3	1.8	12.4	1.0	-23.4	66.4
2014	1.3	5.0	7.75	2.8	4.4	2.9	9.5	3.2	-24.2	67.0
2015	-7.2	5.0	7.75	2.4	3.0	3.6	5.5	0.6	-18.4	73.8
2016	0.4	5.0	7.76	2.2	2.4	1.6	7.7	4.5	-16.9	72.7
2017	36.0	5.0	7.79	3.8	1.5	2.9	10.0	5.6	-18.1	70.8
2018	-13.6	5.0	7.84	2.9	2.4	3.7	4.3	2.4	-19.9	66.5
2019	9.1	5.1	7.84	-1.7	2.9	2.0	2.8	-0.4	-15.0	66.9
2020	-3.4	5.0	7.76	-6.1	0.3	0.6	5.8	-8.6	-12.7	85.2

注："—"表示数据缺失。

资料来源：Wind 资讯、CEIC、BIS。

第八章
中国台湾：科技股独大

台湾证券交易所 1961 年获批，1962 年正式开业，最初几年上市公司数量很少，庄家横行，股市表现大起大落暴涨暴跌。之后一直到 1985 年以前，中国台湾地区股市表现总体较为平淡，指数年化收益率低于名义经济增速。1986 年起台湾股市开始加速上涨，史上最大的泡沫行情由此展开，四年时间台湾加权指数上涨 13.4 倍，宽基指数连续四年几乎年年翻倍，放眼全球也是可圈可点。大泡沫之后是大股灾，不到一年时间里指数跌幅达到了 80%。20 世纪 90 年代以后台湾股市开始理性发展，在亚洲金融危机之中受伤也相对较轻。2000 年以后，中国台湾地区股市表现主要跟随全球产业趋势发展以及美国等主要国家股市变化。台湾股市最大的特征是行业分布极其集中，科技股独大，截至 2020 年底，信息技术单一行业板块市值占比高达近 60%，这在全球股市中是独一无二的。2008 年金融危机以后，台湾股市在科技股行情的带动下持续攀升，台湾加权指数终于在 2020 年突破了 1990 年大泡沫顶点时的历史最高点 12495 点，创历史新高（见图 8-1）。台湾地区产业竞争优势基本完全集中在信息技术产业之上，投资台湾股市说到底就是投资科技股。

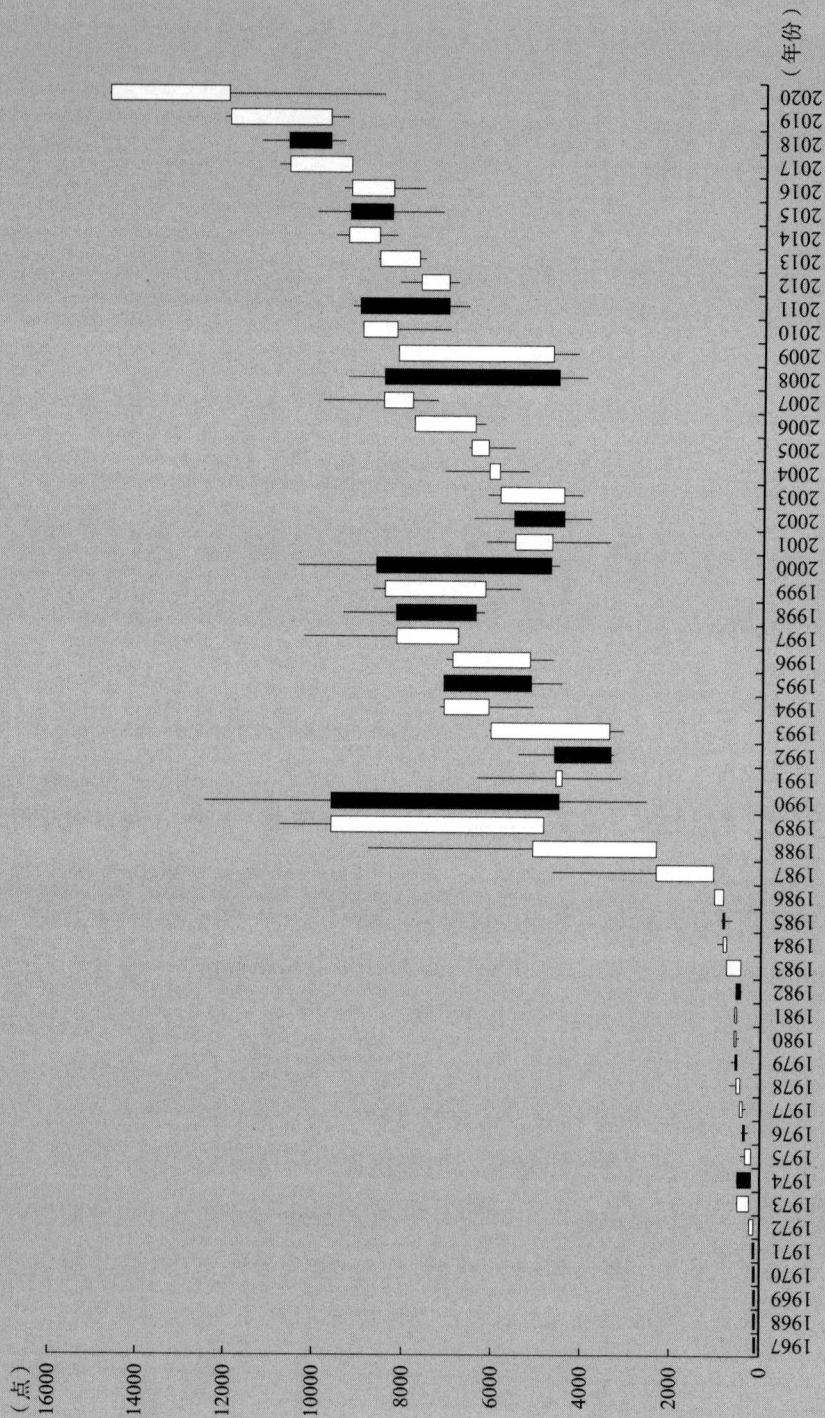

图8-1 1967~2020年中国台湾地区台湾加权指数（年K线）走势概览

资料来源：Wind资讯。

第一节　中国台湾股市基本情况

一、中国台湾股市发展历史沿革

台湾地区股市发源于 1953 年，在台湾"土地改革"背景下，台湾当局将四大公营公司的股票和土地实物债券作为被征收土地的地价补偿，带动了早期证券行业的发展。1961 年 6 月，"证券商管理办法"公布，作为"证券交易法"公布以前的临时管理措施。1961 年 10 月，台湾证券交易所被批准成立。

1962 年 2 月 9 日，由 40 余家公司共同出资成立的台湾证券交易所正式开业。成立初期，办公场所通过向民间企业租赁获得，后来随着上市公司数量增加，办公场所逐渐不能满足需求，被迫分散在台北各地办公，2005 年台湾证交所搬入台北 101 大楼内办公。

在台湾证券交易所成立之初，上市公司仅 18 家，股票总面值 54.5 亿新台币。[①]同时关闭了店头市场（即通常所称的 OTC 柜台交易市场），走向交易所集中交易的正规化道路。为了防范金融危机，避免巨额外资造成的市场冲击，台湾证券市场长期实行封闭政策。直至 20 世纪 80 年代末期，才开始对外开放资本市场，目前国际化程度有了很大提高，台交所 2019 年年报数据显示，外资持有台湾股票的比重已经提升至

---

① 林鹏. 台湾股市的成长过程 [J]. 广东社会科学，1992（6）：20-25.

43.02%。

1968 年，台湾地区的"证券交易法"颁布，为证券市场的制度建设奠定基础。此后，为了顺应市场形势变化，先后 5 次进行了修订。1974 年，"授信机构办理融资融券业务暂行办法"发布，允许三家银行先行开展股票融资信用交易业务，信用交易制度开始发展。1976 年，台湾证券交易所由人工结算交割改为电脑结算作业。

1982 年 8 月，"证券商营业处所买卖有价证券管理办法"发布，随后债券店头市场重新开办，1989 年重开了股票店头市场。1983 年，首批证券投资信托公司成立，开始发行共同基金。此后陆续开放岛内投资信托公司募集海外基金，吸引国际投资者投资台湾股市。1988 年"证券交易法"迎来修订，在股市大繁荣的背景下，推进股市的国际化战略。1991 年对合格境外机构投资者（QFII）开启证券投资渠道，1996 年开始对普通境外机构投资者（GFII）陆续开放，允许侨资、外资投资上柜股票，初步实现了证券市场对境外法人和自然人的完全开放。1998 年首只台湾存托凭证（TDR）新加坡福雷电子上市交易。

1993 年 8 月，上市股票全面纳入电脑自动竞价交易系统。1994 年 11 月，在台北市证券商业同业公会的柜台买卖服务中心基础上重组成立了财团法人性质的台湾证券柜台买卖中心。1997 年台湾证券交易所推出首只认购权证，2003 年推出首只认沽权证，2005 年首只 REITs 挂牌上市，同年开始实施新股初次上市的前五日涨跌幅不受限制的规则。

在 20 世纪末，受股市行情长期低迷影响，台湾地区兴起了一波券商合并的浪潮。据统计，1990 年底台湾有 400 多家券商，至 2001 年这一数字减少至 339 家，而到了 2002 年底迅速减少至 140 家。[①] 此后大券商吞并小券商事件时有发生，特别是"金融控股"制度实施后，大型券商的集团化战略更加明显。例如，2010 年群益证券合并金鼎证券，2012 年元大证券合并宝来证券，2013 年凯基证券合并大华证券。

按证券交易所计算，截至 2020 年底，台湾证券交易所上市的所有企业总市值约 15986 亿美元，占全球股票总市值的比例约为 1.5%（见图 8 - 2），台湾股市在全球的重要性在缓慢提升，但占比仍然不高。

---

① 许庆修. 台湾股市发展历程及其趋势 [J]. 经济管理, 2006 (7): 74 - 75.

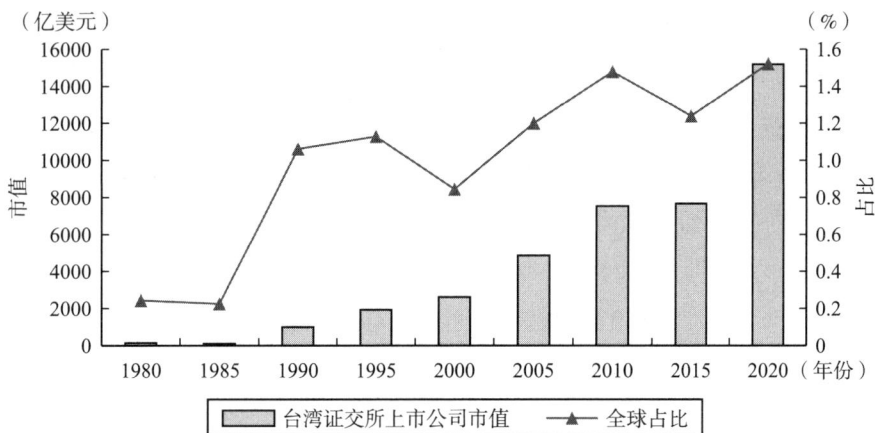

图 8 - 2　1980～2020 年中国台湾股市总市值与全球占比

资料来源：世界银行、CEIC。

二、中国台湾股市现状与特征

台湾地区股市在全球股市中属于后起之秀。在台湾证券交易所成立的前二十年时间里，台湾股票市场发展较为缓慢，截至 1985 年，上市公司数量仅 127 家，总市值约 104 亿美元，合计仅占全球股票总市值的 0.2%，影响力十分有限。20 世纪 80 年代末期，台湾开始陆续放开资本市场限制，积极实施国际化战略，台湾证券市场迎来飞速发展阶段。台湾证券市场吸引了很多科创型企业上市，促进了台湾高科技产业尤其是以台积电为代表的半导体产业的蓬勃发展。

台湾地区股市波动异常剧烈。在 20 世纪 80 年代末的巅峰时期，台湾民众参与股市投机的热情十分高涨，股市的成交额一度仅次于纽约、东京，位居世界第三位。这一阶段的台湾股市波动极大，台湾加权指数从 1987 年初的 1000 点快速涨至 1989 年底的 10000 点，并于 1990 年 2 月超过 12000 点，这一上涨速度举世罕见。而与之对应的泡沫破灭后的下跌速度也十分惊人，台湾加权指数在高点过后不到 8 个月的时间里，下跌了近 10000 点，跌至 2500 点附近。此后一直要到 30 年以后的 2020 年，才重新回到此前的高点。

台湾地区股市中用来衡量市场整体表现的最常用指数为台湾发行量加权股价指数（TAIEX，简称"台湾加权指数"），该指数 1970 年 11 月发布，以 1966 年台湾股市的加权股价平均值作为基数 100。该指数不仅是首只台湾证券交易所自行编制的股价指数，还凭借悠久历史被视为台湾经济走向的主要参考指标。除了台湾加权指数，其余常见的指数还有与英国富时指数公司合作编制的台湾 50 指数、台湾中型 100 指数、台湾资讯科技指数、台湾发达指数、台湾高股息指数、台湾基本面 50 指数等。

台湾证券市场属于多层次市场体系，包含集中交易市场（上市交易）和店头交易市场（上柜交易、兴柜交易），另外还存在从事私下股票交易活动的非法市场（盘商市场）。表 8-1 报告了台湾证券市场的不同层次市场体系的主要特征及区别。

表 8-1 中国台湾地区证券市场的多层次市场体系

层级	股票类型	交易市场	简介
第一层级	上市股票	台湾证券交易所	台湾证券交易所自 1962 年开业以来，一直是台湾地区唯一的证券集中交易场所，也是规模最大的交易所。交易模式采用典型的竞价制度，已实现成熟的电子交易。截至 2020 年底，上市股票约 948 只，总市值达 44.9 万亿新台币
第二层级	上柜股票	台湾证券柜台买卖市场	柜台买卖市场，通常也称作二板市场，长期承担辅助上柜股票转为上市股票的职能。上柜股票可细分为主板、中小板、创业板、国际板等。交易模式以竞价制度为主、做市商制度为辅。交易方式已采用电子化交易。截至 2020 年底，上柜股票约 787 只
第三层级	兴柜股票	兴柜市场（柜台中心代管）	兴柜市场，主要管理已申报上市或上柜辅导的公司在正式上市、上柜以前的股票交易。交易模式采用经纪或自营的议价成交方式。交易方式需要在券商营业场所进行议价买卖。截至 2020 年底，兴柜股票约 294 只
第四层级	盘商市场	非公开市场	属于非法且并不受监管的私人股权交易市场。由于市场上存在大量非上市股份公司，而部分公司有股票流通需要，因此出现了非公开的市场交易行为

资料来源：中国证监会研究中心。

据台湾证券交易所统计，截至 2020 年底，台湾证交所上市公司共计 948 家，其中占比 92% 以上的上市公司属于台湾本地企业，而剩下 8% 的上市公司属于境外企业。台湾证交所上市公司总市值达 44.9 万亿新台币，2020 年成交金额为 45.65 万亿新台币，年平均换手率达 123.34%。台湾股票市场的资本化率（市值÷地区生产总值）达 228.4%。另有 13 只台湾存托凭证（TDRs）上市交易，总市值约 143 亿新台币。长期来看，台湾证交所的上市公司数量持续增长，特别是 1990 年以来，上市公司数量增长明显加快（见图 8-3）。

（个）

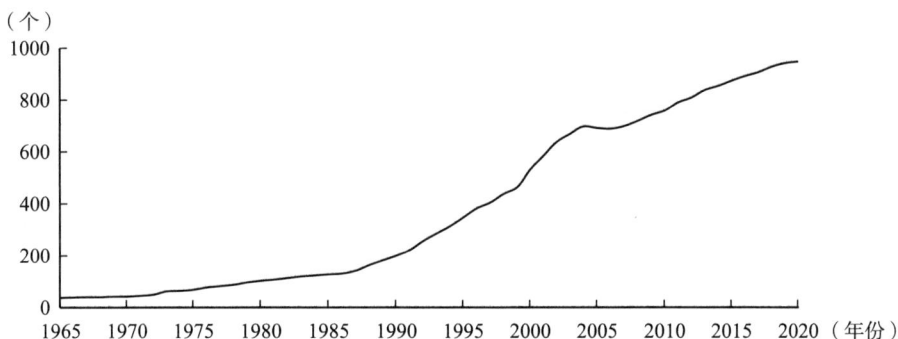

图 8-3　1965~2020 年中国台湾证交所上市公司数量

资料来源：Wind 资讯、世界交易所联合会。

三、中国台湾上市公司构成情况

截至 2020 年底，在台湾地区近两千家上市公司（含柜台买卖市场）中，按照行业板块来分，市值占比最大的是信息技术板块，市值占比高达 59%，贡献了台湾上市公司市值的绝大部分，其次是金融板块市值占比 10%，然后是原材料和可选消费（见图 8-4）。

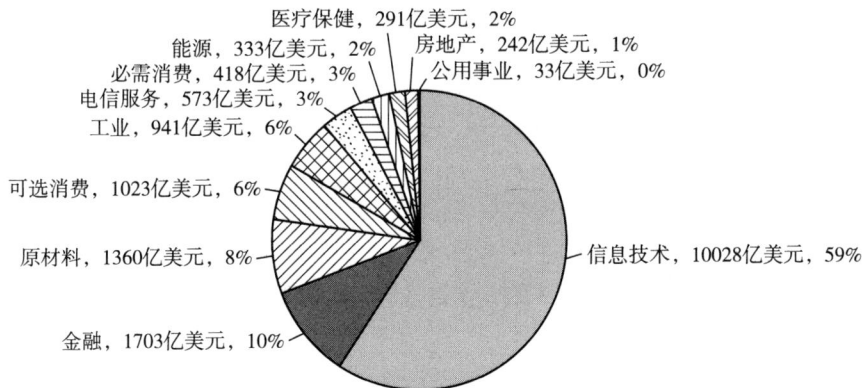

医疗保健，291亿美元，2%
能源，333亿美元，2%　房地产，242亿美元，1%
必需消费，418亿美元，3%　公用事业，33亿美元，0%
电信服务，573亿美元，3%
工业，941亿美元，6%
可选消费，1023亿美元，6%
原材料，1360亿美元，8%
信息技术，10028亿美元，59%
金融，1703亿美元，10%

图 8-4　中国台湾上市公司行业板块市值分布

注：数据截至 2020 年底。

资料来源：Wind 资讯、彭博。

表 8-2 报告了到 2020 年底中国台湾股市市值最大的 30 家公司名称及其对应的行业板块，其中仅台积电市值超过 1000 亿美元，目前市值约 4800 亿美元，贡献了台

湾上市公司市值的 28%。台湾是全球电子信息产业最发达的地区之一，在半导体、通信、电子精密制造等领域全球领先。在半导体制造方面，台湾地区的晶圆厂产能位居全球第一。除了众所周知的台积电，还涌现出一大批优秀的电子制造及代工企业，例如鸿海精密、联发科、台达电、联华电子、大立光电、广达电脑、环球晶圆等。此外台湾市值占比较大的板块主要是原材料和金融板块，原材料厂商主要包括台塑、南亚塑胶、台化、台湾"中钢"等，金融公司则以国泰金控、富邦金控、兆丰金控、台湾"中国信托金控"、玉山金控等金控集团为代表。

表 8 - 2 　　　　　　　2020 年底中国台湾股市市值最大的 30 家上市公司列表 　　　　　单位：亿美元

公司名称	行业板块	市值	公司名称	行业板块	市值	公司名称	行业板块	市值
台积电	信息技术	4811	台化	原材料	174	玉山金控	金融	112
鸿海精密	信息技术	446	富邦金控	金融	167	广达电脑	信息技术	109
联发科	信息技术	416	大立光电	信息技术	150	环球晶圆	信息技术	108
台塑石化	能源	333	兆丰金控	金融	142	统一超商	必需消费	97
台湾"中华电信"	电信服务	296	台湾"中国信托金控"	金融	138	第一金控	金融	96
台达电	信息技术	239	统一	必需消费	134	合库金控	金融	95
台塑	原材料	215	台湾"中钢"	原材料	134	研华科技	信息技术	95
联华电子	信息技术	205	日月光投控	信息技术	123	南亚科技	信息技术	94
南亚塑胶	原材料	200	和泰汽车	可选消费	123	国巨	信息技术	90
国泰金控	金融	195	台湾大哥大	电信服务	122	元大金控	金融	87

资料来源：Wind 资讯、彭博。

第二节　中国台湾股市行情脉络

一、1967 ~ 1982 年[①]：缓慢发展

从 1945 ~ 1952 年是二战后我国台湾地区的经济恢复时期。这一时期有三个事情

---

① 此处起始时间点选择依据为台湾加权指数数据最早可以追溯的时间。

具有重大影响，奠定了后来台湾地区经济发展的基础。一是币制改革，1946 年 5 月和 1949 年 6 月，台湾先后两次进行币制改革。二是实行土地改革，使佃户成为土地所有者，培养自耕农。三是利用美国援助。通过美国援助，台湾地区获得了外汇资金、资本投入、生产技术。到 1952 年底，台湾地区经济基本摆脱了混乱局面，物价趋于稳定，生产逐步恢复。

从 1953 年开始到 1962 年是二战后台湾地区经济发展的第二阶段，这一阶段的主要特征是"进口替代"。当时台湾地区经济初步稳定，但工业生产依旧落后、物资供应紧张、外汇严重不足。为此台湾地区重点发展能够自给自足的工业产业，以便替代进口产品，节省外汇支出。当时采取的经济政策包括：进口管制，对于民生必需品和建设所需要的材料设备等，优先提供外汇，一般消费品严格限制，奢侈品等完全禁止；采取"复式汇率"制度，即按照商品的社会必需程度，按照不同汇率进行结汇；高估新台币汇率，使得出口减少，有利进口。

从 1963 年开始到 1973 年是台湾地区经济发展的第三阶段，这一阶段以"出口导向"为主要特征。台湾地区的第四期经济建设四年计划（1965～1968 年）提出的主要目标是：促进出口产业和高级产业的发展，维持经济稳定，促进经济现代化。此时已经明确台湾地区的经济发展目标从进口替代转为出口导向。1965 年，台湾设立高雄出口加工区，这是亚洲最早的出口加工区。也正是从 20 世纪 60 年代开始，台湾经济开始起飞，从 1963～1973 年，这 11 年间台湾的实际地区生产总值（GDP）增速平均下来高达 11.5%（见图 8－5），很快就和中国香港一起，与韩国、新加坡并称为"亚洲四小龙"。

图 8－5　1952～1982 年中国台湾实际地区生产总值（GDP）同比增速走势

资料来源：Wind 资讯。

台湾股票市场也正是在这一时期诞生和发展起来的。台湾证券交易所 1961 年获批，1962 年正式开业，同时台湾严禁场外交易。台湾股市刚开始的几年，上市公司数量很少（类似 A 股刚开始时候的"老八股"），股市也是被大股东和庄家控制，大起大落暴涨暴跌。随后监管趋严对股票市场的操纵行为开始制约，1968 年 4 月，台湾地区的"证券交易法"颁布，对股票市场的制度和约束进一步加强，台湾股市的活跃度大幅下降，股市犹如陷入一潭死水般境地，1967 ~ 1969 年，台湾股价指数走势犹如一条直线般平稳。

1970 年开始台湾股市进入牛市阶段。1970 ~ 1972 年全球普遍出现股市牛市，当时的大背景就是实际经济增速在上升，而因为控制住了通货膨胀，利率反而是下降的。台湾地区的情况也是如此，实际 GDP 增速从 1969 年的 9.6% 上升到 1972 年的 13.9%（见图 8 – 5），而政策利率（贴现利率）则从 10.8% 下降至 8.5%（见图 8 – 6）。

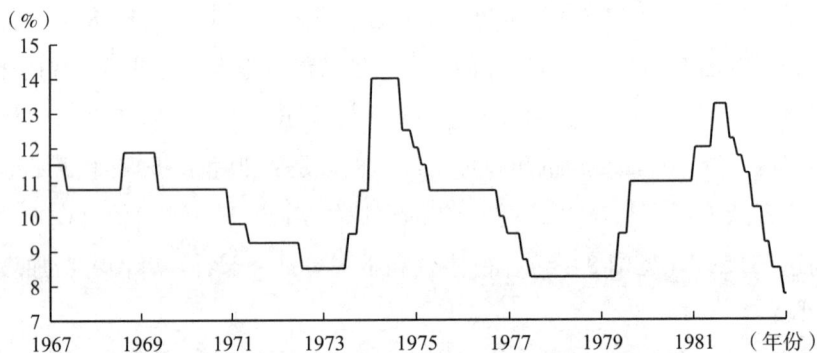

图 8 – 6　1967 ~ 1982 年中国台湾贴现利率走势

资料来源：Wind 资讯。

1970 年和 1971 年，台湾股市小幅上涨，台湾加权指数两年分别上涨 12% 和 10%。1972 年，台湾经济增速进一步上行，GDP 增速达到二战后有统计数据以来最高，而同时利率还在下降，由此引发股市大涨，1972 年台湾加权指数上涨 69%。当时之所以会出现这种经济上行、通胀下行的经济环境，主要原因不在台湾地区，而在境外经济政策变化，当时美国等主要资本主义国家纷纷采取了行政化手段来控制物价和工资上升（典型的如美国的"尼克松新政"），这使得全球物价增速都被控制下来了。所以在 1970 ~ 1972 年，主要资本主义国家和地区都出现了经济上行同时通胀下行的经济发展好局面，股市也都是牛市。

　　1973 年股市进一步上涨，台湾加权指数大涨 117%。本轮台湾股市的牛市到 1973 年底结束，从时间上看，中国台湾地区股市牛市结束的时间比美国等西方国家晚了一年，美国牛市结束是在 1972 年底。这里的主要原因在于，美国牛市结束主要是内因造成的，从 1972 年底开始此前对物价和工资的行政管制开始慢慢失效，通胀再度快速上行（此时第一次石油危机还没有开始），而我国台湾地区牛市的终结则是因为 1973 年 10 月第一次石油危机爆发等外部原因造成的。

　　1974 年全球经济衰退，台湾地区经济也出现了二战后最严重的经济下滑，同时石油危机造成物价和利率大涨，台湾股市大跌，台湾加权指数当年下跌 61%。同年 7 月，为挽救股市，台湾地区有关部门公布了证券融资融券业务的暂行办法，允许三家银行试点股票融资信用交易，但最开始的试点只允许融资（做多）不允许融券（做空）。1975 年台湾经济回升，同时通胀因素消退利率开始回落，台湾股市重回升势，1975 年台湾加权指数大涨 71%。这里需要注意的是，西方国家在 20 世纪 70 年代普遍出现了"滞胀""英国病"等类似的问题，本质上都是由于财政赤字和工资上涨造成的国内通胀失控，石油危机只是导火索。但我国台湾地区没有这个问题，通胀控制得好很多，石油危机过后 CPI 同比增速很快又回到了 5% 以下。所以台湾地区的利率回落时幅度也很大，1977 年的贴现利率已经要低于 1973 年石油危机前的水平（见图 8-6）。

　　经济回升叠加利率下行，使得台湾股市再度迎来牛市行情，继 1975 年大涨之后，1976~1978 年台湾股市继续连续上涨，台湾加权指数三年的涨幅分别为 13%、21% 和 18%，并在 1978 年突破了 1973 年底的高点创历史新高。1979 年第二次石油危机爆发，台湾地区再次出现经济下行和物价上行的不利组合，台湾股市从 1979 年初开始回落，一直持续到 1982 年底。由于台湾地区通胀控制得较好，通胀和利率在当时并不是影响股市表现的主要矛盾，从走势的相关性来看，台湾股市 70 年代的走势与经济周期关联度更高。

　　1967~1982 年，台湾加权指数累计上涨 344%，年化收益率约 9.8%（见图 8-7）。这一阶段台湾股市整体是理性缓慢发展，股市跟着经济周期走，股市的年化收益率低于平均实际经济增速，更低于名义经济增速。

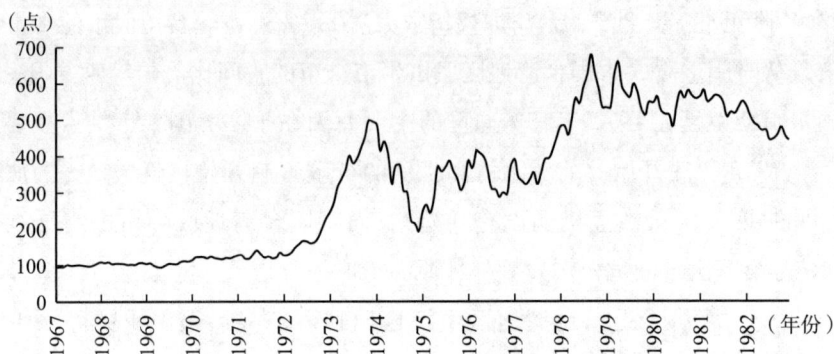

图 8 - 7　1967～1982 年台湾加权指数走势概览

资料来源：Wind 资讯。

二、1983～1990 年：大泡沫起落

在度过了 1980～1982 年的全球经济衰退之后，从 1983 年开始台湾地区经济增速再度回升，实际 GDP 增速再度回到 10% 以上（见图 8 - 8），而紧跟经济周期变化的台湾股市自然不甘落后，台湾加权指数 1983 年大涨 72%，收复了此前 1980～1982 年调整下跌的失地，创历史新高。台湾经济增速在 1983 年底 1984 年初冲高后，到 1984 年二季度后经济短周期又再度开始回落，但由于货币政策放松利率下降，1984 年和 1985 年台湾股市依然小幅上涨并没有下跌。

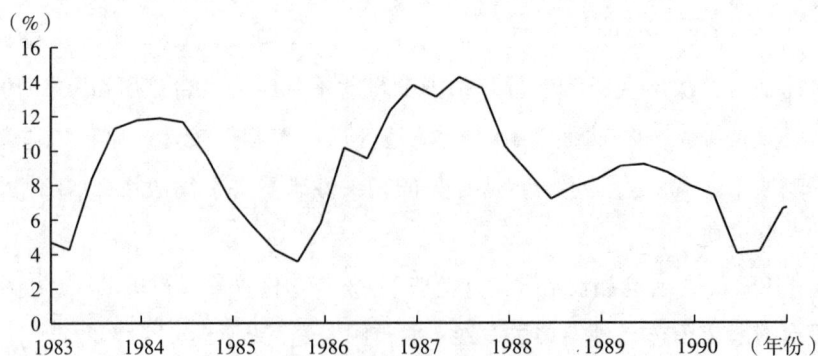

图 8 - 8　1983～1990 年台湾实际地区生产总值（GDP）增速走势

资料来源：Wind 资讯。

1986 年开始，台湾股市进入到加速上涨阶段，台湾股市历史上最大的泡沫行情由此展开。1985 年底台湾加权指数点位仍在 835 点，不到 1000 点，而到了 1990 年 1

月底台湾加权指数飙升到 12054 点，四年时间指数整体上涨了 13.4 倍，年化收益率约 92%。宽基指数整体连续四年多几乎每年翻倍，这个涨幅放眼全球看都是非常惊人的。股市暴涨导致当时台湾社会全民炒股，投机气氛浓重，1989 年台湾证券交易所的股票成交量较 1985 年时增长了 14.2 倍，成交金额更是增长达 129.1 倍，当年成交金额是台湾股市开业后此前 26 年合计的 1.82 倍。1989 年台湾证券交易所的股票成交量是同时期美国纽约证券交易所的 5 倍多。①

造成中国台湾地区股市大泡沫的原因与传导机制，跟造成日本股市、楼市大泡沫的非常相似，都是源于 1985 年"广场协议"后的本地货币汇率大升值，从而进一步引发海外资本持续流入，而当局为了对冲汇率升值的不利影响采取的货币宽松政策，又进一步加剧了流动性过剩，从而推升了资产价格泡沫。1985 年 9 月，美国、日本、联邦德国、法国、英国五国"广场协议"达成后，五国政府干预美元有序贬值，其他货币兑美元开始升值。台湾作为一个出口导向型地区，多年来保持贸易顺差，汇率升值压力自然更是巨大。美元兑新台币汇率从 1985 年"广场协议"前的 40 左右升值到 1989 年 8 月的 25.7，升值幅度近 57%（见图 8-9）。

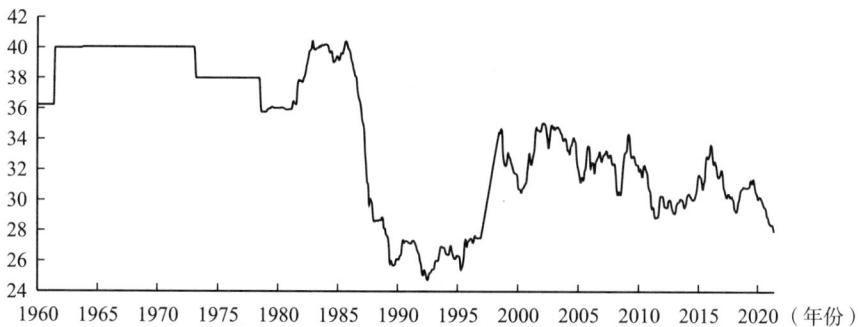

图 8-9　美元兑新台币汇率走势

资料来源：Wind 资讯。

由于现实中很难算清楚合理的均衡汇率究竟应该是多少，多数情况下市场对汇率的判断都是线性外推，升值时预期会进一步升值，贬值时预期会进一步贬值②，因此

---

① 贾雪峰. 1980 年代后期台湾股市泡沫形成与破灭原因的浅析及启示［R］. 中国证监会研究报告，2016.

② 有研究机构曾做过调查，机构投资者中，债券投资者使用技术分析的比例极低，股票投资者约有一半比例会使用技术分析，而外汇投资者几乎百分之百会使用技术分析，技术分析使用比例越高，说明基本面等分析对于资产价格短期波动影响越小，所以投资者只能更多地依赖于价格本身的波动规律。

持续的汇率升值很容易导致长期升值预期的出现，这个现象在各个经济体都出现。汇率持续的升值预期导致的结果是外资不断流入，为了缓冲新台币的升值速度，台湾地区"中央银行"会被动地在市场上买入美元卖出新台币，由此会造成本地基础货币投放激增，这部分"央行"投放的货币主要停留在金融系统中，并非由金融机构流向实体经济的信用扩张，由此就会造成流动性过剩的问题。

而同时火上浇油的是，汇率大幅升值对台湾地区的出口造成了巨大负面冲击，为了对冲汇率升值这种"紧缩"，当局开始大幅放松货币政策，希望以此来刺激经济，抵消汇率升值对经济增长的不利因素。现在我们知道这种措施产生了非常不好的副作用，是失当的，但这是后来人们才得到的经验教训。1985 年和 1986 年，台湾地区先后多次降低政策利率放松货币政策，贴现利率大幅下降（见图 8 - 10）。

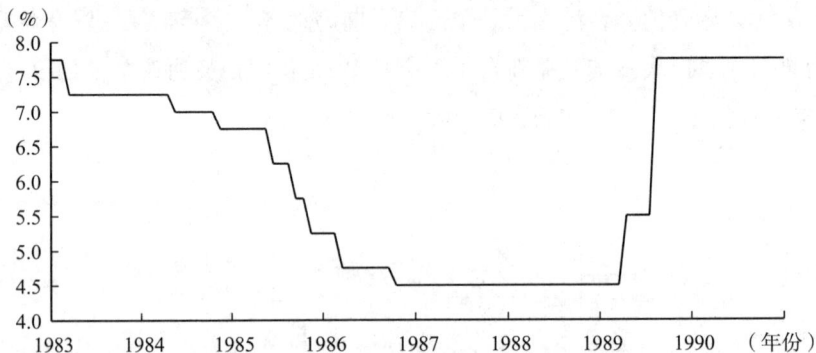

图 8 - 10　1983 ~ 1990 年中国台湾贴现利率走势

资料来源：Wind 资讯。

在台湾股市大泡沫期间，也曾出现过两次较大幅度的调整回撤（见图 8 - 11）。第一次是在 1987 年 10 月，由美国股市"黑色星期一"暴跌引发的全球股市暴跌，我国台湾地区股市也没有幸免，1987 年 10 ~ 12 三个月时间里，台湾加权指数累计跌幅达 50%。第二次是在 1988 年 9 月，当时台湾当局为了遏制股市炒作，宣布将从 1989 年起征收证券交易所得税，结果导致台湾股市连续 19 个交易日无量下跌，日均成交金额从 500 亿新台币下降至 3500 万新台币，[①] 到 1989 年 1 月初，台湾加权指数下跌调整幅度达 44.6%。

---

① 张凯城，沈思玮 . 股市泡沫形成机制及后续经济恢复研究——基于台湾地区股市的实证分析 [J]. 投资研究，2017，36（12）：119 - 131.

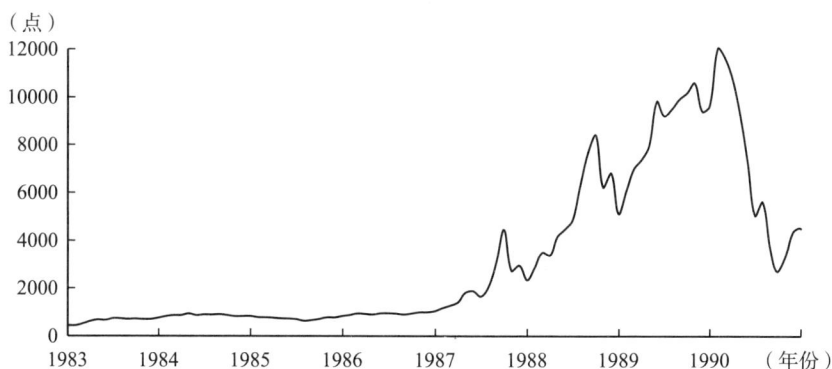

图 8 – 11　1983 ~ 1990 年台湾加权指数走势概览

资料来源：Wind 资讯。

但这两次大跌后市场很快又回到了上升势头，从 1989 年下半年开始，台湾地区经济已经开始走下坡路了（见图 8 – 8），但这并没有成为股市转向的充分条件。导致股市泡沫行情终结的还是货币政策收紧，对于持续暴涨的股市和楼市，当局是有警觉的，从 1989 年开始货币政策大幅收紧，1989 年 7 月台湾颁布"银行法修正案"，取缔地下投资公司，随后两次大幅加息，将贴现利率从 4.5% 提高到 7.75%，回到 1983 年初的最高水平。1990 年 1 月，台湾将证券交易税从 1.5‰提高到 6‰（前述 1988 年提出的证券交易所得税被合并到证券交易税），而此时日本股市也已经开始了大跌，台湾地区股市大泡沫的终点来临，股市开始大幅下挫。1990 年 8 月，伊拉克入侵科威特，国际原油价格大涨，第三次石油危机有爆发的可能，台湾股市受此影响进一步暴跌，10 个交易日内指数下跌 30% 以上，到 1990 年 9 月末，8 个月的时间里台湾加权指数累计跌幅高达约 80%，大泡沫就此终结，而台湾加权指数的 12000 点也成为悬在空中的历史高位。

三、1991 ~ 1999 年：理性发展

1990 年到 1991 年初，全球经济处在衰退阶段，为应对经济下行并推动台湾地区产业升级，当局在 1991 年提出了"六年计划"，提出的具体发展目标包括将人均 GNP 从 1990 年的 8000 美元提升至 1996 年的 13975 美元，商品零售物价年均涨幅不超过 3.5%，失业率年均不超过 2.3% 等。同时提出了十大新兴产业（通信、资讯、消费电子、半导体、精密机械自动化、航空、高级材料、特殊化学用品、医疗保健、

污染防治）和八大关键性技术（光电、软件、工业自动化、材料应用、高级感测、生物、资源开发、能源节约）。

"六年计划"是一个规模庞大的基础设施投资建设计划，规划总投资新台币82382亿元（约3030亿美元），这个投资规模远远超过此前20世纪70~80年代台湾地区水平。在"六年计划"和全球经济回暖的驱动下，1991年台湾经济快速回升（见图8-12），1992年二季度后经济增速有所回落，但总体依然保持着较为稳定的经济增速，中国台湾地区经济并没有像日本那样在1990年资产价格泡沫破灭后出现巨大的问题。

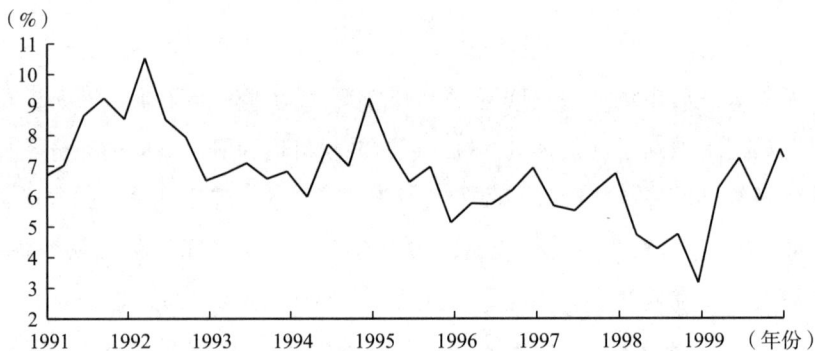

图8-12　1991~1999年台湾实际地区生产总值（GDP）增速走势

资料来源：Wind资讯。

台湾股市在1991年上半年延续着1990年四季度的上升走势，但这波上涨更像是大跌过后的反弹，而不是新一轮行情的开始，很快从1991年下半年开始又继续下探一直持续到1992年底。这期间台湾经济表现尚可且利率大幅回落，贴现利率从1991年初的7.75%下降至1992年末的5.63%（见图8-13），但在超级大泡沫破灭的阴霾下，依然无法阻挡市场的下跌。

1993年3月，台湾对"六年计划"进行了大幅删减，将投资金额从8.2万亿新台币缩减至6.8万亿新台币，投资项目从775个减少为384个。"六年计划"的投资规模是一个好大喜功的规划，计划投资8.2万亿新台币，而当时台湾地区一年的GDP也就8万亿新台币左右。这么大的投资规模，意味着当局需要大量借债，所以即使1993年缩减后，"六年计划"执行起来依然困难重重。股票市场对于"六年计划"的缩减似乎是满意的，台湾股市从1993年起见底回升然后一路上涨到1994年底。

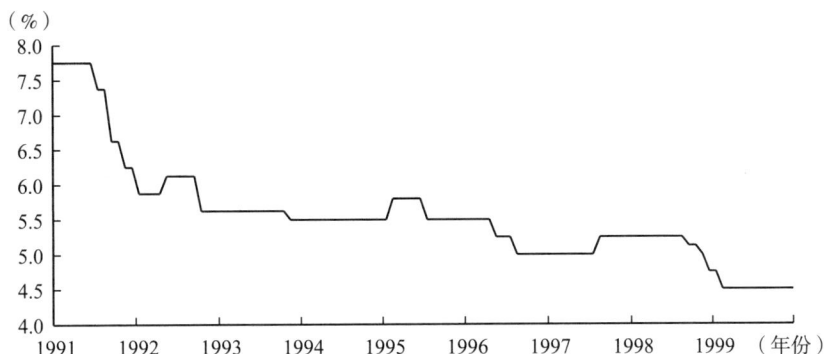

图 8-13　1991~1999 年中国台湾地区贴现利率走势

资料来源：Wind 资讯。

　　而且从 1991 年开始，台湾地区开始了大规模的金融开放，包括：1991 年外资首次来台湾发行债券；1992 年开放发行境外存托凭证，允许台湾企业赴境外募资；1994 年开放岛外人士开设新台币账户；1995 年将外资投资比例上限从 10% 提高到 15%；1996 年取消外资投资股市资金汇出限制，并将外资投资比例进一步提升至 25%；1997 年将外资投资比例上限进一步提升至 30%，开放外资来台上市等。

　　在持续对外开放中，台湾地区股市一直到 1997 年亚洲金融危机前，总体上一直有较好的表现，台湾加权指数在 1997 年 7 月再度回到 1 万点以上，相比 1992 年底的低点累计上涨 170%。这期间台湾股市在 1995 年出现了较大幅度的调整下跌，1995 年台湾加权指数跌幅为 27%。1995 年下跌的原因主要有两个：一是本身经济周期因素，经济增速在 1995 年有明显下滑（见图 8-12）；二是出现了"台海危机"引发的两岸关系紧张。

　　1997 年 7 月开始亚洲金融危机从泰国蔓延至亚洲各个经济体，台湾地区也受到很大冲击，股市快速下跌。受金融危机影响，1998 年台湾经济快速下滑，季度 GDP 增速最低下降至 3.2%，创截至当时有历史数据以来第二低（第一低发生在 1974 年第一次石油危机后），1998 年台湾股市大跌 22%。为应对 1998 年的经济下行，当局制定了"振兴景气法案"，包括降低存款准备金率、降低利率、为中小企业提供专项融资甚至金融当局直接介入股市护盘等。1999 年台湾经济明显好转，经济增速快速回升，经济上行的过程中政策利率依然维持低位，且 1999 年是全球互联网泡沫最疯狂的时候，信息产业又是台湾重要的主导产业，台湾加权指数在 1999 年大涨 32%。

回首 1991～1999 年的台湾股市，在经历了大泡沫破灭后，股市整体呈震荡向上的走势（见图 8-14）。这个阶段台湾股市发展理性了很多，一般普遍认为台湾地区在亚洲金融危机中受伤是相对较轻的，这主要得益于台湾实现了产业结构升级，20 世纪 80 年代后期股市大泡沫破灭后台湾的外汇储备充足，银行体系的资本充足率较高。

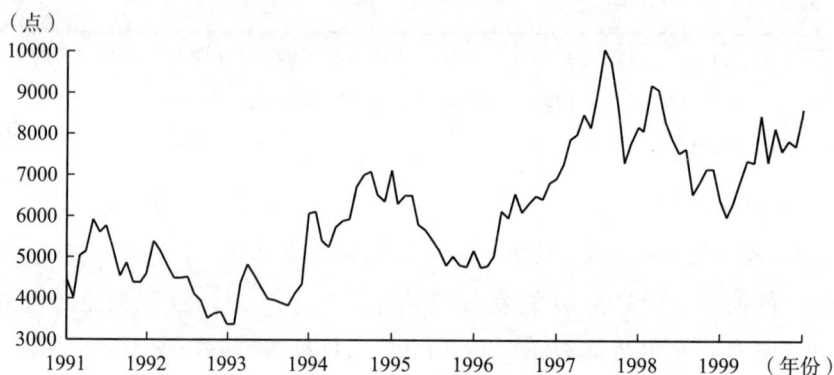

图 8-14　1991～1999 年台湾加权指数走势概览

资料来源：Wind 资讯。

四、2000～2008 年：追随全球

在全球互联网浪潮中，台湾加权指数在 2000 年初再度突破 10000 点大关，不过好景不长，2000 年 3 月纳斯达克指数见顶后，台湾股市也应声回落，随后一路下跌。2000 年 3 月台湾地区领导人选举后，民进党首次上台，5 月 20 日陈水扁就职当天台湾加权指数大跌 3.3%，跌破 9000 点大关，7 月底跌破 8000 点，随后因停建"核四"（第四核能发电厂）事件等影响，股市加速下跌，到 10 月初台湾加权指数跌破 6000 点。11 月 20 日，由于罢免案等政治纷争，当天台湾加权指数大跌 6.2%，跌破 5000 点。这期间，当局采取了一系列救市措施政策，提出"振兴传统产业法案""六大稳定股市措施"，将股市交易的跌停幅度限制从 7.0% 下调至 3.5%，并从 5 月份开始就直接利用"四大基金"和"国安基金"① 资金护盘救市，但完全无法阻挡股市下跌的势头，2000 年全年台湾加权指数累计大跌 44%。

---

① "四大基金"是指台湾地区的劳保、劳退、退抚与邮政储蓄四大公益性基金，按规定可投资股票以增值获利，不过当局经常利用四大基金作为护盘工具。同时台湾地区还专门设立了稳定股市与经济的"国安基金"。

2000 年股市暴跌后，到 2001 年股市下跌和全球经济下行的冲击开始波及实体经济，台湾地区开始了二战后最严重的经济衰退，GDP 增速第一次出现负增长，其他主要经济指标也都纷纷创下 50 年来的最低水平。为挽救经济，当局采取了一系列经济刺激措施。首先是大幅降息放松货币政策，从 2000 年开始台湾地区就开始连续降息，一直到 2003 年上半年台湾地区的利率水平持续下降，10 年期"政府债券"利率从 2000 年初的 6.0% 下降至 2003 年上半年的 1.5%（见图 8 - 15）。同时在财政政策方面，当局提出了多项扩大内需的方案和投资计划。此外，当局为刺激房地产行业提出 3200 亿元新台币的房地产低息贷款方案，为缓解金融机构财务困难将金融机构营业税降低为零。

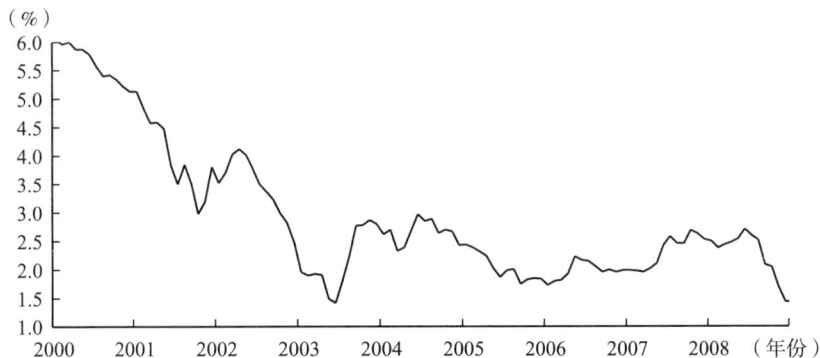

图 8 - 15　2000 ~ 2008 年中国台湾地区 10 年期"政府债券"利率走势

资料来源：Wind 资讯。

在一系列政策刺激下，台湾地区经济从 2001 年四季度开始企稳向上，到 2002 年开始摆脱经济衰退。在经济复苏中，台湾股市从 2001 年四季度也开始反弹，但这波反弹只持续到 2002 年一季度，随后又开始下跌回落。此时台湾地区经济表现强势，货币政策也没有明显收紧，股市调整的主要原因在于以美国为代表的西方国家股市"互联网泡沫"破灭后股市尚未企稳。

正在台湾地区经济回升之际，2003 年二季度"非典"（SARS）的暴发，成为"黑天鹅"事件，使得台湾地区经济受到明显冲击，经济再度快速下行，季度 GDP 增速再一次出现负增长（见图 8 - 16）。大体从 2003 年下半年开始，伴随着本地经济形势的好转，以及全球股市见底回升，台湾股市底部出现，此后一直到 2007 年 10 月全球金融危机爆发前，股市总体保持上涨势头。这个阶段中，经济保持较为不错的增长速度，而更为重要的是，即使后来台湾经济好转，但利率水平却没有同步回升，一直维持在较低的水平。实际上台湾地区从 2004 年开始便进入加息周期，但即便金融危机前经济最火热的时候，台湾 10 年期"政府债券"利率也就到了 2.5%，较 2000 年时明显降低。

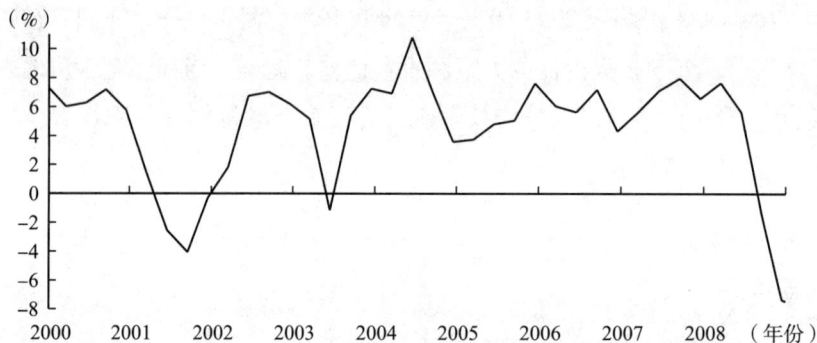

图 8 - 16 2000 ~ 2008 年台湾实际地区生产总值（GDP）增速走势

资料来源：Wind 资讯。

在需求侧刺激经济的同时，台湾当局在 2000 年之后也提出了一系列的经济发展战略规划。当时提出的经济发展战略叫作"深耕台湾，布局全球"，并在此框架上提出了建设"绿色硅岛"的发展目标。所谓"绿色硅岛"就是着力发展高科技产业和知识经济，希望在十年内使得台湾地区研发支出占地区生产总值（GDP）比重能够达到 3.0%，知识密集型产值占 GDP 的比例达到 6% 以上。当局对于高科技产业的重视和扶持，也是造成其产业结构和上市公司构成中电子产业比重极高的重要原因。

2002 年，台湾当局又通过了"挑战 2008 重点发展计划"（简称"六年重点计划"），提出了"三大改革"（政治、金融、财政改革）、"四项主轴"（投资人才、投资研发创新、投资全球运筹渠道、投资生活环境）、"十大重点投资计划"（运输骨干建设、数字台湾建设等）、"两兆双星"计划（半导体和显示产业产值能够达到 1 兆新台币）。

虽然台湾当局先后提出了各种经济政策规划，但 2002 ~ 2007 年这段时间内台湾地区经济增速能够保持较高水平，主要驱动力还是外需带动的，也就是所谓的"内冷外热"，核心在于祖国大陆经济的快速强劲崛起。从数据中可以清晰地看到，2000年以后台湾地区净出口（商品和服务贸易出口减去进口）占 GDP 的比重出现了持续大幅的上升势头（见图 8 - 17），一直持续到 2011 年左右，此后保持相对平稳，2020

年新冠肺炎疫情暴发后再度上升。在 2002 ~ 2007 年的这个阶段，台湾新台币汇率也是持续升值的，这也说明了这样一个道理，虽然我们常常会认为汇率贬值利好出口升值利空出口，但现实中多数情况下，汇率都是出口的结果而不是原因，出口形势好的经济体汇率会升值，而贸易持续逆差的经济体则更容易贬值。

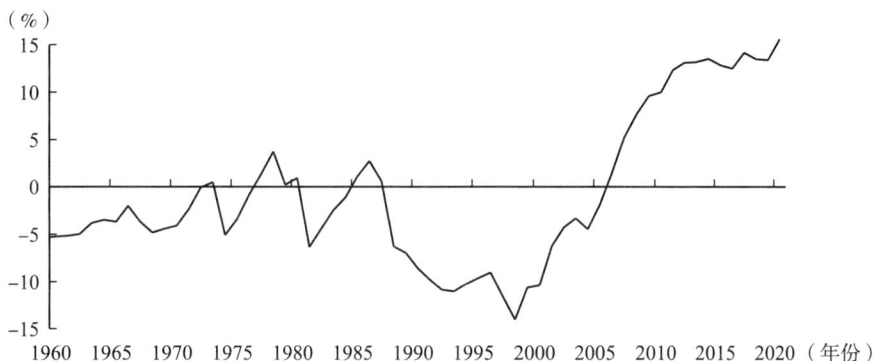

图 8 - 17　1960 ~ 2020 年中国台湾地区净出口占地区生产总值（GDP）比重走势

资料来源：Wind 资讯。

在这样的经济背景下，台湾地区股市总体保持稳步向上的势头，2004 年 3 月以后，由于当时大陆采取了强力的调控措施遏制经济过热，台湾地区经济不可避免受到需求减少的冲击，股市出现了半年时间的下跌调整。也与此同时，从 2004 年年中的博达案①开始，台湾地区资本市场先后爆发出多个股市造假舞弊案件，政商勾结利益输送等被曝出，影响投资者市场情绪，台湾股市在 2005 年处于震荡徘徊之中。

2006 年开始，全球经济开始持续向好，台湾地区一是不断收紧货币政策，二是开始通过加税等方式收紧财政政策。但在经济上行周期中，这些政策总体影响都不大，台湾股市在 2006 年和 2007 年大幅上扬，上涨势头一直持续到 2007 年 10 月，台湾加权指数最高到达 9860 点再度接近万点大关，指数见顶的时间与 A 股上证综指基本相同。不过台湾股市这次依然没有实质性突破万点关口，2007 年 11 月以后随着美国次贷危机逐步发酵，台湾股市开始大幅下跌，2008 年金融危机全面爆发台湾股市

---

　① 2004 年 6 月 15 日，台湾地区上市公司博达科技无任何预警地宣布，因无法偿还即将到期的债务 29.8 亿元新台币，向法院申请重整。博达财务造假因此而曝光，台湾相关主管部门介入调查，博达案被称为台湾版的安然事件，其做假手法十分隐蔽和复杂。随后台湾股市又爆发了讯碟、皇统和卫道等一系列上市公司财务舞弊案，使得股市人心惶惶。资料来源：叶银华，马军生. 从股王到地雷：台湾博达财务舞弊案剖析 [J]. 财务与会计，2006（17）：14 - 17。

再度暴跌。2008年台湾加权指数大跌46%，跌幅超过2000年。

回首2000～2008年这段时间中国台湾地区股市走势，基本是在追随全球的变化。一方面，台湾地区经济2002年走出衰退后基本主要受祖国大陆经济崛起影响；另一方面，股市的整体走势（见图8-18），包括底部和顶部的时间等，基本跟西方国家股市走势一致，是一个倒"N"形走势。

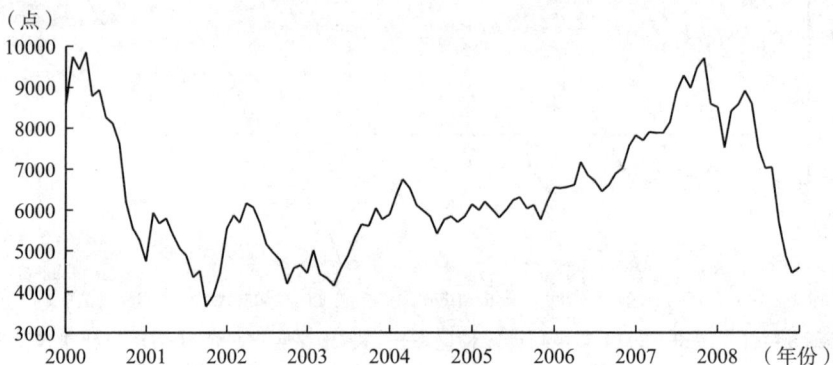

图8-18　2000～2008年台湾加权指数走势概览

资料来源：Wind资讯。

五、2009～2020年：再创新高

2008年全球金融危机爆发后，台湾地区经济衰退幅度超过了2001年，成为二战后历史上最严重的经济衰退。为应对经济衰退，台湾当局采取了一系列刺激措施，包括连续降息放松货币政策、发放消费券刺激民间消费、扩大企业信贷、减免税收优惠、扩大公共工程计划等，并选定15个新兴产业纳入"产业创新走廊计划"积极布局产业结构调整。

此外，两岸也加强经贸合作交流以降低金融危机的冲击，2008年12月15日，两岸海运直航、空运直航、直接通邮全面启动，同时开放大陆居民赴台湾旅游、台湾当局放宽企业赴大陆投资限制、开放大陆资金赴台投资、吸引大陆资金赴台湾参与经济建设等，这些措施对台湾经济从金融危机中走出来起到了很大的推动作用。在相关政策以及当时大陆"四万亿"政策刺激下，从2009年二季度开始，台湾地区经济增速快速回升（见图8-19），年内基本已经走出经济衰退。

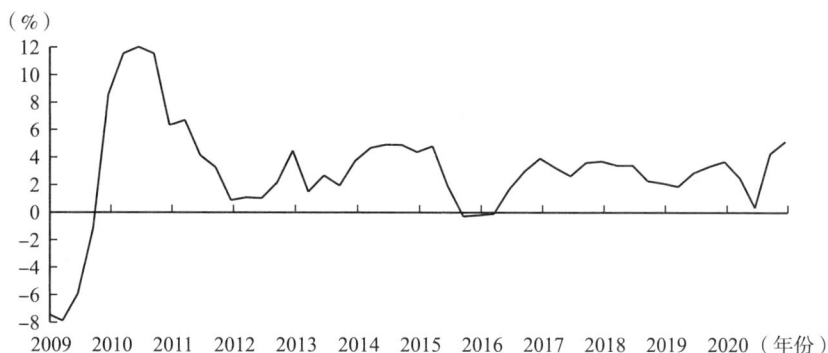

图 8-19　2009~2020 年台湾实际地区生产总值（GDP）增速走势

资料来源：Wind 资讯。

2010 年 6 月 29 日，海峡两岸关系协会会长陈云林与台湾海峡交流基金会董事长江丙坤在重庆签署了《海峡两岸经济合作框架协议》和《海峡两岸知识产权保护合作协议》。《海峡两岸经济合作框架协议》实质上是两个经济体之间的自由贸易协定谈判的初步框架安排，具有里程碑意义，被认为是两岸 60 多年来签订的最重要影响最广的协议。在此背景下，2010 年台湾地区的季度实际 GDP 增速一度冲破 10%，经济形势一片大好。受经济强劲复苏和两岸经贸关系加强双重利好影响，台湾股市在 2009 年和 2010 年大幅上涨，台湾加权指数两年分别获得 78% 和 10% 的涨幅。

2011 年台湾加权指数最高突破了 9000 点，再次接近万点大关，不过"万点行情"最终还是没有到来。2011 年初全球通胀高企，各经济体纷纷收紧了货币政策，随后从 2011 年下半年开始全球经济出现了二次探底，台湾地区经济增速也快速回落，股市大幅调整，2011 年台湾加权指数大跌 21%。2011 年 9 月，台湾当局"黄金十年发展愿景"，提出了"活力经济"等 8 项愿景以及一系列产业规划等。这些概念规划愿景方案等，台湾当局前前后后搞过多次，包括之后的 2013 年 5 月，当局又制定了"提振景气措施"，包括 4 个领域和 13 个具体类别等，总体影响都不是太大。2012 年台湾地区经济表现一般，甚至从 2011 年底开始到 2012 年 11 月，当局先后九次下调经济增长速度预期，台湾股市横盘震荡小幅上升。

我们认为，金融危机以后，台湾地区经济转型的一个重要方向是朝更加外向型经济体变化，推进贸易自由化。2013 年，台湾地区正式提出"自由经济示范区"建设规划，成为当年最重要的经济改革措施，第一阶段方案将"五海一空"（基隆、苏澳、台北、台中、高雄等五个港口及桃园航空城）转型为自由经济示范区。2013年台湾股市继续温和上涨，台湾加权指数当年涨幅12%。2014年受益于全球消费电子产业的景气，台湾地区经济持续复苏，全年经济增速从"亚洲四小龙"的末位升至首位。同时在"自由经济示范区"建设背景下，台湾当局先后实施了不少进一步的金融开放政策，对股票市场也是一种利好刺激。2014年台湾加权指数再涨8%。

2015年开始，全球半导体经济周期开始下滑，台湾地区经济在2015年出现一次非常明显的快速下行，股市在2015年下半年也大幅下跌。台湾股市的这一次调整，也是与全球股市共振的，当时A股市场发生了异常波动，美股市场也出现了较大幅度的下跌。同时，2015年以后的另一个变化是利率在较低的位置上进一步大幅下行，2015年之前台湾地区的10年期"政府债券"利率大体在1.5%左右，随后开始大幅下降，到2020年底下降到0.3%左右（见图8-20）。

图8-20　2009~2020年中国台湾地区10年期"政府债券"利率走势

资料来源：Wind资讯。

2016年民进党上台后，台湾当局又提出了"新经济发展模式""新南向政策""前瞻基础设施计划"等经济计划。更重要的是，2016年全球经济开始复苏，台湾地区经济也明显好转，这一轮复苏一直持续到2017年底，同时也伴随了半导体新一轮景气周期的开始。2016年和2017年台湾加权指数分别上涨11%和15%，2017年指数再度站上了万点大关。不过2018年全球经济周期再度下滑，台湾股市也应声下跌，指数全年下跌9%，万点大关再度得而复失。

　　2019 年是比较特殊的一年，当年全球经济依然在下行之中，全球股市后来还有不错表现，主要是因为美联储在 2019 年 8 月开始了"预防性降息"导致的全球性流动性宽松。但台湾地区经济却由于中美经贸摩擦，意外地成为受益者，在当时各经济体经济增速普遍下降之时，2019 年台湾经济增速逆势上升。2019 年，台湾半导体设备投资总额达 155.8 亿美元，超过大陆，跃居全球第一位，是美国投资金额的两倍。[①] 全球流动性宽松叠加台湾经济繁荣，使得台湾股市表现尤为出色，2019 年台湾加权指数大涨 23%。2020 年新冠肺炎疫情暴发后，台湾股市同样出现了大幅下跌。随后全球经济快速复苏，包括台湾地区在内外向型经济体都充分受益，特别是全球"缺芯"，更是使得台湾的电子产业公司受到了市场极大的追捧。2020 年全年，台湾加权指数再度大涨 23%，收盘于 14732 点。更重要的是，经过了 30 年来多次努力失败之后，台湾股市终于在 2020 年突破了 1990 年的历史最高点 12495 点，创历史新高。

　　回首 2009 ~ 2020 年的台湾股市（见图 8 - 21），整体是一个"长牛"走势。低利率环境固然给台湾股市营造了良好环境，但金融危机后总体看台湾股市表现较好的逻辑，应该不是利率低，也不是经济增速高（事实上还是降速了），而是台湾把握住了其在电子产业中的优势，充分受益于苹果产业链、移动互联网以及中美贸易争端下半导体产业的高景气度。

图 8 - 21　2009 ~ 2020 年台湾加权指数走势概览

资料来源：Wind 资讯。

---

① 王建民，章颖薇. 中美经贸战升级，台湾经济意外受益［J］. 世界知识，2020（3）：64 - 65.

第三节　中国台湾股市板块结构特征

一、台湾股市板块轮动整体概况

中国台湾地区股市跟韩国有相似的地方，都是科技股占比较大，而且台湾股市更加突出，信息技术板块单个行业市值超过一半。因此，台湾股市的板块轮动说到底就是科技股表现好坏的轮动。

从 1988～2020 年这三十多年的情况来看，台湾股市的板块轮动大体上可以分为三个阶段：

第一阶段，1988～2000 年。这个阶段台湾股市科技股一枝独秀，只有信息技术板块持续跑赢大盘，有很强的超额收益。这期间台湾股市的消费、金融、医疗保健板块总体上表现也还可以，超额收益呈现出宽幅震荡的走势。原材料和工业这两个顺周期板块表现相对较差。

第二阶段，2001～2010 年。这个阶段的大背景是全球经济在中国经济高速增长推动下高度繁荣，2008 年虽然受金融危机影响全球经济衰退，但 2009 年在中国"四万亿"政策刺激以及西方国家量化宽松影响下，2009～2010 年全球经济又再度强势复苏，大宗商品价格在 2011 年初创历史新高。这个阶段中，台湾股市周期股表现明显最好，能源、原材料、工业等顺周期板块有持续的超额收益，而科技股则还在持续调整中。

第三阶段，2011～2020 年。2011 年大宗商品价格见顶后全球经济回落，中国经济增速也在不断下台阶。台湾股市的周期股行情也就此结束，原材料、工业等板块持续跑输大盘。取而代之的主要是必需消费板块，金融危机之后获得了持续的超额收益。2013 年以后台湾股市的主导板块信息技术板块再度开始崛起，成为市场的领涨品种，在随后的信息技术产业变革以及全球芯片浪潮中，台湾科技股一直都有非常好的表现。

1988～2020 年台湾股市行业板块收益表现轮动情况见表 8-3。

表 8－3　　　　　　1988～2020 年中国台湾股市行业板块超额收益表现汇总

年份	能源	原材料	工业	可选消费	必需消费	医疗保健	金融	信息技术	电信服务	公用事业	房地产
1988～1990	√	×	√	√	√	√	√	√	—	—	√
1991～1992	×	×	√	√	√	√	×	√	—	—	√
1993～1994	×	×	×	×	×	×	√	√	—	—	×
1995～1996	√	×	×	√	√	×	√	√	—	△	△
1997～1998	√	×	×	√	√	√	×	√	—	△	×
1999～2000	×	×	×	×	×	×	×	√	—	△	×
2001～2002	×	√	√	√	△	×	△	×	△	△	×
2003～2004	√	√	√	×	△	×	×	×	△	△	√
2005～2006	√	√	√	×	△	×	×	×	△	△	√
2007～2008	√	√	√	×	√	√	×	×	△	√	√
2009～2010	×	√	√	√	√	√	△	×	△	√	√
2011～2012	×	×	×	√	√	√	△	×	△	√	√
2013～2014	×	×	×	√	√	×	△	△	△	△	×
2015～2016	√	×	×	√	√	√	△	√	×	△	×
2017～2018	√	×	×	√	√	×	△	√	×	△	×
2019～2020	×	×	×	×	×	×	√	√	×	△	×

注："√"表示在这一时间段板块表现好于市场整体，"×"表示跑输市场整体，"△"表示表现与市场整体相当，灰色阴影表示板块有持续超过 5 年的超额收益。"—"表示数据缺失。

资料来源：Wind 资讯、彭博。

二、台湾股市消费板块行情特征

截至 2020 年底中国台湾地区股市消费板块中，可选消费和必需消费加一块合计市值约 1400 多亿美元，市值占比约 9%。

台湾股市消费板块市值最大的公司是统一企业，成立于 1967 年，目前是台湾地区最大的食品公司之一，在祖国大陆和亚洲地区都有较大的知名度，截至 2020 年底公司总市值 134 亿美元。市值排第二的是和泰汽车，成立于 1947 年，主要代理销售丰田（Toyota）、雷克萨斯（Lexus）、日野（Hino）等品牌汽车，总市值 123 亿美元。市值排第三的是统一超商，公司从事台湾地区的 7-Eleven 便利店运营，总市值 97 亿美元。其他市值相对较大的台湾股市消费板块公司见表 8 - 4。除此之外，台湾地区还有几家关联公司在香港上市，一个是康师傅控股（总市值约 96 亿美元），康师傅控股的大股东顶新集团最早可以追溯到 1958 年在台湾地区成立，另一个是中国旺旺（总市值约 88 亿美元），其母公司旺旺集团 1962 年成立于台湾宜兰。

表 8 - 4　　　　　　　2020 年底中国台湾股市市值最大的 20 家消费公司情况　　　　　　单位：亿美元

公司名称	细分行业	市值	公司名称	细分行业	市值
统一企业	包装食品与肉类	134	裕隆日产	汽车制造商	27
和泰汽车	汽车零售	123	美利达	休闲产品	25
统一超商	食品零售	97	大同股份	消费电子产品	22
丰泰企业	鞋类	62	全家便利	食品零售	20
正新橡胶	轮胎和橡胶制品	50	宝雅国际	百货商店	20
儒鸿企业	纺织品	41	佳格食品	包装食品与肉类	20
巨大机械	休闲产品	36	联华实业	包装食品与肉类	19
亿丰工业	家庭装饰品	33	福懋兴业	纺织品	18
宝成工业	鞋类	32	裕隆汽车	汽车制造商	16
富邦媒体	互联网零售	31	聚阳实业	服装服饰奢侈品	15

注：本表消费公司包括必需消费和可选消费两个行业板块。

资料来源：Wind 资讯、彭博。

从行情走势来看，台湾股市必需消费板块超额收益有较大的波动，表现最好的时期是从 2006 年开始一直到 2018 年，这十几年中板块长期大幅跑赢市场，取得了明显的超额收益。从 2011 ~ 2020 年这最近的十年间，台湾股市必需消费板块整体累计收益率约 160%，表现好于市场整体；但 2019 ~ 2020 年间，必需消费板块的超额收益明显回落。

个股表现来看，必需消费板块市值最大的 5 家公司，统一企业、统一超商、全家便利、佳格食品、联华实业，过去十年的累计收益率分别为 190%、177%、238%、162%、372%，表现好于市场整体和板块整体。这几家大市值消费公司过去几年的表现共同特点包括：第一，虽然增速不高，传统消费公司依然是有成长性的。统一企业、统一超商、全家便利这三家公司，从 2010 ~ 2020 年，营收累计增长分别为 34%、63%、106%，净利润累计增长分别为 97%、79%、128%，平均下来年化净利润增速在 6% ~ 8% 左右。特别是便利店的商业模式，在电商冲击下依然在扩张，一方面，便利店中销售的烟草和新鲜食品互联网零售模式无法取代，另一方面，互联网的应用也使得便利店可以更好地发挥规模优势控制成本。第二，毛利率和净利率都有普遍的抬升。三家公司的毛利率过去十年，分别从33%提高到42%、从29%提高到42%、从33%提高到45%，利润率抬升非常明显。第三，消费公司盈利稳定可以充分受益于利率持续下行，公司股价涨幅均明显高于盈利增速，估值有提升。

台湾股市必需消费板块的历史超额收益走势见图8－22。

图8－22　1988～2020年中国台湾股市必需消费板块超额收益走势

资料来源：Wind资讯、彭博。

可选消费板块情况来看，其长期超额收益呈现出一个宽幅震荡的走势，从1988～2020年，台湾股市可选消费板块的超额收益基本从原点回到了原点，但中间的波动极大。2008年金融危机以后，从2009～2015年可选消费板块的超额收益走势快速上行，2016～2020年又再度大幅回落。从2011年初到2020年底这十年间，台湾股市可选消费板块的整体累计收益是103%，略低于市场整体表现。从可选消费内部的细分行业来看，家庭装饰品、鞋类收益率表现相对领先。

个股表现来看，可选消费公司分化更大，个股赚钱效应也更加突出。大市值公司中，和泰汽车、丰泰企业、儒鸿企业，过去十年的累计涨幅分别高达9倍、14倍、17.7倍。这其中，和泰汽车从2010年到2020年净利润增长3.7倍，公司从汽车销售起家逐步拓展成全方位的汽车服务型企业，汽车及零部件（主要是丰田等日系车）销售代理占营收比57%，此外还有汽车维修、汽车融资、汽车租赁、财产保险等多项业务。丰泰企业是一家全球性的制鞋企业，1976年跟美国耐克公司开始合作，目前是耐克全球重要的代工厂，耐克一家公司占丰泰的营收比重要超过80%，得益于耐克的快速发展，丰泰企业过去十年股价也有出色的表现。儒鸿企业，纺织服装生产企业，也是主要为耐克、彪马等国际品牌代工，过去十年也同样有 10 倍以上的股价涨幅。

台湾股市可选消费板块的历史超额收益走势见图 8 – 23。

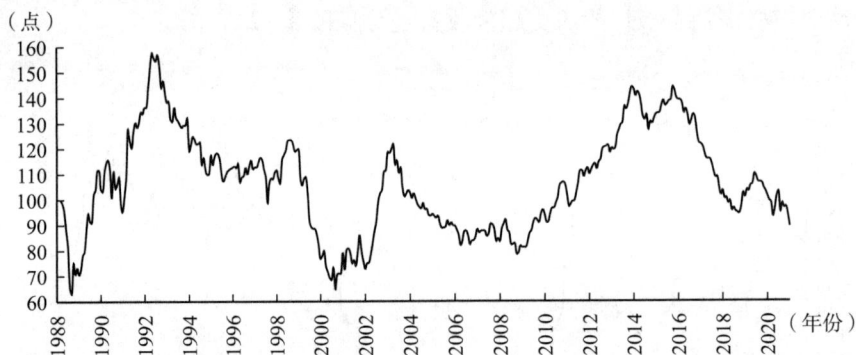

图 8 – 23　1988 ~ 2020 年中国台湾股市可选消费板块超额收益走势

资料来源：Wind 资讯、彭博。

三、台湾股市金融板块行情特征

台湾股市金融板块截至 2020 年底总市值约 1703 亿美元，占全部台湾地区上市公司总市值比重约 10%，是仅次于信息技术板块的第二大单一行业板块。

国泰金控是台湾金融板块中市值最大的公司，旗下有国泰世华银行、国泰人寿、国安产险、国泰综合证券、国泰创投、国泰投信等多家金融机构，截至 2020 年底总市值 195 亿美元。市值排第二的是富邦金控，富邦金控也是一家多元化金融控股集团，旗下有富邦人寿、富邦银行、富邦华一银行、富邦产险、富邦证券及富邦投信等多个金融机构[1]，总市值 167 亿美元。金融板块总市值 100 亿美元以上的公司还有另外三家：兆丰金控、台湾"中国信托金控"、玉山金控。其他市值相对较大的台湾股市金融板块公司见表 8 – 5。

---

[1]　大陆的方正富邦基金股东之一是这里台湾地区的富邦证券投资信托股份有限公司，但是大陆的国泰基金与台湾的国泰金控并没有关系。

表 8 - 5　　　　　　2020 年底中国台湾股市市值最大的 20 家金融公司情况　　　　单位：亿美元

公司名称	细分行业	市值	公司名称	细分行业	市值
国泰金控	人寿与健康保险	195	上海商银	综合性银行	64
富邦金控	人寿与健康保险	167	台新金控	综合性银行	51
兆丰金控	综合性银行	142	台湾"中华开发金控"	人寿与健康保险	49
台湾"中国信托金控"	综合性银行	138	永丰金控	综合性银行	45
玉山金控	综合性银行	112	新光金控	人寿与健康保险	40
第一金控	综合性银行	96	台湾"中寿"	人寿与健康保险	37
合库金控	综合性银行	95	台湾企银	综合性银行	26
远大金控	其他金融服务	87	日盛金控	投资银行与经纪业	17
华南金控	综合性银行	82	京城银行	综合性银行	15
彰化银行	综合性银行	65	台中银行	综合性银行	15

资料来源：Wind 资讯、彭博。

　　从行情表现看，如同其他国家和地区的股市情况一样，台湾地区股市金融板块长期看也是显著跑输大盘的，从超额收益的周期变化看，1988～2020 年期间大致可以分为四个阶段（见图 8 - 24）：第一阶段，1988～1996 年，金融板块超额收益宽幅震荡，但总体趋势依然是向上的，这是金融板块第一波行情；第二阶段，1997～1999年，台湾地区经济也是以信息产业为主，科技股浪潮中金融板块大幅跑输大盘；第三阶段，2000～2005 年，金融板块超额收益大幅回升，这是第二波行情；第四阶段，2006～2020 年，金融板块长时间持续跑输大盘，其中 2010～2019 年这段时间金融板块总体算是与大盘基本走平。

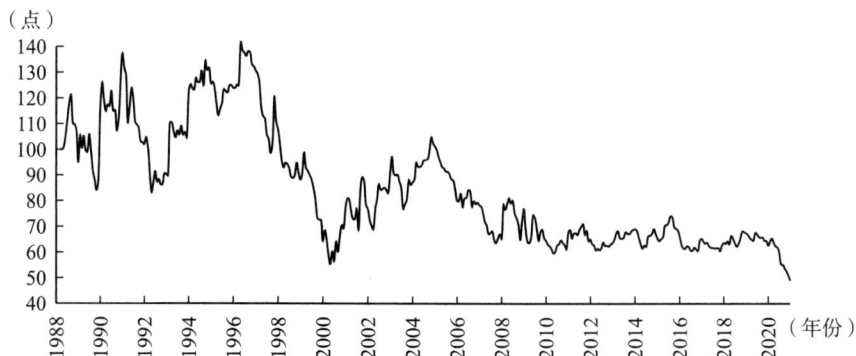

图 8 - 24　1988～2020 年中国台湾股市金融板块超额收益走势

资料来源：Wind 资讯、彭博。

从 2011 年初到 2020 年底这十年间，台湾股市金融板块累计整体涨幅约 67%，绝对收益还可以，但是收益率是明显低于市场整体的。从个股表现来看，表 8-5 中台湾股市金融板块市值最大的 20 家公司，过去十年的累计收益率平均下来是 80%，要更高一点。其中市值最大的 5 家公司，国泰金控、富邦金控、兆丰金控、台湾"中国信托金控"、玉山金控，过去十年的收益率分别为 2%、91%、132%、109%、249%。玉山金控 249% 的涨幅（年化平均收益率约 13%），在所有金融板块公司中算是最高的了，不论大市值公司还是中小市值公司。玉山金控成立于 2002 年，也是整合了包括玉山银行、玉山证券、玉山创投等在内的各家子公司，能够提供银行、证券、保险等全方位的金融服务。过去几年玉山金控的净利润有明显增长，从 2010 年的 39 亿新台币上升到 2019 年的 201 亿新台币。总体来看，台湾股市金融板块在过去十年中基本没有太好的赚钱效应。

四、台湾股市科技板块行情特征

科技板块是台湾地区股票市场中的绝对第一大板块，地位如磐石般难以撼动，截至 2020 年底，台湾信息技术行业合计总市值约 1 万亿美元，占全部台湾地区上市公司合计总市值比重约 59%，单一行业板块市值占比超过一半。

台湾股市科技板块中市值最大的公司是著名的台积电（Taiwan Semiconductor Manufacturing Company，一般英文简称"TSMC"，这也是公司的品牌标识），台积电是全球第一家也是目前最重要的专业集成电路晶圆制造代工企业，截至 2020 年底，公司总市值 4811 亿美元，是全世界市值最大的半导体企业，也是信息技术行业全球市值排第三的公司（前两位是苹果和微软）。市值排第二的是鸿海精密，是著名的富士康的母公司，公司是全球重要的 3C（电脑、通信、消费类电子）代工企业，总市值 446 亿美元。排第三的是联发科（Media Tek），公司是全球领先的半导体芯片设计公司，产品覆盖智能手机、智能电视、计算机电脑等，总市值 416 亿美元。台湾股市科技板块市值超过 100 亿美元的公司还包括：台湾"中华电信"（台湾地区最大的固网电信、数据通信及移动通信公司）、台达电子（生产电源管理与散热产品）、联电（半导体代工企业）、大立光（生产专业精密光学镜片镜头）、日月光投控（半导体制造服务）、台湾大哥大（台湾地区移动通信公司）、广达电脑（电脑研发设计制造公司）、环球晶圆（半导体硅晶圆生产企业）。其他市值相对较大的台湾股市科技板块公司见表 8-6。

表 8-6　　　　　　　2020 年底中国台湾股市市值最大的 30 家科技公司情况　　　　单位：亿美元

公司名称	细分行业	市值	公司名称	细分行业	市值
台积电	半导体产品	4811	瑞昱半导体	半导体产品	70
鸿海精密	电子制造服务	446	远传电信	无线电信业务	70
联发科	半导体产品	416	世界先进	半导体产品	67
台湾"中华电信"	综合电信业务	296	华硕电脑	科技硬件存储设备	65
台达电子	电子元器件	239	智邦科技	通信设备	62
联电	半导体产品	205	和硕	科技硬件存储设备	62
大立光	电子元器件	150	可成科技	科技硬件存储设备	55
日月光投控	半导体产品	123	稳懋半导体	半导体产品	51
台湾大哥大	无线电信业务	122	群创光电	电子元器件	48
广达电脑	科技硬件存储设备	109	友达光电	电子元器件	47
环球晶圆	半导体设备	108	欣兴电子	电子元器件	46
研华股份	科技硬件存储设备	95	纬颖科技	科技硬件存储设备	43
南亚科技	半导体产品	94	南亚电路	电子元器件	41
国巨股份	电子元器件	90	光宝科技	科技硬件存储设备	41
联咏科技	半导体产品	79	华邦电子	半导体产品	40

资料来源：Wind 资讯、彭博。

　　从行情走势来看，台湾股市信息技术板块长期来看总体是跑赢大盘的，有非常明显的超额收益，1988~2020 年超额收益大体可以分为三个阶段（具体见图 8-25）：第一阶段，1988~2001 年，信息技术板块持续大幅跑赢市场整体，特别是从 1997 年开始到 2001 年行情出现了加速上涨的势头。这一轮台湾地区的科技股行情在时间上比全球其他国家地区的要更长，美股纳斯达克指数在 2000 年 3 月就见顶了，而台湾地区的科技股行情要持续到 2001 年底。第二阶段，从 2002 年开始到 2011 年，科技板块超额收益持续回落。第三阶段，从 2012 年开始到 2020 年，科技板块开始了第二波大行情持续跑赢大盘，特别是从 2019 年开始，板块的超额收益又呈现出加速上行的势头。

　　从 2011 年初到 2020 年底，台湾股市信息技术板块整体累计涨幅 213%，明显好于市场整体。从板块内部细分行业来看，表现领先的主要就是半导体产品和半导体设备。

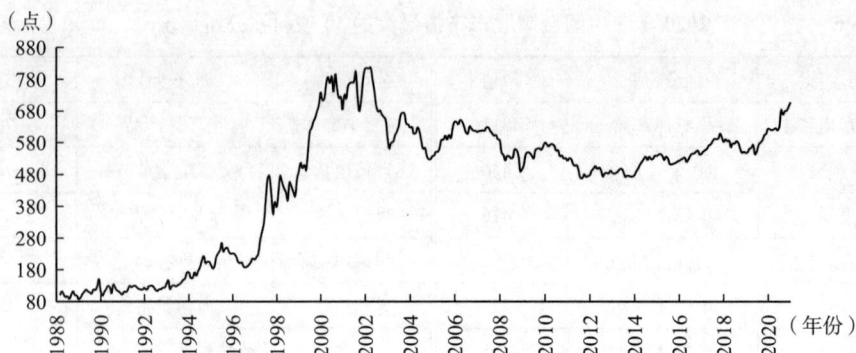

图 8 - 25   1988 ~ 2020 年中国台湾股市信息技术板块超额收益走势

资料来源：Wind 资讯、彭博。

在个股表现方面，第一大龙头公司台积电的表现毫无疑问是非常出色的，过去十年股价累计涨幅高达 9.5 倍。台积电的成功是把握住了时代发展的风口，移动互联网、大数据、云计算、人工智能等信息技术的快速发展，使得万物互联越来越重要，整个经济社会对半导体芯片的需求量大增，所以即使在科技产品价格无法提高甚至会下降的情况下，根据全球半导体贸易统计组织的数据，全球半导体销售金额从 2010 年的 2995 亿美元上升到 2020 年的 5272 亿美元，累计增长 76%。这个过程中，台积电个体的优势也在进一步扩大，增速高于行业，同时期台积电公司的营收和净利润都累计增长了约 220%，且销售净利润率极高，长期保持在 35% 左右，至 2020 年底公司净利润达到 5179 亿新台币（约合 181 亿美元，具体净利润和净利润率走势见图 8 - 26）。最近几年中，由于中美贸易摩擦的升级，特别是华为公司被美国

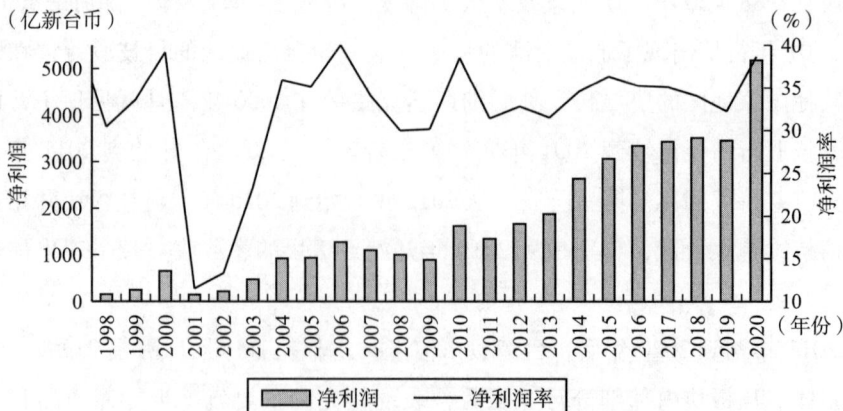

图 8 - 26   1998 ~ 2020 年台积电公司净利润和净利润率走势

资料来源：Wind 资讯、彭博。

"卡脖子"之后，半导体制造能力的重要性在全球也越发受到关注，台积电作为最优秀的公司估值也是不断抬升，股价涨幅远高于业绩增长。

除台积电以外，其他几家大市值龙头科技公司股价表现就要逊色不少，表 8－6 中市值排名第二至第五的科技公司鸿海精密、联发科、台湾"中华电信"、台达电子，过去十年的股价累计涨幅分别为 53%、161%、95%、166%。

除此之外，科技板块过去十年还是有不少牛股出现的，累计涨幅 10 倍以上的公司有 17 家，涨幅在 5~10 倍的公司有 32 家。其中，中大市值公司涨幅较大的包括：智邦科技，公司是一家全球领先的网络设备制造企业，主要产品包括网络交换器（营收占比 70% 左右）、网络应用和接收设备等，公司也是一家典型的隐形冠军型企业，产品处在产业链中游位置，依靠技术等优势成为细分行业龙头，过去十年股价涨幅 27 倍。国巨股份，全球领先的被动电子元器件生产企业，主要产品包括积层陶瓷电容（MLCC）、电阻器等，过去十年股价涨幅 13 倍。环球晶圆，全球第三大晶圆厂，是台湾地区最大的 3~12 英寸硅晶圆材料供应商，过去十年股价涨幅 11.4 倍。世界先进集成电路（Vanguard International Semiconductor），也是一家集成电路晶圆代工企业，过去十年股价涨幅 11.2 倍。稳懋半导体（WIN Semiconductors），化合物芯片代工龙头，很早就开始了第三代半导体研究，过去十年股价涨幅 10 倍。

五、台湾股市医疗保健板块行情特征

医疗保健板块是台湾股市非常小的一个行业板块，截至 2020 年底，板块合计总市值仅约 291 亿美元，市值占比 2%。台湾股市医疗保健板块市值最大的公司是合一生技（Oneness Biotech），总市值 32 亿美元；其次是晟德大药厂（Center Laboratories），总市值 11 亿美元。医疗保健板块只有这两家公司市值超过 10 亿美元的，其他市值相对较大公司参见表 8－7。

也正因为板块没有龙头公司市值普遍偏小，台湾股市医疗保健板块的长期超额收益走势与其他国家和地区的股市也有很大不同，多数股市医疗保健板块都是"长牛"，总体而言是持续跑赢大盘的，但长期来看台湾股市却表现并不好，特别是最近几年，2014~2020 年，板块是持续跑输大盘的（见图 8－27）。从 2011 年初到 2020 年底，医疗保健板块整体累计收益率 26%，是所有一级行业板块中表现最差的。个股表现来看，分化比较大，市值最大的两家公司合一生技和晟德大药厂，过去十年股价累计

涨幅为 905% 和 392%，都是非常不错的，当然，这也是一个结果，正是因为这两家公司股价涨幅大，所以才在市值排行榜上排到了最前面。

表 8 - 7　　　2020 年底中国台湾股市市值最大的 20 家医疗保健公司情况　　单位：亿美元

公司名称	细分行业	市值	公司名称	细分行业	市值
合一生技	制药	32	晶硕光学	医疗保健用品	6.9
晟德大药厂	制药	11	美时制药	制药	6.9
共信医药	生物科技	9.3	大学光学	保健护理服务	6.4
浩鼎生技	生物科技	9.2	东洋药品	制药	6.0
药华医药	生物科技	8.6	泰博科技	医疗保健设备	5.9
国光生技	生物科技	8.4	精华光学	医疗保健用品	4.9
台湾神隆	制药	8.0	永信国际	制药	4.2
高端疫苗	生物科技	7.6	保瑞药业	制药	3.7
中裕新药	生物科技	7.4	展旺生命	制药	3.6
生华科	生物科技	7.1	长圣	生物科技	3.5

资料来源：Wind 资讯、彭博。

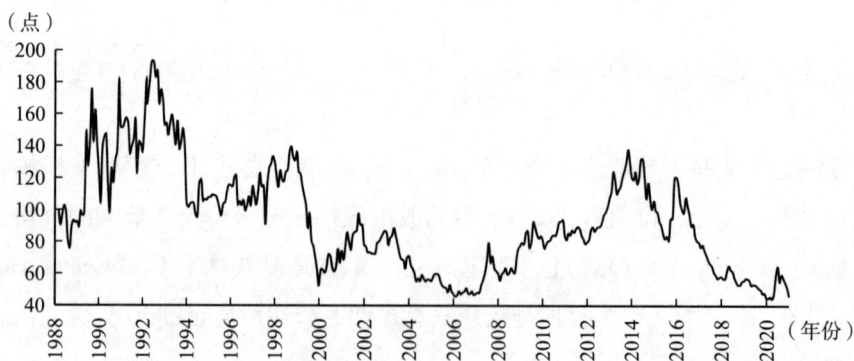

图 8 - 27　1988 ~ 2020 年中国台湾股市医疗保健板块超额收益走势

资料来源：Wind 资讯、彭博。

六、台湾股市周期板块行情特征

台湾股市周期板块规模相对不大，截至 2020 年底，能源和原材料两个行业加起来总市值合计约1700亿美元，占全部台湾地区上市公司总市值的10%左右。

台湾股市周期板块中市值最大的公司是台塑石化，公司成立于1992年，是一家原油炼制企业，截至2020年底总市值333亿美元。台湾股市能源板块一共就2家公司，除了台塑石化外，另一家是汇侨股份，总市值不到1亿美元。周期板块市值排第二的是台塑（台湾塑料工业），总市值215亿美元，台塑集团是1954年由台湾著名的企业家王永庆创办。市值排第三的是南亚塑料，也是隶属于台塑集团，总市值200亿美元。排第四的是台化（台湾化学纤维），也是台塑集团关联企业。排第五的是台湾"中钢"，总市值134亿美元。台湾股市周期板块总市值超过100亿美元的公司一共有这5家，其他相对市值较大的公司见表8-8。

表8-8　　　　　**2020年底中国台湾股市市值最大的20家周期公司情况**　　单位：亿美元

公司名称	细分行业	市值	公司名称	细分行业	市值
台塑石化	石油天然气炼制和销售	333	长兴材料	商品化工	16
台塑	商品化工	215	丰兴钢铁	钢铁	14
南亚塑料	商品化工	200	台湾"中石化"	商品化工	13
台化	商品化工	174	正隆股份	纸包装	13
台湾"中钢"	钢铁	134	东和钢铁	钢铁	13
台泥	建筑材料	87	南帝化工	特种化学制品	11
亚泥	建筑材料	51	"国产建材"	建筑材料	10
台肥	化肥与农用药剂	19	荣成纸业	纸制品	10
大成钢	钢铁	18	台聚	商品化工	9.4
永丰余	纸制品	17	烨辉	钢铁	9.0

资料来源：Wind资讯、彭博。

从板块的行情走势来看，1988～2020年，台湾股市原材料板块的超额收益大体上可以分为三个阶段（见图8-28）：第一阶段，1988～2001年，板块持续跑输大盘，特别是1988～1989年，超额收益快速下滑。第二阶段，2002～2011年，板块迎来一波主升浪，超额收益持续上升。第三阶段，从2012～2020年，与绝大多数股市类似，周期板块明显跑输大盘，超额收益大幅回落。

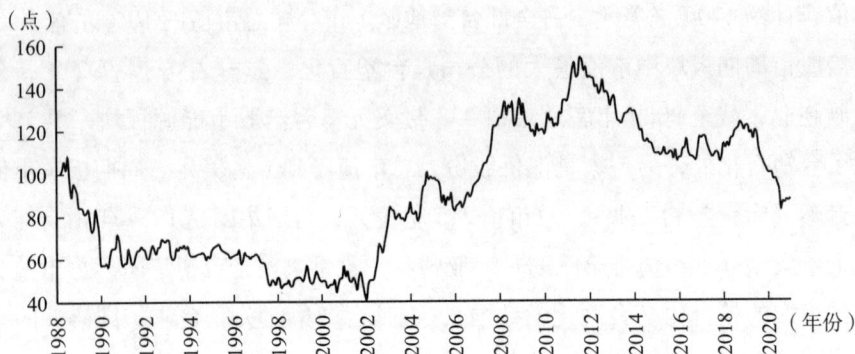

图 8 - 28　1988～2020 年中国台湾股市原材料板块超额收益走势

资料来源：Wind 资讯、彭博。

从 2011 年初到 2020 年底这十年间，台湾股市能源和原材料板块整体累计收益率分别为 42% 和 52%，均明显跑输大盘。板块内部细分行业来看，表现相对较好的是建筑材料和纸包装。从个股收益率来看，表 8 - 8 中市值最大的前 5 家周期股公司是台塑石化、台塑、南亚塑料、台化、台湾"中钢"，在过去十年的累计收益率分别为 41%、58%、54%、40%、21%，都不算太高。

大市值周期股中股价表现相对较好的，是两家水泥公司台泥（台湾水泥，1950 年成立，1962 年上市，是台湾第一家上市公司）和亚泥（亚洲水泥），过去十年的累计收益率分别为 174% 和 141%。这可能与水泥产品的自身属性有关，水泥的运输半径短，不太适合作为国际贸易品，因此相比钢铁等传统周期材料，受新兴市场低成本公司的冲击会更小，本地水泥企业能相对更好地生存。

七、台湾股市工业板块行情特征

工业板块在台湾股市也算是一个相对较小的行业板块，截至 2020 年底，板块合计总市值 941 亿美元，占全部台湾地区上市公司合计总市值的比重约为 6%，而且没有一家公司市值超过 100 亿美元。

长荣海运（Evergreen Marine）是工业板块市值最大的公司，公司成立于 1968 年，是目前全球领先的航运公司，截至 2020 年底总市值 69 亿美元。市值排第二的是台湾高铁（Taiwan High Speed Rail），总市值 62 亿美元。排第三的是远东新世纪（Far Eastern New Century），是一家多元化的工业集团，业务包括电信服务、纺织品、化

纤、石化产品等，总市值54亿美元。排第四的是上银科技（Hiwin Technologies），是
台湾地区最大的机械公司，总市值45亿美元。排第五的是万海航运（Wan Hai
Lines），也是一家海运企业，总市值41亿美元。其他台湾地区工业板块市值相对较
大的公司见表8-9。

表8-9　　　　　2020年底中国台湾股市市值最大的20家工业公司情况　　　单位：亿美元

公司名称	细分行业	市值	公司名称	细分行业	市值
长荣海运	海运	69	台玻	建筑产品	20
台湾高铁	公路与铁路	62	东元电机	电气部件与设备	19
远东新世纪	工业集团企业	54	汉唐集成	建筑与工程	14
上银科技	工业机械	45	中兴保全	安全和报警服务	14
万海航运	海运	41	裕民航运	海运	11
旭隼科技	电气部件与设备	34	中鼎工程	建筑与工程	10
阳明海运	海运	27	大国钢	贸易公司与经销商	10
台湾"中华航空"	航空公司	23	群光电能	电气部件与设备	10
长荣航空	航空公司	22	汉翔公司	航天航空与国防	10
华新丽华	电气部件与设备	22	士林电机	重型电气设备	9

资料来源：Wind资讯、彭博。

从行情表现来看，台湾股市工业板块长期来看也是总体上跑输大盘的，1988～
2020年其超额收益大体可以分为四个阶段（见图8-29）：第一阶段，1988～1992
年，工业板块取得了明显的超额收益，超额收益曲线在1992年底达到历史最高水平。
第二阶段，1993～2001年，这期间台湾科技股一枝独秀，其他板块基本都跑输大盘，
工业板块也不例外。第三阶段，2002～2010年，在科技股行情告一段落且全球经济
繁荣期间，顺周期的台湾工业板块跑赢大盘但超额收益上行比较平缓。第四阶段，
2011～2020年，全球经济增速普遍下滑中，工业板块持续跑输大盘。

从2011年初到2020年底这十年间，台湾股市工业板块整体累计收益率约52%，
显著低于市场整体，好于金融和周期板块。板块内部的细分行业来看，表现相对领先
的包括研究与咨询服务、公路与铁路、重型电气设备等。

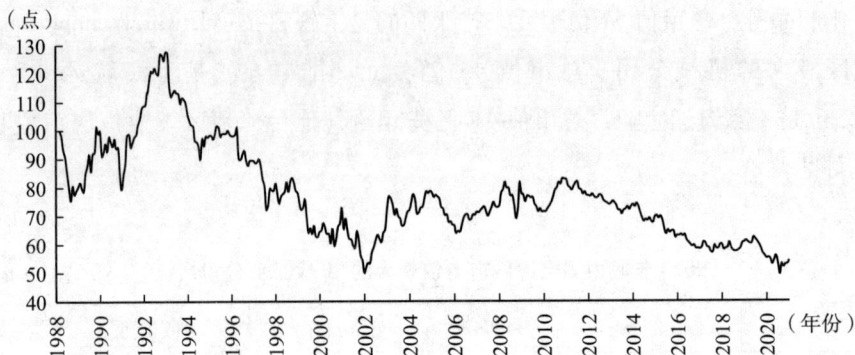

图 8 – 29　1988 ~ 2020 年中国台湾股市工业板块超额收益走势

资料来源：Wind 资讯、彭博。

从个股表现来看，跟其他很多股市情况一样，工业板块内部各公司经营业务千差万别，股价表现分化也很大。表 8 – 9 中台湾工业板块市值最大的 5 家公司是长荣海运、台湾高铁、远东新世纪、上银科技、万海航运，在过去十年的累计收益率分别为 73%、194%、3%、298%、232%，除远东新世纪外，其他几家表现都还算不错。大市值公司中两家航空公司股价表现较差，台湾"中华航空"和长荣航空过去十年股价分别下跌 47% 和 44%。

大市值工业板块公司中股价表现最好的是旭隼科技（Voltronic Power Technology），这是一家新能源公司，主要从事不间断电源、逆变器等太阳能产品的研发和生产，公司是 2013 年 1 月才上市的，到 2020 年底公司净利润增长超过 3 倍多（2013 年财年到 2020 年财年），股价涨幅达 16.8 倍。

本章最后，笔者对 1960 ~ 2020 年中国台湾主要经济指标汇总如表 8 – 10 所示。

表 8－10　　　　　　　　1960～2020 年中国台湾主要经济指标汇总

年份	股指涨跌幅（％）	长期利率（％）	汇率（美元兑新台币）	GDP同比增速（％）	CPI同比增速（％）	WPI同比增速（％）	M2同比增速（％）	财政盈余占GDP比重（％）	贸易差额占GDP比重（％）	"政府债务"占GDP比重（％）
1960	—	—	40	7.2	18.5	—	—	—	—	—
1961	—	—	40	7.1	7.8	—	—	—	—	—
1962	—	—	40	8.9	2.4	—	15.1	-0.4	—	—
1963	—	—	40	10.7	2.1	—	30.8	-1.6	—	—
1964	—	—	40	12.6	-0.2	—	27.1	-0.3	—	—
1965	—	—	40	11.9	-0.1	—	16.0	-0.2	—	—
1966	—	—	40	9.6	2.1	—	20.9	-0.8	—	—
1967	—	—	40	11.2	3.4	—	23.6	-0.8	—	—
1968	6.3	—	40	9.7	7.8	—	12.5	-0.3	—	—
1969	3.4	—	40	9.6	5.1	—	20.0	1.5	—	—
1970	11.9	—	40	11.5	3.6	—	21.1	0.5	—	—
1971	9.5	—	40	13.4	2.8	—	28.2	0.3	3.2	—
1972	68.7	—	40	13.9	3.0	—	31.3	0.8	5.9	—
1973	117.3	—	38	12.8	8.2	—	29.3	1.3	6.3	—
1974	-61.0	—	38	2.7	47.5	—	24.7	4.1	-9.0	—
1975	71.0	—	38	6.2	5.2	—	27.8	0.5	-3.9	—
1976	12.8	—	38	14.3	2.5	—	26.0	1.3	3.1	—
1977	21.0	—	38	11.4	7.0	—	31.7	-0.9	3.8	—
1978	18.2	—	37	13.6	5.8	—	31.0	-0.5	6.1	—
1979	3.2	—	36	8.8	9.8	—	9.2	2.4	3.9	—
1980	1.6	—	36	8.0	19.0	—	21.6	0.0	0.2	—
1981	-1.3	—	37	7.1	16.3	—	19.1	-0.8	2.9	—
1982	-19.5	—	39	4.8	3.0	-0.2	25.0	-1.7	6.7	—
1983	71.8	—	40	9.0	1.4	-1.2	26.0	-1.3	8.9	—
1984	10.0	—	40	10.1	0.0	0.5	19.8	0.4	14.0	—
1985	-0.4	8.6	40	4.8	-0.2	-2.6	22.6	-0.1	16.7	—
1986	24.4	6.6	38	11.5	0.7	-3.3	23.3	-1.1	20.0	—
1987	125.2	5.4	32	12.8	0.5	-3.3	23.0	0.2	17.8	—
1988	118.8	5.6	29	8.0	1.3	-1.6	20.3	1.1	8.6	—
1989	88.0	10.3	26	8.7	4.4	-0.4	18.4	-7.1	9.0	—
1990	-52.9	8.8	27	5.5	4.1	-0.6	11.0	-0.1	7.5	—

续表

年份	股指涨跌幅（%）	长期利率（%）	汇率（美元兑新台币）	GDP同比增速（%）	CPI同比增速（%）	WPI同比增速（%）	M2同比增速（%）	财政盈余占GDP比重（%）	贸易差额占GDP比重（%）	"政府债务"占GDP比重（%）
1991	1.6	8.6	27	8.4	4.3	0.2	19.4	−4.5	7.0	—
1992	−26.6	7.6	25	8.3	4.3	−3.7	19.1	−5.4	4.3	—
1993	79.8	7.2	26	6.8	3.0	2.5	15.4	−5.5	3.5	—
1994	17.4	7.6	26	7.5	3.8	2.2	15.1	−4.8	3.2	—
1995	−27.4	7.5	26	6.5	3.9	7.4	9.4	−4.7	3.2	—
1996	34.0	6.0	27	6.2	2.9	−1.0	9.1	−3.0	4.9	—
1997	18.1	6.4	29	6.1	0.9	−0.5	8.0	−2.0	2.9	25
1998	−21.6	5.2	33	4.2	1.5	0.6	8.6	0.7	2.5	24
1999	31.6	6.1	32	6.7	0.4	−4.5	8.3	−0.5	4.0	24
2000	−43.9	5.4	31	6.3	1.2	1.8	6.5	−3.4	3.3	26
2001	17.1	5.0	34	−1.4	−0.2	−1.3	4.3	−3.7	5.7	30
2002	−19.8	3.3	35	5.5	−0.2	0.0	2.5	−3.4	6.7	30
2003	32.3	2.3	34	4.2	−0.2	2.5	5.7	−2.5	6.6	32
2004	4.2	2.7	33	7.0	1.6	7.0	7.2	−2.7	3.5	33
2005	6.7	2.0	32	5.4	1.9	0.6	6.6	−0.6	3.9	34
2006	19.5	2.0	33	5.8	0.9	5.6	5.2	−0.3	5.1	33
2007	8.7	2.3	33	6.9	1.8	6.5	0.8	−0.3	6.3	32
2008	−46.0	2.2	32	0.8	2.9	5.2	7.2	−0.9	3.3	33
2009	78.3	1.5	33	−1.6	−0.4	−8.7	5.8	−4.3	7.2	37
2010	9.0	1.4	32	10.3	1.1	5.5	5.5	−3.2	4.9	37
2011	−21.2	1.4	29	3.7	1.4	4.3	4.8	−2.2	5.1	38
2012	8.9	1.2	30	2.2	1.6	−1.2	3.5	−2.4	5.8	39
2013	11.8	1.5	30	2.5	1.0	−2.4	5.8	−1.4	6.5	39
2014	8.1	1.6	30	4.7	1.3	−0.6	6.1	−0.8	7.1	37
2015	−10.4	1.4	32	1.5	−0.6	−8.9	5.8	0.1	8.9	36
2016	11.0	0.9	32	2.2	1.0	−3.0	3.6	−0.3	9.2	35
2017	15.0	1.1	30	3.3	1.1	0.9	3.6	−0.1	9.9	35
2018	−8.6	1.0	30	2.8	1.5	3.6	2.7	0.0	8.1	34
2019	23.3	0.7	31	3.0	0.5	−2.3	4.5	0.1	7.1	33
2020	22.8	0.4	30	3.1	−0.2	−7.8	9.4	−0.6	8.8	—

注："—"表示数据缺失。

资料来源：Wind 资讯、CEIC。

第九章
全球股市共性特征总结

本章对全球股市总量层面的一些共性特征进行总结。这里讨论了以下几个主要问题：第一，宏观经济与股市表现的关系。在总量研究中宏观经济的重要性不言而喻，我们认为宏观经济与股市表现的核心纽带是企业利润，股票市场中的基本面只有一个那就是企业利润，不是 GDP、M2、CPI 等，这些宏观指标只是影响企业利润的因素之一。所有宏观有用没用的问题，本质上最后都是企业利润与宏观指标走势一致还是背离的问题。第二，流动性与股市表现的关系。这里面有很多模糊的概念，首先，究竟什么是流动性？股票市场讨论中对流动性的定义非常混乱。其次，如果把流动性定义为无风险利率，利率和股市的关系是怎么样的？这些问题在本章中我们一一讨论。第三，估值与股市表现的关系。这里我们首先对全球股市的估值现状进行了对比，提供一些经验性的数据和事实；其次阐述了对估值问题的看法，我们认为估值是交易的结果而不是交易的原因。第四，股市泡沫启示录。我们对全球各国和地区股市历史上的主要泡沫进行了分析，研究了泡沫的形成路径以及促使泡沫破灭的主要原因。第五，股市"长牛"和"慢牛"的四个条件。股市"长牛"和"慢牛"是所有投资者共同期待的，本章我们讨论了实现"长牛"和"慢牛"所需要的条件。

第一节　宏观经济与股市表现

一、经济周期与股市表现

经济周期，即经济活动的上行和下行、扩张和收缩运行趋势，一般以 GDP、工业生产、固定资产投资、失业率等经济增长指标来衡量。从全球股市的研究来看，我们更加倾向于使用工业生产指数的同比增速，来作为经济周期和宏观经济基本面走势变化的参照指标。一是由于工业生产指数与 GDP 走势相同，但变化幅度更大且数据每月发布，更利于判断宏观经济走势；二是工业生产指数在各个国家和地区经济统计数据中都有，国际可比性强，不像失业率、新增就业等指标在美国等国家有较好的统计数据，但在其他一些经济体中并没有。从经济周期与股市表现关系来看，我们认为有以下几点结论值得关注：

第一，20 世纪 80 年代以前全球股市与经济周期波动高度相关。

通过分析主要国家的宏观经济变化情况，我们发现二战后初期到 20 世纪 80 年代主要经济体宏观经济大约 4~5 年构成一轮经济周期。比如美国经济，从工业生产指数的波动来看，1955 年、1959 年、1962 年、1965 年、1968 年、1972 年、1976 年出现周期性高点，呈现出较强的周期性规律。经济周期在日本被称为景气周期，并被冠以各种名称的景气，因为经济增速比美国更高，日本经济在 1960~1980 年间表现出更加明显的周期性波动，大约以 3~4 年为一个周期。从工业生产指数的波动来看，1961 年、1964 年、1967 年、1970 年、1973 年、1976 年、1980 年都出现了周期性的高点。英国、联邦德国、韩国等国家的宏观经济也有类似的经济周期特征，这是二战后资本主义国家和地区共同的情况。

这种经济增长的周期性规律性特征，主要与当时一则经济增速中枢较高，二则政府频繁使用总需求管理政策手段相关。二战时期的商品生产受到严格管制，经济发展也较为缓慢。二战结束后，战时管制得到放松，企业有机会更合理地配置资源，增进企业盈利，从而提升整个社会的投资率。全球经济一体化通过国际分工合作，促进了各国经济的发展，发达国家迎来经济发展的"黄金时期"。20 世纪 60 年代开始，建设福利国家的社会思潮在欧洲日益深入人心，资本主义制度从自由市场经济体制转为混合市场经济体制，宏观经济调控手段得到频繁使用。

对于股票市场而言，股市行情也表现出跟随经济周期波动的特征，一般情况下，在经济上行周期（定义为工业生产指数同比增速向上）股市上涨，在经济下行周期（工业生产指数同比增速向下）股市下跌，典型的如图 9 - 1 中联邦德国股市 DAX 指数与联邦德国工业生产指数同比增速的关系。这个过程中有这样几个特征：一是股市主要是对经济周期的方向而非绝对值进行定价，即同比增速向上时（即使此时仍为负增长）股市会涨，而同比增速向下时（即使此时增速绝对值可能依然很高）股市就开始跌了；二是从股价指数与基本面曲线的高点和低点领先滞后关系看，股价指数多少会领先基本面几个月变化；三是联邦德国股市的长期表现算是比较一般的，美国、日本等国家股市表现更加强劲，体现在经济向上时股市会大涨，而经济向下时股市跌幅相对较小，向上和向下两者并不完全对称。

图 9 - 1　1960 ~ 1980 年联邦德国 DAX 指数与工业生产指数走势

资料来源：Wind 资讯、彭博、FRED。

第二，20 世纪 80 年代以后发达经济体股市表现普遍与经济周期关联度降低。

进入 20 世纪 80 年代以后，发达经济体股市表现与经济周期的关联度显著降低，此时如果再去按照经济上行看涨经济下行看跌，判断出错的概率非常大。也正是从 80 年代开始，伴随着利率的持续下行，在对发达经济体股市的分析中，无风险利率的重要性要逐渐高于经济周期，市场对美联储的研究不断增强。

造成股市逐渐与经济周期关联度降低不断脱敏的原因，我们认为可能有这几个：一是宏观经济本身波动大幅降低。随着人均 GDP 的不断提高，20 世纪 80 年代以后全球发达经济体普遍出现了经济增速中枢和经济增速波动率双降的特点，经济周期本身的波动不如以前那么明显了，工业生产指数的同比增速从以前周期的高点可能达到15%，到后来只达到5%左右。二是上市公司盈利与经济周期的关联度大幅降低。在名义经济增速及其波动率降低后，决定上市公司盈利的最大变量不再是总需求，而变成供给侧的变量，比如集中度提升、科技创新产生新产品、人口老龄化、贫富差距扩大等。不像总需求变动产生的盈利周期，一般就是3年左右比较短，这些供给侧变量都属于趋势性的慢变量，因此一旦趋势形成，盈利周期向上或者向下的时间就会非常长。我们认为，这就是所谓的"别了，经济周期"。三是市场投资者有了很强的学习效应。也就是当投资者看到以前经济周期反反复复上上下下之后，基本上就能预期到当经济差到一定程度后，政策就会干预就会刺激，然后经济会起来，所以有了学习效应之后，投资者就不会在经济下行时过于恐慌。我们一直认为，市场上所谓的"先抑后扬""先扬后抑"之类的判断，本身就是不符合逻辑的，如果认为市场跌了以后会起来，前面根本就不会大跌。

图9-2报告了从1980~2020年美国标普500指数与美国工业生产同比增速走势的对比。从中就可以看得非常清楚，对于一般的经济波动和经济下行，市场已经完全不予理睬了。只有几次"危机"式的经济衰退，才会引起市场恐慌，引发市场大幅下跌，比如2000年和2008年。

图9-2 1980~2020年美国标普500指数与工业同比增速对比

资料来源：Wind资讯、彭博。

第三，经济周期对A股影响在减弱但依然较大。

对于 A 股市场而言，我们认为 2014 年是一个时间节点，之后经济周期对股市的影响是在减弱的。2014 年以前，A 股市场所有的牛市和熊市本质上都是经济周期的反映，与利率下降等分母项的逻辑毫无关系。1999 年经济见底开始了"5·19"行情，牛市一直持续到 2001 年 6 月，随着美国"9·11"事件以及"互联网泡沫"破灭全球经济衰退，中国出口受到影响，经济下行股市大跌。2003 年经济全面复苏到过热，A 股市场开始了"五朵金花"行情，一直到 2004 年上半年宏观调控全面收紧，经济快速下行股市又大跌。2005 年年中开始，经济再度企稳向上，股市行情也见底回升，2006 年和 2007 年经济全面上行股市大涨，一直到 2008 年全球金融危机 A 股大跌。2009 年"四万亿"计划刺激后经济"V"形反转，股市应声而起，上证综指从最低的 1664 点上涨至 3478 点，然后到 2011 年年中在政策持续收紧下经济再度下行，股市也开始了此后数年的熊市行情。

2014 年开始的牛市行情，是 A 股市场有史以来第一次的"分母逻辑"行情，也就是第一次在经济下行周期中出现的牛市行情。对于 2010 年以后入市的 A 股投资者而言，2014 年的大牛市是遇到的第一次大牛市，印象极为深刻。所以在和这些投资者的交流过程中，我们感觉多数观点都过于关注"分母逻辑"了，好像牛市都是利率和流动性带来的，但其实从 A 股的历史经验来看，利率和流动性的"分母逻辑"是少数情况并不是普遍情况。2014～2015 年这次行情最大的逻辑，我们认为实际上就是在经济下行周期中传统行业盈利往下，但是以互联网等为代表的新兴行业盈利周期是上行的，从数据上看就是创业板的 ROE 是向上的，这也是经济周期对 A 股市场影响减弱的重要证明。此外，2018 年 A 股市场大跌之后，2019 年 A 股市场第二次在经济下行周期中出现了牛市。

虽然经济周期对 A 股市场的影响在不断减弱，但有一点不得不说，那就是到 2020 年底为止，A 股市场尚没有成功地躲过一次经济下行周期的冲击，在历次经济下行周期开始的初期（前半年到一年），A 股市场到目前的经验都是大幅下跌的，比如 2008 年、2011 年、2018 年。

二、通货膨胀与股市表现

除了经济周期以外，宏观经济指标中对股市表现有重要影响的无疑是通货膨胀。我们认为，通货膨胀是影响股市表现的重要因素，但两者关系不是单一的，并不是非此即彼的。简单地说通货膨胀起来就利空股市，或者通货膨胀利好股市，与经验事实不符。关于通货膨胀对股市的影响，我们认为有四个问题值得特别关注：

第一，温和的通胀与恶性通胀的区别。

一般情况下，通胀和经济是正向关系的，经济好的时候通胀上行，经济不好的时候通胀下行，这是跟我们常识所一致的。因此在这种一般情况下，温和的通胀有利于企业盈利上升，对股票市场是利好的。但如果是恶性通胀发生，就会使得市场的经济秩序完全紊乱，试想一下原材料成本短期内成倍成倍的上升，对于一个企业而言应该如何给商品定价、如何跟员工签订劳动合同？此时，往往会出现经济衰退甚至经济危机。

二战后发达经济体出现的恶性通胀主要集中在 20 世纪 70 年代两次石油危机期间。1973 年底，受阿以战争影响第一次石油危机爆发，原油均价迅速从 2.7 美元/桶上升至 13 美元/桶，这一次的能源价格快速上涨引发了二战后最严重的全球经济危机。美国、日本、联邦德国的工业生产指数同比一度下降 12.3%（1975 年 5 月）、19%（1975 年 2 月）、11%（1975 年 7 月）。原本高速增长的日本经济，遭遇了二战后的第一次经济负增长。1978 年底，受伊朗革命及之后的两伊战争影响，第二次石油危机正式启动，原油价格在一年时间里从 12.9 美元/桶上升至超过 40 美元/桶，世界经济产生了严重停滞甚至衰退。由于在 1973 年第一次石油危机后，日本采取了严格控制能源消耗等一系列措施，这一次石油危机对日本的冲击降低了很多。德国经济中制造业等中游行业占比较大，从产业结构来看受到通货膨胀上升的负面影响更大。1981 年，德国面临二战后最严重的经济衰退。

这种由通胀造成的经济衰退，对股市而言绝对是巨大的灾难，境外市场中 1973 ~ 1974 年、1980 ~ 1981 年，几乎都是大熊市，A 股市场 1993 ~ 1994 年极高通胀中行情也是惨不忍睹[①]。但市场投资者也需要注意的是，这种恶性通胀是属于特殊情况并不是普遍情况，全球性的恶性通胀主要集中在 20 世纪 70 年代，后面的通胀一般都属于温和性的通胀，对股市其实是比较有利的。1990 年第三次石油危机爆发，由于伊拉克攻占科威特后遭受国际制裁，石油供应中断，国际油价经历了一轮脉冲式上涨，从 1990 年 6 月的 15.3 美元/桶快速冲高至 1990 年 10 月的 34.5 美元/桶后，在四个月的时间里再次回到上涨前水平。这一次全球股市没有因此受到太大的冲击。

所以我们千万不能动不动就去跟 20 世纪 70 年代石油危机时期的通胀去做比较，

---

① 当时中国政府为了对抗通胀，在提高基准利率的同时，给予存款保值贴息的政策，使得存款利率最高时一度可以达到将近 30%。

也完全没有必要看到 CPI 上升到 3%、4% 之时就惊呼"滞胀来了"。在笔者的印象中，似乎 2010 年以后每年市场都会有人在说"滞胀"，要知道 20 世纪 70 年代的"滞胀"时 CPI 同比可以达到 20%，而现在说"滞胀"要来的人，Excel 作图不调低纵坐标的最大值，甚至都看不到上升的趋势。

第二，区分 PPI 通胀与 CPI 通胀的不同。

通货膨胀的度量指标，一般有三个：PPI（producer price index，生产者物价指数）、CPI（consumer price index，消费者物价指数）①、GDP 平减指数（等于名义 GDP 与实际 GDP 的比值，用来度量整体通胀水平）。三个指标中，GDP 平减指数是季度数据更新频率较低，一般市场分析中投资者更加关注月度数据 PPI 和 CPI②。从对股票市场的影响来看，虽然同样是通货膨胀度量指标，但是 PPI 与 CPI 的影响截然不同，我们认为一定要严格区分。两者的主要区别体现在：PPI 对上市公司的盈利影响极大而对货币政策的影响较小，而 CPI 对上市公司盈利的影响很小但对货币政策的影响极大，因此在其他条件不变的情况下，PPI 维度的通胀是利好通缩是利空，而 CPI 维度的通胀是利空。

PPI 应该是所有宏观经济指标中对上市公司整体盈利影响最大的指标了，没有之一！PPI 本质上度量的是工业生产企业出厂产品的价格水平，虽然在各个国家和地区的经济转型升级中，普遍都出现了工业和制造业占 GDP 比重下降，第三产业服务业占比上升的趋势，但是工业企业的利润占比在上市公司中依然是绝对的大头。我们平时所说的高科技（半导体芯片、消费电子苹果产业链、计算机通信设备、国防军工等）、医药制造（创新药、仿制药、疫苗生物制药等）、消费品（白酒、化妆品、汽车家电等），从国民经济行业分类来说，其实都是工业企业，更不用说钢铁、煤炭、有色、能源等传统周期性公司了。

市场研究中经常有这样一种观点，就是认为 PPI 上行抬高了原材料和生产成本，对中游企业盈利很不利，比如铜价上升对空调生产企业盈利很不利。这种观点从直观上来说很有道理，但是并不符合经验事实。一方面，从各种数据的历史经验来看，上

---

① 核心 CPI 即剔除能源和食品以外的 CPI。

② 美国统计数据中还有一个很重要的通胀指标，PCE（personal consumption expenditures，个人消费支出），PCE 与 CPI 的主要区别在于 CPI 是假设一揽子商品权重不变的，根据每个商品价格变化加权求得整体消费品物价变化情况，而 PCE 认为物价变化会导致消费者不同商品的消费量发生变化，因此在其他条件不变的情况下，价格上涨较多的商品消费量会下降计算通胀时的权重也会下降。从理论上来说 PCE 的算法比 CPI 更加合理，但是从全球数据比较的角度看，CPI 是各国统计数据中都有的而 PCE 不是，所以现实研究中用 CPI 更多，而且 CPI 和 PCE 同比增速的长期走势也基本相同，略微的差别其实影响不大。

市公司盈利的同比增速与 PPI 同比增速高度正相关，PPI 同比上升的时候上市公司盈利表现就是好，看不出成本上升对盈利冲击的数据影响。另一方面，从理论上来说，PPI 上行成本上升影响生产企业利润，这个观点是一个典型的计量经济学中的"内生性"问题，因果倒置了。因为 PPI 也是一个结果，如果需求不好，PPI 怎么就上升了呢？因此现实中大家看到的往往不是说铜价上升空调企业利润下来了，而是说空调需求暴增导致的对铜的需求大增从而推升了成本价格。我们认为，PPI 上升的过程中，媒体报道中很多企业说成本上升经营困难，"哭穷"的成分还是挺多的，就好比领导问员工今年工作好不好干，员工肯定回答"压力山大"，老师问学生考试的题目难不难，学生必然回答"非常难"。

在总需求特别旺盛的时候，什么东西都在涨价，此时 CPI 和 PPI 一般都是共同上升的。但现在有越来越多的经验证据显示，CPI 和 PPI 走势经常背离。CPI 和 PPI 走势背离后，就可能出现两种情况，一种是 PPI 上升但是无法传导到 CPI，这种情况对股票市场而言绝对是天赐良机，一方面企业盈利在 PPI 持续上升中大幅增长，另一方面由于 CPI 处在较低位置货币政策没有快速收紧的压力，2016 年以后中国的供给侧结构性改革以及 2020 年新冠肺炎疫情后全球货币政策大放水，都出现了这种情况。另一种情况是 CPI 持续上升但 PPI 不动，这种情况如果发生对股票市场非常不利，但印象中没怎么出现过。第一种情况下，PPI 为什么无法传导到 CPI，也是过去几年市场讨论较多的问题。我们认为，这里面一个重要的原因在于 CPI 构成中间有很大一部分是服务性产品（包括住房、家政、医疗教育等），PPI 里面只有工业商品没有服务商品，而服务性商品的价格很大程度上取决于劳动力的价格即工资的变化，而能否推动广大基层劳动力工资的上涨，是一个巨大的经济社会结构性问题，并不是单一 PPI 价格上涨就能推动的。

第三，为什么全球通胀长期趋势性下行。

从全球各国的经济发展经验看，通货膨胀普遍出现了一个先升后降的过程。二战后美国的 CPI 在 1980 年以前趋势性上升随后趋势性下降，日本是在 1973 年第一次石油危机期间通胀达到最高点随后持续回落，2000 年以后还经常出现通货紧缩，中国经济 1978 年改革开放以后通货膨胀也出现过一个明显的上升过程，CPI 在 1994 年前后一度达到 25%，但随后也是趋势性下降的走势（见图 9-3）。

全球通胀长期下行，是不是趋势性的？未来有没有可能再次出现 20 世纪 70 年代那样的大通胀？投资者有没有必要再去幻想一个商品价格超级大周期时代？这些问题在每次商品价格上涨、通胀短期回升后，都会成为市场讨论的焦点。

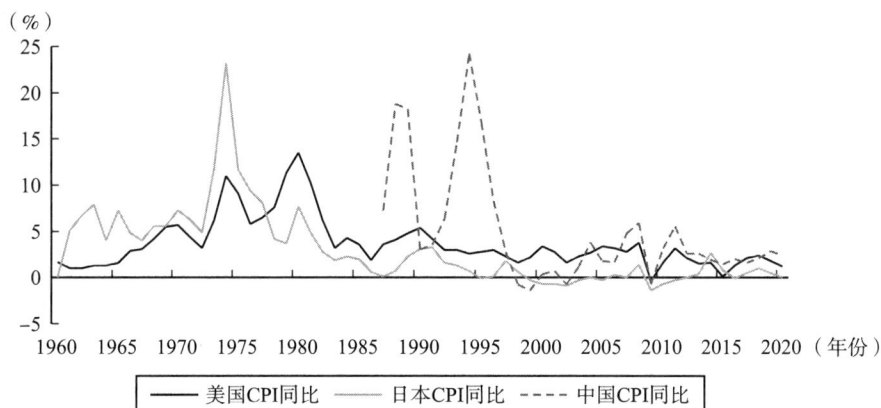

图 9-3　1960~2020 年美国、日本、中国 CPI 同比走势

资料来源：世界银行。

　　长期通货膨胀的形成取决于供给的持续紧张和需求的不断扩大，而这背后的根本原因是社会生产效率是否能够不断提高，社会生产效率不断提高的核心驱动力是科技的不断进步以及良好的价格传导机制。这里面的两个基本问题"供"和"需"决定了通胀的长期趋势。从供给层面来看，我们认为实际上科技进步是一直在发生的，社会生产效率也是一直在提高的，只是这个效率上升的斜率比较平缓，波动不大，这好比看农产品单产，一年一看似乎没有变化，三十年一看就发现效率一直在提升。

　　对通胀波动影响较大的主要是需求问题，对于这个问题还是要把特殊情况和普遍情况分开来看，我们认为二战后的全球经济高速增长确实是人类发展历史中的一个特殊阶段，它对应的是第二次世界大战以后全球各个国家和地区的人口迅速增加。而随着主要国家和地区经济的不断发展，妇女总和生育率下降、人口老龄化、人口峰值到来，这些情况几乎是所有国家和地区所共有的。在没有人口持续大幅增加的情况下，再要出现战后那样的经济高速增长几乎不太可能，因此我们是倾向于认为未来三低环境（即低增长、低通胀、低利率）会是一个长期的趋势。

　　第四，通货膨胀对股票市场的结构性影响。

　　通货膨胀如何影响股票市场的结构性机会？这里讨论两个逻辑，一个比较明显的，一个不太明显的。

　　比较明显的就是通胀上升直接利好与其自身关联度很高的周期股板块，特别是能源板块。高通货膨胀率多数时候是利好能源类股票的，例如 1990 年前后受第三次石油危机影响，美国 CPI 大幅上升，能源股在这段时期跑出明显超额收益。随着通货膨胀率的快速回落，能源股表现开始萎靡。进入 21 世纪后，石油价格节节攀升，从 2001 年底的 18.5 美元/桶飙升至 2008 年 7 月的超过 130 美元/桶，这一时期能源股取得的超额收益十分惊人，绝对收益率远超美国股市大盘。总体看美股能源板块的超额收益走势与 CPI 同比高度正相关（见图 9 - 4），1998~2000 年的"互联网泡沫"时期是一个例外，主要原因是当时科技股实在太强了。

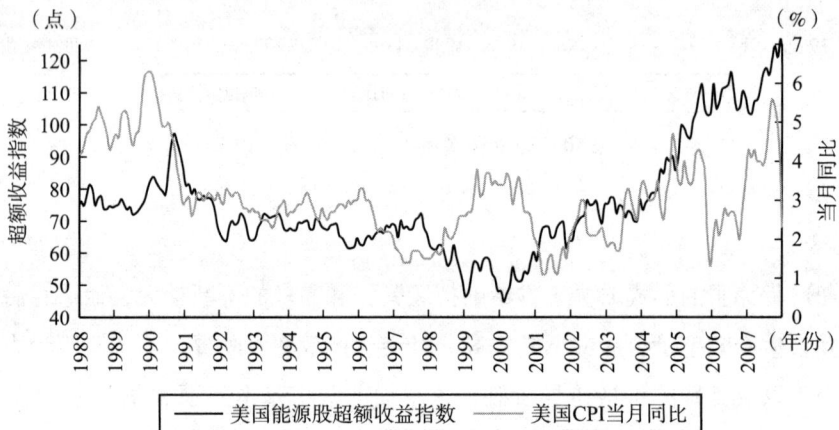

图 9 - 4　1988~2007 年美国能源股超额收益与 CPI 同比走势

资料来源：Wind 资讯、彭博。

另外值得一提的是，20 世纪八九十年代，许多发展中国家一度面临十分严重的恶性通货膨胀，如巴西、阿根廷、墨西哥等（见图 9 - 5），这一时期股票作为具备一

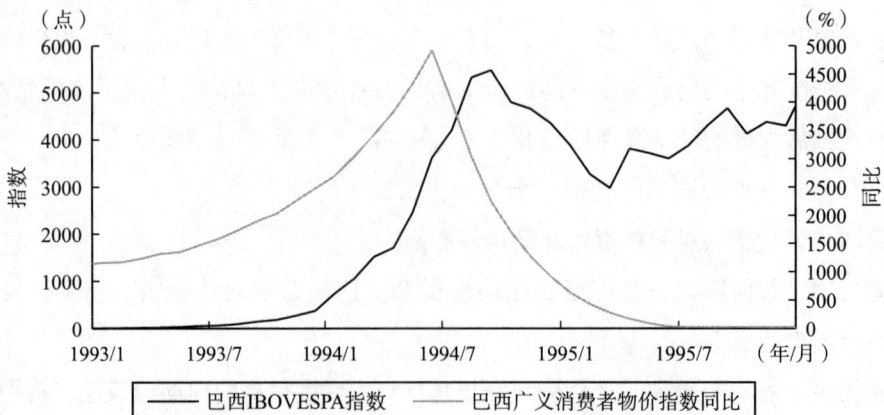

图 9 - 5　1993~1995 年巴西 IBOVESPA 指数与物价指数同比走势

资料来源：Wind 资讯、彭博。

定抗通胀属性的资产，在恶性通货膨胀期间，取得了与通货膨胀率相近的可观涨幅。这种特殊时期的通货膨胀与股市的关系需要单独考虑，这些国家的主要特点就是股市中上市公司构成以资源类的矿产公司为主，因此企业盈利可以充分受益于物价上涨。

通胀对股市的影响，一个不太明显的逻辑，是消费股不抗通胀。这个逻辑与一般市场普遍的常识性观点是不一致的，多数观点会认为消费股是抗通胀的，因为消费品公司可以通过提高商品价格来转嫁通胀带来的成本压力，或者更简单点说，消费品本身就是 CPI 的构成，CPI 上涨意味着消费品价格上涨。但从全球股市的经验事实来看，消费股在通胀上行期间一般都是跑输大盘的。

为什么消费股不抗通胀？我们认为主要有两个原因：

第一，持续较高的通货膨胀是居民收入的杀手，对消费有直接的伤害作用。一般情况下，因为工资刚性的存在，我们一般劳动者的工资不太可能与通胀同比例上升。而同时由于个人所得税是累进税率，这就会导致因通货膨胀造成的名义收入上升以后，居民负担的平均税率会上升。举个例子说，如果突然从某个时点开始，全社会的商品价格全部上涨十倍同时居民收入也都提高十倍，此时所有人的所得税平均税率都会大幅提升，因此实际的购买能力是下降的。

第二，消费品公司不能百分百地转嫁成本压力。前面说了 CPI 上涨意味着消费品价格也能上涨，但问题是在每一次的通胀过程中，实际上消费品价格都是涨不过资源品的，生活用品价格涨不过生产资料价格。最简单的以可乐等碳酸饮料为例，糖价如果不涨，可乐很难涨价，糖价如果大涨，可乐价格涨幅也不会超过糖价。

所以一般情况下，在有通胀的过程中，上游表现会最好，因为既有价的逻辑又有量的逻辑；中游表现其次，中游有量的逻辑没有价的逻辑（这里价的逻辑指中游产品很难提价）；下游表现最差，既没有价的逻辑（很难提价），又没有量的逻辑（下游消费品需求一般都是很稳定的）。

三、A 股市场最重要的两个宏观变量

前面讨论了宏观经济对股市影响的国际经验，回到 A 股市场投资逻辑，我们认为对股票市场表现影响最重要的宏观变量有两个，PPI 和社会融资规模（2011 年社融指标出来之前是信贷规模）同比增速，分别对应通货膨胀和经济周期。

在中国经济和股市分析中，PPI 除了是前面提到的所有宏观经济指标中对上市公司整体盈利影响最大的指标，还有一个特点非常重要，就是我们认为 PPI 是对宏观经

济政策有直接影响的经济指标。经济下行时政策会放松，这是非常符合政策逻辑的运行路径。但问题是"经济下行"是一个较为宽泛的概念，究竟出现了怎样的"经济下行"会使得宏观经济政策出现显著的宽松？一般认为对政府而言就业和财政这两个指标或许是最重要的。但在中国的实际情况中，财政收入滞后于经济周期的变化，很难成为政策决策的直接依据，而就业数据的问题是没有很好的统计指标，最早使用的城镇登记失业率指标显然存在很大的问题，而后来的城镇调查失业率 2018 年起才开始公布，没有历史可比数据，因此大多数时间内中国就业到底有没有问题主要靠媒体报道。

　　这也是为什么我们在本章最开始讨论经济周期时，全球范围内更加倾向于用工业生产这个指标，因为绝大多数国家和地区的经济统计数据中，是没有像美国这样非常完备的失业率、新增就业人数、时薪工资等就业统计数据的。在这个过程中，PPI 指标的价值就很大了，PPI 负增长特别是深度负增长时（比如 –5% 左右时），企业营收往往会出现负增长，这个时候企业的日子会非常不好受，好比我们个人如果今年形势不好奖金没有其实不太要紧，但是如果基本工资下降了就会特别不好过。2000 年以后中国经济出现过好几次，在 PPI 同比快速下降或者深度通缩时，政策出现超预期的宽松，比如 2002 年的降息、2008 年下半年政策快速转向、2014 年 11 月的降息等。

　　A 股市场中第二个特别重要的宏观经济指标就是社会融资规模，用来度量社会信用的扩张状态，本质上反映的是经济周期的变化。社会融资规模是一个较新的概念，2010 年底中央经济工作会议首次提出"保持合理的社会融资规模"，主要是在传统的银行信贷之外增加了其他融资渠道的统计。社会融资规模在 A 股市场的有用性，体现在就目前（截至 2020 年底）的 A 股历史而言，历次社会融资规模（2011 年前指信贷）同比增速从底部起来，都对应了后面一波的 A 股牛市行情，基本没有错过。换言之，社融上升在 A 股市场基本上可以说是股市上涨的充分条件，这是极其难能可贵的[①]。过去几次社融上升出现后都出现了股市大幅上涨，比如 2005 年年中、2009 年年初、2012 年年中、2016 年年中、2019 年年初、2020 年一季度后。而且社融上升还有明显的领先性特征，即明显领先工业增加值、固定资产投资、上市公司盈利增速等宏观和微观基本面指标。以 2005 年年中上证综指见到"998 历史大底"为例，当时信贷（社融）指标在 2005 年 6 月左右见底随后回升，走势时间跟股指见底回升基

---

　　①　股票市场研究中，无论是基本面分析还是技术分析，上涨的必要条件一大堆，而充分条件极其罕见，比如"W 底"、盈利增速高等，必要条件意味着涨起来用"后视镜"看这些条件都存在，但是并不是说出现这些条件股价就会上涨，"W 底"如果后面是跌下去的那就是"M 头"了。

本一致，而这期间上市公司盈利增速实际上仍在持续回落，要到 2006 年二季度左右才开始回升，金融指标领先经济增长指标有近一年时间。

在 A 股市场中使用社融指标作为投资依据时，我们认为另外有两点值得注意。一是根据我们的研究，金融指标对基本面指标有领先性是中国特色，并不是全球放之四海而皆准的，多数国家和地区没有这个特点。这个可能跟我们国家以国有经济为主导的经济体制有关，一般市场经济中金融机构往往是锦上添花易雪中送炭难，所以照理应该都是经济起来以后才会给你融资，不会在最困难的时候给你融资，所以金融指标不领先。而在我国很多企业运行机制下，一般是有了目标、设立事业部、人员到齐、资金到位后才开干，所以会看到金融指标的领先性。二是社融指标在股市底部和顶部的意义是不一样的。前面讨论的是社融同比增速起来股市会涨，这是底部的特征，但并不完全适用于顶部，言下之意，高点位置看到社融同比增速下降，后续股市不一定就会跌。金融指标在股市顶部的判断和前瞻意义并不理想，包括 M1、M2 等其他金融指标都是类似情况。

四、股市是不是宏观经济的"晴雨表"

人们常说，股市是宏观经济的"晴雨表"。从总体来说，国民经济的健康发展是股市平稳运行的"压舱石"。当实体经济环境持续改善，大多数企业盈利向好发展的时候，股市往往也能迎来繁荣的牛市。但股市如果想成为可靠的"晴雨表"，必须要满足几个条件。一是股票市场所覆盖的上市公司需要在国民经济中具有代表性。二是应当选取合适的判断宏观经济的参考指标，不同指标反映出来的宏观经济走势可能完全不同。三是股票市场的估值波动需要运行在一定区间范围，否则透过"晴雨表"看到的宏观经济几乎被估值变动完全遮挡。对于波动较大的新兴市场更是如此，宏观经济并非影响股市表现的唯一因素，实际影响因素要复杂得多。

回顾全球股市，1984 年以前，法国上市公司总市值占 GDP 比重长期低于 10%、联邦德国上市公司总市值占 GDP 比重约为 8%~11%。这说明早期的上市公司在宏观经济中比重较低，股市对宏观经济并不具备显著的代表性，难以用 GDP 的走势来估计股票的基本面变化。不过这一缺陷在 1985 年后开始逐渐好转，法国、联邦德国的上市公司总市值占 GDP 比重持续上升，1999 年分别达到 101%、65%。英国、美国的上市公司总市值占 GDP 比重在 1985 年便达到 72%、53%。图 9-6 统计了主要股票市场上市公司市值占 GDP 比重的最新数据，可以看到股票市场在宏观经济中的重要性越来越突出，上市公司在国民经济中的代表性不断增加。

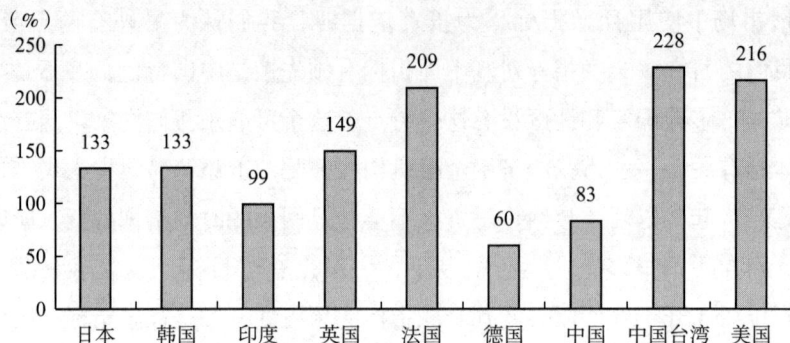

图 9 - 6 2020 年主要国家和地区股票市场上市公司市值占 GDP 比重

注：中国香港 2020 年底上市公司市值占 GDP 比重为 1768.8%，因数值过大未列入比较。
资料来源：Wind 资讯。

上市公司市值占 GDP 比例与该地的资本市场结构密切相关，中国、德国长期以间接融资为主，上市公司市值占 GDP 比例较低。从图 9 - 7 中可以看到，A 股市场的波动性较大，2007 年牛市期间上市公司市值占 GDP 比例一举超过德国、日本，与美国等成熟资本市场不相上下。但牛市过后，横向对比来看，A 股整体市值占 GDP 比例并不高。从历史纵向发展来看，在过去的数十年里，各国的市值占 GDP 比例有了显著提高。随着各国上市公司在整体经济中的代表性增强，我们可以开始通过分析宏观经济变化与股市表现之间的关系，去总结全球股市的一些特征。

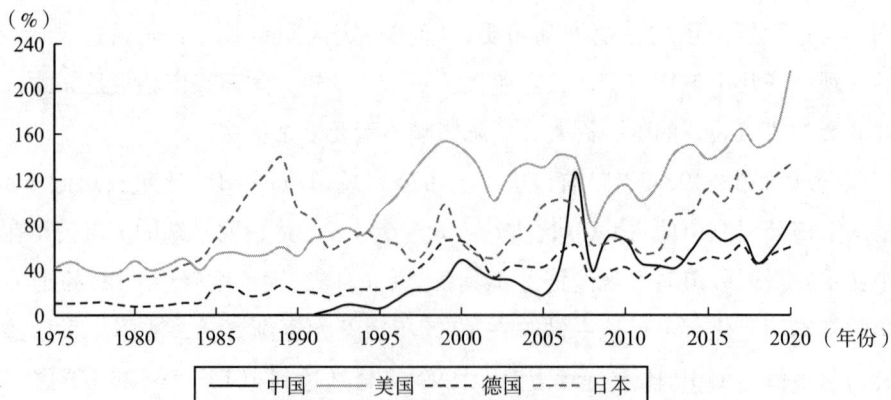

图 9 - 7 主要股票市场历年上市公司市值占 GDP 比重变化

资料来源：Wind 资讯。

第二节　流动性与股市表现

一、最难说清楚的"流动性"

基本面、流动性、政策面是驱动股市行情的三种重要变量。尤其是在成熟的市场中，基本面和流动性的重要性愈发突出。在宽松货币政策的刺激下，流动性将变得宽裕，市场经常在这种时候上演"拔估值"行情，股票价格大幅上涨。此时的企业盈利可能还是向下的，但仍然依靠估值的上升实现上涨。另外，在牛市的巅峰时期，流动性的收紧往往也会给股市造成较大的回调压力，尽管效果并不一定立竿见影，但等到市场面临流动性危机之时，产生的影响是巨大的。

2020 年新冠肺炎疫情暴发后，各国央行开始史无前例"大放水"，从而引发新一轮全球股市上涨行情，这可以视作最典型的流动性驱动的股市行情。在全球大量企业基本面急剧恶化的背景下，各国为了挽救实体经济不景气，维持市场稳定，纷纷选择印钞"大放水"。宽松的货币政策带来了金融市场的流动性泛滥，许多发达经济体的十年期国债利率接近零利率甚至负利率。在旷日持久的流动性大幅提升背景下，各国股市和楼市相继迎来大涨。盈利驱动的股市行情通常终结于经济基本面拐点的到来。而如果是流动性驱动的行情，股市行情往往始于流动性，也终于流动性。此时判断流动性拐点的重要性愈发突出。

但我们这里想强调一下的是，流动性的含义非常多样化，股票市场中的流动性属于一个概念模糊的名词，至少有以下几层意思。其一，流动性可以指资产的流动性，也就是资产的变现能力，例如大家日常所说的古董、房地产的流动性不如那些可以迅速买卖的蓝筹股的流动性。其二，流动性也可以指宏观经济的流动性，这里面也是有分歧的，既有价的观点也有量的观点，当两者不一致时，市场对于流动性的现状也会产生分歧。价格主要指的是利率，数量主要指的是货币供应量或信贷投放量，由于信用扩张的不确定性，既可能出现低利率下的信用紧缩（流动性陷阱），也可能出现高利率下的信用扩张（经济过热），往往两种情况下市场都会声称流动性很好。其三，股市中讨论的流动性可以更明确的集中于能够参与股票市场交易的资金量上来。例如：居民存款"搬家"参与股票市场投资、外资流入新增资金、权重股 IPO"抽水"

影响流动性、杠杆资金配资的影响等。这里存在的问题是，股市流动性同样是难以精确度量和预测的，以及股市流动性并不是未来行情的领先指标[①]。

综上来看，市场对于流动性的认识存在分歧。为了更好判断流动性拐点，一方面，要关注各国货币政策制定部门的表态，尤其是政策表态之间的差异之处。另一方面，要结合多种指标进行验证，如广义货币供应量、信贷数据、利率价格等。不同时期、不同国家可能关键参考指标是不同的。

这里我们强调"流动性"含义的模糊和多样，不是要去讨论具体哪个流动性的定义是正确的合适的，而是想说，当投资者在讨论"流动性"对"某某某问题"的影响时，首先要明确讨论的"流动性"究竟是什么，是无风险利率？是日均交易量？还是虚无缥缈的增量资金？这个不明确，后面的讨论都是鸡同鸭讲。

二、全球利率长期走势

在讨论利率对股票市场的具体影响之前，首先我们想先对全球利率的长期走势有一个概括性的画像。英格兰银行发布的英国长期债券利率数据，可以提供 1700 年至今超过 300 年的利率历史数据。从中我们可以发现，在 1950 年以前很长的历史时期中，利率处在一个波动幅度并不是特别大的区间内上下震荡，上限大概在 6%，下限大概在 2%。但是二战后情况发生了巨大的变化，全球利率出现了一个波动幅度巨大的先升后降过程。

二战后的发展初期，各个国家普遍采用廉价货币政策，通过货币数量的增加维持低利率水平，促进投资和消费的增加，提高产品产量和就业水平。在经济萧条的迅速修复后西方国家普遍出现了较为严重的通货膨胀，一个又一个国家开始放弃将利率维持在低水平的措施。1965 年往后的近二十来年里，主要市场经济国家的利率都飙升到了现代历史上前所未有的高度，这一利率超过了 1800 年以来美国、1700 年以来英国或 1600 年以来荷兰记载的任何长期利率水平[②]（见图 9-8）。同时通货膨胀一发不可收拾，过高的通货膨胀严重影响到经济发展，商品价格的冲击造成了经济的停滞不前。主要经济体进入到明显的滞胀环境，国际货币安排全部推倒重来。从我们测算的

---

① 读者在生活中应该也有感受，一般情况下都是大盘涨上去以后，很多投资者会去证券公司找客服说自己的账号密码忘了，基金产品也是在涨的时候好卖，底部的时候一般很难卖。

② 悉尼·霍默，理查德·西勒. 利率史［M］. 北京：中信出版社，2010.

全球股市收益率来看（见图 1 - 4），这一段极高利率时期的全球股市表现整体是非常不理想的。然后从大概 1982 年以后，在过去的 40 年里，全球主要经济体几乎都经历了一轮史无前例的降息大周期。

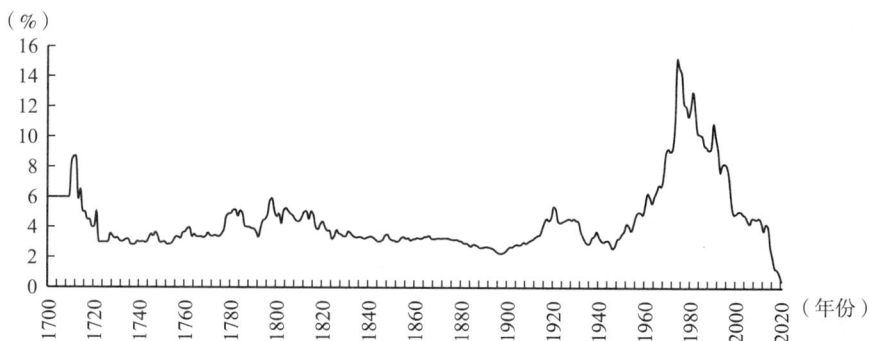

图 9 - 8　1700 ~ 2020 年英国长期债券利率走势

资料来源：英格兰银行、Wind 资讯。

从一个最简单的比较就可以发现，利率不是影响股市表现的唯一因素甚至不是主要因素，长期利率是一个来回波动的震荡走势，而长期股价则是一个趋势向上的走势。所以说，投资不是简单的数学计算，有时候甚至经济上行叠加利率下行都并不一定对应着股市上涨。例如，英国股市在 2000 ~ 2002 年这三年间，富时 100 指数累计跌幅达 43%。这期间英国国内经济增速平稳，且英格兰银行从 2001 年 2 月开始降息，政策利率到 2002 年底已经从 6.0% 下降至 4.0%。

三、利率并不等于流动性

这里首先需要明确的是，如果我们讨论的是利率，或者更明确一点是国债利率（无风险收益率），那么利率本身也是一个可以投资的资产价格，而且不是判断股市流动性的好指标。正如前文所讨论的，流动性是一个宽泛的虚的概念，利率则是一个具体的实的指标。利率是一个经常被拿来用作度量流动性的指标，但利率的高（或低）很多时候会与投资者感知到的流动性的紧（或松）相背离，甚至以笔者自己的研究经验来看，这种背离不是少数情况，而是多数情况下都不能直接用利率去度量流动性松紧。

那么利率以外究竟应该用什么指标去度量流动性呢？这个难度非常大，因为首先流动性是什么，这个定义就是非常不清楚的。如果按照自己的常识和感知来大致地去说流动性，笔者认为定性的判断往往比定量的判断更有效果。所谓定性的判断，就是根据中央银行标志性的货币政策操作动作去定义货币政策是否转向，例如：我们可以按照准备金调整、基准利率调整、公开市场利率调整等去进行定义，定性地判断货币政策现在是宽了还是紧了。我们尝试过类似的研究，以央行第一次加息为标志性动作，定义流动性为"紧缩"，如果后面持续加息，则流动性一直被定义为"紧缩"，如果超过6个月时间没有后续加息动作，那么定义流动性为"中性"，当央行第一次出现降息动作后，定义流动性为"宽松"，这样就等于给流动性划分了三种情况，当然类似的也可以只做"宽松"和"紧缩"的两分法。不过金融危机以后，这种定性的流动性判断难度也越来越大，原因在于央行的货币政策操作手段在传统的加息降息、升准降准以外，出现了更多新的货币政策操作方式，例如量化宽松、扩大缩减资产购置规模等，这种标志性动作越来越多，也就使得市场对流动性松紧判断的分歧越来越大。这种情况下最麻烦的问题就是因果关系说不清楚，往往会出现股市涨了就是流动性放松，跌了就是流动性收紧的论调。

在研究实践中，笔者是不太主张用利率变化去展望推断股市表现的。除了利率不一定能代表流动性这点外，另一个重要的原因在于从方法论上讲，我们不主张用 A 资产价格去推断 B 资产价格。用 A 资产价格去推断 B 资产价格，实际上是在逃避判断 B 资产价格的难度而拿 A 资产来做借口，A 资产价格就能判断清楚吗？如果说看多股市的理由主要是因为利率下行，那直接做多利率[①]就行了，为什么还要去借道股市呢。这种用 A 推断 B 的情况实践中特别多，比如美债利率上行所以推断国内利率上行，问题是美债利率就能看得比国内利率准吗？再比如说因为原油价格上涨，所以看多周期股，原油价格上涨就能看得准？等等这些都是，以前有位非常资深的市场人士跟笔者说过，"如果有人推荐周期股的逻辑是明年油价上涨，那我还可以说给他推荐股票逻辑是明年上证综指会涨"，说得非常有道理。

四、利率与股市的关系是反复变化的

利率对股市的影响，逻辑的核心在于"其他条件不变的情况下"，利率下行有利于公司估值提升，即分子不变的情况下降低分母的逻辑，这种情况下应该得到利率与

---

① 即成为债券多头，买入长久期国债或者做多国债期货。

股价是负向相关关系的结论，即利率下行股价上涨。但问题的难点也就在"其他条件不变的情况下"，如果其他条件都不变，利率为什么会下降呢？现实中很多情况下，利率下行是因为经济衰退，这种情况下分子下降的速度比分母还快，因此往往股价大跌，这种情况下利率与股价应该是正向相关关系的，即利率与股价同涨同跌。

从历史经验来看，以图 9 - 8 为例，如果把时间区间选在 1980 年以后，那么可以得出利率与股价是高度负向的关系，利率单边下行而股价单边上行。但如果把时间区间区选在 1950 ~ 1980 年，那么结论就会完全反过来，利率与股价总体是正向关系的。因此从长期趋势来看，利率与股价的相关关系是变化的不是单一的。从短期周期波动来看，图 9 - 9 报告了 1955 ~ 2020 年美股标普 500 指数与美国 10 年期国债到期收益率的相关系数走势，这里相关系数计算的时间周期是 1 年。从中也可以清楚地看到，两者之间的相关系数是反复变化的，有时会到高度正相关（相关系数接近 1），有时又会到高度负相关（相关系数接近 -1）。

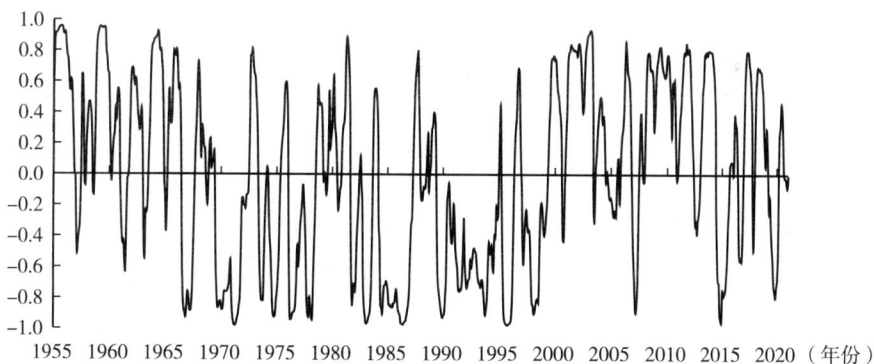

图 9 - 9　1955 ~ 2020 年标普 500 指数与 10 年期美债收益率相关系数

资料来源：Wind 资讯。

我们认为，利率与股市的相关系数取决于股市行情所处的经济周期。在经济上行周期中，基本面是主导力量，此时盈利驱动股价涨、经济向好驱动利率上行，两者是高度正相关的，这个过程中不必过于担心利率上行对股市的负面影响，反而要担心经济上行周期结束，会出现利率下行和股市回落。在经济下行周期中出现的股市牛市行情，股市和利率一般都是高度负相关的，此时经济基本面变化的影响没有那么大，因为本来就是在一个下行周期中，需要格外留意利率的变化，一旦流动性转向收紧，对股市的冲击会比较大。

此外，在股市泡沫时期，加息特别是连续加息可能成为压倒骆驼的最后一根稻草。1985 年"广场协议"后，日元急剧升值，出口相关企业遭受严重打击，出现了"日元升值不景气"，为此，日本实施了宽松的货币政策和扩张性财政政策，积极推行弱势日元政策，减轻日元升值压力。当时的政策目标是对外消除日美摩擦、对内扶持因日元升值而陷入困境的出口制造业，由此导致了货币超发和信贷扩张，日本实体经济迅速好转，却也导致了泡沫经济的形成。1989 年日本开始意识到资产价格膨胀的严重性，开始大幅提高存款准备金率和再贴现率，日本股市于三次加息后见顶回落。1990 年 8 月，为防止海湾战争可能导致的石油价格上涨带来通货膨胀，日本中央银行又采取了预防性紧缩政策，将官方贴现率提高到 6.0%。突然逆转的货币政策使投资者的信心遭受严重打击，日本股市再度下跌。日本连续加息收紧货币政策是导致日本泡沫经济破灭的直接因素。其他几次股市泡沫，比如 1973 年美股"漂亮 50"行情崩盘、1987 年美股"黑色星期一"暴跌、2000 年全球互联网泡沫破灭等，在股市大跌之前都出现了央行的连续加息。

五、流动性变化对股市结构性行情影响

利率变化对股市结构性行情的影响，也就是利率下行（上升）利好（利空）什么行业和风格板块。对于这个问题以往市场中流传较多的一个说法是，利率下行利好成长股和小盘风格，因为流动性宽松更容易抬升股市，而利率上行期间价值股和大盘风格更加占优。从历史经验来看，这个还真不一定。

这里举两个比较典型的反例，来说明这个事情。第一个反例是 A 股市场的，2013 年 A 股市场是典型的成长股小盘股行情，创业板表现一枝独秀，当时流动性上出现了所谓的"钱荒"利率大幅攀升，当时市场的说法是"因为钱少，钱少炒不动大盘股，所以只能炒小盘股"。到了 2017 年因为"资管新规"等事件影响，利率再度大幅上升，流动性收紧，不过 2017 年 A 股市场行情是一个典型的价值股、大盘股行情，被称为"中国版漂亮 50"行情，于是市场的逻辑变成了"因为钱少，钱少不能乱炒，只能投资确定性强的大盘股"。读者可以发现，同一个逻辑正反都能说，说明这个逻辑根本不成立。第二个反例是美股市场"漂亮 50"行情结束之后的风格大逆转，大体从 1974 年开始一直到 1983 年，美股出现了其历史上时间最长幅度最大的一轮小盘股行情，我们教科书中所学到的"小盘股异象"（Small Size Effect）就是在 1982 年前后提出的。但是我们知道，1974 ~ 1983 年，美国经济经历了两次石油危机

冲击，通胀和利率都是大幅飙升的，因此小盘股行情是完全可以在利率上行流动性紧缩的环境中出现的[①]。

我们认为，理解利率对股市的结构性影响，还是应该把利率作为一个结果而不是原因来考虑，即利率也是经济活动运行的结果，这个经济活动运行的特征既影响利率也影响股市。在经济周期上行期间，价值股顺周期板块盈利向上弹性大，这时候从数据上会出现利率上行利空成长股逆周期板块的特点。而在经济下行周期，货币政策普遍放松，利率下行，此时多数行业盈利应该都是向下的，要想能够享受到利率下行的利好，关键是能找到"其他条件不变"的行业和企业，这个时候盈利稳定的消费类价值股以及自下而上逻辑驱动的成长股，就会相对表现更好。

在利率和流动性对股市结构性的影响上，A股市场2020年下半年到2021年上半年"宁指数"和"茅指数"[②]表现的变化，是一个非常值得反思的案例。宁指数总体是成长属性（ROE持续向上），盈利景气周期加速向上的过程中，既赚盈利的钱也赚估值的钱，ROE向上本身会推动估值继续上行；茅指数总体是价值属性（ROE较高但基本走平），这种情况一般只赚业绩的钱不赚估值的钱，ROE走平估值缺乏继续抬升的盈利逻辑。2020年下半年全球货币大放水，无论茅指数还是宁指数估值都显著抬升，这是流动性宽松分母的逻辑，到2021年市场分母的逻辑没有了，宁指数依然可以有盈利加速上行拔估值的故事讲，茅指数则失去了继续拔估值的逻辑甚至估值还有高位回落的压力。相信中国读者都会认同2020年流动性宽松股市有分母的逻辑，而到了2021年上半年流动性没有那么松了，但新的问题又来了，2020年下半年中国的国债利率是上升的，而2021年上半年利率却是单边回落的，所以这又回到了前面讨论的问题，利率不一定能够代表流动性。

六、汇率与全球股市关系

汇率与股市的关系比较复杂，通常而言，汇率对股市的影响机制有两个：第一个影响机制，汇率通过出口影响企业盈利，特别是从事进出口贸易相关的企业。一般而言本地汇率上涨，本币升值对出口不利，反之汇率下跌对进口不利。由此而言，对于净出口

---

①　关于这两个经典案例更加详细的分析和讨论，可以参见：《追寻价值之路：1990～2020年中国股市行情复盘》以及《美股70年：1948～2018年美国股市行情复盘》。

②　宁指数指Wind资讯终端中的"宁组合"，代码8841447. WI；茅指数代码8841415. WI。

国，通常汇率下跌有利于上市公司整体盈利增长。第二个影响机制，汇率可以通过基础货币影响流动性，也就是常说的汇率升值资本流入逻辑。在本币升值期间，外汇占款的增加直接增加了基础货币量，再通过货币乘数效应，造成了货币供应量的大幅度增长。这种情况下，通常汇率上升有利于形成流动性宽松的环境，对股市更加利好。

但综合起来看，还是汇率升值特别是本币持续升值的预期，对股市更为有利。因为一方面，汇率并不是影响出口的唯一因素，汇率很多时候也是出口的结果，因为本国或地区出口好所以汇率才升值，这个逻辑有点类似利率和投资的关系，虽然利率下降可以利好投资，但多数情况下都是投资强劲使得利率上升。另一方面，一国或地区的货币持续升值代表着经济势头强劲，这种情况下既可以增强股市投资者的信心，又有利于外资不断流入。全球股市过去几次令人记忆深刻的股市大涨都是在汇率升值中发生的，例如，日本、韩国和中国台湾 20 世纪 80 年代末出现了由于本币汇率大涨引发的股市泡沫，以及 2005～2007 年人民币升值中的 A 股大牛市。

本币持续升值的预期，特别容易引发资产价格泡沫，但是反过来，汇率持续贬值对股市的利空并不明显，海外股市经常有在本币持续贬值中出现牛市的例子。比较典型的例子就像 1985 年"广场协议"前后的日本股市和美国股市，1985 年以后日元兑美元大幅升值（美元大幅贬值），但是两个股市都在大涨，日本股市在讲国际资本流入的逻辑，而美国股市在讲汇率贬值利好出口的逻辑。

汇率对股市的风险，主要体现在短期内本币汇率快速贬值，这种情况下容易引发流动性风险以及投资者对不确定性的恐慌，出现恐慌的原因主要在于均衡汇率是算不清楚的，大家对汇率的判断一般都是线性外推，升值的时候看继续升值，贬值的时候看继续贬值，比如 1992 年英国汇率危机等就是典型的例子，不过一般这种冲击都是短期的没有持久性。总的来说，比起汇率的暴涨暴跌，汇率的稳定更有利于经济稳定增长以及股市走出"慢牛"行情。

第三节　估值与股市表现

估值研究可谓是证券投资研究中皇冠上的宝石，市场分歧大、研究难度高，且最后对估值问题看法的区别，本质上都是投资框架方法论的差异，甚至说是投资者之间价值观、世界观的不同也不为过。本节专门讨论估值的问题，内容分为三个部分：第一部分概述并对比全球股市的估值历史与现状，第二部分着重阐述笔者对估值问题的看法和研究框架，第三部分研究分析低估值策略有效性的问题。

一、全球股市估值历史与现状

盈利、利率与估值，是影响股市走势的最核心变量。特别是对于短期股价的暴涨暴跌，通常盈利还未来得及完全反映，利率可能刚开始呈现趋势性变化的萌芽，这时绝大部分的股价变化可以归因至估值上来。估值包罗万象，既可以反映投资者对于公司长期发展的信心变化，也可以衡量短期事件造成的冲击影响。估值究竟是什么？与其说是一门技术，不如说是一门艺术。投资者很难找到一成不变的估值方法，用来简单做出买进低估值卖出高估值的决策，而往往需要在不同的阶段找到这一时期的市场关注焦点，反复衡量投资性价比，在胜率和赔率中进行艰难选择。

本书第一章中的表 1 – 3 统计了 2020 年全球主要股票交易所代表性指数的市盈率。从同一时点的横向比较来看，我们看到 2020 年底全球股市市盈率水平参差不齐，并没有任何一条可以参考的基准线。从 10 倍市盈率至 90 倍市盈率皆有分布，甚至部分地区上市公司由于盈利受新冠肺炎疫情冲击严重，盈利总和小于零，市盈率的算法已经失去意义，指数提供商暂停发布指数市盈率数据。从同一指数的纵向历史比较来看，表 9 – 1 展示了全球主要股票指数的历史市盈率统计。我们看到估值上限通常难以用统一基准来衡量，市盈率 90 分位数从十余倍至近百倍皆有分布，但估值下限可能有相似的支撑，市盈率 10 分位数主要集中在 10 ~ 13 倍。

表 9 – 1　　　　　　　　　全球主要股票指数的历史市盈率统计

指数名称	统计区间	市盈率 90 分位数	市盈率 75 分位数	市盈率 50 分位数	市盈率 25 分位数	市盈率 10 分位数
美股 Shiller 市盈率	1881 ~ 2020 年	26.2	20.8	16.3	11.9	9.2
富时 100	1993 ~ 2020 年	26.9	19.8	15.6	13.3	11.3
德国 DAX30	1997 ~ 2020 年	37.6	21.6	16.6	14.0	12.8
法国 CAC40	2001 ~ 2020 年	34.9	22.4	18.0	13.5	11.9
日本东交所一部市盈率	1971 ~ 2020 年	102.1	61.8	36.5	24.9	21.2
恒生指数	1993 ~ 2020 年	17.4	14.5	12.9	10.9	10.1
上证综指	1997 ~ 2020 年	47.0	37.4	19.0	14.8	12.0

注：对指数提供者在对应区间发布的各月月末市盈率数据进行统计。
资料来源：Wind 资讯、彭博、Robert Shiller 网站。

在讨论全球股市估值的时候，一个最重要的问题，恐怕就是长期看指数整体的估值是不是趋势性向上的。这个命题的理论依据是全球各个国家和地区20世纪80年代以后利率普遍下行，在财务估值模型中"其他条件不变的情况下，利率下行意味着估值上升"[①]，命题的现实证据主要是美国股市80年代以来确实估值在不断提升，标普500的市盈率大体从1980年的10倍左右上升到2020年的30倍左右。

但这个利率长期下行估值整体上行的命题，还是值得再去斟酌一下。一方面，即使从美股的数据来看，时间维度拉长以后，估值是不是还是长期趋势向上就不好说了。2013年诺贝尔经济学奖得主美国耶鲁大学罗伯特·希勒（Robert Shiller）教授计算过一个美股长期市盈率的数据，这个数据在其个人网页上可以找到，数据最早可以追溯到1880年左右，应该是目前市场上能够找到的所有股市整体指数市盈率数据中时间最长的数据了。从1980~2020年这段时间看，很明显市盈率是趋势向上的，但是如果从1880~2020年这140年时间来看，这个上行的趋势就没有了（见图9–10），长期估值到底是趋势向上还是均值回归，就不太好下结论，市盈率走势就是图9–10中这个样子，结论判断留给读者自己下了。

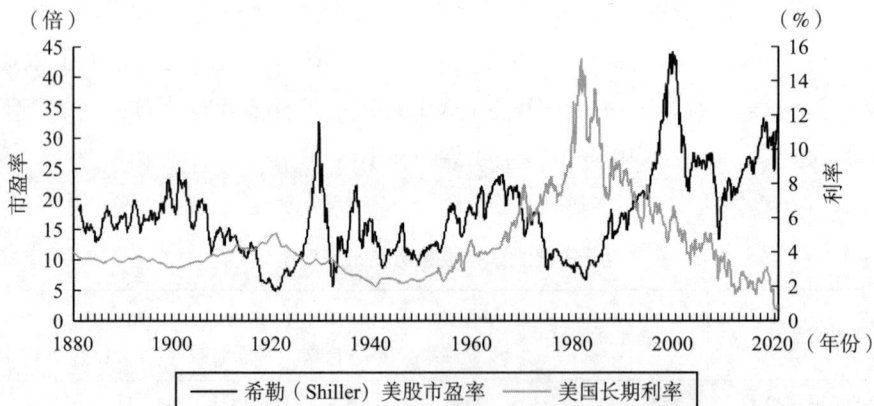

图9–10　1880~2020年美股市盈率与美国长期利率走势

资料来源：http://www.econ.yale.edu/~shiller/data.htm。

如果跳出美国股市，去看其他股市的长期估值走势，趋势向上的结论就更加无法

[①]　从理论上来说，这个命题是一个典型的联合假设问题（joint hypothesis problem），即如果其他条件不变，为什么利率就会下降呢？利率下降一定是其他条件也发生了变化。所以此时到底是利率影响股票估值，还是其他条件变化影响股票估值，就没有办法准确度量了。

成立了。图 9 - 11 报告了日本东京证券交易所、德国 DAX 指数、英国富时全指的长期市盈率走势。日本股市的市盈率是一个明显的先升后降过程，2010 年以来的最近十年虽然利率持续下降，日本股市的市盈率基本保持震荡不变的走势。类似日本这样出现过一次巨大的股市泡沫然后破灭的，估值走势基本上都是这样一个先升后降的形态，比如中国台湾股市也是如此。德国和英国的股指市盈率则基本上是长期走平的形态，没有明显的向上或者向下趋势，德国 DAX 指数的市盈率波动率相对更大一些。至少从目前的数据来看，金融危机以后日本和德国的利率都普遍下降且长期处于负利率状态，但是两个国家的股指估值并没有出现无止境上升的势头。

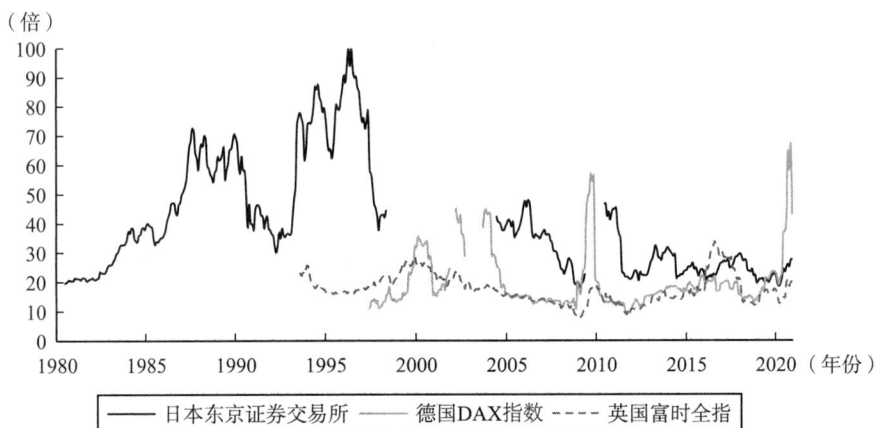

图 9 - 11　1980 ~ 2020 年日本东京证券交易所、德国 DAX 指数、英国富时全指市盈率走势

注：图中日本和德国股指市盈率数据有断档，主要是当时该市场上市公司整体盈利为亏损，导致了市盈率数据异常。

资料来源：Wind 资讯、彭博、CEIC。

二、估值是交易的结果

估值就是一个数字，放在那里，不因人的意志而改变。但是股票投资中，估值这个数字到底怎么用，真的可以说是一千个人心中有一千个哈姆雷特。而且，正如凯恩斯在《就业、利息和货币通论》中所言："在经济学和政治哲学领域中，在 25 岁或 30 岁以后还受新理论影响的人是不多的。"在理解估值问题上，自己的观点一旦形成，任何一个成年人要去试图说服另一个成年人，都是不太可能的。本书中笔者对估值问题的看法也仅是一家之言。

我们认为，估值是一个市场交易的结果，而不是交易的原因。换言之，当股价涨完了或者跌完了以后，你会发现股票估值高了或者低了。但你不能说估值低了就一定会涨、估值高了就一定会跌，大多数情况下，估值低了还能再低、高了还能再高。实际上，从另一个角度来讲，认为估值低了就会涨、估值高了就会跌，或者说将估值高低这一单一因素拿来作为看多或者看空的理由，本质上都是在质疑市场的有效性。因为估值高低绝对是一个公开的市场信息，如果你认为估值低了股价就会上涨，逻辑上等于你在否定之前市场的交易结果。那问题就来了，凭什么之前的交易结果就应该是错的呢？始终质疑市场有效性是风险很大的。因此，我们认为在绝大多数情况下，是不应该以估值高低这一单一因素来作为判断涨跌的依据的。从实际的历史数据来看，也会发现，估值的走势基本与股价的走势在方向上是一致的，但在幅度上每次也有所不同。从这个角度看，去判断估值的变化方向跟判断股价的变化方向又变成一样的了，估值并没有提供太多股价未来变化的领先信息。

强调估值是交易的结果而不是交易的原因，并不是完全否认估值的重要性。事实上我们认为股票投资中估值更像是一个期权的概念。换言之，我们认为估值会影响后续收益率的幅度，但不会改变原先股价运行的趋势。估值高了可以再高、低了也可以再低，这说明估值不改变股价运行趋势，估值低或者高本身不构成股价运行逆转的充分条件，影响股价方向的是基本面的景气方向。在上市公司景气周期低点股价低点，低估值等于蕴含了一个看涨期权，此时如果基本面没有起色，股价跌幅可能相对有限，但是如果基本面反转，股价拐点出现，那么低估值的品种有可能涨幅更大。而反之在股价和基本面的顶部，如果基本面没有变脸出现向下的拐点，很难指望靠高估值内生地去改变股价方向，但此时高估值实际上是蕴含了高风险，如果基本面一旦下行，股价向下拐点出现后，此前高估值的品种跌幅也可能更大。

所以这里就会存在两种投资价值观，是去判断上市公司的景气周期运行方向呢，还是去判断估值蕴含的股价风险（或者机会）呢。我们在日常交流中发现，有些投资者可能会觉得判断行业和公司的景气周期变化不太容易，因此更加乐意选择估值低的犯错成本小的品种，而另一部分投资者更加注重判断公司和行业的景气周期变化，相对而言对估值看得没那么重，两种观点代表了两种投资模式。

三、低估值策略有效性问题

买便宜股票的"低估值策略"在全球各个股票市场中都有很多拥趸。一方面，便宜就是王道，低估值意味着这笔投资有较好的安全边际；另一方面，传统意义上我们所说的很多基于财务估值模型的投资方式（各种计算企业的现金流贴现和），也只有在估值相对较低的范围内讨论才有意义，当估值超过一定的临界线，再去讨论价值投资意义就不是那么大了。比如你在一个公司市盈率 30 倍的时候，可以去讨论如果到 40 倍怎么样，但是如果一个公司的市盈率是 300 倍，此时去讨论市盈率到 400 倍或者到 500 倍怎么样意义就不大了。

　　但是无论是 A 股市场还是海外市场，投资者都可以很明显地感受到，最近几年低估值策略是明显失效的，特别是 2019～2020 年，甚至可以说采用低估值策略会明显跑输大盘。图 9－12 报告了中国和美国两国股市低估值策略的长期超额收益走势，里面曲线向上表示低估值策略跑赢大盘有超额收益，曲线向下表示低估值策略跑输大盘。这里 A 股市场中低估值策略指数我们选择的是申万低市盈率指数，美股市场中选择的是标普 500 价值指数①。从图 9－12 中可以清晰地看到，A 股市场中低估值策略的有效性波动很大，2000～2007 年低估值策略非常有效，2008～2014 年低估值策略又大幅跑输大盘，2015～2018 年低估值策略又再度有效，2019～2020 年低估值策略显著跑输大盘。美股市场中低估值策略的波动相对略小，但总体趋势也非常明显，除了在 2000～2006 年这段时间中低估值策略显著跑赢大盘外，在其余多数时间里低估值策略都是持续跑输大盘的。

图 9－12　1996～2020 年标普 500 价值与 A 股低市盈率指数超额收益

注：图中曲线向上表示低估值策略跑赢市场，向下表示低估值策略跑输市场。

资料来源：Wind 资讯。

---

①　标普 500 价值指数是标普 500 系列风格指数中的一个，是在标普 500 样本成分中，根据市盈率、市净率、市销率进行打分选择样本，本质上也是一个低估值策略指数。

　　我们认为，低估值策略的有效性本质上反映的是市场行情的驱动力问题。行业板块之间的估值差异虽然绝对数在不同时间有很大变化，但相对位置其实是比较稳定的。低估值行业和公司主要集中在顺周期行业，包括金融、房地产、能源原材料等，而与之相反，高估值行业和公司主要集中在逆周期行业中，包括信息技术、医疗保健等。在经济上行市场整体以盈利驱动的牛市行情中，低估值策略会相对更加有效表现更好。而在经济下行周期中，由流动性宽松以及与宏观经济关联度较低的新兴产业驱动的行情中，低估值策略就会显著失效。因此低估值策略是否有效，本质上是一个顺周期行业在行情中盈利景气周期是否占优的问题。很多时候我们看到有些投资者拿了很多低估值品种，熬了很长时间，最后总算苦尽甘来，这种情况的背后还真不一定是低估值自己就修复了，更多的逻辑是低估值品种碰到了经济上行周期景气周期开始好转了。

　　在经济发展的早期阶段，宏观经济波动大，牛市主要是靠整体的盈利周期驱动的，因此银行、地产、钢铁、有色、采掘等与宏观经济相关度较高的板块，估值不高在经济上行周期中又能股价大涨，所以往往低估值策略占优的时间会比较长。而随着全球利率普遍下行，经济增长动能不断新旧转换，传统经济周期中经济上行周期出现的时间越来越少了，因此低估值策略的有效性也变得越来越差了。2000 年以后，全球经济显著的复苏上行期主要有三次，一个是 2001～2007 年当时中国经济高速增长带动全球经济，第二个是 2009 年金融危机后短暂的复苏，第三个是 2016～2017 年中国经济供给侧结构性改革之后全球经济出现了弱复苏，我们可以看到，在这三次经济上行周期中，低估值策略都比较有效，有明显的超额收益。但这真不是坚守低估值坚信价值均值回归的胜利，而是低估值背后的顺周期行业盈利周期的胜利，在经济上行周期结束后，低估值策略马上便再度失效。

第四节　股市泡沫启示录

　　自市场经济出现以来，泡沫都伴随着人类的发展历史。泡沫的发展路径充满了不确定因素，基本面驱动与流动性驱动都可能导致泡沫的产生。人们很难长期正确预测泡沫的持续时间及大小，能做的只是衡量泡沫程度，并在泡沫膨胀到一定程度时主动调整资产配置比例，以此规避资产损失。我们对历次股市泡沫破灭的驱动力和催化剂进行了规律总结，并认为基本面和流动性是决定股市转向的核心指标，通货膨胀率、估值水平、股权风险溢价等可以作为参考预警指标。

一、泡沫的定义与识别

关于泡沫的定义，市场实际并没有形成共识，在不同历史时期，针对不同的市场，存在不一样的衡量指标。市场常用指标有希勒市盈率（股价除以过去10年调整后利润）、巴菲特指标（股票市值除以GDP）、马歇尔K值（广义货币供应量M2/GDP）、托宾Q值（价格相对于重置成本的比率）、泡沫系数（股票总市值变化率除以GDP变化率）以及部分技术分析指标等。多数指标通过对过去几次典型泡沫进行测算形成判断标准，以此来评价之后的市场是否出现了泡沫。但这些判断标准经常随经济发展发生漂移，难以始终保持较高的准确率。

同一国家不同阶段的泡沫衡量标准可能不一样。例如，巴菲特指标在美国整个21世纪的数值普遍高于20世纪，同样的判断标准不可能做到将历史上的股市泡沫同时识别出来。以美国非金融企业持有金融资产中的股票市值为参考，当前美国企业股票价值占GDP比例已突破2000年"互联网泡沫"阶段前高，比值已经高达1.77倍，美国股市可能已经进入明显高估的泡沫化阶段。而美国历史上的1973年、1984年两次股灾其比值是低于0.7的。

不同国家或地区的泡沫衡量标准更加不一样。例如，香港的股票市场是一个十分国际化的市场，大量非香港本地公司在香港上市，如果用适合美国的巴菲特指标来衡量香港股市的话，香港股市始终处于泡沫状态，这明显是不符合实际的。再比如将适合发达经济体的马歇尔K值移植到中国股市上面，与发达国家较为平稳的马歇尔K值不同，中国的马歇尔K值近三十年来长期处于上升状态。这是经济增长的需要，而非经济泡沫化的表现。

虽然泡沫定义无统一标准，但历史上的几次大跌令人印象深刻，假如我们用股市未来一年内最大跌幅大于30%来定义泡沫破灭时期，全球主要股票市场历史上的主要泡沫时期便一目了然（见表9-2）。例如，标普500指数从1928年以来就有9次这样的泡沫破灭期，包括了1929大萧条、1937年经济衰退、1940年二战危机、1970年股市崩盘、1973年"漂亮50"崩盘、1987年股灾、2000年"互联网泡沫"破灭、2007年次贷危机和2020年连续熔断。

表 9 – 2　　　　　　　　　　全球主要股票指数历史大跌情况

股票指数	标普 500	纳斯达克	上证综指	创业板指	日经 225	恒生指数
一年内最大跌幅大于 30% 的次数	9	8	9	3	7	15
股票指数	德国 DAX	法国 CAC40	英国富时 100	台湾加权	俄罗斯 RTS	韩国综合
一年内最大跌幅大于 30% 的次数	10	7	4	9	12	8

注：两次泡沫期若间隔小于 6 个月则合并统计为一次。
资料来源：Wind 资讯、彭博。

二、泡沫形成路径与破灭原因

股市泡沫的产生没有一个通用的发展路径。基本面驱动与流动性驱动都可能导致泡沫的产生。

基本面驱动的泡沫行情：基本面向上的情况下，市场可能预期上市公司盈利将会改善，因此主动提升估值，市场迎来牛市行情。20 世纪 80 年代，日本超过德国成为世界第二经济强国，汽车、家电、影像设备等工业产品畅销全球，日本国民信心十足，对经济充满信心，股价、地价飙升，日本泡沫经济达到巅峰。

流动性驱动的泡沫行情：从历史经验来看，充裕的流动性容易导致股市泡沫的产生。在资金泛滥时期，大部分资产价格上涨，股市因为具有流动性优势，更容易吸引短期资金大量聚集，引发股市泡沫。我国 2015 年的"杠杆牛"几乎完全由流动性驱动。在各项经济指标全面下滑的背景下，自 2014 年 9 月起，央行连续降准降息，由于实体经济投资环境不佳，大量资金通过场外配资、融资融券流入股市，导致了本轮"杠杆牛"行情的产生。

一般来说，估值越高蕴含的风险越大。回顾美国股市历史上的几次大跌，当时的估值水平都基本接近或超越历史高位。1972 年底的"漂亮 50 行情"泡沫破灭时期，标普 500 指数市盈率从 19.6 倍一路下行至 1974 年 11 月的 7.3 倍，估值下跌幅度超过 60%，同期标普 500 指数下跌 44%，可以说这段时期的股票指数下跌完全是由估值造成的。2000 年"互联网泡沫"破灭时期，标普 500 指数市盈率从 30.7 倍一路下行至 2002 年 11 月的 17.0 倍，估值跌幅近 45%。回顾历次股市泡沫破灭时期的行情特征，早期过高的估值成为造成股市大幅下跌的重要因素。

虽然股市大跌常伴随估值快速下行，但高估值并不是下跌的充分条件。例如，

1992 年 1 月，标普 500 指数市盈率呈现历史新高，但在持续向好的经济环境、极低的通货膨胀水平和十分宽松的货币政策下，美国股市没有出现大幅回撤，且在消化估值后迎来大涨。回顾美国股市历史表现，可以发现估值高不是下跌的充分条件，往往还需要流动性或者基本面因素的催化，股市才会迎来转折。

另外，外部因素冲击也可能成为泡沫破灭的导火索。历史上曾多次出现外部冲击诱发的泡沫破灭，例如，1973 年 10 月的第一次石油危机彻底打破"漂亮 50 泡沫"。再比如 2020 年的新冠肺炎疫情诱发全球股市暴跌，美股接连熔断。最后，基本面和流动性是股市泡沫破灭的驱动力。

三、历次股市泡沫规律总结

笔者通过回顾全球资本市场的 8 次重大股市泡沫事件，包括美国"漂亮 50"泡沫、美国 1987 年股灾、美国"互联网泡沫"、美国"次贷危机"、中国 2007 年大牛市、中国 2015 年"杠杆牛"、日本 1989 年"泡沫时代"、中国台湾 1990 年"大股灾"等，对历次股市泡沫破灭的驱动力和催化剂进行规律总结。

（1）高估值是大跌的重要信号，历次大跌估值创"新高"或接近"前高"。在统计的 8 次股市大跌里，有 7 次估值接近历史前期高点或创历史新高。股权风险溢价 ERP 基本与估值反相关，在股价高点对应 ERP 的低点。大跌常伴随估值快速下行，但高估值并不是下跌的充分条件。例如 2009 年美股盈利遭遇冲击后估值大幅提升，但随着美国经济的恢复，股市迎来了十年"长牛"，完全消化了高估值。回顾历史股市表现，可以发现估值高不是下跌的充分条件，往往还需要流动性或者基本面因素的催化，股市才会迎来转折。

（2）大跌的充分条件，基本面拐点或流动性拐点必有其一。在统计的 8 次股市大跌里，无一例外都出现了基本面拐点或流动性拐点。进一步来看，有 6 次同时出现基本面拐点和流动性拐点。可以说，基本面和流动性是驱动股市大跌的核心因素。另外，需要指出的是历次大跌（美国 1987 年除外）都是在基本面下行中出现的，事后分析认为美国 1987 年急速暴跌与计算机推广后的程序化交易关系密切。除此之外，历次大跌都是在基本面下行周期中出现。例如，2007 年的美股大跌主要因为基本面下行，流动性方面美联储在次贷危机爆发后吸取历史经验快速降息救市，并于 2008 年实行零利率政策以及量化宽松政策，避免了经济大萧条的到来。

（3）拐点多数不在"第一次"加息后，股市高点多数同步或滞后于基本面高点，意味着有判断时间。不过也有例外情形，例如，1973 年美国股市在第一次加息后便开始下跌，主要因为这次大跌时流动性拐点和基本拐点时间完全重叠。在判断时间方面，只有 2000 年美国"互联网泡沫"破灭时，股市领先基本面触及高点。股市高点多数同步或滞后基本面高点，这意味着对于股价是否即将见顶是存在判断时间的。

（4）拐点时 CPI 大多处于超过 3% 的高位（中国 2015 年除外）。在统计的 8 次股市大跌里，美国"漂亮 50"泡沫、美国 1987 年股灾、美国"互联网泡沫"、美国"次贷危机"、中国 2007 年大牛市、中国 2015 年"杠杆牛"、日本 1989 年"泡沫时代"、中国台湾 1990 年"大股灾"的行情最高点对应 CPI 分别为 3.6%、4.3%、3.8%、3.6%、6.5%、1.4%、3.6%、3.3%。除了中国 2015 年"杠杆牛"，其余 7 次股市大跌时 CPI 均超过了 3%，这主要因为各国设定目标利率时 CPI 是重要的参考依据之一，CPI 过高可能触发下一步的流动性收紧。

（5）通过股价上涨速度难以判断顶点。相较海外市场而言，中国股市的上涨速度独树一帜，通常世界主要经济体在牛市里上涨 150% 可能需要 4 年以上的时间。而中国经常在不到一年内完成，许多投资者试图通过股价上涨速度来判断泡沫顶点。笔者通过计算 10 个交易日、20 个交易日、30 个交易日下的股价日均涨幅，发现股价上涨速度不是一个判断泡沫的优秀指标，我们仅在 2015 年创业板牛市的最后阶段看到了股价涨速过快（20 个交易日日均涨幅超过 1.5%）给出的顶点信号。除此之外，涨速大多数时候无法提供有效顶部信号。

（6）前期涨幅较大的行业后期跌幅通常较高，市场出现"逆转"。从历史经验来看，大跌后市场出现明显的"逆转"效应，股市高点前期涨幅较大的行业后期跌幅通常较高。

表 9-3 报告了历次全球股市泡沫见顶时各种主要类别信号，包括基本面的、流动性的、估值和 ERP 的，还有涨速这类交易层面的，总体看规律还是比较清晰的。

表 9-3　　　　　　　　全球股市历次泡沫见顶时主要信号对比

国家 （地区）	股市泡沫时期	基本面信号	流动性信号	估值信号	ERP 信号	涨速信号
美国	1972 年 11 月 ~ 1974 年 9 月	是，市场同步基本面下行	是，第 1 次加息	是，前高	是，前低	否，无信号
美国	1987 年 8 月 ~ 1987 年 11 月	否，基本面上行	是，第 1 次加息	是，新高	是，新低	否，无信号

续表

国家 （地区）	股市泡沫时期	基本面信号	流动性信号	估值信号	ERP 信号	涨速信号
美国	2000 年 2 月 ~ 2002 年 9 月	是，市场领先基 本面下行	是，第 5 次加息	是，新高	否，非低点	否，无信号
美国	2007 年 10 月 ~ 2009 年 2 月	是，市场同步基 本面下行	否，连续降息	否，非高点	否，非低点	否，无信号
中国	2007 年 10 月 ~ 2009 年 2 月	是，市场同步基 本面下行	是，第 5 次加息	是，新高	是，新低	否，无信号
中国	2015 年 5 月 ~ 2016 年 1 月	是，市场滞后基 本面下行	是，行政化去杠 杆	是，新高	是，前低	是，有信号
日本	1989 年 12 月 ~ 1990 年 9 月	是，市场滞后基 本面下行	是，第 3 次加息	是，新高	是，新低	否，无信号
中国台湾	1990 年 1 月 ~ 1990 年 9 月	是，市场滞后基 本面下行	是，第 2 次加息	是，新高	是，新低	否，无信号

资料来源：Wind 资讯。

第五节　股市长牛慢牛四要件

股市"长牛""慢牛"应该说是所有市场投资者最期待的。A 股市场印象中几乎每一次在牛市的中后期，市场都会出现"长牛起点""慢牛来了"的热烈呼声和逻辑推演，但似乎每一次又都有点让人感到失望。那么，决定"长牛、慢牛"行情的核心因素到底是什么，是持续下行的利率？还是上市公司不断增加的分红？这里我们做一个讨论。

美股市场无疑是全球股市中公认的"长牛""慢牛"表现最好的市场，从 1982 年牛市启动到 2020 年，40 多年的时间里几乎是一路单边向上，指数调整幅度超过 20% 的只有大概四次：1987 年"黑色星期一"、2000 年"互联网泡沫"破灭、2008 年金融危机、2020 年新冠肺炎疫情短暂冲击。在这样的市场中，几乎所有的回调事后看，都是应该贪婪的时候。

那么美股的"长牛""慢牛"是如何出现的呢？我们可以做一个分解。分解的逻辑是这样的：第一步，股票投资的所有回报可以分解成市值增长和非市值增长两部分，市值增长体现在一般我们看到的各种常见指数变化中，非市值增长主要是股息红利和回购影响。第二步，市值增长部分又可以再度分解成我们所熟知的盈利增长和估值抬升两个部分，即每股盈利（EPS）的增长和市盈率（PE）的提高。这样，我们可以把股票投资的全收益回报分解成三个部分：股息红利回购、盈利增长、估值抬升。

美股标普 500 全收益指数[①] 1988～2019 年的年化收益率是 10.6%[②]，在长达 30 多年的时间里，指数整体获得了年化 10% 以上的收益率，是非常难能可贵的。这里可以给读者举一个数字的例子，看看 10% 的收益率复合起来力量有多大。大家都知道在 A 股市场上，主板公司股价一个涨停板的涨幅是 10%，那么需要多少个涨停板可以从 1 万元变成 1000 万元呢？如果是算术平均，那么一个涨停板是 10%（即 0.1），需要 1 万个涨停板才能够到达 1000 倍的增长量级。可是，在复利条件下，只需要 73 个涨停板，就可以从 1 万元变成 1051 万元，增长超过 1000 倍。一年市场的交易日超过 200 个，如果真的能持续抓住涨停，恐怕早就富可敌国了，当然这只是一种算术，不是一种现实。

根据前述分解规则，标普 500 全收益指数 10.6% 可以分解成三个部分（见图 9-13）：首先是上市公司的盈利部分，年化约 7.2%，这是占比最大的；其次是股息红利回购，年化下来大概是每年 2.5%，这是第二重要的；最后是估值的抬升，年化下来大约每年 1.0% 收益率左右。

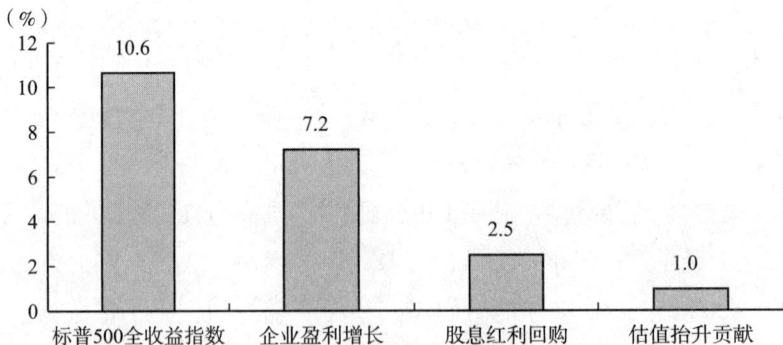

图 9-13　1988～2019 年标普 500 全收益指数年化收益率分解

资料来源：Wind 资讯。

---

① 再次强调一下，标普 500 全收益指数包含股息红利和上市公司回购的回报，普通的标普 500 指数只包含上市公司市值增长部分的资本利得回报。

② 考虑到 2020 年新冠肺炎疫情的影响，上市公司很多出现盈利亏损，因而使得估值等指标出现异常情况，这里我们将分解的截止时间选取在 2019 年末。

图 9-13 的收益率分解结果说明了几个非常重要的投资逻辑。第一点也是最重要的，就是推动股市"长牛"的根本力量就是企业盈利的不断增长。在任何时候我们都应该铭记这个首要原则，估值流动性这些对短期股价波动有影响，但都不是核心的因素。我们经常会认为美股之所以"长牛"，原因在于 20 世纪 80 年代以后美国的利率持续下降，从而使得美股的市盈率估值不断提高。这个逻辑是对的，但是不是美股"长牛"的主要驱动力量，估值即使提高一倍，放在 30 多年的时间维度看，其影响也非常有限，正如我们在这里看到的，估值对年化收益率的影响，无非就是每年1.0% 左右的幅度影响。这与企业盈利每年 7.2% 的增长完全无法相提并论。

第二点投资逻辑，在于经济成熟以及转型升级后，主要矛盾已经不再是经济增长速度的提高，而在于同样的宏观经济增长速度中，企业盈利能力不断提高。我们知道，几乎所有国家，在经历了经济高速增长阶段后，经济增速普遍都会下降。但更加关键的问题是，经济增长速度下来后，企业盈利会如何变化。从美股上市公司的表现来看，我们发现标普 500 公司每股盈利（EPS）与美国经济名义 GDP 的比值在 1990 年以后持续抬升（见图 9-14），这意味着上市公司盈利能力不断增强，企业盈利在国民经济分配中的占比不断提高。2016 年以后，中国市场同样发生着类似的故事，到 2019 年末，中国单季度 GDP 增速已经跌破了 2009 年二季度金融危机期间的最低水平，但是 A 股上市公司的盈利水平并没有破新低反而是总体上升的，大量新经济公司以及传统行业龙头公司 ROE 都在不断提升，这是使得 A 股市场能够在 2016 年以后走出一波巨大的结构性牛市的根本原因。

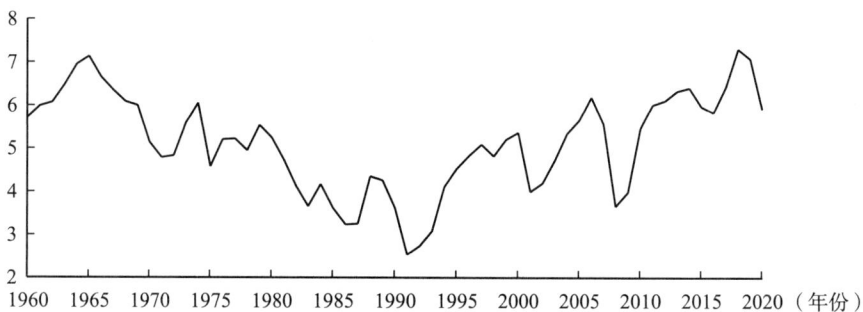

图 9-14 1960～2020 年标普 500 指数每股盈利与美国名义 GDP 比值

资料来源：Wind 资讯。

综合上述分析，我们可以发现，一个股票市场想要"长牛"，最重要的是企业盈利能够不断增长，特别是在经济高增速阶段过去之后，需要上市公司盈利能力的不断提高。利率下行抬升估值有影响，但重要性是排在最后面的，整体贡献度并不高。在这两点之外，就是上市公司不断提高股息分红和股份回购，也是增加股票投资回报的重要因素。美股上市公司在 2010 年以后股份回购数量普遍大幅增加，有些公司甚至还发债回购，在日本欧洲等低利率零利率的地方发债，然后回购股票提高股价。当然，美股上市公司的这种做法，在提高股票价格的同时，也在不断积累自身的杠杆率和财务风险。

企业盈利、股息分红和回购、利率下行估值抬升，这三者构成了股市"长牛"的保证。但是"长牛"不等于"慢牛"，"慢牛"意味着股价的上涨比较平稳，没有大起大落。事实上，如果从指数的长期表现来看，A 股上证综指从 1991 年初市场成立起算，到 2020 年的累计收益率是要明显好于美股标普 500 指数的（见图 9 - 15）。但是中国投资者，几乎很难得出 A 股长期看比美股表现好的论断，这里面一个重要原因就是 A 股市场波动太大，经常大起大落。我们认为，从"长牛"走到"慢牛"，一个最关键的因素，就是股市表现要能够与短期经济波动脱敏。这是一个发展中的问题，从全球经验来看，在股市和经济发展的初期，股市表现基本上都会受到短期经济周期变化很大的影响，但是随着时间的推移，慢慢地多数国家的股市对短期经济波动又都会变得越来越不敏感。A 股市场到目前为止，还尚不能与短期经济波动脱敏，从过往经验来看，历次短周期经济下行过程中，市场往往都会出现较大幅度的下跌，比如 2004 年、2008 年、2011 年、2018 年等。展望未来，股市与短期经济波动关联度降低，既是市场成熟的一种表现，也是股市"长牛""慢牛"的一个重要条件。

图 9 - 15　1991～2020 年上证综指与标普 500 指数走势对比

注：以 1990 年 12 月底为基准，指数标准化为 100。

资料来源：Wind 资讯。

第十章
全球股市行业板块表现总结

　　本章从结构性行情角度出发，对全球股市的行业板块表现进行归纳总结。本章一共研究了消费、科技、周期、金融、医疗保健等五个主要行业板块的行情特征，这里消费包含必需消费和可选消费两个行业，科技包含信息技术和电信服务两个行业，周期包含能源和原材料两个行业。对于每一个行业板块我们都主要讨论了三个方面问题：一是该行业板块全球主要上市公司情况概述；二是该行业板块的历史行情轨迹包括绝对收益和相对收益两方面；三是每一个行业板块行情背后的逻辑和驱动力。在本书前述各章节对各个国家和地区股市的讨论中，我们按市场不同已经详细分析了该市场的板块结构行情特征，在每一个单独股票市场的讨论中，我们更加关注该市场中该行业板块的特色和特性问题，这里我们更加关注板块行情背后的共性问题。我们认为，全球各个股票市场虽然经济制度不同、发展阶段不同、市场环境不同，但是各板块行情运行的背后，是存在共同的规律性的逻辑的，这也是对我们研究分析 A 股市场展望未来投资最有价值的信息。

第一节　全球消费股行情总结

一、全球消费公司情况概览

消费板块可以分为可选消费行业和必需消费行业两大类。这里首先说明一下可选消费（consumer discretionary，有时候也翻译成"非必需消费"）与必需消费（consumer staple，有时也翻译成"日常消费"）行业分类的区别，很多投资者感觉上认为一些贵的高端的消费品如茅台酒、烟草等都是可选消费品，而一些相对廉价的产品比如啤酒是必需消费品，这种感觉上的判断是不对的，也是经常造成讨论中定义概念混淆的原因。可选消费与必需消费有非常明确的行业分类定义，那就是看行业的营收、利润与宏观经济的关联度，与宏观经济关联度强的就是可选消费（主要包括汽车家电等），与宏观经济关联度低的就是必需消费（主要包括食品饮料、农业、个人用品等），所以从这个角度讲，高端白酒、烟草都是标准的必需消费品。

截至 2020 年底，全球消费板块合计总市值达 21.7 万亿美元，约占到全球总市值的 21.3%。消费板块中可选消费行业占比为 62%，必需消费占比为 38%。全球可选消费行业上市公司的市值占比在 21 世纪初达到低谷，2008 年一度低于 8% 创历史新低。在 20 世纪 90 年代的高点，该比值曾经高达 13.2%。2009 年以来，以互联网零售为代表的新兴消费业态兴起，可选消费行业市值快速增长，2020 年底，可选消费行业占全球市值比例重新回到 13.2% 的历史高点（见图 10 - 1）。

从上市公司的数量角度来看，随着全球经济增长，人们的物质生活日益丰富，可选消费行业的公司数量也一直领先其余行业。1985 年全球可选消费行业上市公司家数约 1211 家，之后持续快速增长，2000 年底达到 3556 家，占全球上市公司数量比例为 15.9%。进入 21 世纪以来，可选消费行业公司数量仍在持续增长，但占比一路下降。截至 2020 年底，全球可选消费行业上市公司家数为 6077 家，占全球上市公司数量比例为 13.8%（见图 10 - 2）。

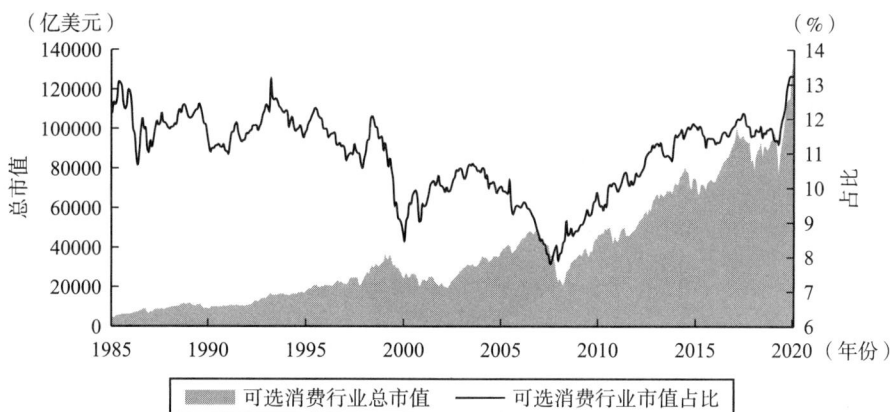

图 10 - 1　1985 ~ 2020 年全球可选消费行业总市值及占比变化

资料来源：Wind 资讯、彭博。

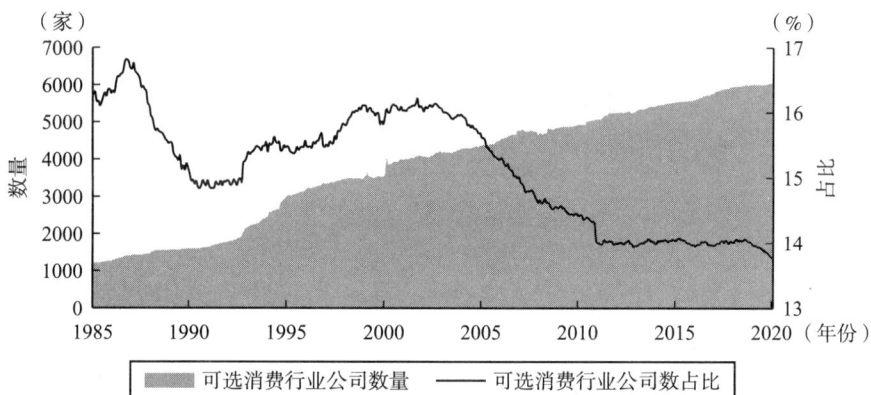

图 10 - 2　1985 ~ 2020 年全球可选消费行业上市公司数量及占比变化

资料来源：Wind 资讯。

　　分地区来看，美国的可选消费行业市值达 5.3 万亿美元，亚马逊和特斯拉两家公司贡献了超过 2.3 万亿美元，美国可选消费占全球可选消费行业市值的 39%。其次是中国，约占全球可选消费行业市值的 21%，日本、法国次之，可选消费分别占到全球的 10%、6%。德国、英国所占比例均在 3% 附近。总市值排名前八以外的地区合计占到可选消费行业市值的 14%（见图 10 - 3）。

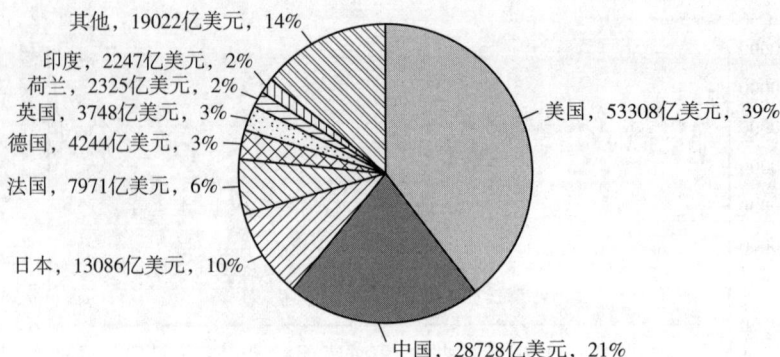

图 10 - 3　2020 年底全球可选消费行业分地区市值占比

注：截至 2020 年底。

资料来源：Wind 资讯。

全球必需消费行业上市公司的市值占比长期保持稳定，最高于 1992 年达到 11.2%，最低于 2000 年达到 6%。在过去十年里，必需消费行业市值快速增长，市值占比一直在 8% ~ 10% 区间波动。截至 2020 年底，全球必需消费行业的总市值约为 8.25 万亿美元，大约占到全球总市值的 8.1%（见图 10 - 4）。

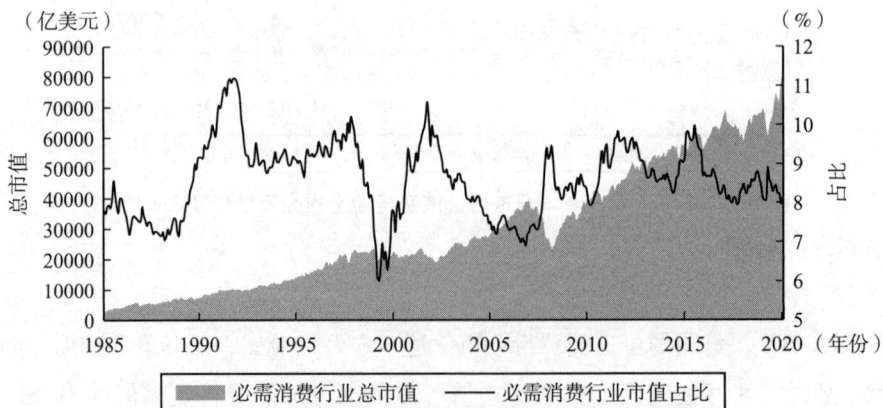

图 10 - 4　1985 ~ 2020 年全球必需消费行业总市值及占比变化

资料来源：Wind 资讯、彭博。

从上市公司的数量角度来看，必需消费行业上市公司数量占比极为稳定。在 20 世纪末，必需消费行业的公司数量增长较快。1985 年全球必需消费行业上市公司家数约 455 家，2000 年底达到 1474 家，占全球上市公司数量比例为 6.6%。进入 21 世纪以来，必需消费行业公司数量继续增长，而占比出现了缓慢下降。截至 2020 年底，全球必需消费行业上市公司家数为 2808 家，占全球上市公司数量比例为 6.4%（见图 10-5）。

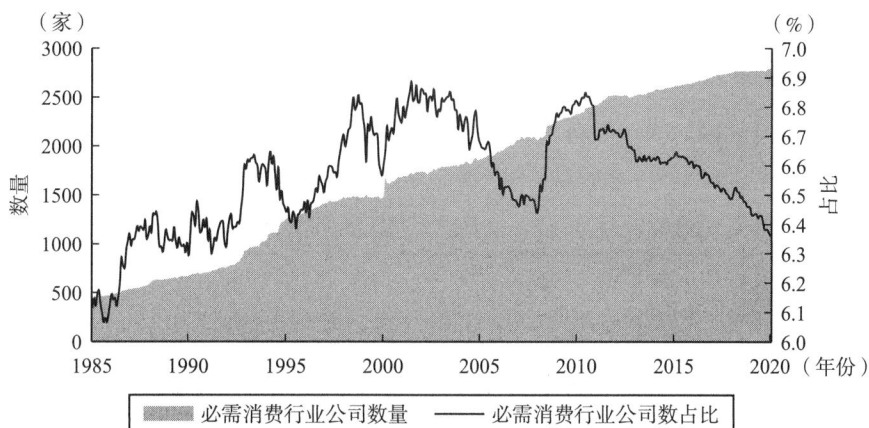

图 10-5 1985~2020 年全球必需消费行业上市公司数量及占比变化

资料来源：Wind 资讯。

　　分地区来看，必需消费的地区集中度明显较可选消费低，这可能是由行业特性所决定的。美国的必需消费行业市值达 2.6 万亿美元，占全球必需消费行业市值的 32%。其次是中国，约占全球必需消费行业市值的 20%，日本、英国次之，必需消费均占到全球的 7% 左右。瑞士、法国、印度、墨西哥分列第 5~8 名，占比分别为 5%、4%、3%、2%。总市值排名前八以外的地区合计占到必需消费行业市值的 20%（见图 10-6）。

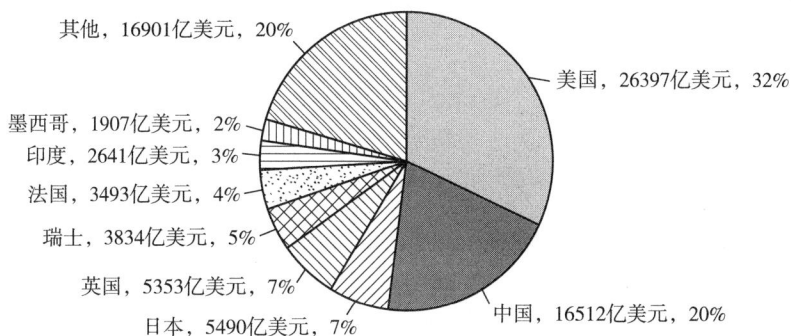

图 10-6 2020 年底全球必需消费行业分地区市值占比

注：截至 2020 年底。

资料来源：Wind 资讯。

从龙头公司的角度来看，表 10 - 1 报告了到 2020 年底可选消费行业全球市值最大的 30 家公司名称及其所属地区和市值，目前有 17 家公司市值超过 1000 亿美元。其中 7 家属于美国，5 家属于中国，法国、日本各有 2 家，荷兰 1 家。截至 2020 年底，亚马逊公司的总市值达 1.6 万亿美元，远远领先第二名特斯拉的 6772 亿美元市值。不过亚马逊的市值有很大部分来自云计算业务的贡献，与其分类至可选消费公司，不如分类至科技板块，当然这种分类仍然无法做到完全精准和长期稳定。中国在可选消费领域也表现不俗，阿里巴巴、拼多多、美团、京东市值均超过 1000 亿美元。日本依靠丰田汽车和索尼集团上榜。法国的奢侈品牌如路威酩轩①、爱马仕、克丽丝汀迪奥也展现出非凡的品牌影响力。

表 10 - 1　　2020 年底可选消费板块全球市值最大的 30 家上市公司列表　　单位：亿美元

公司名称	国家	市值	公司名称	国家	市值	公司名称	国家	市值
亚马逊	美国	16382	麦当劳	美国	1599	Booking	美国	912
特斯拉	美国	6774	京东	中国	1364	开云集团	法国	903
阿里巴巴	中国	6307	星巴克	美国	1259	塔吉特	美国	884
路威酩轩	法国	3108	索尼集团	日本	1250	Naspers	南非	862
家得宝	美国	2858	劳氏公司	美国	1207	中国中免	中国	839
丰田汽车	日本	2488	爱马仕	法国	1119	美客多	阿根廷	835
耐克	美国	2228	美的集团	中国	1052	TJX	美国	820
拼多多	中国	2201	克丽丝汀迪奥	法国	989	戴姆勒	德国	745
美团	中国	1957	印地纺集团	西班牙	978	蔚来汽车	中国	744
Prosus	荷兰	1710	迅销	日本	940	阿迪达斯	德国	720

资料来源：Wind 资讯、彭博。

表 10 - 2 报告了到 2020 年底必需消费行业全球市值最大的 30 家公司名称及其所属地区和市值，目前有 13 家公司目前市值超过 1000 亿美元。其中 6 家属于美国，2 家属于中国，瑞士、法国、英国、比利时、意大利各有 1 家。截至 2020 年底，沃尔玛公司的总市值达 4081 亿美元，是全球必需消费行业中市值最大的上市公司。美国

---

① 即著名的路易·威登集团（Louis Vuitton Moët Hennessy，LVMH），集团主要业务包括葡萄酒及烈酒、时装及皮革制品、香水及化妆品、钟表及珠宝、精品零售等五大领域，旗下拥有 LV、Celine、Fendi、Givenchy、酩悦香槟、轩尼诗等众多国际大品牌。

的消费品牌享誉全球，宝洁、可口可乐、百事公司、好市多等公司具有较强的国际影响力，此外欧洲国家的雀巢、欧莱雅、联合利华、百威英博都是生命力旺盛的全球知名品牌。中国上榜的主要是白酒企业，除了贵州茅台、五粮液分列必需消费市值排行榜第二名、第八名，洋河股份、泸州老窖、山西汾酒也纷纷进入前 30 名单。

表 10－2　　　2020 年底必需消费板块全球市值最大的 30 家上市公司列表　　　单位：亿美元

公司名称	国家	市值	公司名称	国家	市值	公司名称	国家	市值
沃尔玛	美国	4081	菲利普莫里斯	美国	1289	印度联合利华	印度	766
贵州茅台	中国	3819	百威英博	比利时	1164	奥驰亚	美国	762
宝洁	美国	3426	SitLand	意大利	1032	高露洁棕榄	美国	727
雀巢	瑞士	3334	海天味业	中国	989	喜力	荷兰	633
可口可乐	美国	2359	雅诗兰黛	美国	965	利洁时	英国	626
欧莱雅	法国	2097	帝亚吉欧	英国	904	洋河股份	中国	541
百事公司	美国	2047	金龙鱼	中国	894	泸州老窖	中国	504
五粮液	中国	1724	英美烟草	英国	858	山西汾酒	中国	498
好市多	美国	1669	亿滋国际	美国	830	保乐力加	法国	495
联合利华	英国	1583	可口可乐凡萨	墨西哥	775	怪兽饮料	美国	488

资料来源：Wind 资讯、彭博。

二、全球消费股行情历史轨迹

自 1985 年底以来，可选消费行业指数点位从 100 点增长至 2020 年底的 2041 点，年化收益率约为 9%，较全球整体年化收益率高 0.3 个百分点。从相对大盘表现来看，可选消费行业历史上并不具备很强的获取超额收益的能力。具体来看，1985 年底以来，全球可选消费行业超额收益率走势主要可以划分为以下三个阶段。第一阶段从 1986～1990 年，这一阶段美国可选消费行业自 20 世纪 80 年代初第二次石油危机结束后连续多年取得超额收益，而日本在 1986 年初至 1987 年底期间的可选消费行业严重落后于金融行业表现，随后开始补涨。由于 1990 年前后日本、美国上市公司市值占全球市值比例都在 30% 左右，这一时期全球股市的行情走势基本由这两个地区的股市表现叠加所确定，可选消费行业的超额收益曲线呈现出前低后高的小幅震荡走势。第二阶段从 1991 年到 2008 年金融危机，尽管中间有多次波动，可选消费行业总体上持续跑输大盘。这一时期主要经济体中只有日本的可选消费行业跑赢了大盘，其余地区可选消费行业普遍没有跟上大盘涨幅，只有在2000年"互联网泡沫"破灭后出现了一段时间的超额收益，而后在金融危机爆发后超额收益再度消失。第三阶段从2009年金融危机后一直到2020年，得益于互联网零售、电动汽车等一批新兴消费产业的优异表现，可选消费板块再度持续大幅跑赢市场，这类新兴行业尤以美国与中国为代表。不过可选消费也存在明显的地区差异，以传统汽车制造为主的德国，可选消费板块的超额收益曲线基本走平，以奢侈品为主的法国在这一时期可选消费表现极为优秀。全球可选消费行业的行情走势与超额收益见图10-7。

图10-7　1985~2020年全球可选消费行业行情走势与超额收益走势

资料来源：Wind资讯、彭博。

分地区来看，表10-3报告了全球代表性地区可选消费行业获得超额收益的主要时期。可以发现：（1）日本的可选消费行业从1990年开始长期取得超额收益。（2）2009年至今，全球主要经济体除德国外，可选消费行业普遍获得超额收益。（3）2003~2008年只有极少部分经济体的可选消费行业在这一时期取得了超额收益。

表10-3　　全球代表性国家和地区可选消费行业获得超额收益的主要时期

年份	中国	美国	英国	德国	法国	日本	韩国	印度	中国香港	中国台湾
1986~1988	—	√	△	×	√	×	×	—	√	—
1989~1990	—	×	×	×	△	√	√	△	×	√
1991~1992	—	×	△	△	△	√	×	×	×	√

续表

年份	中国	美国	英国	德国	法国	日本	韩国	印度	中国香港	中国台湾
1993～1994	—	×	△	△	△	√	×	×	×	×
1995～1996	—	×	△	△	△	√	×	√	×	×
1997～1998	√	×	×	△	×	√	×	×	×	×
1999～2000	×	×	△	×	△	√	×	×	×	×
2001～2002	△	×	△	√	△	√	√	√	√	√
2003～2004	×	×	△	△	△	×	√	√	√	×
2005～2006	×	×	△	△	△	×	×	√	×	×
2007～2008	√	×	△	△	△	×	×	×	×	×
2009～2010	√	√	√	△	√	√	√	√	√	√
2011～2012	×	√	√	√	√	√	×	√	×	×
2013～2014	√	√	√	√	√	√	√	√	△	√
2015～2016	√	√	△	△	√	√	×	×	√	×
2017～2018	×	√	△	△	△	√	×	√	√	×
2019～2020	△	√	△	△	√	√	×	×	×	△

注："√"表示在这一时间段板块表现好于市场整体，"×"表示跑输市场整体，"△"表示表现与市场整体相当，灰色阴影表示板块有持续超过5年的超额收益。"—"表示数据缺失。

资料来源：Wind 资讯、彭博。

自 1985 年底以来，必需消费行业指数点位从 100 点增长至 2020 年底的 4369 点，年化收益率约为 11.4%，较全球整体年化收益率高 2.7 个百分点。必需消费行业长期表现稳定上涨，仅在全球系统性金融风险中快速下行。从相对大盘表现来看，必需消费行业长期以来具备明显的超额收益获取能力。具体来看，自 1985 年至 2020 年底，必需消费行业在大多数时间跑赢全球市场的平均收益率。全球必需消费行业超额收益率走势主要可以划分为以下三个阶段。第一阶段从 1986～1998 年，这一阶段是美股历史上著名的"大消费"红利时代，美国必需消费行业持续跑赢市场获得了极大的超额收益。日本、法国的必需消费行业超额收益大约在 1998 年见顶，德国、英国在 1992 年前后就基本见。这一时期消费品公司充分受益于全球化红利，取得了快速发展。第二阶段从 1999 年到 2008 年金融危机，这一阶段必需消费行业超额收益呈现曲折上行的走势。必需消费行业凭借较稳定的盈利能力呈现出偏防守属性的特征，在 2000 年"互联网泡沫"及 2008 年全球金融危机前后，必需消费行业都是在股市狂热期跑输大盘而在经济危机期明显跑赢。在经历了一轮完整的牛熊市以后，必需消费行业往往仍能获得稳定的超额收益。第三阶段从 2009 年金融危机后到 2020 年，这一阶段全球必需消费行业获得了绝对收益，而没有获得超额收益。美国必需消费板块在近十年取得了 161% 的明显涨幅，但这一涨幅仍低于标普 500 指数的涨幅。从全球来看，科技、医疗保健在近十年的表现更加出色。全球必需消费行业的行情走势与超额收益见图 10-8。

图 10-8　1985~2020 年全球必需消费行业行情走势与超额收益

资料来源：Wind 资讯、彭博。

　　分地区来看，表 10-4 报告了全球代表性地区必需消费行业获得超额收益的主要时期。可以发现：（1）各地区必需消费行业获得超额收益的历史时间占比较高，必需消费是一个"长牛"的行业。（2）各地区必需消费行业获得超额收益的时期大体同步，主要集中于 1986~1992 年、2000~2008 年等时期。（3）2016 年以来仅中国与印度仍获得明显超额收益。

表 10-4　　全球代表性国家和地区必需消费行业获得超额收益的主要时期

年份	中国	美国	英国	德国	法国	日本	韩国	印度	中国香港	中国台湾
1986~1988	—	√	△	√	√	×	×	—	√	—
1989~1990	—	√	√	√	√	√	△	√	√	√
1991~1992	—	√	√	×	√	√	△	√	×	√
1993~1994	—	△	×	×	√	√	△	√	×	×

续表

年份	中国	美国	英国	德国	法国	日本	韩国	印度	中国香港	中国台湾
1995~1996	—	△	×	×	√	√	△	√	×	√
1997~1998	△	△	×	×	√	△	△	√	×	√
1999~2000	△	×	×	×	×	×	△	×	×	×
2001~2002	△	√	√	√	√	×	√	×	√	△
2003~2004	×	×	√	√	√	√	√	×	×	√
2005~2006	√	×	√	√	△	×	△	△	√	△
2007~2008	√	√	√	×	√	√	△	△	√	√
2009~2010	√	△	√	√	√	√	△	△	√	√
2011~2012	√	△	√	√	√	√	√	√	×	√
2013~2014	×	×	√	√	△	√	△	√	×	√
2015~2016	△	△	√	√	√	√	×	√	×	√
2017~2018	√	×	×	×	△	×	×	√	√	√
2019~2020	√	×	×	×	√	×	×	√	√	×

注："√"表示在这一时间段板块表现好于市场整体，"×"表示跑输市场整体，"△"表示表现与市场整体相当，灰色阴影表示板块有持续超过5年的超额收益。"—"表示数据缺失。

资料来源：Wind 资讯、彭博。

三、高 ROE 是消费股的主要投资特征

消费行业是一个长久不衰的常青行业，长期以来都是诞生大量牛股的优质的赛道。大消费板块在全球市值前 50 名公司中占到了近 1/3 的数量，其中必需消费行业占据 7 个席位，可选消费行业占据 9 个席位。从历史收益率来看，全球可选消费行业自 1985 年至 2020 年底的年化收益率约为 9%，全球必需消费行业自 1985 年至 2020 年底的年化收益率约为 11.4%，两者均高于全球整体年化收益率，而必需消费行业长期表现更占优。从净资产收益率（ROE）来看，过去 40 年里必需消费行业的 ROE 相当稳定，长期维持在 15% 左右的高位，而可选消费行业 ROE 与全球整体 ROE 走势相似，波动性较大，ROE 中枢水平低于必需消费行业（见图 10 - 9）。这可以从细分行业的构成来解释，可选消费行业包含了汽车、家电、电子商务等行业，这类行业随经济周期的波动较为明显。而必需消费行业主要包含食品、饮料、烟草、日化用品等，这类行业需求十分稳定，价格随物价水平稳步上涨，品牌效应突出。

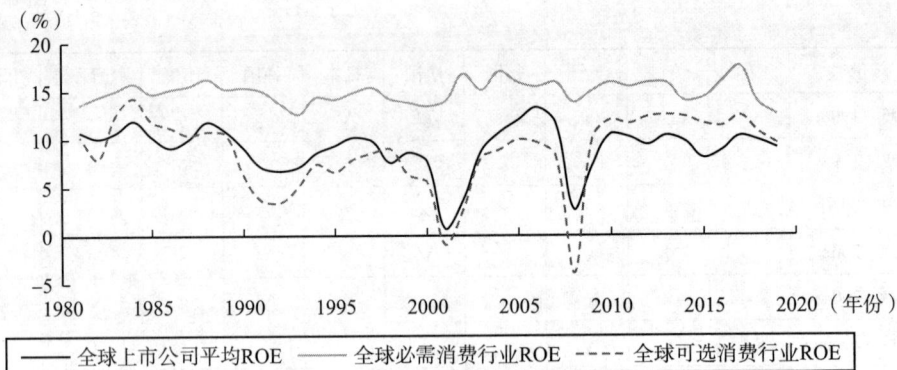

图 10 – 9　全球必需消费与可选消费行业 ROE 变化对比

资料来源：Wind 资讯、彭博。

由于必需消费与可选消费的 ROE 走势存在显著差别，因此在研究消费行业的投资逻辑时有必要将两者分开进行研究。从日常讨论的消费行业具备"逆周期"属性来看，必需消费行业更符合狭义上投资者对于消费板块的认知。必需消费行业整体需求稳定，周期性弱。随着经济发展日益成熟，消费行业整体进入成熟期，呈现出典型"慢牛"行情，是长期投资的理想标的。

四、消费总量与结构的长期变化趋势

决定消费股长期趋势的是两个变量，一个是居民收入增长，另一个是消费结构变化。

从宏观经济来看，GDP 的高速增长、人均可支配收入的提升、城镇化率的提高、消费者对生活品质的需求提高，这些都意味着消费能力的持续提升，是促进消费股盈利成长的重要支撑。在过去 40 多年的时间里，除了极个别年份，全球主要经济体的居民可支配收入一直在不断上升。全球必需消费行业在居民可支配收入增速的提升阶段往往能够获得超额收益，而在增速放缓年份往往表现就没有那么出色。不同国家之间居民可支配收入增长速度也有明显的差异，20 世纪末以来，日本的国民净收入增速在主要经济体中经常属于垫底水平，与此同时日本的必需消费行业在主要经济中的股价表现也是垫底的，1995 年以来的年化收益率不足 5%，这一数值不仅远低于美国必需消费行业 11% 的年化收益率，也低于中国必需消费行业 9% 的年化收益率水平。

　　另外，在美国等西方国家中，收入分配已经日渐成为影响居民消费的重要问题。由于边际消费倾向递减规律的存在，在同等 GDP 收入水平下，收入分配也会影响消费总量。因为随着收入的增加，消费也在增加，但在增加的收入中，用于消费部分的增加并不是和可支配收入的增加一直保持相同的比例，而是用于消费的部分所占比重越来越少，即边际消费倾向是递减的。这说明在总的居民收入不变的条件下，由于低收入阶层的边际消费倾向高于高收入阶层，因此随着社会贫富差距的缩小，社会总消费量是提升的。

　　金融危机后过去十年美国以及其他发达国家的经济表现，被美国著名经济学家前财长劳伦斯·萨默斯（Lawrence Summers）称为"长期增长停滞"（secular stagnation），主要表现为经济增长孱弱无力、通货膨胀率难以达到中央银行预期目标、真实利率更是经历长期下降。相较于经济总量增速变缓，美国经济中存在的更大问题是收入分配的问题，这个问题在过去十年中被广泛讨论。一方面，可以看到，大体上从 20 世纪 70 年代开始，美国的初次分配中劳动者报酬份额（labor share）在不断降低，劳动者报酬占 GDP 的比重过 50 年里大概下降了 5 个百分点，与此同时，对应的是资本回报份额在不断上升。

　　收入分配问题更直观的表现，是不同人群的收入份额的巨大分化走势。从 20 世纪 80 年代开始至 2019 年底，美国收入前 1% 的人群的收入份额一路攀升，从 11% 上升到 20.5% 左右，而作为大多数人的后 50% 人群的收入份额则从 20% 下降到了 12.6% 左右。图 10 - 10 中不同人群收入份额的"X"形走势，深刻反映了过去几十年美国经济发展过程中积累下来的问题和矛盾，而目前美国这种"蛋糕分配"问题

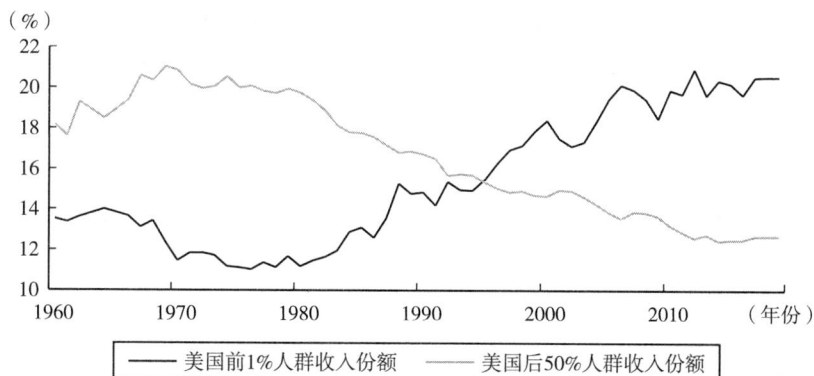

图 10 - 10　1960～2019 年美国收入前 1% 与后 50% 人群收入份额对比

资料来源：Wind 资讯。

已经开始影响到了"蛋糕做大"以及居民消费能力。80 年代以后美国社会收入份额持续增加的那前 1% 人群，他们已经没有什么对实体经济产品的需求了，所以积累的财富都变成了金融资产，从而导致了"富人的储蓄过剩"（The saving glut of the rich）；而另一边收入后 50% 有实际需求的人群，因为收入占比在不断下降，他们有欲望有需求但是缺乏支付能力，所以这部分需求是受到了限制（indebted demand）。

从居民消费结构来看，根据各国家庭消费支出调查的统计结果，居民消费呈现如下特征：（1）发达国家食品支出占比较低，发展中国家食品支出占比较高，总体呈现下降趋势。例如，美国的食品饮料类支出占消费支出的比例从 1950 年的 21.8% 降至 2020 年的 8.5%，下降幅度明显，是所有消费品类中占比下降最大的（见表 10 - 5）。中国的食品烟酒支出占家庭支出的比例从 1998 年的 48% 大幅下降至 2020 年的 30%（见图 10 - 11）。（2）衣着（服饰）支出普遍降低。美国、日本、中国的服装与鞋类支出占比从 1998~2020 年下降约 3 个百分点，英国下降 2 个百分点，德国下降 1 个百分点。（3）住房支出占比较大且在持续提升，有可能对其他消费产生挤出效应。美国、德国的住房支出占比接近家庭消费支出的 20%，从 1998~2020 年提升了 2~3 个百分点，中国的居住消费占家庭收入比例从 1998 年的 12% 大幅提升至 2020 年的 25%。（4）医疗保健支出占比有小幅持续升高的趋势，美国、日本医疗保健支出从 1998~2020 年占比提升了约 2~3 个百分点。而且拉长看，医疗保健支出占比是美国过去几十年中增幅最大的消费类别（见表 10 - 5）。（5）除美国外，交通支出占比均在提高。（6）中国文化娱乐支出小幅提升，其余国家文化娱乐支出持平或微降。

表 10 - 5　　　　　　　　　　1930~2020 年美国居民消费支出主要类别占比　　　　单位：%

年份	汽车及零部件	家用设备	娱乐用品	食品饮料	衣着服饰	能源	住宅与公用事业	医疗保健	交通服务	娱乐服务	餐饮住宿	金融服务
1930	3.2	4.4	2.0	21.5	11.3	4.8	18.2	3.2	3.0	2.2	4.8	3.8
1940	4.0	5.0	1.4	22.6	10.2	5.4	16.1	3.1	2.7	2.3	6.3	3.4
1950	7.2	6.2	2.2	21.8	10.0	4.7	13.2	3.4	2.8	1.9	6.7	2.9
1960	6.0	4.7	2.0	19.2	8.0	4.8	17.4	4.9	2.8	2.0	6.3	4.0
1970	5.4	4.4	2.8	16.3	7.1	4.1	17.2	7.5	3.2	2.2	6.5	4.7
1980	4.9	3.9	2.7	13.9	6.0	5.9	18.2	10.0	3.2	2.4	7.1	5.3

续表

年份	汽车及零部件	家用设备	娱乐用品	食品饮料	衣着服饰	能源	住宅与公用事业	医疗保健	交通服务	娱乐服务	餐饮住宿	金融服务
1990	5.5	3.2	2.8	10.5	5.2	3.3	18.7	13.6	3.4	3.3	7.0	6.2
2000	5.5	3.1	3.5	8.2	4.2	2.8	18.1	13.9	4.0	3.8	6.2	8.2
2010	3.5	2.4	3.0	7.9	3.2	3.4	19.5	17.1	3.1	4.1	6.4	7.7
2020	4.0	2.9	3.5	8.5	2.7	1.8	19.7	17.1	2.7	3.1	5.9	8.8

注：本表中不包含"其他耐用品""其他非耐用品""其他服务"三个分项，故各类别加总之和不等于100%。

资料来源：美国经济分析局（BEA）。

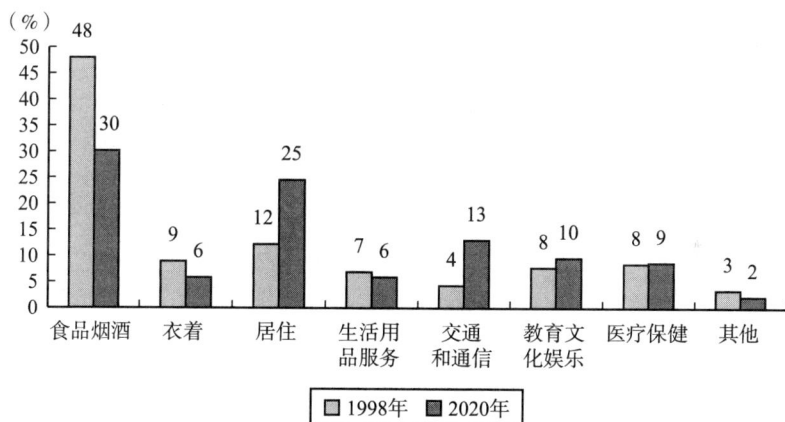

图 10－11 1998 年与 2020 年中国居民消费支出项目占比变化

资料来源：Wind 资讯。

五、消费升级的三个阶段

众所周知，随着一个经济体中人均 GDP 的不断提高，居民生活水平的日益富足上升，消费已经从最原始的"吃饱穿暖"的生存需求转向了对生活品质的追求，消费升级的趋势是难以逆转的。我们认为，消费升级可以分为三个阶段，这样划分可能更加有利于理解消费总量和结构的变迁趋势。

第一阶段，在人均 GDP 一万美元以下，我们把这个阶段定义为"数量型"消费阶段或者也可以叫"温饱型"消费阶段。这个阶段中消费品消费数量的上升是最明显的特征，由于生活水平较低，居民对各类消费品都有很强的需求，改革开放以后很长时间里中国经济中消费的发展模式，几乎都是数量型的，不断满足人民群众日益增长的物质文化需求，2008 年金融危机以前我们看到中国白酒、啤酒、汽车、家电等消费品销量都持续增长，都属于这种数量型消费增长。

第二阶段，大约在人均 GDP 一万美元到两万美元之间，我们把这个阶段定义为"质量型"消费阶段或者"品质型"消费阶段。这个阶段中居民对于大多数消费品的需求数量开始饱和，转而更加关注消费品的品质和品牌，也就是要吃好的、喝好的、用好的，我们传统意义上常说的消费升级应该指的就是这个阶段。2010 年以后中国经济中很多的消费结构变化都体现出了这样的特征，比如，喝酒的人没多、喝酒的人酒量也没有变大，但是大家喝的白酒越来越贵了，这是消费升级；再比如，全球新兴市场经济体对品牌运动服饰鞋类的购买力大幅增加，对于中国的"80"后而言，耐克、阿迪达斯这些国际品牌在我们小时候都是奢侈品，但对现在我们的孩子来说已经不是了，现在大家收入都提高了，会更多地给孩子买这些国际品牌。

第三阶段，大约在人均 GDP 超过两万美元以后，我们把这个阶段定义为"个性化"消费阶段或者"新消费"阶段。随着居民收入的不断提高，到这个阶段，消费者对于绝大多数产品都不会再有什么新增的边际需求了，再好的白酒也喝不多了，当孩子们全都穿上耐克、阿迪达斯之后品牌消费需求也开始饱和了。此时能够创造消费需求的主要靠新产品的创新了，也就是我们经常说的供给创造需求，这个阶段中一是消费者会更加在意追求一些与众不同的个性化消费，从全球经验来看，化妆品、美妆、药妆等似乎是各国消费者普遍会追求的。二是传统产品需求都已经饱和了，新产品数量少就可以给消费者带来更多的新增边际效用，新产品可以获得更高的价值量和利润率。三是消费者对于服务性消费的需求会大幅增加，发达国家的宏观消费数据中一般会呈现出两个 70%，即 GDP 中消费占比约 70%，消费中服务性消费占比约70%。

从全球各国的经济发展和消费股表现来看，基本上都走过前述的三个阶段。而对于这些消费股龙头公司而言，在本国人均 GDP 超过两万美元之后，要进一步求得成长，无一例外会选择国际化的道路，比如 20 世纪 80～90 年代美国的宝洁、可口可乐、百事可乐、高露洁、吉列，英国的联合利华，再到 2000 年以后日本的尤妮佳、优衣库、花王、狮王等，都走过这样的国际化道路。成功的国际化一方面可以大幅提高企业的营业收入，类似宝洁等消费巨头，在国际化的过程中海外营收占比往往都能从大约 30% 上升到超过 70%，另一方面可以利用规模化生产降低成本提高利润率，从而实现利润大幅增长成为闪亮的明星企业，国际化过程中的消费股都是成长股而不能算价值股。

笔者认为，消费龙头企业的国际化和品牌出海，背后本质上是文化的输出以及对企业本国文化的认同感。20 世纪 80 年代我们喜欢喝可乐穿牛仔裤，是在改革开放的初期对于美国式生活的认同和向往；90 年代我们喜欢买日本的家电，是对日本那种严谨的工匠精神的认可，当时消费者还会特别留意松下、索尼这些日本品牌产品的原产地是不是日本，如果是东南亚国家生产的，价格也要低一点。而这种文化认同的背后，实际上反映的是一个国家综合实力和国际地位的提高。随着中国经济的持续发展，中国特色社会主义的道路自信、理论自信、制度自信、文化自信不断深入人心，中国的成功发展模式也越来越被全球其他国家和地区所认可。因此，展望未来，中国消费龙头企业的品牌出海时代也已经来临。

六、中国的"大消费时代"

从全球各国的经济和股市历史经验来看，主要发达国家都经历过一个"大消费时代"，这其中非常典型的是美国股市在 20 世纪 60 年代中期到 90 年代初期，出现过连续 20 多年的消费板块持续跑赢市场整体。当前我国经济步入新常态，新旧动能转换是实现经济转型升级的内在动力，消费对经济的贡献率开始持续高于投资，渐渐成为经济增长的新动能。笔者认为当前中国经济已经跨越人均 GDP 一万美元的发展阶段，重工业投资占比减少、居民消费占比提升、消费中服务占比提高，这些经济发展的普遍规律我们也正在经历。笔者认为，当前中国已经开始进入了一个"大消费时代"。

"大消费时代"的起因，一般是两点：一是重工业投资时代结束，居民的储蓄率会下降，消费占比会明显提高；二是没有房地产周期的影响，使得居民可以用更大部分的收入来进行消费。美国经济在 20 世纪 60 年代以后重工业投资基本结束，而大的房地产周期要到 90 年代中期以后才开始，这中间的 20 多年孕育了其历史上的"大消费时代"。2010 年以后中国经济的重工业投资时代基本上确定性已经结束，而在国家"房住不炒"的大政方针下，中国的房地产过去多年的高景气周期预计也将告一段落，中国的"大消费时代"也已经到来。

"大消费时代"的宏观经济表现特征主要是两个，一是随着人均 GDP 的不断上升，消费占 GDP 的比重会不断提高。当前全球多数发达国家最终消费占 GDP 的比重都超过 70%，像英国美国这些国家甚至要超过 80%（见图 10 - 12），而中国目前最终消费占 GDP 的比重是 56%，未来还有很大的提升空间。二是消费中商品性消费占比不断降低，而服务性消费占比不断上升。这也是全球各国经济发展中普遍发生的现象，随着收入的不断提高，人们对一般商品性的消费会逐渐饱和，而对医疗、教育、娱乐、家政等服务性消费的需求会不断增加。

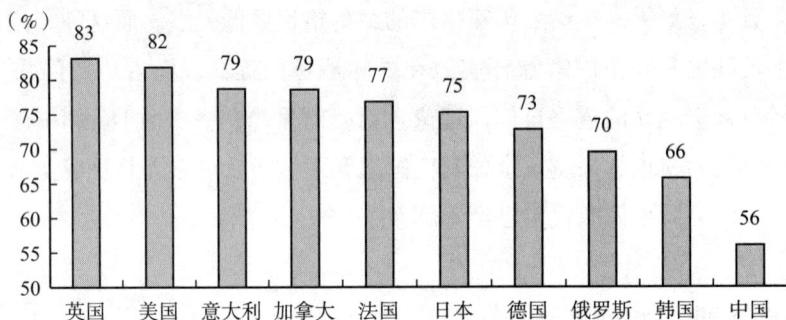

图 10-12　2019 年全球部分国家最终消费占 GDP 比重对比

资料来源：世界银行。

第二节　全球科技股行情总结

一、全球科技公司情况概览

全球科技板块上市公司的市值占比在 2000 年"互联网泡沫"期间达到巅峰，占到了全球总市值的 38.8%，泡沫破灭后科技股遭遇重挫，市值也从 2000 年 3 月巅峰时期的 12.6 万亿美元一路下跌至 2002 年 9 月的 3.3 万亿美元，科技板块市值占比降至了 17.1%。经过长期横盘震荡后，科技板块于 2009 年重拾升势，板块市值一路飙升。截至 2020 年，全球科技板块的总市值约为 26.6 万亿美元，大约占到全球总市值的 26.1%。其中信息技术行业总市值 18.2 万亿美元，占全球总市值的 17.9%，电信服务行业总市值 8.4 万亿美元，占全球总市值的 8.2%（见图 10-13）。

从上市公司的数量角度来看，1985 年全球科技板块上市公司家数约 820 家，之后缓慢增长至 1994 年的 1525 家，这一时期板块公司数占比有所下降。1995 年开始，科技板块公司如同雨后春笋般大量涌现，到 2001 年底，科技板块上市公司数已突破 4000 家，公司数占比一度达到 16.6% 的高点。之后增速稍有放缓，但科技板块公司

数量仍在持续增长。截至 2020 年底，全球科技板块上市公司家数为 7387 家，占全球
上市公司数量比例为 16.7% （见图 10 - 14）。其中信息技术行业上市公司 5449 家，
占全球总上市公司数量的 12.3%，电信服务行业上市公司 1938 家，占全球总上市公
司数量的 4.4%。电信服务行业在全球许多地区属于垄断性经营行业，因此上市公司
数量较少，而公司平均市值规模整体偏高。

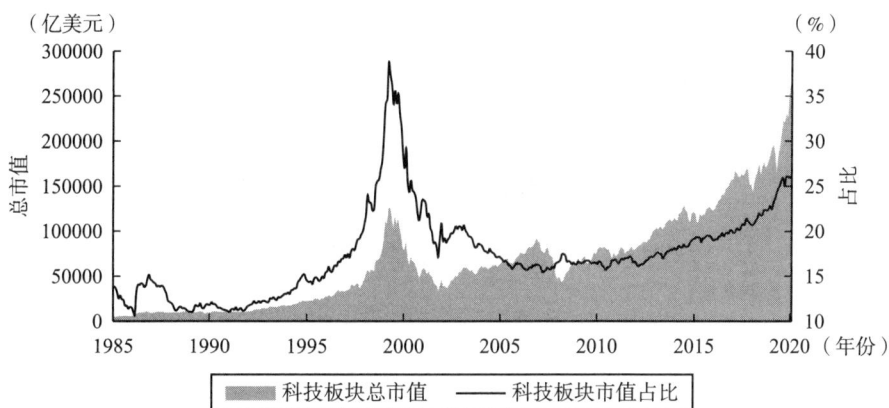

图 10 - 13　1985 ~ 2020 年全球科技板块总市值及占比变化

资料来源：Wind 资讯、彭博。

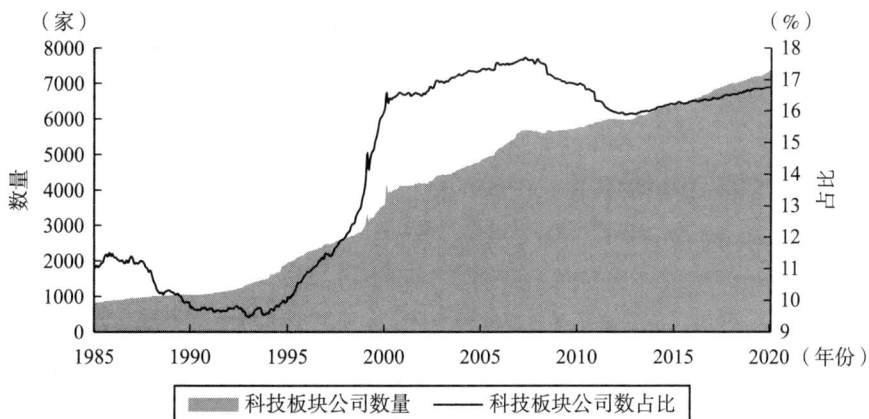

图 10 - 14　1985 ~ 2020 年全球科技板块上市公司数量及占比变化

资料来源：Wind 资讯。

　　分地区来看，美国的科技产业优势独霸全球，美国公司占到了全球科技板块总
市值的 57%，其次是中国，约占 12%，日本、中国台湾、韩国所占比例分别为

6%、4%、3%，随后的印度、德国、荷兰等所占比例均在2%左右。总市值排名前八以外的地区合计占到科技板块市值的12%，龙头集中效应在科技领域特别明显（见图10-15）。

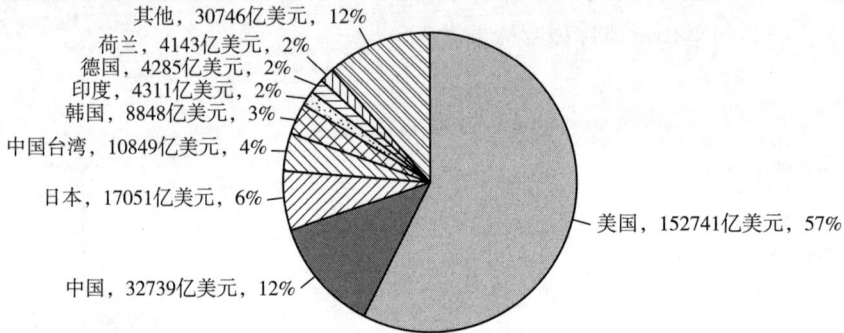

图10-15　2020年底全球科技板块分地区市值占比

注：数据截至2020年底。
资料来源：Wind资讯。

　　从龙头公司的角度来看，表10-6报告了到2020年底信息技术行业全球市值最大的30家公司名称及其所属地区和市值，目前有25家公司目前市值超过1000亿美元。其中17家属于美国，韩国、荷兰、爱尔兰、德国、印度、加拿大、日本和中国台湾地区各有1家。截至2020年底，苹果公司的总市值达22323亿美元，不仅是信息技术行业市值最大的上市公司，也是全球所有行业中市值最大的上市公司。第二名的微软公司市值紧随其后，达16784亿美元，紧接着排名第3~5位的分别是台积电、维萨、三星电子，市值分别为4811亿美元、4674亿美元、4365亿美元。市值排名靠前的还有一系列耳熟能详的公司，例如英伟达、英特尔、博通、高通、甲骨文、贝宝控股、奥多比（Adobe）、Salesforce、IBM、AMD等。

表10-6　　　　2020年底信息技术行业全球市值最大的30家上市公司列表　　　　单位：亿美元

公司名称	国家（地区）	市值	公司名称	国家（地区）	市值	公司名称	国家（地区）	市值
苹果	美国	22323	三星电子	韩国	4365	奥多比	美国	2396
微软	美国	16784	万事达卡	美国	3552	Salesforce	美国	2034
台积电	中国台湾	4811	英伟达	美国	3232	英特尔	美国	2024
维萨	美国	4674	贝宝控股	美国	2745	阿斯麦	荷兰	2010

续表

公司名称	国家 （地区）	市值	公司名称	国家 （地区）	市值	公司名称	国家 （地区）	市值
甲骨文	美国	1910	德州仪器	美国	1509	ServiceNow	美国	1078
思科	美国	1889	塔塔咨询	印度	1461	直觉软件	美国	998
博通	美国	1782	Shopify	加拿大	1387	Square	美国	993
高通	美国	1731	基恩士	日本	1352	Zoom	美国	965
埃森哲	爱尔兰	1655	IBM	美国	1124	小米集团	中国	878
SAP	德国	1588	AMD	美国	1111	繁德信息技术	美国	877

资料来源：Wind 资讯、彭博。

　　表 10 - 7 报告了到 2020 年底电信服务行业全球市值最大的 30 家公司名称及其所属地区和市值，目前有 14 家公司目前市值超过 1000 亿美元。其中 9 家属于美国，2 家属于日本，2 家属于中国（含中国香港上市的中国移动），1 家属于新加坡。截至 2020 年底，谷歌公司的总市值达 11834 亿美元，是电信服务行业市值最大的上市公司。脸书、腾讯公司市值紧随其后，分别为 7782 亿美元、6978 亿美元，排名靠前的还有迪士尼、奈飞、Sea、任天堂、Snap、百度、动视暴雪等服务商以及威瑞森、康卡斯特、AT&T、T-Mobile、特许通信、NTT DoCoMo、中国移动、德国电信等运营商。

表 10 - 7　　2020 年底电信服务行业全球市值最大的 30 家上市公司列表　　单位：亿美元

公司名称	国家	市值	公司名称	国家	市值	公司名称	国家	市值
谷歌	美国	11834	特许通信	美国	1282	KDDI 株式会社	日本	677
脸书	美国	7782	NTT DoCoMo	日本	1200	网易	中国	642
腾讯	中国	6978	中国移动	中国	1167	Spotify	卢森堡	591
迪士尼	美国	3287	Sea	新加坡	1019	沙特电信	沙特阿拉伯	565
威瑞森	美国	2431	日本电报电话	日本	989	沃达丰	英国	436
康卡斯特	美国	2400	德国电信	德国	858	NAVER	韩国	434
奈飞	美国	2395	任天堂	日本	831	推特	美国	431
AT&T	美国	2049	Snap	美国	753	Roku	美国	425
T-Mobile	美国	1675	百度	中国	724	EA	美国	414
软银	日本	1614	动视暴雪	美国	719	Pinterest	美国	413

资料来源：Wind 资讯、彭博。

二、全球科技股行情历史轨迹

自 1986 年以来，信息技术行业指数点位从 100 点增长至 2020 年底的 2518 点，年化收益率约为 9.7%，较全球整体年化收益率高 0.9 个百分点。拉长来看的平均收益率不能完全反映信息技术行业的股价爆发力，近十年信息技术股取得了惊人的涨幅。从相对大盘表现来看，信息技术行业的表现在历史上波动极大。具体来看，全球信息技术行业超额收益率走势主要可以划分为四个阶段。第一阶段从 1986～1992 年，这一阶段家用计算机还未普及，涨幅最高的主要是消费板块。第二阶段从 1993 年到 2000 年初，这一阶段全球科技股行情的爆发主要源于半导体产品价格的大幅下降。个人电脑与互联网开始走入千家万户，催生了计算机软硬件的海量需求。第三阶段从 2000～2008 年，"互联网泡沫"破灭后信息技术行业的超额收益快速消失殆尽，互联网的发展进入暂时寒冬。第四阶段从 2009～2020 年，这一阶段随着移动互联网与云计算的兴起，全球掀起了新一轮科技股浪潮，诞生了一大批科技和互联网巨头。全球信息技术行业的行情走势与超额收益见图 10－16。

图 10－16　1986～2020 年全球信息技术行业行情走势与超额收益

资料来源：Wind 资讯、彭博。

分地区来看，表 10－8 报告了全球代表性地区信息技术行业获得超额收益的主要时期。可以发现：（1）全球主要经济体信息技术行业取得超额收益的时间基本同步，主要在 1992～2000 年与 2008 年至今。（2）中国的信息技术行业由于 2015 年互联网概念股泡沫化程度较严重，近几年没有获得明显超额收益。（3）2002～2008 年主要经济体的信息技术行业，都没有取得明显超额收益。

表 10-8　全球代表性国家和地区信息技术行业获得超额收益的主要时期

年份	中国	美国	英国	德国	法国	日本	韩国	印度	中国香港	中国台湾
1986~1988	—	×	×	—	×	×	×	—	—	—
1989~1990	—	×	×	△	△	√	√	—	√	√
1991~1992	—	×	√	△	△	√	√	×	×	√
1993~1994	—	√	△	△	△	√	√	△	△	√
1995~1996	—	√	△	√	×	√	√	△	△	√
1997~1998	△	√	△	√	√	√	√	√	△	√
1999~2000	√	√	√	√	√	√	√	△	△	√
2001~2002	×	×	×	×	×	×	√	×	△	×
2003~2004	×	△	△	△	△	×	×	×	△	×
2005~2006	×	△	△	△	×	△	×	△	△	△
2007~2008	△	×	△	△	×	×	×	×	×	×
2009~2010	√	√	√	△	√	×	√	√	√	×
2011~2012	√	√	√	△	△	×	√	√	√	√
2013~2014	√	√	√	△	√	√	√	√	√	√
2015~2016	√	√	√	√	√	√	√	√	√	√
2017~2018	×	√	√	√	√	√	√	√	√	√
2019~2020	√	√	√	√	√	√	√	√	√	√

　　注："√"表示在这一时间段板块表现好于市场整体，"×"表示跑输市场整体，"△"表示表现与市场整体相当，灰色阴影表示板块有持续超过 5 年的超额收益。"—"表示数据缺失。

　　资料来源：Wind 资讯、彭博。

　　自 1986 年以来，电信服务行业指数点位从 100 点增长至 2020 年底的 1903 点，年化收益率约为 8.8%，较全球整体年化收益率小幅高出 0.1 个百分点。电信服务行业整体走势与信息技术行业走势相似，但表现弱于信息技术行业。从相对大盘表现来看，电信服务行业的表现在历史上波动较大，在行业景气度上行阶段可以取得明显的超额收益，但进入 21 世纪以来，没有取得明显超额收益。具体来看，全球电信服务行业超额收益率走势主要可以划分为四个阶段。第一个阶段从 1986~1996 年，全球电信服务行业在此期间股价起起落落，表现基本与大盘持平。第二个阶段从 1997~2000 年，这一时期全球主要经济体的大市值电信服务公司取得了惊人涨幅，有的甚至 20 年后市值仍未突破当时的高点，如英国电信、沃达丰、韩国电信等。第三个阶段从 2001~2006 年，电信服务行业超额收益一落千丈，远远跑输大盘。第四个阶段从 2007～2020 年，经历了从 3G 时代到 4G 再到 5G 时代的巨大改变，通信技术更新迭代速度明显加快，4G 技术改造了人们的生活方式，极大促进了移动互联网的发展。随着 5G 技术的推广，未来这一领先通信技术有望带来生产方式的革命。全球电信服务行业的行情走势与超额收益见图 10－17。

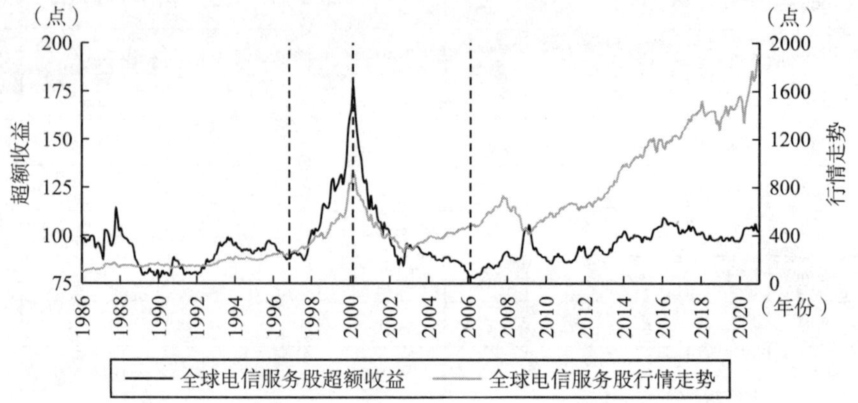

图 10－17　1986～2020 年全球电信服务行业行情走势与超额收益

资料来源：Wind 资讯、彭博。

分地区来看，表 10－9 报告了全球代表性地区电信服务行业获得超额收益的主要时期。可以发现：（1）不同地区的电信服务行业获得超额收益的能力差异较大。（2）美国、德国、日本的电信服务行业获得超额收益的历史时间占比较高。（3）电信服务行业获得超额收益的时期主要集中于 1994～2000 年、2008～2016 年等时期。（4）中国、法国和中国台湾地区电信服务行业没有过连续 5 年获得超额收益的时期。

表 10－9　　全球代表性国家和地区电信服务行业获得超额收益的主要时期

年份	中国	美国	英国	德国	法国	日本	韩国	印度	中国香港	中国台湾
1986～1988	—	√	△	√	√	×	×	—	—	—
1989～1990	—	√	△	√	√	×	×	—	×	—
1991～1992	—	√	△	√	△	×	×	△	×	—
1993～1994	—	×	△	√	△	√	√	√	×	—
1995～1996	—	×	×	√	△	√	√	√	×	—
1997～1998	△	√	√	√	√	√	√	√	√	—
1999～2000	√	√	√	√	√	√	√	√	√	

续表

年份	中国	美国	英国	德国	法国	日本	韩国	印度	中国香港	中国台湾
2001～2002	△	×	×	×	×	×	×	×	×	△
2003～2004	△	√	×	√	△	×	×	√	×	△
2005～2006	×	√	×	×	×	×	×	√	√	△
2007～2008	√	√	√	×	√	√	△	△	√	√
2009～2010	△	△	√	△	×	√	△	×	√	△
2011～2012	△	△	√	△	△	√	△	△	√	△
2013～2014	√	△	√	√	△	√	△	△	√	△
2015～2016	√	△	×	√	△	√	△	×	√	△
2017～2018	×	△	△	×	×	√	△	×	√	×
2019～2020	×	△	×	×	×	√	△	△	√	×

注："√"表示在这一时间段板块表现好于市场整体，"×"表示跑输市场整体，"△"表示表现与市场整体相当，灰色阴影表示板块有持续超过 5 年的超额收益。"—"表示数据缺失。

资料来源：Wind 资讯、彭博。

三、全球科技与科技产业发展脉络

全球科技股取得超额收益的时期极为相近。因为信息科技的进步是整个人类文明的结晶，与其按照细分市场狭义地分析供需关系及竞争格局，不如站在全球视角去分析科技创新带来的生产力巨大改变。信息科技行业发展过程中，科技公司间的竞争不是零和博弈关系，而是在全球分工体系中互相依存共同进步的合作关系。各家科技公司，都是站在前人的肩膀上一步步发展起来的。表 10－10 展示了第一台通用电子计算机问世以来，信息技术行业历史发展中的重要事件。

表 10－10　　　　　　　　　　全球信息技术行业历史大事记

年份	事件
1946	约翰·埃克特和约翰·莫奇利制造出电子数字积分计算机（ENIAC），这是世界上首台通用电子计算机
1951	通用自动计算机（UNIVAC）正式移交美国人口普查局使用，计算机开始为人类社会服务
1956	达特茅斯会议首次正式提出"人工智能"这一术语
1958	英特尔创始人罗伯特·诺伊斯发明了集成电路，不久基尔比对"半导体集成电路"申报专利
1964	历时四年研发的 IBM 360 大型计算机问世，标志着第三代计算机的全面登场

续表

年份	事件
1965	DEC 公司成功推出 PDP－8 小型机。同年"摩尔定律"提出
1974	罗伯茨发布了装有 8080 处理器的计算机"牛郎星"（Altair），掀开了个人电脑的序幕
1975	比尔·盖茨与好友保罗·艾伦一同创办了微软公司
1976	斯蒂尼·沃兹尼亚克和斯蒂夫·乔布斯共同创立了苹果公司，并推出"苹果 I"型计算机
1980	经过了一年的艰苦开发，IBM PC 最终诞生，彻底改变了计算机行业的生态环境
1982	康柏公司推出了便携式 PC 兼容机 Portable，莲花公司推出电子表格软件 Lotus 1-2-3。微电脑开始普及，大量进入学校和家庭
1984	苹果公司推出 Macintosh 计算机，首次采用了图形界面的操作系统。同年第一款声卡问世，从而让 PC 拥有了真正的发声能力
1985	微软公司上市，推出 Windows 1.0 操作系统。飞利浦和索尼合作推出 CD-ROM 驱动器
1989	英特尔公司在拉斯维加斯电脑大展上首度发布集成有 120 万晶体管的 486 处理器
1990	伯纳斯设计了超文本传输协议和超级文本标记语言，万维网正式问世
1991	太阳公司开发了 Java 程序设计语言。林纳斯·托瓦兹发布基于 Unix 开发的 Linux 操作系统，并且将源代码全部公开于互联网上，从而引发了席卷全世界的源代码开放运动
1993	美国信息高速公路计划提出，中国接入 Internet 的第一根专线开通
1994	索尼和飞利浦发布了高密度 CD 碟片，苹果公司开始销售 PowerPC 计算机
1995	网景公司上市，雅虎（Yahoo）公司成立，微软公司正式向全世界推出了划时代的 Windows95
1998	IBM 研制的超级计算机"深蓝"战胜国际象棋大师，苹果推出 iMac 电脑大获成功
1999	Nvidia 公司推出了 GeForce256 显示芯片，并提出了 GPU 的全新概念
2000	互联网泡沫破灭，微软被裁定违反反垄断相关法律
2001	微软推出 Windows XP 操作系统，推动了身处低潮的全球 PC 硬件市场
2004	马克·扎克伯格创办了脸书（Facebook）社交网站
2005	YouTube 视频共享网站上线
2007	苹果公司推出划时代意义的 iPhone 手机，次年谷歌公司推出安卓移动操作系统
2009	谷歌公司宣布无人驾驶汽车问世，同年发布 Chrome OS，实现将浏览器作为操作系统
2010	苹果公司推出 iPad 平板电脑，平板市场开始兴盛
2011	微软以 85 亿美元买下网络电话服务公司 Skype，完成其数十年来最贵的一笔交易。库克接替乔布斯执掌苹果公司
2012	谷歌发布 Google Glass 智能眼镜，智能可穿戴设备迎来发展元年。特斯拉 Model S 面世
2013	微软 72 亿美元收购诺基亚手机部门，Twitter 上市。游戏硬件领域，微软发布了 Xbox One，竞争对手索尼也推出了 PlayStation 4 游戏机

续表

年份	事件
2014	苹果公司宣布推出 Apple Watch 智能手表，正式朝着可穿戴技术领域发展。脸书（Facebook）以 190 亿美元的价格收购了 WhatsApp
2015	亚马逊（Amazon）首次公开云服务收入，AWS 正逐渐取代传统科技巨头的业务
2016	AlphaGo 战胜围棋世界冠军，科技巨头陆续布局人工智能
2017	谷歌和 IBM 在量子计算领域展开激烈竞争，移动支付迎来了爆发，共享经济加速发展
2018	中美贸易摩擦加剧，美国政府对中兴通讯实行禁运。苹果公司市值首次突破 1 万亿美元
2019	5G 技术开始启动商用，华为发布自主研发的操作系统鸿蒙 OS，折叠屏手机陆续发售
2020	美国商务部对华为 5G 芯片实行禁运，对中芯国际实施了出口限制。Snowflake 创下当年美国市场最大规模的 IPO，Salesforce 用 277 亿美金收购协同软件 Slack

笔者认为 2000 年以前的全球科技股行情，主要源于半导体产品价格的大幅下降（见图 10-18），迅速下降的信息技术产品价格成为信息技术推广的强大经济诱因。当时互联网被视为与 19 世纪的铁路、汽车和 20 世纪初的收音机比肩的科技革命。这段科技股牛市里，受益于半导体价格的加速下降，个人计算机逐渐成为人们生活工作的消费品。1990 年美国互联网普及率为 0.8%，这个比例在 1995 年提高到 9.2%，在 2000 年进一步提高到 43.1%。联网主机数量呈几何式增长。

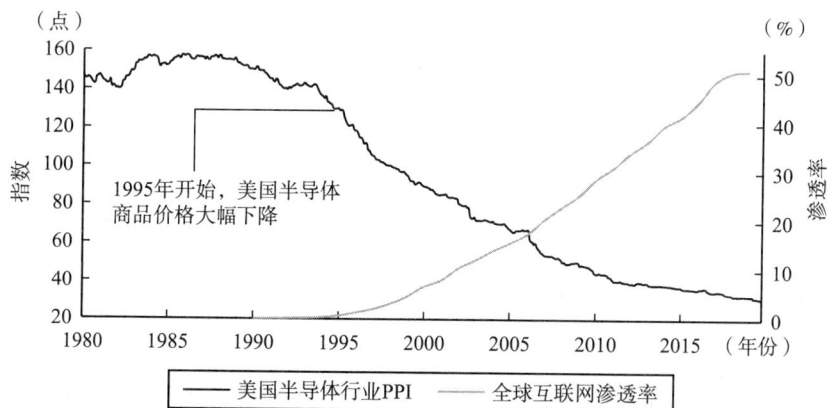

图 10-18 美国半导体行业生产者价格指数（PPI）走势与全球互联网渗透率

注：指数以 1998 年平均价格为 100。

资料来源：彭博。

个人计算机的迅速普及催生了从计算机硬件到软件、从单机到网络的巨大市场需求，从而成就了一批以提供计算机及网络软硬件设施为代表的成长股。如提供网络连接设备的思科、提供个人计算机的戴尔、提供个人计算机操作系统和办公软件的微软，以及提供个人计算机 CPU 的英特尔。

2008 年金融危机后，全球掀起了新一轮科技股浪潮。在产业因素方面，这一轮最大的变化就是移动互联网时代的来临与云计算的兴起，两者都以不同的形式挑战着传统 PC 的地位。2007 年，苹果发布第一款 iPhone，以"触屏 + 应用"的模式重新定义了智能机，2008 年，由 HTC 制造的首部 Android 手机诞生，它们将手机从硬件时代带入软件时代。与此同时，2006 年左右，谷歌、亚马逊、IBM 先后提出云端应用，云计算能够实现电脑上所有的应用与计算都在云端实现，从而挑战了传统 PC 的 Wintel 格局。

随着 2008 年苹果公司推出 iPhone 3G，智能手机的发展开启了新时代，移动互联网领域开始影响整个市场。智能手机的飞速发展拉动网民数量增长，也同时撼动 PC 端在互联网领域的霸主地位。PC 端的上网时间自 2013 年起开始呈负增长趋势，而移动端的日均上网时间逐年上升，增幅提高明显。目前，全球用户在移动端的平均上网时长可达 2 小时以上，约为 PC 端的 3 倍之多。2010 年智能手机出货量同比增长 75.62%（见图 10 - 19）。此后几年间，各类智能手机品牌像雨后春笋般出现在手机市场。这十年里，受益于移动互联网和云计算的发展，诞生了像"FAANG"等一大批科技和互联网巨头。

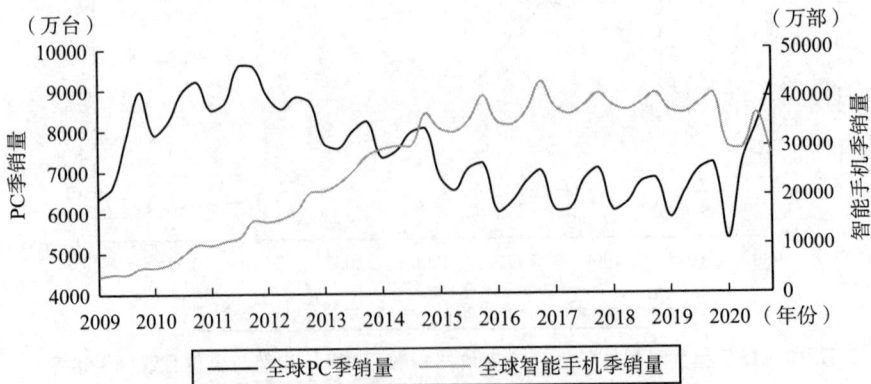

图 10 - 19　2009 ~ 2020 年全球 PC 与智能手机季度销量走势

资料来源：Wind 资讯。

科技股行情演绎有着明确的方向，我们总结为"五位一体"，即从通信革命，到半导体、到计算机系统、到各类应用，中间相伴相生的是能源革命。近三十年来社会科技的进步是沿着信息技术的发展展开的，他首先发展的是信息技术自身的产业，每一个信息技术子领域都产生了世界级别的大公司。其次是改变人类社会的生活方式，那些洞察先机的人已经为我们构建起了便捷的生活圈。映射到产业链上，信息革命有非常清晰的逻辑顺序，概而括之即是我们所说的"五位一体"。首先是通信革命，其次是半导体的进步，接着是在快速处理能力基础上的计算机系统的集成。然后是在此基础上的应用，比如游戏、购物、社交、工作等。最后是在这个过程中间相伴而随的对新能源的追求。

第三节　全球周期股行情总结

一、全球周期公司情况概览

为了明确本节讨论的对象，我们首先对周期板块的公司范围进行定义，从 GICS 分类规则来看，大致可以将能源行业和原材料行业纳入传统的周期板块，这两类行业也是最具代表性的周期性行业。截至 2020 年底，全球周期板块合计总市值达 10.97 万亿美元，约占到全球总市值的 10.8%。周期板块市值中能源行业占比为 45%，原材料行业占比为 55%。

全球能源行业上市公司的市值在 2008 年油价高点同步达到最高值，能源行业市值占全球上市公司市值比例最高达 12.4%，此后占比一路下降。除了 2019 年底沙特阿美公司的上市引起能源行业市值大幅升高以外，能源行业近十年来的市值没有明显增长，市值占比也在持续下跌。截至 2020 年底，全球能源行业的总市值约为 4.97 万亿美元，大约占到全球总市值的 4.9%（见图 10-20）。

从上市公司的数量角度来看，能源行业在多数地区属于垄断性质的行业，因此上市公司数量整体较其他行业明显偏低。1985 年全球能源行业上市公司家数约 388 家，之后在整个 20 世纪末都保持着较慢的增长速度。2000 年底全球能源行业上市公司家数为 650 家，仅占全球上市公司数量的 3% 不到。进入 21 世纪，能源行业上市公司数量开始快速增长，于 2014 年底达到约 1700 家的历史高点，此后上市公司数量重新下滑。截至 2020 年底，全球能源行业上市公司家数为 1494 家，占全球上市公司数量比例为 3.4%（见图 10 - 21）。

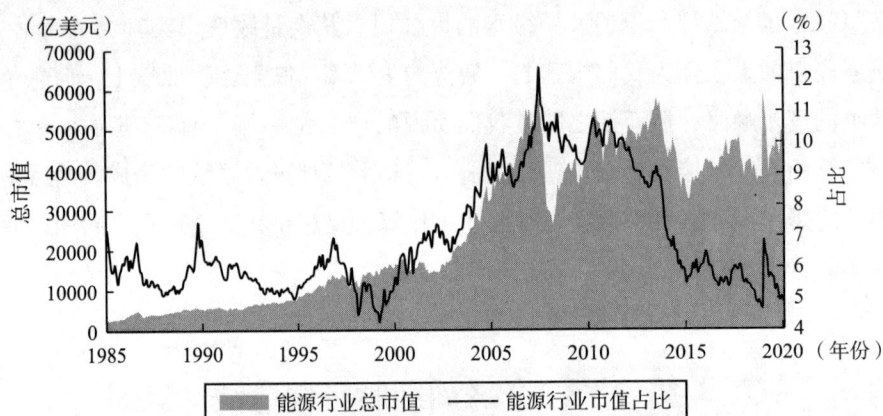

图 10 - 20　1985 ~ 2020 年全球能源行业总市值及占比变化

资料来源：Wind 资讯、彭博。

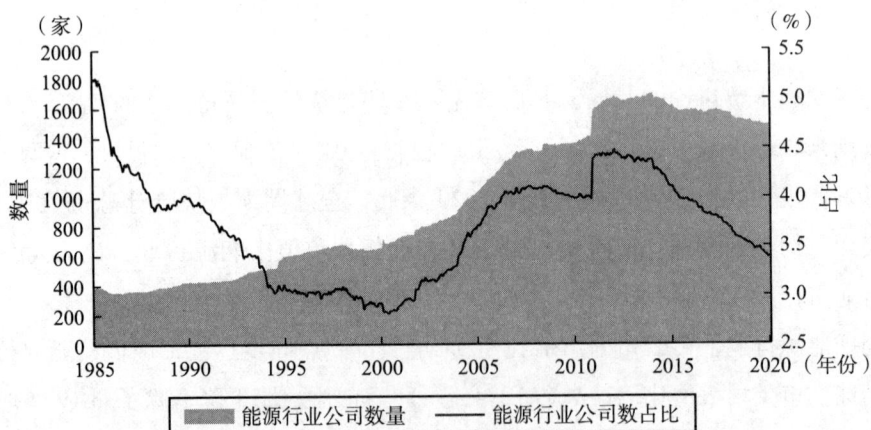

图 10 - 21　1985 ~ 2020 年全球能源行业上市公司数量及占比变化

资料来源：Wind 资讯。

分地区来看，沙特阿拉伯的能源行业市值达 2 万亿美元，主要由沙特阿美公司贡献，占到了全球能源行业总市值的 41%。其次是美国，约占全球能源行业市值的 21%，加拿大、印度、俄罗斯所占比例均在 5% 附近，中国能源行业市值在全球排名第六，大约占到 3%。总市值排名前八以外的地区合计占到能源行业市值的 16%（见图 10 - 22）。

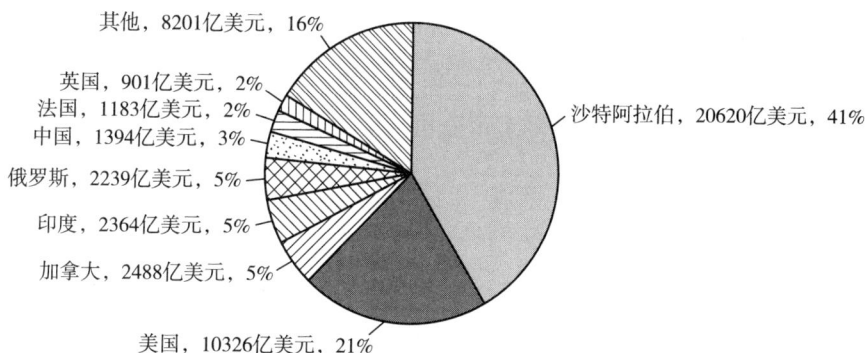

图 10－22　2020 年底全球能源行业分地区市值占比

注：数据截至 2020 年底。

资料来源：Wind 资讯。

　　全球原材料行业上市公司的市值占比在 1989 年达到最高值 11.9%，此后市值增长缓慢，市值占比于 2000 年达到最低值 3.3%。随着 21 世纪初的大宗商品周期到来，原材料行业市值快速增长，2008 年 6 月，原材料行业市值达 4.8 万亿美元，占全球上市公司市值比例达到阶段性高点 10.3%。2011 年以后原材料行业市值增长缓慢，市值占比一路下降。截至 2020 年底，全球原材料行业的总市值约为 6 万亿美元，大约占到全球总市值的 5.9%（见图 10－23）。

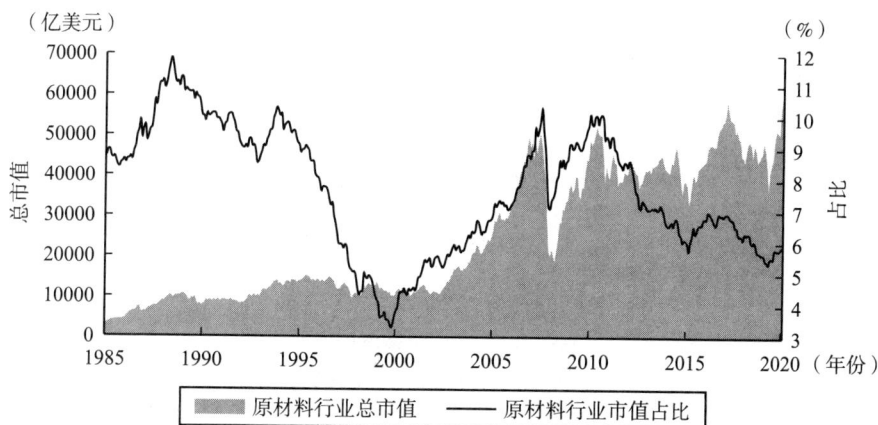

图 10－23　1985～2020 年全球原材料行业总市值及占比变化

资料来源：Wind 资讯、彭博。

　　从上市公司的数量角度来看，原材料行业的公司数量稳步上涨，占全球上市公司数量的比例基本稳定，保持在9%～14%区间波动。最低点发生在2000年底，占比仅为9.4%，最高点为2013年1月，占比达14.1%。截至2020年底，全球原材料行业上市公司家数为5623家，占全球上市公司数量比例为12.7%（见图10-24）。

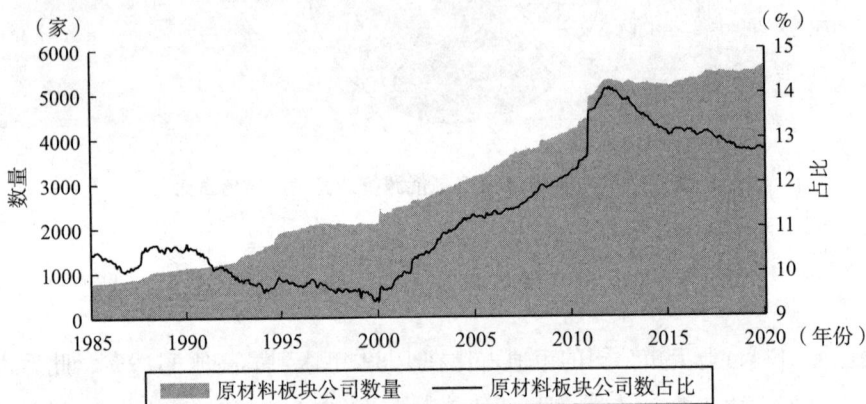

图10-24 1985～2020年全球原材料行业上市公司数量及占比变化

资料来源：Wind资讯。

分地区来看，原材料行业的地区分布明显比能源行业更为分散。中国、美国的原材料行业市值领先，分别占到全球原材料行业总市值的13%、12%，其次是日本、英国、加拿大分别占5%、4%、4%。而澳大利亚、印度、瑞士所占比例均在3%附近，总市值排名前八以外的地区合计占到原材料行业市值的53%（见图10-25）。

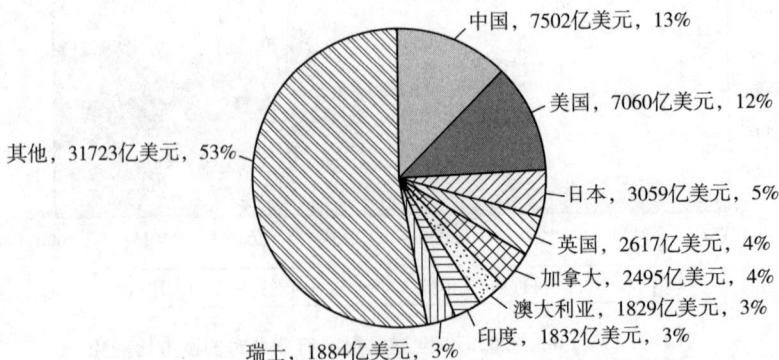

图10-25 2020年底全球原材料行业分地区市值占比

注：数据截至2020年底。

资料来源：Wind资讯。

从龙头公司的角度来看，表 10 – 11 报告了到 2020 年底能源行业全球市值最大的 30 家公司名称及其所属地区和市值，其中仅 6 家公司目前市值超过 1000 亿美元，沙特阿美公司的市值超过 2 万亿美元，超过第二名市值 10 倍以上，是能源行业的绝对龙头。美国的埃克森美孚、雪佛龙和印度的信实工业市值相近，分别为 1745 亿美元、1626 亿美元、1712 亿美元。法国的道达尔能源市值约 1129 亿美元，排名第五。中国石油市值约 1095 亿美元，排名第六。排名前十的还有荷兰皇家壳牌、中国石化、英国石油、俄罗斯天然气（Gazprom）等公司。

表 10 – 11　　　　　**2020 年底能源行业全球市值最大的 30 家上市公司列表**　　　单位：亿美元

公司名称	国家 （地区）	市值	公司名称	国家 （地区）	市值	公司名称	国家 （地区）	市值
沙特阿美	沙特	20531	恩桥	加拿大	648	埃尼集团	意大利	372
埃克森美孚	美国	1745	俄罗斯石油	俄罗斯	610	台塑石化	中国台湾	333
信实工业	印度	1712	纳斯特石油	芬兰	549	金德摩根	美国	310
雪佛龙	美国	1626	挪威国家石油	挪威	535	诺瓦泰克	俄罗斯	306
道达尔能源	法国	1129	中国神华	中国	519	Phillips 66	美国	306
中国石油	中国	1095	企业产品	美国	428	斯伦贝谢	美国	304
荷兰皇家壳牌	荷兰	715	康菲石油	美国	427	EOG 能源	美国	291
中国石化	中国	704	中海油	中国香港	414	加拿大自然资源	加拿大	285
英国石油	英国	693	泰国国家石油	泰国	401	马拉松石油	美国	269
俄罗斯天然气	俄罗斯	666	TC 能源	加拿大	383	哥伦比亚国家石油	哥伦比亚	260

资料来源：Wind 资讯、彭博。

表 10 – 12 报告了到 2020 年底原材料行业全球市值最大的 30 家公司名称及其所属地区和市值。原材料行业较为分散，没有像能源行业那样的巨无霸企业，仅 1 家公司目前市值超过 1000 亿美元，林德集团以 1379 亿美元的市值居首。澳大利亚的必和必拓、英国的力拓市值相近，分别为 920 亿美元、916 亿美元。巴西淡水河谷、沙特基础工业、法国液化空气、信越化学、巴斯夫市值排名紧随其后。中国的龙头化工企业万华化学排第 18 名，2020 年底总市值达 435 亿美元，另外海螺水泥与紫金矿业均跻身全球原材料板块市值前 30 名。

表 10 – 12　　　　2020 年底原材料板块全球市值最大的 30 家上市公司列表　　单位：亿美元

公司名称	国家	市值	公司名称	国家	市值	公司名称	国家	市值
林德集团	英国	1379	空气化工	美国	605	陶氏	美国	412
必和必拓	澳大利亚	920	福特斯库金属	澳大利亚	531	巴里克黄金	加拿大	405
力拓	英国	916	LG 化学	韩国	525	海螺水泥	中国	398
淡水河谷	巴西	860	杜邦	美国	522	奇华顿	瑞士	382
沙特基础工业	沙特	811	南方铜业	美国	503	西卡集团	瑞士	380
法国液化空气	法国	766	诺里尔斯克镍业	俄罗斯	496	自由港麦克莫兰	美国	379
信越化学	日本	720	纽蒙特矿业	美国	479	亚洲涂料	印度	361
巴斯夫	德国	717	万华化学	中国	435	日本涂料	日本	353
舍尔温威廉姆斯	美国	658	英美资源集团	英国	433	紫金矿业	中国	345
艺康	美国	618	嘉能可	瑞士	417	PPG 工业	美国	341

资料来源：Wind 资讯、彭博。

二、全球周期股行情历史轨迹

自 1985 年底以来，能源板块指数点位从 100 点增长至 2020 年底的 1981 点，年化收益率约为 8.9%，较全球整体年化收益率高 0.2 个百分点。从相对大盘表现来看，能源板块早期具备很强的获取超额收益的能力，1985～2008 年底，能源板块表现大幅跑赢全球市场的平均收益率，但自 2008 年以来，能源板块持续大幅落后于大盘走势。能源板块的股价走势与全球能源价格的走势关系十分密切。具体来看，1985 年底以来，全球能源行业超额收益率走势主要可以划分为以下四个阶段。第一阶段从 1986～1991 年，这一时期由于技术的不断提升以及政府政策的支持，使得中东地区的石油供给成本不断降低，石油市场价格实现市场定价化。1990 年 7 月中旬海湾战争爆发，使得国际市场石油供给再次短缺，原油价格上升带动能源股快速上涨。第二阶段从 1991～1999 年，海湾战争过后，国际市场原油价格逐渐恢复稳定，1995 年 5 月，时任美国总统克林顿签署了对伊朗的贸易禁令，1996 年 8 月出台了《达马托法》，禁止美国及外国石油公司在伊朗能源领域进行 4000 万美元以上的投资，地缘政治摩擦导致能源板块超额收益在这一阶段持续攀升。而 1997 年 6 月亚洲金融危机爆发，并由东南亚蔓延到美国等地区，受到金融危机的影响，能源需求下降促使能源板块超额收益下降。这一时期能源板块基本与大盘走平。第三阶段从 2000～2008 年，随着发展中国家工业化和城镇化进程的加快，对能源品的需求大幅增长，促使国际市场能源价格一路攀升。此外大量投机者进入市场，资金的流入促使能源品的价格超出了其基本价值，带来了巨大的价格泡沫，投机泡沫的存在进一步推动了能源板块超额收益的快速增长。第四阶段从 2009~2020 年，爆发于美国的金融危机，使得投资炒作资金相继离场，投机泡沫的破灭带动价格进一步下跌。2014 年上半年地缘政治冲突加剧导致能源价格在短时间内有较大幅度的攀升，但是长期内全球能源需求持续疲软，加之美国经济好转导致的美元走强进一步给能源价格带来了压力，能源板块超额收益一路走低。全球能源行业的行情走势与超额收益见图 10 - 26。

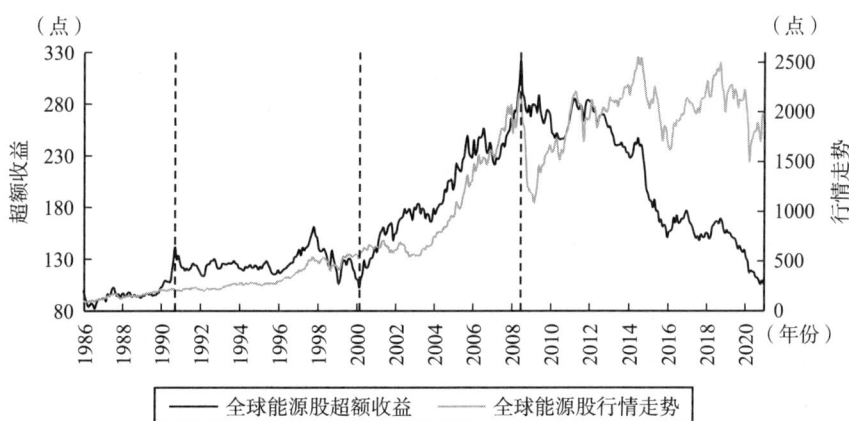

图 10 - 26　1986~2020 年全球能源行业行情走势与超额收益

资料来源：Wind 资讯、彭博。

分地区来看，表 10 - 13 报告了全球代表性地区能源板块获得超额收益的主要时期。可以发现：（1）英国股市能源板块获得超额收益的时期十分长，在 20 世纪 90 年代持续获得超额收益；（2）主要经济体能源板块获得超额收益的时期大体同步，主要集中于 2000~2008 年；（3）2008 年以后，几乎没有一个地区的能源板块持续取得明显超额收益。

自 1985 年底以来，原材料行业指数点位从 100 点增长至 2020 年底的 1494 点，年化收益率约为 8%。从相对大盘表现来看，虽然原材料行业可以阶段性大幅跑赢大盘，但长期来看，自 1985 年至 2020 年底，原材料行业未能跑赢大盘，年化收益率较全球整体年化收益率低 0.7 个百分点。具体来看，全球原材料行业超额收益率走势主要可以划分为以下四个阶段。第一阶段从 1986~1989 年，这一时期全球经济保持高景气度，原材料板块取得阶段性的明显超额收益。第二阶段从 1990 ~ 2000 年，与能源板块基本与全球股市收益率走平不同，原材料板块大幅落后于全球股市收益率。这一时期互联网浪潮兴起，科技股表现更为出色。第三阶段从 2001 ~ 2008 年，2001 年中国加入世界贸易组织后，因经济的快速发展，对全球大宗商品的需求大幅增长，全球经济进入繁荣周期，这一时期能源行业和原材料行业均有显著的超额收益。第四阶段从 2009 ~ 2020 年，全球金融危机爆发后，对商品需求的扩张开始低于供给的增加。除了 2009 ~ 2010 年受益于金融危机后的全球各国政策强刺激，原材料板块阶段性跑赢市场外，其余时期持续跑输大盘。全球原材料行业的行情走势与超额收益见图 10 - 27。

表 10 - 13 　　　　全球代表性国家和地区能源板块获得超额收益的主要时期

年份	中国	美国	英国	德国	法国	日本	韩国	印度	中国香港	中国台湾
1986 ~ 1988	—	√	√	—	△	×	△	—	—	—
1989 ~ 1990	—	√	√	—	√	√	△	×	—	√
1991 ~ 1992	—	×	√	√	√	√	△	√	—	×
1993 ~ 1994	—	×	√	×	△	×	△	√	×	×
1995 ~ 1996	—	×	√	×	△	×	△	×	×	√
1997 ~ 1998	—	×	√	×	√	×	△	△	×	√
1999 ~ 2000	—	×	√	×	△	×	△	×	√	×
2001 ~ 2002	△	√	√	√	√	√	√	√	√	×
2003 ~ 2004	√	√	√	√	√	√	√	√	√	√
2005 ~ 2006	√	√	√	—	√	√	√	×	√	√
2007 ~ 2008	√	√	√	√	√	√	√	√	√	√
2009 ~ 2010	×	×	×	—	√	×	√	×	√	×
2011 ~ 2012	△	×	×	—	×	×	×	△	×	×
2013 ~ 2014	×	×	√	—	×	×	√	△	×	√
2015 ~ 2016	×	×	√	—	×	√	△	△	×	√
2017 ~ 2018	√	×	√	—	×	√	√	×	×	×
2019 ~ 2020	×	×	×	—	×	×	√	√	×	×

　　注："√"表示在这一时间段板块表现好于市场整体，"×"表示跑输市场整体，"△"表示表现与市场整体相当，灰色阴影表示板块有持续超过 5 年的超额收益。"—"表示数据缺失。

　　资料来源：Wind 资讯、彭博。

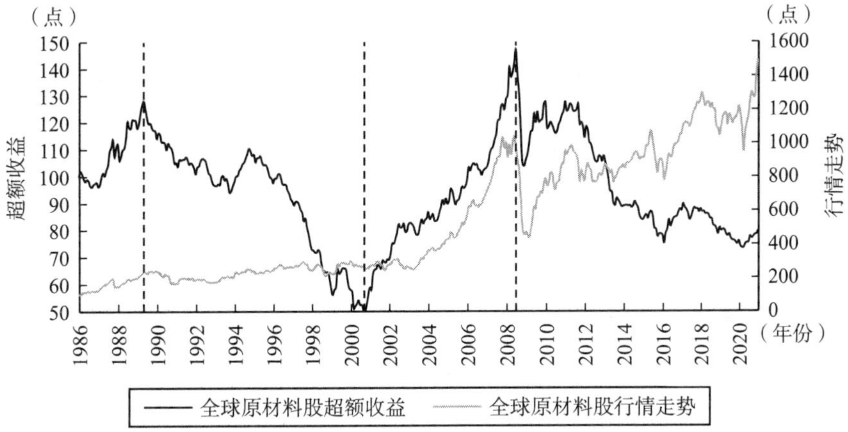

图 10－27 1986～2020 年全球原材料行业行情走势与超额收益

资料来源：Wind 资讯、彭博。

分地区来看，表 10－14 报告了全球代表性地区原材料板块获得超额收益的主要时期。可以发现：（1）各地区原材料板块获得超额收益的历史时间占比不高；（2）各地区原材料板块获得超额收益的时期大体同步，主要集中于 2000～2008 年；（3）韩国的原材料板块自 20 世纪 90 年代以来持续取得超额收益。

表 10－14　　　全球代表性国家和地区原材料板块获得超额收益的主要时期

年份	中国	美国	英国	德国	法国	日本	韩国	印度	中国香港	中国台湾
1986～1988	—	△	△	√	√	×	×	—	√	—
1989～1990	—	△	△	△	×	√	√	√	√	×
1991～1992	—	△	△	△	△	×	√	√	×	×
1993～1994	—	△	△	△	△	×	√	×	×	×
1995～1996	×	×	×	△	×	×	√	×	×	×
1997～1998	△	×	×	×	×	×	√	×	×	×
1999～2000	√	×	×	×	×	×	√	△	△	×
2001～2002	△	√	√	√	√	√	√	√	△	√
2003～2004	√	√	√	√	√	√	√	√	√	√
2005～2006	√	√	√	√	√	√	√	√	√	√
2007～2008	√	√	√	√	√	√	√	√	△	√

续表

年份	中国	美国	英国	德国	法国	日本	韩国	印度	中国香港	中国台湾
2009～2010	√	√	√	√	×	×	√	√	△	√
2011～2012	×	×	×	×	△	×	×	×	×	×
2013～2014	×	×	×	×	×	×	△	△	×	×
2015～2016	△	×	√	×	×	×	△	√	△	×
2017～2018	×	×	√	×	×	√	△	√	△	×
2019～2020	△	×	√	×	√	×	△	△	△	×

注："√"表示在这一时间段板块表现好于市场整体，"×"表示跑输市场整体，"△"表示表现与市场整体相当，灰色阴影表示板块有持续超过5年的超额收益。"—"表示数据缺失。

资料来源：Wind资讯、彭博。

三、大宗商品价格简史

商品价格无疑是影响周期股业绩和股价最重要的变量，甚至可以说周期股之所以有周期，也主要是因为商品价格不断的波动。对于多数原材料能源等周期品而言，企业的采掘和生产成本是相对固定的，因此当商品价格上涨到一定程度后，周期公司的成本上升非常有限，商品价格上涨带来的几乎全部都是利润，也正因为如此，周期品公司的盈利在商品价格上涨过程中弹性巨大。

这里我们通过回顾大宗商品价格的历史走势，重点来探讨商品价格的决定因素。我们使用世界银行公布的基本金属价格指数，作为研究的基准数据。世界银行计算的基本金属价格指数，是根据几个主要金属品种的价格进行加权平均得到的，这几个金属品种分别是：铜（权重38.4%）、铝（权重26.7%）、镍（权重8.1%）、锌（权重4.1%）、锡（权重2.1%）、铅（权重1.8%）等。图10-28报告了从1960～2020年世界银行基本金属价格指数的长期走势，这也是目前能够获得的时间最长的较为完整的商品价格历史数据，请读者注意这里的坐标轴是对数坐标，数值每上升1意味着价格大约上涨171.8%（即从1元上涨至2.718元）。在图10-28中，我们可以发现从1960～2020年，全球工业大宗商品一共出现过大约11次的价格大涨，总体看，商品价格是"水涨船高"，中枢不断抬升，趋势向上的。

图 10 - 28　1960～2020 年世界银行基本金属价格（取对数）指数走势

资料来源：世界银行。

决定商品价格的因素主要就是供给和需求两个方面。这里我们想特别强调的一点是，在研究实践中，需求比较容易度量，工业增加值、固定资产投资、GDP 等宏观指标都是总需求的度量指标，但是供给非常难度量。自下而上周期股研究员常常会说某个单一品种的商品供给如何如何变化，但其实是画不出一根供给曲线来度量供给的变化的，这个跟需求的情况完全不一样，我们画一根工业增加值同比增速就可以很清楚地看到需求的变化方向和幅度了。因此在过往的研究经验中，我们经常看到的是一种"倒推"的逻辑，就是只要商品价格涨了，你会发现相关研究中供给总是不足的，而一旦商品价格跌了，基本又都是产能过剩了。

在我们对大宗商品价格整体历史走势的研究中，我们认为除了 20 世纪 60～70 年代极少数几次（主要是三次，第一次是 1967 年美国铜产业爆发史上最大规模罢工[①]，第二次是 1973 年的第一次石油危机，第三次是 1978 年底到 1979 年的第二次石油危机），商品价格大涨是供给收缩和成本驱动造成的，此外在绝大多数情况下，价格大涨都是总需求推动的，与宏观数据高度拟合。这个过程中，总需求决定的商品价格走势，又可以分为几个阶段：

第一阶段，二战后到 20 世纪 60 年代，美国经济在全球占比极高，商品价格走势基本完全取决于美国总需求变化，用美国工业生产的同比增速基本就可以去解释这个时期商品价格的波动，其间越南战争的爆发使得大宗商品价格一度大涨。

第二阶段，整个 20 世纪 70 年代，两次石油危机下全球大宗商品价格暴涨，70

---

① 20 世纪 60 年代美国铜产量全球占比很高，1967 年大罢工导致美国铜产量骤减。在 11 次工业大宗商品价格大涨中，这是少数的可以直接归因到"供给收缩"逻辑，即使这样，这一次商品价格大涨，依然是在总需求回暖中实现的。

年代工业大宗商品价格基本上是跟着原油价格走的，且原油价格走势略有领先。

第三阶段，20世纪80年代以后，随着日本、德国经济的崛起，大宗商品价格从美国总需求单一决定，扩展成西方发达国家总需求共同决定。这个阶段中基本金属价格与G7国家工业生产指数同比走势高度相关（见图10-29），说明大宗商品价格在这一时期完全由发达国家的总需求变化驱动。而且整体来看，由于发达国家这时期已经越过了重工业投资时代，大宗商品价格在20多年的时间里一直是横盘震荡，并没有趋势性上升或下降。

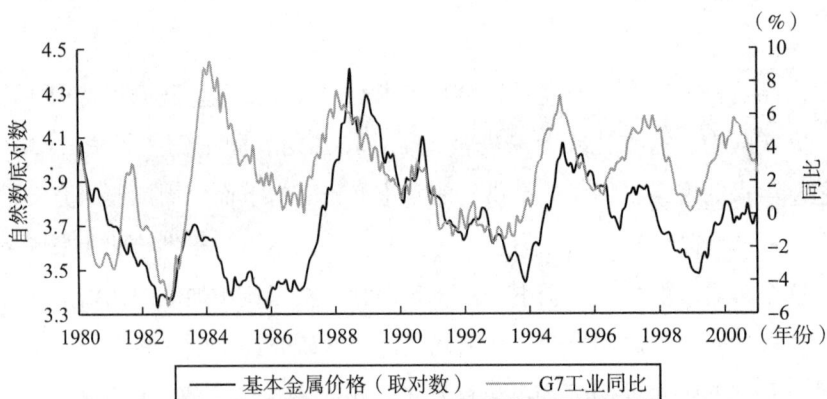

图10-29　1980~2000年基本金属价格与G7国家工业同比走势对比

资料来源：世界银行、Wind资讯。

第四阶段，2000年以后到2014年，这个阶段中G7国家工业同比增速已经完全无法解释大宗商品价格波动了，2002年以后全球几乎所有大宗商品价格都创出了历史新高，这个阶段中全球大宗商品价格主要由中国的总需求驱动，用中国的宏观数据基本上就能解释全球大宗商品价格变化。为什么这个阶段中国单个国家的总需求就能够决定全球大宗商品价格，毕竟中国工业产值在2000~2010年间全球占比并不是很高，肯定没有G7国家合计高。我们认为，这其中的核心变化就在于2000年以后，中国高速发展中开始了"资本深化"过程，即中国的人均（单位GDP）资源品消费量大幅增加，所以使得中国每单位总需求对资源品的需求量会更大。到金融危机以后，除能源外工业大宗商品需求基本完全由中国决定，中国需求占基本金属全球需求普遍在一半以上，中国的"资本深化"过程一直持续到大概2015年才告一段落。

第五阶段，2015年以后，中国的"资本深化"过程基本完成，中国经济开始转型，从重工业投资转向更加依赖消费，这以后中国单个国家的宏观数据已经不能完全解释全球大宗商品价格变化了。典型的情况就是 2016 ~ 2017 年这轮商品价格上涨，当时中国经济正在进行供给侧结构性改革，中国的工业增加值同比是一条水平线，总需求没有明显上升，但当时海外国家出现了经济复苏，需求持续回暖，因此如果将中国与 G7 国家的工业合并在一起计算同比增速，就会发现这条总需求能够很好地解释大宗商品价格波动。发达国家人均金属消费量长期看是一条水平线，到 2015 年以后中国的人均金属消费量已经基本与发达国家持平，意味着中国单位产出消费的资源品不会再大幅增加，中国经济单位资源品消费量见顶，全球大宗商品定价开始进入"多极化"阶段。我们认为，2015 年以后，中国加 G7 国家工业生产同比走势能够很好地解释大宗商品价格波动（见图 10 - 30）。

图 10 - 30　2004 ~ 2020 年基本金属价格与中国加 G7 国家工业同比走势

资料来源：世界银行、Wind 资讯。

此外，从过往历史经验研究中，我们认为有一个非常重要的规律性结论值得重视。就是在中国经济和 A 股市场中，从基本面高点（这里指的是宏观经济增长数据，不是上市公司基本面数据，上市公司盈利变化相对会滞后）、股价指数高点、商品价格高点，这三者的领先滞后性来看，一般都是基本面最先见顶，其次是股价指数，最后是商品价格。因此这中间会有一个阶段是商品价格还在上涨，但是周期股可能已经涨不动了。在 2006 ~ 2008 年、2009 ~ 2011 年、2016 ~ 2018 年这三次商品价格大涨中，这个经验规律都曾出现过。2007 年那次基本面高点大概在 2007 年 10 月，Wind 全 A 指数高点在 2008 年 1 月中旬（上证综指 6124 点在 2007 年 10 月底，2008 年初反弹没有创新高），商品价格一直要涨到 2008 年 4 ~ 5 月间。2010 年那次基本面高点是在 2010 年二季度左右，Wind 全 A 指数高点出现在 2010 年 11 月，商品价格一直上涨到 2011 年一季度末。2017 年那次基本面高点差不多是在 2017 年 10 月，Wind 全 A 指数和上证综指高点都出现在 2018 年 1 月（当时上证综指到 3500 点），商品价格涨到 2018 年 5 月左右。

四、周期股行情的逻辑与驱动力

全球周期股在过去 30 多年的历史里，总体上并没有获得超额收益是跑输大盘的，2000～2008 年是全球周期股板块表现最好的阶段。这一阶段能源行业和原材料行业均有显著的超额收益。这主要得益于 2001 年中国加入世界贸易组织后，经济开始崛起腾飞，对全球大宗商品的需求大幅增长，国际原油价格大幅攀升。2008 年全球金融危机爆发后，无论是能源行业还是原材料行业，其指数表现均大幅跑输大盘。如果再把时间维度拉长一点，二战之后全球周期股行情表现较好的时段主要集中在以下四个阶段：第一，二战后到 20 世纪 50 年代末期，在全球各国战后恢复重建期，各国普遍处在重工业投资时期，周期股表现非常好。第二，70 年代两次石油危机期间，所有大宗商品价格大涨，周期股特别是能源股股价大涨，70 年代末美股前十大市值公司中有 7 个是石油能源公司。第三，1986～1989 年期间，全球经济在 20 世纪 80 年代初经历两次经济衰退后，80 年代中期开始复苏，这段时间周期股表现也不错，但并不构成大周期级别的行情。第四，2001 年到 2007 年金融危机前，中国经济加入 WTO 之后，几乎所有大宗商品价格在 2002 年以后都创了历史新高，全球周期股迎来了第二春。

影响周期股上市公司业绩的主要是周期商品的"价"和"量"两个变量。从"价"的层面来看，商品价格拉长看整体上还是趋势性上涨的（见图 10 – 28），根据世界银行公布的基本金属价格指数来计算，从 1960 年初到 2020 年底一共 61 年的时间里，基本金属价格指数累计上涨约 6.0 倍，年化涨幅 3.2%，商品价格的长期平均涨幅并不算太低。长期看影响周期品公司成长性的主要是"量"的问题，在经济发展初级阶段，由于资本存量低，需要大量的固定资产投资建设，此时会出现一个"资本深化"的过程，即随着人均 GDP 的上升，人均消费的资源品数量会快速上升，我们看到的全球周期股几波大的行情都是在这个阶段出现的，包括二战后到 20 世纪 50 年代末期发达国家的"资本深化"过程，以及改革开放后中国的"资本深化"过程。而在经济发展到一定阶段以后，资源品的消费量便不会随着人均 GDP 的上升而进一步提高，此时经济的发展就不再需要太多的资源品投入了。图 10-31 报告了中国与 G7 国家人均 GDP 与人均铜消费量走势对比，横轴是人均 GDP，纵轴是人均铜的消费量。可以看到在中国人均 GDP 没有达到 1 万美元之时，人均铜消费量是快速上升的，在人均 GDP 达到 1 万美元附近时，人均铜的消费量与 G7 发达国家基本相当，而且从 G7 发达国家角度看，人均 GDP 在 2 万美元之后人均铜的消费量基本是保持不变没有增长的。人均 GDP 上升过程中，人均铜消费量不变，也意味着单位 GDP 所消耗的资源品数量是在下降的。铝、锌、铅等其他资源品消费量也有着与图 10-31 基本类似的走势。

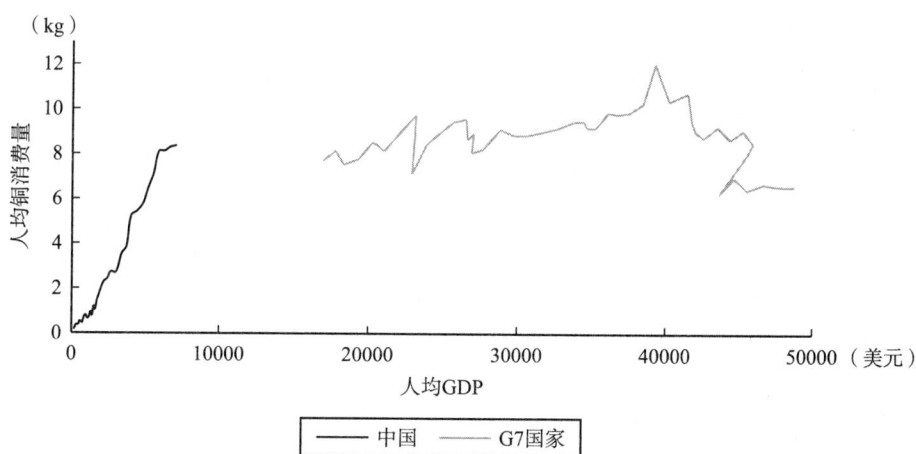

图 10-31　中国与 G7 国家人均 GDP 与人均铜消费量走势对比

资料来源：世界银行。

对于周期股来说，随着经济的不断发展，任何原材料商品都会最终面临需求增长趋缓的问题。因此，周期行业未来的投资机会，我们认为更多地在新材料领域。例如，目前锂、钴等"新能源金属"是生产动力电池的关键材料，近年来这一类新型金属材料实现量价齐升的逻辑，对应公司股价取得了明显涨幅。未来由于稀土具有优异的磁、光、电性能，对改善产品性能，增加产品品种及提高生产效率起到巨大的作用，可能被广泛应用于新材料制造。我们认为新材料从创新发明、渗透普及到全面应用，这个过程中蕴藏着丰富投资机会，一旦进入成熟，又将迎来产能过剩阶段，周期股投资往往需要再次寻找新材料，才能重新获得超额收益。

第四节　全球金融股行情总结

一、全球金融公司情况概览

全球金融行业上市公司的市值占比在 2000 年以前长期维持在 20% 附近，在 2000 年"互联网泡沫"前后，市值占比迎来一次明显波动，之后金融行业市值及占比一路增长直至 2006 年底。由于受 2007 年美国次贷危机引发的全球金融危机影响，金融行业市值迎来断崖式下跌，此后金融行业市值不断回升甚至突破历史前高，而市值占比则持续下降。截至 2020 年底，全球金融行业的总市值约为 12.7 万亿美元，大约占到全球总市值的 12.5%（见图 10 - 32）。

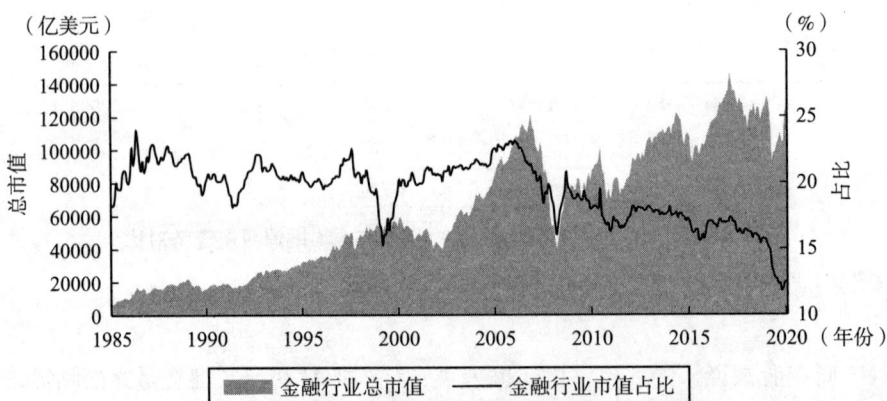

图 10 - 32　1985 ~ 2020 年全球金融行业总市值及占比变化

资料来源：Wind 资讯、彭博。

从上市公司的数量角度来看，1985 年全球金融板块上市公司家数约 1042 家，之后快速增长至 1995 年的近 3000 家，然后增速有所放缓，金融行业公司数量占比也一路下行。2010 年金融板块上市公司数量约 4200 多家。截至 2020 年底，全球金融板块上市公司家数为 4483 家，占全球上市公司数量比例为 10.2%（见图 10 - 33）。

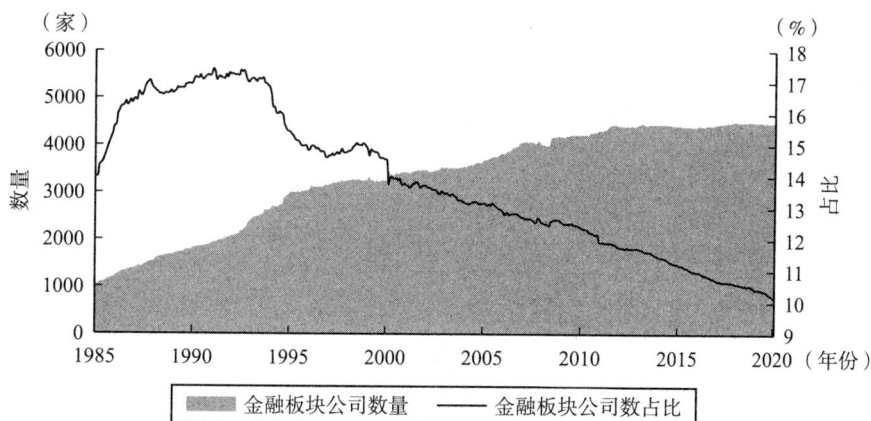

图 10 - 33　1985 ~ 2020 年全球金融行业上市公司数量及占比变化

资料来源：Wind 资讯、彭博。

长期以来，发达市场始终占据金融行业的主导地位，美、日、欧等地金融公司轮流发力。1980 年西欧实现经济复兴，英、法、德三国在前 20 家大银行中占据了一半。随后日本经济泡沫迅速膨胀，1990 年前后金融股市值大幅增长，一度包揽全球前 9 名市值最大的金融股，随着日本泡沫经济的破灭，日本金融业在全球地位持续下降。2000 年美国凭借信息技术的推动，经济迅速增长，金融业同时发力，占据全球银行实力榜前三名。而到了 2008 年，欧洲金融业再次发力，苏格兰皇家银行、德意志银行和巴克莱银行资产规模居全球前三位。[①] 2008 年金融危机过后，欧洲金融业受欧债危机影响，整体竞争力受到较大冲击，美国金融业通过并购重组实力犹在。而以中国为代表的新兴市场金融业在全球的地位明显上升，2020 年已有 5 家公司进入全球金融股市值前 10 名。预计未来新兴市场的金融业体量有望赶超发达市场。

分地区来看，美国占到了全球金融行业总市值的 30%，其次是中国，约占 15%，英国、加拿大、印度所占比例均在 5% 附近，总市值排名前八以外的地区合计占到金融行业市值的 30%（见图 10 - 34）。

从龙头公司的角度来看，表 10 - 15 报告了到 2020 年底金融板块全球市值最大的 30 家公司名称及其所属地区和市值，其中有 20 家公司目前总市值超过 1000 亿美元，8 家属于中国（含中国香港的友邦保险），7 家属于美国，加拿大 2 家，印度、澳大利亚、英国各有 1 家。截至 2020 年底，伯克希尔哈撒韦公司的总市值达 5437 亿美元，是全球

---

① 王家强，彭继伟. 全球银行业版图的历史变迁、决定因素及启示——兼评 2010 年全球 1000 家大银行排行榜［J］. 国际金融研究，2010（10）：53 - 63.

市值最大的金融公司，第二名的摩根大通市值为 3875 亿美元，紧接着排名第 3～5 位的分别是中国工商银行、美国银行、中国平安，市值分别为 2625 亿美元、2622 亿美元、2357 亿美元。此外中国建设银行、招商银行、中国农业银行市值排名均在全球前列。

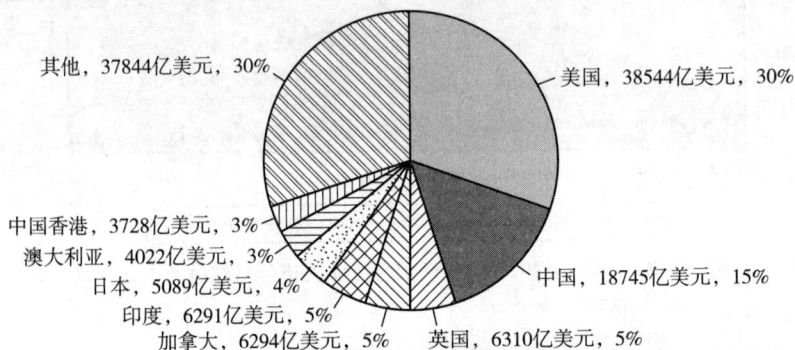

其他，37844亿美元，30%
美国，38544亿美元，30%
中国香港，3728亿美元，3%
澳大利亚，4022亿美元，3%
日本，5089亿美元，4%
印度，6291亿美元，5%
加拿大，6294亿美元，5%
英国，6310亿美元，5%
中国，18745亿美元，15%

图 10 - 34　2020 年底全球金融行业分地区市值占比

注：截至 2020 年底。
资料来源：Wind 资讯、彭博。

表 10 - 15　　　2020 年底金融板块全球市值最大的 30 家上市公司列表　　　单位：亿美元

公司名称	国家（地区）	市值	公司名称	国家（地区）	市值	公司名称	国家（地区）	市值
伯克希尔哈撒韦	美国	5437	中国银行	中国	1313	嘉信理财	美国	997
摩根大通	美国	3875	花旗集团	美国	1284	安联保险	德国	997
中国工商银行	中国	2625	富国银行	美国	1251	美国运通	美国	973
美国银行	美国	2622	摩根士丹利	美国	1240	高盛	美国	946
中国平安	中国	2357	加拿大皇家银行	加拿大	1167	标普全球	美国	791
中国建设银行	中国	1919	贝莱德	美国	1101	俄罗斯储蓄银行	俄罗斯	774
招商银行	中国	1680	印度 HDFC 银行	印度	1076	美国合众银行	美国	702
中国农业银行	中国	1649	澳大利亚联邦银行	澳大利亚	1072	香港交易所	中国香港	695
友邦保险	中国香港	1482	汇丰控股	英国	1071	安达保险	瑞士	694
中国人寿	中国	1389	多伦多道明银行	加拿大	1024	兴业银行	中国	660

资料来源：Wind 资讯、彭博。

二、全球金融股行情历史轨迹

自 1986 年以来，金融板块指数点位从 100 点增长至 2020 年底的 1244 点，年化收益率约为 7.5%，较全球整体年化收益率低 1.3 个百分点。从相对大盘表现来看，金融板块表现仅略好于工业板块，跑输大盘的平均收益率，尤其是 2007 年次贷危机以来，金融板块的表现更是严重落后于大盘。具体来看，全球金融行业超额收益率走势主要可以划分为三个阶段。第一阶段从 1986～1992 年，1987 年金融板块超额收益率达到顶峰主要是由日本贡献的，这一时期日本资产价格和房地产泡沫日益严重。随着日本泡沫经济破灭，全球金融板块也开始跑输大盘。第二阶段从 1992～2006 年，这一阶段金融行业整体是跑赢大盘的，板块超额收益率主要由美国贡献，美国经济受信息技术发展推动，呈现出欣欣向荣局面。欧洲国家亦有一定贡献，金融板块持续上涨。"互联网泡沫"巅峰时期，金融行业表现不及大盘，但随着"互联网泡沫"的破灭，金融板块整体跌幅远小于科技网络股。之后主要经济体开始经济复苏，金融行业重新取得超额收益。第三阶段从 2007～2020 年，2007 年次贷危机爆发，全球金融股遭受严重打击，大幅落后于大盘。2008 年全球金融危机带来的影响逐渐退去后，各国政府大力救市，广泛实施量化宽松工具，多数国家金融股迎来超跌反弹，取得超额收益。2010 年后金融板块整体呈现缓慢上涨，但上涨速度没有跑赢市场整体。尤其是 2020 年 3 月受新冠肺炎疫情影响，金融板块大跌，严重跑输市场整体。全球金融行业的行情走势与超额收益见图 10-35。

图 10-35　1986～2020 年全球金融行业行情走势与超额收益

资料来源：Wind 资讯、彭博。

　　分地区来看，表 10-16 报告了全球代表性地区金融板块获得超额收益的主要时期。可以发现：（1）从 1986～2020 年，各地区金融板块获得超额收益的历史时间占比不高；（2）各地区金融板块获得超额收益的时期大体同步，主要集中于 1992～1998 年以及 2000～2006 年；（3）德国、日本、韩国、中国、中国台湾金融板块在我们统计时期内没有持续超过 5 年的超额收益时期；（4）2006 年以后，只有中国和印度的金融板块取得过阶段性明显超额收益。

表 10-16　　　　全球代表性国家和地区金融板块获得超额收益的主要时期

年份	中国	美国	英国	德国	法国	日本	韩国	印度	中国香港	中国台湾
1986～1988	—	×	△	△	×	√	√	—	×	—
1989～1990	—	×	△	△	×	×	×	△	×	√
1991～1992	—	√	△	△	×	×	×	√	√	×
1993～1994	—	√	√	△	△	×	×	×	√	√
1995～1996	—	√	√	△	×	×	×	√	√	×
1997～1998	√	√	√	△	△	×	×	√	√	×
1999～2000	×	×	√	△	△	×	×	×	√	×
2001～2002	△	√	√	×	√	×	△	√	√	√
2003～2004	△	√	×	×	√	√	△	√	×	√
2005～2006	√	√	×	×	√	√	△	√	×	×
2007～2008	×	×	×	×	×	×	×	√	×	×
2009～2010	×	×	×	×	×	×	×	√	△	△
2011～2012	√	×	×	×	×	×	×	√	△	△
2013～2014	×	×	×	△	△	×	×	√	△	△
2015～2016	√	×	×	△	△	×	×	√	△	△
2017～2018	×	×	×	△	△	×	×	√	△	△
2019～2020	△	×	×	△	×	×	×	△	×	√

注："√"表示在这一时间段板块表现好于市场整体，"×"表示跑输市场整体，"△"表示表现与市场整体相当，灰色阴影表示板块有持续超过 5 年的超额收益。"—"表示数据缺失。
资料来源：Wind 资讯、彭博。

三、银行与券商行情逻辑与驱动力

金融板块按照 GICS 行业分类大致可以分为银行、多元金融（主要就是券商投行）、保险等几个细分行业，这其中尤以银行业的规模体量最大。在 1985 年底至

2020 年底的 35 年里，保险行业的收益率表现优于银行，银行表现优于多元金融，但整体均跑输大盘（见图 10 - 36）。驱动这些细分行业行情演绎的因素既有共性，也有各自不同之处，下面分别展开讨论。

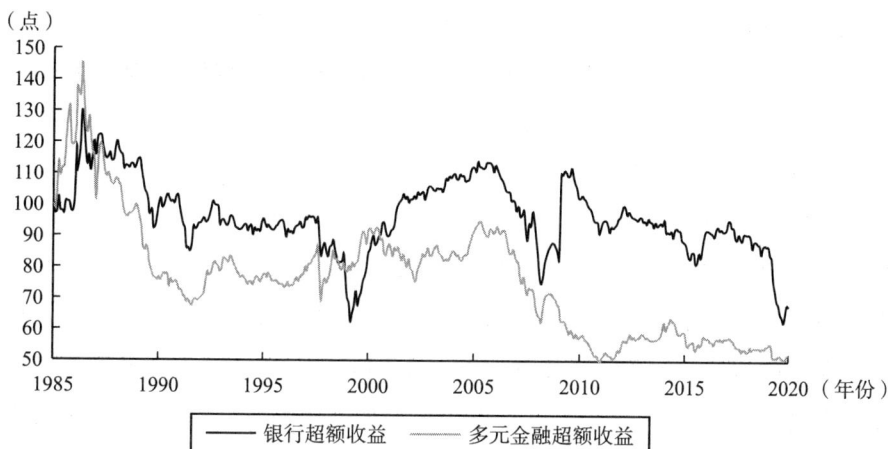

图 10 - 36　1985 ~ 2020 年全球金融板块细分行业超额收益走势

资料来源：Wind 资讯、彭博。

首先来看银行，银行的主要业务是间接融资，吸收存款发放贷款，因此资产规模、净息差、资产质量这三个变量是决定银行盈利能力的关键因素，且都与经济周期密切相关，因此是一个典型的顺周期行业。

在前面对各个国家和地区的股市讨论中，我们已经对银行板块进行过不少分析，这里可以进一步做一个深入的总结。从长期趋势来看，我们认为银行股的表现就是跟着房地产周期走的，全球各股市都如此，在房地产景气周期向上的时候，银行股有很强的超额收益，而当房地产景气周期结束时，全球各市场的银行板块均无一例外地持续跑输市场整体。我们认为，银行股行情背后的核心逻辑在于房地产是间接融资信用扩张的主要载体，在离开房地产之后，银行的这种间接融资的商业模式没有找到更好的投放渠道，因此普遍就会出现信贷资产规模增速持续下降，从而进一步导致利率和息差下降。在房地产景气周期结束之后，各个国家和地区的商业银行普遍都会转型重点发展中间业务和个人业务，但从目前已经看到的实践经验看，这些新业务似乎是无法替代房地产的。

银行股之所以被投资者十分重视，除了市值特别大以外，很重要的一个原因就是估值实在太低，以至于让很多投资者垂涎而欲罢不能。我们认为估值高低重要但不是最重要的，一个公司或者行业如果没有商业模式景气向上的逻辑，单纯因为估值低或者超跌，蕴含的可能仅仅是短期的交易性机会，要有趋势性机会真的很难。事实上，银行并不能完全代表金融，自从人类进入文明社会之后就有了金融，古代社会的贝壳货币、高利贷、典当等都是早期的金融商业模式，银行是工业社会的产物，最早诞生于16世纪，到18世纪以后快速发展。所以未来如果人类社会的发展真的已经从工业社会进入一个新的时代，银行未必就是新时代中最主要的金融商业模式，从这个角度出发，一个时代过去就过去了，也没有必要过分眼馋低估值。

从银行板块的短期表现来看，一般都是在经济上行周期中表现较好，经济下行周期中表现较差。经济上行周期中，信贷规模增速提高、利率上行有利于息差扩大、名义GDP上升资产质量改善，银行量、价、质的逻辑都有，是一个典型的强顺周期行业。不过由于结构性因素以及宏观经济波动本身在不断变小，银行板块经济上行周期中的股价向上弹性在不断变小，而同时银行股的估值在金融危机以后多数情况下都处在一个非常低的位置，向下的弹性也很小。因此我们看到多数市场银行板块的整体超额收益是一个缺乏弹性缓慢向下的走势。个股层面看，有一部分零售业务转型成功、数字金融发展迅速、风险管理能力较强、盈利能力稳定的银行仍取得了明显超额收益。

除银行外，券商、投资银行也是主要以融资作为核心的商业模式。因为经济发展阶段、历史文化传承、金融监管体系的不同，全球各个经济体之间直接融资占比的差异是比较大的，美国、英国等英美法系国家直接融资占比明显更高，日本、德国、法国等大陆法系国家则低不少，中国作为新兴经济体直接融资占比更低。

多数观点普遍认为金融监管政策的变化是影响券商投行股价表现的主要因素，特别是在金融创新、金融开放、金融分业混业经营领域，研究都不少。1933年美国先后通过《证券法》《格拉斯-斯蒂格尔法案》，从法律上规定了分业经营原则并规范了信息披露义务以及虚假陈述所需承担的责任。到20世纪60年代，美国金融业面临的环境发生很大变化，证券市场在美国金融业中的地位日益上升，而商业银行的负债业务持续萎缩，与此同时，混业经营的欧洲金融业竞争力大幅提升。内外因素的共同作用下，美国开始放松金融管制。此前的《格拉斯-斯蒂格尔法案》逐渐变得名存实亡，直到1999年《金融服务现代化法案》正式终结了对20世纪金融业影响深远的分业经营制度，美国乃至全球金融业真正走向金融自由化和混业经营时代。2008年金融危机之后，各国政府对证券行业的监管有了明显增强，美国相继颁布了《金融监管改革方案》和《多德-弗兰克华尔街改革和消费者保护法案》，加强了对于系统性风险和金融衍生品的监管。2010 年美国政府采纳保罗·沃尔克提出的方案，禁止银行从事自营性质的投资业务，以及禁止银行拥有、投资或发起对冲基金和私募基金。

但其实从股价表现来看，我们认为金融监管、金融开放、金融创新并不是券商投行板块的核心驱动力。大多数金融创新都发生在 20 世纪 70 年代前后，包括期货市场、期权市场、资产证券化等，但从美股券商投行板块股价表现来看，这个阶段并不是超额收益最明显的。美股市场中券商投行板块股价表现最好的时间段与银行板块基本上是一致的，也都是在房地产高度景气的上行周期。我们认为这背后的主要逻辑依然在于资产规模上，直接融资的多数金融创新，包括资产支持证券（asset-backed securitization，ABS）、抵押支持债券（mortgage-backed security，MBS）、信用违约互换（credit default swap，CDS）等，前提都是需要建立在底层资产之上的，底层资产越大这些金融创新工作的业务量也越大。而这些能够被用来进行创新的底层信贷资产，最佳的创造模式依然是房地产，所以这个过程中我们看到，2008 年金融危机以后，券商投行的超额收益走势跟银行基本上是一样的，而且表现更差。

四、保险板块行情的逻辑与驱动力

最后来看保险，现代保险业最早源于英国的海上保险，16 世纪初英国将流行于地中海地区的意大利"冒险借贷"契约改进为最早的海上保险单形式，并于 1547 年后正式呈交海军部高级法庭审处。继海上保险之后，火灾保险开始在德国起步。最早可以追溯到 1667 年尼古拉斯·巴蓬开办专门承保火灾保险的营业所，至今已有超过350 年的历史。人身保险的市场份额从 20 世纪 80 年代中期开始超过财产保险，并一直保持至今。而寿险与非寿险的占比在不同国家存在显著不同，中国、日本、法国、英国都是传统的寿险主导的国家，而美国、德国等国却是非寿险占主导地位。这与各自国家的文化传统、产业政策、社会结构、经济收入等因素密不可分。

保险股长期来看呈现出顺周期特征。从历史经验来看，经济的增长与人均可支配收入的提升对保费的长期增长起到明显支撑作用，而长期的经济下行会对保险的需求带来负面影响。同时可以看到，保险股的波动性明显低于银行和多元金融行业，这主要是由保险股短期的逆周期行为导致。在经济下行期，市场往往面临利率下降以及信用风险上升的情形，而这在短期内有利于提高保险产品的相对竞争力。同时经济下行期，失业率增加与社会焦虑的扩散有利于保单销售，而这里的资金来源主要是客户的存量资金，因此只在短期内对提升保险公司业绩起作用。

从 1985 年以来的保险行业超额收益来看，全球保险行业并未跑赢大盘，且超额收益走势波动巨大（见图 10-37）。这可能主要受到利率长期下行和预期寿命增长的影响。从保险产品的角度看，保险公司的利润来自死差、费差和利差，其中利差是利润最主要的来源。利率方面，保险公司资产端主要以固定收益投资为主，长期利率下行对保险公司的投资回报率造成负面影响，而负债端随着折现率下降，保险公司需要增提准备金，影响保险公司利润释放。预期寿命方面，随着人口平均期望寿命不断提高，寿险产品中的生存保险金给付快速增长，而保险公司参考的人身保险经验生命表更新不够及时，导致费率方面未能及时提升，造成了寿险费用支出增加，对保险公司利润产生一定的负面影响。1987～1988 年保险行业的超额收益表现严重受挫，之后保险行业经历了 1988～1998 年一轮长达十年的持续跑赢大盘阶段。然后在 1999～2000 年的"互联网泡沫"的膨胀与破灭过程中，保险行业的超额收益坐了一轮过山车，在严重跑输大盘后又恢复至与大盘齐平位置。2001～2008 年保险行业超额收益呈现向下趋势，2009～2019 年全球保险行业的超额收益表现震荡向上，2020 年又明显跑输大盘。

图 10-37　1985～2020 年全球保险行业超额收益指数走势

资料来源：Wind 资讯、彭博。

分地区来看，德国、英国以及中国香港的保险行业近十年来超额收益表现较为出色，美国、法国、中国的保险超额收益呈现区间震荡状态，日本、韩国以及中国台湾的保险行业持续跑输大盘，保险行业的超额收益出现比较明显的地区分化现象。

所以总结起来，全球寿险行业上市公司普遍都面临着两个不太有利的趋势性变化：一是资产端看全球利率趋势性下降，德国、日本等国家甚至出现了长期零利率和负利率，保险公司投资收益率长期承压；二是负债端看，人越来越长寿预期寿命不断提高，全球的人均预期寿命 1950 年时是 46 岁，1980 年上升至 61 岁，到 2019 年已经上升至 72.6 岁（见图 10－38），这意味着保险公司赔付的时间期限在不断加长。

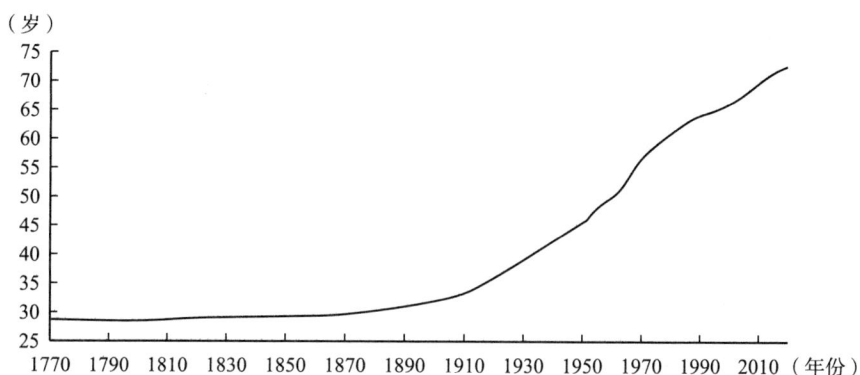

图 10－38　1770～2019 年全球人均预期寿命走势

资料来源：UN Population Division；Riley J C. Estimates of Regional and Global Life Expectancy, 1800－2001 ［J］. Population and Development Review, 2005, 31（3）：537－543。

　　虽然全球保险股在历史上长期跑输大盘，但保险行业也涌现出了一批全球领先的头部企业，在过去十年中取得了丰厚的利润，对应股价也取得了显著涨幅。表 10－17 报告了截至 2020 年底全球市值较大的 20 家保险上市公司过去十年中的累计收益率表现情况，总体看保险公司股价表现的分化还是比较大的。

表 10－17　　　　　2020 年底全球市值较大的 20 家保险公司十年累计收益率　　　　单位：%

公司名称	国家（地区）	2011～2020 年累计收益率	公司名称	国家（地区）	2011～2020 年累计收益率
前进保险	美国	585	安联保险	德国	258
威达信	美国	431	慕尼黑再保险	德国	244
怡安保险	英国	413	旅行者保险	美国	221
友邦保险	中国香港	395	保诚保险	英国	214
好事达保险	美国	324	安达保险	瑞士	211

续表

公司名称	国家 （地区）	2011～2020年 累计收益率	公司名称	国家 （地区）	2011～2020年 累计收益率
东京海上控股	日本	198	保德信金融	美国	87
苏黎世保险	瑞士	194	大都会人寿	美国	61
中国平安	中国	160*	宏利金融	加拿大	53
安盛	法国	157	美国国际集团	美国	-6
太平洋保险	中国	109	日本邮政控股	日本	-49

注：*中国平安这一时期港股累计收益率为160%，A股为267%。
资料来源：Wind资讯、彭博。

五、未来金融板块的投资机会在哪里

从前面的分析中我们可以看到，在一个国家或地区房地产景气周期结束之后，以融资为主要商业模式的银行和券商投行，股价表现都非常差，总体是持续跑输大盘，消费属性较强的保险行业，受制于人均期望寿命越来越长以及全球利率中枢趋势性下行，股价表现也比较一般。因此，银行、保险、券商投行这些传统金融行业公司股价似乎都没有太大的趋势性机会。

那么金融板块未来的投资机会可能在哪里呢？从前面章节对各个国家和地区股市中金融板块的分析中，大体上金融板块有这样几个细分领域股价表现非常好：一是证券交易所，但凡上市的证券交易所，比如香港交易所、德意志交易所、伦敦证券交易所等过去十年涨幅都很大；二是金融数据服务类公司，比如MSCI、标普全球、穆迪等，表现非常好；三是专门的资产管理公司（参见第三章英国股市金融板块行情特征部分），股价也有很好的表现。

总结起来，我们发现这些表现较好的金融公司都是围绕着资产管理这个方向开展的业务，因为资产管理的规模越来越大，所以证券投资的产品也越来越多，对金融数据以及MSCI等指数产品的需求也越来越大。再深究下去，这个问题背后的本质在于全世界"可以用来被管理的资产规模"在不断变大，这个是主要矛盾是根本性的发展趋势。这一方面，是因为随着人均GDP的不断提高，居民消费的边际效用递减，收入中可以用来投资的比例在上升；另一方面，美国等西方国家贫富差距持续扩大，也造成富人们的财富管理需求增加。根据国际基金投资协会公布的数据，全球开放式公募基金资产规模就是在不断上升的（见图10-39），特别是其中的股票型基金和混合型基金。而开放式基金只是资产管理中的一部分，再加上主权基金、养老金、保险资金、银行理财、私募基金等，资产管理行业规模体量非常大，而且在一个快速发展的时期。

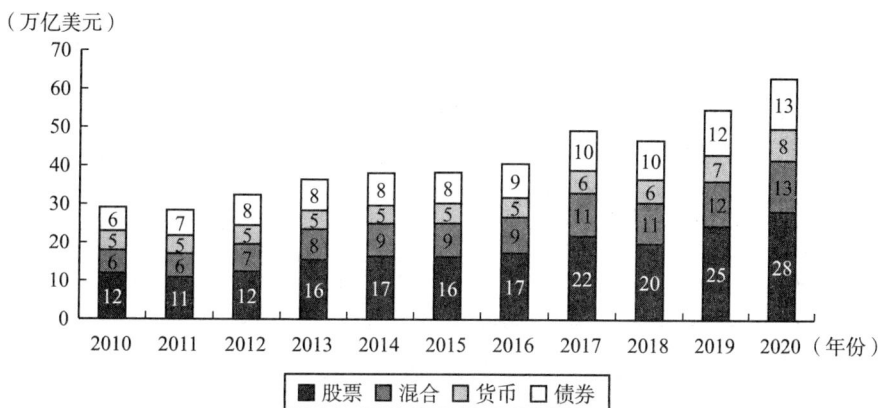

图10-39　2010~2020年全球开放式基金分类别资产规模

资料来源：Wind资讯、国际基金投资协会。

第五节　全球医疗保健股行情总结

一、全球医疗保健公司情况概览

全球医疗保健板块上市公司的市值占比在1988年底达到低谷，仅为4.8%，之后伴随现代医疗保健产业的迅速发展，医疗保健板块占比一路抬升至1998年的10.3%，在"互联网泡沫"破灭后，医疗保健板块占比于2001年9月进一步提升至历史最高值12.2%，此后震荡回落至2011年的6.8%。2011年医疗保健股重拾升势，市值快速增长。截至2020年底，全球医疗保健板块的总市值约为10.7万亿美元，大约占到全球总市值的10.5%（见图10-40）。

从上市公司的数量角度来看，1985年全球医疗保健板块上市公司家数仅427家，之后持续增长至2010年底的2173家，平均每年增长70家。2011年起全球医疗保健板块上市公司数量出现井喷，医疗保健板块公司数占全球上市公司数量比例也大幅提升。截至 2020 年底，全球医疗保健板块上市公司家数为 3599 家，近十年平均每年增加 142 家，医疗保健公司数量占全球上市公司数量比例也大幅提升至 8.2% 的历史最高值（见图 10 - 41）。

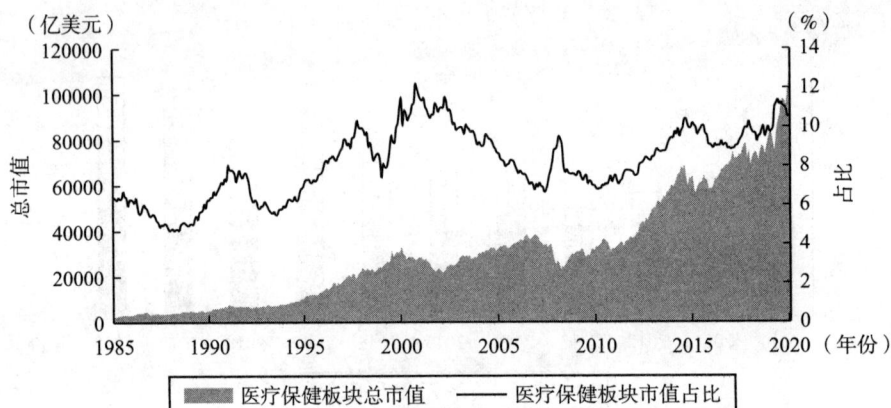

图 10 - 40   1985 ~ 2020 年全球医疗保健行业总市值及占比变化

资料来源：Wind 资讯、彭博。

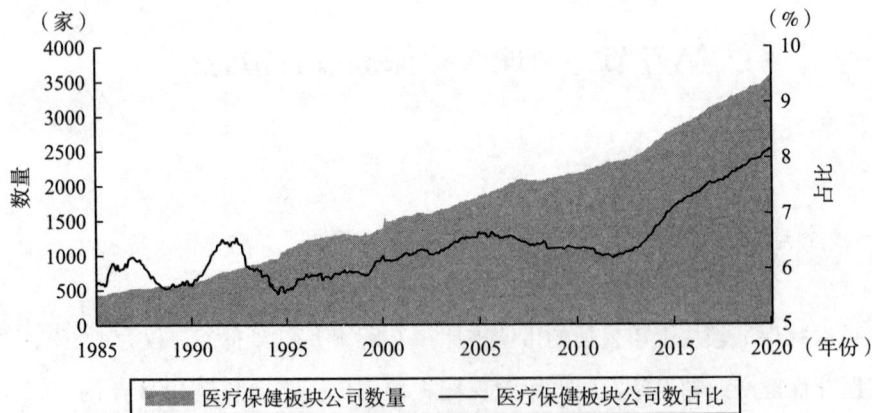

图 10 - 41   1985 ~ 2020 年全球医疗保健行业上市公司数量及占比变化

资料来源：Wind 资讯、彭博。

目前的医疗保健行业市场是典型的寡头垄断市场。全球医疗保健市场可以分成三个梯队，第一梯队包含美国、欧盟和日本等发达地区。美国和欧洲国家是现代医药产业的奠基者和领跑者，属于传统医药强国。日本于 20 世纪 70 年代以来大力发展制药产业，已取得突出进展并形成一定的产业竞争力。目前创新药企业大多分布在这些国家，2020 年医疗保健板块全球市值最大的 30 家公司有 9 成被这些地区囊括。中国、印度等新兴市场国家处在第二梯队，印度在全球仿制药市场享有"世界药房"声誉。中印两国具有很强的仿制能力，不过创新研发能力相对薄弱，受两国人口众多、就诊患者数量庞大、慢性病发病率增加等因素推动，医疗保健产业未来有望做大做强。第三梯队包括大多数经济发展水平不高的发展中国家，这类国家不具备现代药品规模生产能力，医药需求往往通过大量进口解决。

分地区来看，美国的医疗保健研发能力与市场规模在全球遥遥领先，占到了全球医疗保健板块总市值的半壁江山。美股医疗保健板块市值为 5.5 万亿美元，占全球医疗保健板块总市值比例为 52%。医疗保健板块市值排名第二的是中国，约占到板块市值的 13%，目前创新药的发展仍在起步阶段，未来前景广阔。日本和瑞士紧随其后，市值占比分别为 6%、4%。日本医疗保健领域的发展起步虽晚于欧美，但发展非常迅猛，成为亚洲领先国家之一。而英国、德国、韩国所占比例均在 3% 左右。英国在医药领域已有超过 20 名科学家获得诺贝尔奖，是全球医药的重要研发强国，德国在 20 世纪早期具有非常雄厚的制药业基础，近半个世纪以来行业地位有所下降。总市值排名前八以外的地区合计仅占医疗保健板块市值的 14%，医疗保健板块由于较高的竞争壁垒，规模较大的头部企业目前集中在少数地区（见图 10 – 42）。随着新兴市场的发展壮大，世界医疗保健市场增长的重心有望从欧美等主流市场向亚洲、拉美等地转移。

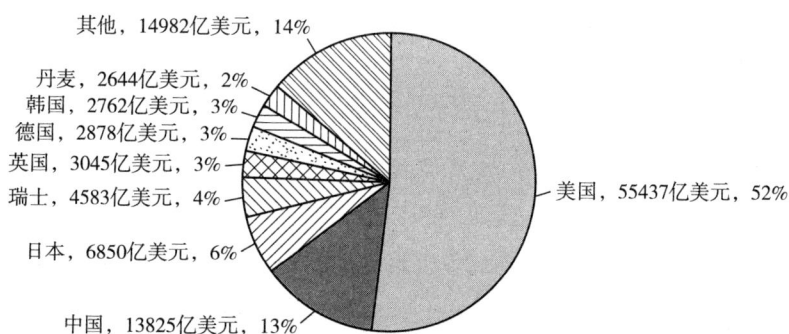

图 10 – 42　2020 年底全球医疗保健行业分地区市值占比

注：截至 2020 年底。

资料来源：Wind 资讯、彭博。

从龙头公司的角度来看，表 10 – 18 报告了到 2020 年底医疗保健板块全球市值最大

的 30 家公司名称及其所属地区和市值，其中有 17 家公司目前市值超过 1000 亿美元，
11 家属于美国，瑞士 2 家，丹麦、爱尔兰、英国、法国各有 1 家。截至 2020 年底，美
国强生公司的总市值达 4143 亿美元，是全球市值最大的医疗保健公司，第二名的联合
健康公司市值为 3317 亿美元，是一家从事健康保险和保健护理管理的公司。紧接着排
名第 3～6 位的分别是罗氏、诺华、默克、辉瑞，市值分别为 2456 亿美元、2290 亿美
元、2070 亿美元、2049 亿美元，他们都是全球知名的先进制药公司。中国的恒瑞医药
和迈瑞医疗分列市值第 22 名、25 名，体量规模距离全球第一梯队还有一定距离。

表 10－18　　　　2020 年底医疗保健板块全球市值最大的 30 家上市公司列表　　　单位：亿美元

公司名称	国家	市值	公司名称	国家	市值	公司名称	国家	市值
强生	美国	4143	丹纳赫	美国	1579	葛兰素史克	英国	917
联合健康	美国	3317	美敦力	爱尔兰	1576	恒瑞医药	中国	904
罗氏	瑞士	2456	礼来	美国	1531	西维斯健康	美国	895
诺华	瑞士	2290	施贵宝	美国	1392	中外制药	日本	885
默克	美国	2070	安进	美国	1330	迈瑞医疗	中国	788
辉瑞	美国	2049	阿斯利康	英国	1291	安森	美国	788
雅培	美国	1939	赛诺菲	法国	1194	硕腾公司	美国	787
艾伯维	美国	1891	直觉外科	美国	963	信诺	美国	739
赛默飞世尔	美国	1848	CSL 公司	澳大利亚	948	吉利德	美国	731
诺和诺德	丹麦	1615	史赛克	美国	922	BD 公司	美国	727

资料来源：Wind 资讯、彭博。

二、全球医疗保健股行情历史轨迹

医疗保健行业的发展早期受到战争因素推动的影响较大，而后期受到专利保护制
度与法律监管的影响较大。20 世纪 30～60 年代是医药产业的黄金时代，"万能药"
的骗局被打破，医药生物的科学时代开始到来。这一时期合成化学得到了快速发展，
一批优秀的小分子药物陆续发明出来，至今仍然在广泛应用，例如阿司匹林、对乙酰
氨基酚等。第一次世界大战期间，美国宣布德国生产的许多药品专利无效，美国开始
自主开发阿司匹林、弗罗那等系列药物，制药技术快速进步，逐渐赶超德国。第二次
世界大战期间，青霉素、冻干血浆等被成功制造出来，大量创新药和制药技术不断涌

现，美国逐渐成为世界制药工业的领导。20世纪70年代开始，传统制药产业的药物创新生产率开始下滑，新药物的上市速度明显放缓，药企的销售收入增长有的开始无法跟上持续增加的研发费用。幸运的是，这一时期的分子生物学技术应运而生，发端于70年代中期的分子生物学理论为新药物的研制提供了机会。80年代至今，生物技术的拓展以及医药行业内的企业兼并成为影响医药公司发展的重要因素。1984年，美国《药品价格竞争与专利期补偿法》提出，平衡了原研药专利权时间过短以及促进仿制药上市降低医疗费用的矛盾，对仿制药的生产以及整个制药产业发展产生了深远影响。

自1985年底以来，医疗保健板块指数点位从100点增长至2020年底的5138点，年化收益率约为11.9%，较全球整体年化收益率高3.2个百分点。医疗保健板块是一个回撤幅度小、年化收益高的优质投资方向。从相对大盘表现来看，医疗保健板块表现领先其余所有板块，具备较强的获取超额收益的能力。具体来看，自1985年至2020年底，全球医疗保健行业超额收益率走势主要可以划分为四个阶段。

第一阶段从1986～1989年，这一时期全球医疗保健板块超额收益率走势小幅下行。以生命科学和生物技术、信息技术为代表的新兴技术不断渗入到医药领域，医药产业从创新药物研发的低迷状态中恢复过来，生物技术公司逐渐成为新药开发领域的主要力量。医疗保健板块在这段时期取得了绝对正收益，但由于这一阶段金融地产股涨速过快，医疗保健板块未能获得超额收益。

第二阶段从1990～2001年，这一时期医疗保健板块超额收益率指数走势快速上行，人类基因组计划的实施以及药物作用的分子机制研究等极大地推动了此后新药研究工作的开展，现代生物医药产业成为继IT业后最具增长潜力的产业之一。分子生物学、分子药理学等学科的飞速发展促进了大量"新靶标"的发现，拓宽了新药开发的方向。计算机辅助设计、组合化学和快速筛选技术大大提高寻找和优化先导化合物的速度，缩短了各个阶段的实施时间。新药开发效率得到明显提高。在"互联网泡沫"巅峰时期，医疗保健板块跑输大盘，在"互联网泡沫"破灭以后，医疗保健板块快速扭转颓势，重新开始获得超额收益。

第三阶段从2002～2008年，这一阶段医疗保健板块长期横盘，没有取得明显绝对收益。同一时期发达国家的金融周期股大幅上涨，医疗保健板块明显跑输大盘。

第四阶段从2009～2020年，金融危机爆发后，医疗保健板块具有抗跌属性，跌幅小于大盘，同样在危机结束后的复苏时期，医疗保健板块的弹性也不及其他顺周期板块。从2011年开始，医疗保健板块走出了一波十年"长牛"行情，既有绝对收益，又有超额收益。全球医疗保健行业的行情走势与超额收益见图10-43。

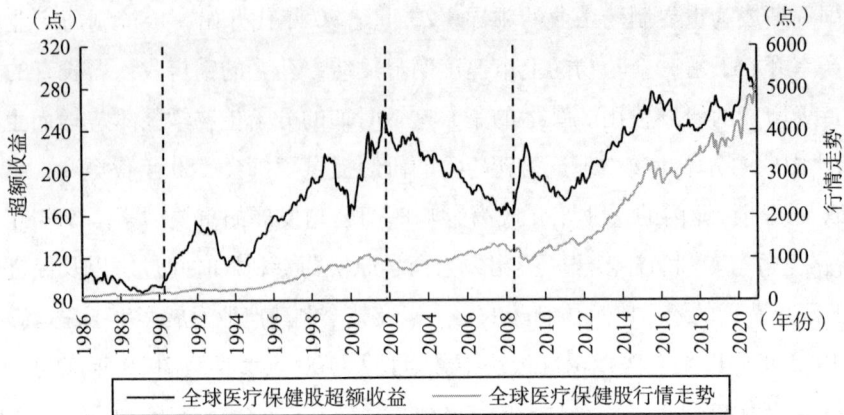

图 10 – 43 1986～2020 年全球医疗保健行业行情走势与超额收益

资料来源：Wind 资讯、彭博。

分地区来看，表 10 – 19 报告了全球代表性地区医疗保健板块获得超额收益的主要时期。可以发现：（1）各地区医疗保健板块获得超额收益的历史时间占比较高，医疗保健板块长期极具投资价值。（2）各地区医疗保健板块获得超额收益的时期大体同步，主要集中于 1994～2000 年以及 2008～2020 年。（3）中国、中国香港、中国台湾的医疗保健行业属于后发行业，板块超额收益主要在 2008 年以后获得。（4）印度制药业在 20 世纪 90 年代以来发展迅速，获得明显超额收益。

表 10 – 19　　全球代表性国家和地区医疗保健板块获得超额收益的主要时期

年份	中国	美国	英国	德国	法国	日本	韩国	印度	中国香港	中国台湾
1986～1988	—	√	×	√	△	×	—	—	×	—
1989～1990	—	√	×	×	△	×	√	×	×	√
1991～1992	—	×	√	√	△	√	√	×	√	√
1993～1994	—	√	√	√	△	×	√	√	×	×
1995～1996	—	√	√	√	√	×	√	√	×	√
1997～1998	△	√	√	√	√	√	×	√	×	×
1999～2000	△	√	√	√	√	√	×	√	×	×
2001～2002	△	×	×	√	√	√	×	√	×	×
2003～2004	×	×	×	√	×	×	△	×	×	×
2005～2006	×	×	×	√	×	×	△	×	×	×
2007～2008	√	×	×	√	×	√	△	△	×	√

续表

年份	中国	美国	英国	德国	法国	日本	韩国	印度	中国香港	中国台湾
2009～2010	√	√	√	√	√	√	△	√	√	√
2011～2012	√	√	√	√	√	√	√	√	√	√
2013～2014	√	√	√	√	√	√	√	√	√	×
2015～2016	√	√	×	×	√	√	△	√	√	×
2017～2018	√	√	√	×	×	√	√	×	√	×
2019～2020	√	√	√	×	√	√	√	√	√	×

注："√"表示在这一时间段板块表现好于市场整体，"×"表示跑输市场整体，"△"表示表现与市场整体相当，灰色阴影表示板块有持续超过 5 年的超额收益。"—"表示数据缺失。

资料来源：Wind 资讯、彭博。

三、人口老龄化是长期趋势

长期以来，全球医药市场保持较快增长，医药产业被称为"永不衰落的朝阳产业"。据统计，1990 年全球医药市场规模约为 1700 亿美元，2020 年增长至约 1.3 万亿美元（见图 10-44），年均增长速度约 7%，高于同时期全球经济名义 GDP 年化 4.8% 的平均增速。医药产业将成为 21 世纪的支柱产业和新的经济增长点之一。与此同时全球医疗保健板块自 1985 年至 2020 年底的累计收益率领先其余所有板块，大幅跑赢市场平均收益率水平。

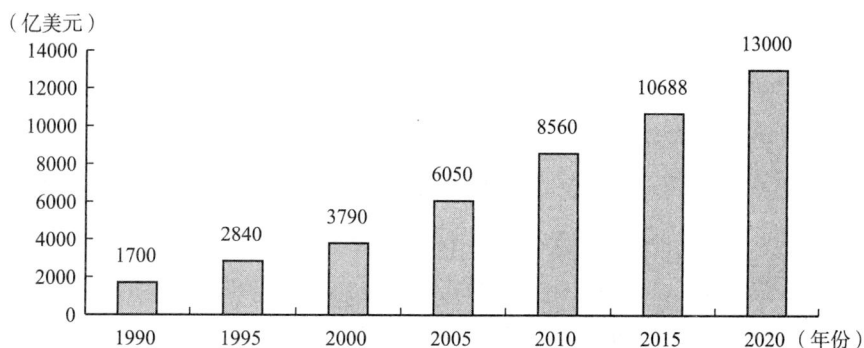

（亿美元）

图 10-44　1990～2020 年全球医疗保健市场规模

资料来源：Wind 资讯、IMS。

医疗保健行业能够有持续的超过整体经济的增长速度，背后核心的驱动力是全球人口老龄化现象日益严重，医药产品和医疗服务需求不断增长。人口老龄化是全球大部分国家普遍面临的现象，尤其是高收入国家愈加严重。截至 2019 年底，高收入国家 65 岁以上人口占比已经超过 18%（见图 10-45）。越是高收入国家，人口老龄化问题越是严重，意味着对医疗保健产品的需求会进一步增加。老龄人口一方面对医疗保健有更大的需求，另一方面又掌握了社会的主要财富，能够形成现实的购买力。人口老龄化为医疗行业的长期快速发展提供了需求支撑。

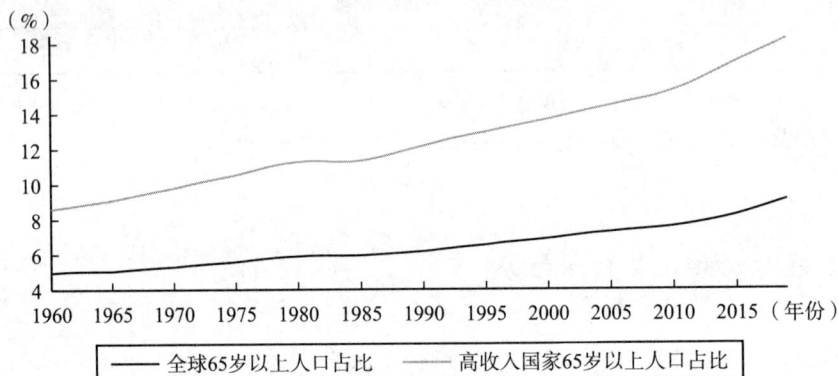

图 10-45　1960~2019 年全球及高收入国家 65 岁以上人口占比

资料来源：Wind 资讯、世界银行。

随着人们对健康的需求不断提高，全球人均医疗保健费用支出也在持续增加。根据世界银行的统计，1995 年全球人均医疗支出约 461 美元，全球医疗支出占 GDP 比重为 8.5%。截至 2014 年，全球人均医疗支出上升至 1059 美元，全球医疗支出占 GDP 比重增长至 9.9%。随着人均可支配收入的提高，人们的生活品质有了明显提升，人均预期寿命也在不断增长，同时对于健康有了更高的需求。这些因素共同推动了全球医疗费用的持续增长。

随着现代医学的普及与发展，医疗保障覆盖日益完善，患病确诊及治疗比例有所增加。在医疗保障方面，不同收入水平国家的保障水平仍存在显著差异，发达国家政府所承担的医疗卫生支出占比较高，个人自费占比低于 35%，而发展中国家仍然有较高的自费比例，达 65%。从趋势来看，随着医疗保障体系建设的完善，高收入国家和低收入国家的自费占比均在下降，且低收入国家医疗费用自费比例下降幅度更大（见图 10-46）。但由于结构原因，随着低收入国家的医疗支出占比上升，全球医疗开支的自费占比反而显示出小幅上升。未来随着低收入国家的医疗保障日益完善，自费占比不断下降，居民可承受的医疗费用将持续增加，居民和政府的整体医疗支出将持续增长。

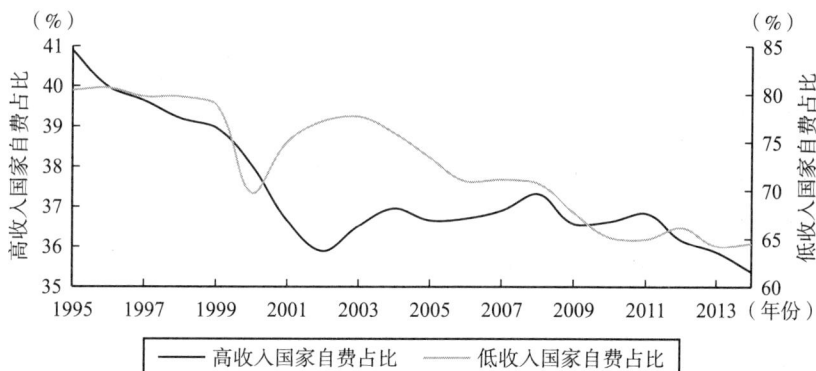

图 10－46 1995～2014 年全球医疗支出中自费占私人医疗开支总额比重

资料来源：Wind 资讯、世界银行。

此外，人们对创新疗法需求的增长以及新药研发投入的增加，是推动全球医药市场规模快速增长的重要因素之一。由于获得专利保护的药品可以独占市场长达 20 年时间，创新药开发企业一旦研制新药成功，将有望获得惊人的回报，这对于企业下一步创新发展的良性循环非常有利。从全球医药市场竞争格局来看，医药企业并购浪潮此起彼伏，国际竞争日趋激烈。大规模的兼并重组和资本运作，极大提升了头部医药企业的市场规模和研发实力，拓展并完善了药品生产与销售的网络。新药研发具有高投入、高风险的特点，在创新药方面，头部药企既可以在新药研发中通过收购中间产品或整个技术型公司来中途加入项目，也可以凭借较为充足的资金规模在研发早期多头下注，一旦出现问题快速中止项目，借此减小新药开发风险，提高医药企业效益。这些因素促进了当前全球医药市场龙头集中、强者恒强的竞争格局形成。

四、医疗保健行业商业模式核心奥义

医疗保健行业也具有很强的消费属性，但是其商业模式要好于大多数消费行业，我们认为归根结底，是因为医药产品对人们的使用价值会随着人们的收入提高而增加，这是其他几乎所有行业所不具有的商业属性，也是医疗保健行业能够长期拥有高于名义 GDP 增速的核心奥义。

对于绝大多数消费品而言，都不得不面临一个长期需求饱和的问题。这一方面是因为消费者对该产品消费的边际效用会递减，一个人的衣食住行等消费量在收入超过一定阶段后很难再有增量。另一方面，随着居民收入的提升，消费任何商品的机会成

本会不断增加，时间和身体健康都是消费的机会成本。随着一个人的收入越来越高，其时间就会越来越值钱，那么这个时候玩游戏、看电影、旅游娱乐等消费时间成本也会越来越贵，因此一个人可能职业生涯发展顺利收入不断提高，但其对这些休闲娱乐的消费量反而是下降的。同样的道理，对于吃喝这些可能对身体健康有些不利影响的消费品，随着个人收入的增加消费也会更加慎重。

但医药产品的情况则恰恰相反，当一个人工作职级提升收入不断增加之时，工作一般也会越来越忙，身体健康多少会受到影响，这时候其对医药产品和服务的需求是增加的，而且由于收入在增加，这个时候消费者对于医药产品和服务的支付能力也是不断提高的。简单说，一个人越有钱，他会觉得自己的健康更值钱，而且有更强的医药产品支付能力，这种商品的使用价值会随着消费者支付能力提高的商业属性，是其他几乎所有行业都不具备的。也正因为如此，我们会看到医疗保健服务和药品在居民消费支出中的占比是不断上升的（见图 10-47）。

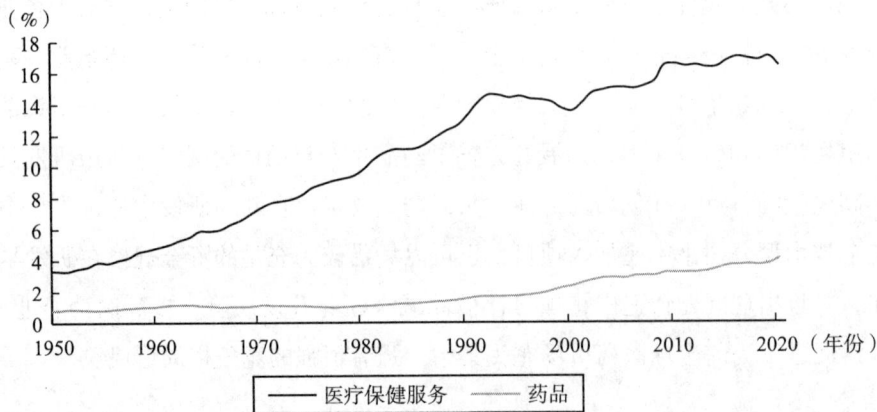

图 10-47　1950～2020 年美国医疗保健服务和药品占居民消费支出比例

资料来源：美国经济分析局（BEA）。

因此长期来看，我们认为，只要人口老龄化比例在继续上升、居民收入在不断提高①，在这两个变量的合力下，整个医疗保健行业板块就会保持高于名义 GDP 的增速。而在这种稀有的商业模式支持下，医疗保健板块在全球股市中应该都是最能够长

---

① 人们常说"一切都是周期"，这个说法不错，一个变量是周期性变量还是趋势性变量，取决于时间维度的选择。比如这里的人口老龄化，我们一般认为是一个趋势性变量，这是一个站在我们这批人有限的生命、几十年时间维度下得到的论断，如果看一两百年之后，新老更替后，人口结构势必还会再出现年轻化的周期。

期看好的行业板块。

五、从产业趋势中寻找投资机会

医疗保健行业长期的利好就是居民不断增长的产品和服务需求，相对的利空就是医疗保健支出对各个国家和地区财政支出压力越来越大（图 10 - 46 中私人部门医疗费用自费占比下降意味着政府支出占比不断提升），医保控费是全球各个经济体普遍需要面对的问题，这可能也是过去几年 A 股市场投资者对医疗保健板块未来长期发展前景最大的担忧了。

图 10 - 48 报告了从 1930 ~ 2020 年美国药品和医疗保健服务长期相对价格走势，请读者注意，这里用的是相对价格走势而不是绝对价格走势，相对价格的比较基准是美国的个人消费支出价格指数（PCE 价格），指数走势向上表明该产品或服务的价格涨幅大于整体价格涨幅。这张图的走势我们觉得很有启发意义，首先看药品的相对价格走势，从大概 1930 年开始一直到 1980 年前，总体上是一路下降的，这可能主要反映了美国政府医保控费等相关措施的影响，但在 1980 年以后药品的相对价格开始持续上升，这里面更多的应该是创新药生物制药等新品种的影响。而另一方面，一条更重要的曲线是，医疗保健服务的相对价格是一路上升的。

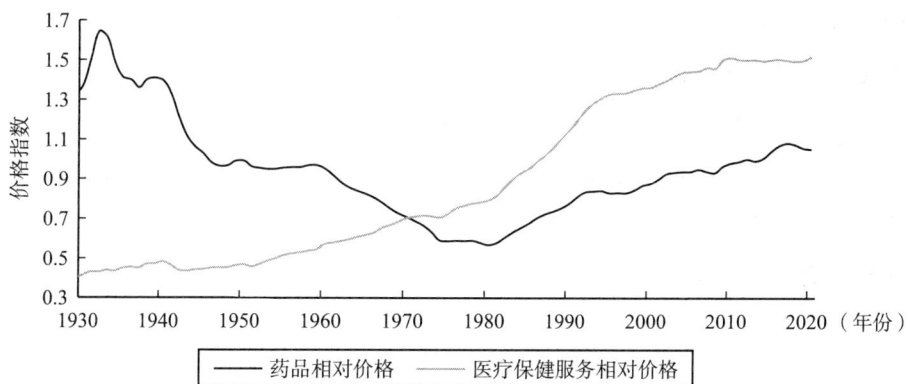

图 10 - 48　1930 ~ 2020 年美国药品和医疗保健服务相对价格走势

资料来源：美国经济分析局（BEA）。

从图 10 - 48 中可以看到，药品价格会有一个先降后升的过程，降的是受医保政策和政府开支影响较大的仿制药等，而后续升的会是创新药、生物制药等新品种，而医疗服务的价格则可能持续上升。这对股票市场投资而言，实际上已经指出了非常明确的方向，一个是创新药生物制药等为核心的新药研发产业链，另一个是医疗保健服务产业链。

从本书前文对各个国家和地区股市中医疗保健板块的讨论中，实际上已经看到了这个趋势。医疗保健板块股价表现较好的，大体上是这几个细分领域：一是医疗服务，服务价格这块市场化程度高，受医保控费政策管制等影响相对较小，有望长期上升。特别是爱美之心人皆有之，似乎在所有股市中与美容相关的领域，股价表现都非常好，如日本股市的药妆、中国股市的医美等。

二是创新药，特别是一些公司规模相对较小的生物制药企业，很多这类公司走的都是产品研发成功、股价大涨、被制药巨头公司收购这条路径。在医药公司的发展过程中，收购、合并、重组等资本运作事件比比皆是，很少有完全依靠内生增长独立发展壮大的龙头公司。这可能是医药行业获取规模经济优势以及专利知识产权的最为快捷有效的资源整合方式，同时也已经逐渐成为医药公司想要做大规模成为行业龙头的一种通用路径。

三是创新药生物制药产业链上的 CXO 模式。在产业分工更加精细化的背景下，合作或者流程外包正成为主流新药研发模式。现代医药产业链可以主要分为药物发现、开发、制造和销售四个阶段，每个阶段都包含着一系列专业化的环节，由于涉及的学科、技术繁多，普通公司可能难以具备所有的条件，因此合作开发正在成为新药研发的主流。一般来说，小型技术公司由于技术路径不同，可能在新药发现的早期阶段具有优势，但新药开发的全周期流程通常耗时耗力，很多公司无力支持开展临床研究，因此大型医药公司可以依靠自身经验优势和资金优势，与这些技术公司进行合作研究，节约新药研发时间，提高研发成功率。更有一批从事流程外包的医药公司，正在向半导体产业链中的代工企业看齐，凭借更加高效的生产组织方式，协助药企降低研发成本、提升研发效率。

第十一章
价值投资分析框架总结

　　基于前述十章对全球股市行情特征的研究和分析，本章进行总结提出我们对价值投资的理解分析框架，以及对未来中国股市投资机会的展望。我们认为价值投资的内涵是一个逻辑思维而不是博弈思维，是把握产业趋势而不是判断短期是否超预期，是投资企业内在价值上升而不是赚取股价低于内在价值的价差。更进一步地，这个思考框架可以归纳为：景气周期的趋势投资者。无论是 A 股市场还是全球市场，投资者在任何一个时间点实际上都是在寻找当时市场最景气的行业板块。景气周期向上的行业，往往是既赚业绩的钱又赚估值的钱，这是真正意义的成长股；景气周期稳定的行业，一般只赚业绩的钱不赚估值的钱，这是价值股；而景气周期衰退的行业，估值底在哪里是不知道的，这个时候很容易出现价值陷阱问题。纵观全球股市行情发展脉络，选择正确的产业趋势方向才是第一位的。时势造英雄，任何阿尔法的伟大胜利，都是建立在正确的贝塔选择之上。股票投资是做选择题，找对阿尔法如同挖到金子，找对贝塔如同选准富矿。两者并不矛盾，在时代风口的行业中更容易找到牛股，在贫矿中不是不能找到牛股，而是难度巨大，阿尔法与贝塔是对立统一的。

第一节 景气周期的趋势投资者

一、价值投资内涵的思考

"价值"一词或许是股票市场中分歧最大的概念之一了。几乎所有股票市场投资者，都会认同价值投资，但究竟什么是价值投资，仁者见仁智者见智，分歧巨大。

最传统的一派价值投资理念，特别容易把价值投资等同于低估值投资，从而形成所谓的"价值"与"成长"对立的两派投资风格。无论 A 股市场还是全球其他股市中，我们经常看到的一些以"价值"为投资风格的指数，比如国证价值指数、中证800 价值指数、标普 500 价值指数等，指数的编制法则均以低估值为主要参考因素[①]。而实际上比较尴尬的是，最近几年全球股市中业绩表现较好的"价值投资者"，往往又都是"成长风格"[②]。

以低估值为核心的价值投资理念，起源是格雷厄姆的安全边际思想，即当股票价格大大低于其内在价值时，安全边际出现，此时应该买入，而当股价超过内在价值时应该卖出。格雷厄姆的安全边际理念，成为以后很多低估值价值投资者的基本标尺。格雷厄姆的投资理念诞生于 1929 年股灾之后（《证券分析》第一版于 1934 年出版），将投资安全性放在第一位。将价值投资理解为低估值风格，本质上还是将"股票价格是否大幅低于内在价值"看得更重一些，而对"内在价值未来的长期动态变化"看得更轻一些，这种投资理念偏博弈思维多点而逻辑思维少点。

笔者认为价值投资的核心理念在于分享企业价值的提升，而不在于赚取股票价格低于企业价值的价差。图 11 - 1 报告了一种经典的股票价格围绕公司价值波动的走势，在图中从 A 点到 B 点是公司股票价格低于公司价值的部分，这种情况下的股价

---

① 根据指数编制公司发布的编制方式来看，国证价值指数和中证 800 价值指数参考的价值因子包含 4 个变量，分别是：股息收益率（D/P）、每股净资产与价格比率（B/P）、每股净现金流与价格比率（CF/P）、每股收益与价格比率（E/P）。对这 4 个变量进行 Z 值标准化处理排除极值影响后，计算 4 个变量的 Z 值均值，选取均值最高的 332 只和 250 只股票加权后计算分别得出国证价值指数和中证 800 价值指数。

② 以"成长"冠名的指数往往又都不能代表"成长风格"，因为这些指数编制时选择的成长股主要是过去几年营业收入或者利润增速较高的上市公司，而过去的业绩增速不能代表未来，所以这种编制方法选择出来的样本后面的增速不一定高。

上涨可以理解为估值修复，价格向价值回归驱动，A 点到 B 点之间的距离也就是格雷厄姆所说的安全边际，这个距离越大越有利于投资者。而从 B 点到 C 点的股价变化，则是公司价值提升推动的股价上涨，这种情况下股票价格与公司价值之间的价差没有那么重要，更重要的是图中这根深色的曲线（公司价值）能否持续提升，这是我们认为的价值投资理念。

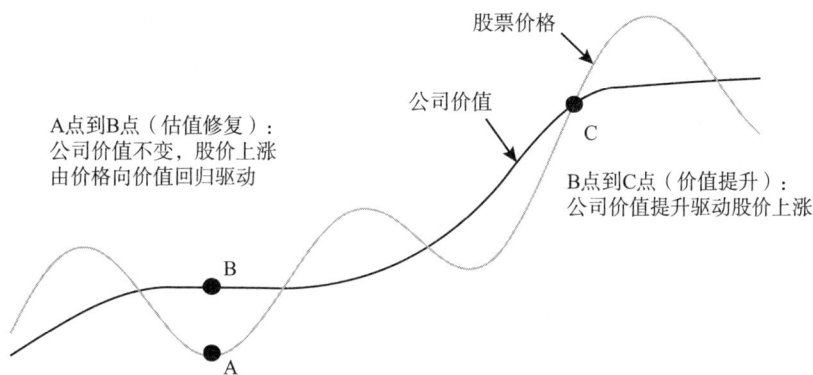

图 11 - 1　股票价格围绕公司价值波动示意

资料来源：作者整理。

　　二级市场投资和研究分析中，很多人喜欢问这样一个问题，你们的观点与市场一致预期不同的地方在哪里，或者说超预期的地方在哪里。提问的人可能是想在最短的时间内掌握核心信息，但这个问题却非常难回答，难点不在于自身的观点，而在于市场一致预期很多时候真的说不清楚。超预期的思维范式，短期的盈利业绩高于或者低于预期，经济数据高于或者低于预期，更多的属于一种博弈性的思维。且不论是否超预期很多时候会说不清楚，就算能说清楚，实践操作中也会有很大的困难，季报盈利超预期了，股价高开后怎么办？超预期的投资逻辑过于短期和偏博弈了。因此，从投资框架上说，我们认为还是应该少一点价差的、超预期的、博弈的思维，多一点价值提升的、产业趋势的、逻辑的思维。

二、基于 ROE 的景气周期分析

　　回到前面讨论的价值投资理念，如何追寻公司价值的提升？从总量上看笔者认为主要就是把握产业趋势的投资逻辑，股票市场行情反映产业趋势变化，这个脉络非常清晰。更进一步地，笔者认为，这个思考框架可以归纳为：景气周期的趋势投资者。无论是 A 股市场还是海外市场，投资者在任何一个时间点实际上都是在寻找当时市场最景气的行业板块。

从技术层面讲，我们比较喜欢使用净资产收益率（ROE）来度量行业板块的景气周期[①]。当然也可以有不同的度量方式，如用盈利增速（YOY），ROE 和 YOY 的关系，好比《经济学原理》中平均成本与边际成本的关系，当边际成本超过平均成本时，平均成本会进一步向上。从理论上来说，在不考虑分红的情况下，如果下一年企业的 YOY 高于 ROE，则 ROE 会进一步向上；如果 YOY 低于 ROE，则 ROE 会向下；如果企业 100% 分红，那么只要盈利增速是 0%，ROE 下一年也保持不变。

在实际使用中，ROE 和 YOY 各有优势和劣势，用 ROE 度量行业板块景气周期的好处，是 ROE 的曲线走势相比 YOY 更加平滑，趋势性更明显，缺点是 ROE 是一个相对滞后的指标，指标本身不是一个敏感的领先指标。以 ROE 作为行业板块景气周期的度量指标，我们可以把行业板块分为三种类型：

（一）ROE 趋势向上的板块

这是"成长股"，是典型的景气周期向上的板块，是投资中的首选品种。因为 ROE 是向上的，所以理论上估值也应该向上，这种情况下，一定是既赚业绩的钱，也赚估值的钱。历史来看，这类板块基本都是既有绝对收益又有超额收益的，领涨板块也一般都在此出现。

A 股历史上，2001～2004 年的钢铁板块、2005～2007 年的银行板块、2006～2010 年的家电板块、2013～2015 年的创业板科技板块、2016～2020 年的消费板块、2020 年至今的新能源和新能源车板块，都是这种情况。这种情况下，可以说基本上是不看估值的，因为既然 ROE 没有见顶，估值顶也无从判断，ROE 的拐点多数情况下就是行情的拐点。而且这种情况下，ROE 和估值之间也很难找到绝对数的对应关系，更多的是趋势拐点的对应关系。以 A 股市场中的白酒行业为例，2012 年行情景气周期顶点时的 ROE 比现在更高，而早在 2019 年时很多白酒公司的估值就已经突破了 2012 年行情最高点时的水平，突破上限后，再去讨论"绝对值多高算高"就很困

[①] 这里需要阐明的一个观点是，我们认为投资者是对产业景气周期进行投资，而不是 ROE，ROE 是一个事后指标，是一个工具不是全部，只是让我们用来归纳总结过去的经验规律。实际投资中，每个投资者都有自己不同的工具去判断公司的产业景气周期，比如用宏观经济数据、用调研的方式、用订单的数据、用自己的生活常识判断等，但殊途同归，最后会反映到 ROE 的上升中，ROE 上升是景气周期上行的结果不是原因。

难了。

ROE 趋势向上板块的进攻性行情，有一个非常经典的案例，就是 2013～2015 年 A 股市场的创业板行情。在当时"改革牛""水牛"的背景下，很多观点认为市场完全是炒作，实际上是有基本面原因的。我们可以清晰地看到，从 2013 年开始到 2016 年年中，创业板的 ROE 是持续向上的，而与此对应主板的 ROE 是不断下降的（见图 11 - 2），这是导致那波大行情的主要驱动力。

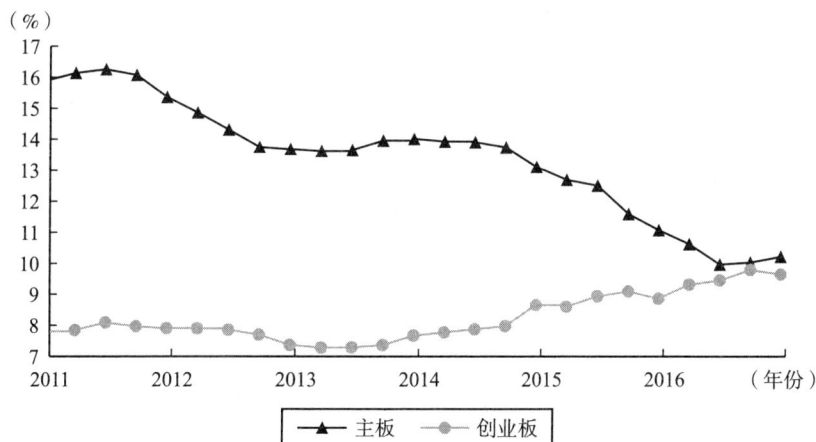

图 11 - 2　2011～2016 年 A 股主板和创业板 ROE 走势对比

资料来源：Wind 资讯。

这段行情中有两个特征笔者认为需要特别注意：

第一，虽然从 2013 年到 2016 年中，创业板的 ROE 是向上的，但是 ROE 的绝对值始终没有超过主板，而 A 股市场的实际表现则明确无疑地说明了一个重要结论，就是市场是对 ROE 的趋势而非绝对值在进行定价。也就是说，一个公司的 ROE 从 30%下降至 27%，股价有可能会大跌，而另一个公司的 ROE 从 3%上升至 6%，股价则有可能大涨。市场的这种现象其实也并没有不理性不价值，如果市场是有效的，那么前述两个企业分别在 30%和 3%的 ROE 时的估值，其实已经反映了过去的财务状况，而股价的涨跌反映的是后续的基本面变化（即 ROE 变动的方向）。

第二，就是在 ROE 上行过程中，投资者就是时间的朋友，因此基本面在自己一边，这个过程中股价的下跌都可以理解为调整，而不是趋势性反转。A 股市场 2015 年"两次股灾"和 2016 年"两次熔断"之后，反弹的都是创业板公司，因为 ROE 上行趋势没有结束。一直到 2016 年下半年开始，随着创业板公司盈利景气周期的拐点出现，市场风格才彻底切换。这个行情特征与 2021 年 2 月 A 股市场调整的情况非常相似，在板块 ROE 向上景气周期上行中，市场整体调整之后，能够起来的依然是这些景气周期上行的板块。

（二）ROE 基本走平的板块

这是"价值股"，这种品种基本上属于类固收资产，能赚业绩的钱，赚不了估值的钱。因为只能赚业绩的钱，所以对于这类资产的投资，是要看估值的，因为 ROE 基本走平，估值中枢总体上是不变的，买入时估值高了就会降低未来收益率，反之买入时估值低了则会提高未来收益率。

这类板块比较典型的案例是 1995 年以来的美国必需消费板块以及 2014 年以来的 A 股银行板块。美国的必需消费板块（包括可口可乐、宝洁、高露洁等），1995 年以来整体上 ROE 很高，差不多是标普 500 指数的 1.7 倍，但盈利趋势并未向上，必需消费板块股价有绝对收益但完全没有超额收益。有些投资者或许会问，ROE 比指数整体高这么多，这是多么优秀的公司啊，为什么股价会长期没有超额收益呢？这个问题的背后实际上就是市场的有效性和未来的确定性叠加，一个公司如果未来基本面是确定的，同时市场是有效的，那么当前的股价就是合理的充分的。举一个最简单的例子，假设现在市面上的理财产品利率是 5%，我们买了这个产品价值 100 万元，如果要转让能卖多少钱，肯定也是 100 万元。假设如果我们通过一些办法，买到了利率是 10% 的理财产品，这个产品转让价格肯定要超过 100 万元，但是因为未来 10% 的利率是确定的，所以一旦转让价格是有效的，用这个高于 100 万元的价格买的这个票面利率 10% 的理财产品，最后的到期实际收益率一定还是 5%。这就是前述美股必需消费板块极高的 ROE 但没有超额收益的内在逻辑。

A 股的银行板块也非常典型。曾经的银行板块也是成长板块，在 2005 ~ 2007 年 ROE 持续向上，当时的说法是银行板块是"永恒的成长板块"，因为无论什么行业成长最终都会利好银行，所以当时银行板块的 PB 差不多跟现在银行板块的 PE 相当。2014 年以后 A 股银行板块整体上估值一直处于底部，但 ROE 依然在回落，虽然每年下降的幅度有限。这种情况下，我们可以这样算，假设银行的 ROE 是 11%，如果估值不变，那么持有一年的期望收益率就是 11%，但问题是估值会变，因为 ROE 在下降 PB 也会下降，这样一来考虑估值上的折损，一年的期望收益率可能就只有 6% ~ 8% 左右了。

所以这也就回到了一个重要的基本性问题，如果一个板块的 ROE 没有趋势性上升的机会，那么由于低估值产生的投资机会都是交易性机会，时间都比较短，幅度也比较有限。只有哪天板块的 ROE 可以见底回升了，板块才会有趋势性机会。

（三）ROE 持续向下的板块

这种情况下的行业属于衰退型行业板块，应该是要坚决回避的，因为 ROE 在持续下降，估值也是持续下降的，估值底在哪里是不好说的。A 股市场中 2012～2015 年的周期股板块，就是这样的案例。这种情况下的投资实际上也是不看估值的，看估值投资往往会掉入"价值陷阱"，你以为估值已经很低了，但实际上还会再创新低，因为盈利的底还没有看到。

在这个框架中，我们对"成长股"和"价值股"也有很清晰的定义。我们认为，所谓"成长股"，就是 ROE 趋势向上的行业板块，即赚业绩的钱，也赚估值的钱。而所谓的"价值股"，就是 ROE 绝对水平较高保持稳定的，盈利没有加速上行，这种情况下，只赚业绩的钱不赚估值的钱。

三、传统周期框架为什么失效

在企业价值、产业趋势、景气周期的判断上，金融危机以后传统的经济周期和自上而下分析框架，使用起来都让人感觉到越来越力不从心了。突出表现在：一是股票市场的表现与宏观经济关联度越来越弱，特别是市场热门板块的结构性行情，与传统宏观中的经济增长通货膨胀几乎毫无关系；二是各种"时钟""电风扇"类的分析框架在陆续失效。这两个现象在全球股市普遍存在。

（一）传统框架对股市分析陆续失效

传统宏观经济分析的变量主要包括：经济增长指标［GDP、工业增加值、固定资产投资（包括基建投资、房地产投资、制造业投资等）、进出口、PMI 等］、通货膨胀指标（CPI、PPI 等）、金融指标（M1、M2、贷款、社融等）。这些经济指标总体上都代表了名义经济增长的总需求。中国经济 2012 年以后出现的变化是，名义经济增长增速降低，波动降低。特别是名义经济增长的波动降低，使前述宏观经济指标的重要性开始不断下降。最开始是 GDP，大概从 2012 年以后开始没什么波动了，然后是 2015 年以后工业增加值这个指标也没有什么波动了，再然后是 2017 年以后 M2 基本也没有什么波动了。

实际上，宏观经济波动率下降这个现象并不是新鲜事情，回顾主要发达国家走过的路就会发现，当经济发展到一定阶段之后，经济整体的增速和波动率就会大幅下降，这是经济发展的必然趋势。可以很明显地看到至少三点规律：第一，在经济发展的初期，名义经济增速体现出高增长高波动的特点。例如，美国经济的 20 世纪 50 ~ 60 年代、日本经济的 50 ~ 70 年代、法国经济的 50 ~ 60 年代、韩国经济的 60 ~ 70 年代，这些时期各国的名义经济增长速度动辄可以到 20% 以上，韩国的数据甚至到了 40% 以上的名义经济增速。第二，在经历了前期的高速经济增长期后，各国普遍出现了经济增速下台阶的阶段。第三，在整体经济增速下台阶的过程中，各国的经济波动率都出现了明显的下降。如果用各国名义 GDP 增速过去 12 个季度（3 年）的标准差来度量经济的波动率，美国的经济波动率从 20 世纪 50 年代的 6.0 左右，下降到现在的 1.0 左右；日本经济的波动率从 60 年代的 4.5 左右下降到现在的 1.2 左右；韩国经济的波动率从 60 年代的 10 左右下降到现在的 2.0 左右。

这些基于名义经济增速和总需求变化的分析范式，体现在各种"时钟""电风扇"类的分析框架。最早是美林时钟，随后演化拓展出各种模型。这类"时钟""电风扇"模型总体上框架是一样的：首先，确定几个（N 个）宏观经济变量，然后每个变量划分几种（M 种）状态，这样就可以定义出 N^M 种宏观经济"情景"；随后再在每一种"情景"中，做历史数据规律统计，得到每一个"情景"中大类资产价格的表现，以及股市整体和结构性行情表现的历史均值。比如说如果选择 2 个宏观变量，确定 2 种状态（好和坏），那么就一共可以划分出 4 种宏观经济"情景"。如果选择 3 个宏观变量，确定 3 种状态（好、中、差），那么就一共会划分出 27 种宏观经济"情景"。由于二维平面上只能够展示四个象限，所以一般的模型普遍采取 2 × 2 四种"情景"的架构。比如美林时钟就是这种 2 × 2 四种"情景"模型，选择了两个宏观变量（经济增长和通货膨胀），划分了两种状态（上行和下行）。而随着一个个宏观经济指标波动性的降低，基于这些指标所产生的投资分析框架有效性普遍都在不断降低。

（二）本质变化是企业盈利驱动力彻底改变

之所以股票市场整体走势与宏观经济关联度越来越弱、股票市场中的结构性行情越来越难以从宏观经济中"自上而下"地去把握，根本的原因，在于上市公司盈利增长的核心驱动力发生了变化，从总需求变成了供给端变化，我们认为这个是决定股票市场行情特征的最核心因素。

传统自上而下的投资分析框架的起始点（见图 11 – 3），是经济的名义增速，因为上市公司的营收和利润也都是名义数,所以名义经济增速比实际经济增速更加重要。我们根据经济名义增速的周期往复规律去寻找股票市场的投资机会,其逻辑大致是这样的:名义经济增速向上时,上市公司整体盈利周期向上,此时我们看多市场,然后选择盈利弹性最大的顺周期板块,包括周期、金融、可选消费等。随着经济逐步过热,政策开始收紧,名义经济增速开始向下,此时上市公司整体的盈利周期也会向下,所以我们会看空大盘,然后板块上选择逆周期板块,消费、医疗保健、公用事业等作为防守。

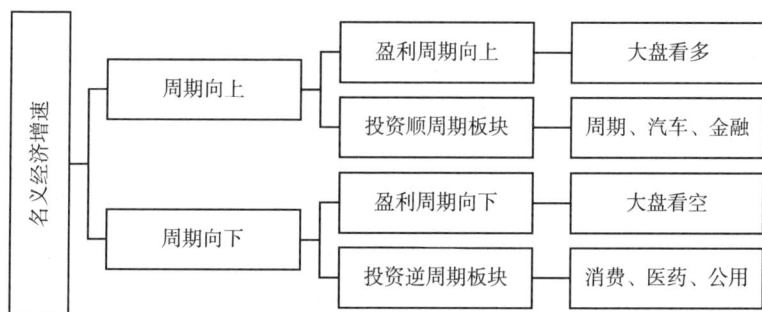

图11-3 传统自上而下投资分析框架示意

资料来源:作者整理。

这套框架方法论的最大逻辑前假设,在于需求变化是影响企业盈利弹性的最大变量,因此名义经济增速的波动,产生经济周期和板块轮动。名义经济增速的波动性没有了之后,决定上市公司盈利的最大变量就不是总需求了,而变成了一系列供给侧的变量,包括:

集中度提升:传统行业随着产业集中度的提升,龙头企业利润率不断提升。

消费升级:居民消费越来越趋向于品质化和个性化,服务性占比不断提高。

科技创新:自下而上产生新产品新供给。

这几年无论是A股市场还是全球股市的领涨板块或者说大牛股,基本都是遵循着这几条逻辑走出来的,核心一点:决定企业盈利的是上述供给端变化,而不是总需求变化(并不是居民收入增速高了所以消费多了的逻辑)。而集中度提升、消费升级、科技创新,这些变量与传统宏观经济指标(经济增长、通货膨胀、货币政策等),似乎关联度都不大。

第二节　全球股市板块轮动脉络

一、从周期到消费再到医疗保健与科技

从全球股市行情发展脉络来看，西方国家股市普遍经历了"周期—消费—医疗保健与科技"这样的主导行业板块轮动特征，中间一般还会再穿插一个"金融"板块大行情，有些在"消费"之前，有些在"消费"之后，取决于本国房地产周期的爆发时间。

第二次世界大战之后一直到 20 世纪 50 年代末期，是二战后全球经济恢复的高速增长时期，重工业投资是那个时代最大的特征。在这样一个重工业时代，美股上市公司的行业市值占比，排名靠前的几乎全部是周期股重工业板块，石油煤炭、交运设备（主要是汽车）、基本金属、化工等，基本没有消费、金融、科技行业什么事情（见图 11 – 4）。1950 年底，美股市场中市值最大的 10 个公司排序分别是：美国电话电报（电信服务）、通用汽车（交运设备）、杜邦公司（化工）、新泽西标准石油（石油）、联合碳化公司（化工）、通用电气（电气设备）、加州标准石油（石油）、西尔斯罗巴克（商贸零售）、德士古公司（石油）、美国钢铁（基本金属）。当时美股市值最大的 10 个公司里，1 个零售公司是消费、3 个可以算中游（通用汽车、通用电气、AT&T），其他都是纯正的周期股标的，这些公司到 2020 年也大多都还存在，只是今非昔比早已不再是大市值公司榜单前列。

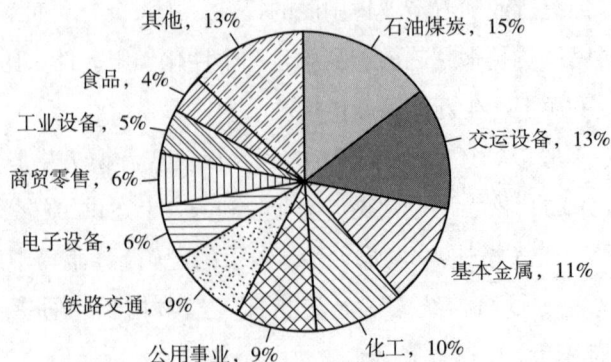

图 11 – 4　1950 年底美股市场各行业总市值占比

资料来源：燕翔，等．美股 70 年：1948 ～ 2018 年美国股市行情复盘［M］．北京：经济科学出版社，2020．

大体上从 20 世纪 60 年代开始，美股的周期股行情就基本上不行了，这背后反映的是美国二战后的重工业投资时代基本结束，相应的产业优势开始向日本和德国转移。这之后除了 70 年代中后期由于石油危机原因，能源板块有过明显的表现之外，整个美国周期股板块再要有大级别的行情，要等到 2001 年中国加入 WTO 以后了。这一等就是差不多 40 年，相信这期间也一定会有不少的"股价超跌""估值修复"机会，但又如何呢？交易性的机会都是点缀，时代的贝塔已经远离，不在社会经济发展方向上的价值坚守终究成为价值陷阱。

20 世纪 60 年代周期股之后，美股市场取而代之的主导板块是消费。这个时期多重因素叠加，造就了美国"大消费时代"的出现，这又是时代的贝塔。一方面，美国的重工业投资时代结束，居民储蓄率下降，消费占 GDP 比重不断攀升；另一方面，第二次世界大战后第一批"婴儿潮"出生的人群在 60 年代开始进入青年，形成巨大的购买力。另外，美国历史上的房地产周期还没有开启。1970 年底，美股市值最大的 10 个公司分别是：IBM（信息科技）、美国电话电报公司（通信）、通用汽车（可选消费品）、埃克森美孚石油（能源）、柯达（信息科技）、西尔斯（可选消费品）、德士古公司（能源）、通用电气（工业）、施乐（信息科技）、杜邦（原材料）。与之前相比，最大的变化是多了几个科技公司，其中的柯达和施乐都属于消费电子公司。也是在这个过程中，1970 年下半年到 1972 年底，美股爆发了著名的以龙头消费股为主要构成的"漂亮 50"行情。

美股大消费时代中间出现过一次"逆流"，就是 1973 年和 1978 年的两次石油危机下，通胀（滞胀）导致名义经济增速高企，国际原油价格持续上升导致美股能源股一枝独秀。到 1980 年底，美股市值最大的 10 个公司分别是：IBM（信息科技）、美国电话电报公司（通信）、埃克森美孚石油（能源）、阿莫科公司（能源）、斯伦贝谢（能源）、美国标准石油公司（能源）、美孚公司（能源）、雪佛龙（能源）、大西洋富田公司（能源）、通用电气（工业）。市值前十大公司中，7 个是石油能源公司，在石油危机下，再强的择股能力，谁又能跟时代抗衡呢？

1982 年以后，石油危机与高通胀对全球经济的影响开始消退，各国利率普遍趋势性下行。美股行情再次回到了"大消费时代"逻辑，20 世纪 80 年代开始一直到 90 年代中期，"大消费时代"增添了新的时代贝塔，那就是随着中国的改革开放、两德统一、东欧剧变、苏联解体，社会主义国家的市场打开了大门，西方资本主义国家的消费产品和消费文化开始进入社会主义国家，一个巨大的全球化红利时代开启。在这个过程中，以可口可乐、宝洁为代表的美国消费品企业海外营收占比持续提升，可口可乐公司的 ROE 从 80 年代初期的 20% 左右上升到 90 年代中后期的近 56%，70 年代"漂亮 50"时期的可口可乐是价值股，而 80～90 年代的可口可乐绝对是成长股，两者不可同日而语。1990 年底，美股市值最大的 10 个公司是：IBM（信息科技）、埃克森美孚石油（能源）、通用电气（工业）、高特利集团（必需消费品）、施贵宝（医疗保健）、默克（医疗保健）、美国电话电报公司（通信）、可口可乐（必需消费品）、宝洁（必需消费品）、南方贝尔（通信）。消费品公司占比大幅提升，必需消费板块在 1990 年底成为美股市值占比最大的行业板块。

如同重工业投资需求增长会不断减弱一样，人们对日常消费品、普通消费品的需求增长也会不断减弱，随着人均收入的不断提高，绝大多数消费品的需求都会逐渐饱和，需求收入弹性不断降低。需求收入弹性指收入增长 1% 时，商品需求能够增加 X%，如果 X > 1，则认为商品是富有弹性的，意味着商品需求的增长会高于收入增长，而对绝大多数普通消费品而言，需求收入弹性不断降低，意味着居民收入在增长，但是对这类消费品的需求增长会不断降低。大约在 1995 年以后，美股必需消费板块就基本没有了超额收益（有绝对收益），至少一直到 2021 年 8 月都这样。1995年以后取代大消费的是科技板块，包括信息科技和生物科技，前者名气更大。随着计算机与互联网信息技术路线的完全明晰，美股历史上著名的科技股浪潮和互联网泡沫开始出现，2000 年底信息技术板块在美股的总市值占比排名第一，占比 26% 远超第二名。2000 年底美股市值最大的 10 家公司分别为：通用电气（工业）、思科（信息科技）、微软（信息科技）、埃克森美孚石油（能源）、辉瑞（医疗保健）、花旗（金融）、沃尔玛（必需消费品）、美国国际集团（金融）、默克（医疗保健）、英特尔（信息科技）。

2000 年 3 月纳斯达克指数见顶后，互联网泡沫破灭，美股科技指数和市场整体同时大跌。2001～2007 年全球金融危机爆发前，中国经济的崛起改变了全球经济发展格局，也改变了美股自身的运行趋势，这又是一个时代的贝塔。2001 年中国加入WTO 以后，开始了中国的重工业投资时代，后面连续多年固定资产投资增速始终保持在 30% 以上，从 2002 年开始包括原油、铜等在内的几乎所有国际大宗商品价格都突破了此前的历史最高水平，并持续上行，全球经济进入了二战后除 20 世纪五六十年代以外的第二波高增长繁荣期。对美国经济而言，这形成了巨大的外需和输入性商品价格抬升，在 2002～2007 年的美股行情中，美国的周期股板块迎来了第二春，成为表现最好的行业板块。老牌周期股公司美国钢铁在这个阶段股价涨幅近 20 倍，站在 2000 年初的美国，投资者在欢呼新经济之时，或许很难想象到，这样一个 19 世纪卡耐基时代的公司，居然在21世纪的互联网时代成为领涨公司，这就是贝塔的力量。而美国钢铁的同行兄弟公司伯利恒钢铁则没有那么幸运，这个曾经是利弗莫尔成名战的公司，于2001年申请破产保护，如果能再扛两年，或许也能起死回生。

20世纪90年代到21世纪最初十年，美股市场还穿插着一段大金融行情。得益于美国历史上最强的房地产周期，美股金融板块从1991年开始一直到2006年有持续的超额收益，这段时间也是金融股在美股历史上最强势的一轮行情。次贷危机和金融危机以后，美股金融板块开始了十几年的持续跑输大盘行情。实际上，不仅仅是美国，其他各国股市的银行板块都如此，在本国房地产周期结束后，银行板块似乎无一例外都是持续跑输大盘。这种共性的背后应该说是存在逻辑的，那就是对于金融企业而言，无论是银行、证券公司、基金公司、保险公司，规模都是第一位重要的，无论什么金融衍生品，前提是要有足够规模的底层资产。而离开了房地产之后，各国商业银行似乎都没有找到更好的信用扩张渠道，银行股持续跑输大盘和低估值的背后，是其在新经济时代间接融资的商业模式受到了质疑。

金融危机以后最近的十年多时间里，读者都比较熟悉，美股市场表现最好的是科技股，其次是医疗保健股。这个时代中，一方面，几乎所有传统的需求，无论是投资的还是消费的，基本上都饱和了，很难再有增长，有增长的都是"新产品""新技术""新模式"，经济社会发展到了另一个新的"供给创新需求"的阶段。另一方面，移动互联网、大数据、云计算、人工智能的快速崛起，在技术层面给了科技创新以大可能，新的东西不断出现。2020年底美股市值最大的10个公司是：苹果（信息技术）、微软（信息技术）、亚马逊（可选消费）、谷歌（电信服务）、脸书（电信服务）、特斯拉（可选消费）、伯克希尔哈撒韦（金融）、维萨（信息技术）、强生（医疗保健）、沃尔玛（必需消费）。

美国股市是发达资本主义国家股市的领导者、带路人，是"带节奏"的，日本、德国等国股市则更像是跟随者、补充者。经济发展阶段和规律是相似的，股市表现的脉络也有迹可循。1975年底日本股市市值最大的10个公司是：丰田汽车、新日本制铁、松下公司、东京电力、日产汽车、索尼公司、日立公司、三井住友银行、第一劝业银行、三和银行。日本钢铁公司也曾经叱咤风云，日本的消费电子公司更是几代中国人年轻时的回忆。1985年"广场协议"后，日元升值，日本房地产周期大爆发，到1989年底日经225指数高点时，日本股市市值最大的10个公司变成了：日本电报电话、日本兴业银行、三井住友金融集团、日本富士银行、KK东京三菱银行、第一劝业银行、东京电力控股、三和银行、丰田汽车、野村控股（券商）。市值前十大公司中有 6 家银行、1 家券商，共 7 家金融公司。在随后所谓的"失去的十年""失去的二十年"中，日本经济不断转型升级，日本股市结构也在不断变化。到 2020 年底，日本股市市值最大的 10 个公司变成了：丰田汽车（可选消费）、软银集团（电信服务）、基恩士（信息技术）、索尼集团（可选消费）、日本电报电话（电信服务）、迅销公司（可选消费）、中外制药（医疗保健）、任天堂（电信服务）、日本电产（工业）、第一三共（医疗保健）。前十大市值公司中，主要是消费、科技、医疗保健公司，一家金融公司也没有了。

二、A 股市场的转型升级板块轮动

回到 A 股市场，2019～2020 年的市场表现，让很多人感觉市场"不太价值"。所谓的"不太价值"主要是指 A 股市场"不看估值"，部分估值已经很高的品种还在上涨，而部分估值非常低的品种则一直趴着不动。但仔细想想，A 股市场又什么时候认真地"看过估值"呢？最近两三年地产股行情表现不太好，可是在 A 股建立之初，1992 年南方谈话之后，中国房地产业迎来了其发展的一个高峰，全国各地开始兴办开发区，全国兴起了一片房地产开发的热潮，地产股是 20 世纪 90 年代中期最强势的行业板块。现在大家觉得银行股估值实在太低了，可银行股在 2003～2007 年之间被誉为"永恒的成长行业"，随便什么行业发展，最后都会兑现到银行业绩的成长上，2007 年牛市中很多银行股也是 50～60 倍 PE，当时的 PB 跟现在银行股的 PE 差不多。变化的并不是 A 股市场的投资者，变化的是市场所处的时代。

2001 年中国加入 WTO 后一直到 2007 年前，A 股市场的行情特征是从"五朵金花"到"煤电油运"再到"煤飞色舞"，整体就是重工业顺周期板块的行情。2003 年底 A 股的总市值构成中，化工行业占比排第一，其次是公用事业、交通运输、钢铁、房地产等（具体见图 11-5）。这样的行业市值分布状况与前文中我们看到的 20 世纪 50 年代末期美股的行业市值分布，是不是有异曲同工之妙。

"五朵金花"行情：固定资产投资高速增长下，以钢铁、汽车、金融、石化、电力五大行业龙头企业为首的大盘蓝筹股成为 2003 年整个市场的旗帜。"煤电油运"行情：在当时全国各地出现了断电拉闸和运力紧张的情况，国家各项政策都重点保障"煤电油运"，煤炭、电力、石油、交运。"煤飞色舞"行情：煤指的是煤炭，色指的是有色金属，"煤飞色舞"形容股市中煤炭和有色金属板块大幅上涨。2007 年经济过热和 2009 年危机后的复苏，出现了两轮"煤飞色舞"行情。

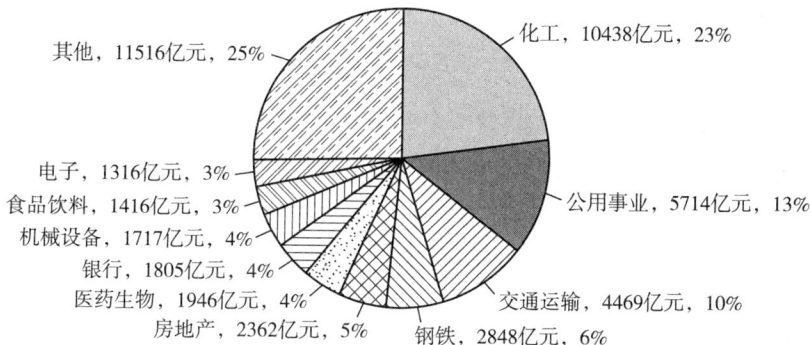

图 11 – 5 2003 年底 A 股市场各行业总市值占比

资料来源：Wind 资讯。

金融危机以后，2009～2015 年这段时间，是中国经济的转型时期，也是 A 股市场的转型时期，传统经济发展模式眼看是越来越不行了，新的经济发展模式还在摸索，股市结构表现为"大幅震荡、反复轮动、来回切换、波动很大"。这个阶段的 A 股市场行情特征，有点类似于美股 20 世纪 70 年代的转型阶段。

2009～2010 年，传统周期板块在"四万亿"政策刺激下再度大幅崛起，市场期待中国经济新一轮上行周期的开始，可惜没有等到，2011 年下半年开始传统经济板块全面回落。2010 年以苹果产业链为代表，A 股市场科技股起来了，A 股市场在 2000 年全球互联网浪潮时也有过自己的"科网股泡沫"，但当时完全是主题炒作，A 股市场并没有真正的科技龙头公司，2000 年 3 月美股互联网泡沫破灭后，一直到金融危机前，A 股科技板块总体上是持续跑输大盘的，也是从 2010 年这个时点开始 A 股市场科技板块开始有了像样的具有竞争力的龙头公司。

2012 年经济增速下滑中政策开启了"二次刺激"，2012 年底到 2013 年初，以银行地产为代表的低估值顺周期板块大爆发，行情持续了大概两个月。到 2013 年，经济增速上行再次被证伪，市场风格全面切换到以传媒行业为代表的创业板行情，市场风格第一次大切换。2014 年，国家提出"一带一路"倡议，以"中"字头建筑类公司为代表的低估值板块再度爆发，2014 年 11 月底央行超预期降息，金融板块又大爆发，这使得 2014 年的行情特征与 2013 年截然不同，市场风格第二次大切换。正当市场投资者在讨论"估值拉平""牛市的旗手是券商"时，一进入 2015 年市场风格再度大变，以创业板为代表的新兴产业和小市值公司表现遥遥领先，市场风格第三次大切换。

2016 年供给侧结构性改革开始后，大市值龙头公司盈利能力显著回升，市场风格迎来第四次大切换。2016 年以后 A 股市场转型基本完成，大开大合的波动、轮动、切换算是阶段性告一段落了。2016 年以后 A 股市场的行情特征，一条主线是"价值投资的春天"，传统行业龙头公司在产业集中的过程中，盈利能力持续提升，另一条主线是"科技创新大时代"，以数字浪潮和能源革命为代表的新兴产业不断崛起。

不少投资者会问，2020 年开始 A 股市场估值再次分化很大，类似 2012 年底和 2014 年这样的"市场大转身"、低估值板块行情大爆发会不会重现呢？我们认为可能性很小。市场运行背后的时代环境已经完全变了，2012 年和 2014 年当时的市场投资者可能还没有完全意识到经济发展阶段和模式已经完全发生了变化，多少还抱有一些以往周期轮回均值回归的想法，这才有了当时短期内如此有爆发力的行情。这种情况在 2018 年年初最后一次出现，而随着 2018 年初"新周期"的证伪，到目前来看，市场对新发展阶段、新发展理念、新发展格局有了更加充分和深刻的认识，再要去押注经济增速重新走上行周期的已经基本没有了，市场对未来中国经济中长期发展前景都有了较为一致的预期。这也是为什么 2021 年上半年虽然全球大宗商品价格屡创新高，PPI 同比增速已经超过了前两轮复苏期（2009 ~ 2010 年、2016 ~ 2017 年），但是利率却在不断下行，不只是中国，全球利率都是类似表现，因为有了学习效应之后市场的远期预期一致了。

第三节　把握时代的贝塔

时势造英雄，任何阿尔法的伟大胜利，都是建立在正确的贝塔选择之上。股票投资，找对阿尔法如同挖到金子，找对贝塔如同选准富矿。两者并不矛盾，在时代风口的行业中更容易找到牛股，在贫矿中不是不能找到牛股，而是难度巨大，再说也并不是非要在逆势行业中找到牛股才能证明选股能力强。阿尔法与贝塔是对立统一的。

投资史中最激动人心的时刻，无疑是有思想准备的投资家，遇到了快速发展的时代机遇。这里我们重点分析一下巴菲特和彼得·林奇这两位举世公认的投资大家，看看他们的持仓结构和收益率曲线变化。笔者认为，巴菲特和彼得·林奇的巨大成功，主要在于找准了时代的方向，成就了自己的投资实力。

一、巴菲特：股神超额收益曲线

巴菲特是当今世界普遍公认的最成功的投资家，创造了前无古人后无来者的长期投资业绩，从 1965～2020 年，55 年时间里，伯克希尔哈撒韦公司按市场价值算累计增长 28104 倍（年化收益率 20.0%），同期标普 500 全收益（即包含股息）指数累计增长 233 倍（年化收益率 10.2%）。[①]

巴菲特的成功无疑与美国经济的崛起密不可分，按我们现在的说法，就是赌对了国运。对于这一点，巴菲特自己也经常提及，巴菲特的投资中虽然也有海外头寸，但绝大部分（近 90%）仓位都在美国市场。2009 年金融危机爆发后最灰暗的时期，伯克希尔哈撒韦公司收购美国伯灵顿北方圣太菲铁路公司，成为截至当时伯克希尔公司历史上最大的一宗收购。巴菲特原话称这笔交易是，"把所有的赌注都押在美国经济的未来上"（"All-in wager on the economic future of the United States"，出处：《伯克希尔哈撒韦公司 2013 年致股东的信》）。

简单说一个人的投资成功是赌对了国运，这有点"凌空蹈虚"的感觉。如果我们对巴菲特所有的投资案例持仓个股进行系统的剖析，就会对巴菲特的投资究竟成功在哪里，有更加深刻的理解。我们对巴菲特的投资收益率做了分解，以净资产计算，截至 2020 年底，伯克希尔哈撒韦净资产累计增长约 4400 亿美元，这其中股市（二级市场）中累计（最大）的市值增长约 2498 亿美元，占比约 57%。剩下的 43% 中，可能包含：当年实现的收益（这个无法体现在前述算法中）、未上市公司收益（如 1972 年巴菲特收购的喜诗糖果公司就是非上市公司）、非资本利得净资产增长（包括股本扩张、保险公司自身经营活动等）。

2498 亿美元的二级市场累计（最大）收益中，收益最大的 10 只股票投资 [苹果公司、可口可乐、美国银行、美国运通、富国银行、穆迪公司、宝洁、比亚迪（H 股）、吉列公司、房地美] 合计收益（最大）约 1928 亿美元，占比 77%（见图 11－6），头部集中效应非常明显。

在技术处理细节上，利用持仓市值口径测算收益率，最能反映巴菲特在公开市场的投资表现，但可能存在如下问题，这里提请读者注意：（1）私有化公司的影响：投资的上市公司私有化后，其收益将不再纳入持仓市值口径的统计中。而该收益在账

---

① 数据来源：《伯克希尔哈撒韦公司 2020 年致股东的信》。

面价值口径的统计中仍然体现。持仓市值口径未纳入这部分私有化公司的收益表现。（2）减仓或清仓股票的影响：由于持仓市值只定期披露时点数据，对于两次披露之间的已实现投资收益，持仓市值口径难以进行精确计算。（3）本金变化的影响：由于伯克希尔的保单承销业务和其他主营业务带来不断增长的现金流，伯克希尔投资业务的本金难以精确计算。（4）增发与回购的影响：伯克希尔的股本数量早期维持在 110 万股左右，20 世纪 90 年代增发 B 类股后，等效股份数量缓慢增长至 2018 年的 160 万股，经过近两年回购，等效股份数量目前约 154 万股。（5）分红的影响：伯克希尔自 1967 年以来就没有宣布过现金股息，分红对收益率的计算基本无影响。

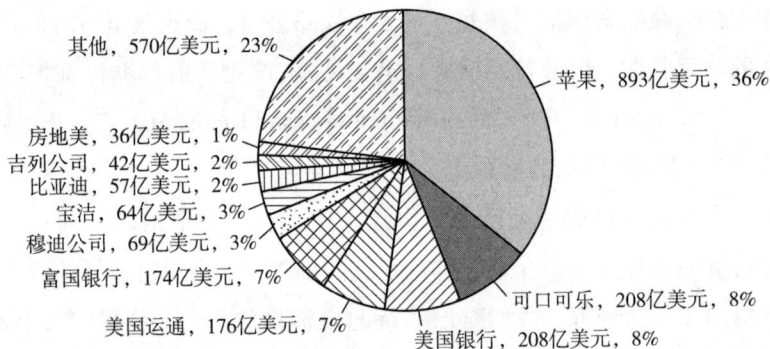

图 11-6　伯克希尔哈撒韦公司二级市场收益个股贡献

资料来源：Wind 资讯、1965~2020 年《伯克希尔哈撒韦致股东的信》。

　　在上述分解中，我们可以发现，按名义价值算，苹果公司是巴菲特历史上赚钱最多的股票投资。但也要注意这是名义价值，苹果公司是巴菲特 2016 年才首次建仓的，当时物价条件下的 1 美元显然与 20 世纪 70 年代的 1 美元价值量不同。除了苹果公司以外，巴菲特其他重要的成功投资案例中，从 1988 年巴菲特首次建仓可口可乐，到 2019 年收益率最高时，累计收益率 1604%。1994 年首次建仓美国运通，到 2019 年收益率最高时，累计收益率 1367%。

　　可以看到，巴菲特投资的行业分布非常集中，那就是"消费"和"金融"。

　　所谓成也萧何、败也萧何，伯克希尔哈撒韦公司的投资收益，2001~2020 年，整整 20 年相比标普 500 全收益指数是没有超额收益的，且 2008 年金融危机以后是持续跑输大盘的（见图 11-7）。从 2009 年初到 2020 年底，伯克希尔哈撒韦公司的市场价值增长是 260%，而同期标普 500 全收益的涨幅是 434%。为什么会这样？前文我们提到过，美股的必需消费板块的巨额超额收益阶段在1982年至20世纪90年代中期，1995年以后就没有了超额收益（见图2－12）。美国金融板块超额收益时间段是从1991年到2006年次贷危机前（见图2－14）。2008年金融危机以后，美股必需消费和金融两个板块都是跑输大盘的。

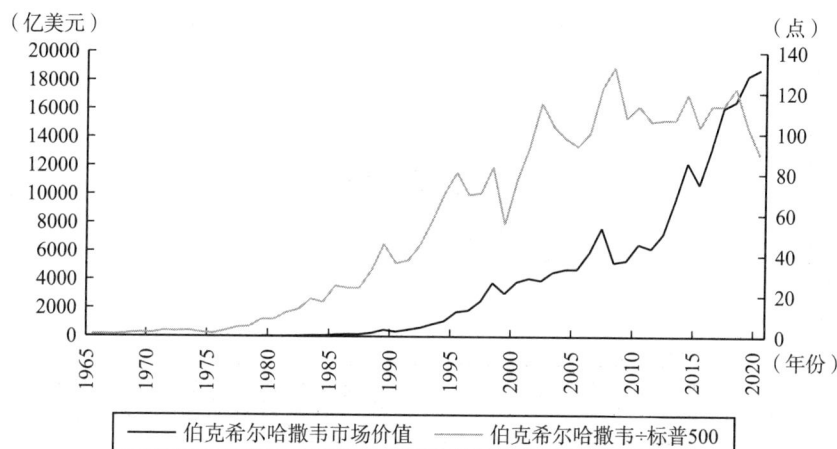

图11－7 伯克希尔哈撒韦公司市场价值与超额收益走势

资料来源：Wind资讯、1965～2020年《伯克希尔哈撒韦致股东的信》。

巴菲特的持仓里没有医疗保健股、除了苹果公司基本没有什么科技股。在美股必需消费和金融两个板块的贝塔超额收益没有了之后，即使是股神也很难避免跑输大盘的情况出现。如果没有2016年投资苹果公司，伯克希尔哈撒韦公司的超额收益曲线可能会更难看。

二、彼得·林奇：大消费时代红利

另一位著名的美国投资家是彼得·林奇（Peter Lynch），林奇是一名公募基金经理（mutual fund manager），其他一些特别著名的投资家大部分都不是在公募基金做投资，比如：巴菲特所在的伯克希尔哈撒韦公司是一个保险公司；乔治·索罗斯（George Soros）管理的量子基金（Quantum Fund）是一个对冲基金，算是一个私募基金；霍华德·马克斯（Howard Marks）所创立的橡树资本（Oaktree Capital）是一家另类投资的资产管理公司，也不是公募基金；至于再早期的《股票作手回忆录》中的主人公利弗莫尔（Livermore）更像是一个出色的个人投资者。因此，彼得·林奇可能是全球影响力最大的公募基金经理了。

彼得·林奇1977年接管麦哲伦基金，1990年退休。从1976年底起算，到1990年底，麦哲伦基金净值累计增长25.7倍，年化复合收益率约26.5%，同时期标普500指数累计增长207%，年化复合收益率8.3%。在彼得·林奇执掌期间，麦哲伦基金几乎是持续跑赢标普500指数[①]的（见图11-8）。

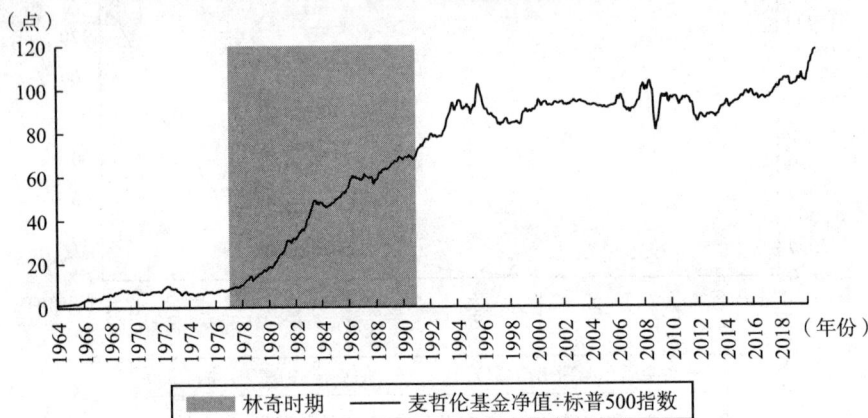

图11-8　麦哲伦基金净值超额收益历史走势

资料来源：彭博。

从彼得·林奇写的几本著作中（包括《战胜华尔街》《彼得·林奇的成功投资》等），我们可以知道，林奇的投资风格主要集中在消费股中，他提倡从日常生活中获得投资机会的灵感。而他管钱的时代也正好是美股的"大消费"时代（见图11-9），时势造英雄，一点不错。

消费股里面，尤其是汽车股是彼得·林奇的最爱。他在著作中说过："从1982年到1988年这整整六年里，在麦哲伦基金前5大重仓股中，这3家汽车公司（指通用、福特、克莱斯勒）中至少2家，有时3家公司股票都是前5大重仓股。正是这少数几家汽车公司股票上获得的巨额盈利，才让麦哲伦基金业绩出类拔萃。"[②] 可以说，是汽车股成就了彼得·林奇。

---

① 注：因为数据可得性问题，这里用的是标普500指数，而不是包含股息红利的标普500全收益指数收益率，考虑到股息率，平均下来标普500全收益指数每年收益率大约比标普500指数高2%左右，但这并不影响基本结论的成立。

② 彼得·林奇，约翰·罗瑟查尔德. 战胜华尔街［M］. 刘建位，等译. 北京：机械工业出版社，2018.

图 11 - 9　彼得·林奇职业生涯时期美股必需消费板块超额收益走势

资料来源：彭博。

　　造就汽车股大行情的逻辑是多方面的，有一种天时地利人和的感觉。一方面，作为可选消费品种贝塔属性加强的品种，汽车股享受到了时代的大红利，利率下降对汽车有很大的刺激作用。另一方面，20 世纪 80 年代以后原油价格的大幅下降，使得汽车股又享受到一层利好。另外，在 70 ~ 80 年代，美国的汽车行业开始出现危机，在欧洲和日本汽车的围攻下，三大汽车公司的市场份额不断下降。市场非常悲观，认为美国汽车产业已经走到了崩溃的边缘。极低的股价使得汽车股后续有了很大的上涨空间。

　　个股选择上，彼得·林奇主要看好福特汽车和克莱斯勒汽车公司，以及欧洲汽车公司沃尔沃，不看好通用汽车公司，林奇说："我从来不会持有太多的通用汽车股票，即使是在当时汽车行业一片大好的年代里。因为我可以把通用汽车公司称为一个糟糕的公司，这种称呼已经算是最客气的了。"事实也确如林奇所言，在 1982 ~ 1987 年的大行情中，克莱斯勒汽车和福特汽车都是十倍股的大牛股，而通用汽车公司股价也有上涨，但上涨幅度逊色太多（见图 11 - 10）。

　　从彼得·林奇在汽车股上的巨大成功，也可以看出到底什么是投资中的贝塔，什么是阿尔法。贝塔就是 20 世纪 80 年代初这段时间内，美国的汽车股板块开始涨了，阿尔法就是林奇选出了汽车股中涨幅最大的股票克莱斯勒。

　　彼得·林奇在 1990 年光荣退休了，美国消费股的超额收益也在 1995 年左右结束。如果一直干下去，面对 1995 年以后美国股市如日中天的科技股浪潮，消费风格的彼得·林奇还能继续跑赢市场吗？历史不能假设，但可以让读者无限遐想。

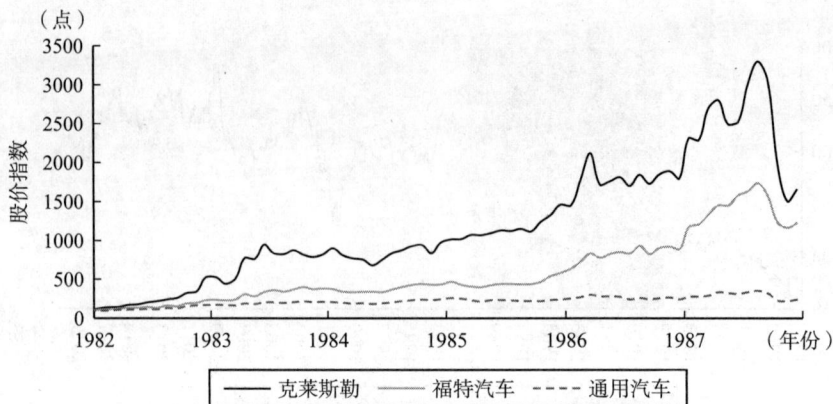

图 11-10 1982~1987 年通用福特克莱斯勒股价走势对比

注：以 1981 年 12 月为 100 点。
资料来源：彭博。

三、把握大趋势无须频繁板块轮动

对于股票投资策略研究而言，判断板块轮动是非常重要的一个工作，甚至可以说比大势研判更重要。在板块轮动判断中，也经常会出现均值回归的思维模式，典型的想法包括："高估值领涨板块涨多了，水往低处流，低估值滞涨板块该起来了"；"事不过三，消费股已经涨了三年了，今年应该可能不行了"；"大金融板块底部趴了这么久，怎么着也该起来了吧"；"上半年经济复苏看好顺周期，下半年经济回落看好逆周期"；等等。这些都是笔者日常研究工作中经常会出现的想法，本质上都带有强烈的均值回归色彩。

这里首先讨论一个问题，板块轮动的原因是什么？笔者认为行情可以分为两种，一种是"趋势性行情机会"，另一种是"交易性行情机会"。所谓"趋势性行情机会"，笔者认为主要是由基本面盈利周期驱动的行情，也就是前面说的 ROE 趋势向上带来的行情机会，这种行情一般持续时间长、幅度大。而所谓"交易性行情机会"，笔者认为主要是由市场交易层面因素引起的行情，比如超跌反弹、估值修复等，这类行情往往可能突如其来，但持续时间短，行情幅度也一般，最近几年中我们经常看到的券商股行情有时突然爆发然后持续一到两周，笔者认为就是典型的"交易性行情机会"。

从板块轮动的研判来看，如果既能把握"趋势性行情机会"又能把握"交易性行情机会"，自然是最好。但我们知道现实中这基本是不可能的，没有人能够把握住每一段行情。特别是对于"交易性行情机会"，由于其行情持续时间和幅度的特征，实际上非常难以判断把握，去下注超跌反弹或者估值修复，很多时候都是在守株待兔。因此能够去下功夫研究的，更多的是对"趋势性行情机会"判断。

而如前所述，经济转型之后，上市公司盈利的核心驱动力，变成了供给侧的变量，比如集中度提升、科技创新产生新产品、人口老龄化、贫富差距扩大等等。这些供给侧的变量，相比总需求变化（GDP、CPI、PPI、M2 等指标的变化），都属于趋势性的慢变量。因此一旦趋势形成，盈利周期向上或者向下的时间就会非常长，由此造成的板块超额收益时间也会非常长。这跟总需求变动产生的盈利周期完全不同，总需求变化产生的盈利周期，一般可能就是 1~2 年，时间都比较短，所以我们看到顺周期板块的超额收益走势经常是来来回回地轮动。

因此如果未来由这些慢变量驱动上市公司盈利周期，成为一个常态，那么板块的盈利周期和超额收益时间可能都会比较长，板块间的轮动会明显减少。用均值回归思维频繁进行板块轮动判断，反而容易弄巧成拙。

第四节　未来路在何方

研究了这么多全球各个国家和地区股市行情的历史经验和现实案例，最后的落脚点必然还是回到 A 股的投资实践，展望未来，笔者认为 A 股投资有这样几点特别值得关注。

一、多维梯度式发展阶段

经济的发展阶段决定了市场投资的主线。从全球各个国家和地区股市行情的历史经验来看，不同经济发展阶段，都对应着鲜明的市场主线，发达国家和地区大体上都经历了从周期到消费再到科技和医疗保健的股票市场发展阶段。而且，不同阶段会诞生不同的龙头公司，这背后对应的是经济发展阶段和发展特征的变化。名义经济高增长高波动时期，周期品盈利弹性最大；经济结构转型中消费占比不断提升，市场进入大消费时代；经济增速波动降低后越来越依靠科技创新驱动，科技股成为市场主线。

而对于 A 股而言，市场在讨论投资机会和投资逻辑时，经常会提出这样的问题，当前的中国经济发展到什么样的阶段？对比海外，目前我们的发展阶段类似美国、日本、欧洲哪一个时期？是类似美国或者日本 60 年代？70 年代？80 年代？90 年代？这个问题非常不好回答，因为我们从不同角度去看，完全会得到不同的结论，因此读者也会发现，各种结论中说中国像发达国家哪个年代的都有。如果单从人均 GDP 角度看，目前中国的发展阶段可能还没有到美国的 20 世纪 60 年代水平，但这样的结论显然跟大家的感性和理性认知是不一致的。

我们认为，当前中国经济处在一个"多维梯度式发展阶段"，就是你从不同维度去看中国经济，会看到不同的发展阶段，而且彼此之间差异可能会很大，比如互联网商业模式我们已经走到了世界最前沿，比如消费的服务化我们可能才刚刚开始与美国 20 世纪 60 年代水平相当。这种"多维梯度式发展阶段"特征，是由我国经济"后发优势"发展模式决定的。一方面，我国与其他各个国家和地区一样，在 21 世纪共同面对世界最前沿的科技革命和产业变革；另一方面，我国目前人均 GDP 刚过 1 万美元，经济发展的一些内在规律和发展趋势（包括经济增速波动减小、经济结构转型、服务业占 GDP 的比重会越来越高等），别的发达国家已经经历过的，我们也会经历。这就是"多维梯度式发展阶段"，后发国家在一个较低的人均 GDP 水平，与发达国家面对同样的前沿科技和产业问题。

笔者认为，大体上可以从三个角度去看中国的这种"多维梯度式发展阶段"，未来的投资机会可能也主要在这些方面：第一，从科技创新看，包括信息技术、互联网、新能源在内的部分前沿领域，中国已经走到世界领先；第二，从产业竞争看，目前中国的制造业已经具备很强的国际竞争优势，进入一个从国内龙头走向国际龙头的阶段；第三，从结构转型看，中国目前走的路径轨迹符合经济发展一般规律和发达国家历史经验，经济总量增速波动降低、消费和内需对 GDP 的贡献越来越大、消费中服务性消费占比不断提高，这些特征都在发生且会继续发展。

这种"多维梯度式发展阶段"的经济发展特征，决定了 A 股市场投资存在着多条不同的主线。这正是 A 股市场的魅力所在，美国的传统消费品公司早就没有了成长空间，可中国正处在人均 GDP 从一万美元向两万美元迈进的过程中，"大消费时代"方兴未艾；日本的家电机械等制造领域，从产业竞争力看已经不再全球领先，而中国制造正开始从国产替代走向龙头出海；新能源、新能源汽车、大数据云计算人工智能等最前沿的科技产业领域，中国企业不断崭露头角。相比全球各个国家和地区的股市，A 股的投资机会未来可能是最多的。

二、中国企业竞争优势开始凸显

　　无论在何种的财务估值模型中，投资归根结底取决于两个因素，一是企业的盈利能力，二是投资的机会成本，前者比后者更重要。企业的盈利能力取决于企业的市场竞争力。近年来，中国企业特别是制造业世界竞争力的提升是有目共睹的，而且随着时间的推移，这种竞争力越来越强。

　　一国企业的竞争优势凸显往往会滞后于本国宏观经济的发展。图 11 - 11 报告了20 世纪 60 年代到 21 世纪初日本货物出口金额占全球货物出口金额的比重，以及世界 500 强企业中日本企业销售额的占比情况。可以看到，日本的货物出口占比大体在1986 年左右达到最高水平，然后一直持续到大概 1993 年。相比之下，世界 500 强企业中日本企业的销售额占比变化滞后一些，从 1985 年开始一直到 1995 年，日本企业在世界 500 强企业中销售额的占比持续提升。在日本宏观经济发展顶峰已经阶段性告一段落之后，80 ~ 90 年代日本出现了一大批全球性公司。

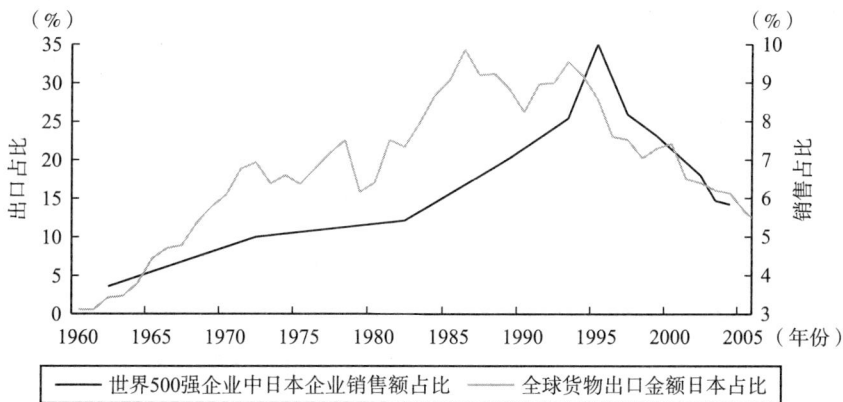

图 11 - 11　1960 ~ 2006 年日本出口与世界 500 强企业销售额全球占比走势

资料来源：Wind 资讯、《财富》杂志。

　　因此，从一国经济发展的阶段和脉络看，具有全球竞争优势龙头企业的诞生相对宏观经济的变化可能要滞后一些。在一国经济和出口增速大爆发的时期，往往企业间的竞争会非常激烈，这段时期里谁能胜出还不好说，正是所谓的群雄逐鹿时期。但是一国宏观数据中出口比重的不断上升，事实上证明了该国在产业上有整体的竞争力，因此随着时间的推移，相关产业的龙头企业就会在该国中脱颖而出。

目前中国几乎在全部制造业领域份额均全球领先。根据世界银行的统计，截至2019年底，中国制造业全部产值占全球的比重已由2004年9%上升至28%，超过美国、欧盟、日本等国家和地区，当之无愧地成为世界第一。中国经济在出口和制造业等宏观数据中的优势已经展露无遗，下一步就应该是中国企业在全球的全面崛起了。中国企业正在世界范围内取得更大的长期竞争优势，未来企业的盈利能力也会更加稳健和可以预期。中国企业的竞争优势已经开始从量变走向质变，预计再过五到十年，中国的很多行业将站到世界最先进的行列。

三、"内需、科技、绿色"是主要方向

当今世界正经历百年未有之大变局。其一，新一轮科技革命和产业变革深入发展；其二，国际局势变革经济全球化遭遇逆流；其三，我们在全面建成小康社会之后乘势而上进入开启全面建设社会主义现代化国家的新发展阶段。这三者构成了未来中国经济发展的战略环境。

2019年中国人均GDP首次达到1万美元，2020年全面实现小康中国经济开始向实现现代化迈进，预计到2035年我国人均GDP超过2万美元，迈入高收入国家行列。从2021年算起往后的15年，是中国经济从人均GDP一万美元向两万美元进军的经济新发展阶段。全球所有发达国家和地区都经历过这样的阶段，可以为我们提供一些有用的发展经验。在人均GDP从一万美元向两万美元发展阶段，各国和地区经济普遍经历过而我们将要经历的一些特征包括：（1）经济增速下台阶。"十三五"期间中国实际经济增速平均在6.5%，"十四五"期间预计平均增速将下降至5.5%，"十五五"期间可能进一步下降至4.5%左右。（2）经济结构发生明显变化。到2035年预计消费占GDP比重将从目前的54%上升至74%，服务业占比从目前的55%上升至66%，出口增速放缓对经济影响减弱。（3）经济波动减弱、通货膨胀降低、利率持续下行。各国经济发展越往后，普遍呈现出"三低"特征明显，即低增长、低通胀、低利率，预计未来我国利率中枢也有望持续下行。（4）城镇化进入"大都市圈"和"精品地产"发展阶段。到2035年，预计我国城镇人口占比由现阶段的60%上升到80%左右。（5）劳动力、土地成本低等传统分工比较优势开始消失。中国劳动力人口占比2012年已经见顶，人口总量预计在2031年前后达峰，我国人口老龄化在加快。

因此综合来看，未来中国经济发展的方向有三个方面是比较明确的：一是经济发展驱动力从要素投入转向以科技创新为核心的效率提升；二是经济政策重心从以货币财政政策为主的需求侧管理，转向以培育新兴产业为主的供给侧管理；三是"两头在外"的出口导向经济扩张阶段结束，逐步进入更加强调内需的经济"双循环"新发展格局。在上述判断下，笔者认为未来的投资机会将主要集中在"内需、科技、绿色"三个大方向上。

内需方面，我们认为中国的"大消费时代"已经来临。"十四五"规划强调要形成强大国内市场，构建新发展格局。要坚持扩大内需这个战略基点，加快培育完整内需体系，将实施扩大内需战略同深化供给侧结构性改革有机结合起来，以创新驱动、高质量供给引领和创造新需求，进而改善人民生活品质，提高社会建设水平。就投资机会而言，笔者认为核心机会是能够有产品创新的企业，用新供给创造新需求。

科技方面，数字产业化和产业数字化目前已经全面兴起。"十四五"规划明确了坚持创新在我国现代化建设全局中的核心地位，把科技自立自强作为国家发展的战略支撑，未来国家将瞄准人工智能、量子信息、集成电路、生命健康、脑科学、生物育种、空天科技、深地深海等前沿领域，实施一批具有前瞻性、战略性的国家重大科技项目。这里的投资机会，主要在自主创新的前沿技术，以及各行各业运用数字化技术对自身改造升级。

绿色方面，当前全球正在经历一场新的能源革命，我国已经正式提出了 2060 年前实现碳中和的目标。"2030 年碳达峰"和"2060 年碳中和"将成为"十四五"期间的重点任务，清洁能源产业将是我国能源发展主方向，风能、太阳能、生物质、水电、核电和天然气等清洁能源增速将继续领先。而且与以往股市投资风口来临时不同，在新一轮科技和产业变革中，中国企业在数字经济和新能源产业中都已经获得了领先优势，在光伏、锂电池、新能源汽车等领域，中国更是行业的领导者。

总结历史展望未来，仔细思考时会发现这三个方向一直伴随着人类社会经济发展的历程。回顾历史上各个主要国家和地区股票市场市值最大的十家上市公司，我们会发现有三个行业领域似乎是怎么都会有的，第一个是零售，早些年的西尔斯百货、翠丰集团、马莎百货集团，到后来的沃尔玛，再到当下的亚马逊、阿里集团、7-Eleven 等，零售的形式在变化，但零售公司在市值前十大公司中一直有一席之地。第二个是社交通信，早年非常著名的有 AT&T，到后来的包括中国移动、德国电信等，再到后面的腾讯控股，包括日本的软银集团原来的主业也是电信服务，社交通信也是大市值公司必选之一。第三个是能源，在 2008 年全球金融危机之前几乎所有股市前 10 大市值公司中必然都有原油公司，2010 年以后随着传统化石能源逐渐被新能源所取代，原先的石油巨头开始慢慢退出市值前 10 名的榜单，而新的能源巨头公司正在呼之欲出。

零售、社交、能源是我们生活所离不开的，所以虽然商业的具体形式在变化，但这些领域一直孕育着市场最大市值的公司。股市最后反映的就是我们的生活，对生活常识的理解能力可能才是最重要的投资能力。

附 录
主要数据汇总

附表1　　　　　　　　1980~2020年全球主要股指涨跌幅　　　　　　　单位：%

年份	上证综指	Wind全A	标普500	日经225	德国DAX	法国CAC40	富时100	韩国综合	恒生指数	台湾加权	印度孟买30
1980	—	—	26	8	-3	—	—	7	68	2	25
1981	—	—	-10	9	2	—	—	23	-5	-1	54
1982	—	—	15	4	13	—	—	-2	-44	-20	4
1983	—	—	17	23	40	—	—	-6	12	72	7
1984	—	—	1	17	6	—	24	18	37	10	7
1985	—	—	26	13	66	—	15	15	46	0	94
1986	—	—	15	44	5	—	19	67	47	24	-1
1987	—	—	2	15	-30	-33	2	93	-10	125	-16
1988	—	—	12	40	33	57	5	73	17	119	51
1989	—	—	27	29	35	27	35	0	6	88	17
1990	28	—	-7	-39	-22	-25	-12	-23	7	-53	35
1991	129	—	26	-4	13	17	16	-12	42	2	82
1992	167	—	4	-26	-2	5	14	11	28	-27	37
1993	7	—	7	3	47	22	20	28	116	80	28

续表

年份	上证综指	Wind全A	标普500	日经225	德国DAX	法国CAC40	富时100	韩国综合	恒生指数	台湾加权	印度孟买30
1994	-22	—	-2	13	-7	-17	-10	19	-31	17	17
1995	-14	-14	34	1	7	0	20	-14	23	-27	-21
1996	65	111	20	-3	28	24	12	-26	34	34	-1
1997	30	27	31	-21	47	30	25	-42	-20	18	19
1998	-4	-3	27	-9	18	31	15	49	-6	-22	-16
1999	19	18	20	37	39	51	18	83	69	32	64
2000	52	57	-10	-27	-8	-1	-10	-51	-11	-44	-21
2001	-21	-24	-13	-24	-20	-22	-16	37	-24	17	-18
2002	-18	-20	-23	-19	-44	-34	-24	-10	-18	-20	4
2003	10	-3	26	24	37	16	14	29	35	32	73
2004	-15	-17	9	8	7	7	8	11	13	4	13
2005	-8	-12	3	40	27	23	17	54	5	7	42
2006	130	112	14	7	22	18	11	4	34	19	47
2007	97	166	4	-11	22	1	4	32	39	9	47
2008	-65	-63	-38	-42	-40	-43	-31	-41	-48	-46	-52
2009	80	105	23	19	24	22	22	50	52	78	81
2010	-14	-7	13	-3	16	-3	9	22	5	10	17
2011	-22	-22	0	-17	-15	-17	-6	-11	-20	-21	-25
2012	3	5	13	23	29	15	6	9	23	9	26
2013	-7	5	30	57	25	18	14	1	3	12	9
2014	53	52	11	7	3	-1	-3	-5	1	8	30
2015	9	38	-1	9	10	9	-5	2	-7	-10	-5
2016	-12	-13	10	0	7	5	14	3	0	11	2
2017	7	5	19	19	13	9	8	22	36	15	28
2018	-25	-28	-6	-12	-18	-11	-12	-17	-14	-9	6
2019	22	33	29	18	25	26	12	8	9	23	14
2020	14	26	16	16	4	-7	-14	31	-3	23	16

注："—"表示数据缺失。

资料来源：Wind 资讯、彭博。

附表 2 　　　　**1980～2020 年全球主要国家和地区上市公司总数**　　　　单位：家

年份	中国	美国	日本	英国	德国	法国	韩国	中国香港	中国台湾	印度
1980	—	5164	1402	2659	459	586	352	—	102	—
1981	—	5590	1412	2403	456	568	343	—	107	—
1982	—	5430	1427	2279	450	535	334	—	113	—
1983	—	6175	1441	2217	442	518	328	—	119	1151
1984	—	6230	1444	2171	449	504	336	—	123	1295
1985	—	6260	1476	2116	472	489	342	260	127	1529
1986	—	6580	1499	2101	492	482	355	248	130	1911
1987	—	7001	1532	2061	574	481	389	264	141	2095
1988	—	6795	1571	1993	609	459	502	282	163	2240
1989	—	6627	1597	1955	408	462	629	284	181	2407
1990	8	6429	1627	1946	413	443	677	284	199	2435
1991	13	6513	1641	2027	665	839	686	333	221	2556
1992	53	6562	1651	1918	665	786	688	386	256	2781
1993	183	6912	1667	1927	664	726	693	450	285	3263
1994	291	7255	1689	1747	666	218	699	502	313	4413
1995	323	7487	1714	1971	678	710	721	518	347	5398
1996	524	8090	1766	2041	681	708	760	561	382	5999
1997	799	7905	1805	2046	700	740	776	638	404	5843
1998	909	7499	1818	2399	741	784	748	665	437	5724
1999	947	7229	1889	2292	617	1144	712	688	462	5789
2000	1086	6917	2055	2428	744	1185	1242	779	531	5853
2001	1154	6177	2103	2438	749	936	1390	857	584	5795
2002	1223	5685	2119	2405	715	874	1512	968	638	5650
2003	1285	5295	2174	2311	684	817	1558	1027	669	5644
2004	1373	5226	2276	2486	660	787	1570	1086	697	4725
2005	1377	5145	2323	2757	648	749	1616	1126	691	4763
2006	1421	5133	2391	2913	656	730	1689	1165	688	4796
2007	1530	5109	2389	2588	761	707	1755	1232	698	4887

续表

年份	中国	美国	日本	英国	德国	法国	韩国	中国香港	中国台湾	印度
2008	1604	4666	2374	2415	742	673	1789	1251	718	4921
2009	1700	4401	2320	2179	704	652	1778	1308	741	4955
2010	2063	4279	2281	2105	690	617	1781	1396	758	5034
2011	2342	4171	2280	1987	670	586	1799	1472	790	5112
2012	2494	4102	2294	1879	665	562	1767	1459	809	5191
2013	2489	4180	3408	1857	639	500	1798	1553	838	5294
2014	2613	4369	3458	1858	595	495	1849	1661	854	5541
2015	2827	4381	3504	—	555	490	1948	1770	874	5835
2016	3052	4331	3535	—	531	485	2039	1872	892	5820
2017	3485	4336	3598	—	450	465	2114	1987	907	5615
2018	3584	4397	3652	—	465	457	2186	2161	928	5065
2019	3777	4266	3704	2026	470	444	2262	2272	942	5215
2020	4154	4219	3754	1979	438	416	2318	2353	948	5215

注："—"表示数据缺失。

资料来源：Wind 资讯、世界银行、交易所网站。

附表 3　1980～2020 年全球主要国家和地区上市公司总市值　　单位：亿美元

年份	中国	美国	日本	英国	德国	法国	韩国	中国香港	中国台湾	印度
1980	—	13598	3792	360	717	546	38	390	61	—
1981	—	12636	4179	1896	626	381	42	390	53	—
1982	—	14569	4174	1963	690	296	44	217	51	—
1983	—	18090	5458	2258	829	381	44	196	76	—
1984	—	16022	6444	2364	784	411	62	236	99	—
1985	—	23009	9483	3535	1783	791	74	346	104	—
1986	—	25379	17836	4729	2577	1535	139	538	153	—
1987	—	25318	27264	6797	2185	1556	330	541	479	—
1988	—	27799	37890	7115	2509	2229	943	744	1202	—
1989	—	33822	42604	8143	3652	3382	1405	776	2362	—
1990	—	30934	29285	8498	3553	3117	1103	834	987	—

续表

年份	中国	美国	日本	英国	德国	法国	韩国	中国香港	中国台湾	印度
1991	—	41596	30057	9899	3706	3582	965	1219	1236	—
1992	—	45458	22548	9549	3287	3274	1077	1720	1000	—
1993	—	52511	29063	11503	4417	4560	1396	3850	1922	—
1994	—	51377	35922	11433	4992	4525	1918	2695	2467	—
1995	418	69520	35453	13299	5774	4999	1820	3037	1871	—
1996	1215	84805	30197	17112	6648	5859	1391	4492	2738	—
1997	2117	107701	20854	20682	8252	6744	419	4133	2998	—
1998	2356	129226	24395	22977	10943	1512	1146	3436	2599	—
1999	3197	147774	44553	29548	14322	15030	3061	6082	3734	—
2000	5810	151078	31572	25770	12702	14466	1713	6234	2476	2256
2001	5258	139837	22645	21495	10717	11747	2339	5061	2953	1488
2002	4631	110544	20693	18562	6860	9670	2507	4631	2610	1722
2003	5130	142663	29531	24258	10790	13559	3295	7146	3778	3090
2004	4477	163237	35577	28159	11945	15591	4283	8615	4340	4155
2005	4019	170009	45729	30582	12021	17585	7180	10550	4695	6247
2006	11455	195690	46141	37814	16376	24283	8344	17150	5958	8953
2007	44789	199223	43309	38465	21052	27403	11226	26544	6640	19619
2008	17788	115903	31158	18682	11106	14724	4708	13288	3531	7913
2009	35732	150773	33061	27964	12924	19462	8346	23051	6363	13673
2010	40278	172835	38278	26869	14297	19115	10919	27113	7524	17625
2011	34121	156407	33254	29322	11845	15540	9961	22580	6521	12446
2012	36974	186683	34788	32916	14863	18082	11794	28319	7210	13904
2013	39491	240349	45432	39469	19361	23011	12345	31008	8236	12651
2014	60049	263306	43780	35709	17385	20859	12128	32330	8855	16867
2015	81880	250675	48949	—	17158	20883	12312	31849	7680	17452
2016	73207	273522	49553	—	17160	21590	12545	31932	8429	17463
2017	87113	321207	62228	—	22622	27493	17718	43505	10456	25560
2018	63249	304363	52968	—	17552	23660	14137	38192	9720	22823
2019	85155	338908	61911	41829	20982	26223	14848	48992	11774	22869
2020	122145	409533	67182	40456	22841	27620	21762	61304	15986	25955

注："—"表示数据缺失。

资料来源：Wind 资讯、彭博、世界银行。

附表 4　　　　　　　　　**1980～2020 年全球主要国家和地区股票交易金额**　　　　　单位：亿美元

年份	中国	美国	日本	英国	德国	法国	韩国	中国香港	中国台湾	印度
1980	—	4098	1802	358	141	94	19	8	45	—
1981	—	4158	2565	328	137	79	36	—	55	—
1982	—	5081	1751	327	148	72	26	—	33	—
1983	—	7971	2722	426	309	76	22	—	90	—
1984	—	11084	3203	483	269	70	38	—	82	—
1985	—	14688	4551	764	856	174	41	—	49	—
1986	—	21817	11560	1130	1518	554	111	153	188	—
1987	—	28770	20142	4271	4244	894	259	454	923	—
1988	—	19651	25429	2946	3453	644	850	234	2795	—
1989	—	23416	26092	3175	3481	1108	1195	346	9720	—
1990	—	20321	15406	3042	5425	1221	746	346	7007	—
1991	—	21398	10309	3338	4376	1235	825	385	3759	—
1992	—	25304	6063	3284	4301	1167	1152	785	2325	—
1993	400	34344	9097	4172	5296	1606	2105	1321	3383	—
1994	682	36487	10695	4741	6037	2055	2868	1257	7134	—
1995	775	51786	11444	5017	5801	2113	1842	956	3717	—
1996	3077	69655	11892	5887	1498	2699	1775	1662	4694	—
1997	3711	92655	10423	8369	9882	3934	1708	4530	11516	—
1998	2844	123052	10455	10447	14687	6040	1604	2059	9173	—
1999	—	188157	20287	14238	13085	7236	7647	2277	9267	—
2000	7526	297820	24810	18334	18272	10803	4954	3730	9228	5128
2001	4628	208836	17019	18939	13010	9809	3740	2382	5290	2481
2002	3382	170529	17326	10476	8718	10325	5810	1789	6277	1969
2003	3880	160451	23279	12457	10173	11030	4572	2728	5970	2828
2004	5115	191031	34577	16213	11813	13237	5258	4037	7408	3770
2005	3924	257922	43377	17299	12881	12715	11997	4212	5651	4737
2006	11590	305818	54985	27633	19508	20156	13393	7555	7349	6370
2007	63054	428526	65858	39477	32548	28958	19179	20158	10192	10904
2008	39051	472455	62087	27356	41896	24060	11872	15682	7878	10373
2009	78308	343064	38681	28075	17878	12841	16855	14133	8979	10507

续表

年份	中国	美国	日本	英国	德国	法国	韩国	中国香港	中国台湾	印度
2010	82577	360254	42703	32132	14947	13502	16298	14876	8917	10609
2011	66740	410455	43103	30350	15736	13300	19344	14370	8890	7407
2012	50272	323495	33464	24704	12499	10745	15847	10767	6834	6374
2013	76960	332473	60832	16751	13126	11055	13299	12670	6362	5710
2014	119593	389766	48447	23570	12691	11686	12837	14509	7211	7614
2015	393260	413985	55715	—	14446	13560	18437	20687	6328	8022
2016	182951	420713	52302	—	11241	11174	16009	13511	5188	8083
2017	172233	397859	57784	—	15586	11917	20119	19531	7875	12048
2018	130706	330272	63041	—	16161	13751	24557	22668	9816	12957
2019	182477	231921	50976	—	13503	11781	19278	18222	8557	12856
2020	315807	511009	63372	20362	18141	13857	51907	30694	15432	19453

注："—"表示数据缺失。

资料来源：Wind 资讯、彭博、世界银行。

参考文献

[1] 安东尼·吉登斯. 第三条道路及其批评 [M]. 孙相东，等译. 北京：中共中央党校出版社，2002.

[2] 安格斯·麦迪森. 世界经济千年统计 [M]. 伍晓鹰，等译. 北京：北京大学出版社，2009.

[3] 本·伯南克. 行动的勇气：金融危机及其余波回忆录 [M]. 蒋宗强，等译. 北京：中信出版社，2016

[4] 彼得·林奇，约翰·罗瑟查尔德. 彼得·林奇的成功投资 [M]. 刘建位，等译. 北京：机械工业出版社，2010.

[5] 彼得·林奇，约翰·罗瑟查尔德. 战胜华尔街 [M]. 刘建位，等译. 北京：机械工业出版社，2018.

[6] 滨野洁，等. 日本经济史：1600—2015 [M]. 彭曦，等译. 南京：南京大学出版社，2018.

[7] 伯顿·G. 马尔基尔. 漫步华尔街（原书第 11 版）[M]. 张伟，等译. 北京：机械工业出版社，2018.

[8] 曹中屏. 当代韩国史：1945—2000 [M]. 天津：南开大学出版社，2005.

[9] 陈共，宋兴义. 日本财政政策 [M]. 北京：中国财政经济出版社，2007.

[10] 陈洪波，蔡喜洋. 全球房地产启示录之稳定的德国 [M]. 北京：经济管理出版社，2015.

[11] 陈建安. 产业结构调整与政府的经济政策：战后日本产业结构调整的政策研究 [M]. 上海：上海财经大学出版社，2002.

[12] 陈作章. 日本货币政策问题研究：兼析 20 世纪 90 年代后日本经济和货币政策 [M]. 上海：复旦大学出版社，2005.

［13］程大中．世界经济周期调整与重新繁荣［M］．上海：格致出版社，2020.

［14］池田信夫．失去的二十年：日本经济长期停滞的真正原因［M］．胡文静，等译．北京：机械工业出版社，2012.

［15］崔志鹰，朴昌根．当代韩国经济［M］．上海：同济大学出版社，2010.

［16］大前研一．低欲望社会："丧失大志时代"的新国富论［M］．姜建强，等译．上海：上海译文出版社，2018.

［17］大前研一．低欲望社会：人口老龄化的经济危机与破解之道［M］．姜建强，等译．北京：机械工业出版社，2018.

［18］丹·科纳汉．英格兰银行［M］．王立鹏，等译．北京：中国友谊出版公司，2015.

［19］都留重人．日本经济奇迹的终结［M］．李雯雯，等译．成都：四川人民出版社，2020.

［20］冯昭奎．日本经济（第3版）［M］．北京：中国社会科学出版社，2015.

［21］弗兰克·道宾．打造产业政策：铁路时代的美国、英国和法国［M］．张网成，等译．上海：上海人民出版社，2008.

［22］弗朗西斯·贝克特．戈登·布朗：他的过去、现在和将来［M］．王艾婷，等译．上海：上海远东出版社，2009.

［23］傅高义．日本第一：对美国的启示［M］．谷英，等译．上海：上海译文出版社，2016.

［24］傅高义．日本还是第一吗？［M］．沙青青，等译．上海：上海译文出版社，2019.

［25］高柏．日本经济的悖论：繁荣与停滞的制度性根源［M］．北京：商务印书馆，2004.

［26］高柏，安佳．经济意识形态与日本产业政策：1931—1965年的发展主义［M］．上海：上海人民出版社，2008.

［27］谷内满．日本经济：演进与超越［M］．南京：江苏人民出版社，2016.

［28］辜朝明．大衰退：如何在金融危机中幸存和发展［M］．喻海翔，等译．北京：东方出版社，2008.

［29］辜朝明．大衰退年代：宏观经济学的另一半与全球化的宿命［M］．杨培雷，等译．上海财经大学出版社，2019.

［30］辜朝明．复盘：一个经济学家对宏观经济的另类解读［M］．艾尼瓦尔·吐

尔逊，等译．北京：中信出版社，2020．

[31] 郭国灿．回归十年的香港经济 [M]．成都：四川人民出版社，2007．

[32] 赫伯特·斯坦．美国总统经济史：从罗斯福到克林顿 [M]．金清，等译．长春：吉林人民出版社，2011．

[33] 贺涛．台湾经济发展轨迹 [M]．北京：中国经济出版社，2009．

[34] 胡昌宇．英国新工党政府经济与社会政策研究 [M]．合肥：中国科技大学出版社，2008．

[35] 胡坚．日本金融市场 [M]．北京：中国大百科全书出版社，1995．

[36] 杰弗里·弗里登．20世纪全球资本主义的兴衰 [M]．杨宇光，等译．上海：上海人民出版社，2009．

[37] 杰里米·J.西格尔．股市长线法宝（原书第5版）[M]．马海涌，等译．北京：机械工业出版社，2015．

[38] 金琪瑛，边春西．现代韩国经济 [M]．延吉：延边大学出版社，1994．

[39] 卡尔·哈达赫．二十世纪德国经济史 [M]．扬绪，等译．北京：商务印书馆，1984．

[40] 康焕军．当代日本股票市场研究 [M]．北京：东方出版社，1995．

[41] 李非．台湾经济发展通论 [M]．北京：九州出版社，2004．

[42] 李海燕．回望平成时代的日本经济 [M]．北京：中国金融出版社，2020．

[43] 卢受采，卢冬青．香港经济史 [M]．北京：人民出版社，2004．

[44] 罗伯特·戈登．美国增长的起落 [M]．张林山，等译．北京：中信出版集团，2018．

[45] 罗志如，厉以宁．二十世纪的英国经济："英国病"研究 [M]．北京：商务印书馆，2013．

[46] 罗纳德·麦金农，[日] 大野健一．美元与日元：化解美日两国的经济冲突 [M]．王信，等译．上海：上海远东出版社，1999．

[47] 罗清．日本金融的繁荣、危机与变革 [M]．北京：中国金融出版社，2000．

[48] 路易吉·德罗萨．战后意大利经济 [M]．罗红波，等译．北京：中国经济出版社，1999．

[49] 吕一民．法国通史 [M]．上海：上海社会科学院出版社，2019．

[50] 马文秀．日美贸易摩擦与日本产业结构调整 [M]．北京：人民出版社，2010．

[51] 毛锐．撒切尔政府经济与社会政策研究 [M]．济南：山东人民出版社，2014．

［52］尼古拉·蒂姆斯戴尔，安东尼·霍特森.1825 年以来英国的金融危机［M］.沈国华，等译.上海：上海财经大学出版社，2017.

［53］朴昌根.韩国产业政策［M］.上海：上海人民出版社，1998.

［54］桥本寿朗.日本经济论：20 世纪体系和日本经济［M］.复旦大学日本研究中心，等译.上海：上海财经大学出版社，1997.

［55］乔治·G. 布莱基.伦敦证券市场史：1945—2008［M］.周琼琼，等译.上海：上海财经大学出版社，2010.

［56］乔治·杜比.法国史．［M］.吕一民，等译.北京：商务印书馆，2010.

［57］日本通商产业政策史编纂委员会.日本通商产业政策史：1—17 卷［M］.王红军，等译.北京：中国青年出版社，1997.

［58］戎殿新，罗红波.战后意大利"经济奇迹"［M］.北京：经济科学出版社，1992.

［59］三桥规宏，内田茂男，池田吉纪.透视日本经济［M］.丁红卫，等译.北京：清华大学出版社，2018.

［60］斯科特·内申斯.崩溃和救援：美国股市百年跌荡启示录［M］.赵立光，等译.北京：中信出版社，2018.

［61］苏东斌，李沛然.台湾、香港、澳门经济史［M］.广州：广东经济出版社，2002.

［62］孙立新.英格兰银行简史［M］.北京：光明日报出版社，2019.

［63］孙执中.战后资本主义经济周期史纲［M］.北京：世界知识出版社，1998.

［64］孙执中.荣衰论：战后日本经济史（1945～2004 年）［M］.北京：人民出版社，2006.

［65］台湾证券交易所.年度报告 1997～2019［R］.

［66］童适平.日本金融监管的演化［M］.上海：上海财经大学出版社，1998.

［67］童适平.战后日本财政和财政政策研究［M］.上海：上海财经大学出版社，2002.

［68］瓦莱里奥·卡斯特罗诺沃.意大利经济史：从统一到今天［M］.沈珩，等译.北京：商务印书馆，2000.

［69］王俊生，李天国.朴槿惠政治经济学［M］.北京：中国人民大学出版社，2016.

［70］王振华.撒切尔主义：80 年代的英国内外政策［M］.北京：中国社会科学

出版社，1992.

　　［71］王展鹏，徐瑞珂．英国发展报告（2019～2020）［M］．北京：社会科学文献出版社，2020.

　　［72］维尔纳·阿贝尔斯豪塞．德国战后经济史［M］．史世伟，等译．北京：中国社会科学出版社，2018.

　　［73］闻岳春．韩国证券市场的制度研究：兼论对中国的启示［M］．北京：中国经济出版社，2000.

　　［74］吴白乙，周弘，陈新．欧洲发展报告（2019～2020）［M］．北京：社会科学文献出版社，2020.

　　［75］吴遵杰．日本金融体系大变革［M］．北京：社会科学文献出版社，2006.

　　［76］赫尔曼·西蒙，杨一安．隐形冠军：未来全球化的先锋（原书第2版）［M］．张帆，等译．北京：机械工业出版社，2019.

　　［77］小林义雄．战后日本经济史［M］．孙汉超，等译．北京：商务印书馆，1985.

　　［78］邢来顺，吴友法．德国通史．［M］．南京：江苏人民出版社，2019.

　　［79］燕翔，战迪．追寻价值之路：1990～2020年中国股市行情复盘［M］．北京：经济科学出版社，2021.

　　［80］燕翔，等．美股70年：1948～2018年美国股市行情复盘［M］．北京：经济科学出版社，2020.

　　［81］杨大勇．英格兰银行与金融监管（1694–2000）［M］．北京：中国社会科学出版社，2018.

　　［82］杨胜刚．台湾金融制度变迁与发展研究［M］．北京：中国金融出版社，2001.

　　［83］殷桐生．德国经济通论［M］．北京：社会科学文献出版社，2017.

　　［84］有泽广巳．日本的崛起：昭和经济史［M］．鲍显铭，等译．哈尔滨：黑龙江人民出版社，1987.

　　［85］约翰·S. 戈登．伟大的博弈：华尔街金融帝国的崛起（1653—2011）［M］．祁斌，等译．北京：中信出版社，2011.

　　［86］张东明．韩国产业政策研究［M］．北京：经济日报出版社，2002.

　　［87］张加伦，高坚．日本证券市场的运作理论与实务［M］．北京：中国国际广播出版社，1994.

　　［88］张秀风．挣脱萧条：1990—2006年的日本经济［M］．北京：社会科学文献

出版社，2006.

［89］张秀风. 日本平成经济通论［M］. 北京：社会科学文献出版社，2017.

［90］张玉阁. 十字路口的香港经济［M］. 北京：中国经济出版社，2016.

［91］张玉来. 平成时代（1989—2019）日本衰退的虚与实［M］. 天津：天津人民出版社，2019.

［92］张云华. 宏观调控与经济增长："广场协议"前后日本和德国的比较研究［M］. 北京：中国社会科学出版社，2016.

［93］郑春荣. 德国发展报告（2020）［M］. 北京：社会科学文献出版社，2020.

［94］郑宏泰，黄绍伦. 香港股史：1841—1997［M］. 上海：东方出版中心，2007.

［95］周弘，彼得·荣根，朱民. 德国马克与经济增长（修订增补版）［M］. 北京：社会科学文献出版社，2014.

［96］中村隆英. 日本昭和经济史（1925—1989）［M］. 刘多田，等译. 石家庄：河北教育出版社，1992.

［97］朱孟楠. 香港金融市场运作与管理［M］. 厦门：厦门大学出版社，2009.

［98］朱忠武. 联邦德国总理科尔［M］. 成都：四川人民出版社，1997.

［99］Asian Development Bank. Asian Development Outlook（ADO）［R］. 1989 – 2021.

［100］Bank of England. Annual Report 1947 – 2021［R］.

［101］Bank of Korea. Annual Report 1995 – 2019［R］.

［102］Bank of Korea. A Seventy Year History：Development of the Korean Economy and the Bank of Korea［R］. 2020.

［103］Bank of Korea. Monetary Policy in Korea（Fourth Edition）［R］. 2017.

［104］Buffett W E. Berkshire Hathaway Letters to Shareholders 1965 – 2020［R］.

［105］Cairncross A. The British Economy Since 1945：Economic Policy and Performance，1945 – 1995［M］. Blackwell Publishers，1995.

［106］Card D. Seeking a Premier Economy：The Economic Effects of British Economic Reforms，1980 – 2000［M］. University of Chicago Press，2004.

［107］Deutsche Bundesbank. Annual Report 1957 – 2020［R］.

［108］European Central Bank. Annual Report 1991 – 2020［R］.

［109］Michie R. The Global Securities Market：A History［M］. Oxford University Press，2006.

［110］OECD. Economic Surveys France［R］.

［111］OECD. Economic Surveys Germany［R］.

［112］OECD. Economic Surveys Japan［R］.

［113］OECD. Economic Surveys Korea［R］.

［114］Tokyo Stock Exchange（TSE Group）. Annual Report［R］.

［115］United Nations. World Economic Survey［R］. 1947 – 2018.